SCHÄFFER
POESCHEL

Grundkurs des Steuerrechts

Band 2

Einkommensteuer

von

Jürgen Hottmann

Professor an der Hochschule für öffentliche Verwaltung
und Finanzen Ludwigsburg

Dr. Markus Beckers

LL.M., Professor an der Hochschule für öffentliche
Verwaltung und Finanzen Ludwigsburg

Heribert Schustek

Professor an der Hochschule für öffentliche Verwaltung
und Finanzen, Ludwigsburg

22., überarbeitete und aktualisierte Auflage

2017
Schäffer-Poeschel Verlag Stuttgart

Bearbeiterübersicht:
Beckers: Teile A, B, E, F, H, I, J, K
Hottmann: Teile D, G, L, N, O, P, Q 2.7–Q 3, R, W, X
Schustek: Teile C, M, Q 1–Q 2.6, S, T, U
Alle: Teil V

FSC
www.fsc.org
MIX
Papier aus verantwortungsvollen Quellen
FSC® C103849

Gedruckt auf chlorfrei gebleichtem, säurefreiem und alterungsbeständigem Papier

Bibliografische Information Der Deutschen Nationalbibliothek
Die Deutsche Nationalbibliothek verzeichnet diese Publikation in der Deutschen Nationalbiografie; detaillierte bibliografische Daten sind im Internet über http://dnb.d-nb.de abrufbar.

Print	ISBN 978-3-7910-3817-9	Bestell-Nr. 20202–0003
EPDF	ISBN 978-3-7910-3818-6	Bestell-Nr. 20202–0152

www.schaeffer-poeschel.de
service@schaeffer-poeschel.de

Umschlagentwurf: Goldener Westen, Berlin
Umschlaggestaltung: Kienle gestaltet, Stuttgart
Satz: primustype Hurler GmbH, Notzingen
Druck und Bindung: Schätzl Druck & Medien GmbH & Co. KG, Donauwörth

Printed in Germany
Oktober 2017

Schäffer-Poeschel Verlag Stuttgart
Ein Tochterunternehmen der Haufe Gruppe

Vorwort zur 22. Auflage

Dieses Lehrbuch will eine Hilfe sein bei der ersten Berührung mit dem Einkommensteuerrecht. Neben der ausführlichen Besprechung der einzelnen Einkunftsarten sowie der Sonderausgaben und außergewöhnlichen Belastungen haben wir deshalb auf die Darstellung der Grundbegriffe, der allgemeinen Grundlagen und der systematischen Zusammenhänge besonderes Gewicht gelegt. Da sich für Anfänger ein Rechtsgebiet nur mit Beispielen gut erschließen lässt, wurden viele Beispiele in den Text eingearbeitet. Außerdem steht dem Leser nach jedem größeren Abschnitt eine Reihe von Fällen zur Überprüfung seines Wissens zur Verfügung.

Der Aufbau dieses Lehrbuchs orientiert sich an dem vom Koordinierungsausschuss (§ 50 StBAPO) entworfenen Lehrplan für das Grundstudium im Rahmen der Ausbildung der Beamten des gehobenen Dienstes im Fach »Einkommensteuer«. Es umfasst weitgehend aber auch den Lehrstoff der Ausbildung der Beamten des mittleren Dienstes der Steuerverwaltung.

Das Lehrbuch ist darüber hinaus auch für künftige Steuerfachangestellte, künftige Steuerberater, zur Vorbereitung auf die Bilanzbuchhalterprüfung und für Seminare an Volkshochschulen, Verwaltungs- und Wirtschaftsakademien sehr gut geeignet.

Dem Lehrbuch liegt die Fassung des Einkommensteuergesetzes vom 08. 10. 2009 (BStBl I 2009, 1346) mit den späteren Änderungen bis einschließlich Ende März 2017 zugrunde. Das Lehrbuch stellt die Rechtslage des Jahres 2017 dar.

Wir wünschen den Lesern beim Studium des Buches viel Erfolg und sind für Anregungen und Kritik dankbar.

Ludwigsburg, im Juli 2017

Jürgen Hottmann
Dr. Markus Beckers
Heribert Schustek

Inhaltsverzeichnis

Teil D Darstellung einkommensteuerlicher Grundbegriffe

Teil E Die Überschusseinkünfte

Teil H Einkünfte aus Gewerbebetrieb (§ 15 EStG)

Teil I Einkünfte aus selbstständiger Arbeit (§ 18 EStG)

Teil J Die Gewinnermittlung durch Einnahmenüberschussrechnung

Teil K Einkünfte aus nichtselbstständiger Arbeit (§ 19 EStG)

Teil L Einkünfte aus Kapitalvermögen (§ 20 EStG)

Teil M Einkünfte aus Vermietung und Verpachtung (§ 21 EStG)

Teil N Sonstige Einkünfte (§ 22 EStG)

Teil O Altersentlastungsbetrag gemäß § 24 a EStG

Teil P Verlustausgleich und Verlustabzug

Teil Q Die Sonderausgaben (§§ 10, 10 a, 10 b, 10 c EStG)

Teil R Außergewöhnliche Belastungen (§§ 33–33 b EStG)

Teil S Familienleistungsausgleich

Teil T Steuerermäßigung bei Aufwendungen für haushaltsnahe Beschäftigungsverhältnisse und Dienstleistungen gemäß § 35 a EStG

Teil U Formelles Lohnsteuerrecht

Abkürzungs- und Literaturverzeichnis

a. A.	andere Ansicht
a. a. O.	am angegebenen Ort
Abs.	Absatz
a. E.	am Ende
AEAO	Anwendungserlass zur AO vom 31.01.2014 BStBl I 2014, 290 mit späteren Änderungen
a. F.	alte Fassung
AfA	Absetzung für Abnutzung
AG	Aktiengesellschaft
AK	Anschaffungskosten
AktG	Aktiengesetz vom 06.09.1965 BGBl I 1965, 1089 mit späteren Änderungen
AltZertG	Altersvorsorgeverträge – Zertifizierungsgesetz
Anl.	Anlage
AO	Abgabenordnung vom 01.10.2002 BGBl I 2002, 3866; 2003, 61 mit späteren Änderungen
Art.	Artikel
AVmG	Altersvermögensgesetz (zur Förderung eines kapitalgedeckten Altersvorsorgevermögens) vom 26.06.2001 BStBl I 2001, 420
Az.	Aktenzeichen
BAföG	Bundesausbildungsförderungsgesetz
BaWü	Baden-Württemberg
BEEG	Gesetz zum Elterngeld und zur Elternzeit (Bundeselterngeld- und Elternzeitgesetz) vom 05.12.2006 (BGBl I 2006, 2748) mit späteren Änderungen
BewG	Bewertungsgesetz vom 01.02.1991 BGBl I 1991, 230 mit späteren Änderungen
BFH	Bundesfinanzhof
BFH/NV	Bundesfinanzhof/Urteile, die nicht im BStBl veröffentlicht sind
BGB	Bürgerliches Gesetzbuch
BGBl	Bundesgesetzblatt
BGH	Bundesgerichtshof
BMF	Bundesministerium der Finanzen
BStBl	Bundessteuerblatt
Buchst.	Buchstabe
BVerfG	Bundesverfassungsgericht
BZSt	Bundeszentralamt für Steuern
DA-KG	Dienstanweisung Kindergeld
DB	Deutsche Bahn
d.h.	das heißt
DStR	Deutsches Steuerrecht
EFG	Entscheidungen der Finanzgerichte
EG	Erdgeschoss
EigZulG	Eigenheimzulagengesetz
ESt	Einkommensteuer
EStDV	Einkommensteuer-Durchführungsverordnung

EStG	Einkommensteuergesetz
EStH	Hinweise zu den EStR, alphabetisch geordnet
EStR	Einkommensteuer-Richtlinien
EU	Europäische Union
EÜR	Einnahmen-Überschuss-Rechnung
EWR	Europäischer Wirtschaftsraum
FA	Finanzamt
Fanck/Guschl/Kirschbaum	Buchführungstechnik und Bilanzsteuerrecht, 21. Auflage 2015, Schäffer-Poeschel Verlag, Stuttgart
ff	fortfolgende
FG	Finanzgericht
FVG	Gesetz über die Finanzverwaltung
GbR	Gesellschaft des bürgerlichen Rechts
GdE	Gesamtbetrag der Einkünfte
gem.	gemäß
ggf	gegebenenfalls
GewSt	Gewerbesteuer
GewStG	Gewerbesteuergesetz
GG	Grundgesetz für die Bundesrepublik Deutschland
GmbH	Gesellschaft mit beschränkter Haftung
GrESt	Grunderwerbsteuer
GrS	Großer Senat
GWG	Geringwertiges Wirtschaftsgut
H	Hinweise im Einkommensteuer-Handbuch
ha	Hektar
HGB	Handelsgesetzbuch
HK	Herstellungskosten
Hottmann	Bilanzsteuerrecht (Praktische Fälle), 14. Auflage 2016, Erich Fleischer Verlag, Achim
HS	Halbsatz
i. d. F.	in der Fassung
i.d. R.	in der Regel
i. H. v.	in Höhe von
i. R. d.	im Rahmen der/des
i. S. d.	im Sinne der/des
i. S. v.	im Sinne von
i. V. m.	in Verbindung mit
KapSt	Kapitalertragsteuer
KG	Kommanditgesellschaft
KGaA	Kommanditgesellschaft auf Aktien
KiSt	Kirchensteuer
Kj	Kalenderjahr
KSt	Körperschaftsteuer
KStG	Körperschaftsteuergesetz
Littmann/Bitz/Pust	Das Einkommensteuerrecht, Loseblatt, Schäffer-Poeschel Verlag, Stuttgart
LPartG	Lebenspartnerschaftsgesetz
LStDV	Lohnsteuer-Durchführungsverordnung

LStH	Hinweise zu den LStR, alphabetisch geordnet
LStR	Lohnsteuer-Richtlinien
Mio.	Millionen
Nr.	Nummer
OG	Obergeschoss
OHG	Offene Handelsgesellschaft
PB	Pauschbetrag
Pkw	Personenkraftwagen
R	Abschnitt der Einkommensteuer-Richtlinien
rd.	rund
RdNr.	Randnummer
Rz	Randziffer
s.	siehe
Schmidt/Krüger	Kommentar zum EStG, 36. Auflage 2017, Verlag C. H. Beck, München
SdE	Summe der Einkünfte
SGB	Sozialgesetzbuch
sog.	so genannt/e/er/es
SolZ	Solidaritätszuschlag
SolZG	Solidaritätszuschlaggesetz
Stpfl	Steuerpflichtiger
str	strittig
Tz.	Textziffer
u. E.	unseres Erachtens
USt	Umsatzsteuer
UStDV	Umsatzsteuer-Durchführungsverordnung
UStG	Umsatzsteuergesetz
u. U.	unter Umständen
vgl.	vergleiche
VO	Verordnung
VZ	Veranlagungszeitraum
Wj	Wirtschaftsjahr
z. B.	zum Beispiel
Zenthöfer	Einkommensteuer (Finanz und Steuern Band 3), 12. Auflage 2016, Schäffer-Poeschel Verlag, Stuttgart
Zenthöfer/Alber	Körperschaftsteuer und Gewerbesteuer, 17. Auflage 2016, Schäffer-Poeschel Verlag, Stuttgart
Zimmermann/Hottmann	Bilanzsteuerrecht mit Fällen, 13. Auflage 2011, Erich Fleischer Verlag, Achim
zvE	zu versteuerndes Einkommen

Teil A Einführung

1 Allgemeines

Die Einkommensteuer mit ihren Erhebungsformen ist eine Haupteinnahmequelle für die Staatshaushalte. Sie dient der Finanzierung von Gemeinschaftsaufgaben und wird hauptsächlich von den Bürgern erhoben, die

- ihren Lebensmittelpunkt (Wohnsitz bzw. sog. gewöhnlicher Aufenthalt) in der Bundesrepublik Deutschland haben und
- Einnahmen erzielen.

In den folgenden Abschnitten wird der Zusammenhang zwischen den **Einnahmen der Bürger für ihre Leistungen** (z. B. Arbeitslohn eines kaufmännischen oder technischen Angestellten, Mieteinnahmen aus einem vermieteten Mehrfamilienhaus, Zinseinnahmen aus einem Sparguthaben bei einer Bank, Gewinn aus der Tätigkeit als selbstständiger Zahnarzt oder selbstständiger Handwerksmeister) **und** der dafür vom Finanzamt festzusetzenden **Einkommensteuer** aufgezeigt.

Der Zusammenhang zwischen den Leistungen des Bürgers und der anfallenden Einkommensteuer wird dabei anschaulich anhand von Beispielen verdeutlicht, insbesondere ob **Einkommensteuer** aus den Einnahmen **zu zahlen ist** und wie die Höhe der (tariflichen) Einkommensteuer zu ermitteln ist. Die Höhe der Einkommensteuer richtet sich dabei gem. § 32a EStG nach dem sog. **zu versteuernden Einkommen**. Dies ist die Bemessungsgrundlage zur Ermittlung der Einkommensteuer. Hierzu ein Hinweis: Das Einkommensteuerrecht verwendet eine große Anzahl von Begriffen mit einem ganz bestimmten Inhalt. Diese **Grundbegriffe** müssen zwingend ihrer Bedeutung nach zutreffend verwendet werden. Zudem erleichtern sie das Verständnis der Gesetze und Verwaltungsanweisungen. Eine Aneignung der Begrifflichkeiten und deren zutreffenden Verwendung ist daher unausweichlich.

BEISPIELE

a) Unter **Einkommen** versteht jeder etwas anderes, z. B.: Arbeitslohn ohne Abzüge, Geldmittel, die zum Leben verbraucht werden und Ersparnisse (nicht verbrauchtes Einkommen). Deshalb sieht § 2 Abs. 4 EStG eine **eigene** Begriffsbestimmung für das Einkommen vor (vgl. C 1).

b) Die tarifliche Einkommensteuer wird aus dem **zu versteuernden Einkommen** (Bemessungsgrundlage der Einkommensteuer) berechnet. Dies ergibt sich nach der Berechnung: Einkommen vermindert um die Freibeträge für Kinder nach § 32 Abs. 6 EStG und sonstige Abzüge ist das zu versteuernde Einkommen (§ 2 Abs. 5 EStG, vgl. C 2).

Außerdem empfiehlt es sich, die im Text angegebenen Gesetzestexte und Verwaltungsanweisungen jeweils nachzulesen, um sich an die Ausdrucksweise des Gesetzgebers zu gewöhnen.

2 Die Stellung der Einkommensteuer im Steuersystem

Nachfolgend wird zunächst die ESt beschrieben und von anderen Steuerarten abgegrenzt. Des Weiteren werden die wirtschaftliche und haushaltsmäßige Bedeutung sowie der Bereich der Verwaltung der Einkommensteuer erläutert.

2.1 Einkommensteuer als Personensteuer

Die ESt wird von **natürlichen Personen**, d. h. von lebenden Menschen, erhoben, die Einkünfte (z. B. aus Vermietung und Verpachtung) bezogen haben. Juristische Personen, z. B. eine GmbH oder eine AG, unterliegen hingegen nicht der ESt, sondern der KSt (vgl. hierzu 2.3). Bei der Ermittlung der ESt spielt die **Leistungsfähigkeit** der natürlichen Person eine große Rolle: Wer umfangreiche Einnahmen (z. B. Arbeitslohn, Mieteinnahmen) erwirtschaftet, erzielt in der Regel auch ein hohes zu versteuerndes Einkommen und kann höhere ESt zahlen als jemand, der nur ein geringes zu versteuerndes Einkommen hat. Zudem werden die **persönlichen Verhältnisse** der natürlichen Personen bei der Berechnung des zu versteuernden Einkommens durch Abzüge berücksichtigt. Dadurch entsteht eine niedrigere tarifliche ESt.

BEISPIELE

- Familienstand (ledig, verheiratet, verwitwet, vgl. § 32 a EStG),
- Kinderzahl (sog. Familienleistungsausgleich, vgl. § 31 EStG),
- soziale Sicherung (Kranken- und Rentenversicherung, vgl. z. B. § 10 Abs. 1 Nr. 2, 3 EStG),
- Krankheitskosten (die nicht von einer Versicherung ersetzt werden), vgl. § 33 EStG usw.

Die ESt ist eine **Personensteuer** und als solche eine **private Ausgabe.** Sie kann deshalb bei der Berechnung des zu versteuernden Einkommens als Bemessungsgrundlage der ESt nicht abgezogen werden (vgl. § 12 Nr. 3 EStG).

BEISPIEL

Das FA hat für den ledigen A ein zu versteuerndes Einkommen im Jahr 2017 i. H. v. 40 100 € ermittelt. Die ESt des A beträgt nach der Grundtabelle (vgl. 2.8) 8 802 € (21,95 %). Aus Vereinfachungsgründen wird auf den SolZ und eventuell anfallende Kirchensteuer nicht eingegangen.

LÖSUNG A hat (40 100 € ./. 8 802 €) 31 298 € für sich zur Verfügung. Gem. § 12 Nr. 3 EStG kann A diese 8 802 € ESt bei der Berechnung des zu versteuernden Einkommens für das Jahr 2017 oder in anderen Jahren **nicht** abziehen.

Eine der ESt vergleichbare Personensteuer ist die Erbschaftsteuer/Schenkungsteuer (vgl. BFH vom 09. 08. 1983 BStBl II 1984, 27). Auch der SolZ ist eine Personensteuer. Davon zu unterscheiden sind **Objektsteuern**, wie die Grundsteuer für Grundbesitz oder die Gewerbesteuer für Gewerbebetriebe. Die Objektsteuern werden ohne Rücksicht auf die persönlichen Verhältnisse des Grundstückseigentümers oder des Gewerbetreibenden (z. B. eines Lebensmitteleinzelhändlers) ermittelt.

2.2 Erhebungsformen der Einkommensteuer

Die Einkommensteuer kann entweder nach Durchführung eines Verwaltungsverfahrens förmlich festgesetzt werden oder sie wird direkt an der »Quelle« abgezogen (Abzugsteuer).

Insbesondere in den folgenden zwei Bereichen wird die ESt als **Abzugsteuer** erhoben.

2.2.1 Lohnsteuer

Vom Arbeitslohn aller Arbeitnehmer im Inland behält der **Arbeitgeber** die von den Arbeitnehmern geschuldete Lohnsteuer – nach den persönlichen Verhältnissen des Arbeitnehmers – ein und führt sie unmittelbar an das Finanzamt ab (vgl. §§ 38 ff. EStG). Dieses Lohnsteuerabzugsverfahren ist nichts anderes als die **vereinfachte Berechnung und Erhebung der ESt** für Arbeitnehmer. Da es sehr viele Arbeitnehmer gibt, hat die Lohnsteuer große wirtschaftliche Bedeutung (vgl. 2.7). Entsprechend umfangreich sind die Regelungen in den §§ 38–42 g EStG, in der LStDV und den LStR. Deshalb werden sie in zwei gesonderten Teilen dieses Lehrbuches besprochen (vgl. K und U). Die Lohnsteuer wird auf die ESt-Schuld angerechnet, wenn eine ESt-Veranlagung durchgeführt wird (§§ 36 Abs. 2 Satz 2 Nr. 2, 46 EStG).

2.2.2 Kapitalertragsteuer

Von den Einnahmen aus Kapitalvermögen (z. B. Dividenden aus Aktien oder Zinsen aus festverzinslichen Wertpapieren) behält der **Auszahlende** (z. B. eine Aktiengesellschaft oder eine auszahlende inländische Bank oder Sparkasse) die ESt als Steuerabzug vom Kapitalertrag (Kapitalertragsteuer) ein und führt sie an das zuständige FA ab (vgl. § 43 Abs. 1 Nr. 1 [für Dividenden aus Aktien] und Nr. 7 [für Erträge aus festverzinslichen Wertpapieren] EStG, § 43 a Abs. 1 Satz 1 Nr. 1 EStG i. V. m. § 44 EStG). Der Aktionär erhält also nicht die volle Dividende bzw. der Wertpapierinhaber erhält nicht die vollen Zinsen, sondern grundsätzlich den um den Steuerabzug vom Kapitalertrag gekürzten Betrag ausbezahlt. Die KapSt wird grundsätzlich mit einem festen Steuersatz von **25 %** erhoben (vgl. hierzu sowie zu den Abweichungen § 43 a Abs. 1 Satz 1 Nr. 1 bzw. Nr. 2 EStG sowie § 43 a Abs. 1 Satz 2 EStG zum Steuersatz bei einer bestehenden Kirchensteuerpflicht).

Für die Einkünfte aus Kapitalvermögen ist in Abweichung zu der allgemeinen Regelung des Steuertarifs (vgl. § 32 a EStG) ein gesonderter Steuertarif eingeführt worden. Mit Wirkung ab dem 01. 01. 2009 werden Einkünfte aus Kapitalvermögen grundsätzlich mit einem Steuersatz von 25 % besteuert (vgl. § 32 d Abs. 1 EStG). Die im Wege des Abzugsverfahrens nach den §§ 43 ff. EStG erhobene Kapitalertragsteuer hat für die Einkünfte aus Kapitalvermögen grundsätzlich eine abgeltende Wirkung (sog. **Abgeltungsteuer**, vgl. § 43 Abs. 5 EStG und L 11). Damit sind die Einkünfte aus Kapitalvermögen für diesen VZ (der VZ entspricht gem. § 25 Abs. 1 EStG dem Kalenderjahr) grundsätzlich nicht mehr in der Steuererklärung anzugeben und erhöhen auch nicht das zu versteuernde Einkommen für diesen VZ. In diesem Fall verbleibt es bei der ESt-Tarifbelastung i. H. v. 25 % gem. § 32 d Abs. 1 EStG. Auch auf Einnahmen, die der Abgeltungsteuer unterliegen, wird ein Solidaritätszuschlag erhoben.

Andererseits können **auf Antrag** des Stpfl seine jährlichen Einkünfte aus Kapitalvermögen gem. § 20 EStG in die Berechnung des zu versteuernden Einkommens und in die ESt-Festsetzung einbezogen werden, wenn dies zu einer niedrigeren ESt führt (sog. **Günstigerprüfung**, vgl. § 32 d Abs. 6 EStG). In diesem Fall wird die einbehaltene KapSt von der ESt abgezogen (vgl. § 36 Abs. 2 Nr. 2 EStG). Einzelheiten zur Abgeltungsteuer werden ausführlich unter L 11 dargestellt.

2.3 Abgrenzung der Einkommensteuer zu anderen Steuern vom Einkommen

Die ESt wird von natürlichen Personen, also lebenden Menschen erhoben (vgl. 2.1). Hiervon abzugrenzen sind die **juristischen Personen**. Auch **diese** können ein zu versteuerndes Einkommen beziehen (vgl. § 7 Abs. 1 KStG). Juristische Personen sind insbesondere die **Kapitalgesellschaften** (z. B. Aktiengesellschaften, Gesellschaften mit beschränkter Haftung), aber auch eingetragene Vereine oder Genossenschaften. Juristische Personen unterliegen jedoch nicht der ESt. Vielmehr bezahlen sie aus ihrem zu versteuernden Einkommen Körperschaftsteuer nach dem KStG. Die KSt ist dem Wesen nach die ESt der juristischen Personen (vgl. Band 11, Zenthöfer/Alber; Körperschaftsteuer und Gewerbesteuer).

2.4 Einkommensteuer als direkte Steuer

Die ESt ist von der natürlichen Person aus ihrem eigenen Einkommen zu tragen (Steuerträger). Diese natürliche Person schuldet auch die ESt an das FA (Steuerschuldner, vgl. § 38 AO). Bei der Einteilung der verschiedenen Steuern nennt man diese Steuern, bei denen Steuerträger und Steuerschuldner identisch sind, **direkte Steuern**. Vergleichbare Steuern sind die KSt und die Erbschaftsteuer. Davon zu unterscheiden sind die **indirekten Steuern**, bei denen der Steuerschuldner die Steuer auf andere Personen als Steuerträger überwälzt (z. B. USt, Verbrauchsteuern wie Tabaksteuer oder Mineralölsteuer, Zölle).

BEISPIEL

Die Mineralölherstellerin A-AG zahlt für Benzin und andere Mineralölprodukte Mineralölsteuer an das Hauptzollamt. Sie berechnet diese Mineralölsteuer in ihren Tankstellenabgabepreis ein und muss vom Gesamterlös (Entgelt) USt an das FA bezahlen. Der Autofahrer als Käufer und Verbraucher des Kraftstoffs trägt sowohl die Mineralölsteuer als auch die USt (letztere, wenn er Endverbraucher ist).

Vgl. hierzu Band 1, Helmschrott/Schaeberle/Scheel; Abgabenordnung und Band 4, Meissner/Neeser; Umsatzsteuer.

2.5 Einkommensteuer als Besitzsteuer

In der Finanzwissenschaft (vgl. Band 1, Helmschrott/Schaeberle/Scheel; Abgabenordnung) und für Zwecke der Organisation der Finanzverwaltung (vgl. Art. 108 GG i. V. m. FVG) werden die Steuern in Besitz- und Verkehrssteuern einerseits (Verwaltungshoheit Landesfinanzbehörden, z. B. Finanzamt gem. § 2 FVG) und Zölle und Verbrauchsteuern andererseits (Verwaltungshoheit Bundesfinanzbehörden, z. B. Zollämter gem. § 1 FVG) eingeteilt. Die ESt zählt wie die Erbschaftsteuer und die KSt zu den Besitzsteuern.

2.6 Einkommensteuer als veranlagte Steuer

Die ESt wird stets für ein Kalenderjahr erhoben. Für jede natürliche Person oder für gemeinsam zu besteuernde, d. h. für i. S. d. § 26 b EStG zusammenveranlagte Eheleute/Lebenspartner i. S. d. § 2 Abs. 8 EStG wird das zu versteuernde Einkommen für jedes Kalenderjahr nach der ESt-Erklärung (vgl. § 25 Abs. 3 EStG) berechnet und daraus die zu erhebende ESt in einem Steuerbescheid festgesetzt. Diese Steuerermittlung nennt man **Veranlagung** (§ 25 Abs. 1 EStG). Ebenso wie die ESt werden andere schon erwähnte Steuern fortlaufend für jedes Jahr festgesetzt, z. B. die USt und die GewSt.

BEISPIELE

a) A hat im Kalenderjahr 2017 ein zu versteuerndes Einkommen von 35 600 € bezogen. A ist ledig.
LÖSUNG A wird für das Jahr 2017 zu einer ESt von 7 238 € veranlagt.

b) E und F sind verheiratete Eheleute. Beide haben zusammen im Kalenderjahr 2017 ein zu versteuerndes Einkommen von 55 400 € bezogen.
LÖSUNG E und F werden für das Jahr 2017 zu einer ESt von 9 426 € zusammen veranlagt. Vgl. hierzu 2.8, § 32 a Abs. 5 i. V. m. Abs. 1 EStG, C 3 und C 4.

2.7 Einkommensteuer als Gemeinschaftsteuer

Das EStG wird im Rahmen der **konkurrierenden Gesetzgebung** vom Bund erlassen (Art. 105 Abs. 2 GG). Das **Aufkommen** der ESt wird nach dem Gemeindefinanzreformgesetz wie folgt aufgeteilt (Art. 106 Abs. 3 und 5 GG):

Vom Aufkommen	Bund	Länder	Gemeinden
Veranlagte ESt und LSt	42,5 %	42,5 %	15 %
Bestimmte Kapitalertragsteuer (Einzelheiten vgl. § 1 GemFinRefG)	44 %	44 %	12 %
KSt	50 %	50 %	–

In dem Jahr 2016 ergaben sich folgende Zahlen (Quelle: BMF, abgerufen unter http://www.bundesfinanzministerium.de am 27. 02. 2017):

	2016 Bruttoaufkommen/-einnahmen in Mrd. €
Veranlagte ESt	69,7
Lohnsteuer	227,4
Körperschaftsteuer	27,5
nicht veranlagte Steuern vom Ertrag (ohne Abgeltungsteuer auf Zins- und Veräußerungserträge)	21,1
Abgeltungsteuer auf Zins- und Veräußerungserträge	5,9

2.8 Tarif der Einkommensteuer

2.8.1 Prinzip des Tarifs

Die Höhe der ESt richtet sich nach der persönlichen Leistungsfähigkeit des Bürgers (vgl. Beschluss des BFH GrS 2/04 vom 17. 12. 2007 BStBl II 2008, 608, 612 unter D.III.1.). Der ESt-Tarif ist nach einem steuerfreien Betrag für alle Stpfl i. H. v. 8 652 € für den VZ 2016 und 8 820 € für den VZ 2017 (Grundfreibetrag gem. § 32 a Abs. 1 EStG) in seinem wesentlichen Bereich – bezogen auf das übersteigende zu versteuernde Einkommen – gleichmäßig ansteigend.

Bezogen auf den VZ 2017 bedeutet dies: Diese Zone wird als mathematisch linear mit einem Knickpunkt bei einem zu versteuernden Einkommen von 13 769 € bezeichnet. Von 13 770 € bis 54 057 € steigt der ESt-Satz weniger steil an. Der Bereich der ESt-Sätze für zu versteuernde Einkommen zwischen 8 821 € und 54 057 € (VZ 2017) wird als **Progressionszone** bezeichnet.

Nach § 32 a Abs. 1 EStG i. d. F. der Bekanntmachung vom 08. 10. 2009 (BGBl I 2009, 3366, ber. S. 3862) zuletzt geändert durch Gesetz vom 18. 07. 2017 (BGBl I 2017, 2730) wird der gesamte **ESt-Grundtarif** für den VZ 2017 in insgesamt fünf Zonen wie folgt gegliedert:

	Zu versteuerndes Einkommen in €	Kurzbezeichnung
1. Zone (§ 32 a Abs. 1 Satz 2 Nr. 1 EStG)	bis 8 820	Grundfreibetrag (Nullzone)
2. Zone (§ 32 a Abs. 1 Satz 2 Nr. 2 EStG)	von 8 821 bis 13 769	Untere Progressionszone
3. Zone (§ 32 a Abs. 1 Satz 2 Nr. 3 EStG)	von 13 770 bis 54 057	Obere Progressionszone
4. Zone (§ 32 a Abs. 1 Satz 2 Nr. 4 EStG)	von 54 058 bis 256 303	Untere Proportionalzone
5. Zone (§ 32 a Abs. 1 Satz 2 Nr. 5 EStG)	ab 256 304	Obere Proportionalzone (Spitzensteuersatz)

MERKSATZ

Die im ESt-Bescheid festzusetzende tarifliche ESt wird nach § 32 a Abs. 1 EStG für jeden einzelnen Betrag des zu versteuernden Einkommens stufenlos ermittelt.

Für einen **ledigen** Bürger der Bundesrepublik Deutschland ergibt sich folgende durchschnittliche ESt-Belastung (Der Solidaritätszuschlag wird aus Vereinfachungsgründen weggelassen):

zu versteuerndes Einkommen	**20 300 €**	**45 500 €**	**130 100 €**
2014: ESt lt. Grundtarif bzw. § 32 a Abs. 1 Satz 2 Nr. 3 und 4 EStG	2 715 €	10 995 €	46 403 €
ESt-Belastung in %	13,37 %	24,16 %	35,67 %
2015: ESt lt. Grundtarif bzw. § 32 a Abs. 1 Satz 2 Nr. 3 und 4 EStG	2 692 €	10 973 €	46 380 €
ESt-Belastung in %	13,26 %	24,12 %	35,65 %
2016: ESt lt. Grundtarif bzw. § 32 a Abs. 1 Satz 2 Nr. 3 und 4 EStG	2 641 €	10 866 €	46 247 €
ESt-Belastung in %	13,01 %	23,88 %	35,55 %
2017: ESt lt. Grundtarif bzw. § 32 a Abs. 1 Satz 2 Nr. 3 und 4 EStG	2 600 €	10 798 €	46 166 €
ESt-Belastung in %	12,81 %	23,73 %	35,49 %

FALL 1

Bestimmen Sie selbst die Einkommensbelastung (in € und in %) bei einem zu versteuernden Einkommen einer ledigen Person

- von 37 400 €
- von 105 800 €

jeweils für das Jahr 2017 nach dem Grundtarif bzw. nach § 32 a Abs. 1 Satz 2 Nr. 3 und Nr. 4 EStG.

2.8.2 Grenzsteuersatz des Tarifs

Vom Prozentsatz der ESt-Gesamtbelastung (Durchschnittsbelastung) ist der jeweilige **Spitzensteuersatz** (oder Grenzsteuersatz) zu unterscheiden. Dieser ergibt sich, wenn die ESt-Belastung eines Mehr- oder Minderbetrags des jeweiligen zu versteuernden Einkommens festgestellt werden soll.

Vergleich der Durchschnitts- und Grenzsteuersätze der ESt für die Jahre 2014, 2016 und 2017:

VZ 2014:

Zu versteuerndes Einkommen einer ledigen Person im VZ 2014	Einkommensteuer in €	Durchschnittssteuersatz in %	Grenzsteuersatz in %
10 000 €	256	2,56	17,20
40 000 €	8 940	22,35	36,10
100 000 €	33 761	33,76	42,00

VZ 2016:

Zu versteuerndes Einkommen einer ledigen Person im VZ 2016	Einkommensteuer in €	Durchschnittssteuersatz in %	Grenzsteuersatz in %
10 000 €	206	2,06	16,67
40 000 €	8 826	22,07	35,84
100 000 €	33 605	33,61	42,00

VZ 2017:

Zu versteuerndes Einkommen einer ledigen Person im VZ 2017	Einkommensteuer in €	Durchschnittssteuersatz in %	Grenzsteuersatz in %
10 000 €	179	1,79	16,37
40 000 €	8 766	21,92	35,70
100 000 €	33 524	33,52	42,00

BEISPIEL

Der ledige Handelsvertreter U bezog aus Provisionen für das Jahr 2017 ein zu versteuerndes Einkommen von	33 800 €
Durch Zusatzprovision bezog er zusätzlich	2 700 €
Tatsächlich zu versteuerndes Einkommen 2017 des U	36 500 €

Wie hoch sind Durchschnittssteuersatz und Grenzsteuersatz (bezogen auf die Zusatzprovision) des U?

LÖSUNG

ESt 2017 lt. Grundtarif aus 36 500 €	7 544 €
ESt 2017 lt. Grundtarif aus 33 800 €	6 638 €
Aus den 2 700 € zusätzlicher Provision zahlt U	906 € ESt.

Der Spitzensteuersatz für die gesamte Zusatzprovision von 2 700 € liegt bei ca. **33,56 %** ([7 544 € ./. 6 638 €] / 2 700 € x 100). Seine durchschnittliche ESt-Belastung bei einem zu versteuernden Einkommen von 36 500 € ist durch den Grundfreibetrag und den progressiven ESt-Satz dagegen nur rund 20,67 % (7 544 €/36 500 € x 100).

Die nach § 32 a EStG ermittelte tarifliche Einkommensteuer ist nicht die endgültig zu entrichtende bzw. festzusetzende Einkommensteuer. Vielmehr kann diese noch durch Steuerermäßigungstatbestände verringert werden, vgl. hierzu insbesondere die Steuerermäßigung für bestimmte haushaltsnahe Beschäftigungsverhältnisse, haushaltsnahe Dienstleistungen bzw. Handwerkerleistungen gem. § 35 a EStG, die tarifunabhängig 20 % der Aufwendungen mit Höchstbeträgen beträgt, sowie die tarifunabhängige ESt-Ermäßigung für Zuwendungen an politische Parteien und Wählervereinigungen gem. § 34 g EStG (vgl. Q 2.6.5.8).

2.9 Rechtsgrundlagen und Verwaltungsanweisungen für die Einkommensteuer

Die ESt wird nach folgenden Rechtsgrundlagen berechnet und festgesetzt:

- EStG i. d. F. der Bekanntmachung vom 08. 10. 2009 BGBl I 2009, 3366, ber. 3862, zuletzt geändert durch »Gesetz zum Ausschluss verfassungsfeindlicher Parteien von der Parteifinanzierung« vom 18. 07. 2017 (BGBl I 2017, 2730).
- EStDV 2000 vom 10. 05. 2000 BGBl I 2000, 717, zuletzt geändert durch das »Gesetz zum Ausschluss verfassungsfeindlicher Parteien von der Parteifinanzierung« vom 18. 07. 2017 (BGBl I 2017, 2730).
- EStR 2005 mit der Bezeichnung »R« vom 16. 12. 2005 BStBl I 2005, Sondernummer 1/2005, zuletzt geändert durch die EStÄR 2012 vom 25. 03. 2013 BStBl I 2013, 276 als bindende Verwaltungsanweisungen, die anders als EStG und EStDV nur die Finanzverwaltung, aber nicht den Bürger und die Steuergerichte binden. Hierzu gehören die Hinweise »H« der Finanzverwaltung mit einzelnen Erläuterungen und Beispielen (zusammengefasst im Amtlichen Einkommensteuer-Handbuch – EStH –, das jährlich erscheint, vgl. Vorwort zum EStH).
- LStR 2008 vom 10. 12. 2007 (BStBl I Sondernummer 1/2007), zuletzt geändert durch die LStÄR 2015 vom 22. 10. 2014 BStBl I 2014, 1344.
- Urteile und Beschlüsse des BFH als oberstem Steuergericht, die von der Finanzverwaltung auf den entschiedenen Steuerfestsetzungsfall und vergleichbare Fälle angewendet werden. Darüber hinaus sind Grundsätze aus Urteilen in die EStR und EStH übernommen worden. Es werden gelegentlich solche BFH-Urteile wiedergegeben, die im BStBl Teil II nachzulesen sind.

3 Wirtschaftliche und politische Bedeutung der Einkommensteuer

Die ESt wurde bisher als eine wegen ihres Aufkommens bedeutende Steuerart umschrieben, die erhoben wird nach der Leistungsfähigkeit des Bürgers. In der hier dargestellten Form ist das ESt-Recht seit 1925 entwickelt worden und musste zeitnah an die jeweiligen wirtschaftlichen und sozialen Verhältnisse angepasst werden. Die einzelnen Entwicklungsstufen sind umfangreich, sie können in Kommentaren zum EStG nachgelesen werden (Geschichte der ESt). Manche Einzelvorschrift des EStG hat eine sehr wechselhafte Bedeutung.

BEISPIEL

Die Förderung des Wohnens im eigenen Haus oder in der eigenen Eigentumswohnung des Stpfl erfolgte seit 1949 durch erhöhte Absetzungen nach § 7 b EStG mit negativen Einkünften aus Vermietung und Verpachtung. Ab dem Kj 1987 wurde die steuerlich begünstigte Vermögensbildung der zu eigenen Wohnzwecken genutzten Wohnung im eigenen Haus nach § 10 e EStG eingeführt. Der Abzugsbetrag nach § 10 e EStG wurde vom Einkommen wie Sonderausgaben abgezogen. Seit dem Kj 1996 ist die Förderung der selbstgenutzten Wohnung im eigenen Haus oder in einer eigenen Eigentumswohnung im Eigenheimzulagengesetz geregelt. Mit dem Gesetz zur Abschaffung der Eigenheimzulage vom 22.12.2005 BStBl I 2006, 78 wurde die Eigenheimzulage mit Wirkung vom 01.01.2006 aufgehoben.

Die Auswirkungen von wirtschaftlichen Entscheidungen des Bürgers haben das ESt-Recht zu einem bedeutenden Faktor der Wirtschaftspolitik, aber auch der Sozialpolitik werden lassen. In den einzelnen Abschnitten des EStG wird dies deutlich.

BEISPIELE

a) Bei der Berechnung des Einkommens können bestimmte Versicherungsbeiträge gem. § 10 EStG als Sonderausgaben abgesetzt werden (volkswirtschaftlich erwünscht als Eigenleistung zur Krankheits- und Altersvorsorge, sozialpolitisch sinnvoll durch Entlastung des Staates zugunsten leistungsschwacher Personen). Mit dem Bürgerentlastungsgesetz Krankenversicherung wurde ab VZ 2010 der volle Abzug der vom Stpfl bezahlten Basis-Krankenversicherungsbeiträge eingeführt.

b) Bei der Berechnung des Einkommens sind freigebige Zuwendungen an bestimmte private und öffentlich-rechtliche juristische Personen abziehbar, wenn diese förderungswürdige Zwecke erfüllen. Förderungswürdig sind u. a. wissenschaftliche, kulturelle, soziale, aber auch sportliche Zwecke. Die Geber können ihre Zuwendungen (Spenden und teilweise auch Mitgliedsbeiträge) u. a. bis zu 20 % des Gesamtbetrags ihrer Einkünfte steuermindernd geltend machen.
In allen Bereichen des öffentlichen Lebens sind große und kleine Organisationen neben staatlicher Unterstützung in erheblichem Umfang auf private Geldgeber angewiesen. In **§ 10 b EStG** und zusätzlichen Vorschriften wird im Einzelnen mit Hilfe der §§ 52 bis 54 AO geregelt, wie die begünstigten Zwecke abgegrenzt und die ordnungsgemäße Verwendung der Zuwendungen nachgeprüft werden kann.

c) Bei der Berechnung des Einkommens können Aufwendungen für Krankheitskosten (soweit selbst getragen) und für die Unterstützung bedürftiger Personen u. a. gem. §§ 33–33 b EStG als außergewöhnliche Belastung abgesetzt werden (deutliche Berücksichtigung einer eingeschränkten Leistungsfähigkeit vor allem aus sozialpolitischen Gründen).

Schon immer ist das ESt-Recht ständigem Wandel unterworfen und durch ständige Gesetzesänderungen für den Bürger sehr unübersichtlich. Auch wer sich (zunächst) nur mit Grundzügen des ESt-Rechts befasst, muss die oft von Jahr zu Jahr eintretenden Veränderungen beachten. Die folgenden Ausführungen sind so gegliedert, dass Änderungen in späteren Jahren leicht einbezogen werden können.

Mit Urteil vom 21.06.2006 2 BvL 2/99 hat das BVerfG auf Vorlagebeschluss des BFH vom 24.02.1999 BStBl II 1999, 450 entschieden, dass der Gesetzgeber bei der Festlegung von Steuersätzen – insbesondere bei der ESt – unterschiedliche Regelungen treffen kann. Es ist also zulässig, dass zu einzelnen Einkunftsarten des EStG auch jeweils spezielle tarifliche Regelungen erfolgen.

Als erste umfangreiche Maßnahme ist auf die Neuregelung der Besteuerung der Einkünfte aus Kapitalvermögen gem. § 20 EStG ab dem Jahr 2009 hinzuweisen. Zusammen mit der in § 32d EStG geregelten vielseitigen Einbeziehung ganz unterschiedlicher Einkünfte in die Besteuerung »an der Quelle« (Abgeltungsteuer) ist das ESt-Recht jedenfalls nicht einfacher oder übersichtlicher geworden.

4 Übungsaufgaben zur Einführung

FÄLLE 2–3

FALL 2 Wählen Sie zu den folgenden Aussagen die richtige Antwort aus.

Die ESt ist eine	Ja	Nein	Begründung
• Personensteuer,			
• Objektsteuer,			
• direkte Steuer,			
• indirekte Steuer,			
• Landessteuer, deren Aufkommen allen Bundesländern zufließt,			
• Gemeinschaftsteuer für Bund, Länder und Gemeinden,			
• Steuer mit unterschiedlichen Steuersätzen,			
• Steuer mit einem durchschnittlichen Steuersatz von 28 %,			
• weniger bedeutsame,			
• bedeutende Einnahmequelle des Staates.			

FALL 3 Wählen Sie zu den folgenden Aussagen die richtige Antwort aus.

Die ESt wird unmittelbar berechnet	Ja	Nein	Begründung
• aus dem Einkommen des Bürgers,			
• aus dem zu versteuernden Einkommen des Bürgers,			
• aus dem zu versteuernden Einkommen einer Aktiengesellschaft,			
• aus dem Einkommen eines eingetragenen Vereins,			
• aus dem Arbeitslohn eines Arbeitnehmers,			
• aus dem Vermögen eines Bürgers.			

Teil B Die persönliche Einkommensteuerpflicht nach dem Einkommensteuergesetz

Das EStG verwendet den Begriff der Einkommensteuerpflicht in zweierlei Hinsicht. Hierbei sind die persönliche und die sachliche Steuerpflicht zu unterscheiden. Im Rahmen der persönlichen Steuerpflicht wird der Personenkreis bestimmt, der unter das EStG fällt. Hingegen wird bei der sachlichen Steuerpflicht der sachliche Anknüpfungspunkt der Besteuerung ermittelt, d. h. es wird die Steuerbemessungsgrundlage – das sog. zu versteuernde Einkommen (§ 2 Abs. 5 EStG) – errechnet.

Bei der persönlichen Steuerpflicht sind die nachfolgenden verschiedenen Arten der Steuerpflicht zu unterscheiden:

- unbeschränkte Steuerpflicht (§ 1 Abs. 1 EStG),
- erweiterte unbeschränkte Steuerpflicht (§ 1 Abs. 2 EStG),
- fiktive unbeschränkte Steuerpflicht (§ 1 Abs. 3 EStG),
- beschränkte Steuerpflicht (§ 1 Abs. 4 EStG) und
- erweiterte beschränkte Steuerpflicht (nach dem AStG).

Der Hauptanwendungsfall der persönlichen Steuerpflicht ist in § 1 EStG geregelt. In § 1 EStG werden die natürlichen Personen bezeichnet, die (persönlich) einkommensteuerpflichtig sind, d. h. für die das FA eine ESt–Berechnung (auf Grundlage des zu versteuernden Einkommens) durchführt. Es wird somit die Frage geklärt, **wer** ESt entrichten muss. In **§ 33 AO** werden solche Personen **Steuerpflichtige** (Stpfl) genannt. Dieser Begriff des **Stpfl** wird künftig für eine natürliche Person verwendet, die nach dem EStG der ESt unterliegt. Es ist dabei ohne Bedeutung, ob dieser Stpfl ein zu versteuerndes Einkommen in einem Kalenderjahr bezogen hat oder nicht. Das EStG knüpft die Leistungspflicht (ESt zu zahlen) im Wesentlichen an zwei gesetzliche Tatbestände:

1. Persönliche Steuerpflicht: z. B. § 1 Abs. 1 EStG (Einkommensteuerpflichtig sind bestimmte natürliche Personen im Inland);
2. Sachliche Steuerpflicht: § 2 EStG (Bemessungsgrundlage der ESt ist das zu versteuernde Einkommen dieser natürlichen Personen).

1 Steuersubjekt des Einkommensteuergesetzes

Der ESt unterliegen nur die **natürlichen Personen.** Als natürliche Person bezeichnet man jeden lebenden Menschen von der Vollendung der Geburt bis zum Tod (vgl. auch 3). **Juristische Personen** (z. B. GmbH, AG) sind dagegen nach dem KStG steuerpflichtig. Es gibt auch **Personenvereinigungen/Gesellschaften**, die weder nach dem EStG, noch nach dem KStG stpfl sind, z. B. Personengesellschaften (Offene Handelsgesellschaften, Kommanditgesellschaften) oder Erbengemeinschaften. Die Gewinne und Verluste dieser Personenvereinigungen werden in einem besonderen Besteuerungsverfahren erfasst, das die Grundlage für eine Steuerpflicht nach dem EStG bildet (Hinweis auf § 15 Abs. 1 Satz 1 Nr. 2 EStG).

2 Unbeschränkte Steuerpflicht nach dem Einkommensteuergesetz

In **§ 1 EStG** ist insbesondere zu unterscheiden zwischen

- der **unbeschränkten persönlichen Steuerpflicht** (§ 1 Abs. 1 EStG) und
- der **beschränkten persönlichen Steuerpflicht** nur mit inländischen Einkünften i. S. d. § 49 EStG (§ 1 Abs. 4 EStG), jeweils mit anderen Auswirkungen.

Während bei der unbeschränkten Steuerpflicht grundsätzlich alle Einkünfte (Welteinkünfte) des Stpfl erfasst werden, müssen bei der beschränkten Steuerpflicht für eine Besteuerung noch weitere Voraussetzungen vorliegen. Unbeschränkt einkommensteuerpflichtig sind

- natürliche Personen (vgl. 1 und 3), die
- im Inland
- ihren Wohnsitz oder gewöhnlichen Aufenthalt haben.

Andere Merkmale sind grundsätzlich ohne Bedeutung (z. B. Alter, Familienstand, Staatsangehörigkeit – vgl. aber z. B. § 1 Abs. 2 und Abs. 3 EStG sowie § 1 a EStG hinsichtlich bestimmter Ausnahmeregelungen).

2.1 Inland

Unter dem Begriff »Inland« ist das **Staatsgebiet** der Bundesrepublik Deutschland (Geltungsbereich des EStG) zu verstehen. Maßgebend sind die hoheitlichen Grenzen und nicht die Zollgrenzen, so dass auch Zollausschlüsse i. S. d § 2 Abs. 2 Satz 2 ZollG a. F. (Exklave Büsingen) zum Inland gehören. Durch das StÄndG 2015 vom 02. 11. 2015 (BGBl I 2015, 1834) wurde § 1 Abs. 1 Satz 2 EStG neu gefasst, wodurch der Inlandsbegriff erweitert wurde. Hiernach gehört zum Inland auch der der Bundesrepublik zustehende Anteil an der ausschließlichen Wirtschaftszone (§ 1 Abs. 1 Satz 2 Nr. 1 EStG) bzw. am Festlandsockel (§ 1 Abs. 1 Satz 2 Nr. 2 EStG), sofern bestimmte weitere Voraussetzungen erfüllt sind (zu diesen weiteren Details siehe § 1 Abs. 1 Satz 2 EStG).

Zudem gehören zum Inland auch deutsche **Handelsschiffe** in deutschen Häfen oder auf hoher See (vgl. H 1 a [Schiffe] EStH). An den Staatsgrenzen endet die Staatsgewalt; deshalb ist es sinnvoll, die ESt-Pflicht nach dem Staatsgebiet abzugrenzen. Hierzu dienen die Begriffe Wohnsitz und gewöhnlicher Aufenthalt.

2.2 Wohnsitz

Der Wohnsitz ist als Begriff in **§ 8 AO** erläutert. Der Stpfl hat seinen Wohnsitz dort, wo er

- eine Wohnung innehat
- unter Umständen, die auf ein Beibehalten und Nutzen der Wohnung schließen lassen.

Vgl. hierzu AEAO zu § 8. Stpfl sind oftmals auch in erheblichem Umfang in mehreren Staaten erwerbstätig und erzielen dort jeweils Teile ihres zu versteuernden Einkommens. Daher hat das Tatbestandsmerkmal Wohnsitz oder gewöhnlicher Aufenthalt in § 1 Abs. 1 EStG für die Abgrenzung der umfassenden persönlichen ESt-Pflicht, nämlich der Besteuerung des Welteinkommens große Bedeutung.

2.2.1 Wohnung

Unter dem Begriff der Wohnung sind Räumlichkeiten zu verstehen, die zum Wohnen geeignet sind. Hierbei ist eine weite Auslegung des Begriffs vorzunehmen. Insbesondere ist keine abgeschlossene Wohnung mit Küche und separater Waschgelegenheit i. S. d. Bewertungsrechts erforderlich. Daher können bereits ein möbliertes Zimmer, ein Zimmer in einer Wohngemeinschaft und ähnliche Räumlichkeiten als Wohnung anzusehen sein. Hingegen ist der Wohnwagen eines fahrenden Zirkusartisten keine Wohnung.

BEISPIELE

a) F und G, verheiratet, leben in Stuttgart in einer Dreizimmerwohnung mit Küche und Bad sowie sanitären Einrichtungen.

b) H, ledig, bewohnt in Karlsruhe ein möbliertes Zimmer ohne weitere Ausstattung. H benutzt die Küche usw. des Vermieters mit.

c) K, verwitwet, lebt in Freiburg im Altenheim in einem Zimmer mit seinen eigenen Möbeln. K benutzt die Einrichtungen des Altenheims.
Liegt in den Beispielen a) bis c) eine Wohnung vor?
LÖSUNG In den Beispielen a) bis c) ist jeweils eine Wohnung gegeben (vgl. AEAO zu § 8 Nr. 3).

2.2.2 Innehaben

Innehaben einer Wohnung heißt: Der Stpfl nutzt die Wohnung mit einer gewissen Regelmäßigkeit und Gewohnheit und muss tatsächlich auch über sie verfügen können. Er kann also nach seinem Belieben ständig über seine Räume verfügen. Dies gilt auch bei längeren Reisen. Im Vordergrund steht dabei mehr die tatsächliche als die rechtliche Verfügungsmöglichkeit.

BEISPIEL

L, ledig, ist selbstständiger Handelsvertreter. Er hat zwei Zimmer im Haus seiner Eltern in Heilbronn unentgeltlich zur Verfügung. Da er oft wochenlang auf In- und Auslandsreisen unterwegs ist, betreuen die Eltern die Räume des L.
LÖSUNG L hat seine Wohnung i. S. d. § 8 AO inne (vgl. AEAO zu § 8 Nr. 4).

2.2.3 Umstände, die auf ein Beibehalten und Nutzen der Wohnung schließen lassen

Umstände, die auf ein Beibehalten und Nutzen der Wohnung schließen lassen, liegen vor, wenn der Stpfl erkennen lässt, dass die Wohnung seinen Bedürfnissen entspricht und dass er sie ggf. mit seiner Familie (seinen Angehörigen, s. § 15 AO) nutzen wird. Dies wird für jeden Stpfl gesondert geprüft; es kann jedoch eine Person auch über einen Familienangehörigen einen Wohnsitz beibehalten (vgl. AEAO zu § 8 Nr. 1).

BEISPIEL

W, verheiratet mit X, zwei Kinder unter 16 Jahren, ist selbstständiger Architekt und Eigentümer eines Einfamilienhauses in Reutlingen. Als er keine Aufträge mehr erhält, nimmt er ein Angebot aus Saudi-Arabien an. Er schließt einen Beratervertrag mit einer arabischen Gesellschaft für vier Jahre ab. Die Ehefrau X und die Kinder bleiben in Reutlingen.
Hat W eine Wohnung im Inland?
LÖSUNG W hat mit der Ausreise nach Saudi-Arabien nicht erkennen lassen, dass er seine Wohnung im Inland nicht beibehalten und nutzen wird. W ist deshalb weiterhin unbeschränkt steuerpflichtig (vgl. AEAO zu § 8 Nr. 1).

Ein Beibehalten und Nutzen der Wohnung liegt hingegen nicht vor, wenn der Stpfl die Wohnung von vornherein für weniger als sechs Monate nimmt (vgl. AEAO zu § 8 Nr. 4).

Zusammenfassend ist festzustellen: Für die Bestimmung des Wohnsitzes sind die tatsächlichen Verhältnisse maßgebend. Daher, kann ein Stpfl auch **mehrere Wohnsitze** im Inland oder zusätzliche im Ausland haben, sofern die obigen Voraussetzungen vorliegen. § 1 Abs. 1 EStG stellt nämlich lediglich auf das **Vorhandensein** »eines« Wohnsitzes im Inland ab. Daher kann ein inländischer Wohnsitz auch dann vorliegen, wenn der Mittelpunkt der Lebensinteressen sich im Ausland befindet (vgl. BFH vom 24.01.2001 BFH/NV 2001, 1402).

BEISPIELE

a) G. S. ist vermögender Junggeselle. Er besitzt u. a. eine Wohnung in München, in Düsseldorf und auf der Insel Sylt. Daneben hat er je ein Appartement in Paris und in Rom.

LÖSUNG G. S. hat einen Wohnsitz im Inland und ist damit unbeschränkt einkommensteuerpflichtig, wenn er **eine** jener Wohnungen im Inland ständig benutzt (vgl. AEAO zu § 8 Nr. 5).

b) Der ledige K ist als Pilot bei der Deutschen Luftfahrtgesellschaft L-AG mit Sitz in Frankfurt/Main angestellt. K nutzt eine ihm gehörende Eigentumswohnung in Heidelberg an seinen dienstfreien Tagen zu Wohnzwecken. Außerdem hat K einen Mietvertrag über ein Hochhausappartement in Dubai vorgelegt und behauptet, dort seinen Wohnsitz innezuhaben.

Ist K nach § 1 Abs. 1 EStG i. V. m. § 8 AO im Inland unbeschränkt einkommensteuerpflichtig?

LÖSUNG Da K seine dienstfreien Tage in Heidelberg verbringt, hat er diese Wohnung inne und einen Wohnsitz im Inland begründet. Mit dem Mietvertrag über ein Appartement in Dubai (Ausland) hat K keinen ausschließlichen Wohnsitz nachgewiesen. Vgl. FG BaWü vom 10.11.2006 7 K 211/03 EFG 2007, 333. K ist also **unbeschränkt** einkommensteuerpflichtig.

Zu weiteren Details und zum Begriff des Wohnsitzes vgl. AEAO vor §§ 8, 9 und AEAO zu § 8.

2.3 Gewöhnlicher Aufenthalt

Der Begriff des gewöhnlichen Aufenthalts ist in **§ 9 AO** erläutert. Hat der Stpfl keinen Wohnsitz (vgl. 2.2) im Inland, so ist zu prüfen, ob er im Inland einen gewöhnlichen Aufenthalt hat. Dies ist dann der Fall, wenn er sich im Inland

- an einem Ort oder in einem Gebiet,
- unter Umständen aufhält, die ein nicht nur vorübergehendes Verweilen erkennen lassen (§ 9 Satz 1 AO).

Ein gewöhnlicher Aufenthalt liegt grundsätzlich dann vor, wenn der Stpfl sich im Inland mehr als sechs Monate aufhält (§ 9 Satz 2 AO).

Diese Regelung dehnt den Umfang der unbeschränkten Steuerpflicht weit aus, da es nur auf den Aufenthalt im Inland, also nicht auf einen bestimmten Ort im Inland ankommt. Dauert der Aufenthalt im Inland mehr als sechs Monate, so besteht der gewöhnliche Aufenthalt von Anfang an.

BEISPIELE

a) M ist Zirkusartist. Mit dem Zirkusbetrieb reist er jedes Jahr in der Sommersaison vom 01.04.–30.11. eines Jahres in der Bundesrepublik umher. Die Wintersaison verbringt er jeweils in Spanien und Südfrankreich.

Liegt ein gewöhnlicher Aufenthalt des M im Inland vor?

LÖSUNG M hat seinen gewöhnlichen Aufenthalt im Inland, da sein tatsächlicher Aufenthalt im Inland mehr als sechs Monate andauert (vgl. § 9 Satz 2 AO).

b) Z hat eine Wohnung in Straßburg (Frankreich). Er betreibt in Kehl eine Gaststätte. Z fährt morgens und abends zwischen Wohnung und Gaststätte hin und her.
Hat Z seinen gewöhnlichen Aufenthalt im Inland?
LÖSUNG Z hat seinen gewöhnlichen Aufenthalt nicht im Inland, da er in Kehl stets nur vorübergehend verweilt. Sein Aufenthalt wird ständig unterbrochen (vgl. AEAO zu § 9 Nr. 2). Vgl. hierzu auch § 1 Abs. 3, § 1 a EStG mit der Möglichkeit des Antrags auf erweiterte unbeschränkte Steuerpflicht sowie H 1 a [Erweiterte unbeschränkte Steuerpflicht und unbeschränkte Steuerpflicht auf Antrag] EStH.

Dient ein Aufenthalt ausschließlich privaten Zwecken (z. B. Besuch oder Kur) und dauert dieser nicht länger als ein Jahr, so liegt kein gewöhnlicher Aufenthalt vor (§ 9 Satz 3 AO). Dieser Stpfl darf sich jedoch nicht in irgendeiner Form gewerblich oder beruflich betätigen.

BEISPIEL

N ist englischer Schriftsteller mit Wohnsitz in Schottland. Er hält sich zu einem längeren Kuraufenthalt von 11 Monaten im Schwarzwald auf. Währenddessen schreibt er Artikel für Reisebeilagen englischer Tageszeitungen und erhält hierfür jeweils ein Entgelt.
LÖSUNG N hat seinen gewöhnlichen Aufenthalt im Inland, da er beruflich tätig ist.

Zum Schluss eine Besonderheit: Eine kurzfristige Unterbrechung des Aufenthalts im Inland wird nicht berücksichtigt, z. B. Familienheimfahrten, Jahresurlaub, längerer Heimaturlaub oder eine Kur (§ 9 Satz 2 2. HS AO). In diesem Fall zählt für die Sechs-Monats-Frist die Zeit der Unterbrechung durch eine Auslandsreise mit. In Einzelfällen kann die Sechs-Monats-Frist nach Tagen zu berechnen sein.

BEISPIEL

O ist italienischer Korrespondent in der Bundesrepublik für eine Anzahl von Tageszeitungen. Er wohnt in Hotels und hat in der Bundesrepublik keinen Wohnsitz. O ist am 14.03.01 eingereist, unterbrach vom 01.07. bis zum 30.07.01 seinen Aufenthalt wegen Ferien in Italien und ist am 31.07.01 wieder in die Bundesrepublik zurückgekehrt. Am 01.11.01 ist O nach Frankreich weitergereist, um dort längere Zeit zu arbeiten.
LÖSUNG Die Aufenthaltsfrist wird wie folgt berechnet: 15.03.–31.10. = zusammen 232 Tage, also mehr als 183 Tage. O ist unbeschränkt einkommensteuerpflichtig vom 15.03.–01.11.01 (vgl. AEAO zu § 9 Nr. 1 Satz 6).

Zum Begriff des gewöhnlichen Aufenthalts vgl. auch AEAO zu § 9.

3 Beginn und Ende der unbeschränkten Einkommensteuerpflicht

Die unbeschränkte ESt-Pflicht beginnt mit der Geburt – sofern ein Wohnsitz bzw. gewöhnlicher Aufenthalt im Inland gegeben ist – und endet mit dem Tod. Daneben kann sie auch bei Zuzug aus dem Ausland – d. h. bei Neubegründung eines Wohnsitzes oder gewöhnlichen Aufenthalts im Inland – beginnen und mit Wegzug aus dem Inland – d. h. der Aufgabe des Wohnsitzes bzw. des gewöhnlichen Aufenthaltes im Inland – enden. Weitere Einzelheiten zum Beginn und Ende der persönlichen ESt-Pflicht und den einkommensteuerlichen Folgen sind im Beschluss des BFH GrS 2/04 vom 17.12.2007 BStBl II 2008, 608, 612 unter D. III. 1 der Urteilsgründe ausgeführt sowie in § 2 Abs. 7 Satz 3 EStG enthalten.

BEISPIELE

a) Ein dreijähriges Kind, wohnhaft in München, erhält von einer vermögenden Tante ein Mietwohnhaus geschenkt.

LÖSUNG Das Kind ist unbeschränkt einkommensteuerpflichtig, ohne Rücksicht auf Einnahmen aus dem Haus.

b) Ein 82-jähriger Witwer in Esslingen/N. verstirbt am 30.06.

LÖSUNG Seine unbeschränkte Steuerpflicht endet am 30.06.

4 Abgrenzung der beschränkten Steuerpflicht nach dem Einkommensteuergesetz

Natürliche Personen, die im Inland weder einen Wohnsitz noch einen gewöhnlichen Aufenthalt haben, sind vorbehaltlich der Sonderregelungen in den §§ 1 Abs. 2, Abs. 3 und § 1 a EStG gemäß § 1 Abs. 4 EStG beschränkt einkommensteuerpflichtig, wenn und soweit sie bestimmte Einkünfte gem. § 49 EStG im Inland beziehen. Hier soll nur so viel erwähnt werden, dass die beschränkte Steuerpflicht solche Einkünfte unbedingt voraussetzt. Ohne inländische Einkünfte besteht grundsätzlich kein einkommensteuerliches Interesse an natürlichen Personen im Ausland. Bei ständiger und weit überwiegender Einkünfteerzielung im Inland kommt auf Antrag auch eine erweiterte unbeschränkte Steuerpflicht in Betracht (vgl. § 1 Abs. 3 EStG, § 1 a EStG sowie § 50 a EStG zur Erhebung der ESt als Abzugsteuer).

BEISPIELE

a) R ist selbstständiger Kaufmann mit Wohnsitz in Schaffhausen (Schweiz). Er kauft in Singen ein zum Privatvermögen gehörendes, vermietetes Mehrfamilienhaus zur Geldanlage.

LÖSUNG R ist beschränkt einkommensteuerpflichtig i. S. d. § 1 Abs. 4 EStG, weil Einkünfte aus Vermietung in § 49 Abs. 1 Nr. 6 EStG gegeben sind.

b) L mit Wohnsitz in Wien hat eine Speditionsfirma in Salzburg. Seine Lastzüge setzt L hauptsächlich für Transporte von Frankreich und Belgien nach Österreich ein. Sein Betrieb ist im Ausland.

LÖSUNG L bezieht im Inland keine Einkünfte gem. § 49 Abs. 1 Nr. 2 EStG. L ist nicht einkommensteuerpflichtig nach dem deutschen EStG.

5 Übungsaufgabe zur persönlichen Einkommensteuerpflicht

FALL 4

Entscheiden Sie, ob eine unbeschränkte oder beschränkte **ESt-Pflicht** vorliegt.

a) Der ledige und noch nicht volljährige A wohnt bei seinen Eltern in Hamburg. Er besucht das Gymnasium und wird von den Eltern unterhalten.

b) B und L, die Eltern des A, haben neben ihrer Wohnung in Hamburg ein Ferienhaus in Blavand/Dänemark, das sie häufig bewohnen.

c) D ist selbstständiger Handelsvertreter für Wohnwagen-Anhänger. Er reist das Jahr über in der Bundesrepublik und wohnt in seinem komfortablen Wohnwagen. D hat keine feste Wohnung.

d) E in Stuttgart ist an der F-Aktiengesellschaft in Bremen mit 500 Aktien beteiligt. Daneben betreibt E einen Autohandel. E behauptet, mit den Dividenden sei er beschränkt einkommensteuerpflichtig, weil die F-AG bereits Körperschaftsteuer bezahlt habe.

Teil C Die sachliche Einkommensteuerpflicht nach dem Einkommensteuergesetz

Nach der Prüfung der persönlichen ESt-Pflicht (§ 1 EStG) ist für jeden Stpfl festzustellen, wie hoch sein **zu versteuerndes Einkommen** ist. Das zu versteuernde Einkommen eines Kalenderjahres bildet die Grundlage für die Festsetzung der ESt (§ 2 Abs. 5 EStG). Es handelt sich dabei um eine selbstständige Begriffsfestlegung im EStG, die nicht auf anderen, z. B. volkswirtschaftlichen Einkommensbegriffen beruht. Einkommensteuer ist festzusetzen, wenn das sog. zu versteuernde Einkommen den Grundfreibetrag (§ 32a Abs. 1 Satz 2 Nr. 1 EStG; für den VZ 2017 = 8.820 Euro) übersteigt.

Im Folgenden wird nur die Reihenfolge der Berechnung des zu versteuernden Einkommens für **unbeschränkt Stpfl** behandelt (das besondere Berechnungsschema für beschränkt Stpfl nach § 50 EStG bleibt in diesem Band außer Betracht).

1 Zu versteuerndes Einkommen

Das zu versteuernde Einkommen (§ 2 Abs. 5 EStG) ermittelt sich – vereinfacht dargestellt – wie folgt: Von der Summe der **Einkünfte** aus den sieben Einkunftsarten (§ 2 Abs. 1 EStG) sind bestimmte personenbezogene Vergünstigungen abziehbar. Das Substrat bildet dann den sog. **Gesamtbetrag der Einkünfte** (§§ 2 Abs. 3). Vom Gesamtbetrag der Einkünfte sind insbesondere die Sonderausgaben und die außergewöhnlichen Belastungen abziehbar. Das Ergebnis wird als sog. **Einkommen** (§ 2 Abs. 4 EStG) bezeichnet. Das Einkommen vermindert um die kinderabhängigen Freibeträge ergibt das sog. zu versteuernde Einkommen (§ 2 Abs. 5 EStG; siehe auch Berechnungsschema unter Tz. 1.4).

1.1 Die einzelnen Einkunftsarten, die Einkünfte und ihre Grundlagen

Zunächst legt § 2 Abs. 1 EStG abschließend die **sieben Einkunftsarten** fest, deren Ergebnisse als **Einkünfte** bezeichnet werden, die der Stpfl während der Dauer der unbeschränkten ESt-Pflicht erzielt. Die Höhe dieser Einkünfte wird ab Teil E im Einzelnen dargestellt.

§ 2 Abs. 1 EStG führt einzeln die sieben Einkunftsarten auf. Die näheren Regelungen zu der jeweiligen Einkunftsart ergeben sich aus den §§ 13–24 EStG:

1.	Einkünfte aus Land- und Forstwirtschaft	§§ 13–14 a EStG
2.	Einkünfte aus Gewerbebetrieb	§§ 15–17 EStG
3.	Einkünfte aus selbstständiger Arbeit	§ 18 EStG
4.	Einkünfte aus nichtselbstständiger Arbeit	§ 19 EStG
5.	Einkünfte aus Kapitalvermögen	§ 20 EStG
6.	Einkünfte aus Vermietung und Verpachtung	§ 21 EStG
7.	sonstige Einkünfte i. S. d. § 22 EStG	§§ 22–23 EStG

Ergänzungen, z. B. für nachträgliche Einkünfte aus früherer Tätigkeit, sind in § 24 EStG geregelt.

Der Begriff Einkünfte ergibt sich aus § 2 Abs. 2 EStG.

BEISPIELE

	Einkünfte gem. §§ des EStG
a) Landwirt B bewirtschaftet einen 50 ha großen Betrieb	§§ 2 Abs. 1 Satz 1 Nr. 1 und 13 Abs. 1 Nr. 1 Satz 1
b) Bäckermeister M betreibt selbstständig eine Bäckerei, Konditorei und Tagescafé)	§§ 2 Abs. 1 Satz 1 Nr. 2 und 15 Abs. 2
c) Architekt G unterhält selbstständig ein Konstruktionsbüro und führt Bauaufsicht	§§ 2 Abs. 1 Satz 1 Nr. 3 und 18 Abs. 1 Nr. 1 Satz 2
d) Angestellte D ist bei der Fa. Porsche AG im Verkauf tätig	§§ 2 Abs. 1 Satz 1 Nr. 4 und 19 Abs. 1 Nr. 1
e) Privatmann P besitzt Aktien und andere Wertpapiere im Gesamtwert von 3 Mio. €. Er bezieht Dividenden und Zinsen	§§ 2 Abs. 1 Satz 1 Nr. 5 und 20 Abs. 1 Nr. 1 und Nr. 7 (Ausnahme: § 2 Abs. 5 b EStG)
f) Hauseigentümerin H hat mehrere Wohn- und Geschäftshäuser vermietet	§§ 2 Abs. 1 Satz 1 Nr. 6 und 21 Abs. 1 Nr. 1
g) Rentner R bezieht seit seinem 65. Geburtstag eine lebenslange Rente	§§ 2 Abs. 1 Satz 1 Nr. 7 und 22 Nr. 1 Satz 3 Buchst. a
h) Hauseigentümerin H, vgl. f), kaufte und verkaufte innerhalb von sechs Jahren ein unbebautes Grundstück. Dabei erzielte H einen Gewinn i. H. v. 100 000 € (privates Veräußerungsgeschäft)	§§ 2 Abs. 1 Satz 1 Nr. 7 und 23 Abs. 1 Satz 1 Nr. 1
i) Privatmann P, vgl. e), kauft und verkauft innerhalb des Jahres 01 Aktien einer deutschen Aktiengesellschaft und erzielt dabei einen Gewinn i. H. v. 20 000 €	§§ 2 Abs. 1 Satz 1 Nr. 5 und 20 Abs. 2 Satz 1 Nr. 1 (Ausnahme: § 2 Abs. 5 b EStG)

Hinweis: Zur Anwendung des § 2 Nr. 5 b EStG vgl. L 11.

Die sieben Einkunftsarten werden nach der Bezeichnung der Einkünfte in zwei Gruppen zusammengefasst (§ 2 Abs. 2 EStG):

1. Gruppe der **Gewinneinkünfte**: Das sind die Einkunftsarten des **§ 2 Abs. 1 Satz 1 Nr. 1 bis 3 EStG** (Land- und Forstwirtschaft, Gewerbebetrieb und selbstständige Arbeit). Hier ist für jedes Wirtschaftsjahr ein Gewinn (oder Verlust) zu ermitteln. Der Gewinn stellt insoweit regelmäßig die Einkünfte dar.
2. Gruppe der **Überschusseinkünfte:** Das sind die Einkunftsarten des **§ 2 Abs. 1 Satz 1 Nr. 4 bis 7 EStG** (nichtselbstständige Arbeit, Kapitalvermögen, Vermietung und Verpachtung, sonstige Einkünfte i. S. d. § 22 und 23 EStG). Die Einkünfte ermitteln sich insoweit aus den Einnahmen abzüglich der Werbungskosten eines Kj. Statt dem Ansatz von tatsächlichen Werbungkosten können Freibeträge bzw. Pauschbeträge abziehbar sein (z. B. Arbeitnehmer–Pauschbetrag gem. § 9 a Satz 1 Nr. 1 EStG, Sparer–Pauschbetrag gem. § 20 Abs. 9 EStG).

Es gibt auch Tätigkeiten, die den Tatbestandsmerkmalen der Einkunftsarten gleichen, ohne aber dazu zu rechnen (sog. Liebhaberei, vgl. D 1, also eine Betätigung ohne Gewinn- bzw. Einkünfteerzielungsabsicht, oder bei nichtsteuerbaren Einnahmen).

BEISPIELE

a) Fabrikantin F kaufte ein Gestüt mit Pferdezucht nur für ihre Freizeitgestaltung.

LÖSUNG Es liegt kein landwirtschaftlicher »Betrieb« vor, vgl. BFH vom 27.01.2000 BStBl II 2000, 227. F kann Verluste aus dem Gestüt **nicht** mit anderen Einkünften (z. B. aus ihrem Gewerbebetrieb) ausgleichen. Vgl. 1. 2.

b) Glücksjäger G setzt in der Spielbank Baden-Baden beim Roulette 1 000 € auf die Zahl 5. Er gewinnt 35 000 €. 30 000 € zahlte er als Reservepolster auf ein Sparkonto bei der D-Bank ein und erhält Zinsen.

LÖSUNG Der Spielgewinn gehört zu keiner Einkunftsart des EStG (auch nicht zu § 22 oder 23 EStG, vgl. D 1.3). Die erhaltenen Guthabenzinsen sind dagegen dem Grunde nach Einkünfte aus Kapitalvermögen (§ 20 Abs. 1 Nr. 7 EStG). Vgl. L 7.

Die **Berechnung der Einkünfte** erfolgt bei den beiden Gruppen von Einkunftsarten auf verschiedene Weise:

- Gewinneinkünfte: Der Gewinn wird durch **Betriebsvermögensvergleich** (§ 4 Abs. 1 bzw. § 5 EStG) ermittelt, wenn der Steuerpflichtige buchführungspflichtig ist oder freiwillig Bücher führt (siehe auch R 4.1 EStR). In anderen Fällen besteht das Wahlrecht, den Gewinn durch **Einnahmen-Überschuss-Rechnung** (EÜR, § 4 Abs. 3 EStG) zu ermitteln (siehe auch R 4.5 EStR **sowie Teil** I). Außerdem gibt es bei Land- und Forstwirten die Möglichkeit, den Gewinn nach Durchschnittssätzen zu berechnen (§ 13 a EStG, vgl. G).
- Überschusseinkünfte: Hier sind die Einkünfte dergestalt zu errechnen, in dem **von den Einnahmen die Werbungskosten abgezogen werden** (vgl. dazu im Einzelnen E und F, K bis N).

BEISPIELE

a) Der selbstständige Architekt G ermittelt seinen Gewinn nach § 4 Abs. 3 EStG (EÜR). Er bezog im Jahr 2017 Betriebseinnahmen i. H. v. 100 000 €. Im Jahr 2017 leistete er Betriebsausgaben i. H. v. 40 000 €.

LÖSUNG Sein Gewinn aus selbstständiger Arbeit gem. § 18 Abs. 1 Nr. 1 Satz 2 EStG beträgt 60 000 €.

b) Privatmann P, ledig, konfessionslos, vereinnahmte im Jahr 2017 Dividenden und Zinsen i. H. v. 90 000 €. Im Jahr 2015 wendete P 5 000 € Werbungskosten auf (Depotgebühren, Einzugskosten).

LÖSUNG Seit dem VZ 2009 ist der Abzug von Werbungskosten bei den Einkünften aus Kapitalvermögen (§ 20 EStG) ausgeschlossen. Stattdessen ist nur der Sparer-Pauschbetrag (für ledige Stpfl beträgt er 801 €) abziehbar (vgl. § 20 Abs. 9 Satz 1 EStG).

Berechnung:

Einnahmen	90 000 €
./. Sparer-Pauschbetrag	./. 801 €
Einkünfte	89 199 €

Hinweis: Bei Auszahlung der Dividenden und Zinsen hat das auszahlende inländische Kreditinstitut bzw. Finanzdienstleistungsinstitut gem. § 43 a Abs. 1 Nr. 1 i. V. m. § 32 d Abs. 1 EStG einen Steuerabzug vorzunehmen. Dieser beträgt bei Konfessionslosen: 25 % Kapitalertragsteuer aus den Einnahmen = 22 500 € sowie daraus weitere 5,5 % Solidaritätszuschlag = 1 237,50 €. Der Steuereinbehalt der Bank beträgt somit insgesamt 23.737,50 Euro. Die Bank hat den Steuereinbehalt dem zuständigen Finanzamt weiterzuleiten (näheres hierzu siehe L 11).

c) Dem Hauseigentümer H sind im Jahr 2017 Mieten i. H. v. 10 000 € zugeflossen. Im Jahr 2017 wendete er insgesamt 18 000 € Werbungskosten auf (u. a. eine Dachreparatur für 13 000 €).

LÖSUNG Sein Überschuss der Werbungskosten über die Einnahmen (Verlust = Einkünfte) beträgt ./. 8 000 €. Die negativen Einkünfte können grundsätzlich mit positiven Einkünften aus anderen Einkunftsarten des selben Jahres verrechnet werden (Verlustausgleich, vgl. 1.2.1).

Bitte beachten Sie, dass die Einkünfte für jede Einkunftsquelle und jede Einkunftsart getrennt zu berechnen sind. Bei den Einkünften aus § 19 und § 22 EStG sind getrennte Pauschbeträge für Werbungskosten gem. § 9 a Satz 1 Nr. 1 und Nr. 3 EStG abziehbar. Vgl. E 2.4.

1.2 Summe der Einkünfte und Gesamtbetrag der Einkünfte

1.2.1 Verlustausgleich

Die Einkünfte aus den sieben Einkunftsarten eines Kalenderjahres werden für jeden Steuerpflichtigen getrennt nach Einkunftsarten ermittelt und anschließend aufaddiert bzw. subtrahiert. Dabei werden positive Ergebnisse (Gewinne sowie Einnahmenüberschüsse) mit negativen Ergebnissen (Verlusten) verrechnet. Eine Besonderheit nehmen seit dem VZ 2009 die Einkünfte aus Kapitalvermögen i. S. d. § 20 EStG ein (vgl. Teil L: Stichwort Abgeltungsteuer)

Das Ergebnis wird **Summe der Einkünfte** genannt (§ 2 Abs. 3 EStG und R 2 Abs. 1 Nr. 1 EStR). Die sog. Summe der Einkünfte kann je nach den Einzeleinkünften positiv oder negativ sein.

Die Verrechnung der positiven Einkünfte mit den steuerlich relevanten negativen Einkünften eines Jahres nennt man **Verlustausgleich**. Der Verlustausgleich kann innerhalb der Einkünfte einer Einkunftsart oder mit Einkünften einer anderen Einkunftsart erfolgen. Der Verlustausgleich beruht auf dem Prinzip, negative Einkünfte eines Kalenderjahres (Veranlagungszeitraums) zunächst mit positiven Einkünften desselben Jahres (Veranlagungszeitraums) zu verrechnen. Da die ESt eine Jahressteuer ist, sind die Ergebnisse der sieben Einkunftsarten bei jedem Stpfl für jedes Kalenderjahr (= Veranlagungszeitraum, vgl. 3.1) abzugrenzen.

Verlustausgleich im Verlustentstehungsjahr	
innerhalb derselben Einkunftsart = **horizontaler Verlustausgleich** § 2 Abs. 3 EStG	zwischen den verschiedenen Einkunftsarten = **vertikaler Verlustausgleich** § 2 Abs. 3 EStG

BEISPIELE

a) **Horizontaler Verlustausgleich:**

O hat insgesamt drei Mietshäuser. Sie erzielte im Jahr 2017 folgende Einkünfte:

Haus 1 Einkünfte nach § 21 EStG	+ 20 000 €
Haus 2 Einkünfte nach § 21 EStG	+ 3 000 €
Haus 3 Einkünfte nach § 21 EStG	./. 8 000 €

Wie hoch ist die Summe der Einkünfte der O im Kj 2017?

LÖSUNG Die Einkünfte aus Vermietung und Verpachtung gem. § 21 EStG betragen insgesamt + 15 000 €

b) **Vertikaler Verlustausgleich:**

M erzielte im Jahr 2017

als Bauunternehmerin: Einkünfte nach § 15 EStG	+ 75 000 €
aus der Vermietung mehrerer Wohnungen: Einkünfte nach § 21 EStG	./. 30 000 €

Wie hoch ist die Summe der Einkünfte der M im Kalenderjahr 2017?

LÖSUNG Die Summe der Einkünfte der M beträgt + 45 000 €

c) **Vertikaler Verlustausgleich:**

N erzielte im Jahr 2017

als Friseurmeister: Einkünfte nach § 15 EStG	+ 60 000 €
Zinsen aus Sparguthaben nach Abzug des Sparer–Pauschbetrags gem. § 20 Abs. 9 EStG (Steuerabzug wurde zutreffend vorgenommen)	+ 1 000 €
aus der Vermietung eines Wohnhauses: Einkünfte nach § 21 EStG	./. 10 000 €

Wie hoch ist die Summe der Einkünfte des N im Kj 2017?

LÖSUNG Die Summe der Einkünfte des N beträgt + 50 000 €

Die Einkünfte aus Kapitalvermögen (§ 20 EStG, vorliegend aus den Zinsen) sind nicht in die Summe der Einkünfte einzubeziehen, weil deren Besteuerung durch den Steuerabzug grundsätzlich abgegolten ist (§ 2 Abs. 5 b und § 43 Abs. 5 i. V.m.32 d Abs. 1 EStG). Zu prüfen ist, ob die Einbeziehung der Einkünfte aus Kapitalvermögen gem. § 20 EStG in die Steuerfestsetzung 2017 des N mit Anrechnung von KapSt günstiger ist (§ 32d Abs. 6 EStG, vgl. L 11.5).

1.2.2 Einschränkungen vom Verlustausgleich

Der Verlustausgleich ist in folgenden Fällen eingeschränkt:

- Verluste aus privaten Veräußerungsgeschäften (§ 22 Nr. 2, § 23 Abs. 3 EStG sowie N 3.3),
- Verluste aus Leistungen (§ 22 Nr. 3 Sätze 3 und 4 i. V. m. § 10 d EStG),
- Verluste aus gewerblicher Tierzucht oder aus einer Beteiligung als stiller Gesellschafter an einem Handelsgewerbe (§ 15 Abs. 4 EStG),
- Verluste bei beschränkter Haftung (§ 15 a EStG),
- negative Einkünfte mit Bezug zu Drittstaaten (§ 2 a EStG).

BEISPIEL

Der selbstständige Elektromeister B erzielt im Jahr 2017 einen Gewinn aus Gewerbebetrieb i. H. v. 70 000 €. Aus der Vermietung eines Wohnmobils (ohne gewerbliche Sonderleistungen) erzielte er Einnahmen i. H. v. 5 000 € und zahlte Werbungskosten i. H. v. 8 000 €. Die Werbungskosten sind unstreitig für Abschreibung, Kfz-Steuer, Kfz-Versicherung und Werbeanzeigen in Tageszeitungen entstanden. Daneben unterhält B ein privates Wohnmobil nur für sich und seine Familie. Kann B den Verlust aus der Vermietung des Wohnmobils mit seinen übrigen Einkünften im Kj 2017 ausgleichen?

LÖSUNG Der Gewinn aus Gewerbebetrieb gem. § 15 EStG des B kann mit dem Verlust aus der privaten Vermietung des Wohnmobils (insoweit Einkünfte nach § 22 Nr. 3 EStG i. H. v. ./. 3 000 €) **nicht** ausgeglichen werden. Die Summe der Einkünfte des B für das Jahr 2017 beträgt 70 000 €. Die negativen Einkünfte nach § 22 Nr. 3 EStG für das Jahr 2017 können nur mit positiven Einkünften i. S. d. § 22 Nr. 3 Satz 1 EStG im VZ 2016 (Rücktrag) oder mit positiven Einkünften i. S. d. § 22 Nr. 3 Satz 1 EStG ab dem VZ 2018 (Vortrag) verrechnet werden (besonderer Verlustverrechnungskreis, § 22 Nr. 3 Satz 4 EStG i. V. m. H 22.8 »Verlustvor- und -rücktrag« EStH, vgl. dazu auch N 3).

1.2.3 Gesamtbetrag der Einkünfte

Von der Summe der Einkünfte ist – bei Vorliegen der jeweiligen Voraussetzungen (vgl. O 1) – der Altersentlastungsbetrag gem. § 24 a EStG, der Entlastungsbetrag für Alleinerziehende gem. § 24 b EStG und/oder der Freibetrag für Landwirte gem. § 13 Abs. 3 EStG abzuziehen. Der verbleibende Betrag ist der **Gesamtbetrag der Einkünfte** (§ 2 Abs. 3 EStG), der als Zwischenergebnis auch an anderer Stelle benötigt wird, z. B. bei der Berechnung der zumutbaren Belastung gem. § 33 Abs. 3 EStG (vgl. R 1.5).

BEISPIEL

P, geboren am 12. 07. 1951, gibt in seiner ESt-Erklärung für das Jahr 2017 an:

- Einkünfte aus Gewerbebetrieb ./. 9 000 €,
- Einkünfte aus Vermietung und Verpachtung + 17 000 €,
- Einkünfte aus nichtselbstständiger Arbeit + 2 000 € (Bruttoarbeitslohn 3.000 € abzüglich Arbeitnehmer-Pauschbetrag gem. § 9 a Nr. 1 Buchst. a EStG i. H. v. 1.000 €).

Wie hoch ist der Gesamtbetrag der Einkünfte (GdE) des P im Kj 2017?

LÖSUNG P hat im Jahr 2015 das 64. Lebensjahr vollendet. Der GdE wird wie folgt berechnet:

Summe der Einkünfte (17 000 € + 2 000 € ./. 9 000 €)	+	10 000 €
./. Altersentlastungsbetrag gem. § 24 a EStG: 22,4 % von (Bruttoarbeitslohn 3.000 € + positive übrige Einkünfte 8.000 € =) 11.000 €, höchstens 1.064 €; vgl. O 3)	./.	1.064 €
GdE des P	+	8.936 €

1.3 Zu versteuerndes Einkommen

Vom Gesamtbetrag der Einkünfte werden der Verlustabzug (§ 10 d EStG), die **Sonderausgaben** (§§ 10–10 c EStG) und die **außergewöhnlichen Belastungen** (§§ 33–33 b EStG) abgesetzt. Im Einzelfall können sich weitere Hinzu- und Abrechnungen ergeben. Das Ergebnis wird sodann **Einkommen** (§ 2 Abs. 4 EStG) genannt. Vom sog. Einkommen sind die Freibeträge für Kinder (§ 32 Abs. 6 EStG, nach Vergleich mit dem Kindergeld im Rahmen der Günstigerprüfung, § 31 EStG) sowie ggf. ein Abzugsbetrag wegen Härteausgleich (§ 46 Abs. 3 EStG sowie § 70 EStDV) abziehbar. Hiernach ergibt sich das **zu versteuernde Einkommen** (§ 2 Abs. 5 EStG), das die Grundlage für die festzusetzende ESt bildet (§ 2 Abs. 6 EStG). Vgl. R 2 Abs. 1 Nr. 17 und R 2 Abs. 2 EStR.

1.4 Berechnungsschema des zu versteuernden Einkommens

Die Ermittlung des zu versteuernden Einkommens erfolgt nach einer bestimmten Reihenfolge. Die Finanzverwaltung hat hierzu in **R 2 Abs. 1 EStR** ein **Schema** in einer übersichtlichen Staffelform aufgestellt. Dieses Berechnungsschema gibt einen Überblick, wie man von der Summe der Einkünfte zum zu versteuernden Einkommen gelangt.

In den zu lösenden Klausuraufgaben sind regelmäßig keine Berechnungsbögen beigefügt. Vielmehr wird erwartet, dass man das zu versteuernde Einkommen mit Hilfe der **R 2 Abs. 1 EStR** selbst in der zutreffenden Reihenfolge darstellen kann.

Nachfolgend ist das in R 2 Abs. 1 EStR enthaltene Schema zur Ermittlung des zu versteuernden Einkommens, reduziert auf das Niveau des Grundkurses, wiedergegeben:

	Summe der Einkünfte aus den (ggf. sieben) Einkunftsarten
=	**Summe der Einkünfte**
./.	Altersentlastungsbetrag (§ 24 a EStG)
./.	Entlastungsbetrag für Alleinerziehende (§ 24 b EStG)
./.	Freibetrag für Land- und Forstwirte (§ 13 Abs. 3EStG)
=	**Gesamtbetrag der Einkünfte (§ 2 Abs. 3 EStG)**
./.	Verlustabzug nach § 10 d EStG
./.	Sonderausgaben (§§ 10, 10 a, 10 b, 10 c EStG)
./.	außergewöhnliche Belastungen (§§ 33 bis 33 b EStG)
./.	Erstattungsüberhänge (§ 10 Abs. 4b Satz 3 EStG)
=	**Einkommen (§ 2 Abs. 4 EStG)**
./.	Freibeträge für Kinder (§§ 31, 32 Abs. 6 EStG)
=	**Zu versteuerndes Einkommen (§ 2 Abs. 5 EStG)**

BEISPIEL

Aus der ESt-Erklärung 2017 für den Stpfl P, 35 Jahre, ledig, kinderlos, ergibt sich Folgendes:

Gewinn aus Landwirtschaft	+ 3 000 €
Gewinn aus Gewerbebetrieb	+ 45 000 €
Verlust aus Vermietung eines Mietshauses (keine Liebhaberei)	./. 6 000 €
außergewöhnliche Belastungen durch Krankheitskosten (nach Abzug der zumutbaren Belastung)	./. 4 000 €
Sonderausgaben, in voller Höhe abziehbar	./. 3 780 €
gezahlte ESt für 2016	./. 6 244 €

Berechnen Sie nach dem Schema das zu versteuernde Einkommen des P für den VZ 2017.

LÖSUNG

Berechnung des zu versteuernden Einkommens für den VZ 2015 des P

Einkünfte aus Land- und Forstwirtschaft (§ 13 EStG)		3 000 €
Einkünfte aus Gewerbebetrieb (§ 15 EStG)	+	45 000 €
Einkünfte aus Vermietung und Verpachtung (§ 21 EStG)	./.	6 000 €
= Summe der Einkünfte		42 000 €
Kein Freibetrag für Landwirte (§ 13 Abs. 3 EStG		---
= Gesamtbetrag der Einkünfte		42 000 €
Sonderausgaben (§§ 10, 10 b, 10 c EStG)	./.	3 780 €
Außergewöhnliche Belastungen (§§ 33 bis 33 b EStG)	./.	4 000 €
= Einkommen		34 220 €
= zu versteuerndes Einkommen 2017		

Es findet eine Einzelveranlagung des P statt. Die für den VZ 2016 gezahlte ESt ist nicht berücksichtigungsfähig (vgl. § 12 Nr. 3 EStG). Der Freibetrag gem. § 13 Abs. 3 EStG für Einkünfte aus Land- und Forstwirtschaft ist nicht zu berücksichtigen, da die Summe der Einkünfte 30 700 € übersteigt.

2 Veranlagung der Einkommensteuer

2.1 Begriff der Veranlagung

Für die ESt als jährlich festzusetzende Steuer (so genannte Veranlagungssteuer) ist die Besteuerungsgrundlage (das zu versteuerndes Einkommen) und die Höhe nach dem Steuertarif in einem förmlichen Steuerfestsetzungsverfahren zu ermitteln und in einem Einkommensteuerbescheid bekanntzugeben. Dieses **Verfahren** ist **in der AO** (vgl. Band 1, Helmschrott/Schaeberle/Scheel; Abgabenordnung) **geregelt**. In § 25 Abs. 1 EStG ist – nicht ganz korrekt – ausgesagt, die ESt werde nach dem Einkommen (gemeint ist nach dem zu versteuernden Einkommen i. S. d. § 2 Abs. 5 EStG) eines Kalenderjahres veranlagt. Dazu regelt § 25 Abs. 3 EStG i. V. m. § 56 EStDV, welche unbeschränkt einkommensteuerpflichtigen Personen verpflichtet sind, eine ESt-Erklärung abzugeben. Diese Verpflichtung ergibt sich für Arbeitnehmer i. S. d. § 1 LStDV aus § 46 Abs. 2 EStG. Zum Begriff des Arbeitnehmers vgl. auch K.

Hat das FA den Einkommensteuerbescheid erteilt, so muss der Stpfl die nicht durch Vorauszahlungen, Steuerermäßigungs- und Anrechnungsbeträge gedeckte ESt-Schuld innerhalb eines Monats nach Bekanntgabe des Steuerbescheids an das FA entrichten (vgl. § 36 Abs. 4 EStG).

BEISPIELE

a) Die in Hamburg wohnenden Ehegatten G und S haben im Kalenderjahr 2017 folgende Einkünfte bezogen: Einkünfte des G aus nichtselbstständiger Arbeit 70 000 €, Einkünfte der S aus selbstständiger Arbeit (§ 18 Abs. 1 Nr. 1 EStG) 5 000 €. Sie möchten zusammen veranlagt werden.

LÖSUNG Die Ehegatten haben gem. § 25 Abs. 3 Satz 2 EStG i. V. m. § 56 Nr. 1 b EStDV und § 46 Abs. 2 Nr. 1 EStG für das Jahr 2017 eine gemeinsame ESt-Erklärung abzugeben. Die Zusammenveranlagung ist zulässig (§ 26 Abs. 1 und § 26b EStG).

b) A erhielt im Juli 2017 den Einkommensteuerbescheid 2015

mit einer festzusetzenden ESt von	17 000 €
Auf die ESt 2015 werden **angerechnet**:	
§ 36 Abs. 2 Satz 1 Nr. 1 EStG: die für 2015 entrichteten ESt-Vorauszahlungen	1 000 €
§ 36 Abs. 2 Satz 1 Nr. 2 EStG: die im Jahr 2015 einbehalteneLohnsteuer	12 000 €

In welcher Höhe und zu welchem Zeitpunkt hat A eine Zahlung an das FA zu leisten?

LÖSUNG

Festzusetzende ESt für 2015	17 000 €
Anzurechnen sind:	
gem. § 36 Abs. 2 Satz 2 Nr. 1 EStG geleistete Vorauszahlung./.	1 000 €
gem. § 36 Abs. 2 Satz 2 Nr. 2 EStG einbehaltene LSt	./. 12 000 €
Vom Stpfl zu leistende Abschlusszahlung gem. § 36 Abs. 4 Satz 1 EStG	4 000 €

Die Abschlusszahlung ist fällig innerhalb eines Monats nach Bekanntgabe des Einkommensteuerbescheids (§ 36 Abs. 4 Satz 1 EStG).

2.2 Einzelveranlagung

Nach § 25 EStG sind Stpfl grundsätzlich einzeln zu veranlagen (sog. Einzelveranlagung). D. h. für jeden Stpfl wird grundsätzlich »sein« zu versteuernde Einkommen ermittelt und die ESt daraus (vgl. Schema C 2) berechnet und gegenüber dem Stpfl festgesetzt. Dies ergibt sich aus **§ 2 Abs. 1 Satz 1 EStG:** »Der ESt unterliegen 1. Einkünfte ..., die **der Stpfl** ... erzielt.« Damit ist im EStG das **Individualprinzip** verankert. Die Einzelveranlagung gilt für folgende Stpfl:

- Ledige, hierzu gehören auch die Partner einer nichtehelichen Lebensgemeinschaft oder einer gleichgeschlechtlichen Lebenspartnerschaft,
- Verwitwete,
- Geschiedene oder
- Ehegatten bzw. Lebenspartner eingetragener Lebenspartnerschaften, die das ganze Jahr über dauernd getrennt lebten.

BEISPIEL

M, seit mehreren Jahren verwitwet, lebte im Kj 2017 mit seinem 16-jährigen Sohn S in einem gemeinsamen Haushalt. M und S haben jeweils steuerlich relevante Einkünfte bezogen.

LÖSUNG Für M und S kommt jeweils nur eine Einzelveranlagung (§ 25 EStG) in Betracht.

Darüber hinaus findet die Einzelveranlagung auch bei Ehegatten bzw. Lebenspartnern eingetragener Lebenspartnerschaften Anwendung, wenn die Voraussetzungen für die Zusammenveranlagung vorliegen und ein Ehegatte bzw. Lebenspartner die Einzelveranlagung beantragt (§ 26 a EStG). Auf 3.3 wird insoweit verwiesen.

2.3 Zusammenveranlagung

2.3.1 Allgemeines

Ehegatten bzw. Lebenspartner eingetragener Lebenspartnerschaften (§ 2 Abs. 8 EStG) können zwischen **Einzelveranlagung** (§ 26 a EStG) und **Zusammenveranlagung** (§ 26 b EStG) wählen. (vgl. § 26 i. V. m. § 2 Abs. 8 EStG). Wird das Wahlrecht nicht oder nicht wirksam ausgeübt, sind die Ehegatten bzw. Lebenspartner zusammen zu veranlagen (§ 26 Abs. 3 EStG).

Das Wahlrecht gilt für **Ehegatten bzw. Lebenspartner,**

a) die nach bürgerlichem Recht rechtswirksam verheiratet bzw. verpartnert sind,
b) die beide unbeschränkt einkommensteuerpflichtig sind (Besonderheit bei beschränkt Steuerpflichtigen: s. hierzu § 1 Abs. 3 EStG sowie § 1 a Abs. 1 Nr. 2 EStG),
c) die nicht dauernd getrennt gelebt haben **und**

d) bei denen diese Voraussetzungen zu Beginn des Kalenderjahres (Veranlagungszeitraum, vgl. D 3) vorgelegen haben oder im Laufe des Kalenderjahres (Veranlagungszeitraum) eingetreten sind.

Die **Voraussetzungen** des Veranlagungswahlrechts für Ehegatten bzw. Lebenspartner nun nochmals **im Einzelnen:**

zu a): Die Ehe muss **rechtsgültig** (d. h. vor dem Standesbeamten) geschlossen worden sein. Diese Feststellung richtet sich nach dem Familienrecht des BGB. Die nichteheliche Lebensgemeinschaft wird nicht berücksichtigt (vgl. BStBl II 2006, 515). Die Ehe wird aufgelöst durch den Tod eines Ehegatten, durch Ehescheidungsurteil oder Eheaufhebungsurteil mit deren Rechtskraft. Vgl. H 26 [Allgemeines] EStH. Entsprechendes gilt für Lebenspartner eingetragener Lebenspartnerschaften. Sie müssen insbesondere gegenüber dem Standesbeamten persönlich und bei gleichzeitiger Anwesenheit erklären, miteinander eine Partnerschaft auf Lebenszeit führen zu wollen (§ 1 LPartG). Bezüglich der Aufhebung einer Lebenspartnerschaft gilt § 15 LPartG.

BEISPIEL

Frau A und Herr W leben seit 20 Jahren in einem eheähnlichen Verhältnis. Auf die förmliche Eheschließung haben beide verzichtet, weil in diesem Fall Frau A ihre Witwenrentenansprüche verlieren würde.

LÖSUNG Für Frau A und Herrn W kommt jeweils nur eine Einzelveranlagung (§ 25 EStG) in Betracht.

zu b): Die Entscheidung über die **unbeschränkte persönliche ESt-Pflicht** beider Ehegatten bzw. Lebenspartner eingetragener Lebenspartnerschaften ist nach den Ausführungen zu B 2 bis B 4 zu treffen.

zu c): Ehegatten bzw. Lebenspartner eingetragener Lebenspartnerschaften **leben dauernd getrennt**, wenn die zum Wesen der Ehe bzw. Lebenspartnerschaft gehörende Lebens- und Wirtschaftsgemeinschaft nach dem Gesamtbild der Verhältnisse auf Dauer nicht mehr besteht (vgl. zum ganzen Tatbestand: R 26 Abs. 1 EStR, H 26 [Getrenntleben] EStH). Das FA hat in der Regel (also von seltenen Ausnahmen abgesehen) die hierzu von den Ehegatten bzw. Lebenspartnern gemachten Angaben ohne weitere Prüfung zu übernehmen. Andernfalls müsste der Steuerbeamte die persönliche Sphäre der Ehegatten bzw. Lebenspartner ohne ausreichenden Grund verletzen. Ist aus äußeren Umständen anzunehmen, dass die Ehegatten bzw. Lebenspartner ihre Lebens- und Wirtschaftsgemeinschaft aufgelöst haben, z. B. nach Einreichen des Scheidungsantrags eines Ehegatten, so kann ab diesem Zeitpunkt ein dauerndes Getrenntleben angenommen werden. Hierbei sind die Umstände des Einzelfalles stets für sich zu prüfen.

BEISPIEL

Die Ehegatten B und M sind seit Jahren mit gemeinsamer Wohnung im Inland gemeldet. Im Dezember 2017 bezog B mit seiner Lebensgefährtin L eine gemeinsame (zusätzliche) Wohnung am gleichen Ort.

Sind die Ehegatten B und M im VZ 2017 zusammen zu veranlagen oder einzeln zu veranlagen?

LÖSUNG Da die eheliche Lebensgemeinschaft zwischen B und M zum Beginn des Kalenderjahres 2017 noch bestand (was Tatfrage ist), steht ihnen für den VZ 2017 noch das Wahlrecht auf Zusammenveranlagung (§ 26 b EStG) zu. Allerdings sind B und M jeweils einzeln zu veranlagen, wenn ein Ehegatte dies beantragt (§ 26 Abs. 2 und § 26 a EStG).

zu d): Die unter a) bis c) beschriebenen Voraussetzungen müssen im Kalenderjahr entweder zu dessen Beginn vorgelegen haben oder im Laufe des Kalenderjahres eingetreten sein. Daraus folgt, dass alle genannten Voraussetzungen irgendwann während des Jahres gemeinsam vorgelegen haben müssen. Ein Mindestzeitraum wird nicht verlangt.

BEISPIEL

M (Wohnsitz in Heidelberg) heiratete am 22.12.2017 die F (Wohnsitz in Berlin) in Karlsruhe. Vom 23.12.2017 bis zum 31.01.2018 verbringen beide einen Urlaub in Paris.
Nach welcher Veranlagungsart sind die Ehegatten M und F für das Jahr 2017 zur ESt zu veranlagen?

LÖSUNG M und F erfüllen im Jahr 2017 die Voraussetzungen für die Zusammenveranlagung (§ 26 b EStG). Sie können damit eine gemeinsame Einkommensteuererklärung abgeben und die Zusammenveranlagung wählen. Allerdings sind sie einzeln zu veranlagen, wenn M oder F dies beantragt (§ 26 Abs. 2 und § 26 a EStG). Im zuletzt genannten Fall hat jeder eine separate Einkommensteuererklärung abzugeben.

Allerdings ist noch eine **Sonderregelung für mehrere Ehen eines Stpfl in einem** Kalenderjahr zu beachten. War ein Stpfl in einem Kalenderjahr mehrmals verheiratet und liegen zwischen den Ehegatten aller Ehen die Voraussetzungen für eine Ehegattenveranlagung vor, so ist nur für die **zuletzt geschlossene Ehe** eine Zusammenveranlagung zulässig (§ 26 Abs. 1 **Satz 2** EStG, R 26 Abs. 2 EStR).

BEISPIELE

a) H und J waren viele Jahre glücklich verheiratet. Am 10.03.2017 verstarb J. H heiratete am 03.12.2017 die K.
Für welche Ehegatten ist für das Jahr 2017 eine Zusammenveranlagung durchzuführen?

LÖSUNG Bei beiden Ehen liegen alle Voraussetzungen des § 26 Abs. 1 Satz 1 EStG vor. Nach§ 26 Abs. 1 Satz 2 EStG und R 26 Abs. 2 EStR kann für den VZ 2017 aber nur für die Eheleute H und K eine Zusammenveranlagung durchgeführt werden. J ist für den VZ 2017 mit ihrem zu versteuernden Einkommen bis zum Todestag einzeln zu veranlagen (§ 25 EStG, aber mit Splittingtarif § 32a Abs. 6 Nr. 2 EStG).

b) Wie Beispiel a), jedoch hatte die K im Jahr 2017 ihren Wohnsitz und gewöhnlichen Aufenthalt ausschließlich in Frankreich.
Kann für die Ehegatten H und K für das Jahr 2017 eine Zusammenveranlagung durchgeführt werden?

LÖSUNG Für H und K ist auch in diesem Fall eine Zusammenveranlagung für den VZ 2017 möglich (§ 26 Abs. 1 Satz 2 EStG), sofern die Voraussetzungen des § 1a Abs. 1 Nr. 2 EStG erfüllt sind.

2.3.2 Einzelveranlagung und Zusammenveranlagung von Ehegatten (§§ 26 a und 26 b EStG)

Bei der Gestaltung der Veranlagungsarten für Ehegatten bzw. Lebenspartnern eingetragener Lebenspartnerschaften geht der Gesetzgeber nach § 26 Abs. 3 EStG grundsätzlich von der **Zusammenveranlagung** aus. Diese ist so geregelt, dass eine gemeinsame Ermittlung des zu versteuernden Einkommens der Ehegatten bzw. Lebenspartner mit einem für diese Veranlagungsart günstigen ESt-Tarif (sog. Splittingtarif, § 32a Abs. 5 EStG) verbunden ist (vgl. § 32 a Abs. 5 EStG und 4.2). Ehegatten haben für die Zusammenveranlagung eine gemeinsame Steuererklärung abzugeben (vgl. § 25 Abs. 3 EStG).

Um aber eine getrennte Steuerfestsetzung auch bei Eheleuten bzw. Lebenspartnern zu ermöglichen, wurde ein Wahlrecht auf **Einzelveranlagung** (bei Beantragung durch **einen** Ehegatten bzw. Lebenspartner (§ 26 Abs. 2 Satz 1 EStG, R 26 Abs. 3 EStR und H 26 [Wahl der Veranlagungsart] EStH) eingeführt. Der Antrag auf Einzelveranlagung bei einem Ehegatten bzw. Lebenspartner bindet grundsätzlich auch den anderen Ehegatten bzw. Lebenspartner. Bei der Einzelveranlagung werden Sonderausgaben, außergewöhnliche Belastungen und die Steuerermäßigung nach § 35 a EStG grundsätzlich dem Ehegatten bzw. Lebenspartner zugerechnet, der sie wirtschaftlich getragen hat. Sie werden aber auch jeweils hälftig zugeordnet, wenn dies übereinstimmend beantragt wird (§ 26 a Abs. 2 EStG). Darüber hinaus kommt bei bestimmten Sonderausgaben bzw. außergewöhnlichen Belastungen auch eine anderweitige Aufteilung in Betracht.

Ehegatten bzw. Lebenspartner können die Veranlagungsart der Zusammenveranlagung einfach dadurch wählen (§ 26 Abs. 2 Sätze 2 und 3 EStG), in dem sie eine gemeinsame ESt-Erklärung abgeben und dort im vorgesehenen Feld auf dem Mantelbogen die Zusammenveranlagung ankreuzen. Wird in der gemeinsamen ESt-Erklärung der Ehegatten bzw. Lebenspartner gem. § 25 Abs. 3 Satz 2 EStG keine ausdrückliche Erklärung zur Veranlagungsart abgegeben, so ist gem. § 26 Abs. 3 EStG **zu unterstellen**, dass sie die Zusammenveranlagung wählen.

2.3.3 Durchführung der Zusammenveranlagung (§ 26 b EStG, R 26 b EStR)

Die Zusammenveranlagung (Hauptfall bei der Veranlagung von Ehegatten bzw. Lebenspartnern eingetragener Lebenspartnerschaften) erfolgt in **drei Schritten:**

1. Die Ehegatten bzw. Lebenspartner geben eine gemeinsame ESt-Erklärung ab. Darin erklären sie ihre steuerlich relevanten Einnahmen und Aufwendungen. Die gemeinsame Steuererklärung ist grundsätzlich von beiden Ehegatten bzw. Lebenspartnern zu unterschreiben (§ 25 Abs. 3 Satz 1 EStG). Bei elektronischer Übermittlung der Einkommensteuererklärung mit Authentifzierung werden die Unterschriften durch eine elektronische Signatur ersetzt.
2. Auch bei der Zusammenveranlagung werden die Einkünfte jedes Ehegatten bzw. Lebenspartners – wie bei der Einzelveranlagung – zunächst gesondert ermittelt (§ 26 b EStG, R 26 b EStR). Das gilt zum einen für die Ermittlung der Summe der Einkünfte (SdE). Für jeden Ehegatten bzw. Lebenspartner ist die Summe der Einkünfte getrennt voneinander zu ermitteln. Zum anderen sind z. B. auch die Voraussetzungen und die Höhe des Altersentlastungsbetrags gem. § 24 a EStG (vgl. O) für jeden Ehegatten getrennt zu prüfen und ggf. zu berücksichtigen. Die getrennt ermittelten Gesamtbeträge der Einkünfte beider Eheleute bzw. Lebenspartner münden dann in einen gemeinsamen Gesamtbetrag der Einkünfte.
3. Für die weitere Berechnung des Einkommens und des zu versteuernden Einkommens werden die zusammenveranlagten Ehegatten bzw. Lebenspartner nur noch als »1 Stpfl« behandelt. Die Sonderausgaben und außergewöhnlichen Belastungen werden gemeinsam ermittelt. An vielen Stellen ist im EStG ausdrücklich angegeben, wenn für Ehegatten bzw. Lebenspartner im Fall der Zusammenveranlagung bestimmte Freibeträge verdoppelt werden oder sonstige Vergünstigungen zustehen oder gewährt werden, z. B. §§ 10 Abs. 3, 10 c, 13 Abs. 3, 20 Abs. 9 EStG.

Hinweis: Die Einkünfte von Kindern sind in die Zusammenveranlagung z. B. der Eltern nicht einzubeziehen. Kinder werden grundsätzlich einzeln veranlagt (§ 25 EStG).

2.3.4 Übungsaufgabe zur Veranlagung der Einkommensteuer

FALL 5

Ihnen liegt eine Einkommensteuererklärung für das Jahr 2017 mit Anlagen und folgenden Einzelangaben vor:
Manfred Morlock (M), geboren am 02. 01. 1963 in Stuttgart, ist seit 1991 verheiratet mit Florence Morlock (F), geboren am 16. 10. 1970 in London. Sie haben zwei gemeinsame Kinder: Sohn Peter (P), geboren am 14. 03. 2003 und Tochter Tina (T), geboren am 05. 01. 2005.Die gesamte Familie wohnt in Karlsruhe, Salamanderstr. 14.
Für die Kinder P und T ist der Ansatz der Freibeträge für Kinder (§ 31, § 32 Abs. 3 und Abs. 6 Sätze 1 und 2 EStG) günstiger.

Gewinn aus dem Autohandelsbetrieb des M	133 000 €
Gewinn aus der Tätigkeit als Klavierlehrerin der F (Betriebseinnahmen 12 000 €)	8 130 €
Mieteinnahmen aus Mehrfamilienhaus des M	11 000 €
Werbungskosten hierzu	6 500 €
Zinsen aus Sparguthaben und festverzinslichen Wertpapieren der F (mit zutreffendem Steuerabzug nach § 43 a Abs. 1 i. V. m. § 32 d Abs. 1 EStG)	11 600 €
Mieteinkünfte (nach Abzug von Werbungskosten) einer Wohnung des P	9 508 €
Mieteinkünfte (nach Abzug von Werbungskosten) einer Wohnung der T	4 300 €
Sonderausgaben des M (voll abzugsfähig)	6 700 €
Sonderausgaben der F (voll abzugsfähig)	3 100 €
Außergewöhnliche Belastungen des M gem. § 33 EStG (nach Abzug der zumutbaren Belastung voll abzugsfähig)	3 600 €

Berechnen Sie nach dem bekannten Schema das zu versteuernde Einkommen für den VZ 2017 der oben angegebenen Personen. Zur Veranlagungsart ist kein Antrag gestellt worden.

3 Ermittlung der tariflichen Einkommensteuer (§ 32 a EStG)

Bei der Einkommensteuer gibt es zwei Tarifarten:

- der **Grundtarif (§ 32a Abs. 1 EStG), der grundsätzlich** bei der Einzelveranlagung gilt und
- der **Splittingtarif (§ 32a Abs. 5 und 6 EStG),** der bei der Zusammenveranlagung und in bestimmten Sonderfällen der Einzelveranlagung anwendbar ist.

Dabei ist der Einkommensteuertarif linear-progressiv aufgebaut und in fünf Tarifzonen unterteilt: eine Nullzone (den sog. Grundfreibetrag), zwei Progressionszonen und zwei Proportionalzonen (vgl. A 2.8). Der Spitzensteuersatz beträgt aktuell 45 %. Er gelangt im VZ 2017 ab einem zu versteuernden Einkommen von 256.304 € zur Anwendung.

3.1 Anwendungsbereich des Grundtarifs

Der Grundtarif wird bei der **Einzelveranlagung** von Stpfl sowie auf Antrag bei der **Einzelveranlagung von Ehegatten bzw. Lebenspartnern** eingetragener Lebenspartnerschaften jeweils auf das zu versteuernde Einkommen angewendet. Die ESt ergibt sich als Steuerbelastung aus den Einzelsteuerbeträgen der verschiedenen Tarifzonen (§ 32 a Abs. 1 EStG). Für jeden einzelnen Betrag in Euro des zu versteuernden Einkommens, der den Grundfreibetrag i. H. v. 8.820 € (für den Veranlagungszeitraum 2018 i. H. v. 9.000 €) übersteigt, wird **jeweils** die ESt ermittelt.

Einige Fachverlage geben besondere Steuertabellen heraus. Diese Tabellen haben die Schwäche, dass sie die ESt nur stufenweise darstellen. Sie sind daher weder praxis- noch klausurtauglich. Vielmehr ist die ESt anhand der Regelungen in § 32a EStG für das maßgebliche zu versteuernde Einkommen des Steuerpflichtigen stets »Euro-genau« zu berechnen. Dem folgt auch die Steuerberechnung der Finanzämter in den jeweiligen Einkommensteuerbescheiden. Die zutreffende Einkommensteuer kann auch anhand des Einkommensteuerrechners des Bundesfinanzministeriums unter www.bundesfinanzministerium.de/service berechnet werden.

BEISPIEL

A, ledig, bezog im Jahr 2017 ein zu versteuerndes Einkommen von 28 469 €. Die ESt beträgt nach dem Grundtarif 4.946 €. Der Durchschnittsteuersatz beträgt (4.946 / 28.469 =) ca. 17,37 %. Der Grenzsteuersatz, also der Steuersatz auf ein z. B. um 10 € erhöhtes zu versteuerndes Einkommen, beträgt hier ca. 30,5 %.

Beachten Sie eine **Ausnahme:** Bei der **Einzelveranlagung** bestimmter Stpfl ist ausnahmsweise die Splittingtabelle anzuwenden (vgl. dazu 4.2.2).

3.2 Anwendungsbereich des Splittingtarifs (§ 32 a Abs. 5 und 6 EStG)

3.2.1 Sinn, Zweck und Durchführung des Splittingverfahrens

Für Ehegatten und Lebenspartner eingetragener Lebenspartnerschaften, die zur ESt zusammenveranlagt werden, ist das **Splittingverfahren** (seit 01.01.1958 eingeführt) anwendbar. Sinn und Zweck des Splittingtarifs ist es, die Ehegatten bzw. Lebenspartner ohne Rücksicht auf die von ihnen tatsächlich jeweils bezogenen Einkünfte (vgl. § 26 b EStG) so zu stellen, als hätte **jeder Ehegatte** bzw. Lebenspartner **die Hälfte des von beiden zu versteuernden Einkommens bezogen.** Von dieser Hälfte wird die ESt nach dem Grundtarif ermittelt und dieser **Steuerbetrag verdoppelt**. Dieser verdoppelte ESt–Betrag ist die festzusetzende ESt der zusammenveranlagten Eheleute bzw. Lebenspartner (§ 32 a Abs. 5 Satz 1 EStG). Der Splittingtarif ist also aus dem Grundtarif übernommen (vgl. dazu 4.1). Durch das Splittingverfahren ist daher die **Durchschnittsbelastung beider Ehegatten** bzw. Lebenspartner gleich hoch, wie die Belastung eines Stpfl, der die Hälfte des zu versteuernden Einkommens beider Ehegatten bzw. Lebenspartner bezogen hat. Dies führt grundsätzlich zu einer günstigeren Progressionsbelastung (Grenzsteuerbelastung) der Eheleute bzw. Lebenspartner im Vergleich zu dem bei der Einzelveranlagung anzuwendenden Grundtarif. Man kann grundsätzlich davon ausgehen, dass bei Ehegatten bzw. Lebenspartnern die Zusammenveranlagung mit dem Splittingtarif die günstigste Veranlagungsart ist, weil regelmäßig die einzubeziehenden Einkünfte der Ehegatten bzw. Lebenspartner unterschiedlich hoch sind. Daher ist § 26 Abs. 3 EStG eine für Ehegatten bzw. Lebenspartner bedeutsame Regelung für die Wahl der Veranlagungsart »Zusammenveranlagung«. Das Splittingverfahren ist die dem Wesen der Ehe entsprechende systemgerechte Form der Ehegattenbesteuerung mit Verfassungsrang, keine Steuervergünstigung (vgl. BVerfG vom 03.11.1982 BStBl II 1982, 717). Gleiches muss für Lebenspartner eingetragener Lebenspartnerschaften gelten. Für nichteheliche Lebensgemeinschaften und Alleinerziehende mit Kindern ist der Splittingtarif indessen nicht vorgesehen.

BEISPIEL

M und F werden zusammenveranlagt und haben im Jahr 2017 ein zu versteuerndes Einkommen i. H. v. 110 000 €.

LÖSUNG Die ESt beträgt nach dem Splittingtarif 29 248 €.

Es spielt keine Rolle, ob alle Einkünfte von M oder alle Einkünfte von F erzielt wurden, oder ob M z. B. mit 70 000 € und F mit 40 000 € zum zu versteuernden Einkommen beigetragen haben.

Nachfolgend ist zum Vergleich die ESt-Belastung bei der Einzelveranlagung und dem dann anzuwendenden Grundtarif (§ 26 a und § 32 a Abs. 1 EStG) für den VZ 2017 dargestellt:

Einzelveranlagung	**M**	**F**	**Gesamtbelastung**
Beispiel 1:			
zu versteuerndes Einkommen	110 000 €	0 €	
ESt lt. Grundtarif	37 724 €	0 €	37 724 €
ESt lt. Splittingtarif			29 248 €
Steuerersparnis durch Splittingverfahren			8 476 €
Beispiel 2:			
zu versteuerndes Einkommen	70 000 €	40 000 €	
ESt lt. Grundtarif	20 924 €	8 766 €	29 690 €
ESt lt. Splittingtarif			29 248 €
Steuerersparnis durch Splittingverfahren			442 €

Nach der im Beispiel 1 aufgezeigten Methode kann M seine Steuerbelastung durch eine Heirat mit der einkommenslosen F (oder umgekehrt) optimieren, wenn die Voraussetzungen für eine Zusammenveranlagung gem. § 26 Abs. 1 EStG vorliegen. Die relativ hohe Steuerentlastung tritt durch den doppelten Grundfreibetrag und die unterschiedlichen Grenzsteuersätze (M 42 %, F 0 %) ein. Je geringer die Einkommensunterschiede der Ehegatten bzw. Lebenspartner sind, desto niedriger wird die Ersparnis durch das Splittingverfahren (vgl. Beispiel 2).

3.2.2 Anwendung des Splittingverfahrens aus Billigkeitsgründen (§ 32 a Abs. 6 EStG)

In zwei **Ausnahmefällen** wird das **Splittingverfahren** auch bei **Einzelveranlagungen** angewendet.

3.2.2.1 Splittingverfahren nach § 32 a Abs. 6 Satz 1 Nr. 1 EStG

Das Splittingverfahren gem. § 32 a Abs. 6 Satz 1 Nr. 1 EStG (vgl. auch H 32 a EStH) wird angewendet, wenn

- der Stpfl zu Beginn des Kalenderjahrs erstmals verwitwet ist,
- der Ehegatte bzw. Lebenspartner im Vorjahr verstorben ist **und**
- der verwitwete Stpfl und sein verstorbener Ehegatte bzw. Lebenspartner im Zeitpunkt des Todes im Vorjahr die Voraussetzungen des § 26 Abs. 1 Satz 1 EStG für die Zusammenveranlagung erfüllt haben.

Folge: Der verwitwete Stpfl kann nur für das Kalenderjahr, zu dessen Beginn er erstmals verwitwet ist, das Splittingverfahren auf sein zu versteuerndes Einkommen anwenden (obgleich bei ihm in dem betreffenden Folgejahr eine Einzelveranlagung durchzuführen ist). Das sog. Witwensplittung (auch »Gnadensplitting« genannt) kommt beim verwitweten Stpfl somit nur im ersten VZ nach dem Tod des Ehegatten bzw. Lebenspartners in Betracht.

Ab dem Folgejahr (zweites Jahr nach dem Tod des verstorbenen Ehegatten bzw. Lebenspartners) ist dann bei einer Einzelveranlagung der Grundtarif (§ 32a Abs. 1 EStG) anzuwenden. Es handelt sich also um eine Billigkeitsregelung zur Überleitung auf die volle Besteuerung des verwitweten Stpfl nach dem Grundtarif.

BEISPIEL

M und F erfüllten bis zum Tod des M am 15.06.2017 die Voraussetzungen für die Zusammenveranlagung nach § 26 EStG. F ist das ganze Jahr 2018 verwitwet.

LÖSUNG Für den VZ 2017 lagen die Voraussetzungen für eine Zusammenveranlagung vor. Für M und F ist für den VZ 2017 eine Zusammenveranlagung zulässig (§ 26b EStG). In diesem Fall ist der Splittingtarif (§ 32a Abs. 5 EStG) anwendbar.

F ist für den VZ 2018 einzeln zu veranlagen (Einzelveranlagung nach § 25 EStG). Gem. § 32 a Abs. 6 Satz 1 Nr. 1 i. V. m. § 32 a Abs. 5 EStG ist die ESt auf ihr zu versteuerndes Einkommen für den VZ 2018 noch nach dem Splittingtarif zu berechnen.

Ab dem VZ 2019 ist das zu versteuernde Einkommen von F bei einer Einzelveranlagung nach dem Grundtarif (§ 32 a Abs. 1 EStG) zu ermitteln.

3.2.2.2 Splittingverfahren nach § 32 a Abs. 6 Satz 1 Nr. 2 EStG

Das Splittingverfahren ist gem. § 32 a Abs. 6 Satz 1 Nr. 2 EStG (vgl. auch H 32 a EStH) auch anzuwenden, wenn

- die Ehe bzw. Lebenspartnerschaft des Stpfl durch Scheidung oder Aufhebung aufgelöst wird und
- der Stpfl und sein bisheriger Ehegatte bzw. Lebenspartner im Jahr der Auflösung der Ehe bzw. Lebenspartnerschaft die Voraussetzungen des § 26 Abs. 1 Satz 1 EStG für die Zusammenveranlagung erfüllten und
- der bisherige Ehegatte bzw. Lebenspartner im gleichen Kalenderjahr wieder geheiratet bzw. sich verpartnert hat und mit dem neuen Ehegatten bzw. dem neuen Lebenspartner ebenfalls die Voraussetzung des § 26 Abs. 1 Satz 1 EStG erfüllt und der Stpfl nicht gem. §§ 26, 26 a EStG einzeln zur ESt veranlagt wird.

Folge: Sind die vorgenannten **Voraussetzungen sämtlich erfüllt,** so erhält der einzeln zu veranlagende Stpfl nur für das **Kalenderjahr der Auflösung der Ehe bzw. der Lebenspartnerschaft den Splittingtarif.**

Auch hier handelt es sich um eine Billigkeitsregelung für den einzeln zu veranlagenden Stpfl, weil dieser in dem vorbezeichneten Fall durch § 26 Abs. 1 Satz 2 EStG gehindert ist, über eine beantragte Zusammenveranlagung den Splittingtarif zu erhalten.

BEISPIELE

a) M und F erfüllten bis zum Tod des M am 10.01.2017 die Voraussetzungen für die Zusammenveranlagung nach § 26 Abs. 1 Satz 1 EStG. F heiratete am 15.12.2017 den X. Auch zwischen F und X liegen die Voraussetzungen des § 26 Abs. 1 Satz 1 EStG vor. Damit ist die Ehe zwischen F und X für die Zusammenveranlagung zu berücksichtigen. Die aufgelöste Ehe zwischen M und F ist nicht zu berücksichtigen. Welche Folgen ergeben sich für den VZ 2017?

LÖSUNG Nur F und X können die Zusammenveranlagung für den VZ 2017 wählen (§ 26 Abs. 1 Satz 2 EStG, H 32 a EStR) und können folglich den Splittingtarif (§ 32a Abs. 5 EStG) beanspruchen. Für M ist für den VZ 2017 zwingend eine Einzelveranlagung durchzuführen (§ 25 EStG). Einzubeziehen sind seine Einkünfte und Aufwendungen bis zu seinem Tode. Auf sein zu versteuerndes Einkommen für den VZ 2017 wird ebenfalls der Splittingtarif angewendet (§ 32 a Abs. 6 Satz 1 Nr. 2 EStG).

b) R und S erfüllten bis 02.02.2017 die Voraussetzungen für die Zusammenveranlagung nach § 26 Abs. 1 Satz 1 EStG. Am 03.02.2017 reichte S die Scheidung ein und zog aus der gemeinsamen Wohnung in Mannheim aus. Am 30.11.2017 wurde die Ehe durch Scheidung aufgelöst, am 20.12.2017 heiratete die S den Z. S und Z erfüllen seitdem die Voraussetzungen für die Zusammenveranlagung des § 26 Abs. 1 Satz 1 EStG. R hat im Jahr 2017 nicht wieder geheiratet.

LÖSUNG Nur S und Z können die Zusammenveranlagung für den VZ 2017 wählen und erhalten den Splittingtarif (§ 32a Abs. 5 EStG). Für R wird für den VZ 2017 eine Einzelveranlagung durchgeführt (§ 26 Abs. 1 Satz 2 i. V. m. § 25 EStG). Er erhält bei seiner Steuerfestsetzung ebenfalls den Splittingtarif auf sein zu versteuerndes Einkommen für das Jahr 2017 (§ 32 a Abs. 6 Satz 1 Nr. 2 EStG). Ab dem Jahr 2018 wird R als Geschiedener grundsätzlich einzeln veranlagt (§ 25 EStG) und nach dem Grundtarif (§ 32a Abs. 1 EStG) besteuert.

c) Frau H und Herr K erfüllten bis 31.05.2017 die Voraussetzungen für die Zusammenveranlagung nach § 26 Abs. 1 Satz 1 EStG. Am 01.06.2017 reichte H die Scheidung ein und zog aus der gemeinsamen Wohnung in Heidelberg aus. Am 30.04.2018 wurde die Ehe durch Scheidung aufgelöst, am 31.10.2018 heiratete H den D. H und D erfüllen für ihre Ehe die Voraussetzungen des § 26 Abs. 1 Satz 1 EStG seit 31.10.2018. K hat im Jahr 2018 nicht wieder geheiratet.

LÖSUNG Für den VZ 2017 können H und K die Zusammenveranlagung wählen (§ 26 Abs. 1 Satz 1 und § 26b EStG) und erhalten den Splittingtarif (§ 32a Abs. 5 EStG). Für den VZ 2018 können nur H und D die Zusammenveranlagung wählen (§ 26 Abs. 1 Satz 1 und § 26b EStG) und erhalten den Splittingtarif (§ 32a Abs. 5 EStG). Für K ist für den VZ 2018 eine Einzelveranlagung (§ 25 EStG) durchzuführen und der Grundtarif anzuwenden. § 32 a Abs. 6 Nr. 2 EStG ist für K im VZ 2018 nicht anwendbar, da H und K im Jahr 2018 die Voraussetzungen für eine Zusammenveranlagung zu keinem Zeitpunkt (das dauernde Getrenntleben bestand bereits seit dem 01.06.2017) erfüllt haben (§ 32 a Abs. 6 Satz 1 Nr. 2 a EStG).

4 Ermittlung der festzusetzenden Einkommensteuer (§ 2 Abs. 6 EStG)

Das Berechnungsschema zur Ermittlung der **festzusetzenden Einkommensteuer** ist in R 2 Abs. 2 EStR dargestellt.

Ausgangsgrundlage für die tarifliche Einkommensteuer bildet dabei

- entweder der Steuerbetrag nach § 32 a Abs. 1, 5 EStG oder
- der Steuerbetrag nach Anwendung des Progressionsvorbehalts (§ 32 b EStG) oder der Steuersatzbegrenzung

Für Zwecke des Grundkurses kann man sich folgendes **vereinfachtes** Berechnungsschema merken:

=	**tarifliche Einkommensteuer** (§ 32 a Abs. 1, 5 EStG)
./.	Steuerermäßigung nach § 35 EStG
./.	Steuerermäßigung bei Zuwendungen an politische Parteien und unabhängige Wählervereinigungen (§ 34 g EStG)
./.	Steuerermäßigung nach § 35 a EStG
+	Steuer aufgrund Berechnung nach § 32 d Abs. 3 und Abs. 4 EStG
+	Anspruch auf Kindergeld oder vergleichbare Leistungen, soweit in den Fällen des § 31 EStG das Einkommen um Freibeträge für Kinder gemindert wurde
=	festzusetzende Einkommensteuer (§ 2 Abs. 6 EStG)

5 Übungsaufgaben zur sachlichen Einkommensteuerpflicht nach dem Einkommensteuergesetz

FALL 6–7

FALL 6 Rechtsanwalt H wohnt in Ludwigsburg und ist 60 Jahre alt. Er ist kinderlos und seit drei Jahren verwitwet. Er gibt in seiner ESt-Erklärung für das Jahr 2017 folgende Einkünfte und sonstige Besteuerungsmerkmale an:

Gewinn aus Land- und Forstwirtschaft	3 200 €
Verlust aus Antiquitätenhandel (kein Liebhabereinbetrieb)	12 000 €
Gewinn als selbstständiger Rechtsanwalt	33 000 €
Arbeitslohn für seine Tätigkeit als Angestellter bei einem Industrieverband	7 000 €
Abzug gem. § 9 a Satz 1 Nr. 1 EStG	1 000 €
Leibrente i. S. d. § 22 Nr. 1 Satz 3 Buchst. a Doppelbuchst. bb EStG (Ertragsanteil bereits ausgerechnet)	2 800 €
Werbungskosten gem. § 9 a Satz 1 Nr. 3 EStG zur Leibrente	102 €
Einnahmen aus Vermietung eines Mehrfamilienhauses	5 000 €
Werbungskosten hierzu (keine Liebhaberei)	7 656 €
außergewöhnliche Belastung durch Krankheitskosten (nach Abzug der zumutbaren Belastung)	1 500 €
Sonderausgaben (voll abzugsfähig)	2 500 €

Berechnen Sie das zu versteuernde Einkommen des Stpfl für das Jahr 2017 und geben Sie die anzuwendende Tarifart an.

FALL 7 Die Eheleute Kurt und Lea Hauber gaben am 26. 05. 2018 die ESt-Erklärung für das Jahr 2017 ab.

Aus dieser Steuererklärung sind folgende persönliche Angaben ersichtlich: Kurt Hauber, geboren am 13. 05. 1957 in Stuttgart, ist seit dem 10. 07. 2017 in zweiter Ehe verheiratet mit Lea, geboren am 01. 01. 1953. Kurt ist seit dem 18. 01. 2017 nach 35-jähriger Ehe von seiner ersten Frau Fanny, geboren am 10. 05. 1952, geschieden. Bereits seit dem 08. 08. 2016 lebten Kurt und Fanny dauernd getrennt. Lea war seit 2010 verwitwet. Fanny wohnt wie seither in Esslingen in der früheren Mietwohnung.
Kurt erlitt am 21. 02. 2017 einen Herzinfarkt und hielt sich von diesem Tag bis zu seiner Entlassung am 19. 08. 2017 in einem Krankenhaus in Zürich auf. Während des Krankenhausaufenthalts heiratete er Lea in der Schweiz. An den Krankenhausaufenthalt schloss sich ein sechswöchiger Kuraufenthalt in St. Moritz/Schweiz an. Von dort aus ging er mit Lea auf Hochzeitsreise nach Kenia. Das Ehepaar Kurt und Lea kehrte am 31. 10. 2017 in die Bundesrepublik Deutschland zurück. Noch im November 2017 zog Kurt von seinem 1-Zimmer-Appartement in Ludwigsburg, in dem er seit dem 08. 08. 2016 wohnte, in die 3-Zimmer-Wohnung von Lea nach Stuttgart um.
Die Ehegatten Kurt und Lea beantragen die Zusammenveranlagung für 2017.
Kinder sind nicht zu berücksichtigen.
Zu den einzelnen Einkunftsarten machen die Ehegatten Kurt und Lea Hauber für das Jahr 2017 folgende Angaben:

1.	Gewinn aus der Maschinenfabrik von Kurt (Gewinnermittlung durch Betriebsvermögensvergleich nach § 5 EStG)	75 000 €
2.	Betriebseinnahmen der Lea aus der Tätigkeit als Innenarchitektin	155 000 €
3.	Betriebsausgaben der Lea aus dieser Tätigkeit	90 000 €
4.	Mieteinnahmen aus einem vermieteten Zweifamilienhaus des Kurt	12 000 €
5.	Werbungskosten hierzu	5 000 €

Im Juni 2018 reichte auch Fanny ihre ESt-Erklärung für das Jahr 2017 ein und erklärte Einkünfte aus Vermietung und Verpachtung i. H. v. 14 000 €. Sie beantragt die Zusammenveranlagung mit ihrem geschiedenen Ehemann Kurt.
Ermitteln Sie, für welche Personen eine Zusammenveranlagung in Betracht kommt. Berechnen Sie das zu versteuernde Einkommen für den VZ 2017. Die abzugsfähigen Sonderausgaben betragen 5 730 €, davon entfallen auf Kurt 2 950 € und auf Lea 2 780 €. Bei Fanny sind im VZ 2017 Sonderausgaben i. H. v. 1 900 € abziehbar.

Teil D Darstellung einkommensteuerlicher Grundbegriffe

Im Folgenden werden einige Grundbegriffe allgemein erörtert, bevor (ab Teil E) die Überschusseinkünfte im Einzelnen besprochen werden.

1 Abgrenzung der Ergebnisse aus den sieben Einkunftsarten von nicht zu erfassenden Vermögensvermehrungen und Vermögensverlusten

1.1 Überblick

Wie bereits unter C 1 ausgeführt sind die Einkunftsarten in § 2 Abs. 1 EStG abschließend aufgezählt. Die positiven oder negativen Ergebnisse anderer Tätigkeiten sind nicht bei der Berechnung des zu versteuernden Einkommens zu erfassen. Insoweit werden also Werterhöhungen oder Wertminderungen des Vermögens ohne einkommensteuerliche Wirkung angenommen. Daneben kann die Abgrenzung für den Abzug von Pauschalabzügen der Werbungskosten bedeutsam sein.

BEISPIELE

a) Privatmann P hat aus seinem Einkommen 70 000 € angespart. Am 01.02.2017 kauft er für diese 70 000 € in einem Feriengebiet ein Wochenendgrundstück zur privaten Nutzung. Durch einen von der Gemeinde im Jahr 2018 aufgestellten Bebauungsplan steigt der Wert des Grundstücks auf 120 000 €.
Ist die Wertsteigerung des Grundstücks um 50 000 € einkommensteuerpflichtig?
LÖSUNG Die Wertsteigerung i. H. v. 50 000 € gehört zu keiner der sieben Einkunftsarten des § 2 Abs. 1 EStG: Die Gewinneinkunftsarten des § 2 Abs. 1 Nr. 1 bis 3 EStG scheiden aus, da kein Betriebsvermögen vorliegt. Die Einkunftsarten des § 2 Abs. 1 Nr. 6 EStG sind nicht gegeben, da keine Vermietung oder Verpachtung vorliegt. Sonstige Einkünfte gem. § 22 Nr. 2 i. V. m. § 23 Abs. 1 Nr. 1 EStG (private Veräußerungsgeschäfte) liegen nicht vor, da P das Grundstück nicht veräußert. Vgl. N 3.

b) Briefmarkenbesitzer A hatte im Jahr 2015 einige wertvolle Briefmarken angeschafft, die er im Jahr 2018 mit erheblichen Verlusten verkaufen musste.
Können die Verluste aus diesen Briefmarkengeschäften mit anderen positiven Einkünften ausgeglichen werden?
LÖSUNG Gehören die Briefmarken zum Betriebsvermögen eines Gewerbebetriebs des A (z. B. bei einem gewerblich tätigen Briefmarkenhändler), so mindert der Verlust den Gewinn aus Gewerbebetrieb. Gehören die Briefmarken zum **Privatvermögen** des A, liegen einkommensteuerlich nicht zu berücksichtigende private Vermögensverluste vor, weil die Veräußerung nicht innerhalb eines Jahres erfolgte (vgl. § 23 Abs. 1 Nr. 2 EStG).

1.2 Liebhaberei

Die in § 2 Abs. 1 EStG aufgezählten Einkunftsarten erfordern in aller Regel eine **Tätigkeit oder ein Handeln** des Stpfl. Da niemand etwas umsonst leistet, ist mit solcher Tätigkeit immer auch die Absicht verbunden, eine **Vergütung** in Form eines Gewinns oder eines Überschusses der Einnahmen über die Werbungskosten zu erhalten. Damit ist der betriebswirtschaftliche

Gewinn als Kostenüberdeckung gemeint. Wird eine Tätigkeit dagegen zur **Freizeitgestaltung** oder sonst zur Erfüllung persönlicher Wünsche (**Hobby**) ausgeübt und tritt dabei die Absicht, einen Überschuss zu erzielen, hinter die persönliche Wertvorstellung zurück, so spricht man von **Liebhaberei**. Solche Arten der Betätigung liegen z. B. vor bei Sammlern und Schrebergärtnern, bei Freizeitmalern (naive Kunst) und Hausmusikfreunden, bei Pferdenarren und Motorsportfans usw. Wenn ein Stpfl in solche Tätigkeiten viel Geld investiert und verbraucht, wird er möglicherweise versuchen, eine Einkunftsart des § 2 Abs. 1 EStG zu konstruieren und dadurch einen Ausgleich von Verlusten zwischen den Einkunftsarten zu erreichen. Entstehende Verluste sind jedoch Vermögensverluste, die bei der Berechnung der Summe der Einkünfte nicht ausgleichsfähig sind (vgl. C 1.2). Hohe Aufwendungen für Reparaturen und Schuldzinsen rechtfertigen für sich allein nicht, die Nutzung eines Grundstücks als Liebhaberei zu bezeichnen, obwohl auf lange Zeit kein Überschuss der Einnahmen zu erwarten ist. Zur Gewinnerzielungsabsicht vgl. auch BFH vom 06.03.2003 BStBl II 2003, 602.

Eine wirtschaftliche Betätigung zur Erzielung von Einkünften i. S. d. § 2 Abs. 1 EStG beruht vor allem auf der Absicht, mit dem Einsatz von Kosten Gewinne zu erzielen (vgl. gewerbliche Betätigung mit Tätigkeitsmerkmalen in § 15 Abs. 2 EStG und Teil H). Im konkreten Einzelfall ergibt sich die Problemstellung der Liebhaberei meist aus dem Vorliegen mehrerer aufeinander folgender Verlustjahre. Solche Verluste können sich sowohl bei den Gewinneinkünften als auch bei den Überschusseinkünften ergeben (vgl. C 1.1).

Zur objektiven Abgrenzung der Liebhaberei als Betätigung oder Vermögensnutzung **ohne** Einkünfteerzielungsabsicht können vier Merkmale dienen, die dann ein Gesamtbild der Verhältnisse im Einzelfall ermöglichen (vgl. BFH vom 25.06.1984 – GrS – BStBl II 1984, 751):

- Betätigung oder Vermögensnutzung des Stpfl aus erkennbar persönlichen Motiven;
- unveränderte Fortsetzung der Betätigung oder Vermögensnutzung auch nach mehreren Verlustjahren als Indiz für die **fehlende** Absicht, Einkünfte zu erzielen (BFH vom 17.11.2004 BStBl II 2005, 336 und vom 14.12.2004 BStBl II 2005, 392);
- umfassende und objektive Feststellung des Sachverhalts der Betätigung oder Vermögensnutzung;
- Aufstellen einer Totalgewinnprognose für die behauptete betriebliche Betätigung oder Totalüberschussprognose für die Vermögensnutzung.

Hat der Stpfl in einem Zeitraum von etwa fünf bis sieben Jahren fortlaufende Verluste aus seiner Betätigung oder Vermögensnutzung erzielt, ist nach Auffassung des BFH im Beschluss vom 25.06.1984 BStBl II 1984, 751 ein nach dem EStG steuerpflichtiger Veräußerungsgewinn in die Zukunftsprognose einzubeziehen. Ergibt sich mit hoher Wahrscheinlichkeit ein betrieblicher Veräußerungsgewinn oder ein Gewinn aus einem privaten Veräußerungsgeschäft, so ist dieser in die Totalgewinnprognose einzubeziehen. Ein solcher Totalverlust begründet in der Regel die Annahme der Liebhaberei.

Aber: Nimmt der Stpfl geeignete Umstrukturierungsmaßnahmen vor, kann dies ein gewichtiges Indiz für das Vorhandensein einer Gewinnerzielungsabsicht darstellen, wenn nämlich aus der Sicht eines wirtschaftlich vernünftig denkenden Betriebsinhabers eine hinreichende Wahrscheinlichkeit dafür bestand, dass sie innerhalb eines überschaubaren Zeitraums zum Erreichen der Gewinnzone führen würden (vgl. BFH vom 21.07.2004 BStBl II 2004, 1063).

BEISPIELE

a) A nimmt mit seinem Pkw an Motorsportveranstaltungen teil und zerstört diesen bei einem Unfall. Kann A den Wert des zerstörten Fahrzeugs von seinen Einkünften einkommensteuermindernd abziehen?

LÖSUNG Berufsrennfahrer des Motor- oder Radsports sind Gewerbetreibende, vgl. H 15.6 (Berufssportler) EStH. Nur wenn daher die Voraussetzungen des § 15 Abs. 2 EStG für einen Gewerbebetrieb vorliegen, nämlich ein organisierter Betrieb mit Gewinnabsicht, kann A für einen Verlust aus Gewerbebetrieb den Verlustausgleich geltend machen (vgl. dazu H).

b) M aus Stuttgart kauft im April 2017 teils mit eigenen Mitteln, teils mit Bankkrediten zwei Windsurfbretter und zwei Segelboote für insgesamt 13 000 €. Die Sportgeräte nutzt M sowohl privat während der Wochenenden als auch durch Vermietung an Freunde gegen Entgelt. In der Saison von Mai bis Oktober 2017 hat M 2 000 € Mieteinnahmen erzielt und Aufwendungen für Kreditzinsen, Transportkosten an den Bodensee und Wertminderung (Absetzungen für Abnutzung) von insgesamt 7 000 € getragen.
Betreibt M die Vermietung der Sportgeräte mit Einkünfteerzielungsabsicht?
LÖSUNG Solange sich M nicht am allgemeinen wirtschaftlichen Verkehr beteiligt (z. B. durch Werbeanzeigen in Tages- und Sportzeitungen), ist kein Gewerbebetrieb, sondern eine rein private Freizeitbeschäftigung und Vermögensnutzung (Liebhaberei) anzunehmen.
Ein Verlust aus der Einkunftsart Sonstige Einkünfte wäre gem. § 22 Nr. 3 Satz 3 und Satz 4 EStG nicht ausgleichsfähig oder nur innerhalb dieser Einkunftsart abzugsfähig. Der Verlust ist somit **nicht** bei der Berechnung der Summe der Einkünfte ausgleichsfähig, vgl. BFH vom 28. 08. 1987 BStBl II 1988, 10.

c) Der angestellte Ingenieur M betreibt nebenberuflich eine Fremdenpension. Aus dieser Fremdenpension erzielte M folgende Verluste:

Jahr 2014	./.	35 000 €
Jahr 2015	./.	32 000 €
Jahr 2016	./.	28 000 €
Jahr 2017	./.	22 000 €
Summe	./.	117 000 €

In den Jahren 2014 bis 2017 erzielte M Einkünfte aus nichtselbstständiger Arbeit gem. § 19 EStG i. H. v. 45 000 € bis 55 000 €. M weist nach, dass bei einer Veräußerung der Fremdenpension ein Verkaufserlös i. H. v. rd. 400 000 € erzielt werden könnte. Seit Beginn des Betriebs der Fremdenpension vom Jahr 2006 bis zum Jahr 2017 sind Verluste i. H. v. rd. 400 000 € entstanden.
Betreibt M die Fremdenpension mit Einkünfteerzielungsabsicht?
LÖSUNG Für die Abgrenzung der Gewinnerzielungsabsicht eines Gewerbebetriebs von der Freizeitbeschäftigung des Inhabers (Liebhaberei) ist entscheidend, ob die Summe der angefallenen fortlaufend erzielten jährlichen Verluste niedriger oder höher ist als der Veräußerungs- oder Aufgabegewinn bei Beendigung der Betätigung vgl. H 15.3 [Totalgewinn] EStH sowie BFH vom 17. 06. 1998 BStBl II 1998, 727.
Danach ist zu vermuten, dass M die bisher erzielten Verluste wegen des voraussichtlich erzielbaren Veräußerungsgewinns in Kauf nimmt. M erzielt Verluste aus Gewerbebetrieb gem. § 15 EStG und kann diese mit den positiven Einkünften aus § 19 EStG verrechnen (Verlustausgleich vgl. C 1.2.1 und P 1).

1.3 Einmalige Vermögensanfälle

Erzielt der Stpfl **einmalige Vermögensanfälle**, z. B. Erbschaft , Schenkung , Gewinne bei einem Preisausschreiben für jedermann oder bei öffentlich genehmigten Glücksspielen wie Toto oder Lotto, so fallen solche Wertzuwächse nicht unter die sieben Einkunftsarten des EStG; insbesondere ist auch die Einkunftsart Sonstige Einkünfte i. S. d. § 22 EStG im Einzelnen streng abgegrenzt und stellt ebenfalls auf bestimmte Leistungen (z. B. private Veräußerungsgeschäfte des § 23 Abs. 1 EStG) ab. Einnahmen aus **Preisen** (Preisgeldern) sind einkommensteuerpflichtig, sofern sie im Zusammenhang mit einer Einkunftsart stehen. Besteht dagegen kein Zusammenhang mit einer Einkunftsart, unterliegen derartige Einnahmen nicht der Einkommensteuer. Die Abgrenzung ist unter Berücksichtigung der Ausschreibungsbedingungen sowie nach den mit der Preisverleihung verfolgten Zielen vorzunehmen. Der Zusammenhang mit einer Einkunftsart ist gegeben, wenn die Preisverleihung wirtschaftlich den Charakter eines leistungsbezogenen Entgelts hat und wenn sie sowohl Ziel als auch unmittelbare Folge der Tätigkeit des Stpfl ist. Vgl. im Einzelnen das BMF-Schreiben zur Behandlung von Preisgeldern (BMF vom 05.09.1996 BStBl I 1996, 1150). Soweit ein Preis in einer Sachleistung besteht, ist in gleicher Weise zu entscheiden; vgl. hierzu BMF vom 14.10.1996 BStBl I 1996, 1192 zur ertragsteuerlichen Behandlung von Incentive-Reisen. Nr. 4 des BMF-Schreibens vom 05.09.1996 a. a. O. betr. Filmpreise ist mit BMF-Schreiben vom 23.12.2002 BStBl I 2003, 76 aufgehoben worden.

BEISPIELE

a) Der selbstständige Architekt A beteiligt sich an einem Wettbewerb zur Gestaltung des Bahnhofsvorplatzes in Stuttgart. Er wird mit dem mit 30 000 € verbundenen 1. Preis ausgezeichnet. Im Rahmen eines Festaktes überreicht der Oberbürgermeister dem Preisträger einen Scheck über 30 000 €. Gehört das Preisgeld zu den Betriebseinnahmen des A?

LÖSUNG Der Architekt erzielt Betriebseinnahmen i. S. d. § 18 Abs. 1 Nr. 1 Satz 2 EStG. Denn er hat als Architekt zur Erzielung eines Preises ein besonderes Werk geschaffen (vgl. auch BFH vom 16.01.1975 BStBl II 1975, 558).

b) Der alljährlich verliehene Nobelpreis zur Würdigung des Gesamtschaffens eines Forschers stellt keine Vergütung für erbrachte Einzelleistungen, sondern eine Anerkennungszahlung für allgemeine Verdienste auf einem bestimmten Gebiet (z. B. der Medizin) dar.

LÖSUNG Die Geldzahlung gehört nicht zu einer Einkunftsart des § 2 Abs. 1 EStG. Dies gilt für alle ähnlichen Preise, nicht dagegen für Preise bei Anerkennung besonderer beruflicher Leistungen in der Meisterprüfung (vgl. BFH vom 14.03.1989 BStBl II 1989, 650).

c) Der private Fernsehsender TV 1 produziert in unregelmäßigen Abständen öffentliche Unterhaltungssendungen (eine sog. Game-Show), bei denen der Sieger einen Geldgewinn oder einen Sachpreis (z. B. eine Kreuzfahrt oder einen Pkw) erhält.

LÖSUNG Die gelegentliche Teilnahme an einer Unterhaltungssendung im Fernsehen, z. B. »Generationenduell«, ist keine Leistung i. S. d. § 22 Nr. 3 EStG (vgl. hierzu im Einzelnen BMF vom 05.09.1996 BStBl I 1996, 1150). Das Gleiche gilt auch für Quiz-Sendungen mit Geldgewinnen im Fernsehen, z. B. «Wer wird Millionär?", »Rette die Million« (vgl. BMF vom 30.05.2008 BStBl I 2008, 645). Anders ist zu entscheiden, wenn eine Vergütung für die Teilnahme an einer Talkshow, Reality-Show (z. B. »Dschungelcamp«) oder Casting-Show (z. B. »Deutschland sucht den Superstar« oder »Germany's next Topmodel«) eines Fernsehsenders geleistet wird. Der Teilnehmer an diesen Shows erbringt eine sonstige Leistung i. S. d. § 22 Nr. 3 EStG (vgl. BFH vom 21.04.1999 BStBl II 2000, 254). Dasselbe gilt für die Übernahme einer Hauptrolle in der von einem (privaten) Fernsehsender ausgestrahlten sechs Folgen umfassenden sog. Dating-Show (vgl. BFH vom 28.11.2007 BStBl II 2008, 469). Zu weiteren Einzelfällen sonstiger Leistungen vgl. H 22.8 (Einnahmen aus Leistungen i. S. d. § 22 Nr. 3 EStG) EStH.

2 Zurechnung von Einkünften

Im allgemeinen Überblick über die Einkunftsarten (vgl. C 1.1) wurde ohne weitere Angaben davon ausgegangen, dass die Einkünfte vom jeweiligen Inhaber der Einkunftsquelle bezogen worden sind, weil dieser eine Leistung gegen Vergütung erbracht hat. Die ESt-Belastung legt es nahe, mit den vielfältigen Möglichkeiten des Zivilrechts Einkunftsquellen auf andere, insbesondere verwandte Personen (vgl. § 15 AO) zu übertragen und dadurch

- die Pauschalbeträge und Grundfreibeträge des EStG mehrfach auszunutzen und
- eine Minderung der Progression des ESt-Tarifs zu erreichen.

BEISPIEL

M hat vier Mietshäuser in Frankfurt, aus denen er im Jahr 2016 **jeweils** 8 000 € Überschuss der Einnahmen aus Vermietung erzielt hat. M zahlt, da er sehr hohe andere Einkünfte hat, jeweils pro Haus 42 % ESt = 3 360 €. Mit Wirkung vom 01. 01. 2017 schenkt M zivilrechtlich wirksam jedem seiner vier minderjährigen Kinder ein Mietshaus. Dies wird auch einkommensteuerlich anerkannt. Einkommensteuerliche Behandlung?

LÖSUNG Jedes Kind versteuert im Jahr 2017 (8 000 € ./. Grundfreibetrag 8 820 €) 0 €; ESt = 0 €. Die ESt-Belastung sinkt also für die Mieteinkünfte durch die Schenkung pro Haus auf 0 €; Ersparnis des M (3 360 € × 4) 13 440 €.

§ 2 Abs. 1 Satz 1 EStG bestimmt, dass die vom Stpfl **erzielten** Einkünfte (bei ihm) der ESt unterliegen. Die Weitergabe von Geld oder die Abtretung von Ansprüchen stellt dagegen **Einkommensverwendung** dar, die gem. § 12 EStG bei der Ermittlung der Einkünfte und des Einkommens unbeachtlich ist.

BEISPIEL

X hat Aktien mehrerer inländischer Aktiengesellschaften im Wert von insgesamt 200 000 € im Depot der D-Bank. Mit der D-Bank hat X vereinbart, dass die ausgeschütteten Dividenden dem Sparkonto seiner Tochter T gutgeschrieben werden.
Wem sind die Dividenden als Einnahmen gem. § 20 Abs. 1 Nr. 1 EStG zuzurechnen?

LÖSUNG Da T nicht Inhaberin der Aktien ist, muss X die von ihm erzielten Einkünfte aus Kapitalvermögen in voller Höhe selbst versteuern. Die Übertragung des Geldes auf T stellt Einkommensverwendung dar. X könnte nur durch eine Schenkung der Aktien an T die Einkünfte aus dieser Einkunftsquelle auf T übertragen.

Einkunftsquellen , die auf persönlicher Leistung beruhen, können nicht auf andere natürliche Personen übertragen werden, wenn die Empfänger nur Einkünfte **ohne eigene Leistung** daraus erhalten sollen, wie z. B. bei einem Arbeitsverhältnis oder einer Arztpraxis. Diese Einkünfte sind daher stets dem Arbeitnehmer oder selbstständig Tätigen zuzurechnen.

BEISPIEL

V war bis zum 31. 05. 2017 Eigentümer eines Mietwohngrundstücks mit vier vermieteten Wohnungen. Am 31. 05. 2017 schuldete der Mieter einer Wohnung zwei Monatsmieten im Betrag von (2 × 500 €) 1 000 €. Zum 01. 06. 2017 veräußerte V das Mietshaus an den Käufer K zum Preis von 450 000 € und übertrug die Mietforderung i. H. v. 1 000 € auf K. K bezahlte am 15. 06. 2017 an V 451 000 €. K zog am 31. 07. 2017 vom Mieter die rückständige Miete von 1 000 € ein.
Wem sind die Mietbeträge des Mieters zuzurechnen?

LÖSUNG V hat die Mietforderung auf K übertragen (an K abgetreten, vgl. F). Mit der Bezahlung der 1 000 € hat V Mieteinnahmen erzielt, die ihm (V) zugerechnet werden. Der Einzug der Mietforderung durch K vom Mieter führt bei K nicht zu Mieteinnahmen (§ 21 Abs. 1 Satz 1 Nr. 4 EStG).

3 Zeitliche Erfassung der Einkünfte

Die ESt wird als Jahressteuer von dem im Kalenderjahr bezogenen zu versteuernden Einkommen des Stpfl festgesetzt (§ 25, § 2 Abs. 7 EStG). Es gibt also nicht zwei oder drei zusammengefasste VZ, was grundsätzlich möglich wäre. Auch die jährliche ESt-Erklärung ist stets für **ein** Kalenderjahr abzugeben (§ 25 Abs. 3 EStG). Bei der Berechnung der Einkünfte jeder einzelnen Einkunftsart ist diese zeitliche Zurechnung einzeln zu entscheiden (vgl. § 11 EStG und F). Nach dem EStG unterscheidet man:

- den Veranlagungszeitraum vgl. § 25 Abs. 1 EStG;
- den Bemessungszeitraum vgl. § 2 Abs. 5, § 32 a Abs. 1 Satz 1 EStG;
- den Ermittlungszeitraum vgl. § 2 Abs. 7 Satz 2, § 25 Abs. 1 EStG.

3.1 Veranlagungszeitraum

Der VZ ist stets das Kalenderjahr, für welches das zu versteuernde Einkommen **veranlagt** wird. Dies gilt auch, wenn zwar die persönliche ESt-Pflicht während des gesamten VZ, die sachliche ESt-Pflicht jedoch nicht während des ganzen VZ bestanden hat, vgl. § 25 Abs. 1 EStG. Eine Umrechnung des tatsächlichen, während eines Teils des Kalenderjahres (VZ) erzielten Einkommens in einen Jahresbetrag findet nicht statt. Pauschale Abzugsbeträge und Freibeträge sind deshalb in der Regel Jahresbeträge, es sei denn, es besteht eine abweichende gesetzliche Regelung.

BEISPIEL

Der verwitwete 88 Jahre alte F erhält seit seinem Eintritt in den Ruhestand im Jahre 1994 eine Pension, die zu den Versorgungsbezügen nach § 19 Abs. 2 EStG gehört. F verstarb am 05.05.2017. Vom 01. 01. bis 05.05.2017 bezog F eine Pension von (5 × 2 100 €) 10 500 € (unveränderter Monatsbetrag seit der Pensionierung).

LÖSUNG F war vom 01. 01. bis 05.05.2017 persönlich unbeschränkt einkommensteuerpflichtig. Die Einkünfte aus nichtselbstständigerArbeit des F werden ebenfalls für die Zeit vom 01. 01. bis 05.05.2017 berechnet:

Die Einkünfte des F berechnen sich wie folgt:

Versorgungsbezüge		10 500 €
./. Versorgungsfreibetrag gem. § 19 Abs. 2 Satz 4 EStG (40 % von 25 200 € = 10 080 €) höchstens 5/12 von 3 000 € =	./.	1 250 €
./. Zuschlag zum Versorgungsfreibetrag 900 €, davon 5/12 =	./.	375 €
./. Arbeitnehmer-Pauschbetrag gem. § 9 a Satz 1 Nr. 1 Buchst. b EStG	./.	102 €
Einkünfte des F im VZ 2017		8 773 €

Obwohl die persönliche Steuerpflicht nicht während des gesamten VZ gegeben war, ist der Arbeitnehmer-Pauschbetrag ungekürzt abzusetzen. Dagegen können der Versorgungsfreibetrag und der Zuschlag zum Versorgungsfreibetrag wegen der Regelung in § 19 Abs. 2 Satz 12 EStG nur i. H. v. 5/12 der Höchstbeträge gewährt werden. Für VZ 2017 ergibt sich keine ESt-Schuld, weil das zu versteuernde Einkommen den Grundfreibetrag nach § 32 a Abs. 1 EStG von 8 820 € nicht übersteigt.

3.2 Bemessungszeitraum

Der Bemessungszeitraum stimmt stets mit dem VZ, also dem Kalenderjahr, überein. Bei Anwendung des Grund- oder Splittingtarifs wird auch keine Umrechnung vorgenommen.

BEISPIELE

a) S studiert bis 30.06.2017 Volks- und Betriebswirtschaftslehre. Seit 01.07.2017 ist S bei der C-Bank als Angestellter beschäftigt.

LÖSUNG Ihre Einkünfte aus nichtselbstständiger Arbeit werden für die Zeit vom 01. 07. bis 31. 12. 2017 ermittelt und der Berechnung des zu versteuernden Einkommens der S für den VZ 2017 zugrunde gelegt, also nicht etwa verdoppelt.

b) Der zweijährige E erbt am 01. 11. 2017 ein Mietwohngrundstück von seiner Tante. Sein zu versteuerndes Einkommen für die Zeit von 01. 11. bis 31. 12. 2017 beträgt 5 000 €.

LÖSUNG Dieser Betrag wird für das ganze Jahr 2017 bei Anwendung des Tarifs zugrunde gelegt. Eine Umrechnung findet nicht statt (z. B. nicht 2/12 = 5 000 €, 12/12 = 30 000 €).

3.3 Ermittlungszeitraum

Der Ermittlungszeitraum bezeichnet den Zeitraum, in dem die **Einkünfte erzielt** wurden, also z. B.

- Einnahmen zugeflossen sind und Ausgaben geleistet worden sind (vgl. hierzu F für die Überschusseinkünfte);
- das Wirtschaftsjahr bei Land- und Forstwirtschaft und Gewerbebetrieb (vgl. 3.4);
- bei selbstständiger Arbeit nur das Kalenderjahr oder ein kürzerer Zeitraum (§ 6 EStDV und 3.4).

Hat die persönliche oder sachliche ESt–Pflicht nicht während des ganzen Kalenderjahres bestanden, so ist der Ermittlungszeitraum kürzer als das Kalenderjahr (VZ); im Übrigen i. d. R. gleich dem Kalenderjahr (vgl. § 11 EStG).

BEISPIEL

Der bis 31. 08. 2017 einkommenslose G gewinnt am 01. 09. 2017 im Zahlenlotto 700 000 € (einmaliger Vermögensanfall). Er kauft mit Beratung eines Bankfachmanns Wertpapiere.

LÖSUNG Die im Ermittlungszeitraum 01. 09. bis 31. 12. 2017 erzielten Einkünfte (ausgeschüttete Dividenden und vereinnahmte Zinsen) sind bei der Berechnung des zu versteuernden Einkommens des Jahres 2017 des G zu erfassen.

3.4 Wirtschaftsjahr, Sonderfall des § 4 a EStG

Bei den Gewinneinkünften (Einkunftsarten des § 2 Abs. 1 Nr. 1 bis 3 EStG) stimmt im Allgemeinen der Ermittlungszeitraum ebenfalls mit dem Kalenderjahr überein. Den **Ermittlungszeitraum** nennt man bei den Einkünften aus Land- und Forstwirtschaft und aus Gewerbebetrieb **Wirtschaftsjahr**. Das Wirtschaftsjahr umfasst grundsätzlich ebenfalls 12 Monate (§ 4 a Abs. 1 EStG, § 8 b Satz 1 EStDV). Ein kürzerer Zeitraum ist möglich (§ 6 EStDV), wenn

- ein Betrieb eröffnet wird (z. B. am 15. 06. 2017),
- ein Betrieb erworben wird (z. B. mit Wirkung vom 01. 03. 2017),
- ein Betrieb aufgegeben wird (z. B. mit Ende des Räumungsverkaufs am 30. 06. 2017),
- ein Betrieb verkauft wird (z. B. mit Wirkung vom 31. 05. 2017).

In allen genannten Fällen dauert das Wirtschaftsjahr vom Beginn des Kalenderjahres bis zur Beendigung der betrieblichen Tätigkeit oder vom Beginn der betrieblichen Tätigkeit bis zum Ende des Kalenderjahres. Es ist in diesen Fällen kürzer als 12 Monate (vgl. § 8 b Satz 1 Nr. 1 EStDV).

Zum Sonderfall des vom Kalenderjahr abweichenden Wirtschaftsjahrs vgl. § 4 a EStG und R 4 a EStR sowie H 4 a EStH.

BEISPIEL

Der Gewerbetreibende A, dessen Firma ins Handelsregister eingetragen ist und der regelmäßig Abschlüsse auf den 30. 06. eines Jahres macht, stellt zum 30. 06. 2017 eine Bilanz auf.

LÖSUNG Der Gewinn des A in dem vom 01. 07. 2016 bis 30. 06. 2017 dauernden Wirtschaftsjahr wird dem VZ 2017 zugerechnet (§ 4 a Abs. 2 Nr. 2 EStG).

Teil E Die Überschusseinkünfte

Aufgrund der Regelung des § 2 Abs. 2 Nr. 2 EStG werden bei den Überschusseinkünften die Einkünfte durch eine einfache Saldierung zweier Rechnungsgrößen (Betragssummen) ermittelt. Die Einkünfte ermitteln sich aus dem **Überschuss** der **Einnahmen** über die **Werbungskosten** (s. hierzu den Wortlaut des § 2 Abs. 2 Nr. 2 EStG). Die beiden Begriffe »Einnahmen« und »Werbungskosten« dürfen nur bei den Überschusseinkünften und nicht bei den Gewinneinkünften verwendet werden. Bevor die Begriffe Werbungskosten und Einnahmen näher erläutert werden, bedarf es zunächst einer Wiederholung zu den Überschusseinkünften. Hierzu zählen die in § 2 Abs. 1 Nr. 4 bis 7 EStG genannten Einkunftsarten, nämlich:

- Nr. 4 = Einkünfte aus nichtselbstständiger Arbeit,
- Nr. 5 = Einkünfte aus Kapitalvermögen,
- Nr. 6 = Einkünfte aus Vermietung und Verpachtung,
- Nr. 7 = Sonstige Einkünfte i. S. d. § 22 EStG.

Hinsichtlich der Einkünfteermittlung bei den Einkünften aus Kapitalvermögen ist zur Abzugsfähigkeit der Werbungskosten eine Besonderheiten zu beachten (vgl. § 2 Abs. 2 Satz 2 EStG), da bei diesen Einkünften grundsätzlich der Abzug der tatsächlich entstandenen Werbungskosten nicht möglich ist. Anstelle der Werbungskosten wird lediglich der Sparer–Pauschbetrag i. S. d. § 20 Abs. 9 EStG i. H. v. 801 € abgezogen. Auf die Einzelheiten hierzu wird in Teil L noch näher eingegangen.

1 Einnahmen

Einnahmen sind nach § 8 Abs. 1 EStG alle Güter, die in Geld oder Geldeswert bestehen und dem Stpfl im Rahmen einer der Einkunftsarten des § 2 Abs. 1 Satz 1 Nr. 4 bis 7 EStG (Überschusseinkünfte) zufließen. Als Einnahmen gelten daher die Roh-/Bruttoeinnahmen, also z. B. der Bruttolohn eines Arbeitnehmers ohne Abzug der Lohnsteuer, die Zinsen aus einem Sparbuch ohne Abzug einer evtl. einbehaltenen Kapitalertragsteuer, die Gesamtmieteinnahmen aus der Vermietung eines Mehrfamilienhauses eines privaten Hauseigentümers oder bei einer Rente der gesetzlichen Rentenversicherung eines Rentners der Besteuerungsanteil des § 22 Nr. 1 Satz 3 Buchst. a Doppelbuchst. aa EStG oder bei bestimmten Renten der sog. Ertragsanteil des § 22 Nr. 1 Satz 3 Buchst. a Doppelbuchst. bb EStG. Auch in Anspruch genommene Dienstleistungen können Einnahmen sein.

Aus § 8 EStG ergeben sich im Einzelnen folgende Voraussetzungen:

- dem Stpfl müssen Güter **zugeflossen** sein,
- die **Güter** müssen in Geld oder Geldeswert bestehen und
- die Güter müssen im Rahmen einer **Überschusseinkunftsart** (§ 2 Abs. 1 Nr. 4 bis 7 EStG) zugeflossen sein.

1.1 Zufluss von Gütern

Das Merkmal »Zufluss von Gütern« liegt dann vor, wenn bei dem Stpfl eine tatsächliche Vermögensmehrung mit einem Zufluss der Güter von außen eintritt und hierdurch die steuerliche Leistungsfähigkeit tatsächlich erhöht wird. Bei dem Stpfl liegt ein Zufluss in Höhe der tatsächlich eingetretenen objektiven Bereicherung vor. Das Merkmal des Zufließens i. S. d. § 8

EStG ist Tatbestandsmerkmal des Begriffs der Einnahme. Hiervon abzugrenzen ist der Begriff des Zuflusses i. S. d. § 11 Abs. 1 EStG, der sich mit der zeitlichen Erfassung der Einnahmen in einem bestimmten Kalenderjahr (Veranlagungszeitraum) befasst.

Bei folgenden Vorgängen fließen keine Güter in Geld bzw. Geldeswert zu, so dass daher auch **keine Einnahmen** angenommen werden können.

1.1.1 Kein Zufluss von Gütern beim Einnahmeverzicht

Grundsätzlich können nur tatsächlich erzielte Bereicherungen zu einem Zufluss führen, so dass bei einem Einnahmeverzicht kein Zufluss von Gütern gegeben ist. Alleine die bloße Möglichkeit einer Einnahmeerzielung begründet noch keinen Zufluss.

BEISPIELE

a) B hat einem Freund ein Darlehen gewährt. Er verlangt, wie von vornherein vereinbart, keinen Zins. Liegen Einnahmen vor?

LÖSUNG Es liegen keine Einnahmen vor, da mangels Zinsen keine Vermögensmehrung von außen eintritt.

b) Ein Vermieter verlangt von seinem Mieter eine geringere Miete, obwohl er aufgrund der örtlichen Verhältnisse eine höhere Miete hätte verlangen können. Liegen Einnahmen vor?

LÖSUNG Nur die geringere Miete ist eine Einnahme. Insoweit können allerdings Besonderheiten bei den Werbungskosten gelten, d. h. es könnte bei der Nutzungsüberlassung eine Aufteilung in einen entgeltlichen und einen unentgeltlichen Teil erforderlich sein (vgl. § 21 Abs. 2 EStG, R 21.3 EStR und H 21.3 EStH).

1.1.2 Kein Zufluss von Gütern bei ersparten Ausgaben durch eigene Leistung des Steuerpflichtigen

Auch das Ersparen von Aufwendungen durch eigene Leistungen des Steuerpflichtigen führt mangels Bereicherung von außen nicht zu einem Zufluss und und somit zu keiner Einnahme.

BEISPIEL

Ein Hauseigentümer repariert das Dach eines vermieteten Hauses selbst. Durch die eigene Arbeitsleistung erspart er 200 €, die er für eine Reparatur durch einen Handwerker hätte zahlen müssen. Liegen Einnahmen vor?

LÖSUNG Die 200 € erhöhen nicht die Einnahmen aus Vermietung und Verpachtung. Es sind auch keine Werbungskosten. Der Hauseigentümer könnte die 200 € aber als Werbungskosten abziehen, wenn er einen Handwerker beauftragt und 200 € tatsächlich bezahlt hätte.

1.1.3 Kein Zufluss von Gütern bei Wertsteigerung von vorhandenem Vermögen

Auch die noch nicht realisierten Wertsteigerungen von Vermögensgegenständen führen mangels eines Zuflusses »von außen« nicht zu einer Einnahme.

BEISPIEL

N hat einige private Aktien in einem Depot einer Bank. Der Kurs geht innerhalb eines Jahres in die Höhe. Liegen Einnahmen vor?

LÖSUNG Er hat diese Wertsteigerung nicht als Einnahme anzusetzen, da kein **Zufluss** eines Wertes in Form von Geld, Sachen oder Rechten vorliegt. Werden die Aktien allerdings (später) veräußert, ist der Kursgewinn zu versteuern (vgl. § 20 Abs. 2 Nr. 1 EStG). Außerdem spielen Wertsteigerungen bei Veräußerungen insbesondere dann eine große Rolle, wenn sie im Rahmen der Gewinneinkunftsarten vorkommen (vgl. hierzu Band 3, Fanck/Guschl/Kirschbaum; Buchführungstechnik und Bilanzsteuerrecht) oder über § 23 EStG erfasst werden können.

1.2 Güter in Geld oder Geldeswert

Unter dem Begriff »Geld« sind zunächst die im Inland gültigen Zahlungsmittel zu verstehen. Des Weiteren werden auch ausländische Zahlungsmittel erfasst, soweit sie in einer gängigen, frei konvertiblen und im Inland handelbaren ausländischen Währung bestehen (BFH vom 11.11.2010 BStBl II 2011, 383). Zugeflossene Zahlungsmittel in inländischer Währung sind mit ihrem Nominalwert und ausländisches Geld ist mit dem Euro-Referenzkurs der Europäischen Zentralbank (BFH vom 03.12.2009 VI R 4/08 BStBl II 2010, 698) im Zeitpunkt des Zuflusses anzusetzen.

Einnahmen, die nicht in Geld bestehen, werden in § 8 Abs. 2 Satz 1 EStG »**Sachbezüge**« genannt. Hierzu gehören aber – der Ausdruck ist missverständlich – nicht nur Sachen, sondern außer Geld alle anderen geldwerten Güter, z. B. auch Dienstleistungen (BFH vom 01.09.1998 BStBl II 1999, 213) oder Nutzungsvorteile. Es werden letztendlich alle nicht in Geld bestehenden wirtschaftlichen Vorteile erfasst.

Güter in Geldeswert, also Sachbezüge, sind bei allen Einkunftsarten denkbar, insbesondere auch bei den Gewinneinkunftsarten – dann sind sie jedoch Betriebseinnahmen. Vor allem werden sie aber Arbeitnehmern gewährt (vgl. hierzu im Einzelnen K).

BEISPIEL

Arbeitnehmer erhalten vom Arbeitgeber Kleidung, Wohnung, Heizungsmaterial oder im Betrieb des Arbeitgebers erzeugte Waren. Einem leitenden Angestellten (Prokuristen), werden ein Pkw und ein Einfamilienhaus vom Arbeitgeber zur privaten Nutzung überlassen. Liegen Sachbezüge vor?

LÖSUNG Hier liegen grundsätzlich Sachbezüge vor. Bei Bestimmung der Höhe dieser Sachbezüge gelten oft Besonderheiten (vgl. z. B. § 8 Abs. 2 EStG oder § 8 Abs. 3 EStG), ggfs. können diese Sachbezüge auch steuerfrei sein (siehe z. B. § 3 EStG).

Von der Ausgabenersparnis durch eigene Tätigkeit oder Benutzung eigener Wirtschaftsgüter (vgl. 1.1.2) ist der zuvor genannte Beispielsfall zu unterscheiden. Wenn einem Prokuristen vom Arbeitgeber ein Pkw zur privaten Nutzung überlassen wird, so ist die Ausgabenersparnis (Kosten eines eigenen Pkw) nur eine Folge des Zuflusses von Einnahmen, denn es ist wirtschaftlich gleichgültig, ob der Arbeitgeber dem Prokuristen den Pkw zur Nutzung überlässt oder ob er einen entsprechenden Geldbetrag zur Verfügung stellt.

Die Sachbezüge werden mit den um übliche Preisnachlässe geminderten üblichen Endpreisen am Abgabeort bewertet (§ 8 Abs. 2 Satz 1 EStG). Es ist also der Betrag anzusetzen, den der Stpfl unter üblichen Bedingungen hätte aufwenden müssen, um das Gut am Markt zu erwerben. Dies ist der Preis, der im Durchschnitt von den Einzelhändlern des Markts vom Letztverbraucher gefordert wird (also nicht der Herstellungs- oder Großhandelspreis für Wiederverkäufer). Für den üblichen Endpreis ist nach der jüngeren Rspr der günstigste Preis am Markt zu wählen. Übliche Preisnachlässe sind zu berücksichtigen. Als Markt ist vereinfacht dabei der Ort anzusehen, an dem die Güter in der Regel erworben werden können einschließlich allgemein zugänglicher Internetangebote. Zudem ist die weitere Bewertungsvorschrift des § 8 Abs. 3 EStG zu beachten, zum Verhältnis zwischen § 8 Abs. 2 EStG und § 8 Abs. 3 EStG siehe BMF vom 16.05.2013 BStBl I 2013, 729.

1.3 Zufluss im Rahmen einer Einkunftsart

Nicht alle einem Stpfl zufließenden Güter in Geld oder Geldeswert sind Einnahmen i. S. d. EStG. Es sind nur solche Einnahmen einkommensteuerlich zu erfassen, die **im Rahmen einer der Einkunftsarten** des § 2 Abs. 1 Satz 1 Nr. 4 bis 7 EStG zufließen, d. h. die zugeflossenen Güter müssen einer Einkunftsart zugeordnet werden können. Entscheidend ist letztendlich, ob die Einnahmen unter §§ 19–23 EStG erfasst werden können. Es ist grundsätzlich ausreichend, wenn zwischen der Einnahme einerseits und der Tätigkeit/Leistung des Stpfl andererseits ein tatsächlicher oder wirtschaftlicher Veranlassungszusammenhang in der Art und Weise besteht, dass die Einnahme im weitesten Sinne als Gegenleistung für die Tätigkeit/Leistung des Stpfl anzusehen ist.

BEISPIELE

a) Der Vermieter V vermietet ein zu seinem Privatvermögen gehörendes Einfamilienhaus zu einem monatlichen Mietzins i. H. v. 1 000 €. Liegen Einnahmen vor?

LÖSUNG Die monatlichen Mietzahlungen stellen bei V Einnahmen im Rahmen der Einkünfte aus Vermietung und Verpachtung i. S. d. § 21 Abs. 1 Nr. 1 EStG dar.

b) Ein Stpfl macht einen Lotto-, Lotterie-, Toto- oder Rennwettgewinn. Die Tochter erhält bei der Heirat eine Aussteuer. Der Sohn macht eine Erbschaft. Eine Apothekerin erhält von einem Kunden aus privaten Gründen ein Buch geschenkt. Liegen Einnahmen vor?

LÖSUNG In allen Fällen ist eine Zuordnung zu einer Einkunftsart nicht möglich, private Veranlassungen sind insoweit ohne Bedeutung; eine Besteuerung des Einkommens kommt daher nicht in Frage. Es fehlt in allen Fällen am Leistungsaustausch. Bei der Erbschaft ist allerdings eine Besteuerung nach dem Erbschaftsteuergesetz denkbar.

Es ist jedoch nicht immer so leicht wie hier zu entscheiden, ob ein Zufluss von Gütern im wirtschaftlichen Zusammenhang mit einer Einkunftsart steht oder nicht. Grundsätzlich hängt dies von den Umständen des Einzelfalles ab, allgemeine Grundsätze lassen sich aber aufstellen.

1.3.1 Einkunftsquelle

Jeder Einkunftsart liegt grundsätzlich der Gedanke einer bestimmten **Einkunftsquelle** zugrunde. Gehört einem Stpfl z. B. ein Mietshaus, so sind grundsätzlich alle Gelder zu erfassen, die er aus diesem Mietshaus, der »Quelle Mietshaus« erzielt, also nicht nur die Mieten für die Wohnungen, sondern auch die Mieten für die Garagen, den Keller oder den Speicher (Dachboden). Ebenso sind nicht nur die reinen Netto-Mieten, sondern auch die Umlagen für Wasser, Strom, Heizung etc. zu erfassen. Als unmittelbarer Ausfluss einer Einkunftsquelle sind aber vor allem auch die Entgelte für die unter eine bestimmte Einkunftsart fallenden Tätigkeiten oder Leistungen des Stpfl anzusehen.

BEISPIEL

Vermieter V vermietet seinem Nachbarn T eine Garage. T zahlt dafür monatlich 40 €. Liegen Einnahmen vor?

LÖSUNG V erzielt Einnahmen aus Vermietung und Verpachtung.

Erhält ein Arbeitnehmer für freiwillig übernommene Überstunden ein besonderes Entgelt, so ist dieses Entgelt auch dann zu erfassen, wenn es vorher nicht besonders vereinbart war.

1.3.2 Bezeichnung

Unerheblich ist, unter welcher Bezeichnung die Güter zufließen.

BEISPIEL

Ein Arbeitnehmer erhält zum Geburtstag vom Arbeitgeber 1 000 €, ein anderer eine Reise im Wert von 2 000 € geschenkt. Private Gründe für die Schenkungen liegen nicht vor. Liegen Einnahmen vor?
LÖSUNG In Wirklichkeit – d. h. unter wirtschaftlichen Gesichtspunkten – handelt es sich nicht um Schenkungen, sondern um zusätzlichen Lohn. Der Arbeitgeber gibt die Geschenke nicht aus privaten Gründen, sondern als Gegenleistung für die (besonders gute) Arbeit des jeweiligen Arbeitnehmers. Ein Leistungsaustausch liegt vor.

1.3.3 Rechtsanspruch

Unerheblich ist, ob ein Rechtsanspruch besteht oder nicht. Auch ohne Rechtsanspruch erhaltene Güter sind als Einnahmen zu erfassen.

BEISPIELE

a) Ein Arbeitgeber gewährt einem Arbeitnehmer freiwillig bei dessen Ausscheiden eine monatliche Rente von 2 000 €. Liegen Einnahmen vor?

b) Der Vermieter lässt einen Mieter mehrere Monate vor Ende der vereinbarten Mietzeit freiwillig ausziehen. Der Mieter zahlt ihm ohne Rechtspflicht als »Entschädigung« 2 000 €. Liegen Einnahmen vor?
LÖSUNG In beiden Beispielen liegen Einnahmen vor. Ein Leistungsaustausch ist gegeben.

1.3.4 Nichtige Rechtsgeschäfte

Unerheblich ist, ob der Güterzufluss auf Rechtsgeschäften beruht, die gegen die guten Sitten oder ein gesetzliches Verbot verstoßen und daher bürgerlich-rechtlich nichtig sind (§§ 134, 138 BGB und § 42 AO).

BEISPIEL

X ist Antiquitätenhändler und erwirbt des Öfteren bewusst gestohlene Gemälde, welche er an seine ahnungslosen Kunden weiterveräußert. Hierdurch macht er sich der Hehlerei schuldig. Sein Angestellter A, der ebenfalls Kenntnis von der Herkunft der Bilder hat, erhält von X eine »Risikoprovision« i. H. v. 10 % des Verkaufserlöses, falls er ein solches Bild veräußert. A veräußert ein durch Diebstahl erworbenes Gemälde an den Kunden K für 10 000 € und erhält hierfür zusätzlich eine Provision von 1 000 €. Liegen Einnahmen vor?
LÖSUNG Es liegen Einnahmen vor; die Provision ist Lohn.

1.3.5 Frühere Tätigkeit bzw. früheres Rechtsverhältnis

Unerheblich ist weiter, ob die Einnahmen aus einem jetzt bestehenden Rechtsverhältnis, einer jetzt ausgeübten Tätigkeit, einem früheren Rechtsverhältnis bzw. einer früheren Tätigkeit stammen oder ob sie ein Stpfl sogar als Rechtsnachfolger erhält (vgl. § 24 Nr. 2 EStG).

BEISPIELE

a) Ein Arbeitgeber zahlt an ausgeschiedene Arbeitnehmer Renten. Liegen Einnahmen vor?

LÖSUNG Diese Zahlungen sind Lohn (Vorsicht aber bei Zahlungen durch die Sozialversicherungsträger. Hier liegt eine andere Einkunftsart vor, nämlich § 22 EStG; vgl. zur Abgrenzung § 2 Abs. 2 Nr. 2 LStDV).

b) Ein Mietwohngrundstück wurde verkauft. Die rückständige Miete geht beim Verkäufer ein. Liegen Einnahmen vor?

LÖSUNG Der Verkäufer erzielt noch Einnahmen aus Vermietung und Verpachtung, obwohl die Einkunftsquelle bei ihm nicht mehr besteht.

c) Ein Mietwohngrundstück wurde vererbt. Die rückständige Miete, die bürgerlich-rechtlich noch dem Erblasser zustünde, geht beim Erben ein. Wer hat die Miete zu versteuern?

LÖSUNG Die Einnahmen sind dem Erben zuzuordnen.

1.4 Steuerfreie Einnahmen

Des Weiteren ist bei den Einnahmen zu beachten, dass nicht auf alle Einnahmen Einkommensteuer erhoben wird. Vielmehr stellt das EStG eine Vielzahl von Einnahmen steuerfrei. Die Steuerfreiheit gilt insbesondere für die Einnahmen, die in § 3 EStG im Einzelnen aufgezählt sind.

1.5 Einnahmen – Betriebseinnahmen

Die hier dargestellten Grundsätze zu dem Begriff »Einnahmen« bei den Überschusseinkünften (§ 2 Abs. 1 Nr. 4 bis 7 EStG) gelten grundsätzlich auch für den Begriff »Betriebseinnahmen« bei den Gewinneinkunftsarten i. S. d. § 2 Abs. 1 Nr. 1 bis 3 EStG. Unterschiede ergeben sich aber aus der anderen Art der Einkunftsermittlung, insbesondere der Gewinnermittlung nach § 4 Abs. 1 bzw. § 5 EStG (vgl. insbesondere Band 3, Fanck/Guschl/Kirschbaum; Buchführungstechnik und Bilanzsteuerrecht).

Wenn z. B. ein selbstständig tätiger Arzt oder ein Rechtsanwalt (Einkünfte i. S. d. § 18 Abs. 1 Nr. 1 EStG und damit den Gewinneinkünften zuzurechnen) aus Dankbarkeit ein Geld- oder Sachgeschenk eines Patienten bzw. Mandanten erhält, dann ist dies genauso eine Betriebseinnahme, wie es eine Einnahme bei einem Arbeitnehmer wäre, erhielte dieser das Geschenk vom Arbeitgeber.

Ein sehr großer Unterschied besteht allerdings bei der Behandlung von Veräußerungsgeschäften. Verkauft ein Landwirt, ein Gewerbetreibender oder ein Arzt (also im Rahmen einer Gewinneinkunftsart) ein Wirtschaftsgut, das bei ihm zum **Betriebsvermögen** gehört (z. B. ein Grundstück), so muss er den aus der Veräußerung erzielten Gewinn versteuern, während dies bei den Überschusseinkunftsarten grundsätzlich bedeutungslos ist, sofern kein spezieller Einkünftetatbestand einschlägig ist. Solche speziellen Tatbestände sind in § 20 Abs. 2 EStG, § 23 EStG und § 17 EStG enthalten.

BEISPIELE

a) A verkauft ein privates Mietshaus für 300 000 €, das er 13 Jahre zuvor für umgerechnet 100 000 € angeschafft hatte. Liegen Einnahmen vor?

b) Arbeitnehmer Z verkauft einen Pkw, mit dem er ständig zur Arbeit fährt, für 5 000 €, den er zwei Jahre zuvor für umgerechnet 4 000 € angeschafft hatte. Liegen Einnahmen vor?

c) B verkauft in 2017 seine Aktien einer sehr großen Aktiengesellschaft für 10 000 €, die er zwei Jahre zuvor für umgerechnet 3 000 € angeschafft hatte (keine Beteiligung von mindestens 1 %). Liegen Einnahmen vor?

LÖSUNG Nur im Fall c) sind Einnahmen anzusetzen (§ 20 Abs. 2 Nr. 1 EStG). § 23 und § 17 EStG sind nicht anwendbar.

1.6 Übungsaufgaben zu Einnahmen

In welchem der folgenden Fälle liegen Einnahmen i. S. d. § 8 EStG vor?

FÄLLE 8–10

FALL 8 A ist Eigentümer eines dem Privatvermögen zuzuordnenden Mehrfamilienhauses. Er hat alle vier Wohnungen vermietet.

a) Für die Wohnung im Erdgeschoss links erhält er monatlich 800 € in bar.
b) Für die Wohnung im Erdgeschoss rechts erhält er monatlich 700 € und, da der Mieter Heizölhändler ist, zusätzlich einmal im Jahr 2000 l Heizöl für sein Einfamilienhaus ohne gesonderte Berechnung.
c) Für die Wohnung im 1. Stock links erhält er ebenfalls monatlich 800 €.
d) Die Wohnung im 1. Stock rechts steht seit vier Monaten leer, da kein Mieter die geforderte Miete von 800 € zahlen will. Die Wohnung hätte für 700 € vermietet werden können.
e) Die Miete in den Fällen b)–d) wird auf ein Girokonto bei der Deutschen Bank, über welches A seinen gesamten Zahlungsverkehr abwickelt, überwiesen. Am Jahresende wurden A auf diesem Konto 300 € Zinsen gutgeschrieben.
f) Anlässlich eines Wasserrohrbruchs im Keller führt A die Reparatur des schadhaften Rohres selbst durch (Ersparnis durch die eigene Arbeitskraft: 800 €).
g) Beim Umgraben im Garten des Mietshauses findet A eine Kassette mit Schmuck im Wert von 8 000 €.
h) Der Mieter im Erdgeschoss links zieht ohne Einhaltung der Kündigungsfrist aus. A erhält von ihm beim Auszug eine Abstandszahlung von 3 000 €. Es gelingt A, die Wohnung sofort nahtlos zum alten Preis weiterzuvermieten.
i) Im Keller entsteht ein Brand. Die Gebäudebrandversicherung bezahlt die Reparaturrechnung von 20 000 €.

FALL 9 B ist Rechtsanwalt.

a) Er erhält aus Dankbarkeit über einen gewonnenen Prozess von einem Mandanten einen Scheck über 3 000 € zusätzlich zu seinen Gebühren.
b) Ein anderer Mandant (Bürowarengroßhändler) schenkt ihm aus den gleichen Gründen einen Personalcomputer (Wert 1 200 €).

FALL 10 C ist Sekretärin.

a) Sie erhält vom Chef wegen ihres besonderen Einsatzes in einer geschäftlich hektischen Zeit 2 000 € extra.
b) Sie erhält vom Chef, der sie als Freundin gewinnen möchte, einen neuen Pkw (Wert 22 000 €) geschenkt.

Einnahmen		Begründung
Ja	Nein	

2 Werbungskosten

Werbungskosten sind ausgehend von dem Wortlaut des § 9 Abs. 1 Satz 1 EStG »...Aufwendungen zur Erwerbung, Sicherung und Erhaltung der Einnahmen...«. Somit bedarf es einer näheren Betrachtung der Begriffe »Aufwendungen« einerseits und »Erwerbung, Sicherung und Erhaltung« andererseits.

2.1 Aufwendungen

Der Begriff »Aufwendungen« ist gesetzlich nicht definiert. Unter **Aufwendungen** sind daher entsprechend § 4 Abs. 4 EStG bzw. aus der Umkehrung des in § 8 EStG enthaltenen Einnahmebegriffs alle in Geld oder Geldeswert bestehenden Güter zu verstehen, die im Rahmen einer Einkunftsart einen Vermögensabfluss bewirken. Dieser Begriff ist nicht identisch mit dem betriebswirtschaftlichen Begriff des **Aufwands**. Er spielt nur bei bilanzierenden Stpfl eine Rolle. Aufwand betrifft die Vorgänge, die die Erfolgsrechnung eines Betriebs belasten. Unter Aufwand versteht man den gesamten Verzehr von Gütern und Dienstleistungen auf ein bestimmtes Jahr der wirtschaftlichen Zugehörigkeit eines Betriebs bezogen.

BEISPIEL

Der Gewerbetreibende U bilanziert und hat ein Wirtschaftsjahr vom 01. 01. bis 31. 12. Er bezahlt die Geschäftsraummiete für Januar 02 schon am 10. 12. 01 im Voraus. Liegt Aufwand vor?

LÖSUNG Die Zahlung ist ohne zeitliche Beziehung zunächst eine Aufwendung. Sie ist, weil im Jahr 01 bezahlt und betrieblich bedingt, eine Betriebsausgabe des Jahres 01, aber Aufwand des Jahres 02. U muss einen aktiven Rechnungsabgrenzungsposten bilden (§ 5 Abs. 5 Nr. 1 EStG).

Aufwendungen setzen voraus, dass Geld oder Güter abfließen. Unter dem Begriff »Abfließen« ist ein Ausscheiden von Gütern aus dem Vermögen des Aufwendenden durch Verlust der wirtschaftlichen Verfügungsmacht zu verstehen. Daraus ergibt sich, dass beispielsweise der Einsatz der eigenen Arbeitskraft oder die reine Wertminderung eines Vermögensgegenstandes durch Marktschwankungen nicht zu einem Abfluss von Gütern führen. Es liegen dann auch keine Aufwendungen vor.

BEISPIELE

a) Ein Mietshausbesitzer tapeziert zur Vermietung bestimmte Räume selbst. Die ersparten Aufwendungen betragen 2 000 €.

b) Ein Aktienbesitzer erleidet einen erheblichen und **nicht realisierten** Verlust durch einen Kursverfall (Anschaffungswert der Aktien 5 000 €; Kurswert jetzt 1 000 €).
Liegen Aufwendungen vor?

LÖSUNG In beiden Beispielen liegen hinsichtlich der ersparten Aufwendungen bzw. der Wertverluste keine Aufwendungen und daher auch keine Werbungskosten vor, da keine Güter abgeflossen sind.

Da Güter in Geld oder Geldeswert abfließen müssen, ist bei der Wertermittlung § 8 Abs. 2 EStG entsprechend anwendbar (vgl. 1.2).

2.2 Aufwendungen zur Erwerbung, Sicherung und Erhaltung der Einnahmen

Des Weiteren müssen nach dem Wortlaut Aufwendungen zur Erwerbung, Sicherung und Erhaltung der Einnahmen gemacht werden. Diese gesetzliche Definition des Begriffs »Werbungskosten« weicht von der des Begriffs »Betriebsausgaben« in § 4 Abs. 4 EStG ab. **Betriebsausgaben** sind nämlich nach § 4 Abs. 4 EStG Aufwendungen, die durch den Betrieb veranlasst sind.

Werbungskosten sind daher nach dem Wortlaut der gesetzlichen Definition im Rahmen einer Einkunftsquelle finale, d. h. zweckgerichtete Aufwendungen (vgl. Wortlaut: »... zur ...«), während Betriebsausgaben kausale, d. h. durch die Einkunftsquelle verursachte, Aufwendungen sind (vgl. Wortlaut: »... veranlasst ...«). Ein bloßer ursächlicher Zusammenhang der Aufwendungen mit einer bestimmten Einkunftsart würde somit nach dem Wortlaut nicht ausreichen, um Werbungskosten annehmen zu können. Der Begriff der Werbungskosten ist daher nach der gesetzlichen Definition enger als der Begriff der Betriebsausgaben.

Dies heißt aber nun nicht, dass der Werbungskostenbegriff grundsätzlich anders aufzufassen wäre als der Betriebsausgabenbegriff. Da sich Betriebsausgaben und Werbungskosten ihrem Charakter nach nicht unterscheiden, gehen sowohl das Schrifttum als auch die Rechtsprechung bei der Anwendung des Werbungskostenbegriffs in verschiedener Hinsicht über den Wortlaut des § 9 Abs. 1 Satz 1 EStG hinaus und stellen nur auf den kausalen Zusammenhang – wie bei den Betriebsausgaben – ab. Demnach liegen Werbungskosten vor, wenn aus objektiver Sicht ein (wirtschaftlicher) Zusammenhang der Aufwendungen mit der auf die Einnahmeerzielung gerichteten Tätigkeit besteht und subjektiv diese zur Förderung der steuerlich relevanten Tätigkeit gemacht werden. Die objektive Komponente des Werbungskostenbegriffs ist stets erforderlich. Hingegen ist das subjektive Element entbehrlich, z. B. bei unfreiwilligen Aufwendungen oder Zwangsaufwendungen.

So sind z. B. bei den Einkünften aus nichtselbstständiger Arbeit Werbungskosten alle Aufwendungen, die die Ausübung des Dienstes mit sich bringt (BFH vom 28. 11. 1980 BStBl II 1981, 368) und bei den Einkünften aus Vermietung und Verpachtung alle durch den Besitz des Hauses anfallenden Aufwendungen (BFH vom 18. 11. 1980 BStBl II 1981, 510).

BEISPIELE

Fahrtkosten eines Arbeitnehmers (er will Einnahmen erzielen). Kosten einer Feuer-, Glas- oder Leitungswasserversicherung für ein Mietshaus (Stpfl will Einnahmen dadurch sichern). Reparaturkosten eines Mietshauses (Stpfl will Einnahmen dadurch erhalten).

Aus der Wortverbindung »Aufwendungen **zur** ...« ergibt sich, dass zwischen den Aufwendungen und den erwarteten Einnahmen ein ausreichend bestimmter (oder unmittelbarer) Zusammenhang bestehen muss. Ob dies der Fall ist, ist dann z. B. fraglich, wenn völlig erfolglose Aufwendungen zur Schaffung einer Einkunftsquelle geltend gemacht werden. Da es aber auch nicht darauf ankommt, dass tatsächlich Einnahmen erzielt werden, ist das Vorliegen des unmittelbaren Zusammenhangs in vielen Fällen dieser Art äußerst schwer zu bejahen oder zu verneinen. Kann ein Stpfl aus objektiven Gründen überhaupt keine Einnahmen erzielen, kann er auch keine Werbungskosten geltend machen (BFH vom 16. 10. 1984 BStBl II 1985, 390).

BEISPIELE

a) Ein Stpfl hat ein leer stehendes, nicht mehr vermietbares Haus. Die zuständige Behörde hat die Nutzung als Wohnung untersagt. Können die Grundsteuer und Brandversicherung als Werbungskosten abgezogen werden?

LÖSUNG Da er keine Einnahmen erzielen kann, kann er auch nicht die Grundsteuer und die Brandversicherung als Werbungskosten geltend machen.

b) Ein Haus steht leer, ist aber noch vermietbar. Liegen Werbungskosten vor?

LÖSUNG Es kommt entscheidend darauf an, ob der Stpfl seine Einkünfteerzielungsabsicht endgültig aufgegeben hat. Ist dies nicht der Fall, kann er noch Werbungskosten geltend machen; allerdings muss er dies nachweisen (BFH vom 09.07.2003 BStBl II 2003, 940).

c) B lässt den Bau eines Mietshauses planen. Das Haus wird nicht gebaut. Liegen Werbungskosten vor?

LÖSUNG Die Planungskosten sind nur dann Werbungskosten aus Vermietung und Verpachtung, wenn sich der feste Entschluss zur Erzielung von Mieteinkünften durch andere gewichtigere Umstände eindeutig feststellen lässt (BFH vom 13.11.1973 BStBl II 1974, 161).

d) Ein arbeitsloser Stpfl fährt von Cham nach Hamburg, um eine Anstellung zu suchen. Liegen Werbungskosten vor?

LÖSUNG Die Fahrtkosten stehen in einem objektiven Zusammenhang mit der beabsichtigten Erzielung von Arbeitslohn und werden subjektiv auch hierfür vorgenommen. Es sind daher Werbungskosten anzunehmen.

Die beiden letzten Beispiele lassen zusätzlich erkennen, dass es nicht darauf ankommt, dass die Werbungskosten **während** der Erzielung der Einnahmen abgeflossen sein müssen, sondern dass sie auch zeitlich **vor** der Erzielung der Einnahmen möglich sind. Aber auch zeitlich **nach** der Erzielung der Einnahmen sind Werbungskosten denkbar. Man spricht dann von **vorweggenommenen** bzw. **nachträglichen** Werbungskosten. Vgl. hierzu auch BFH vom 05.11.2001 BStBl II 2002, 144.

BEISPIEL

A veräußert sein vermietetes Mehrfamilienhaus. Er begleicht nach Veräußerung noch eine Handwerkerrechnung für die Reparatur eines Wasserhahns. Die Handwerkerleistung wurde während seiner Vermietungstätigkeit ausgeführt. Liegen Werbungskosten vor?

LÖSUNG Es liegen nachträgliche Werbungskosten vor. Der Abzugszeitpunkt bestimmt sich nach § 11 EStG (vgl. F).

Neuerdings können auch Schuldzinsen als nachträgliche Werbungskosten abzugsfähig sein, die im Zusammenhang mit der Finanzierung der Anschaffungskosten eines Vermietungsobjekts stehen und zwar auch dann, wenn eine **nicht steuerbare Veräußerung** des Vermietungsobjekts vorliegt. Dies setzt grundsätzlich voraus, dass die den Schuldzinsen zu Grunde liegende Verbindlichkeit nicht durch den Veräußerungserlös getilgt werden konnte (vgl. BFH vom 08.04.2014 DStR 2014, 996 sowie zu weiteren Einzelheiten BMF BStBl I 2015, 581).

Es kommt grundsätzlich nicht darauf an, ob die Aufwendungen notwendig, üblich oder objektiv geeignet sind. Entscheidend ist, dass der Stpfl die Aufwendungen macht, um Einnahmen zu erwerben, zu sichern oder zu erhalten.

BEISPIELE

a) Ein Arbeitnehmer erwirbt zu seiner Fortbildung ungewöhnlich viel und außergewöhnlich teure Fachliteratur.

b) Ein Vermieter kauft sich für die von ihm für seine Mieter verwahrten Wohnungsschlüssel einen sehr großen Tresor, der in dieser Größe nicht notwendig wäre. Eine private Nutzung des Tresors findet nicht statt.

c) Ein Hausbesitzer führt gegen einen Mieter einen Prozess wegen Mietrückstand und Räumung. Es fallen Anwalts- und Gerichtskosten an, die ohne Erfolg vom unterlegenen Mieter verlangt werden. Liegen Werbungskosten vor?
LÖSUNG In allen drei Fällen liegen Werbungskosten vor.

Die Notwendigkeit und Üblichkeit von Aufwendungen ist jedoch dann von Bedeutung, wenn die Aufwendungen sich auch auf die private Lebensführung, d. h. nicht ausschließlich auf die Einkunftsquelle beziehen (§ 12 EStG). In diesem Fall kann das Fehlen der Üblichkeit, Erforderlichkeit und Zweckmäßigkeit ein Anzeichen für das Vorliegen von privaten Gründen sein.

Grundsätzlich kommt es auch nicht darauf an, ob der Abfluss von Geld oder Gütern mit oder ohne Willen des Stpfl geschieht. Insoweit fehlt es an dem oben genannten subjektiven Merkmal des Werbungskostenbegriffs.

BEISPIEL

Ein Arbeitnehmer erleidet auf einer Fahrt im Rahmen einer Auswärtstätigkeit einen selbstverschuldeten Verkehrsunfall. Sein Pkw wird beschädigt. Er lässt das Fahrzeug reparieren. Ein Kostenersatz findet nicht statt. Liegen Werbungskosten vor?
LÖSUNG Er kann in Höhe der Aufwendungen zur Beseitigung der Unfallschäden Werbungskosten i. S. d. § 9 Abs. 1 Satz 1 EStG geltend machen (vgl. H 9.5 [Pauschale Kilometersätze] LStH). Die Pauschalregelung des § 9 Abs. 1 Nr. 4 EStG steht dem nicht entgegen.

Werbungskosten müssen mit einer bestimmten Einkunftsart im Zusammenhang stehen. Berühren Aufwendungen mehrere Einkunftsarten, z. B. Einkünfte aus selbstständiger Arbeit einerseits und Einkünfte aus nichtselbstständiger Arbeit andererseits, so sind die Aufwendungen der jeweiligen Einkunftsart zuzuordnen (vgl. § 9 Abs. 1 Satz 2 EStG), so z. B. Aufwendungen im Zusammenhang mit der Nutzung eines häuslichen Arbeitszimmers im Rahmen einer selbständigen und einer unselbständigen Tätigkeit). Die Aufteilung hat ggfs. im Schätzungsweg zu erfolgen (vgl. H 9.1 [Aufteilung von Aufwendungen bei mehreren Einkunftsarten] LStH).

Werden Werbungskosten zurückgezahlt, liegen Einnahmen vor.

BEISPIELE

a) Eine Gemeinde erstattet einem Mehrfamilienhauseigentümer zu viel bezahlte Grundsteuer des Jahres 2016 im März 2017 zurück. Liegen Einnahmen vor?
LÖSUNG Der Zufluss dieser Grundsteuer stellt eine Einnahme des VZ 2017 dar.

b) Ein Hausbesitzer erhält aufgrund eines Prozesses einen Teilbetrag einer bezahlten, aber zu hoch ausgewiesenen Reparaturrechnung durch den Handwerker zurück. Liegen Einnahmen vor?
LÖSUNG Es sind Einnahmen anzunehmen.

Werden Einnahmen zurückbezahlt, liegen nach Ansicht der Rechtsprechung jedoch nicht Werbungskosten, sondern »negative Einnahmen« vor. Die Rechtsprechung macht diesen Unterschied, um dem Stpfl die Werbungskostenpauschbeträge (vgl. 2.4) voll zu erhalten. Sie werden wie Werbungskosten von den positiven Einnahmen abgezogen.

BEISPIELE

a) Ein Vermieter muss eine ursprünglich vereinnahmte Miete aufgrund von Mietmängeln teilweise zurückzahlen. Liegen Werbungskosten oder negative Einnahmen vor?
LÖSUNG Der Stpfl kann diese Zahlungen als negative Einnahmen abziehen.

b) Ein Arbeitnehmer hat zu viele Überstunden angegeben. Bei einer Revision deckt dies der Arbeitgeber auf. Der Arbeitnehmer zahlt die zu Unrecht vereinnahmten Beträge zurück. Liegen Werbungskosten oder negative Einnahmen vor?
LÖSUNG Es liegen negative Einnahmen vor.

2.3 Die Vorschrift des § 9 Abs. 1 Satz 3 EStG

In § 9 Abs. 1 Satz 3 EStG sind bestimmte Aufwendungen aufgezählt, die **auch** Werbungskosten sind. Die Formulierung »auch« besagt, dass diese Aufwendungen aus besonderen Gründen im Gesetz stehen; sei es zur Klarstellung (z. B. § 9 Abs. 1 Satz 3 Nr. 1, 2, 3, 6 und 7 EStG), sei es zur Einschränkung (z. B. § 9 Abs. 1 Satz 3 Nr. 4 und 5 EStG).

Die einzelnen Nummern werden im Wesentlichen bei den einzelnen Einkunftsarten besprochen; die Nummern 4, 4a, 5, 5a und 6 bei den Einkünften aus nichtselbstständiger Arbeit, die Nr. 1 bei den Einkünften aus Kapitalvermögen und die Nummern 2 und 7 bei den Einkünften aus Vermietung und Verpachtung.

Die Nr. 7 ist jedoch – wie man vielleicht meinen könnte – nicht nur bei Gebäuden von Bedeutung.

BEISPIELE

a) Ein Immobilieneigentümer schafft zur ausschließlichen Nutzung durch seine Mieter eine Waschmaschine für 1 000 € an. Das Mietobjekt gehört zu seinem Privatvermögen.

b) Ein Immobilieneigentümer benötigt ausschließlich zur Verwaltung seiner Immobilien (Privatvermögen) einen Schreibtisch. Anschaffungswert 990 €.

c) Ein Arbeitnehmer schafft sich einen Spezialarbeitsanzug für 1 000 € an.
Liegen Werbungskosten vor?
LÖSUNG In allen drei Fällen kann der Stpfl die Aufwendungen nicht sofort als Werbungskosten geltend machen. Er muss den aufgewendeten Betrag auf die Zeit der üblichen Nutzungsmöglichkeit verteilen. Man nennt dies AfA (Absetzung für Abnutzung), § 7 EStG. Kann die Waschmaschine im Beispiel a) üblicherweise 10 Jahre genutzt werden, kann der Hausbesitzer 10 Jahre lang je 100 € (Jahresbetrag, im Jahr der Anschaffung ggfs. anteilig) als Werbungskosten geltend machen (vgl. zur AfA im Einzelnen M 5 und Band 3, Fanck/Guschl/Kirschbaum; Buchführungstechnik und Bilanzsteuerrecht).

d) Die Waschmaschine kostet nur 400 € netto, d. h. ohne USt (siehe Sachverhalt Beispiel a). Können die Anschaffungskosten sofort abgezogen werden?
LÖSUNG Der Stpfl kann die Anschaffungskosten bei Anschaffung in voller Höhe als Werbungskosten abziehen. Es liegt ein geringwertiges Wirtschaftsgut (GWG) vor. Hier greift § 9 Abs. 1 Satz 3 Nr. 7 Satz 2 EStG ein, wonach die Regelung für GWG gem. § 6 Abs. 2 EStG auch bei den Werbungskosten gilt.

2.4 Pauschbeträge für Werbungskosten

Es ist oft nicht leicht festzustellen, ob Aufwendungen tatsächlich Werbungskosten sind. Um die Finanzverwaltung mindestens bei kleinen Beträgen von dieser Überprüfung zu entlasten, enthält § 9 a EStG für einige Überschusseinkünfte Werbungskostenpauschbeträge. Diese sind verschieden hoch, weil im Allgemeinen bei den einzelnen Einkunftsarten auch die tatsächlichen Werbungskosten verschieden hoch sind. Sie betragen gem. § 9 a EStG zurzeit:

- § 9 a Nr. 1 a EStG: bei Einnahmen aus nichtselbstständiger Arbeit 1 000 € (vorbehaltlich der Regelung in § 9 a Nr. 1 b EStG),
- § 9 a Nr. 1 b EStG: bei Versorgungsbezügen 102 €,
- § 9 a Nr. 3 EStG: bei wiederkehrenden Bezügen etc. aus § 22 Nr. 1, 1 a und 5 EStG 102 €.

Bei diesen Pauschbeträgen sind folgende Grundsätze zu beachten:

a) Die Pauschbeträge dürfen nur bis zur Höhe der Einnahmen abgezogen werden. Bei den Versorgungsbezügen gibt es noch eine zusätzliche Einschränkung (§ 9 a Satz 2 EStG), nach der als Bezugsgröße nicht von den Einnahmen, sondern von den Einnahmen abzüglich des Versorgungsfreibetrags/Zuschlag zum Versorgungsfreibetrag (vgl. zum Begriff § 19 Abs. 2 EStG sowie K) auszugehen ist.

BEISPIELE

a) Ein Arbeitnehmer macht 400 € Werbungskosten bei den Einkünften aus nichtselbstständiger Arbeit geltend.
Liegen tatsächliche Werbungskosten vor oder kann der Pauschbetrag angesetzt werden?
LÖSUNG Der Pauschbetrag wird mit 1 000 € angesetzt, wenn die Einnahmen höher oder gleich hoch sind.

b) Ein Arbeitnehmer macht tatsächlich entstandene Aufwendungen i. H. v. 1 700 € als Werbungskosten geltend. Das FA kann hiervon jedoch nur 900 € anerkennen. Wie ist die Höhe der Werbungskosten?
LÖSUNG Der Pauschbetrag wird mit 1 000 € angesetzt, wenn die Einnahmen höher oder gleich hoch sind. Erkennt das FA dagegen die 1 700 € an, ist dieser Betrag als tatsächliche Werbungskosten abziehbar.

c) N hat neben anderen positiven Einkünften eine sehr kleine Rente (§ 22 EStG) mit einem steuerlichen Wert von monatlich 8 €. Liegen Einkünfte aus wiederkehrenden Bezügen vor?
LÖSUNG Der Pauschbetrag i. H. v. 102 € darf nicht zu einem Verlust von 6 € ([Jahreswert der Einnahmen: 12 × 8 €] ./. 102 €) führen, der mit den anderen Einkünften ausgeglichen werden könnte. Es darf von den Einnahmen i. H. v. 96 € maximal ein Pauschbetrag i. H. v. 96 € abgezogen werden. Die Einkünfte aus § 22 EStG betragen daher 0 €.

b) Hat ein Stpfl Einnahmen aus mehreren Quellen einer bestimmten Einkunftsart, darf der Pauschbetrag nur einmal abgezogen werden (BFH vom 03. 04. 1959 BStBl III 1959, 220).

BEISPIEL

Eine Putzfrau hat zehn Arbeitsverhältnisse. Liegen Werbungkosten vor?
LÖSUNG Alle Einnahmen werden zusammengezählt und entweder einmal der Pauschbetrag, wenn die Einnahmen höher oder gleich hoch sind oder die gesamten höheren tatsächlichen Werbungskosten abgesetzt (alles im Rahmen der Einkünfte aus nichtselbstständiger Arbeit).

c) Die Pauschbeträge sind Jahresbeträge, d. h. sie sind auch dann voll zu gewähren, wenn der Stpfl die Einkünfte nicht während des ganzen Jahres bezogen hat. Denn der Veranlagungszeitraum ist das Kalenderjahr (§ 25 Abs. 1 EStG).

BEISPIEL

V ist Arbeitnehmer. Er stirbt am 20. 01. 17. Ist der Arbeitnehmer-Pauschbetrag anzusetzen?

LÖSUNG Der Arbeitnehmer-Pauschbetrag ist anzusetzen, wenn die Einnahmen höher oder gleich hoch sind; ansonsten bis zur Höhe der Einnahmen.

2.5 Übungsaufgaben zu Werbungskosten

FÄLLE 11–14

In welchem der Fälle liegen Werbungskosten vor?

	Werbungskosten		Begründung
	Ja	Nein	
FALL 11 Ein gewerblich tätiger Kaufmann gibt in einer Tageszeitung eine Werbeanzeige für seinen billigen Kaffee auf. Der Anzeigenpreis beträgt 1 000 €.			
FALL 12 B gehört ein Mietshaus (Privatvermögen), das er an Privatleute vermietet hat.			
a) Er hat für die Reparatur eines schadhaften Fensters 800 € aufgewendet, da ihm der Mieter gedroht hatte, er werde wegen des Schadens die Miete monatlich um 200 € verringern.			
b) Er hat das Mietshaus mit Darlehen finanziert und zahlt jährlich 10 000 € Darlehenszinsen.			
c) Für eine Reparatur des Haustürschlosses zahlt er an den Schlosser 100 €.			
d) Eine Dachreparatur führt er selbst durch. Er braucht dafür zwei Arbeitsstunden.			
e) Außerdem entstehen ihm dabei Materialkosten i. H. v. 600 €.			
f) Er lässt die Hauswand frisch verputzen, wofür ihm Kosten in Höhe von 18 000 € entstehen.			
g) Er zahlt jährlich Grundsteuer i. H. v. 600 €.			
h) Als Mitglied des Haus- und Grundbesitzervereins zahlt er jährlich einen Beitrag i. H. v. 60 €.			
i) Um eventuelle Schäden am Mietshaus zu überprüfen, fährt er jährlich zweimal dorthin. Es entstehen Fahrtkosten in Höhe von 200 €.			
j) Er schafft für alle Mieter für 3 000 € einen Fahrradständer mit Dach an. Die Nutzungsdauer beträgt fünf Jahre.			
FALL 13 R hat Aktien im Wert von 100 000 € geerbt. Die Aktien wurden nach dem 01. 01. 2009 erworben.			
a) Die Bank verlangt 100 € als Depotgebühren.			
b) Er nimmt sich täglich eine Stunde Zeit zum Anhören von Börsennachrichten.			
c) Er erwirbt weitere Aktien im Wert von 50 000 €.			
d) Beim Kauf fallen Bankspesen i. H. v. 1 200 € an.			
e) Aus Angst vor Kursrückgängen verkauft er die Aktien und erwirbt dafür festverzinsliche Wertpapiere. Die Kosten für den Erwerb der festverzinslichen Wertpapiere betragen 2 000 €.			

FALL 14

	Werbungskosten		Begründung
	Ja	Nein	
a) V kauft ein Baugrundstück zum Kaufpreis von 400 000 €.			
b) Dabei fallen Notargebühren für die Eigentumsumschreibung i. H. v. 1 500 € an.			
c) Grunderwerbsteuer i. H. v. 20 000 € ist zu bezahlen (5 % von 400 000 €, Höhe des Steuersatzes je nach Bundesland unterschiedlich).			
d) Für den Entwurf eines Bauplanes für ein 4-Familien-Haus, das er voll vermieten möchte, zahlt er einem Architekten 2 000 €. Wegen unvorhersehbarer Finanzierungsschwierigkeiten kann der Plan nicht verwirklicht werden.			
e) Wegen dieser finanziellen Schwierigkeiten verkauft er das Grundstück 12 Jahre nach Anschaffung für 390 000 €. Dadurch entsteht V ein Verlust von 10 000 €.			
f) Es entstehen ihm dabei Verkaufskosten i. H. v. 2 000 €.			

3 Abgrenzung der Werbungskosten (Betriebsausgaben) von den Kosten der Lebensführung

3.1 Allgemeines

Das EStG will im Wesentlichen die Erträge des Stpfl erfassen, die aus den einzelnen Einkunftsquellen, d. h. den Einkunftsarten entstehen und dem Stpfl zufließen. Daraus ergibt sich, dass nur die Aufwendungen die einzelnen Erträge mindern dürfen, die mit diesen Erträgen im Zusammenhang stehen. Kosten, die durch die Lebensführung bzw. die Lebenshaltung eines Stpfl entstehen, können daher bei den Überschusseinkünften keine Werbungskosten und bei den Gewinneinkünften keine Betriebsausgaben sein. Dies ergibt sich bereits aus dem für die Einkommensteuerbesteuerung grundlegendem Prinzip der Unterscheidung zwischen der steuerlich relevanten Erwerbssphäre einerseits und der Privatsphäre (Kosten der Lebensführung) andererseits. Darüber hinaus ist dies auch (klarstellend) in § 12 Nr. 1 EStG geregelt. Zielrichtung des § 12 Nr. 1 EStG ist daher, dass ein Missbrauch durch Verschiebung von Aufwendungen der privaten Lebensführung in den steuerlich relevanten Bereich der Überschuss- bzw. Gewinneinkünfte unterbunden werden soll.

Wäre es anders, müsste der Stpfl bei sonst gleichen Verhältnissen am wenigsten Einkommensteuer zahlen, der das meiste Geld für seine private Lebensführung ausgibt. Nur die Ausgaben dürfen sich auswirken, die der Stpfl nicht gehabt hätte, bezöge er nicht ganz bestimmte Einkünfte.

Anmerkung: Einzelne Lebenshaltungskosten können bei der Ermittlung des Einkommens jedoch dann abgezogen werden, wenn es sich um **Sonderausgaben** oder **außergewöhnliche Belastungen** handelt, vgl. Q und R. Dies ergibt sich aus dem Einleitungssatz zu § 12 EStG.

3.2 Kategorien von Aufwendungen

Für die zutreffende steuerliche Behandlung von Aufwendungen sind diese in drei Gruppen einzuteilen:

- Gruppe 1: Aufwendungen, die eindeutig **privat** veranlasst sind,
- Gruppe 2: Aufwendungen, die eindeutig **beruflich/betrieblich** veranlasst sind,
- Gruppe 3: Aufwendungen, die **sowohl privat als auch betrieblich/beruflich** veranlasst sind.

3.2.1 Gruppe 1: Aufwendungen, die eindeutig privat veranlasst sind

Aufwendungen, die eindeutig privat veranlasst sind, stellen Kosten der privaten Lebensführung (Privataufwendungen) dar und sind grundsätzlich nicht als Werbungskosten bzw. Betriebsausgaben abzugsfähig. Insbesondere scheidet bei diesen Aufwendungen auch eine Aufteilung in einen privaten und einen beruflichen/betrieblichen Anteil aus, sodass eine evtl. bestehende betriebliche/berufliche **Mitveranlassung unbeachtlich** ist.

Nach Auffassung der Finanzverwaltung (vgl. BMF-Schreiben vom 06.07.2010 BStBl I 2010, 614) ist zwischen zwei Fallgruppen der Privataufwendungen zu unterscheiden. Zum einen sind dies die Aufwendungen i. S. d. § 12 Nr. 1 **Satz 1** EStG. Zum anderen handelt es sich um Aufwendungen i. S. d. § 12 Nr. 1 **Satz 2** EStG (die sog. Repräsentationsaufwendungen).

3.2.1.1 Fallgruppe des § 12 Nr. 1 Satz 1 EStG

Nach § 12 Nr. 1 Satz 1 EStG können Aufwendungen für den Haushalt des Steuerpflichtigen und für den Unterhalt seiner Familienangehörigen nicht abgezogen werden. Von dieser Vorschrift werden insbesondere folgende Aufwendungen erfasst:

- Kosten der Wohnung, der Ernährung, der Kleidung und der allgemeinen Schulausbildung,
- Kosten der Kindererziehung,
- Kosten im Zusammenhang mit persönlichen Bedürfnissen des täglichen Lebens (z. B. Gesundheit, Hygieneartikel), mit Zeitungen, mit Rundfunk oder mit dem Besuch kultureller und sportlicher Veranstaltungen.

Dieses Abzugsverbot basiert auf der Annahme, dass diese Aufwendungen bereits durch das steuerliche Existenzminimum (Grundfreibetrag und Freibeträge für Kinder) abgegolten bzw. als Sonderausgaben oder außergewöhnliche Belastungen abzugsfähig sind.

BEISPIELE

a) Ein Bankangestellter erwirbt einen normalen Straßenanzug und nutzt diesen auch in der Bank. Liegen Werbungskosten vor?

LÖSUNG Es liegen keine Werbungskosten vor, da diese Aufwendungen bereits durch das steuerliche Existenzminimum abgegolten sind. Eine evtl. bestehende Mitveranlassung – welche hier anzunehmen wäre – ist bei Aufwendungen i. S. d. § 12 Nr. 1 Satz 1 EStG unbeachtlich.

b) P hat Kosten für die Beschaffung eines Hörgerätes. Liegen Werbungskosten vor?

LÖSUNG Es liegen keine Werbungskosten vor. Die Kosten sind privat veranlasst (BFH vom 08.04.1954 BStBl III 1954, 174).

Im Allgemeinen entstehen somit kaum Probleme, wenn es um die **typischen Kosten der Lebensführung** geht. Diese Kosten sind grundsätzlich nicht abzugsfähig. Eine Abzugsmöglichkeit besteht im Übrigen auch nicht über die in der dritten Gruppe dargestellten Grundsätze.

3.2.1.2 Fallgruppe des § 12 Nr. 1 Satz 2 EStG

Des Weiteren besteht nach § 12 Nr. 1 Satz 2 EStG eine Abzugsbeschränkung für die sog. Repräsentationsaufwendungen. Hierbei handelt es sich um solche Aufwendungen, die die wirtschaftliche oder gesellschaftliche Stellung des Steuerpflichtigen mit sich bringt, selbst wenn hierdurch der Beruf oder die Tätigkeit des Steuerpflichtigen gefördert werden soll. Nach Auffassung der Finanzverwaltung handelt es sich um Aufwendungen, die mit dem persönlichen Ansehen des Steuerpflichtigen im Zusammenhang stehen, d. h. sie dienen der Pflege der sozialen Verpflichtungen. Die Abgrenzung zwischen nicht abzugsfähigen Repräsentationsaufwendungen einerseits und abzugsfähigen Werbungskosten/Betriebsausgaben andererseits ist äußerst schwierig und muss im Rahmen einer Gesamtwürdigung unter Berücksichtigung der Umstände des Einzelfalls erfolgen.

BEISPIELE

a) Ein Gewerbetreibender lädt zu seinem 42. Geburtstag auch Geschäftsfreunde ein. Liegen Betriebsausgaben hinsichtlich der (anteiligen) Kosten der Geburtstagsfeier vor?

LÖSUNG Nach Ansicht der Finanzverwaltung stellt der persönliche Anlass »Geburtstag« ein gewichtiges Indiz für die Annahme von nicht abzugsfähigen Repräsentationsaufwendungen i. S. d. § 12 Nr. 1 Satz 2 EStG dar (siehe BMF vom 06.07.2010 BStBl I 2010, Rz. 5; siehe aber auch BFH vom 08.07.2015 BStBl II 2015, 1013 zur Frage der Abgrenzung der als Werbungskosten abzugsfähigen Aufwendungen).

b) Ein Gewerbetreibender lädt zum 30-jährigen Bestehen der Firma ausschließlich Geschäftsfreunde zu einer Feierlichkeit ein. Stellen die Kosten der Feierlichkeit grundsätzlich Betriebsausgaben dar?

LÖSUNG Die Kosten der Feierlichkeit sind als Betriebsausgaben abzugsfähig, da der Anlass der Veranstaltung im betrieblichen Bereich (Firmenjubiläum) angesiedelt ist.

3.2.2 Gruppe 2: Aufwendungen, die eindeutig beruflich/betrieblich veranlasst sind

Wenn aber Kosten in einem eindeutigen beruflichen oder betrieblichen Zusammenhang stehen, sind sie als Werbungskosten oder Betriebsausgaben abzugsfähig (vgl. z. B. zur Kleidung BFH vom 09.03.1979 BStBl II 1979, 519 und vom 20.11.1979 BStBl II 1980, 75). Dies gilt insbesondere auch für die Aufwendungen i. S. d. § 12 Nr. 1 Satz 1 und Satz 2 EStG, sofern die Aufwendungen ausschließlich beruflich/betrieblich veranlasst sind. Es handelt sich somit um eine Ausnahme vom Abzugsverbot im Rahmen der ersten Gruppe. Insoweit wird das Abzugsverbot durch die ausschließliche berufliche/betriebliche Veranlassung überlagert. Ausschließlich berufliche/betrieblich veranlasste Aufwendungen liegen insbesondere in den ausdrücklich geregelten Fällen vor, so z. B. im Rahmen der Abzugsfähigkeit von Aufwendungen

- für ein häusliches Arbeitszimmers gem. § 4 Abs. 5 Satz 1 Nr. 6b EStG,
- für Verpflegungsmehraufwendungen gem. § 4 Abs. 5 Satz 1 Nr. 5 EStG bzw. § 9 Abs. 4 a EStG,
- für notwendige Mehraufwendungen anlässlich einer doppelten Haushaltsführung gem. § 9 Abs. 1 Nr. 5 EStG oder
- für Arbeitsmittel, z. B. typische Berufskleidung gem. § 9 Abs. 1 Satz 3 Nr. 6 EStG.

Die Abzugsmöglichkeit ist aber nicht auf die gesetzlich geregelten Fälle beschränkt. Vielmehr ist der Anwendungsbereich weiter gefasst. Letztendlich ist die ausschließliche berufliche/betriebliche Veranlassung das entscheidende Abgrenzungskriterium, ob eine Abzugsmöglichkeit gegeben ist.

BEISPIELE

a) Ein Arbeitnehmer einer Schlosserei kauft sich einen Arbeitsanzug. Der Kaufpreis liegt unter 410 €. Liegen Werbungskosten vor?

LÖSUNG Da er diesen kaum privat tragen wird, sind die Anschaffungskosten als Werbungskosten abzugsfähig, § 9 Abs. 1 Nr. 7 Satz 2 i. V. m. § 6 Abs. 2 EStG. Es liegt ein GWG vor.

b) Ein Arbeitnehmer hat sich eine Krankheit eindeutig bei Ausübung seiner beruflichen Tätigkeit zugezogen, z. B. die Staublunge eines unter Tage arbeitenden Bergmanns. Liegen Werbungskosten vor?

LÖSUNG Die Krankheitskosten sind Werbungskosten (BFH vom 13. 10. 1960 BStBl III 1960, 511).

c) Der angestellte Geschäftsführer einer im bayrischen Stil eingerichteten Gaststätte in Nürnberg kauft sich auf Weisung seines Arbeitgebers einen original Münchner Trachtenanzug. Liegen Werbungskosten vor?

LÖSUNG Auch bei nahezu ausschließlich beruflicher Benutzung handelt es sich bei dem Anzug nicht um typische Berufskleidung. Es liegen keine Werbungskosten vor (BFH vom 20. 11. 1979 BStBl II 1980, 73).

3.2.3 Gruppe 3: Aufwendungen, die eindeutig sowohl privat als auch betrieblich/beruflich veranlasst sind

Probleme entstehen aber häufig dann, wenn die Aufwendungen zum Teil durch die berufliche Tätigkeit und zum Teil durch die private Lebensführung verursacht sind. Man spricht in diesen Fällen von **gemischten Aufwendungen** ; vgl. hierzu BFH vom 21. 09. 2009 BStBl II 2010, 672.

Die früher vom BFH vertretene Auffassung zur steuerlichen Behandlung der gemischten Aufwendungen, dass für diese grundsätzlich ein generelles Aufteilungs- und Abzugsverbot bestehe, wurde durch den obigen Beschluss des Großen Senats aufgegeben (vgl. zur alten Rechtslage die 18. Auflage sowie BFH vom 19. 10. 1970 BStBl II 1971, 17). Die Finanzverwaltung hat sich dieser Auffassung angeschlossen, sodass für die Behandlung von gemischten Aufwendungen nunmehr von folgenden Vorgaben auszugehen ist (vgl. hierzu BMF vom 06. 07. 2010 BStBl I 2010, 614). Für gemischt veranlasste Aufwendungen besteht nunmehr kein generelles Aufteilungs- und Abzugsverbot. Vielmehr ist es unter bestimmten Voraussetzungen möglich, diese Aufwendungen einerseits in einen betrieblich/beruflich veranlassten Teil und andererseits in einen die private Lebensführung betreffenden Teil aufzuteilen. Bei der Frage der Aufteilung kann von folgenden Grundsätzen ausgegangen werden:

a) Ein Abzug von Aufwendungen ist nicht möglich, wenn jeweils nicht unbedeutende private und beruflich/betriebliche Veranlassungsbeiträge derart ineinandergreifen, dass eine Aufteilung der Aufwendungen nicht, d. h. auch nicht im Schätzungswege, möglich ist. In diesem Fall sind die Aufwendungen insgesamt als privat veranlasst anzusehen und dem Bereich der privaten Lebensführung zuzurechnen.

BEISPIELE

a) Der selbstständige Rechtsanwalt R bezieht neben seiner regionalen Tageszeitung noch eine überregionale Tageszeitung, weil er hieraus rechtliche Informationen für seine tägliche Arbeit als Rechtsanwalt zieht.

LÖSUNG Sofern die Abzugsfähigkeit der Kosten der überregionalen Zeitung nicht bereits durch das steuerliche Existenzminimum abgedeckt sein sollte, bestände dennoch ein Abzugsverbot. Vorliegend ist kein geeigneter Aufteilungsmaßstab erkennbar, da die privaten und beruflichen Elemente derart ineinandergreifen, dass sie nicht – auch nicht im Schätzungswege – abtrennbar sind.

b) D erwirbt den Führerschein, weil er bei seinem neuen Arbeitgeber ab und zu dienstlich fahren muss. Liegen Werbungskosten vor?

LÖSUNG Der Erwerb ist überwiegend privat veranlasst, so dass Lebensführungskosten vorliegen (BFH vom 20.02.1969 BStBl II 1969, 433). Dies ist jedoch dann anders, wenn ein Stpfl einen Führerschein erwirbt, um einen bestimmten Beruf ausüben zu können, z. B. als Handelsvertreter, Taxi- oder Lkw–Fahrer (vgl. Schmidt/Krüger, EStG 36. Aufl., § 19 Rz 110 »Führerschein«). Dann sind die Kosten voll abzugsfähig. Eine Aufteilung ist nicht möglich.

c) Die Familie des Großunternehmers K zahlt Verbrechern ein Lösegeld in Millionenhöhe, um K wieder zu befreien. Liegen Betriebsausgaben vor?

LÖSUNG Das Risiko der Entführung und Erpressung ist i. d. R. personenbezogen. Daher sind die Zahlungen weder voll noch anteilig Betriebsausgaben oder Werbungskosten, sondern Kosten der Lebensführung (BFH vom 30.10.1980 BStBl II 1981, 303). Eine Aufteilung ist nicht möglich.

b) Ist eine Aufteilung möglich, so ist ein geeigneter, dem Einzelfall gerecht werdender objektiver Aufteilungsmaßstab zu finden. Ist die private und die berufliche/betriebliche Veranlassung von ihrer grundsätzlichen Bedeutung her gleichgewichtig, so kommt eine Aufteilung nach Veranlassungsbeiträgen in Betracht. Als geeigneter Veranlassungsbeitrag zur Aufteilung der Aufwendungen können beispielsweise folgende Kriterien herangezogen werden:

- Zeit-, Mengen- oder Flächenanteile,
- Aufteilung nach Köpfen.

BEISPIEL

A ist für eine Dauer von drei Tagen auf einer beruflichen Fortbildungsveranstaltung in Schweden. Hieran schließt er einen dreitägigen privaten Aufenthalt an. Wie sind die Kosten der An- und Abreise zu behandeln?

LÖSUNG Vorliegend sind als geeignetes Kriterium die jeweiligen Zeitanteile als Aufteilungsmaßstab heranzuziehen. Demnach sind die An- und Abreisekosten zu 3/6 privat und ebenfalls zu 3/6 beruflich veranlasst.

Bei einer zeitanteiligen Aufteilung von Reisekosten nach Tagen sind der Anreise- und der Abreisetag bei der Ermittlung der Zeitanteile grundsätzlich nicht zu berücksichtigen, d. h. neutral zu behandeln (siehe hierzu BFH vom 21.04.2010 BStBl II 2010, 687).

c) Ist jedoch die berufliche/betriebliche Mitveranlassung von untergeordneter Bedeutung – d. h. die berufliche/betriebliche Mitveranlassung liegt bei einer prozentualen Aufteilung unterhalb von 10 % – so sind die Aufwendungen insgesamt nicht als Betriebsausgaben/Werbungskosten abzugsfähig (Grundsatz der Unbeachtlichkeit geringfügiger Einflüsse). Es findet eine vollumfängliche Zuordnung der Aufwendungen zur Privatsphäre statt.

BEISPIEL

Der Steuerpflichtige X nimmt während seines Urlaubes an einem eintägigen beruflichen Fachseminar teil. Die Fahrt- und Flugkosten zum Urlaubsort belaufen sich auf 1 400 €. Der Urlaub dauert drei Wochen. Liegen Werbungskosten vor?

LÖSUNG Die Fahrt- und Flugkosten können nicht berücksichtigt werden, da hier als Aufteilungsmaßstab die jeweiligen Zeitanteile zu Grunde zu legen sind (1 Tag/21 Tagen = 4,7 %). Es liegt somit ein Fall von untergeordneter Bedeutung vor (unterhalb von 10 %).

d) Ist hingegen die private Mitveranlassung von untergeordneter Bedeutung – d. h. die private Mitveranlassung liegt bei einer prozentualen Aufteilung unterhalb von 10 % – so sind die Aufwendungen vollumfänglich als Betriebsausgaben/Werbungskosten abzugsfähig

(Grundsatz der Unbeachtlichkeit geringfügiger Einflüsse). Eine (anteilige) Zuordnung zur Privatsphäre unterbleibt.

e) Besteht jedoch hinsichtlich der privaten und der beruflichen Veranlassungsbeiträge keine Gleichwertigkeit, so kann ein anderer Aufteilungsmaßstab in Betracht kommen, ggfs. ist insgesamt von einer Aufteilung abzusehen, so z. B. bei Wahrnehmung eines beruflichen Termins auf Weisung eines Arbeitgebers.

BEISPIEL

Der Einzelgewerbetreibende A ist für die Dauer von einer Woche als Aussteller auf einer auswärtigen Messe im Ausland tätig. Im Anschluss besucht er für einen Tag noch einen alten Studienfreund. Ist für die Kosten der Hin- und Rückreise eine Aufteilung vorzunehmen?

LÖSUNG Vorliegend ist von einer betrieblichen Veranlassung auszugehen, da der Reise ein eindeutiger betrieblicher Anlass zu Grunde liegt. Demzufolge sind die Aufwendungen der An- und Abreise vollumfänglich als Betriebsausgaben abzugsfähig.

3.3 Nicht abzugsfähige Steuern i. S. d. § 12 Nr. 3 EStG

Alle Personensteuern, also die Steuern, die an die Ertrags- oder Leistungsfähigkeit einer Person anknüpfen, insbesondere die ESt, sind Lebenshaltungskosten. Sie dürfen daher nicht als Werbungskosten oder Betriebsausgaben abgezogen werden (§ 12 Nr. 3 EStG).

Anmerkung: Ob sie als Sonderausgaben abzugsfähig sind, ist eine andere Frage, vgl. Q 2.

Zu den Steuern i. S. d. § 12 Nr. 3 EStG zählen:

- ESt,
- Lohnsteuer als eine Form der ESt,
- Kapitalertragsteuer als eine Form der ESt,
- Kirchensteuer (zu beachten ist aber § 10 Abs. 1 Nr. 4 EStG),
- Erbschaftsteuer,
- Vermögensteuer (bis einschließlich VZ 1996 erhoben),
- Umsatzsteuer für Entnahmen sowie
- steuerliche Nebenleistungen (z. B. Säumniszuschläge und Verspätungszuschläge, vgl. § 3 Abs. 4 AO), soweit sie sich auf solche Steuern beziehen.

3.4 Übungsaufgaben zur Abgrenzung der Werbungskosten (Betriebsausgaben) von den Kosten der Lebensführung

FÄLLE 15–22

Wie würden Sie in folgenden Fällen entscheiden?	Betriebsausgaben	Lebenshaltungskosten	Begründung
FALL 15 Ein Ehepaar bringt sein Kind in einem Kindergarten unter, um als Arbeitnehmer tätig sein zu können.			
FALL 16 Ein Arbeitnehmer erwirbt zu eigenen Wohnzwecken eine Eigentumswohnung am Ort des Unternehmens, an dem er angestellt ist, weil ihm das tägliche Fahren zwischen Wohnung und Betrieb nicht gefällt.			
FALL 17 Ein Arzt hat in seiner Praxis eine Waschmaschine stehen, die er zu ca. 30 % auch für seine private Wäsche nutzt.			
FALL 18 Ein Verkehrsrichter will seine privaten Pkw–Kosten als Werbungskosten mit der Begründung anerkannt haben, er könne ohne ständiges Fahren über Verkehrsunfälle nicht objektiv urteilen.			
FALL 19 Ein Wirt hat in seiner Gaststätte ein Fernsehgerät stehen, mit dem er auch selbst das Programm sieht.			
FALL 20 Ein Richter des BGH will die Kosten für den Bezug der »Frankfurter Allgemeinen Zeitung« als Werbungskosten absetzen, weil er nur durch das Lesen einer Zeitung volksnah und praxisgerecht urteilen könne.			
FALL 21 Ein Unternehmer will seine Gewerbesteuer als Betriebsausgabe abziehen.			
FALL 22 Ein Unternehmer muss einen Verspätungszuschlag für seine Einkommensteuer und seine Gewerbesteuer zahlen.			

4 Nichtabzugsfähige Betriebsausgaben/Werbungskosten

Nicht alle Aufwendungen, die begrifflich Betriebsausgaben oder Werbungskosten sind, sind steuerlich auch abziehbar. Dies ergibt sich für Gewinneinkünfte aus § 4 Abs. 5 EStG und für Überschusseinkünfte aus § 9 Abs. 5 i. V. m. § 4 Abs. 5 EStG. Es handelt sich dabei um Aufwendungen, die zwar betrieblich oder beruflich bedingt sind, aber an der Grenze zwischen betrieblicher/beruflicher Tätigkeit und privater Lebensführung liegen. Sie berühren die Lebensführung des Stpfl selbst und/oder die Lebensführung anderer Personen.

Von der Art her sind diese Aufwendungen Betriebsausgaben/Werbungskosten und daher nicht zu verwechseln mit den gemischten Aufwendungen, die gem. § 12 Nr. 1 Satz 2 EStG dem Abzugsverbot unterliegen (vgl. 3.2). Bei einem bilanzierenden Stpfl dürfen die Aufwendungen, die unter § 12 EStG fallen, überhaupt nicht als Betriebsausgaben gebucht werden, denn es sind keine Betriebsausgaben. Aufwendungen, die unter § 4 Abs. 5 EStG fallen, werden bei einem solchen Stpfl als Betriebsausgaben gebucht, müssen jedoch nach Feststellung des Ergebnisses außerhalb der Bilanz dem Gewinn hinzugerechnet werden.

In § 4 Abs. 5 EStG sind mehrere Arten von Betriebsausgaben aufgezählt, so z. B. die in § 4 Abs. 5 Nr. 6 b EStG enthaltene Regelung zum häuslichen Arbeitszimmer. Auf ausgewählte Bereiche wird im weiteren Verlauf der Ausführungen eingegangen.

Teil F Zeitraum der Vereinnahmung und Verausgabung

Die ESt wird jährlich festgesetzt. Daher müssen die Einkünfte, das Einkommen, das zu versteuernde Einkommen und alle Einzelmerkmale zur Ausfüllung dieser Begriffe einem bestimmten Kalenderjahr (Veranlagungszeitraum) zeitlich zugeordnet werden. Hierfür gilt grundsätzlich § 11 EStG, in dem das sog. Zu- und Abflussprinzip verankert ist.

1 Bedeutung und Anwendungsbereich des § 11 EStG

§ 11 EStG stellt folgenden Grundsatz auf:

Einnahmen sind innerhalb des Kalenderjahres bezogen, in dem sie dem Stpfl zugeflossen sind, § 11 Abs. 1 Satz 1 EStG; Ausgaben sind für das Kalenderjahr abzusetzen, in dem sie geleistet worden sind, § 11 Abs. 2 Satz 1 EStG. Diese Vorschrift trägt dem Grundsatz Rechnung, dass steuerliche Auswirkungen sich üblicherweise zu dem Zeitpunkt ergeben sollten, zu dem sich der Ertrag einer Einkunftsquelle durch Vereinnahmung oder Verausgabung tatsächlich vermehrt oder vermindert hat.

§ 11 EStG ist direkt anwendbar

- bei der Ermittlung der Überschusseinkünfte (§ 2 Abs. 1 Nr. 4–7 EStG), also bei der Ermittlung der Einnahmen und der Werbungskosten;
- bei der Gewinnermittlung nach § 4 Abs. 3 EStG (vgl. J), also bei der Einnahmen-Überschussrechnung durch Gegenüberstellung der Betriebseinnahmen und der Betriebsausgaben, jedoch **nicht** bei der Gewinnermittlung durch Bestandsvergleich (§ 4 Abs. 1 EStG und § 5 EStG) gem. § 11 Abs. 1 Satz 5 EStG bzw. § 11 Abs. 2 Satz 6 EStG; vgl. 3.2;
- grundsätzlich, d. h. mit Ausnahmen, bei der Berechnung der in den §§ 10 und 10b EStG genannten Sonderausgaben (vgl. N);
- mit gewissen Einschränkungen bei der Ermittlung der Aufwendungen, die als außergewöhnliche Belastungen abgezogen werden können, §§ 33, 33a EStG (vgl. Q).

§ 11 EStG ist zusätzlich auch **in solchen** Fällen anwendbar, bei denen die Vereinnahmung oder Verausgabung **innerhalb eines Kalenderjahres** von Bedeutung ist, z. B.:

- bei Erbfolge oder
- bei außergewöhnlichen Belastungen, wenn der Kalendermonat eine Rolle spielt (vgl. § 33a Abs. 3 EStG).

BEISPIEL

Der Eigentümer eines Mietshauses stirbt am 05. 04. 17. Sein Sohn ist Alleinerbe. Wem sind die Einkünfte zuzurechnen?

LÖSUNG Die Einkünfte aus Vermietung und Verpachtung müssen bis zum 05. 04. 17 dem Vater, später dem Sohn zugerechnet werden. Fließt die März-Miete z. B. erst im Mai zu, hat sie der Sohn zu versteuern.

2 Zufluss und Leistung

2.1 Zufluss von Einnahmen

Einnahmen i. S. d. § 11 Abs. 1 Satz 1 EStG sind einem Stpfl dann zugeflossen, sobald er über sie wirtschaftlich verfügen kann, d. h. sobald er die wirtschaftliche Verfügungsmacht erlangt hat.

Unter dem Begriff »Erlangung der wirtschaftlichen Verfügungsmacht« ist zunächst der Zeitpunkt des Eintritts des Leistungserfolgs zu verstehen. Dies ist dann der Fall, wenn die maßgebliche Einnahme in das Vermögen des Stpfl übergegangen ist, z. B. wenn der Mieter dem Vermieter die Miete in bar übergibt. Des Weiteren kann auch der (vorgelagerte) Zeitpunkt der Verfügungsmöglichkeit maßgeblich sein. Dies ist der Zeitpunkt, in dem die Herbeiführung des Leistungserfolges möglich ist. Dies bedeutet aber nicht, dass bereits jede fällige Forderung zu einem Zufluss führt, da die theoretische Möglichkeit zur Herbeiführung des Leistungserfolgs besteht. Vielmehr muss diese Verfügungsmöglichkeit unter wirtschaftlichen Gesichtspunkten mit der Leistungshandlung (z. B. Zahlung von Geld) vergleichbar sein. Da es auf die wirtschaftliche Verfügungsmacht ankommt, sind deshalb bürgerlich-rechtliche Überlegungen von untergeordneter Bedeutung. So spielt z. B. die Fälligkeit grundsätzlich keine Rolle, obgleich Zufluss, Abfluss und Fälligkeitszeitpunkt zusammenfallen können. Auch kommt es nicht darauf an, ob tatsächlich mit Geld bezahlt oder Wirtschaftsgüter übergeben bzw. übereignet werden. Es gibt keine allgemeingültigen, für alle Fälle passenden Regeln, wann die wirtschaftliche Verfügungsmacht erlangt oder verloren wurde. Denn die Gestaltungsmöglichkeiten im Wirtschaftsleben sind sehr vielfältig. So hat der BFH in seinem Urteil vom 12. 11. 1997 BStBl II 1998, 252 bei einer Gutschrift für einen Versicherungsvertreter ausgeführt:

»Zugeflossen sein können auch Einnahmen, die der Schuldner dem Gläubiger am Fälligkeitstag in seinen Büchern gutschreibt. Eine Gutschrift bewirkt ein Zufließen im Rechtssinne, wenn mit ihr nicht nur eine Schuldverpflichtung buchmäßig festgehalten wird, sondern wenn sie darüber hinaus zum Ausdruck bringt, dass der Betrag dem Berechtigten von nun an zur Verwendung zur Verfügung steht. Maßgebend ist das Gesamtbild der Verhältnisse (ständige Rechtsprechung, vgl. BFH vom 24. 03. 1999 BStBl II 1993, 499, m. w. N.). Den Entscheidungen des BFH vom 24. 03. 1999 (a. a. O.) und vom 09. 04. 1968 BStBl II 1968, 525, die zu ähnlichen Fällen wie dem Streitfall ergangen sind, ist zu entnehmen, dass für den Übergang der wirtschaftlichen Verfügungsmacht vom Schuldner auf den Gläubiger durch Gutschrift in den Büchern des Schuldners der Fälligkeit der Schuld und der Verzinsung der gutgeschriebenen Beträge besondere Bedeutung im Rahmen der Gesamtumstände zukommt.« Vgl. auch BFH vom 30. 10. 2001 BStBl II 2002, 138 – sehr ausführlich.

2.2 Abfluss von Ausgaben

Ausgaben i. S. d. § 11 Abs. 2 Satz 1 EStG sind in dem Zeitpunkt geleistet, in dem der Stpfl seine Leistungshandlung vornimmt und die wirtschaftliche Verfügungsmacht über die betreffenden Gelder oder geldwerten Güter verloren hat. Entscheidend ist daher bei der Bestimmung des Abflusszeitpunktes die Vornahme der Leistungshandlung. Die Leistungshandlung ist dann abgeschlossen, wenn der Stpfl alles Erforderliche getan hat, um den Leistungserfolg herbeizuführen. Auf den tatsächlichen Eintritt des Leistungserfolges kommt es hingegen nicht an. Übergibt beispielsweise ein Mieter dem Vermieter die geschuldete Miete in bar, so findet bei dem Mieter im Zeitpunkt der Hingabe des Geldes der Abfluss statt. Bezahlt der Mieter hingegen die

Miete durch Hingabe eines (gedeckten) Schecks, so findet ein Abfluss z. B. im Zeitpunkt der Übergabe des Schecks an die Post oder durch Einwurf des Schecks in den Briefkasten des Empfängers statt (vgl. H 11 [Scheck] EStH).

2.3 Keine Kongruenz zwischen Zu- und Abfluss

Zu beachten ist, dass der Zuflusszeitpunkt beim Empfänger der Leistung nicht identisch sein muss mit dem Abflusszeitpunkt beim Leistenden. Es ist daher immer eine getrennte Prüfung des Zuflusses einerseits und des Abflusses andererseits erforderlich.

2.4 Typische Fallkonstellationen

Nachfolgend werden typische Fallkonstellationen anhand von Beispielsfällen näher verdeutlicht.

BEISPIELE

a) Mieter M ist verpflichtet, seine monatliche Miete spätestens bis zum 3. Tag des jeweiligen Monats zu zahlen. Er zahlt immer in bar. Da er im Dezember 16 und Januar 17 in Urlaub will, zahlt er die Januar-Miete 17 schon am 15. 12. 16. Wann hat Vermieter V diese Miete zu versteuern?
LÖSUNG Obwohl die Januar-Miete erst am 03. 01. 17 fällig ist, ist sie dem Vermieter V schon am 15. 12. 16 zugeflossen. V hat die Januar-Miete daher schon im Jahre 16 zu versteuern. Auf die Fälligkeit kommt es in diesem grundsätzlichen Fall nicht an. Zu Ausnahmen s. 3. 1.

b) Ein Vermieter erhält die Miete durch **Gutschrift** auf seinem Bankkonto. Der Mieter überweist die Miete. Wann ist die Miete zugeflossen?
LÖSUNG Bei Gutschrift gilt der Betrag als **zugeflossen**, wenn der Empfänger jederzeit über den gutgeschriebenen Betrag verfügen kann. In unserem Beispiel ist dies der Tag der Bankgutschrift, denn erst jetzt kann der Vermieter durch Abhebung oder Überweisung über dieses Geld verfügen. Dass der Mieter einige Tage zuvor den **Banküberweisungsauftrag** ausgefüllt und seiner Bank zugesandt hat, ist unerheblich. Bei ihm sind die Mittel allerdings nicht erst mit Lastschrift **abgeflossen**, sondern vielmehr in dem Zeitpunkt, in dem die Bank den Überweisungsauftrag erhält (BFH vom 14. 01. 1986 BStBl II 1986, 453), sofern das Konto ausreichend gedeckt ist bzw. über einen entsprechenden Kreditrahmen verfügt (vgl. H 11 [Überweisung] EStH). In diesen Fällen liegen Zufluss und Abfluss meistens zeitlich auseinander. Auf das Übersenden des Kontoauszugs durch die Bank kommt es nicht an.

c) Eine gesetzliche Krankenkasse errechnet einem Arzt den Gebührenanspruch anhand seiner im dritten Quartal 16 abgegebenen Krankenscheine. Sie ist mit der Berechnung Ende 16 fertig und schreibt dem Arzt Ende 16 intern 20 000 € gut. Den Kontoauszug der Krankenkasse und den Kontoauszug seiner Bank, wohin der Betrag überwiesen wurde, erhält der Arzt Ende Januar 17. Der Arzt ermittelt seinen Gewinn gem. § 4 Abs. 3 EStG. Auch hier gilt § 11 EStG. Wann ist der Betrag zugeflossen?
LÖSUNG Eine **Gutschrift** bedeutet dann kein Zu- bzw. Abfließen, wenn sie – wie hier bei der Krankenkasse – nur einen betriebsinternen Buchungsvorgang darstellt und der Berechtigte zum Zeitpunkt der Gutschrift keine Möglichkeit hat, über sein Guthaben zu verfügen, BFH vom 30. 10. 2001 BStBl II 2002, 138. Der Arzt kann erst mit der Gutschrift auf seinem Bankkonto über die Betriebseinnahmen verfügen. Der Zufluss liegt also im Jahre 17. Anders wäre der Fall zu beurteilen, wenn es sich um Honorare von Privatpatienten handelt, die durch eine privatärztliche Verrechnungsstelle eingezogen werden. Da diese Verrechnungsstelle ein Bevollmächtigter des Arztes ist, liegt ein Zufluss bei Leistung an den Bevollmächtigten vor (vgl. R 11 EStR und H 11 [Arzthonorar] EStH).

d) R ist Inhaber eines **Sparbuchs** bei einer Volksbank mit gesetzlicher Kündigungsfrist. Am 17. 01. 17 geht R zu seiner Bank und lässt sich im Sparbuch die Zinsen des Jahres 16 gutschreiben. Wann sind die Zinsen des Jahres 16 zugeflossen?

LÖSUNG Die Zinsen sind dem R im Jahre 16 zugeflossen, weil er aufgrund des Sparvertrags (Darlehen) das Recht hat, sich die Zinsen am 30.12.16 auszahlen zu lassen. Es kommt somit nicht auf die Eintragung im Sparbuch (Gutschrift), sondern auf das Ende des Zinszahlungszeitraums an. *Hinweis: Die Bank rechnet pro Monat immer mit 30 Tagen; der 31.12. ist daher bedeutungslos.* Löst er das Sparbuch während des Jahres auf, steht ihm dieses Recht schon zu diesem Zeitpunkt zu, also ist der Zufluss hier noch früher.
Interessant ist noch die Zinsberechnung. Bei jeder Bewegung auf dem Sparbuch (Ein- oder Auszahlung) rechnet die Bank bis zum Jahresende die Zinsen hoch; d. h. bei einer Einzahlung am 05.03.16 werden die Zinsen vom 05.03.16 bis 30.12.16 zugeschlagen und bei einer Auszahlung entsprechend abgerechnet. Genauso verfährt die Bank, wenn das Zinsniveau angehoben oder herabgesetzt wird. Zum 30.12.16 steht damit der gesamte Zinsbetrag des Jahres 16 auch schon fest. Der Zinseintrag auf dem Sparbuch im Jahre 17 ist bedeutungslos. Entscheidend ist das interne Konto bei der Bank.

e) Ein Vermieter erhält die Miete durch Übergabe eines vom Mieter ausgestellten **Schecks.** Wann ist der Scheckbetrag zugeflossen?
LÖSUNG Der BFH hat in einigen Entscheidungen (vgl. BFH vom 20.03.2001 BStBl II 2001, 482) die **Hingabe** eines Schecks (Bar- oder Verrechnungsscheck) als Leistung angesehen, wenn er gedeckt ist. Hier habe der Scheckaussteller über sein Vermögen in einer Weise verfügt, die einen **Abfluss** des Scheckbetrags bedeute. Ein Scheckbetrag ist auch nicht erst mit Einlösung des Schecks, sondern bereits mit dessen Hingabe **zugeflossen**, wenn keine gegenteiligen Abreden entgegenstehen, und die Bank den Scheckbetrag voraussichtlich auszahlen oder gutschreiben wird (BFH vom 30.10.1980 BStBl II 1981, 305). Dies gilt auch dann, wenn auf die Zahlung (z. B. Bestechungsgelder) kein Anspruch besteht, BFH vom 20.03.2001 BStBl II 2001, 482. Der BFH behandelt also die Übergabe eines Schecks im Allgemeinen wie Bargeld (vgl. auch H 11 [Scheck] EStH).

f) Die **Gesellschafterversammlung** der X-GmbH **beschließt** am 10.11.16 50 000 € von dem erzielten Gewinn des Jahres 15 auszuschütten. Die Einzelbeträge werden am 10.01.17 überwiesen. Die GmbH-Anteile sind im Privatvermögen und kein Gesellschafter ist beherrschend. Wann sind die Einzelbeträge zugeflossen? Wann müssen sie die Gesellschafter gem. § 20 EStG versteuern? Vgl. auch Beispiele zu 3. 3.
LÖSUNG Die Gesellschafter haben Einkünfte aus Kapitalvermögen im Jahre 17. Es kommt zunächst nicht auf das Jahr an, in dem der Gewinn erwirtschaftet wurde. Grundsätzlich kommt es auch nicht auf das Jahr an, in dem der Beschluss gefasst wurde, sondern auf den Zeitpunkt, zu dem die Gesellschafter über die Gelder verfügen können. Grundsätzlich ist dies die Bankgutschrift auf dem Empfängerkonto, **sofern** nicht durch Gutschrift in den Büchern der GmbH zum Ausdruck gebracht werden soll, dass der Anteilseigner jederzeit über den Betrag verfügen kann (vgl. insbesondere 3.3 zu den Ausnahmen). Nach herrschender Meinung hat die Regelung zur Kapitalertragsteuer in § 44 EStG nichts mit dem Zufluss der Dividenden an den Gesellschafter zu tun.

g) Ein Arzt **rechnet** seine Mietschuld für September 16 bis April 17 am 18.09.17 mit einer Honorarforderung gegen den privaten Vermieter **auf.** Wann hat der Vermieter zu versteuern?
LÖSUNG Wenn Forderungen durch Aufrechnung erlöschen (§ 387 ff BGB), fließt ihr Geldwert dem Gläubiger in dem Augenblick zu, in dem ihm die Aufrechnungserklärung des Schuldners zugeht (§ 130 BGB). Abfluss und Zufluss ist daher bei beiden Beteiligten am 18.09.17 anzunehmen. Der Vermieter hat die Mieten im Jahre 17 zu versteuern, also auch die Miete für September bis Dezember 16.

h) Ein Mieter **tritt** dem Vermieter am 20.05.17 eine **Forderung** gegen einen guten Kunden **ab**, um seine Mietschuld zu erfüllen. Wann hat der Vermieter die Miete zu versteuern?
LÖSUNG Hier kommt es darauf an, ob die Abtretung an Erfüllungs statt (§ 364 Abs. 1 BGB) oder erfüllungshalber (§ 364 Abs. 2 BGB) geschah. Bei Abtretung an Erfüllungs statt fließt dem Abtretungsempfänger sofort, d. h. hier am 20.05.17 ein geldwerter Vorteil zu und zur gleichen Zeit liegt auch ein Abfluss beim Abtretenden vor. Bei Abtretung erfüllungshalber ist grundsätzlich erst die echte Zahlung durch den Dritten als Abfluss und Zufluss bei den Beteiligten anzusehen. Die Rechtsprechung macht hiervon jedoch eine Ausnahme. Handelt es sich um eine bereits fällige, unbestrit-

tene und damit sofort einziehbare Forderung, so ist der maßgebliche Zeitpunkt der Abtretungszeitpunkt (vgl. BFH vom 22.04.1966 BStBl III 1966, 394, aber str). Im Allgemeinen werden Abtretungen erfüllungshalber vereinbart.

i) Ein Rechtsanwalt mit Gewinnermittlung gem. § 4 Abs. 3 EStG hat seit Januar 17 eine Honorarforderung über 3 000 €. Sein Schuldner könnte bezahlen, möchte jedoch die 3 000 € für die nächsten drei Jahre als Darlehen gegen einen angemessenen Zins behalten. Der Rechtsanwalt stimmt dem Vorschlag am 15.02.17 zu. Wann hat der Rechtsanwalt die 3 000 € zu versteuern?

LÖSUNG Durch die Zustimmung hat der Rechtsanwalt über den Betrag von 3 000 €, wenn auch nur für ganz kurze Zeit, verfügt. Hätte er nicht zugestimmt, hätte sein Mandant, da er zahlungsfähig war, mit Sicherheit bezahlt. Die Rechtsprechung behandelt daher diesen Fall einer **Novation** (Umwandlung des Schuldverhältnisses) als Zufluss beim Gläubiger und Abfluss beim Schuldner; hier also am 15.02.17. Aus einer Mandantenforderung wird eine Darlehensforderung. Dies gilt nur dann nicht, wenn der Schuldner zum Zeitpunkt der Novation nicht zahlungsfähig war (vgl. hierzu auch BFH vom 30.10.2001 BStBl II 2002, 138).

3 Ausnahmen vom Zufluss- und Abflussprinzip

Wie zuvor dargestellt, kommt es bei § 11 EStG auf den tatsächlichen Abfluss oder Zufluss von Gütern, d. h. auf die Übertragung der Verfügungsmacht an.

Die wirtschaftliche Zugehörigkeit zu einem bestimmten Kalenderjahr oder anderen Zeiträumen ist daher grundsätzlich ohne Bedeutung. Hiervon gibt es jedoch Ausnahmen. Fast alle Ausnahmen des § 11 EStG (z. B. die wiederkehrenden regelmäßigen Einnahmen i. S. d. § 11 Abs. 1 Satz 2 EStG) stellen auf die wirtschaftliche Zugehörigkeit ab, weil in diesen Ausnahmefällen dem Gesetzgeber die wirtschaftliche Zugehörigkeit wichtiger erscheint als der tatsächliche Ab- oder Zufluss.

3.1 Regelmäßig wiederkehrende Einnahmen, regelmäßig wiederkehrende Ausgaben

Die erste Ausnahme betrifft den Bereich der regelmäßig wiederkehrenden Einnahmen bzw. Ausgaben. Diese Ausnahmen ergeben sich aus § 11 Abs. 1 Satz 2 EStG (Einnahmenseite) und § 11 Abs. 2 Satz 2 EStG (Ausgabenseite). Danach sollen regelmäßig wiederkehrende Einnahmen und Ausgaben, die dem Stpfl kurze Zeit vor Beginn oder kurze Zeit nach Beendigung des Kalenderjahres, tatsächlich zu- bzw. abgeflossen sind, abweichend dem Kalenderjahr der wirtschaftlichen Zugehörigkeit zugerechnet werden.

3.1.1 Regelmäßig wiederkehrende Einnahmen oder Ausgaben

Dies sind nach der Rechtsprechung (BFH vom 06.07.1995 BStBl II 1996, 266 und vom 01.08.2007 BStBl II 2008, 282) solche Einnahmen/Ausgaben, »die nach dem zugrunde liegenden Rechtsverhältnis am Beginn oder am Ende des Kalenderjahres zahlbar sind, zu dem sie wirtschaftlich gehören«.

Von **wiederkehrenden** Einnahmen bzw. Ausgaben kann dann gesprochen werden, wenn auf Grund eines bestimmten Rechtsverhältnisses die Wiederholung in gewissen Zeitabständen von Anfang an bereits feststeht, d. h. dass periodisch gleichartige Leistungen ggfs. auch in unterschiedlicher Höhe getätigt werden. Eine **Regelmäßigkeit** ist bereits bei einer zweimaligen Leistung gegeben (str).

Entscheidend ist daher im Allgemeinen, ob ein **Dauerschuldverhältnis** vorliegt, d. h. es liegt meistens **ein** Vertrag oder **ein** öffentliches Rechtsverhältnis vor, aus dem für längere Zeit immer wieder Leistungen geschuldet werden. In Betracht kommen daher, weil **ein** Vertragsverhältnis vorliegt, insbesondere: Zinsen, Mieten und Pachten, Renten und Versicherungszahlungen. Wasser-, Strom- und Müllgebühren.

Dagegen sind keine wiederkehrende Leistungen, da sie immer wieder neu entstehen bzw. beschlossen werden müssen: Dividenden, Aufsichtsratsvergütungen und Kapitalerträge aus stillen Beteiligungen.

3.1.2 Kurze Zeit

Als kurze Zeit ist nach der BFH-Rechtsprechung regelmäßig je ein Zeitraum von bis zu zehn Tagen vor und nach Ende des Kalenderjahrs anzusehen, wobei sowohl die **Fälligkeit** als auch der **Zufluss** in diesen 20–Tageszeitraum (Zeitraum vom 22. 12. bis 10. 01.) fallen müssen (BFH vom 09. 05. 1974 BStBl II 1974, 547, vom 24. 07. 1986 BStBl II 1987, 16, vom 06. 07. 1995 BStBl II 1996, 266 und vom 01. 08. 2007 BStBl II 2008, 282 sowie H 11 [Allgemeines] EStH), d. h. ist zwar der Zufluss innerhalb dieses Zeitraums erfolgt, aber der Anspruch ist noch nicht fällig oder schon sehr lange fällig, ist die Ausnahmeregelung nicht anwendbar. Neuerdings wird die Frage diskutiert, ob für die Anwendung der Ausnahmeregelung die Fälligkeit zwingend innerhalb des 10-Tages-Zeitraums liegen muss (siehe hierzu: FG Köln vom 24. 09. 2015 EFG 2016, 230 sowie das unter dem Aktenzeichen VI R 58/15 geführte anhängige Verfahren beim BFH). Nachfolgend wird die eingangs dargestellte Ansicht vertreten. Zur Fälligkeit vgl. BFH vom 06. 07. 1995 BStBl II 1996, 266 Tz. 2.c) a. E. und Schmidt/Krüger, EStG 36. Aufl., § 11 Rz 27 mit Beispielen.

Grundbedingung für die Anwendung der Ausnahmeregelung ist, dass der Zu- bzw. Abfluss und die wirtschaftliche Zugehörigkeit in zwei verschiedenen, aufeinanderfolgenden Kalenderjahren liegen.

3.1.3 Wirtschaftliche Zugehörigkeit

Einnahmen und Ausgaben gehören wirtschaftlich zu dem Zeitraum, **für** den die Zahlung erfolgt (BFH vom 24. 07. 1986 BStBl II 1987, 16; vom 06. 07. 1995 BStBl II 1996, 266). Insoweit kommt es auf die Fälligkeit nicht an (BFH vom 23. 09. 1999 BStBl II 2000, 121, H 11 [Allgemeines] EStH und Tehler, DB 1987, 1168).

BEISPIELE

a) Die Miete ist zu Beginn des Monats, spätestens am 3. Werktag im Monat fällig. Der Mieter bezahlt die **Januar–Miete** des Jahres 17 schon am 22. 12. 16 mit Scheck. Wann ist die Miete zu versteuern bzw. zu- und abgeflossen?

LÖSUNG

- Es sind regelmäßig wiederkehrende Einnahmen bzw. Ausgaben gegeben. Der Mietvertrag ist ein Dauerschuldverhältnis.
- Zu- und Abfluss erfolgten in kurzer Zeit. Die Miete ist spätestens am 3. Werktag des Januar 2017 fällig und wurde am 22. 12. 16 bezahlt. Sowohl Fälligkeit als auch Zu- bzw. Abfluss liegen im 20–Tageszeitraum (10 Tage vor und 10 Tage nach dem Stichtag).
- Die wirtschaftliche Zugehörigkeit ist der Zeitraum, für den die Zahlung erfolgt, also der Januar 17. Damit ist die Miete im Januar 17 zu- bzw. abgeflossen. Der Vermieter hat sie im Jahr 17 zu versteuern. Wäre diese Miete z. B. schon am 03. 12. 16 bezahlt worden, wäre sie in 16 zugeflossen, weil dann Zu- und Abfluss nicht »in kurzer Zeit« lägen.

b) Ein Rechtsanwalt mit Gewinnermittlung gem. § 4 Abs. 3 EStG zahlt seine Praxismiete für den Monat **Dezember** 16 i. H. v. 800 €, die nachträglich, d. h. am 02. 01. 17 fällig ist:
aa) am 25. 12. 16;
bb) am 10. 12. 16;
cc) am 02. 01. 17;
dd) am 15. 01. 17.
Wann ist die Miete beim Rechtsanwalt abgeflossen und wann hat sie der Vermieter zu versteuern?

LÖSUNG In den Fällen aa) und bb) ist die Miete im Jahr der wirtschaftlichen Zugehörigkeit (Dezember 16) bezahlt worden. Es liegt somit kein Anwendungsbereich der Ausnahmeregelung von § 11 Abs. 1 Satz 2 bzw. § 11 Abs. 2 Satz 2 EStG vor, da diese nur dann zur Anwendung kommen, wenn Zahlungsjahr und das Jahr der wirtschaftlichen Verursachung auseinanderfallen. Somit greift hier jeweils die Grundregelung von § 11 Abs. 1 Satz 1 bzw. § 11 Abs. 2 Satz 1 EStG. Die Zurechnung für beide Vertragspartner erfolgt daher im Jahre 16.

Im Fall cc) liegen Fälligkeit und Zahlung im Zeitraum »10 Tage danach«, d. h. nach Ende Dezember 16, daher sind die 800 € beim Vermieter und beim Rechtsanwalt im Veranlagungszeitraum 16 zu berücksichtigen, denn die Miete gehört wirtschaftlich in dieses Jahr.

Im Fall dd) ist erst am 15. 01. 17 gezahlt worden. Daher erfolgt eine Zurechnung bei beiden Stpfl im Jahr 17. Die Zahlung ist nicht innerhalb von 10 Tagen nach Ende Dezember 16 erfolgt.

c) Was ändert sich im Beispiel b), wenn die Miete am Anfang des Monats zu zahlen ist, also die **Dezember-16-Miete** am 02. 12. 16 fällig ist?

LÖSUNG In den Fällen aa) und bb) ergibt sich keine Änderung, da im Veranlagungsjahr der wirtschaftlichen Zugehörigkeit bezahlt wurde.

In den Fällen cc) und dd) liegt der Zu- und Abfluss im Jahr 17, weil die Fälligkeit nicht im 20-Tages-Zeitraum zum Stichtag Ende Dezember 16 liegt.

d) Ein Unternehmer mit Gewinnermittlung nach § 4 Abs. 3 EStG zahlt seine USt-Vorauszahlung für den Monat **Dezember 16** am 06. 01. 17. Wann liegt ein Abfluss vor?

LÖSUNG Das Umsatzsteuer-Verhältnis ist kein Dauerschuldverhältnis. Die USt entsteht gem. § 13 UStG immer wieder neu, und zwar für alle Lieferungen und Leistungen mit Ablauf des VZ, in dem die Leistungen ausgeführt worden sind. Trotzdem hat der BFH mit Urteil vom 01. 08. 2007 BStBl II 2008, 282 die USt-Vorauszahlung als regelmäßig wiederkehrende Ausgabe angesehen, weil die ständige Wiederholung der Zahlungen von vornherein feststeht. Die Verwaltung hat sich dieser Auffassung angeschlossen (vgl. H 11 [Umsatzsteuervorauszahlungen/-erstattungen] EStH). Entsprechendes gilt auch für Umsatzsteuererstattungen. Der Abfluss ist daher im Jahre 16.

e) Ein Unternehmer mit Gewinnermittlung nach § 4 Abs. 3 EStG zahlt seine Telefonrechnung für den Monat **Dezember 16** am 03. 01. 17. Die Gebühren werden am Ende des Monats fällig. Wann liegt ein Abfluss vor?

LÖSUNG Der Unternehmer schließt mit dem Telefondienstanbieter **einen** Vertrag, es liegt daher ein Dauerschuldverhältnis vor. Wiederkehrende Ausgaben i. S. d. § 11 Abs. 2 EStG sind gegeben. Da die Gebühren am Ende des Monats fällig werden, liegen Fälligkeit und Zahlung im 20-Tageszeitraum. Die Gebühren gelten als im Jahr 16 abgeflossen. Dass die Höhe der Gesprächsgebühren erheblich schwankt, spielt keine Rolle.

f) P hatte einem Freund F am 01. 07. 16 ein Privatdarlehen i. H. v. 50 000 € gewährt. Dieses wird mit angemessenen 4 % jährlich verzinst. Die Zinszahlungen sollten vierteljährlich nachschüssig (berechnet für die vorangehenden 3 Monate) erfolgen und zwar jeweils zahlbar am **Quartalsende**. Der Darlehensvertrag ist insgesamt nicht zu beanstanden. F verspätete sich bereits mit der ersten am 30. 09. 16 fälligen Zinszahlung. Er zahlte diese Rate i. H. v. 500 € zusammen mit der am 31. 12. 16 fälligen Rate in derselben Höhe erst am 01. 01. 17. Wann sind die Zinsen zu erfassen?

LÖSUNG Bei den Zinsen aus dem Privatdarlehen handelt es sich um Einnahmen aus Kapitalvermögen nach § 20 Abs. 1 Nr. 7 EStG. Für die zeitliche Erfassung gilt § 11 Abs. 1 EStG. Es liegen regelmäßig wiederkehrende Einnahmen vor, da sie gem. den vertraglichen Vereinbarungen regelmäßig wiederkehrend (jeweils Kalenderquartal) gezahlt werden sollten (Dauerschuldverhältnis).

Für die am 30.09.16 fällige Rate gilt § 11 Abs. 1 Satz 1 EStG. Sie ist erst im Jahr 17 als Zinseinnahme zu erfassen. § 11 Abs. 1 Satz 2 EStG greift nicht, da dafür sowohl die Zahlung als auch die Fälligkeit der regelmäßig wiederkehrenden Einnahme innerhalb von 10 Tagen vor oder nach dem 31.12.16 (kurze Zeit) liegen müssen. Die Fälligkeit am 30.09.16 liegt außerhalb dieses Zeitraumes.
Für die am 31.12.16 fällige Rate greift § 11 Abs. 1 Satz 2 EStG. Mit ihr werden Zinsen gezahlt (Zeitraum 01.10.–31.12.16), die innerhalb von zehn Tagen nach dem 31.12.16 fällig sind und die auch innerhalb von 10 Tagen nach dem 31.12.16 bezahlt wurden. Diese Zinsen gehören wirtschaftlich in das Jahr 16, sie sind daher in 16 zu erfassen.

3.2 Gewinnermittlung durch Betriebsvermögensvergleich

Gem. § 11 Abs. 1 Satz 5 und Abs. 2 Satz 6 EStG bleiben die Vorschriften über die Gewinnermittlung (§ 4 Abs. 1 EStG und § 5 EStG) unberührt. Aus dem Wesen dieser Gewinnermittlung (Betriebsvermögensvergleich) ergibt sich, dass es nicht auf den tatsächlichen Zufluss und Abfluss ankommen kann. Vielmehr soll sich dort jede Vermögensvermehrung oder -verminderung auf den Gewinn auswirken, z. B. schon das Entstehen von Forderungen und Verbindlichkeiten wird gewinnmäßig erfasst (vgl. Band 3, Fanck/Guschl/Kirschbaum; Buchführungstechnik und Bilanzsteuerrecht und unten J 2 Beispiele a) bis c)). Dies gilt jedoch nicht bei der Gewinnermittlung gem. § 4 Abs. 3 EStG (vgl. J).

BEISPIEL

Ein bilanzierender Rechtsanwalt stellt eine Honorarrechnung aus. Wann hat er die Honorarrechnung zu versteuern?

LÖSUNG Schon zu diesem Zeitpunkt, nicht erst bei Bezahlung, hat er sie zu versteuern und wie folgt zu buchen: Forderungen an Ertrag (Umsatzsteuer wurde hierbei außer Acht gelassen).

3.3 Zufluss beim Anteilseigner einer Kapitalgesellschaft

Hier sind die folgenden Fälle zu unterscheiden. Zunächst ist die zeitliche Erfassung der Ausschüttungen abhängig von der Frage der Zugehörigkeit der Anteile zum Privatvermögen oder zum Betriebsvermögen der Gesellschafter. Zusätzlich ist entscheidend, ob es sich um einen beherrschenden oder nicht beherrschenden Anteilseigner handelt.

Ein Gesellschafter beherrscht eine Kapitalgesellschaft, wenn er den Abschluss von Rechtsgeschäften erzwingen kann. Dies ist grundsätzlich dann der Fall, wenn er zu mehr als 50 % beteiligt ist. Aber auch bei einer Beteiligung von 50 % oder unter 50 % kann eine Beherrschung vorliegen, wenn noch besondere Umstände hinzutreten, z. B. ein gleich gerichtetes Zusammenwirken mehrerer Gesellschafter.

BEISPIELE

Ausgangssituation: Die Gesellschafterversammlung der X-GmbH beschließt am 10.11.16, von dem erzielten Gewinn des Jahres 15 50 000 € auszuschütten. Das Wirtschaftsjahr entspricht dem Kalenderjahr. Die Einzelbeträge werden am 10.01.17 überwiesen. Wann sind die Beträge zu versteuern?
a) Gehören die Anteile an der X-GmbH beim Anteilseigner **zum Privatvermögen** (oder notwendigem Betriebsvermögen bei Gewinnermittlung gem. § 4 Abs. 3 EStG, vgl. J) und ist der Gesellschafter **nicht beherrschend**, dann gilt der Grundsatz des § 11 EStG.
Der Gewinn wird bei tatsächlichem Zufluss, am 10.01.17, also im VZ 17 erfasst (§ 11 Abs. 1 Satz 1 EStG), sofern nicht eine vorgelagerte wirtschaftliche Verfügungsmöglichkeit besteht (vgl. H 20.2 [Zuflusszeitpunkt bei Gewinnausschüttungen] EStH).

b) Gehören die Anteile an der X-GmbH beim Anteilseigner **zum Betriebsvermögen** bei Gewinnermittlung gem. § 4 Abs. 1 EStG oder § 5 EStG und ist der Gesellschafter **nicht beherrschend**, dann hat er bei Beschlussfassung den Anspruch zu aktivieren.
Er hat dann zu buchen: Sonstige Forderung an Ertrag. Dies hat am 10.11.16 zu geschehen. Damit werden bei ihm die Dividenden im Jahr 16 erfasst (die Behandlung der Kapitalertragsteuer wurde hierbei außer Acht gelassen).

c) Gehören die Anteile an der X-GmbH beim Anteilseigner **zum Privatvermögen** (oder notwendigem Betriebsvermögen bei Gewinnermittlung gem. § 4 Abs. 3 EStG, vgl. J) und ist der Gesellschafter **Alleingesellschafter** oder **beherrschend**, gilt als Zuflusszeitpunkt der Zeitpunkt der Beschlussfassung, also der 10.11.16. Dieser Gesellschafter hat es in der Hand, den Zuflusszeitpunkt selbst zu bestimmen (vgl. H 20.2 [Zuflusszeitpunkt bei Gewinnausschüttungen] EStH). Der Zufluss erfolgt also im VZ 16. Vgl. BFH vom 17.11.1998 BStBl II 1999, 223.

3.4 Einnahmen aus nichtselbstständiger Arbeit

Gem. § 11 Abs. 1 Satz 4 EStG gilt nach § 38 a Abs. 1 Satz 2 EStG laufender Arbeitslohn grundsätzlich in dem Kalenderjahr als bezogen, in dem der Lohnzahlungszeitraum endet. Insoweit kommt es nicht auf § 11 EStG an. Wird jedoch Arbeitslohn nicht als laufender Arbeitslohn, sondern als sonstiger Bezug gezahlt, kommt es wieder auf den Zufluss im Sinne des § 11 EStG an, § 38 a Abs. 1 Satz 3 EStG (vgl. K sowie das unter dem Aktenzeichen VI R 58/15 geführte anhängige Verfahren beim BFH).

3.5 Vorauszahlungen für langfristige Nutzungsüberlassungen

3.5.1 Verteilung von Ausgaben (§ 11 Abs. 2 Satz 3 EStG)

Der BFH hat im Urteil vom 23.09.2003 BStBl II 2005, 159 entschieden, dass Erbbauzinsen Entgelt für eine Nutzungsüberlassung sind, die bei den Überschusseinkünften nach dem Abflussprinzip des § 11 EStG auch dann sofort abzugsfähig sind, wenn die Erbbauzinsen als Einmalbetrag vorausgezahlt werden. Der Gesetzgeber hat daraufhin reagiert und mit § 11 Abs. 2 Satz 3 EStG eine andere Regelung geschaffen.

Durch diese Regelung wird das Abflussprinzip eingeschränkt, weil Vorauszahlungen für eine Nutzungsüberlassung von mehr als fünf Jahren, insbesondere **Miet-, Pacht oder Erbbauzinsvorauszahlungen** bzw. **Leasingvorauszahlungen**, nicht mehr sofort abzugsfähig, sondern auf den Vorauszahlungszeitraum gleichmäßig zu verteilen sind. Wie bisher sofort abzugsfähig sind Vorauszahlungen für Nutzungsüberlassungen von bis zu fünf Jahren, wenn es dafür wirtschaftlich vernünftige Gründe gibt (vgl. § 42 AO).

Diese Verteilungsregelung ist auf ein **Damnum** oder **Disagio** nicht anzuwenden, soweit dieses marktüblich ist (§ 11 Abs. 2 Satz 4 EStG). Deshalb ist ein marktübliches Damnum im Zahlungsjahr (Einbehalt bei Darlehensauszahlung) sofort voll abzugsfähig. Der BFH hat sich mit dem Begriff der Marktüblichkeit in seiner Entscheidung vom 08.03.2016 (BStBl II 2016, 646) näher auseinandergesetzt. Was als marktüblich anzusehen ist, ist nach den aktuellen Gegebenheiten am Kreditmarkt und anhand des konkret zu finanzierenden Objektes zu bestimmen. Nach bisheriger Verwaltungsauffassung konnte von einer Marktüblichkeit ausgegangen werden, wenn für ein Darlehen mit einem Zinsfestschreibungszeitraum von mindestens fünf Jahren ein Damnum von höchstens 5 % vereinbart wurde. Außerdem muss nach Belastung des Damnums innerhalb der folgenden drei Monate zumindest eine Teilauszahlung in Höhe von

30 % der Darlehensvaluta erfolgt sein (BMF vom 20.10.2003 BStBl I 2003, 546 Rz 15). Wie sich die Finanzverwaltung vor dem Hintergrund des BFH-Urteils vom 08.03.2016 positionieren wird, bleibt abzuwarten.

3.5.2 Verteilung von Einnahmen (§ 11 Abs. 1 Satz 3 EStG)

Auf der Einnahmenseite ist eine Erweiterung des Zuflussprinzips in § 11 Abs. 1 Satz 3 EStG festgelegt worden. Nach dieser Regelung hat der **Empfänger** von Vorauszahlungen für Nutzungsüberlassungen von mehr als fünf Jahren ein **Wahlrecht** (»kann«), die Vorauszahlung sofort bei Zufluss oder gleichmäßig verteilt auf den vereinbarten Vorauszahlungszeitraum zu versteuern.

Wird z. B. ein Erbbaurecht – wie in der Praxis oft üblich – mit 99 Jahren vereinbart, so kann der Berechtigte entweder die gesamten Zinsen sofort versteuern, wenn er sie auf einmal erhält, oder er verteilt sie auf die 99 Jahre. Erhält er – wie in der Praxis oft üblich – die Zinsen jährlich verteilt, also nicht auf einmal, muss er sie jährlich versteuern (§ 11 Abs. 1 Satz 1 EStG).

3.6 Absetzung für Abnutzung (§ 7 EStG)

§ 7 EStG ist nicht nur bei der Gewinnermittlung durch Betriebsvermögensvergleich, sondern auch bei der Gewinnermittlung nach § 4 Abs. 3 EStG und bei den Überschusseinkünften zu beachten (§ 4 Abs. 3 Satz 3 EStG und § 9 Abs. 1 Satz 1 Nr. 7 EStG). § 7 EStG ist daher eine Spezialvorschrift gegenüber § 11 EStG.

BEISPIELE

a) Ein Rechtsanwalt mit Gewinnermittlung nach § 4 Abs. 3 EStG schafft sich am 03.01.17 einen PC (Nutzungsdauer 3 Jahre) für 1 500 € an und bezahlt ihn sofort. Umsatzsteuerliche Aspekte sind nicht zu berücksichtigen. Wann kann er die Betriebsausgaben ansetzen?

LÖSUNG Er kann die 1 500 € nicht bei Bezahlung, also im VZ 17 abziehen, sondern er muss den Anschaffungsbetrag gem. § 7 Abs. 1 EStG auf die Jahre 17 bis 19 verteilen, d. h. er kann in jedem dieser Jahre 500 € als lineare AfA abziehen. Ein GWG liegt nicht vor (§ 6 Abs. 2 EStG); ebenso kommt die Regelung des § 6 Abs. 2 a EStG nicht zur Anwendung.

b) R lässt ein Gebäude auf eigenem Grund und Boden erstellen. Er will es vermieten. Das Gebäude wird im November des Jahres 16 bezugsfertig. Rechnungen im Wert von 200 000 € hat er bis Ende 16 bezahlt, weitere Rechnungen im Wert von 100 000 € bezahlt er erst im Jahre 17. Von welchem Betrag kann er abschreiben (vgl. hierzu M 5)?

LÖSUNG Da es wegen § 7 EStG nicht auf die Bezahlung der Rechnungen ankommt, sondern auf die bis dahin entstandenen Herstellungskosten, kann R die AfA, weil das Gebäude im Jahr 16 fertiggestellt ist, aus 300 000 € schon im Jahre 16 als Werbungskosten geltend machen.

3.7 Ausnahmen bei den Einkünften aus Vermietung und Verpachtung

Hier gelten weitere Ausnahmeregeln (jedoch nicht vollständig), z. B.

- bei den besonderen AfA-Vorschriften (§§ 7 h, 7 i EStG),
- bei § 82 b EStDV (größerer Erhaltungsaufwand),
- gem. R 21.1 Abs. 2 EStR (Vereinfachungsregelung für Beträge von nicht mehr als 4 000 € netto).

3.8 Außerordentliche Einkünfte gemäß § 34 EStG

Durch den geballten Zufluss von Veräußerungsgewinnen, Entschädigungen und Nutzungsvergütungen, die sich wirtschaftlich auf mehrere zurückliegende Jahre beziehen, können sich infolge der Progression des ESt-Tarifs für manche Stpfl erhebliche Härten ergeben. Dem trägt § 34 EStG durch eine Entlastung Rechnung.

4 Übungsaufgaben zum Zufluss- und Abflussprinzip

In welchem VZ sind in den folgenden Fällen Einnahmen bzw. Werbungskosten/Ausgaben zu erfassen und ggf. in welcher Höhe? Begründen Sie Ihre Entscheidung!

FÄLLE 23–24

VZ 01	VZ 02	Begründung

FALL 23 E ist Eigentümer eines Mietshauses mit vier Wohnungen. Eine Wohnung bewohnt er selbst. Die drei anderen Wohnungen sind an M 1, M 2 und M 3 vermietet. Alle Wohnungen sind gleichwertig und gleich groß.
Die monatliche Miete je Wohnung beträgt 500 € und ist jeweils am 1. eines Monats fällig.

a) M 1 überweist die Dezembermiete 01 am 05. 01. 02.
b) M 2 überweist die Januarmiete 02 am 28. 12. 01.
c) M 3 gibt E für die Januar- und Februarmiete 02 am 31. 12. 01 einen Scheck über 1 000 €, den E am 02. 01. 02 von der Bank ausgezahlt bekommt.
d) Wie c), jedoch löst E den Scheck noch am 31. 12. 01 bei der Bank ein.
e) E bezahlt die am 28. 12. 01 fällige Rechnung für eine Reparatur des Haustürschlosses am 09. 01. 02 durch Überweisung. Der Betrag wird von seinem Konto am 10. 01. 02 abgebucht.
f) E bezahlt die am 15. 02. 02 fällige Grundsteuer für das Jahr 02 am 28. 12. 01 bei der Gemeindekasse in bar ein.
g) E überweist die am 01. 01. 02 fälligen Beiträge zur Haushaftpflichtversicherung für das Jahr 02 am 27. 12. 01. Belastung des Bankkontos am 28. 12. 01.
h) Für die ersparte Dezembermiete der eigenen Wohnung zahlt E am 03. 01. 02 500 € auf das Sparkonto seiner Ehefrau ein.

FALL 24 Der konfessionslose K ist Eigentümer von einigen Aktien der C-AG. Das SolZG und die KSt sind nicht zu berücksichtigen. Es handelt sich um Privatvermögen.

a) Am 30. 04. 02 schreibt die Bank nach Abzug von 25 % Kapitalertragsteuer 750 € Dividende der C-AG für das Jahr 01 gut.
b) Am 10. 05. 02 erwirbt K für 900 € eine weitere Aktie der C-AG.
c) K hat eine private Krankenversicherung zum Monatsbeitrag von 200 € abgeschlossen (fällig am 1. jeden Monats). Am 28. 12. 01 überweist er von seinem Bankkonto die Beiträge für das gesamte Jahr 02 i. H. v. 2 400 €. Belastung des Bankkontos am 31. 12. 01.

Teil G Einkünfte aus Land- und Forstwirtschaft (§§ 13, 13 a EStG)

1 Allgemeines, Begriff

Land- und Forstwirtschaft ist die planmäßige Nutzung der natürlichen Kräfte des Bodens zur Erzeugung von Pflanzen und Tieren sowie die Verwertung (d. h. Vermarktung oder Verbrauch) der dadurch gewonnenen Erzeugnisse (R 15.5 Abs. 1 EStR). Auch die Tierzucht und Tierhaltung in einem durch § 51 Abs. 1 a BewG vorgegebenen Umfang kann zur Landwirtschaft gehören vgl. R 13.2 EStR und H 13.2 (Zweige des Tierbestandes bei jeder Tierart) EStH mit Beispielen. In § 13 Abs. 1 EStG ist dazu eine Aufzählung von Betrieben enthalten, die dieser Einkunftsart zugeordnet werden. Nur im Einzelfall kann nach unterschiedlichen Merkmalen entschieden werden, ob ein landwirtschaftliches Anwesen eine Erwerbsquelle darstellt, die ihrem Eigentümer oder Pächter ein Auskommen ermöglicht oder ob das Anwesen der Freizeitgestaltung dient und dann Liebhaberei vorliegt (vgl. D 1.2). Der BFH hat in seinem Urteil vom 06.03.1980 BStBl II 1980, 718 allgemeine Grundsätze zusammengefasst:

- Betriebsführung nach betriebswirtschaftlichen Grundsätzen;
- auf Dauer muss der Betrieb nach Wesensart und Art der Bewirtschaftung nachhaltig mit Gewinn arbeiten können;
- nur die Verhältnisse eines längeren Zeitraumes bieten nachprüfbare Anhaltspunkte.

Für den landwirtschaftlichen Betrieb ist **keine Mindestgröße** vorgeschrieben (vgl. R B 158.1 Abs. 2 ErbStR). Unter 30 Ar liegt im Allgemeinen nur bei Intensivnutzung eine ausreichende Betriebsgröße vor, also z. B. bei Blumen-, Gemüse-, Obst- oder Weinanbau. Die Entscheidung bei der Einheitsbewertung nach §§ 33 ff BewG kann im Allgemeinen übernommen werden.

BEISPIELE

a) Landwirt L zieht in seinem landwirtschaftlichen Betrieb (Betriebsgröße 60 ha) Schweine, Kälber und Rinder bis zur Schlachtreife auf. Die Grenzen des § 13 Abs. 1 Nr. 1 Satz 2 EStG sind nicht überschritten. L schlachtet die Tiere selbst und zerteilt Schweine und Kälber in Hälften und Rinder in Viertel und veräußert diese an Metzger.

LÖSUNG Die Vermarktung des L findet im Rahmen der Einkünfte aus Land- und Forstwirtschaft statt.

b) Landwirt G hält in seinem 40 ha–Betrieb in Schwäbisch Hall 15 Milchkühe und baut Getreide an. Außerdem hat G 7 ha eigenen Mischwald. G verkauft in einem Bauernmarkt in Stuttgart Mehl, Haferflocken und Dinkel. Außerdem bietet G Milch in Flaschen, Butter, Quark, Joghurt und Käse an. Schließlich vermarktet G Bretter und Balken an Bauherren.

LÖSUNG G führt alle diese Tätigkeiten in seinem land- und forstwirtschaftlichen Betrieb aus. Es liegen keine gewerblichen Tätigkeiten vor.

Vgl. im Einzelnen mit ausführlichen Hinweisen und Beispielen zur Abgrenzung:

- R 15.5 EStR i. V. m. BMF vom 18.01.2010 BStBl I 2010, 46, zuletzt geändert durch BMF vom 27.05.2011 BStBl I 2011, 561.

2 Zeitliche Erfassung

Der Ermittlungszeitraum für den Gewinn aus Land- und Forstwirtschaft ist gem. § 4 a Abs. 1 Satz 2 Nr. 1 EStG das Wirtschaftsjahr vom 01. Juli bis zum 30. Juni. Andere Zeiträume ergeben sich aus § 8 c EStDV. Der für das Wirtschaftsjahr ermittelte Gewinn ist nach § 4 a Abs. 2 Satz 1 Nr. 1 EStG nach zeitlichen Anteilen auf den VZ des Beginns und den VZ des Endes des Wirtschaftsjahrs zu verteilen.

BEISPIEL

Landwirt L ist Vollerwerbslandwirt. Er erzielt folgende Gewinne:

vom 01.07.2015 bis 30.06.2016	28 000 €
vom 01.07.2016 bis 30.06.2017	31 000 €

LÖSUNG Im VZ 2016 werden folgende anteilige Gewinne erfasst:

vom Wirtschaftsjahr 2015/2016 1/2 × 28 000 €	14 000 €
vom Wirtschaftsjahr 2016/2017 1/2 × 31 000 €	15 500 €
Die Einkünfte aus § 13 EStG betragen im VZ 2016	29 500 €

3 Gewinnermittlungsarten

Für die Einkünfte aus Land- und Forstwirtschaft sind folgende Gewinnermittlungsarten vorgesehen:

- Gewinnermittlung nach Durchschnittssätzen (§ 13 a EStG);
- Einnahme-Überschuss-Rechnung nach § 4 Abs. 3 EStG;
- Betriebsvermögensvergleich nach § 4 Abs. 1 EStG. Hier gelten die gesamten Gewinnermittlungsvorschriften mit Bilanz (Vermögensübersicht) und Gewinn- und Verlustrechnung aufgrund doppelter Buchführung und die Bewertungsvorschriften der §§ 6 und 7 EStG wie bei Gewerbebetrieben sinngemäß. Vgl. Band 3, Fanck/Guschl/Kirschbaum; Buchführungstechnik und Bilanzsteuerrecht.

§ 13 a EStG ist anzuwenden, wenn die nachfolgenden fünf Voraussetzungen erfüllt sind:

1. Es liegt keine gesetzliche Verpflichtung zur Führung von Büchern nach § 141 AO vor (§ 13 a Abs. 1 Nr. 1 EStG);
2. In diesem Betrieb werden am 15. Mai innerhalb des Wirtschaftsjahres Flächen der landwirtschaftlichen Nutzung (§ 160 Abs. 2 Satz 1 Nr. 1 Buchst. a BewG) selbst bewirtschaftet und diese Flächen überschreiten nicht 20 Hektar ohne Sondernutzungen (§ 13 a Abs. 1 Nr. 2 EStG);
3. die Tierbestände nach Anlage 1 zum BewG übersteigen nicht insgesamt 50 Vieheinheiten (§ 13 a Abs. 1 Nr. 3 EStG);
4. die selbst bewirtschafteten Flächen der forstwirtschaftlichen Nutzung (§ 160 Abs. 2 Satz 1 Nr. 1 Buchst. a BewG) überschreiten nicht 50 Hektar (§ 13a Abs. 1 Nr. 4 EStG);
5. die selbstbewirtschafteten Flächen der Sondernutzungen (§ 13 a Abs. 6 EStG) überschreiten nicht die in Anlage 1a Nr. 2 Spalte 2 zu § 13 a EStG genannten Grenzen (§ 13 a Abs. 1 Satz 1 Nr. 5 EStG).

Nach § 13 a Abs. 1 Satz 4 EStG prüft das FA, ob im Lauf eines Wirtschaftsjahrs einer der fünf Ausschließungsgründe des § 13 a Abs. 1 Satz 1 EStG eingetreten ist. Die Buchführungspflicht beginnt am 01. 07. des Kalenderjahrs, der auf die schriftliche Aufforderung (Verwaltungsakt) des FA folgt (§ 13 a Abs. 1 Satz 4 EStG).

Einzelheiten zur Gewinnermittlung nach Durschschnittssätzen enthält das BMF-Schreiben vom 10. 11. 2015, BStBl I 2015, 877.

BEISPIEL

Landwirt D bewirtschaftete bis zum 05. 04. 2017 einen eigenen Betrieb im Umfang von 10 ha. Am 05. 04. 2017 erbte D von seinem Onkel O dessen angrenzenden Betrieb der Landwirtschaft mit 15 ha. Wann beginnt die Buchführungspflicht des Landwirts D?

LÖSUNG Ab dem 06. 04. 2017 und damit auch am 15. 05. 2017 umfasst der Betrieb des D selbstbewirtschaftete Flächen von mehr als 20 ha (§ 13 a Abs. 1 Nr. 2 EStG). Mit besonderer schriftlicher Aufforderung des FA vor dem 01. 06. 2017 besteht Buchführungspflicht des D erstmals für das Wj 01. 07. 2017 bis 30. 06. 2018. Diese Mitteilung soll innerhalb einer Frist von einem Monat vor Beginn des folgenden Wirtschaftjahres bekannt gegeben werden (BMF vom 10. 11. 2015, BStBl I 2015, 877, RdNr. 23).

3.1 Betriebsvermögensvergleich nach § 4 Abs. 1 EStG

Überschreitet der land- und forstwirtschaftliche Betrieb die Umsatz-, Wirtschaftswert- oder Gewinngrenzen des § 141 Abs. 1 AO, so beginnt die Buchführungspflicht und die Gewinnermittlung durch Betriebsvermögensvergleich mit Beginn des Wirtschaftsjahrs, das auf die schriftliche Aufforderung des Finanzamts gem. § 141 Abs. 2 AO folgt. Die Mitteilung soll allerdings innerhalb einer Frist von einem Monat vor Beginn des folgenden Wirtschaftsjahres bekanntgegeben werden. Bis zum Beginn dieses Wirtschaftsjahres ist der Gewinn noch nach Durchschnittssätzen zu ermitteln (BMF vom 10. 11. 2015 BStBl I 2015, 877, RdNr. 23).

3.2 Einnahme–Überschuss–Rechnung nach § 4 Abs. 3 EStG

Die Buchführungspflicht für den landwirtschaftlichen Betrieb ergibt sich nach § 13 a Abs. 1 **Satz 1** Nr. 1 bis 5 EStG, wenn **eines** der dort genannten Merkmale nicht erfüllt wird. Mit den Merkmalen in § 13 a Abs. 1 Satz 1 Nr. 1 bis 5 EStG wird die Grenze für einen »kleinen« Betrieb der Land- und Forstwirtschaft bestimmt, dessen Gewinn nach Durchschnittssätzen ermittelt werden kann. Die nach dieser Vorschrift buchführungspflichtigen land- und forstwirtschaftlichen Betriebe können auf schriftlichen Antrag gem. § 13 a Abs. 2 EStG die Gewinnermittlung durch Einnahme–Überschuss–Rechnung gem. § 4 Abs. 3 EStG durchführen. Zu Einzelheiten vgl. J.

4 Gewinnermittlung nach Durchschnittssätzen (§ 13 a EStG)

Besteht keine Buchführungspflicht und wird der Gewinn nicht freiwillig nach § 4 Abs. 3 EStG ermittelt, so ist das wirtschaftliche Ergebnis des abweichenden Wirtschaftsjahrs nach § 13 a Abs. 3 bis 7 EStG zu schätzen. Bei dieser Schätzung handelt es sich um eine Ausnahmeregelung für kleine Betriebe. Die **Sondernutzungen** i. S. d. § 13 a Abs. 1 Nr. 5 i. V. m. § 13 a Abs. 6 EStG stellen häufig einen erheblichen Wertanteil des Einheitswerts des Betriebs der Land- und Forstwirtschaft dar. Solche Sondernutzungen sind z. B. gem. § 160 Abs. 2 Satz 1 Nr. 1 Buchst. c bis e BewG i. V. m. Anl. 1a Nr. 2 zu § 13 a EStG:

- Sonderkulturen i. S. v. § 52 BewG (z. B. Hopfen, Spargel),
- weinbauliche Nutzungen (§ 160 Abs. 2 Nr. 1 Buchst. c BewG),
- gärtnerische Nutzungen (§ 160 Abs. 2 Nr. 1 Buchst. d BewG, z. B. Intensivobstbau),

- sonstige land- und forstwirtschaftliche Nutzungen (§ 160 Abs. 2 Nr. 1 Buchst. e BewG,z. B. Teichwirtschaft, Wanderschäferei).

Wegen Einzelheiten zu den Sonderkulturen s. BMF vom 10.11.2015, BStBl I 2015, 877, RdNr. 9 – 13.

Durchschnittsgewinn ist nach § 13 a Abs. 3 EStG die Summe aus

1. dem Gewinn der landwirtschaftlichen Nutzung (§ 13 a Abs. 4 EStG),
2. dem Gewinn der forstwirtschaftlichen Nutzung (§ 13 a Abs. 5 EStG),
3. dem Gewinn der Sondernutzungen (§ 13 a Abs. 6 EStG),
4. den Sondergewinnen (§ 13 a Abs. 7 EStG),
5. den Einnahmen aus Vermietung und Verpachtung von Wirtschaftsgütern des land- und forstwirtschaftlichen Betriebsvermögens,
6. den Einnahmen aus Kapitalvermögen, soweit sie zu den Einkünften aus Land- und Forstwirtschaft gehören (§ 20 Abs. 8 EStG).

Wegen Einzelheiten zur Ermittlung des Durchschnittssatzgewinns s. BMF vom 10.11.2015, BStBl I 2015, 877, RdNr. 26 ff.

5 Freibeträge

Alle Stpfl mit **positiven** Einkünften aus Land- und Forstwirtschaft erhalten nach § 13 Abs. 3 EStG einen Freibetrag in Höhe von 900 €, wenn die (gesamte) Summe der Einkünfte 30 700 € nicht übersteigt. Im Fall der Zusammenveranlagung von Ehegatten gem. § 26 b EStG beträgt der Freibetrag 1 800 € und die Grenze der (gesamten) Summe der Einkünfte 61 400 €. Der Freibetrag ist nur bis zur Höhe des tatsächlich in der Summe der Einkünfte enthaltenen Gewinns aus Land- und Forstwirtschaft abzugsfähig; er darf also nicht höher als die positiven Einkünfte sein. Der Abzug des Freibetrags erfolgt nach dem Altersentlastungsbetrag gem. § 24 a EStG und dem Entlastungsbetrag für Alleinerziehende gem. § 24 b EStG (vgl. R 2 Abs. 1 Nr. 5 EStR).

BEISPIEL

L bezieht Einkünfte aus Land- und Forstwirtschaft i. H. v. 4 500 €; aus nichtselbstständiger Arbeit i. H. v. 38 000 €, davon Versorgungsbezüge 38 000 €; und aus Gewerbebetrieb i. H. v. ./. 2 000 €. L ist 80 Jahre alt und verheiratet mit M, 76 Jahre (§ 26 b EStG).

LÖSUNG Berechnung des Gesamtbetrags der Einkünfte für das Jahr 2017:

§ 13 EStG		4 500 €
§ 15 EStG	./.	2 000 €
§ 19 EStG		38 000 €
Summe der Einkünfte der Ehegatten		40 500 €
./. Altersentlastungsbetrag für L gem. § 24 a EStG (40 % von 2 500 €, max. 1 900 €)	./.	1 000 €
./. Freibetrag gem. § 13 Abs. 3 Satz 3 EStG	./.	1 800 €
Gesamtbetrag der Einkünfte		37 700 €

6 Übungsaufgabe zu den Einkünften aus Land- und Forstwirtschaft

FALL 25

Der verheiratete Landwirt Rolf Raps (R) hat beim zuständigen FA seine ESt–Erklärung 2017 abgegeben (Zusammenveranlagung gem. § 26 b EStG). Die selbst bewirtschaftete Fläche ohne Sonderkulturen beträgt 19 ha. Die zutreffend ermittelten Einkünfte aus Land- und Forstwirtschaft (L + F) für das Wj 2016/2017 betragen 14 700 €.

Für das Wj 2017/2018 wurde Folgendes erklärt:

1. Am 15.07.2017 veräußerte R eine Wiese mit 0,18 ha für 28 000 €. 1989 war sie für umgerechnet 21 474 € gekauft worden.
2. Viehbestand umgerechnet (in Vieheinheiten = VE nach Anlage 1 zu § 51 BewG):
   - 17 Kühe (17 × 1 VE) = 17 VE,
   - 50 Legehennen (50 × 0,02 VE = 1 VE).
3. Für die verpachtete Fläche an Fritz Sauer (1,8 ha) erhält R Pachteinnahmen i. H. v. 500 €.
4. Für das zugepachtete Grundstück hat R an den Verpächter im Wj 2017/2018 Pachtzinsen i. H. v. 346 € bezahlt.
5. Die von der Familie genutzte Wohnung, Baujahr 1978, befindet sich im Privatvermögen des R.

Ermitteln Sie die Einkünfte des R für den VZ 2017.

Teil H Einkünfte aus Gewerbebetrieb (§ 15 EStG)

1 Überblick

Die Zuordnung einer Tätigkeit zu den Einkünften aus Gewerbebetrieb hat zum einen Bedeutung für die Frage der Gewinnermittlung (vgl. §§ 140, 141 AO, § 238 HGB, § 4 Abs. 1 und 3 EStG) und zum anderen für die Frage der Gewerbesteuerpflicht (vgl. § 2 GewStG).

Einkünfte aus Gewerbebetrieb können erzielt werden

- im Rahmen eines Einzelbetriebs, d. h. eines gewerblichen Unternehmens (§ 15 Abs. 1 Nr. 1 EStG),
- im Rahmen einer Personengesellschaft (§ 15 Abs. 1 Nr. 2 ggf. i. V. m. Abs. 3 Nr. 1 oder Abs. 3 Nr. 2 EStG) oder
- im Rahmen einer Kommanditgesellschaft auf Aktien (§ 15 Abs. 1 Nr. 3 EStG).

Der Begriff »Gewerbebetrieb« ist in § 15 Abs. 2 EStG gesetzlich näher definiert, wobei die dortigen Tatbestandsmerkmale in die beiden Kategorien »positive Merkmale« und »negative Merkmale« unterteilt werden können. Zudem liegt ein Gewerbebetrieb nur dann vor, wenn sich die Betätigung nicht als private Vermögensverwaltung darstellt. Insoweit handelt es sich um ein ungeschriebenes Tatbestandsmerkmal. Demzufolge müssen für die Annahme eines Gewerbebetriebs folgende Voraussetzungen vorliegen:

Positive Tatbestandsmerkmale	Negative Tatbestandsmerkmale
Betätigung	Keine Ausübung von Land- und Forstwirtschaft
Selbstständigkeit	Keine Ausübung eines freien Berufs/einer anderen selbstständigen Arbeit
Nachhaltigkeit	Keine private Vermögensverwaltung
Beteiligung am allgemeinen wirtschaftlichen Verkehr	
Gewinnerzielungsabsicht	

2 Selbstständigkeit

Die Tätigkeit wird selbstständig ausgeübt, wenn der Stpfl auf eigene Rechnung (Unternehmerrisiko) und auf eigene Verantwortung (Unternehmerinitiative) handelt (vgl. H 15.1 [Allgemeines] EStH). Das Gegenteil ist die Unselbstständigkeit (Abhängigkeit), die typischerweise bei den Einkünften aus nicht selbstständiger Arbeit gegeben ist (vgl. K).

Ein Selbstständiger handelt in eigener Verantwortung. Er trägt das wirtschaftliche Risiko, d. h. den Erfolg oder den Misserfolg seiner Betätigung, BFH vom 31.07.1990 BStBl II 1991, 66. Entscheidend ist nicht allein die Bezeichnung in Verträgen, die Art der Tätigkeit oder die Form der Entlohnung. Alle für und gegen die Selbstständigkeit sprechenden Umstände müssen gegeneinander abgewogen werden, wobei dann die gewichtigeren Umstände für die Gesamtbeurteilung maßgeblich sind (BFH vom 18.01.1991 BStBl II 1991, 409 sowie H 15.1 [Gesamtbeurteilung] EStH).

Als Indizien für das Vorliegen einer **Unselbstständigkeit** können beispielsweise folgende Merkmale sprechen (zu weiteren Merkmalen siehe H 19.0 [Allgemeines] LStH):

- Weisungsgebundenheit hinsichtlich Ort, Zeit und Inhalt der Tätigkeit,
- feste Arbeitszeiten,
- feste Bezüge,
- Urlaubsanspruch,
- Überstundenvergütung, etc.

BEISPIEL

U ist Versicherungsvertreter für eine große deutsche Versicherung. Er erhält für die Vermittlung von Versicherungsverträgen Provisionen. Er unterliegt keinen Weisungen und ist frei in der Zeiteinteilung. Er hat keinen bestimmten Bezirk zu betreuen. Ist U selbstständig oder unselbstständig?

LÖSUNG U ist selbstständig. Wenn er keine oder nur wenige Versicherungsverträge vermitteln kann, ist dies allein sein Risiko. Anders wäre es, wenn er ein festes Gehalt mit Zusatzprovisionen erhielte, nur einen bestimmten Bezirk betreuen dürfte, feste Arbeitszeiten hätte und den Weisungen des Versicherungsunternehmens folgen müsste (vgl. R 15.1 Abs. 1 EStR).

3 Nachhaltigkeit

Das Merkmal der Nachhaltigkeit ist gegeben, wenn eine auf Wiederholung angelegte Tätigkeit vorliegt. Die Handlung muss in der Absicht vorgenommen werden, sie zu wiederholen und daraus eine ständige Erwerbsquelle zu machen. I. d. R. kann bei einer Mehrzahl von gleichartigen Handlungen das Merkmal der Nachhaltigkeit bejaht werden. Ausnahmsweise reicht bereits ein einmaliges Tätigwerden, sofern eine erkennbare Wiederholungsabsicht besteht (vgl. H 15.2 EStH).

BEISPIEL

Ein Automechaniker macht sich selbstständig und mietet eine Werkstatt. Er druckt Visitenkarten und Angebotsprospekte. Er führt aber nur **einen** Reparaturauftrag aus, weil er dabei feststellt, dass ihm die Selbstständigkeit nicht liegt. Er kehrt zu seinem früheren Arbeitgeber wieder zurück. Ist Nachhaltigkeit gegeben?

LÖSUNG Nachhaltigkeit liegt vor. Durch das Anmieten der Werkstatt und die Erstellung der Visitenkarten bzw. der Prospekte hat er dies zum Ausdruck gebracht.

4 Gewinnerzielungsabsicht

Die Tätigkeit muss die Absicht erkennen lassen, Gewinne zu erzielen (H 15.3 EStH). Die Prüfung der Gewinnerzielungsabsicht erfolgt dabei zweistufig. Zunächst ist eine Ergebnisprognose auf der ersten Stufe vorzunehmen und des Weiteren ist auf der zweiten Stufe die einkommensteuerrechtliche Relevanz der Tätigkeit festzustellen. Liegt eine positive Ergebnisprognose vor, so kann die einkommensteuerliche Relevanz der Tätigkeit und somit auch die Gewinnerzielungsabsicht unterstellt werden. Ist die Ergebnisprognose hingegen negativ, so ist zu prüfen, welche Gründe für die negative Ergebnisprognose sprechen. Liegen diese Gründe nicht im Bereich der Einkünfteerzielung, so ist von einer Liebhaberei (vgl. D 1) auszugehen.

Die auf der ersten Stufe vorzunehmende Ergebnisprognose erfordert die Prüfung, ob nach einer Betriebsvermögensmehrung in Form eines Totalgewinns gestrebt wird. Unter dem Begriff des Totalgewinns ist ein positives Gesamtergebnis – vereinfacht ausgedrückt – von Beginn bis zum Ende des Gewerbebetriebs zu verstehen. Ob tatsächlich ein Gewinn erzielt wird ist bedeutungslos, da es lediglich auf die Gewinnerzielungs**absicht** ankommt. Dabei ist eine durch die Betätigung verursachte Minderung der Steuern vom Einkommen kein Gewinn in diesem Sinne (§ 15 Abs. 2 Satz 2 EStG).

Im Rahmen der zweiten Stufe ist – beim Vorliegen einer negativen Ergebnisprognose – die einkommensteuerliche Relevanz der Tätigkeit zu klären. Diese zweite Stufe ist nur dann zu prüfen, wenn auf der ersten Stufe eine negative Ergebnisprognose vorliegt. Eine Liebhaberei kommt nur dann in Betracht, wenn die Tätigkeit auf einkommensteuerlich nicht relevanten Motiven beruht. Im Lebensführungsbereich liegende persönliche Gründe für die Fortführung einer verlustbringenden Tätigkeit können sich beispielsweise

- aus der Befriedigung persönlicher Neigungen oder der Erlangung wirtschaftlicher Vorteile außerhalb der Einkommensphäre oder
- aus dem mit dem ausgeübten Beruf verbundenen Sozialprestiges ergeben (vgl. H 15.3 [Persönliche Gründe] EStH).

Keine einkommensteuerliche Relevanz (und somit Liebhaberei) liegt i. d. R. bei folgenden Tätigkeiten vor: Briefmarken sammeln, Kleintierzucht, Betreibung eines Landguts nur zur Erholung usw.

BEISPIEL

A, Generaldirektor einer Fabrik, hat im Jahr 01 Lohneinkünfte von 400 000 €. Er betreibt ein landwirtschaftliches Anwesen, zu dem er ständig übers Wochenende hinfährt, um in erster Linie die dort stehenden drei Pferde auszureiten und sich zu erholen. Der eingesetzte Verwalter hat nur das Gebäude in Ordnung zu halten und die Pferde zu versorgen. A macht einen Verlust aus Gewerbebetrieb von 50 000 € im Jahre 01 geltend mit der Begründung, seine Pferdezucht habe bisher noch keinen Erfolg gehabt. Ist der Verlust abzugsfähig?

LÖSUNG Mit nur drei Pferden ist keine gewerbliche Zucht möglich. Auf Dauer kann daher kein Gewinn entstehen (vgl. z. B. BFH vom 15. 11. 1984 BStBl II 1985, 205). Der Verlust ist von seinen Lohneinkünften im Wege des Verlustausgleichs nicht abzugsfähig.

Beachte: Die Voraussetzung der Gewinnerzielungsabsicht ist nicht zu verwechseln mit der **Einnahmeerzielungsabsicht** im USt–Recht.

5 Beteiligung am allgemeinen wirtschaftlichen Verkehr

Eine Beteiligung am allgemeinen wirtschaftlichen Verkehr ist anzunehmen, wenn jemand nach außen hin erkennbar durch eigene Leistungen gegen Entgelt am allgemeinen wirtschaftlichen Leben, d. h. am allgemeinen Güter- und Leistungsaustausch teilnimmt (H 15.4 EStH und BFH vom 19. 11. 1985 BStBl II 1986, 424). Der Stpfl muss sich also mit seinen Leistungen an eine – wenn auch begrenzte – Allgemeinheit wenden, d. h. er muss für außenstehende Dritte zu erkennen geben, dass er ein Gewerbe betreibt.

6 Keine Vermögensverwaltung

Das negative Merkmal der privaten Vermögensverwaltung ist erforderlich, da die bloße Verwaltung von eigenem Vermögen regelmäßig keine gewerbliche Tätigkeit ist, obwohl die positiven Voraussetzungen des § 15 Abs. 2 EStG gegeben sind. Vermögensverwaltung liegt vor, wenn sich die Tätigkeit als **Nutzung** von Vermögen durch eine Fruchtziehung aus zu erhaltenden Substanzwerten darstellt (z. B. Zinsen aus Kapitalvermögen oder Mieteinnahmen aus der Vermietung von unbeweglichem Vermögen) und die Ausnutzung von substantiellen Vermögenswerten durch Umschichtung nicht entscheidend in den Vordergrund tritt, R 15.7 Abs. 1 EStR, BFH vom 29. 10. 1997 BStBl II 1998, 332, 334. Wird die Substanz verwertet und tritt die Substanzverwertung nicht entscheidend in den Vordergrund, werden z. B. Wertpapiere gekauft und verkauft, ist noch von einer privaten Vermögensverwaltung auszugehen. In all diesen Fällen ist kein Gewerbebetrieb anzunehmen. Anders dagegen bei dem sog. gewerblichen Grundstückshandel (lediglich Hinweis, vgl. BMF vom 26. 03. 2004 BStBl I 2004, 434).

BEISPIEL

O vermietet mehrere größere Geschäfts- und Mietshäuser, deren Verwaltungsaufwand so erheblich ist, dass er keine Zeit für andere Beschäftigungen hat. Liegen Einkünfte aus Gewerbebetrieb vor?

LÖSUNG O ist nicht gewerblich tätig, sondern verwaltet nur sein Vermögen, er hat daher Einkünfte aus Vermietung und Verpachtung (siehe H 15.7 Abs. 2 [Umfangreicher Grundbesitz] EStH).

Die Abgrenzung zwischen der **Vermögensverwaltung** und der gewerblichen Tätigkeit ist nicht immer leicht (vgl. hierzu R 15.7 Abs. 1 – Abs. 3 EStR und H 15.7 EStH).

7 Nicht Einkünfte aus Land- und Forstwirtschaft

Die Abgrenzung hierzu ergibt sich aus R 15.5 EStR mit H 15.5 EStH und R 15.10 EStR mit H 15.10 EStH (vgl. im Übrigen auch G).

8 Nicht Einkünfte aus selbstständiger Arbeit

Da die positiven Tatbestandserkmale auch für die Einkünfte i. S. d. § 18 Abs. 1 Nr. 1 und Nr. 2 EStG gelten (vgl. H 15.6 [Allgemeines] EStH), dürfen für die Annahme von gewerblichen Einkünften des Weiteren auch keine Einkünfte aus der Ausübung eines freien Berufs bzw. einer anderen selbständigen Arbeit vorliegen. Liegen die Voraussetzungen von § 18 EStG vor, so ist diese Regelung gegenüber § 15 EStG vorrangig. Mithin handelt es sich bei § 18 EStG um eine Sondervorschrift gegenüber § 15 EStG (vgl. auch I).

9 Rechtsfolgen beim Einzelbetrieb

Liegen die unter 1 zusammengefassten Voraussetzungen bei einem **Einzelbetrieb** vor, d. h. der Inhaber des Gewerbebetriebs ist eine **einzelne** Person, so ist § 15 Abs. 1 Nr. 1 EStG gegeben. Der Gewinn wird in den meisten Fällen gem. §§ 4 Abs. 1, 5 EStG, also durch Bestandsvergleich unter Beachtung handelsrechtlicher Grundsätze ermittelt. Alles was im Fach »Buchführung und Bilanzsteuerrecht« thematisiert wurde, wirkt sich in dieser Einkunftsart aus. Die Gewinnermittlung kann aber unter bestimmten Voraussetzungen auch nach § 4 Abs. 3 EStG erfolgen.

10 Nicht abziehbare Betriebsausgaben i. S. d. § 4 Abs. 5 EStG

Bei der Einkünfteermittlung im Rahmen der Einkünfte aus Gewerbebetrieb kommt dem Begriff der Betriebsausgaben i. S. d. § 4 Abs. 4 EStG eine entscheidende Bedeutung zu. Ausgehend von § 4 Abs. 4 EStG handelt es sich bei Betriebsausgaben um Aufwendungen, die durch den Betrieb veranlasst sind. Hierbei ist aber zu beachten, dass bestimmte Betriebsausgaben nicht abzugsfähig sind und daher den Gewinn nicht mindern (vgl. § 4 Abs. 5 EStG). Exemplarisch werden nachfolgend einzelne nicht abziehbare Betriebsausgaben i. S. d. § 4 Abs. 5 EStG näher erläutert:

10.1 Geschenke (§ 4 Abs. 5 Satz 1 Nr. 1 EStG)

Aufwendungen i. S. d. § 4 Abs. 5 Satz 1 Nr. 1 EStG dürfen den Gewinn nicht mindern, wenn

- es sich um ein oder mehrere Geschenke an eine Person handelt,
- die Anschaffungs- oder Herstellungskosten dieses Geschenks oder der Geschenke im Wirtschaftsjahr insgesamt 35 € übersteigen (vgl. zur Umsatzsteuerproblematik H 9 b [Freigrenze für Geschenke nach § 4 Abs. 5 Satz 1 Nr. 1 EStG] EStH),
- die beschenkten Personen nicht Arbeitnehmer des Stpfl sind und
- die zugewendeten Wirtschaftsgüter beim Empfänger nicht ausschließlich betrieblich genutzt werden können, vgl. R 4.10 Abs. 2 Satz 4 EStR.

Diese Voraussetzungen müssen kumulativ vorliegen. Geschenke sind unentgeltliche Zuwendungen. Die Zuwendung ist aber nur dann unentgeltlich, wenn ihr keine bestimmte Gegenleistung des Empfängers gegenübersteht. Maßgebliches Kriterium für die Bestimmung der Unentgeltlichkeit ist die zwischen den Beteiligten nach dem bürgerlichen Recht getroffene Vereinbarung, d. h. ob eine Schenkung i. S. d. § 516 BGB vorliegt. Danach müssen beide Seiten – also Schenker und Beschenkter – sich über die Unentgeltlichkeit geeinigt haben. Eine Entgeltlichkeit liegt bereits dann vor, wenn eine der Parteien von der Entgeltlichkeit ausgeht (vgl. R 4.10 Abs. 4 EStR sowie H 4.10 (2–4) [Geschenk] EStH).

BEISPIELE

a) S schenkt seinem Steuerberater zusätzlich über das vereinbarte Honorar noch zwei Kisten Wein, weil dessen Untersuchungen den S auf Unregelmäßigkeiten in seinem Betrieb gebracht haben. Ist dies als Geschenk zu behandeln?

LÖSUNG Es liegt kein Geschenk vor, da S seinem Steuerberater keine unentgeltliche Zuwendung macht, sondern ihm ein zusätzliches Entgelt für dessen Leistung erbringt. S kann die Aufwendungen als Betriebsausgaben abziehen und der Steuerberater muss sie als Betriebseinnahmen versteuern.

b) Der Gewerbetreibende A schenkt seinen wichtigsten Kunden zu Weihnachten je eine Blumenvase aus Zinn mit seinem eingravierten Namen mit beruflicher Funktion. Die Anschaffungskosten der Vasen betragen je 30 €. Die Vasen würden im Laden 50 € kosten. Die Eingravierung kostet zusätzlich 8 €. Liegen (abzugsfähige) Betriebsausgaben vor?

LÖSUNG Bei A liegen nichtabzugsfähige Betriebsausgaben vor (s. § 4 Abs. 5 Nr. 1 EStG). Zu den Anschaffungskosten von 30 € müssen die Aufwendungen für die Eingravierung hinzugezählt werden. Dies sind nämlich Herstellungskosten (vgl. R 4.10 Abs. 3 EStR). Erst nach der Eingravierung ist die Vase fertiggestellt. Damit ist die Grenze von 35 € überschritten. Auf den Ladenpreis kommt es nicht an.

c) Vasen ähnlicher Art wie in Beispiel b) verschenkt Unternehmer U seinen Arbeitnehmern als Aufmerksamkeit bei persönlichen Anlässen. Liegen Betriebsausgaben vor?

LÖSUNG Bei U sind die Aufwendungen als Betriebsausgaben abzugsfähig, weil § 4 Abs. 5 Nr. 1 EStG bei Geschenken an Arbeitnehmer nicht gilt.

d) K kauft beim Pkw-Händler Z einen neuen Pkw. Z schenkt dem K beim Abholen des Pkw zwei Fußmatten im Wert von 30 € und ein Warndreieck im Wert von 25 €. Liegen Betriebsausgaben vor?

LÖSUNG Der Gesamtwert von 55 € übersteigt zwar die 35 €-Grenze. Trotzdem sind diese Aufwendungen bei Z als Betriebsausgaben abziehbar, weil es sich um Zugaben i. S. d. zwischenzeitlich außer Kraft getretenen Zugabe-VO handelt, BFH vom 21.09.1993 BStBl II 1994, 170. Zugaben sind Sachleistungen, die im zeitlichen und wirtschaftlichen Zusammenhang mit Lieferungen stehen. Würde Z die Fußmatten und das Warndreieck z. B. dem K zwei Jahre nach dem Pkw-Kauf bei einem Besuch schenken, lägen keine Zugaben, sondern Geschenke vor. Bei Z wären dann nichtabzugsfähige Betriebsausgaben gegeben, weil ein zeitlicher Zusammenhang mit dem Pkw-Kauf jetzt nicht mehr angenommen werden kann.

e) Unternehmer U schenkt seiner Chefsekretärin S zu Weihnachten einen neuen Kleinwagen, der betrieblich bezahlt wird. Die Anschaffungskosten des Pkw betragen 14 000 €. Liegen Betriebsausgaben vor?

LÖSUNG Dieser Vorgang ist nicht leicht zu entscheiden. Will U die S als Freundin gewinnen, weil er ihr ein so teures Geschenk macht, ist es ein Privatvorgang. In diesem Fall ist es eine Privatentnahme des U. Die 14 000 € sind dann keine Betriebsausgaben. Ein Geschenk i. S. d. § 4 Abs. 5 Nr. 1 EStG muss betrieblich veranlasst sein (§ 4 Abs. 4 EStG). Bei S ist es dann auch kein Lohn.

Ist die S außerordentlich tüchtig, will U sie mit »allen Mitteln« dem Betrieb erhalten oder schenkt er ihr den Pkw, weil sie sich besondere Verdienste im Betrieb erworben hat, dann sind die Anschaffungskosten als Betriebsausgaben sofort und voll abzugsfähig, weil die Einschränkung des § 4 Abs. 5 Nr. 1 EStG bei Arbeitnehmern nicht gilt. Es wäre falsch, bei U nur die AfA für den Pkw anzusetzen, weil der Pkw nach der Schenkung der S gehört und damit ihr zugerechnet wird. Bei S liegt in diesem Fall ein Sachbezug, also Lohn, vor.

10.2 Unangemessene Aufwendungen, die die Lebensführung berühren (§ 4 Abs. 5 Satz 1 Nr. 7 EStG)

Gem. § 4 Abs. 5 Satz 1 Nr. 7 (ggfs. i. V. m. § 9 Abs. 5 EStG) wurden von Seiten der Verwaltung und Rechtsprechung in einzelnen Fällen Aufwendungen, die an sich beruflich oder betrieblich veranlasst sind, nicht oder nur zum Teil zum Abzug zugelassen. Das Abzugsverbot beschränkt sich auf den Teil der Aufwendungen, der nach allgemeiner Verkehrsauffassung als unangemessen anzusehen ist (vgl. Schmidt/Heinicke, EStG 36. Aufl., § 4 Rz 601–603).

Beispiele aus der Rechtsprechung zu der Angemessenheitsproblematik gibt es für die Benutzung von Flugzeugen (BFH vom 04.08.1977 BStBl II 1978, 93) oder auch für aufwendige Raumausstattungen (Orientteppich 22 000 €, BFH vom 20.08.1986 BStBl II 1987, 108) im betrieblichen/beruflichen Bereich. Man versucht also, die anzuerkennenden Kosten im Verhältnis zum wirtschaftlichen Ergebnis der jeweiligen Einkunftsart zu sehen und geht davon aus, dass hinsichtlich eines wirtschaftlich nicht vertretbaren Kostenanteils eine private Mitveranlassung vorliegt. Entscheidend für die Beurteilung der Unangemessenheit sind letztlich die Umstände des Einzelfalles (z. B. Größe des Unternehmens, Bedeutung des Repräsentationsaufwands für den Geschäftserfolg, Umfang und Häufigkeit der privaten Nutzung, z. B. BFH vom 27.02.1985 BStBl II 1985, 458).

10.3 Bewirtungsaufwendungen (§ 4 Abs. 5 Satz 1 Nr. 2 EStG)

Nicht alle Bewirtungsaufwendungen fallen unter diese Vorschrift. Ausgehend vom Veranlassungsprinzip (§ 4 Abs. 4 EStG), dem Abzugsverbot für Kosten der privaten Lebensführung (§ 12 Nr. 1 EStG) sowie der Formulierung in § 4 Abs. 5 Satz 1 Nr. 2 EStG sind privat veranlasste, betrieblich veranlasste und geschäftlich veranlasste Aufwendungen zu unterscheiden.

Privat veranlasste Aufwendungen sind keine Betriebsausgaben. Sie scheiden daher von vornherein aus. Hierzu gehören die Lebenshaltungskosten, der privat veranlasste Repräsentationsaufwand, aber auch die Bewirtung von Geschäftsfreunden in der Wohnung. Maßgebend ist § 12 Nr. 1 EStG (vgl. auch R 4.10 Abs. 6 Satz 8 EStR).

Betrieblich veranlasste Aufwendungen ohne geschäftlichen Anlass sind in voller Höhe als Betriebsausgaben abzugsfähig. Darunter fallen Aufwendungen, die zur Bewirtung der eigenen Arbeitnehmer gemacht werden. Dabei ist sogar die Bewirtung von Angehörigen bei Betriebsfesten unschädlich (vgl. R 4.10 Abs. 7 Sätze 1 bis 4 EStR).

Geschäftlich veranlasste Aufwendungen sind nur bis zur Höhe von 70 % abzugsfähig, soweit sie angemessen und nachgewiesen sind. Ein geschäftlicher Anlass ist bei der Bewirtung von Personen gegeben, zu denen entweder schon Geschäftsbeziehungen bestehen oder erst angebahnt werden sollen oder die im Rahmen einer Betriebsbesichtigung bewirtet werden. Die Abzugsbegrenzung gilt nach R 4.10 Abs. 6 Satz 7 EStR auch für den an der Bewirtung teilnehmenden Stpfl und dessen Arbeitnehmer. Daher darf der Stpfl den auf sich und seine Arbeitnehmer entfallenden Teil nicht herausrechnen, wenn bei der Bewirtung Geschäftsfreunde zugegen waren. Denn dann handelt es sich insgesamt um geschäftlich veranlasste Aufwendungen.

Im Einzelfall kann umstritten sein, was zu den Bewirtungsaufwendungen zählt, z. B. Speisen, Getränke, Bedienungsgelder, Garderobekosten und Fahrtkosten (vgl. hierzu sehr ausführlich R 4.10 Abs. 5 EStR).

Strenge Voraussetzungen sind auch an den Nachweis geknüpft, vgl. hierzu sehr ausführlich R 4.10 Abs. 8 und 9 EStR, insbesondere zur Bewirtung in einer Gaststätte. Weitere Einzelheiten sind im Schreiben des BMF vom 21. 11. 1994 BStBl I 1994, 855 zu finden.

11 Übungsaufgaben zu den Einkünften aus Gewerbebetrieb

FÄLLE 26–28

FALL 26 Entscheiden und begründen Sie, ob in folgenden Alternativen Einkünfte aus Gewerbebetrieb vorliegen?

a) X ist Handelsvertreter. Er vermittelt für B Geschäfte. B führt für X Lohnsteuer und Sozialversicherungsbeiträge ab. X erhält auf Provisionsbasis ein Entgelt.

b) M ist angestellter Maler bei Z. Abends und an Samstagen arbeitet er gegen Entgelt bei verschiedenen Bekannten »schwarz«.

c) Y ist Inhaber eines großen Wertpapierdepots bei einer Bank. Er ist ständig damit beschäftigt, durch An- und Verkauf Wertpapiergewinne zu erzielen.

d) P ist Geschäftsführer einer GmbH.

e) W ist Gesellschafter der Z–OHG und erhält von dieser für die Zurverfügungstellung eines Grundstücks Pachtzinsen.

FALL 27 V ist Inhaber einer Bauunternehmung. Sohn S ist im Betrieb des Vaters tätig und vertritt aufgrund einer Vollmacht im Namen des Vaters das Unternehmen. Er kann aufgrund der Vollmacht auch im Namen des Vaters Kredite aufnehmen. S ist aufgrund einer mündlichen Abrede mit seinem Vater am Gewinn und den stillen Reserven beteiligt. Ein festes Gehalt erhält S nicht. Ein schriftlicher Vertrag liegt nicht vor.

Beurteilen Sie den Sachverhalt!

FALL 28 A und B haben zwei getrennte Einzelbetriebe. Sie schaffen sich gemeinsam einen Lkw für 100 000 € an und teilen sich Nutzen und Lasten zu je 1/2. A ist am Montag, Dienstag und Mittwoch, B ist am Donnerstag, Freitag und Samstag berechtigt, den Lkw zu nutzen. Jeder stellt ihn am Übergabetag seinem Partner vollgetankt wieder zur Verfügung. Reparaturen tragen sie zu je 1/2. Evtl. auftretende Schäden sind durch Versicherungen abgedeckt, deren Prämien sie ebenfalls zu je 1/2 tragen.

Beurteilen Sie den Sachverhalt!

Teil I Einkünfte aus selbstständiger Arbeit (§ 18 EStG)

1 Abgrenzung zu § 15 EStG

Nachfolgend wird lediglich der wichtigste Einkünftetatbestand aus § 18 EStG erläutert, nämlich die Einkünfte aus § 18 Abs. 1 Nr. 1 EStG (Einkünfte aus freiberuflicher Tätigkeit). Das Wesensmerkmal der Einkünfte aus selbstständiger Arbeit besteht darin, dass die in § 18 EStG genannten Tätigkeiten überwiegend auf einer persönlichen Arbeitsleistung des Stpfl beruhen und hierbei die Gewinnerzielung durch Einsatz von Betriebsvermögen in den Hintergrund tritt. Insoweit besteht eine gewisse Ähnlichkeit zu den Einkünften aus nichtselbstständiger Arbeit. Dennoch kann § 18 EStG als eine Spezialvorschrift zu § 15 EStG angesehen werden.

Die in § 15 EStG genannten Voraussetzungen Selbstständigkeit, Nachhaltigkeit, Gewinnerzielungsabsicht und Beteiligung am allgemeinen wirtschaftlichen Verkehr müssen auch bei den freiberuflichen Einkünften i. S. d. § 18 Abs. 1 Nr. 1 und Nr. 2 EStG vorliegen (vgl. H 1). Dies ergibt sich insbesondere aus dem Wortlaut des § 15 Abs. 2 EStG, der für die Annahme eines Gewerbebetriebs eine Negativabgrenzung zu den Einkünften aus § 18 Abs. 1 Nr. 1 EStG vornimmt. Diese Negativabgrenzung wäre nicht erforderlich, wenn hinsichtlich der positiven Tatbestandsmerkmalen keine Identität zwischen Gewerbebetrieb einerseits und freiberuflichen Tätigkeiten i. S. d. § 18 Abs. 1 Nr. 1 EStG andererseits bestehen würde (s. auch H 15.6 [Allgemeines] EStH). Ob nun Einkünfte aus Gewerbebetrieb oder aus selbstständiger Arbeit vorliegen ist daher anhand der weiteren Merkmale des § 18 Abs. 1 Nr. 1 EStG zu prüfen. Liegen diese weiteren Merkmale vor, so handelt es sich um freiberufliche Einkünfte. Liegen diese nicht vor, so handelt es sich ggfs. um Einkünfte aus Gewerbebetrieb, sofern sämtliche Voraussetzungen eines Gewerbebetriebes gegeben sind.

Die zusätzlichen Tatbestandsmerkmale des § 18 Abs. 1 Nr. 1 EStG kann man insgesamt in drei Gruppen unterteilen:

- Gruppe 1: selbstständig ausgeübte wissenschaftliche, künstlerische, schriftstellerische, unterrichtende oder erzieherische Tätigkeit,
- Gruppe 2: Katalogberufe,
- Gruppe 3: ähnliche Berufe.

1.1 Gruppe 1: selbstständig ausgeübte wissenschaftliche, künstlerische, schriftstellerische, unterrichtende oder erzieherische Tätigkeit

Die Begriffe wissenschaftlich, künstlerisch, schriftstellerisch, unterrichtend und erzieherisch sind oft sehr schwer auszulegen.

Eine **wissenschaftliche** Tätigkeit liegt vor, wenn eine forschende oder eine sonstige, nach wissenschaftlichen Methoden zu erledigende Arbeit geleistet wird. Hier kommt die Gutachter-, die Vortrags-, die schriftliche oder die Prüfungstätigkeit in Betracht. Die Befähigung zu dieser Tätigkeit muss grundsätzlich durch ein wissenschaftliches Studium erworben werden (BFH vom 23.11.2000 BStBl II 2001, 241).

Künstlerisch ist eine eigenschöpferische Tätigkeit, die zu Leistungen führt, in denen sich eine individuelle Anschauungsweise und eine besondere Gestaltungskraft widerspiegeln und die eine gewisse Gestaltungshöhe erreichen (BFH vom 14.08.1980 BStBl II 1981, 21). Was Kunst ist, welchen Wert und welche Bedeutung ein Kunstwerk hat, kann nur mit Hilfe der in den jeweiligen Gesellschaften und Epochen geltenden Maßstäben bestimmt werden (BFH vom 19.08.1982 BStBl II 1983, 7). Daher gehören heute z. B. alle Arten von Musik zur künstlerischen Betätigung (Klassik, Jazz, Rock- oder Popmusik; BFH vom 22.03.1990 BStBl II 1990, 643). Während im Bereich der freien Künste die allgemeine Verkehrsauffassung entscheidend ist, muss im Bereich des Kunsthandwerks oder Kunstgewerbes aufgrund besonderer Sachkunde von Fall zu Fall entschieden werden (BFH vom 11.07.1991 BStBl II 1991, 889). Auch der sog. Gebrauchsgrafiker kann eine künstlerische Tätigkeit unter bestimmten Voraussetzungen ausüben (zu den Details siehe BFH vom 23.08.1990 BFHE 162, 68).

Eine **schriftstellerische** Tätigkeit liegt vor, wenn eigene Gedanken mit sprachlichen Mitteln schriftlich ausgedrückt werden (BFH vom 25.04.2002 BStBl II 2002, 475). Dabei kommt es auf das Niveau des Geschriebenen oder die Vorbildung des Schriftstellers nicht an. Auch Lokalberichter oder Gelegenheitsdichter sind schriftstellerisch tätig.

Unterrichtende Tätigkeit ist gegeben, wenn die Vermittlung bestimmter Kenntnisse oder bestimmter Fähigkeiten im Vordergrund steht. Der Unterrichtsgegenstand spielt keine Rolle. Der Sport-, Fahr- und Sprachlehrer ist unterrichtend tätig (BFH vom 13.02.2003 BStBl II 2003, 721).

Erzieherisch ist eine planmäßige Tätigkeit, die das Ziel hat, junge Menschen körperlich, geistig oder sittlich zu formen (BFH vom 11.06.1997 BStBl II 1997, 687).

1.2 Gruppe 2: Katalogberufe

Zu den Katalogberufen zählen die in § 18 Abs. 1 Nr. 1 Satz 2 EStG ausdrücklich aufgeführten Berufe, z. B. Arzt, Tierarzt, Notar, Architekt, Steuerberater, etc. Wer einen dieser aufgeführten **Katalogberufe** selbstständig ausübt, hat Einkünfte aus freiberuflicher Tätigkeit, wenn er die für den Beruf erforderliche Qualifikation erworben hat und aufgrund der geltenden berufsrechtlichen Bestimmungen als Arzt, Rechtsanwalt oder Architekt usw. tätig ist (BFH vom 18.06.1980 BStBl II 1981, 121; vom 31.07.1980 BStBl II 1981, 121 und vom 17.11.1981 BStBl II 1982, 492). Des Weiteren muss die ausgeübte Tätigkeit **berufstypisch** sein.

1.3 Gruppe 3: ähnliche Berufe

Ein **ähnlicher Beruf** liegt vor, wenn er in den wesentlichen Punkten mit einem Katalogberuf verglichen werden kann. Bezugspunkt für den Vergleich ist dabei nicht eine Gruppe von Katalogberufen, z. B. die rechtsberatenden Berufe oder die Heilberufe (sog. Gruppenähnlichkeit), sondern der einzelne Katalogberuf selbst, z. B. Krankengymnast. Für eine Vergleichbarkeit muss sowohl die Ausbildung als auch der ausgeübte Beruf vergleichbar sein (BFH vom 16.10.1997 BStBl II 1998, 139 und vom 18.05.2000 BStBl II 2000, 625).

Zählt ein Heil- und Hilfsberuf nicht zu den Katalogberufen, so ist grundsätzlich für die Annahme eines ähnlichen Berufs auch eine Vergleichbarkeit der gesetzlichen Bedingung an die Ausübung des Berufes erforderlich, d. h. es müssen vergleichbare Regelungen über Ausbildung, Prüfung, staatliche Anerkennung sowie staatliche Erlaubnis und Überwachung der Berufsausübung vorliegen (vgl. BMF vom 22.10.2004 BStBl I 2004, 1030, H 15.6 [Heil- und Heilhilfsberufe] EStH).

Ähnliche Berufe sind z. B.: Altenpfleger, soweit keine hauswirtschaftliche Versorgung der Patienten erfolgt (BMF vom 22.10.2004 BStBl I 2004, 1030), EDV–Berater, die Systemsoftware entwickeln (BFH vom 07.12.1989 BStBl II 1990, 337 und vom 24.08.1995 BStBl II 1995, 888), Hebammen, Krankenpfleger/Krankenschwester ohne hauswirtschaftliche Versorgung (BMF vom 22.10.2004 BStBl I 2004, 1030) und bestimmte Masseure (BMF vom 22.10.2004 BStBl I 2004, 1030).

Keinen ähnlichen Beruf üben aus: Buchhalter (BFH vom 28.06.2001 BStBl II 2002, 338), Piloten (BFH vom 16.05.2002 BStBl II 2002, 565) und Versicherungsberater (BFH vom 16.10.1997 BStBl II 1998, 139).

Nach § 18 Abs. 1 Nr. 1 Satz 3 EStG ist ein Angehöriger eines freien Berufs auch dann freiberuflich tätig, wenn er sich der Mithilfe fachlich vorgebildeter Arbeitskräfte bedient. Voraussetzung ist, dass er auf Grund eigener Fachkenntnisse leitend und eigenverantwortlich tätig wird (Stempeltheorie).

Auf die Zahl der beschäftigten Mitarbeiter kommt es grundsätzlich nicht an. Dies gilt aber dann nicht, wenn der Berufsträger wegen der großen Zahl der Mitarbeiter die Arbeit kaum noch kontrollieren kann und damit eine Eigenverantwortung nicht mehr besteht. Der Berufsträger darf weder die Leitung noch die Verantwortlichkeit einem Geschäftsführer oder Vertreter übertragen; dies ist nur vorübergehend erlaubt (§ 18 Abs. 1 Nr. 1 Satz 4 EStG). Einzelheiten ergeben sich aus dem Schreiben des BMF vom 12.02.2009 BStBl I 2009, 398 zu ärztlichen Laborleistungen.

BEISPIELE

Welche Einkünfte liegen vor?

a) In der Praxis des Arztes A für Laboratoriumsmedizin werden jährlich ca. 100 000 Untersuchungsaufträge durchgeführt.

LÖSUNG Nach BFH vom 01.02.1990 BStBl II 1990, 507 liegt ein Gewerbebetrieb vor. Der Umfang des Betriebs ist zu groß. A kann nicht mehr eigenverantwortlich tätig sein.

b) Architekt B ist damit beschäftigt, Aufträge zu erhalten. Die fachliche Arbeit überlässt er seinen Mitarbeitern.

LÖSUNG B ist gewerblich tätig. Er ist im Bereich des normalen Geschäftsfeldes eines Architekten nicht mehr eigenverantwortlich tätig. Er hat gewerbliche Einkünfte.

c) Ein Arzt ist in einem Krankenhaus angestellt.

LÖSUNG Der Arzt ist zwar in § 18 Abs. 1 Nr. 1 EStG als Beruf aufgeführt, er ist aber nicht selbstständig. Er hat also Einkünfte aus nichtselbstständiger Arbeit.

d) Ein Apotheker betreibt selbstständig eine Apotheke.

LÖSUNG Der Apotheker hat zwar eine wissenschaftliche Ausbildung, er ist aber als Beruf in § 18 Abs. 1 Nr. 1 EStG nicht aufgeführt. Da er vorwiegend mit Kapital arbeitet, wird er von Verwaltung und Rechtsprechung als Gewerbetreibender angesehen (BVerfG vom 13.02.1964 DB 1964, 296).

e) Eine Erzieherin betreibt selbstständig einen Kindergarten.

LÖSUNG Die Erzieherin ist erzieherisch tätig, sie erzielt also Einkünfte gem. § 18 Abs. 1 Nr. 1 EStG.

f) Ein angestellter Lehrer gibt abends Nachhilfeunterricht außerhalb der Schule.

LÖSUNG Der Lehrer ist insoweit selbstständig unterrichtend tätig und hat Einkünfte gem. § 18 Abs. 1 Nr. 1 EStG. Im Hauptberuf hat er Einkünfte aus § 19 EStG.

g) Ein Heilmasseur betreibt ein Massageinstitut. Es werden keine kosmetischen oder Schönheitsmassagen durchgeführt.

LÖSUNG Der Heilmasseur erzielt Einkünfte aus § 18 Abs. 1 Nr. 1 EStG, obwohl er im Katalog des § 18 Abs. 1 Nr. 1 EStG nicht aufgeführt ist. Er ist dem Krankengymnasten vergleichbar, sodass er einen ähnlichen Beruf ausübt (vgl. BMF vom 22.10.2004 BStBl I 2004, 1030).

h) M ist Übersetzer.

LÖSUNG M kann entweder eine schriftstellerische Tätigkeit oder den Katalogberuf des Übersetzers ausüben. Bedeutung hat die Unterscheidung für die Frage, ob die Vereinfachungsregelung der Finanzverwaltung für die Gewährung von Betriebsausgaben-Pauschbeträgen insbesondere für den Bereich der schriftstellerischen Tätigkeit Anwendung findet (25 % der Betriebseinnahmen als Pauschbetrag für nebenberufliche schriftstellerische Tätigkeit, höchstens 614 € jährlich, vgl. zu den Einzelheiten H 18.2 [Betriebsausgabenpauschale] EStH sowie Schmidt/Wacker, EStG 36. Aufl., § 18 Rz 216). M ist dann nicht schriftstellerisch tätig, wenn sich die eigenen Gedanken darauf beschränken, den Eigenarten der fremden Sprache gerecht zu werden (BFH vom 30.10.1975 BStBl II 1976, 192).

i) N ist selbstständiger Steuerberater.
LÖSUNG N ist freiberuflich tätig. Der Steuerberater ist in § 18 Abs. 1 Nr. 1 EStG als Katalogberuf aufgeführt.

j) Rechtsanwalt R ist nur als Insolvenzverwalter tätig.
LÖSUNG R ist nicht freiberuflich i. S. d. § 18 Abs. 1 Nr. 1 EStG tätig, weil seine Tätigkeit nicht berufstypisch ist. Ein Rechtsanwalt ist der berufene unabhängige Berater und Vertreter in allen Rechtsangelegenheiten (§ 3 BRAO). Aufgabe eines Insolvenzverwalters ist demgegenüber die Inbesitznahme von Vermögen sowie dessen Verwaltung und Verwertung (§§ 1 und 22 InsO). R hat damit Einkünfte aus selbstständiger Tätigkeit als Vermögensverwalter i. S. d. § 18 Abs. 1 Nr. 3 EStG.

k) Z ist Masseur. Er hat sich auf die Reflexzonenmassage spezialisiert und bietet nur diese an.
LÖSUNG Vorliegend ist kein dem Krankengymnasten vergleichbarer, ähnlicher Beruf gegeben. Dies liegt an der Ausbildung und der nicht vorhandenen berufsrechtlichen Regelung. Also liegen gewerbliche Einkünfte vor.

l) Der Volljurist R, der keine Zulassung als Rechtsanwalt besitzt, ist als Berufsbetreuer tätig.
LÖSUNG Berufsbetreuer erzielen i. d. R. Einkünfte i. S. d. § 18 Abs. 1 Nr. 3 EStG aus sonstiger selbstständiger Tätigkeit (vgl. zur Begründung BFH vom 15.06.2010 BStBl II 2010, 906, 909).

Da die klassischen Freiberufler nicht buchführungspflichtig sind, ermitteln sie fast alle ihren Gewinn nach § 4 Abs. 3 EStG (vgl. §§ 140, 141 AO und J).

2 Bedeutung der Abgrenzung zu § 15 EStG

In der **Einkommensteuer** hat die Abgrenzung zwischen § 18 und § 15 EStG zunächst Bedeutung bei der Frage der Buchführungspflicht. Die Gewerbetreibenden sind meistens buchführungspflichtig und haben daher Bilanzen zu erstellen; entweder sind sie buchführungspflichtig als Kaufleute gem. § 140 AO, § 1 ff HGB oder ihr Betrieb überschreitet eine der Grenzen des § 141 AO (Ausnahme Kleingewerbetreibende). Die selbstständigen klassischen Freiberufler sind nicht buchführungspflichtig, und zwar unabhängig von der Höhe ihrer Einkünfte. Sie sind weder Kaufleute (§ 140 AO), noch sind sie in § 141 AO aufgeführt. Sie ermitteln daher i. d. R. ihren Gewinn nach § 4 Abs. 3 EStG (vgl. J). Liegt keine Buchführungspflicht nach den §§ 140, 141 AO vor, so ist die Gewinnermittlung nach § 4 Abs. 3 EStG aber nicht zwingend, sondern es besteht ein Wahlrecht, ob die Gewinnermittlung durch Betriebsvermögensvergleich oder nach § 4 Abs. 3 EStG erfolgt (vgl. Wortlaut des § 4 Abs. 3 Satz 1 EStG).

Wichtig ist die Abgrenzung zwischen § 18 und § 15 EStG auch für die **Gewerbesteuerpflicht**. Der Gewerbetreibende hat Gewerbesteuer zu zahlen, der selbstständig Tätige i. S. d. § 18 EStG nicht.

3 Gemischte Tätigkeiten

Ist ein **Einzelfreiberufler** sowohl freiberuflich als auch gewerblich tätig, übt er also eine gemischte Tätigkeit aus, sind die Einkünfte nach der Rechtsprechung grundsätzlich zu trennen, wenn dies nach der Verkehrsauffassung möglich ist (BFH vom 01.02.1990 BStBl II 1990, 534).

Dies gilt auch, wenn bei einer Tätigkeit sowohl freiberufliche als auch gewerbliche Merkmale zusammentreffen und ein enger sachlicher und wirtschaftlicher Zusammenhang besteht.

Ist eine Trennung nicht möglich, liegt also eine echte gemischte Tätigkeit vor, muss die Leistung danach beurteilt werden, welcher Teil ihr das Gepräge gibt (BFH vom 30.03.1994 BStBl II 1994, 864 und vom 04.11.2004 BStBl II 2005, 362 unter 5.b sowie H 15.6 [Gemischte Tätigkeit] EStH).

BEISPIELE

Welche Einkünfte liegen vor?

a) B produziert Software und veräußert diese mit zugekaufter Hardware jeweils zusammen.

LÖSUNG Eine Trennung ist nicht möglich. Der An- und Verkauf von Waren ist aber der freiberuflichen Tätigkeit derart wesensfremd, dass sie zur gewerblichen Prägung der einheitlichen Gesamttätigkeit führt (BFH vom 24.04.1997 BStBl II 1997, 567).

b) Architekt M ist als Bauunternehmer tätig und errichtet schlüsselfertige Gebäude gegen Pauschalhonorar.

LÖSUNG Die Tätigkeiten lassen sich nicht trennen. Es liegen gewerbliche Einkünfte vor, weil im Rahmen der Gesamtleistung das gewerbliche Element – Errichtung und Verkauf von Gebäuden – das Gepräge gibt (BFH vom 18.10.2006 BStBl II 2008, 54).

c) Ein Gartenarchitekt übernimmt zum Teil einheitliche Aufträge für die Gartenplanung und Gartenausführung, zum Teil übernimmt er nur die Gartenplanung.

LÖSUNG Die Tätigkeiten sind trennbar. Soweit er nur die Gartenplanung übernimmt, liegt eine freiberufliche Tätigkeit vor. Soweit er die Gartenplanung und Gartenausführung als einheitliche Leistung übernimmt, ist eine gewerbliche Tätigkeit gegeben (BFH vom 16.03.1962 BStBl III 1962, 302).

d) M fertigt PC–Programme an, wobei diese Tätigkeit als schriftstellerische Tätigkeit anzusehen ist (vgl. zu den Einzelheiten BFH vom 10.09.1998 BStBl II 1999, 215). Gleichzeitig testet er Programme anderer Firmen.

LÖSUNG Die Tätigkeiten sind trennbar. Es liegen Einkünfte gem. § 18 EStG (Fertigen) und gem. § 15 EStG (Testen) vor (BFH vom 10.09.1998 BStBl II 1999, 215).

Bei **Personenzusammenschlüssen** liegen Besonderheiten vor, sodass die zuvor genannten Grundsätze nicht uneingeschränkt übertragen werden können. Hier gilt vielfach die Abfärbetheorie (vgl. 4.3).

4 Personenzusammenschlüsse

Eine freiberufliche Tätigkeit kann nicht nur von Einzelsteuerpflichtigen ausgeübt werden, sondern es können auch Personenzusammenschlüsse freiberuflich tätig sein. Je nach Ausgestaltung des Personenzusammenschlusses und der einbezogenen Personen (Freiberufler bzw. berufsfremde Personen) sind insgesamt vier Fallkonstellationen zu unterscheiden, bei denen unterschiedliche steuerliche Konsequenzen zu ziehen sind:

- die »echte« Freiberufler–Sozietät gem. § 18 Abs. 4 Satz 2 und § 15 Abs. 1 Nr. 2 EStG;
- die Praxisgemeinschaft, bei der jeder eine eigene Einkunftsquelle i. S. d. § 18 Abs. 1 Nr. 1 EStG hat;
- der echte Zusammenschluss zwischen Freiberuflern und Berufsfremden (§ 15 Abs. 1 Nr. 2 EStG);
- der Berufsfremde im Nichtgesellschaftsverhältnis.

Damit ist die »echte« Freiberufler–Sozietät von den anderen Betätigungsarten abzugrenzen.

4.1 Die »echte« Freiberufler-Sozietät

Bei der echten Freiberufler-Sozietät schließen sich die Beteiligten zur gemeinsamen Berufsausübung in der Rechtsform der GbR oder der Partnerschaft zusammen. Sie mieten ggf. gemeinsam die Räume, bezahlen gemeinsam die Angestellten, haben im Briefbogen einen gemeinsamen Briefkopf und rechnen nach außen auch gemeinsam ab. Dies ist selbst dann eine gemeinsame Tätigkeit, wenn sie die einzelnen Mandanten/Patienten getrennt betreuen. In diesem Fall haben sie gemeinsam Einkünfte aus freiberuflicher Tätigkeit, da auf Ebene des Personenzusammenschlusses sämtliche Merkmale der freiberuflichen Tätigkeit gegeben sind.

Haben die Beteiligten dagegen originäre gewerbliche Einkünfte, liegt eine Mitunternehmerschaft gem. § 15 EStG vor.

4.2 Praxisgemeinschaft

Im Gegensatz zu einer Sozietät schließen sich bei einer **Praxisgemeinschaft** die Beteiligten nicht zu einer freiberuflichen Mitunternehmerschaft i. S. d. § 18 Abs. 4 Satz 2 EStG zusammen, sondern wollen nur ihre Kosten minimieren (BFH vom 14.04.2005 BStBl II 2005, 752). Es fehlt insoweit an einer gemeinsamen Gewinnererzielungsabsicht. Wie aus den Begriffen Mitunternehmerschaft, Mitunternehmerinitiative und Mitunternehmerrisiko zu entnehmen ist, muss das Unternehmen gemeinsam betrieben werden. Die Ausübung eines gemeinsamen Betriebs setzt daher eine **gemeinschaftliche Gewinnerzielungsabsicht** auf der »Ebene der Gesellschaft« voraus. Bürgerlich-rechtlich liegt keine Partnerschaft, sondern entweder eine Bruchteilsgemeinschaft oder – meistens – eine GbR vor.

Bei der **»echten« Freiberufler-Sozietät** ist dies anders. Hier haben die Beteiligten eine **einheitliche Gewinnerzielungsabsicht**. Bei Gewinnermittlung gem. § 4 Abs. 3 EStG werden die Betriebseinnahmen und die Betriebsausgaben **gemeinsam** ermittelt. Wenn sie bilanzieren, müssen sie **eine** Bilanz erstellen. In diesen Fällen ist dann auch eine gemeinsame AfA-Ermittlung erforderlich. Vgl. zum AfA-Wahlrecht Schmidt/Kulosa, EStG 36. Aufl., § 7 Rz 56 f. und BFH vom 19.02.1974 BStBl II 1974, 704 zur Gebäude-AfA bei Bruchteilseigentum.

4.3 Der echte Zusammenschluss zwischen Freiberuflern und Berufsfremden (§ 15 Abs. 1 Nr. 2 EStG)

Dieser Zusammenschluss liegt vor, wenn alle Beteiligten im Sinne einer Mitunternehmerschaft – gemeinsames Mitunternehmerrisiko und gemeinsame Mitunternehmerinitiative – zusammengehen, aber einige der Mitunternehmer in ihrer eigenen Person die Voraussetzungen des § 18 Abs. 1 Nr. 1 EStG erfüllen (Freiberufler) und andere Mitunternehmer hingegen diese Voraussetzungen des § 18 EStG nicht erfüllen (Berufsfremde). Liegt ein derartiger Zusammenschluss von Freiberuflern und Berufsfremden in Form einer Mitunternehmerschaft vor, so liegen insgesamt gewerbliche Einkünfte vor.

BEISPIEL

Der Steuerberater S schließt sich mit dem Steuerfachangestellten A (keine Bestellung zum Steuerberater) zum gemeinsamen Betrieb einer Steuerberaterpraxis in Form einer GbR (Innengesellschaft) zusammen, welche erhebliche Gewinne erwirtschaftet. Sowohl A als auch S sind als Mitunternehmer anzusehen.

LÖSUNG Lediglich S erfüllt die Voraussetzung des § 18 Abs. 1 Nr. 1 EStG in Form des selbstständig ausgeübten Katalogberufs »Steuerberater«, A hingegen nicht. Die Tätigkeit einer Personengesellschaft kann aber nur dann als freiberuflich eingestuft werden, wenn sämtliche Mitunternehmer die Voraussetzungen des § 18 Abs. 1 Nr. 1 EStG erfüllen. Liegen hingegen bei nur einem Gesellschafter diese Voraussetzungen nicht vor, so erzielen alle Gesellschafter Einkünfte i. S. d. § 15 Abs. 1 Nr. 2 EStG. Da A als Berufsfremder anzusehen ist, liegen insgesamt gewerbliche Einkünfte vor (vgl. BFH vom 09. 10. 1986 BStBl II 1987, 124 sowie BFH vom 28. 10. 2008 BStBl II 2009, 642 [hierbei wird zur Begründung Bezug genommen auf § 15 Abs. 3 Nr. 1 EStG]).

§ 15 Abs. 3 Nr. 1 EStG ist eine weitere Spezialvorschrift zur Begründung von gewerblichen Einkünften, wonach eine Personengesellschaft insgesamt gewerbliche Einkünfte hat, wenn sie nur zum Teil gewerblich tätig ist. Der gewerbliche Charakter der gewerblichen Einkünfte färbt auf die anderen Einkünfte ab, so dass insgesamt Einkünfte aus Gewerbebetrieb vorliegen (**Abfärbetheorie**). Die Abfärbetheorie nach § 15 Abs. 3 Nr. 1 EStG ist aber nur dann anzuwenden, wenn die Tätigkeit nicht als einheitlich zu betrachtende Gesamtbetätigung anzusehen ist (vgl. BFH vom 24. 04. 1997 BStBl II 1997, 567). Liegt eine einheitlich zu betrachtende Gesamttätigkeit (wegen einer untrennbaren Verflechtung von mehreren Tätigkeiten), so bestimmt sich die Gesamttätigkeit nach den die Gesamttätigkeit prägenden Elementen (vgl. Schmidt/Wacker, EStG 36. Aufl., § 15 Rz 186).

BEISPIEL

A, B und C betreiben eine Steuerberaterpraxis gemeinsam (§ 18 Abs. 4 Satz 2 EStG). Den Gewinn ermitteln sie nach § 4 Abs. 3 EStG. Seit Anfang des Jahres 04 übt B im Rahmen der Steuerberaterpraxis auch eine nicht unerhebliche gewerbliche Tätigkeit aus.

LÖSUNG Die Tätigkeit des B wird ab 04 zum Teil gewerblich. Diese Gewerblichkeit schlägt dann nicht nur auf seine Tätigkeit, sondern auch auf die gesamte Gemeinschaft durch (§ 15 Abs. 3 Nr. 1 EStG, sog. **Abfärbetheorie**). Damit haben ab dem Jahr 04 alle Beteiligten einen gemeinsamen Gewerbebetrieb. Sie werden damit im Normalfall auch buchführungspflichtig und müssen zur Gewinnermittlung gem. § 5 EStG wechseln (R 4.6 EStR).

Zur **Abfärbetheorie** vgl. BFH vom 30. 08. 2001 BStBl II 2002, 152 und vom 11. 08. 1999 BStBl II 2000, 229. Der Zusammenschluss von Angehörigen unterschiedlicher freier Berufe muss nicht zwingend zur Gewerblichkeit führen, und zwar dann nicht, wenn jeder nur auf seinem jeweiligen Fachgebiet tätig wird. Vgl. im Einzelnen H 15.6 [Gesellschaft] EStH.

Nach der neuen Rechtsprechung des BFH ist bei der Anwendung der Abfärberegelung des § 15 Abs. 3 Nr. 1 EStG eine **Bagatellgrenze** zu beachten. In dem entschiedenen Fall führte eine gewerbliche Tätigkeit nicht zur Umqualifizierung der im Übrigen ausgeübten freiberuflichen Tätigkeit, da die Nettoumsatzerlöse aus den Verkäufen 3 % der Gesamtnettoumsatzerlöse der Gesellschaft und den Betrag von 24 500 € im Veranlagungszeitraum nicht überstiegen (vgl. BFH vom 27. 08. 2014 BStBl II 2015, 996 sowie H 15.8 [Bagatellgrenze] EStH).

4.4 Der Berufsfremde im Nichtgesellschaftsverhältnis

BEISPIEL

Arzt A hat seine Ausbildung beendet und will sich niederlassen. Seine Ehefrau B erwirbt mit eigenem Kapital die gesamte Einrichtung (300 000 €) und einen Pkw (50 000 €) und überlässt beides ihrem Mann entgeltlich/unentgeltlich. Sie lässt es zu, dass A in ihrem eigenen Haus im Erdgeschoss seine Praxis entgeltlich/unentgeltlich betreibt. Außerdem ist sie als Sprechstundenhilfe in diesem Betrieb entgeltlich/unentgeltlich tätig.

LÖSUNG Obwohl die Ehefrau einen erheblichen Kapitalbetrag einbringt und auch als Sprechstundenhilfe tätig ist, wird man nicht von einer Mitunternehmerschaft der beiden Beteiligten ausgehen können. Der Ehemann tritt als Arzt nach außen nicht nur seinen Patienten gegenüber allein auf, er ist in der gesamten Tätigkeit dieses Betriebs auch allein verantwortlich. Er hat allein freiberufliche Einkünfte. Die Ehefrau hat daher, wenn sie Lohn erhält, Einkünfte aus § 19 EStG und, wenn sie sich Zinsen oder Mieten zahlen lässt, auch Einkünfte aus §§ 20 bzw. 21 EStG. Nur für den Fall, dass die Eheleute eine interne Gewinnverteilungsabrede geschlossen haben sollten, könnte man ausnahmsweise von einer Mitunternehmerschaft gem. § 15 Abs. 1 Nr. 2 EStG ausgehen, d. h. die Eheleute hätten dann gemeinsame gewerbliche Einkünfte.

5 Übungsaufgaben zu den Einkünften aus selbstständiger Tätigkeit

FALL 29–34

FALL 29 M und F sind verheiratet. M betreibt eine selbstständige Steuerberaterpraxis. Er hat im Jahre 01 200 000 € Betriebseinnahmen und 60 000 € Betriebsausgaben erklärt und § 4 Abs. 3 EStG ist anzuwenden. Außerdem hat er Einkünfte i. H. v. 50 000 € aus seinem Wertpapierdepot angegeben. F verwaltet in geringem Umfang für andere Stpfl Eigentumswohnungen. Sie hat Betriebseinnahmen i. H. v. 25 000 € und Betriebsausgaben i. H. v. 8 000 € erklärt, alles für das Jahr 01. Beurteilen Sie die Art der Einkünfte!

FALL 30 B ist selbstständiger medizinischer Fußpfleger. Welche Einkünfte liegen vor?

FALL 31 P ist Personalberater. Er vermittelt seinen Auftraggebern von ihm selbst ausgesuchte Kandidaten für eine zu besetzende Stelle. Er hat ein Studium zum Diplom-Kaufmann erfolgreich abgeschlossen. Welche Einkünfte hat P?

FALL 32 Arzt A betreibt eine Privatklinik. Er behandelt im Rahmen der Klinik sowohl ambulant als auch stationär. Welche Einkünfte hat A?

FALL 33 Ein Dipl.-Ingenieur für technische Informatik ist als Systemadministrator selbstständig tätig. Welche Einkünfte werden erzielt?

FALL 34 Kameramann K und Tontechniker T stellen als Gesellschafter einer Personengesellschaft für Fernsehanstalten mit Originalton unterlegtes Filmmaterial über aktuelle Ereignisse her. Da ihr Betrieb gut geht, geben sie teilweise Aufträge an andere freie Kameramänner und Tontechniker weiter, ohne insoweit auf die Gestaltung des Filmmaterials Einfluss zu nehmen. Die Bagatellgrenze nach der BFH-Rechtsprechung i. S. d. § 15 Abs. 3 Nr. 1 EStG ist überschritten. Welche Einkünfte haben K und T?

Teil J Die Gewinnermittlung durch Einnahmenüberschussrechnung

Bei den Gewinneinkünften (Land- und Forstwirtschaft i. S. d. § 13 EStG, Gewerbebetrieb i. S. d. § 15 EStG und selbstständige Arbeit i. S. d. § 18 EStG) bestimmt sich die Höhe der Einkünfte nach dem Gewinn (vgl. § 2 Abs. 2 Nr. 2 EStG). Die Ermittlung des Gewinns kann – abhängig von bestimmten Voraussetzungen – nach unterschiedlichen Gewinnermittlungsarten erfolgen, und zwar insbesondere durch den Betriebsvermögensvergleich oder durch die Gewinnermittlung nach § 4 Abs. 3 EStG. Nach § 4 Abs. 3 EStG können nicht zur Buchführung verpflichtete Stpfl ihren Gewinn als Überschuss der Betriebseinnahmen über die Betriebsausgaben ermitteln. Man bezeichnet diese Art der Gewinnermittlung auch als Einnahmenüberschussrechnung. Für die in Frage kommenden Stpfl soll durch diese Vorschrift die Gewinnermittlung vereinfacht und erleichtert werden, denn die Aufstellung von Bilanzen aufgrund einer doppelten Buchführung erübrigt sich damit. Es bestehen lediglich bestimmte Aufzeichnungspflichten (vgl. 7).

1 Berechtigter Personenkreis

Von vornherein scheidet die Gewinnermittlung nach § 4 Abs. 3 EStG bei allen Überschusseinkünften (§ 2 Abs. 2 Nr. 2 EStG) aus. Es handelt sich nämlich bei § 4 Abs. 3 EStG um eine Gewinnermittlungsart, die nur bei den Gewinneinkünften i. S. d. § 2 Abs. 1 Nr. 1 EStG (§§ 13, 15, 18 EStG) zur Anwendung kommt. Weiter scheiden alle Stpfl aus, die zur Buchführung verpflichtet sind. Die Buchführungspflicht ergibt sich im Einzelnen aus den §§ 140, 141 AO (vgl. hierzu Band 3, Fanck/Guschl/Kirschbaum; Buchführungstechnik und Bilanzsteuerrecht). Stpfl, die nicht buchführungspflichtig sind, aber freiwillig Bücher führen, scheiden ebenfalls aus (vgl. Wortlaut des § 4 Abs. 3 Satz 1 EStG und im Einzelnen R 4.1 Abs. 1 EStR zur Landwirtschaft sowie R 4.1 Abs. 2 EStR).

Eine Verpflichtung, den Gewinn nach § 4 Abs. 3 EStG zu ermitteln, besteht nicht. Wollen Stpfl mit Gewinneinkünften, welche die Möglichkeit der Gewinnermittlung nach § 4 Abs. 3 EStG hätten, ihren Gewinn nicht nach § 4 Abs. 3 EStG ermitteln, so müssen sie den Gewinn i. d. R. durch Betriebsvermögensvergleich (§ 4 Abs. 1 EStG) ermitteln.

Führt ein Gewerbebetrieb freiwillig Bücher und ist die Buchführung nicht ordnungsgemäß, so wird der Gewinn nach § 4 Abs. 1 oder § 5 EStG geschätzt (R 4.1 Abs. 2 EStR). **Eine Schätzung** gem. § 4 Abs. 3 EStG ist als sog. Zuschätzung oder Ergänzungsschätzung nur möglich, wenn eine nicht ordnungsgemäße Gewinnermittlung gem. § 4 Abs. 3 EStG vorgelegt wird, d. h. wenn der Stpfl also zumindest Betriebseinnahmen und Betriebsausgaben erklärt. § 4 Abs. 3 EStG ist eine **Kannvorschrift**. In der Praxis ermitteln ihren Gewinn nach § 4 Abs. 3 EStG im Wesentlichen:

- kleine Gewerbetreibende, die keine Kaufleute i. S. d. Handelsrechts sind (vgl. § 1 HGB, § 140 AO) und deren Betriebe die Grenzen des § 141 AO nicht übersteigen, z. B. ein kleiner Handwerksbetrieb;
- Gewerbetreibende, die zwar Kaufleute sind, aber die Voraussetzungen zur Befreiung von der Buchführungspflicht nach § 241 a HGB erfüllen und deren Betrieb nicht die Grenzen des § 141 AO übersteigt;

- die Landwirte, deren Betriebe die Grenzen des § 141 AO nicht übersteigen und die nicht unter § 13 a EStG fallen (Antrag nach § 13 a Abs. 2 EStG);
- Freiberufler im klassischen Sinn, denn sie sind weder nach § 140 AO noch nach § 141 AO buchführungspflichtig. Sie sind keine Kaufleute und in § 141 AO nicht aufgeführt.

2 Gemeinsamkeiten und Unterschiede zur Gewinnermittlung durch Bestandsvergleich

Die Begriffe Betriebseinnahmen, Betriebsausgaben, Betriebsvermögen, Privatvermögen, Anschaffungskosten, Herstellungskosten, Teilwert, AfA usw. sind in beiden Gewinnermittlungsarten identisch (vgl. hierzu Band 3, Fanck/Guschl/Kirschbaum; Buchführungstechnik und Bilanzsteuerrecht).

Entscheidende **Unterschiede** sind:

- Bei der Gewinnermittlung nach § 4 Abs. 3 EStG gilt § 11 EStG, d. h. das **Zu- und Abflussprinzip** ist im Grundsatz anwendbar. Beispielsweise führt nicht die Entstehung der Forderung zu einem Ertrag (so beim Bestandsvergleich), sondern erst der Zufluss des Geldes. Fließt kein Geld oder ein sonstiges Wirtschaftsgut zu, liegt auch keine Betriebseinnahme vor. Genauso führen Schulden erst bei Bezahlung zu Betriebsausgaben. **Rechnungsabgrenzungsposten** kann es daher nicht geben. Wegen der Anwendung des § 11 EStG hat die Gewinnermittlung nach § 4 Abs. 3 EStG viel Ähnlichkeit mit den Überschusseinkünften. Hinweis: Auf Grund der Eigenart der Gewinnermittlung nach § 4 Abs. 3 EStG wird das Zu- und Abflussprinzip in zahlreichen Ausnahmefällen durchlöchert (siehe unten).
- Wertschwankungen von im Betrieb verbleibendem Betriebsvermögen bleiben bei § 4 Abs. 3 EStG außer Betracht, d. h. **Teilwertabschläge** sind nicht zulässig und **Rückstellungen** können nicht gebildet werden. Werden Wirtschaftsgüter des Betriebsvermögens verkauft oder entnommen, wirken sich Wertschwankungen jedoch über den Preis aus. Dies gilt nicht bei Bargeld. Dagegen sind Absetzungen wegen außergewöhnlicher technischer oder wirtschaftlicher Abnutzung (AfaA) nach § 7 EStG möglich.

BEISPIEL

Bei U, einem Arzt mit Gewinnermittlung nach § 4 Abs. 3 EStG, geschah Folgendes: Ein leicht erregbarer Patient hatte dem U einen nach § 7 Abs. 1 EStG bis 200 € abgeschriebenen PC zertrampelt und ein Fachbuch mit Anschaffungskosten von 80 € (Behandlung bei Anschaffung als GWG nach § 6 Abs. 2 EStG) zerrissen. Wie wird verfahren?

LÖSUNG Eine Teilwertabschreibung ist nicht möglich. Den PC kann U gem. § 7 Abs. 1 Satz 7 EStG jetzt jedoch voll abschreiben. Diese außergewöhnliche technische Abschreibung ist im Gegensatz zur Teilwertabschreibung auch bei einer Gewinnermittlung gem. § 4 Abs. 3 EStG zulässig; also Betriebsausgabe von 200 €. Das Buch ist bereits bei Anschaffung als GWG (§ 6 Abs. 2 EStG) abgeschrieben worden; also ist nicht nochmals ein Betriebsausgabenabzug möglich. In beiden Fällen liegt keine Einlage oder Entnahme vor, da es sich nicht um einen privaten, sondern um einen betrieblichen Vorgang handelt. Es werden aus betrieblichem Anlass betriebliche Güter zerstört.

Jahrzehntelang war ein weiterer Unterschied von erheblicher Bedeutung. Bei der Gewinnermittlung nach § 4 Abs. 3 EStG gab es früher grundsätzlich kein **gewillkürtes Betriebsvermögen** , es gab nur notwendiges Betriebsvermögen oder Privatvermögen, da keine Vermögensübersicht aufgestellt wird.

In der Grundsatzentscheidung vom 02. 10. 2003 BStBl II 2004, 985, hat sich der BFH jedoch unter Änderung der Rechtsprechung auf den Standpunkt gestellt, dass die Gewinnermittlung gem. § 4 Abs. 3 EStG der Bildung gewillkürten Betriebsvermögens nicht entgegensteht. Dem hat sich der Gesetzgeber angeschlossen. Die Zuordnung eines gemischt genutzten beweglichen Wirtschaftsguts zum gewillkürten Betriebsvermögen scheidet – ebenso wie bei bilanzierenden Stpfl – aus, wenn das Wirtschaftsgut nur in geringfügigem Umfang betrieblich genutzt wird und daher zum notwendigen Privatvermögen gehört. Als geringfügig ist ein betrieblicher Anteil von weniger als 10 % der gesamten Nutzung anzusehen (BMF vom 17. 11. 2004 BStBl I 2004, 1064 und BFH vom 02. 10. 2003, a. a. O.). Damit die Zuordnung eines beweglichen Wirtschaftsguts zum gewillkürten Betriebsvermögen steuerlich anerkannt werden kann, muss das betreffende Wirtschaftsgut in unmissverständlicher Weise durch entsprechende, zeitnah erstellte Aufzeichnungen als gewillkürtes Betriebsvermögen ausgewiesen werden (zu weiteren Einzelheiten siehe H 18.2 [Gewillkürtes Betriebsvermögen] EStH).

BEISPIEL

Gewerbetreibender R (Gewinnermittlung nach § 4 Abs. 3 EStG) hat ein fremd vermietetes Gebäudegrundstück. Er will es zum gewillkürten Betriebsvermögen machen und trägt es daher in das Bestandsverzeichnis ein, welches er als Gewinnermittler nach § 4 Abs. 3 EStG für die gesamte Einrichtung führen muss. Ist dies möglich?

LÖSUNG Da die Möglichkeit der **zeitlichen** Manipulation hier besonders groß ist – das Datum der Einlage kann willkürlich angesetzt werden –, ließ die Rechtsprechung die »Einbuchung« von gewillkürtem Betriebsvermögen früher nicht zu. Diese zeitliche Manipulationsmöglichkeit wird jetzt nicht mehr für entscheidend gehalten. Damit kann R das Grundstück als gewillkürtes Betriebsvermögen behandeln.

Für die Zuordnung von Wertpapieren (bzw. von **Geldgeschäften**) zum **gewillkürten Betriebsvermögen** einer **freiberuflichen Praxis** hat die Rechtsprechung jedoch hohe Anforderungen aufgestellt. Grundsätzlich sind Geldgeschäfte, die zu Erträgen nach § 20 EStG führen, von den freiberuflichen Einkünften zu trennen. Eine Zuordnung zum gewillkürten Betriebsvermögen der freiberuflichen Praxis ist nur dann möglich, wenn die Anschaffung der Wertpapiere ausschließlich betrieblich veranlasst war, d. h. es liegt ein Hilfsgeschäft der freiberuflichen Tätigkeit vor (vgl. zu den weiteren Einzelheiten BFH vom 17. 05. 2011 BStBl II 2011, 862 m. w. N.).

Des Weiteren kann es in einzelnen Jahren zu unterschiedlichen Gewinnauswirkungen bei den beiden Gewinnermittlungsarten kommen. Dies soll an drei fast gleichen Beispielen verdeutlicht werden.

BEISPIELE

Berechnen Sie jeweils den Gewinn (Hinweis: Umsatzsteuerliche Aspekte sind nicht zu berücksichtigen).

a) A beginnt seinen Betrieb am 01. 01. 01 ohne Betriebsvermögen. Im Jahr 01 werden Waren für 60 000 € auf Ziel eingekauft und Waren mit Anschaffungskosten von 50 000 € gegen 60 000 € in bar verkauft. Am 31.12.01 sind die eingekauften Waren noch nicht bezahlt. Sonstige Aufwendungen fallen i. H. v. 2 000 € an; sie werden im Jahre 01 nicht mehr bezahlt.

LÖSUNG Gewinnermittlung nach §§ 4 Abs. 1, 5 EStG:

Anfangsbilanz 01. 01. 01	
Ø	Ø

Aktiva	Schlussbilanz 31. 12. 01		Passiva
Waren	10 000 €	Warenverbindlichkeiten	60 000 €
Kasse	60 000 €	sonstige Verbindlichkeiten	2 000 €
		Kapital	8 000 €

Der Gewinn im Jahr 01 beträgt 8 000 €.

Gewinnermittlung nach § 4 Abs. 3 EStG im Jahr 01:

Betriebseinnahmen	60 000 €
Betriebsausgaben	0 €
Gewinn	60 000 €

b) Der Steuerpflichtige X eröffnet seinen Gewerbebetrieb am 01. 01. 01 ohne Betriebsvermögen. Er erwirbt zunächst Waren im Wert von 60 000 € auf Rechnung; diese werden später nach der Veräußerung der Waren teilweise i. H. v. 30 000 € noch in 01 in bar bezahlt. Ein Teil dieser Waren mit einem Anschaffungswert von 50 000 € werden zu einem Verkaufspreis von 60 000 € in bar veräußert. Zudem sind weitere betriebliche Aufwendungen im Jahr 01 i. H. v. 2 000 € bar bezahlt worden.

LÖSUNG Gewinnermittlung nach §§ 4 Abs. 1, 5 EStG:

Anfangsbilanz 01. 01. 01

Ø	Ø

Schlussbilanz 31. 12. 01

Aktiva		Passiva	
Waren	10 000 €	Verbindlichkeiten	30 000 €
Kasse	28 000 €	Kapital	8 000 €

Konto Kasse	+ 60 000 €
	./. 30 000 €
	./. 2 000 €
	28 000 €

Der Gewinn im Jahr 01 beträgt 8 000 €.

Gewinnermittlung nach § 4 Abs. 3 EStG im Jahr 01:

Betriebseinnahmen	60 000 €
Betriebsausgaben	./. 32 000 €
Gewinn	28 000 €

c) Der Steuerpflichtige X eröffnet seinen Gewerbebetrieb am 01. 01. 01 ohne Betriebsvermögen. Er erwirbt zunächst Waren im Wert von 60 000 € gegen Barzahlung (Herkunft Mittel: Einlage in bar). Ein Teil dieser Waren mit einem Anschaffungswert von 50 000 € werden zu einem Verkaufspreis von 30 000 € in bar sowie 30 000 € auf Ziel veräußert. Zudem sind weitere betriebliche Aufwendungen im Jahr 01 i. H. v. 2 000 € bar bezahlt worden.

LÖSUNG Gewinnermittlung nach §§ 4 Abs. 1, 5 EStG:

Anfangsbilanz 01. 01. 01

Ø	Ø

Schlussbilanz 31. 12. 01

Aktiva		Passiva	
Waren	10 000 €	Kapital	68 000 €
Forderungen	30 000 €		
Kasse	28 000 €		

Konto Kasse	+ 60 000 €
	./. 60 000 €
	+ 30 000 €
	./. 2 000 €
	28 000 €

Gewinn (68 000 € ./. Einlage 60 000 €): 8 000 € im Jahr 01

Gewinnermittlung nach § 4 Abs. 3 EStG im Jahr 01:

Betriebseinnahmen	30 000 €	
Betriebsausgaben	./. 62 000 €	
Verlust	./. 32 000 €	durch unterschiedlichen Geldzufluss

Je nachdem, welche Gewinnermittlungsart (Überschussrechnung oder Betriebsvermögensvergleich) angewendet wird, kann es zu Gewinnverschiebungen kommen. Da vorhandene Schulden, Forderungen und Waren bei der Gewinnermittlung nach § 4 Abs. 3 EStG nicht angesetzt werden können, werden diese Wertverschiebungen nur beim Bestandsvergleich erfasst, nicht dagegen bei der Gewinnermittlung nach § 4 Abs. 3 EStG. Auf Dauer gesehen gleichen sich die beiden Methoden jedoch aus. Echte Probleme entstehen beim Wechsel der Gewinnermittlungsart; auf diese kann aber hier nicht eingegangen werden (vgl. R 4.6 EStR und H 4.6 EStH).

Für die Gewinnermittlung nach § 4 Abs. 3 EStG sind die Begriffe »Betriebseinnahmen« und »Betriebsausgaben« von zentraler Bedeutung.

3 Betriebseinnahmen

Der Begriff der Betriebseinnahmen ist im EStG nicht näher definiert. In entsprechender Anwendung von § 8 Abs. 1 EStG und § 4 Abs. 4 EStG kann man als Betriebseinnahme alle Zugänge in Geld oder Geldeswert ansehen, die durch den Betrieb bzw. die maßgebliche Einkunftsquelle veranlasst sind (vgl. H 4.7 [Betriebseinnahmen] EStH). Es ist somit ein ursächlicher Zusammenhang erforderlich.

Geldbeträge, welche durch eine Darlehensaufnahme zugeflossen sind, stellen jedoch keine Betriebseinnahme dar (vgl. H 4.5 Abs. 2 [Darlehen] EStH).

3.1 Überblick zu den Betriebseinnahmen

Strukturell kann man folgende Betriebseinnahmen unterscheiden:

- Betriebseinnahmen aus Lieferungen und Leistungen (Warenverkäufe, Dienstleistungen, Provisionseinnahmen, etc.) und
- Betriebseinnahmen aus Hilfs- und Nebengeschäften (Verkauf von abnutzbaren und nicht abnutzbaren Anlagegütern, z. B. der Verkauf eines betrieblichen Grundstücks, einer alten betrieblichen Maschine, etc.), vgl. auch R 4.5 Abs. 3 EStR.

BEISPIEL

A ist selbstständiger Elektrotechniker und betreibt ein Elektrofachgeschäft mit einer als zulässig unterstellten Gewinnermittlung nach § 4 Abs. 3 EStG. Er veräußert am 15.03.01 ein Fernsehgerät für 1 000 € und die alte Ladentheke für 3 000 €. Die 1 000 € gehen am 10.10.01, die 3 000 € am 05.01.02 ein. Liegen Betriebseinnahmen vor? Auf umsatzsteuerliche Aspekte ist zunächst nicht einzugehen.

LÖSUNG A hat 1 000 € Betriebseinnahmen im Jahr 01. Dieser Betrag floss ihm am 10.10.01 zu (Warenlieferung). Außerdem hat er im Jahr 02 3 000 € Betriebseinnahmen. Die Veräußerung der alten Ladentheke ist ein Hilfsgeschäft, der Betrag ging ihm aber erst im Jahr 02 zu (§ 11 Abs. 1 Satz 1 EStG). § 11 Abs. 1 Satz 2 EStG ist nicht anwendbar (keine wiederkehrende Einnahme). Hinweis: Umsatzsteuerliche Aspekte sind in dieser Lösung noch nicht berücksichtigt, hierzu nachfolgend mehr.

3.2 Umsatzsteuer als Betriebseinnahme bzw. Betriebsausgabe

Zu den Betriebseinnahmen gehört auch die **USt**, die der Verkäufer vom Käufer erhält. Sie ist als Betriebseinnahme in dem Zeitpunkt anzusetzen, in dem sie dem Verkäufer zufließt. Da sie bürgerlich-rechtlich zum Preis gehört (völlig gleichgültig, ob sie auf der Rechnung besonders ausgewiesen ist oder nicht), fließt sie zusammen mit dem umsatzsteuerlichen Entgelt zu. Wenn im obigen Beispiel die 1 000 € und die 3 000 € Bruttopreise waren, wäre die USt zu umsatzsteuerlichen Zwecken herauszurechnen, einkommensteuerlich ist sie aber zusammen mit dem Entgelt als Betriebseinnahme anzusetzen. Da die USt aber den Gewinn nicht beeinflussen darf

– sie ist im Normalfall kein Ertrags- oder Kostenfaktor – ist sie in der Gewinnermittlung nach § 4 Abs. 3 EStG bei Bezahlung ans Finanzamt als Betriebsausgabe zu behandeln. Diese Betriebsausgabe kann zeitlich vor der Betriebseinnahme liegen. Versteuert im obigen Beispiel A nach vereinbarten Entgelten, entsteht die USt-Pflicht schon beim Verkauf (genau: mit Ablauf des Voranmeldungszeitraums, s. § 13 Abs. 1 Nr. 1 a UStG). Wenn A also die alte Ladentheke am 15. 03. 01 für 3 000 € verkauft und z. B. sog. Monatszahler ist (d. h. Voranmeldungszeitraum ist der Kalendermonat, vgl. § 18 UStG), hat er die USt aus diesem Betrag schon am 10. 04. 01 ans Finanzamt abzuführen (§ 18 Abs. 1 und 2 UStG), und damit ist jetzt schon die Betriebsausgabe anzusetzen. Erst am 05. 01. 02, also bei Eingang der 3 000 € hat er die USt als Betriebseinnahme, und zwar als Anteil der 3 000 € zu behandeln (vgl. H 9 b [Gewinnermittlung nach § 4 Abs. 3 EStG ...] EStH). Um diese Problematik zu entschärfen, versteuern viele Gewinnermittler gem. § 4 Abs. 3 EStG die USt nach vereinnahmten Entgelten (§ 13 Abs. 1 Nr. 1 Buchst. b UStG).

Bei der Gewinnermittlung nach dem Bestandsvergleich wird die USt nur umschichtend, also nicht als anzusetzende Betriebseinnahme und abzugsfähige Betriebsausgabe behandelt (vgl. Band 3, Fanck/Guschl/Kirschbaum; Buchführungstechnik und Bilanzsteuerrecht).

4 Betriebsausgaben

Die meisten Probleme im Bereich der Gewinnermittlung nach § 4 Abs. 3 EStG entstehen bei den Betriebsausgaben. Betriebsausgaben sind gem. § 4 Abs. 4 EStG alle Aufwendungen, die durch den Betrieb veranlasst sind. Die auftretenden Probleme im Zusammenhang mit den Betriebsausgaben lassen sich jedoch gut lösen, sofern man zunächst eine strikte Trennung zwischen

- den laufenden Kosten als sofort abzugsfähigen Betriebsausgaben einerseits und
- dem Erwerb
  - von abnutzbarem Anlagevermögen,
  - von nicht abnutzbarem Anlagevermögen bzw.
  - von Umlaufvermögen andererseits

vornimmt. Diese Geschäftsvorfälle werden nämlich verschieden behandelt.

4.1 Laufende Kosten als sofort abzugsfähige Betriebsausgaben

Laufende Kosten, z. B. ausgezahlte Löhne, Versicherungsbeiträge, Mieten, Zinsen, laufende Kfz-Kosten, Ausgaben für Heizung und Beleuchtung sowie sonstige laufende Aufwendungen sind grundsätzlich bei Bezahlung (Abfluss) abzugsfähig gem. § 11 Abs. 2 Satz 1 EStG. Zu beachten ist jedoch, dass im Rahmen der Gewinnermittlung auch § 11 Abs. 2 Satz 2 EStG zur Anwendung kommen kann, so dass beim Vorliegen einer regelmäßig wiederkehrenden Ausgabe (z. B. Mietzahlungen) es zu einem abweichenden Abflusszeitpunkt kommen kann.

Zu den sofort abzugsfähigen Betriebsausgaben gehört auch die **USt**, die der Käufer an den Verkäufer bezahlt, und zwar zum Zeitpunkt des Geldabflusses, es sei denn, dass die Vorsteuerbeträge den Anschaffungskosten des zugehörigen Wirtschaftsguts zuzurechnen sind; vgl. H 9 b [Gewinnermittlung nach § 4 Abs. 3 EStG ...] EStH und 4.2 Beispiel b).

BEISPIELE

K erwirbt ein betrieblich genutztes Gerät für 5 000 € zuzüglich 950 € USt. Wie wird die USt behandelt, wenn K

a) Arzt bzw.

b) vorsteuerabzugsberechtigter Gewerbetreibender ist?

LÖSUNG

a) Ist K Arzt, kann er die Vorsteuer umsatzsteuerlich nicht geltend machen. Sie ist daher gem. § 9b EStG den Anschaffungskosten zuzurechnen. Der gesamte Betrag i. H. v. 5 950 € wird daher über die AfA zu Betriebsausgaben.

b) Ist K vorsteuerabzugsberechtigter Gewerbetreibender und kann er daher die Vorsteuer umsatzsteuerlich beim Finanzamt geltend machen, ist die Bezahlung der Rechnung in Höhe der Vorsteuer sofort abzugsfähige **Betriebsausgabe**. Da die USt aber keinen endgültigen Einfluss auf den Gewinn haben darf, ist die Geltendmachung der Vorsteuer beim Finanzamt eine **Betriebseinnahme**. Der Nettoanschaffungsbetrag wird über die AfA Betriebsausgabe.

4.2 Erwerb von abnutzbarem Anlagevermögen

Die abnutzbaren Anlagegüter (z. B. Gebäude, Maschinen) werden in der Gewinnermittlung nach § 4 Abs. 3 EStG genauso behandelt wie beim Bestandsvergleich, § 4 Abs. 3 Satz 3 EStG. Einziger Unterschied: Teilwertabschläge sind nicht zulässig (s. 2). Daraus folgt, dass nicht die Zahlung bei Erwerb, sondern die AfA Betriebsausgabe wird (vgl. R 4.5 Abs. 3 EStR). Zu begründen ist dies damit, dass die Gewinnermittlung nach § 4 Abs. 3 EStG eine vergleichbare Art der Gewinnermittlung nach § 4 Abs. 1 EStG (Bestandsvergleich) ist.

Aufwendungen für ein abnutzbares Anlagegut, welche bis zur Veräußerung oder Entnahme noch nicht im Wege der AfA berücksichtigt werden konnten (Restwert), können bei Veräußerung oder Entnahme als Betriebsausgaben abgesetzt werden (BFH vom 16.02.1995 BStBl II 1995, 635; vgl. H 4.5 Abs. 3 [Veräußerung abnutzbarer Wirtschaftsgüter/unterlassene AfA] EStH), und zwar auch dann, wenn die AfA in den Vorjahren zu Unrecht unterlassen wurde, es sei denn, dass diese Unterlassung willkürlich war und gegen Treu und Glauben verstieß (BFH vom 07.10.1971 BStBl II 1972, 271).

Die Vorschriften des § 6 Abs. 2 EStG zum GWG und des § 6 Abs. 2a EStG zum Sammelposten sind gem. § 4 Abs. 3 Satz 3 EStG bei der Gewinnermittlung nach § 4 Abs. 3 EStG ebenfalls anwendbar (vgl. zu den Einzelheiten der GWG und der Sammelposten BMF vom 30.09.2010 BStBl I 2010, 755).

BEISPIELE

Liegen jeweils Betriebsausgaben vor?

a) Der vorsteuerabzugsberechtigte M erwirbt am 20.07.17 eine Stehlampe für 100 € plus 19 € USt und einen PC für 1 200 € plus 228 € USt. Die Rechnungen bezahlt er am 10.10.17. Die Nutzungsdauer soll für die Stehlampe acht Jahre und für den PC drei Jahre betragen. M möchte einen möglichst niedrigen Gewinn.

LÖSUNG Bei der Stehlampe handelt es sich um ein GWG gem. § 6 Abs. 2 EStG. Der Netto-Kaufpreis übersteigt nicht die Grenze von 410 €. Würde M bilanzieren, könnte er die Stehlampe ebenfalls als GWG (d. h. die gesamte AfA) im Jahr der Anschaffung als Betriebsausgaben abziehen. In der Gewinnermittlung nach § 4 Abs. 3 EStG ist es genauso, d. h. Sofortabzug des Nettokaufpreises und Abzug der USt im Abflusszeitpunkt. Bei GWG mit Aufwendungen bis 150 € gilt ein wirtschaftsgutbezogenes Wahlrecht (vgl. BMF vom 30.09.2010 BStBl I 2010, 755, Tz. 2, anders – d. h. wirtschaftsjahrbezogenes Wahlrecht – bei Aufwendungen zwischen 150 € und 410 € bzw. 410 € und 1 000 €, vgl. BMF vom 30.09.2010, a. a. O, Tz. 4–7). Hinweis: Durch das Gesetz gegen schädliche Steuerpraktiken

im Zusammenhang mit Rechteüberlassung vom 27. 06. 17 (BGBl I 2017, 2074) wurde für Anschaffungen nach dem 31. 12. 17 in § 6 Abs. 2 und Abs. 2a EStG neu gefasst, wodurch insbesondere die Wertgrenze von 410 € auf 800 € angehoben wurde.
Der PC ist kein GWG, er muss daher abgeschrieben werden. Da die lineare AfA jährlich 400 € beträgt und M im Juli erworben hat, also sechs Monate im Jahr 17 verstrichen sind, hat er im Jahr 17 als Betriebsausgabe 200 € lineare AfA anzusetzen, § 7 Abs. 1 Satz 4 EStG. Die **USt** wird mit Entrichtung des Kaufpreises an den Veräußerer zu einer Betriebsausgabe, also erst am 10. 10. 17. Der Abzug als GWG oder in Form von einzelnen AfA-Beträgen und der Abzug der USt als Betriebsausgaben fallen daher auseinander. M kann die 19 € und die 228 € beim Finanzamt als Vorsteuer geltend machen. Mit Auszahlung durch das Finanzamt oder mit Verrechnung mit zu zahlender USt an das Finanzamt werden die Vorsteuerbeträge zu Betriebseinnahmen (vgl. hierzu auch 3).

b) Wie Beispiel a), M ist aber Arzt und daher nicht zum Vorsteuerabzug berechtigt.
LÖSUNG In diesem Fall ist die Vorsteuer gem. § 9 b EStG den Anschaffungskosten zuzurechnen, sie wird also nicht zu einer sofort abzugsfähigen Betriebsausgabe.
Die Anschaffungskosten der Stehlampe betragen daher 119 €, die des PC 1 428 €. M setzt also die 119 € im Jahr der Anschaffung als Betriebsausgaben ab. Der PC mit Anschaffungskosten von 1 428 € ist ab 20. 07. 17 abzuschreiben, linear mit 238 € (1 428 € AK/3 Jahre ND × 6/12 zeitanteilige AfA) in 17.

c) Der vorsteuerabzugsberechtigte K mit Gewinnermittlung nach § 4 Abs. 3 EStG kauft und erhält am 01. 12. 17 einen PC für 400 € + 76 € USt. Er bezahlt die 476 € am 10. 02. 18. Kann K einen Sammelposten i. S. d. § 6 Abs. 2 a EStG bilden?
LÖSUNG K kann in 17 einen Sammelposten i. H. v. 400 € (§ 6 Abs. 2 a EStG) bilden (Beachte: Es liegt ein wirtschaftsjahrbezogenes Wahlrecht vor, vgl. BMF vom 30. 09. 2010 BStBl I 2010, 755, Tz. 4–6.). Davon kann er ein Fünftel in 17 abschreiben. Die USt ist bei ihm erst bei Zahlung am 10. 02. 18 Betriebsausgabe. Sie wird bei Abrechnung mit dem Finanzamt eine Betriebseinnahme.

d) Wie Beispiel c), jedoch bezahlt er die 476 € am 10. 02. 18 und ist zum Vorsteuerabzug nicht berechtigt.
LÖSUNG Jetzt betragen die Anschaffungskosten des PC 476 € (§ 9 b Abs. 1 EStG). K kann dann gem. § 6 Abs. 2 a EStG zunächst einen Sammelposten i. H. v. 476 € zu bilden. Auf die Bezahlung kommt es nicht an. Davon kann er ein Fünftel abschreiben.

Für § 6 Abs. 2 EStG und § 6 Abs. 2 a EStG gelten die gleichen Grundregeln wie im Bestandsvergleich. Zur Überprüfung der 150 €-Grenze ist die Vorsteuer stets auszuklammern. Dabei ist es gleichgültig, ob der Stpfl die Vorsteuer abziehen kann oder nicht (vgl. § 6 Abs. 2 Satz 1 EStG und R 9 b Abs. 2 EStR).

Zur Behandlung des Restwerts bei abnutzbaren Anlagegütern im Veräußerungsfall, insbesondere zum Abflusszeitpunkt, vgl. BFH vom 16. 02. 1995 BStBl II 1995, 635.

4.3 Erwerb von nicht abnutzbarem Anlagevermögen

Die Behandlung des Erwerbs von nicht abnutzbaren Wirtschaftsgütern des Anlagevermögens (z. B. Grund und Boden, GmbH-Anteile, Genossenschaftsanteile, Aktien) erfolgt nicht nach der grundsätzlichen Regelung in § 11 Abs. 2 EStG, so dass das Abflussprinzip insoweit nicht zur Anwendung kommt. Vielmehr gibt es für den Bereich der Einnahme-Überschussrechnung eine spezielle Regelung. Anschaffungs- und Herstellungskosten für nicht abnutzbare Wirtschaftsgüter des Anlagevermögens sind erst im Zeitpunkt des Zuflusses des Veräußerungserlöses bzw. bei Entnahmen im Zeitpunkt der Entnahme als Betriebsausgaben zu berücksichtigen (**§ 4 Abs. 3 Satz 4 EStG**). Im Ergebnis wird bei der Gewinnermittlung nach § 4 Abs. 3 EStG der Erwerb dieser Wirtschaftsgüter grundsätzlich genauso behandelt wie beim Bestandsvergleich.

BEISPIEL

Der Gewerbetreibende X mit einer Gewinnermittlung nach § 4 Abs. 3 EStG erwirbt einen betrieblichen Parkplatz mit Wirkung vom 10. 04. 01 für 200 000 €. Er veräußert ihn unter gleichzeitiger Entgegennahme eines Schecks mit Wirkung vom 23. 09. 05 für 300 000 €. Wie ist der Vorgang zu behandeln?

LÖSUNG Hätte X bilanziert, hätte er am 10. 04. 01 »Grundstück 200 000 € an Geldkonto 200 000 €« und am 23. 09. 05 »Geldkonto 300 000 € an Grundstück 200 000 € und sonstiger betrieblicher Ertrag 100 000 €« gebucht. Er hätte also am 23. 09. 05 einen Ertrag i. H. v. 100 000 € zu erfassen gehabt. Genauso ist es in der Gewinnermittlung nach § 4 Abs. 3 EStG. Dies wird dadurch erreicht, dass X am 23. 09. 05 eine Betriebseinnahme von 300 000 € und eine Betriebsausgabe von 200 000 € ansetzt (§ 4 Abs. 3 Satz 3 EStG). Der Zufluss des Schecks erfolgt grundsätzlich mit dessen Entgegennahme (vgl. H 11 [Scheck] EStH).

Fallen Zeitpunkt der Veräußerung und Zeitpunkt des Zuflusses des Veräußerungserlöses in unterschiedliche Wirtschaftsjahre, ist das Beispiel anders zu lösen.

BEISPIEL

Wie Beispiel oben, X veräußert zwar den Parkplatz mit Wirkung vom 23. 09. 05, erhält den Scheck aber erst am 15. 01. 06. Wie ist der Vorgang jetzt zu behandeln?

LÖSUNG Jetzt hat X sowohl die Betriebsausgabe i. H. v. 200 000 € als auch die Betriebseinnahme i. H. v. 300 000 € im VZ 06 gem. § 4 Abs. 3 Satz 4 EStG zu erfassen.

Zusätzliche Probleme ergeben sich bei **Ratengeschäften, die im Zusammenhang mit der Veräußerung von Wirtschaftsgütern i. S. d. § 4 Abs. 3 Satz 4 EStG getätigt werden**. In R 4.5 Abs. 5 Satz 1 EStR ist hierzu eine besondere Regelung enthalten.

BEISPIEL

B erwirbt einen betrieblichen Parkplatz mit Wirkung vom 10. 04. 01 für 100 000 €. Er veräußert ihn mit notariellem Vertrag vom 10. 06. 06 mit Wirkung zum 01. 12. 06 zum Kaufpreis von 180 000 €. Vereinbarungsgemäß wird der Kaufpreis wie folgt bezahlt: 90 000 € am 01. 12. 06 und 90 000 € am 01. 02. 07. Wie ist der Vorgang zu behandeln?

LÖSUNG

Anzusetzen sind:	06	07
Betriebseinnahmen	90 000 €	90 000 €
Betriebsausgaben	90 000 €	10 000 € (Rest der Anschaffungskosten)

4.4 Erwerb von Umlaufvermögen

Hier geht der Bestandsvergleich grundsätzlich andere Wege als die Gewinnermittlung nach § 4 Abs. 3 EStG. Hierbei sind zwei Gruppen von Umlaufvermögen zu unterscheiden, und zwar zum einen das »besonders zu behandelnde« Umlaufvermögen i. S. d. § 4 Abs. 3 Satz 4 EStG und zum anderen das »übrige normal zu behandelnde« Umlaufvermögen (WG, die nicht unter den Anwendungsbereich des § 4 Abs. 3 Satz 4 EStG fallen).

BEISPIEL

Z erwirbt als Textileinzelhändler für 30 000 € am 05. 04. 01 Kleidung und Stoffe, die er sofort bezahlt. Die beiden Posten werden laufend veräußert. Am 31. 12. 02 ist davon nichts mehr auf Lager. Umsatzsteuerliche Aspekte sind nicht zu berücksichtigen. Wie ist zu verfahren?

LÖSUNG Würde Z bilanzieren, würden diese Posten über den Wareneinsatz zu Aufwand. Für eine zutreffende Gewinnermittlung käme es darauf an, wie viele Waren an den einzelnen Bilanzstichtagen noch vorhanden sind. Voraussetzung ist daher eine Inventur. Die Gewinnermittlung nach § 4 Abs. 3 EStG soll vereinfachen, insbesondere soll auf die Inventur verzichtet werden. Daher werden die Waren schon **mit Bezahlung**, hier also am 05. 04. 01, zu Betriebsausgaben.

Dass der Erwerb von Umlaufvermögen sofort bei Bezahlung zu Betriebsausgaben führt, ergibt sich aus § 11 Abs. 2 EStG, denn das Umlaufvermögen in Form von Waren ist in § 4 Abs. 3 EStG nicht erwähnt. Im Zusammenhang mit dem Ausfall einer Forderung aus einem Warenverkauf, der nicht unter § 4 Abs. 3 Satz 4 EStG fällt, ist Folgendes zu beachten:

BEISPIEL

P hat als Händler mit Gewinnermittlung nach § 4 Abs. 3 EStG eine Forderung gegen X aus dem Verkauf von Waren (kein Umlaufvermögen i. S. d. § 4 Abs. 3 Satz 4 EStG) i. H. v. 2 000 €. P hat die Waren zuvor gegen Barzahlung erworben. X fällt in Insolvenz, d. h. die Forderung des P wird uneinbringlich. Umsatzsteuerliche Aspekte sind nicht zu berücksichtigen. Wie wird der Vorgang behandelt?

LÖSUNG Der Bezug der Waren war bei P bereits eine Betriebsausgabe, so dass der Verlust der Warenforderung nicht nochmals eine Betriebsausgabe werden kann. Im Übrigen tritt auch eine Gewinnminderung durch das Ausbleiben der Forderung als Betriebseinnahme ein. Bei einem Bilanzierenden wird dieser Fall völlig anders behandelt.

Wie oben bereits erwähnt, ist in § 4 Abs. 3 Satz 4 EStG allerdings eine wichtige **Ausnahme** zu der zuvor dargestellten steuerlichen Behandlung des Umlaufvermögens enthalten. Gehören bestimmte Wirtschaftsgüter zum Umlaufvermögen (Anteile an Kapitalgesellschaften, Wertpapiere und vergleichbare nicht verbriefte Forderungen und Rechte, Grund und Boden sowie Gebäude), so können deren Anschaffungs- oder Herstellungskosten erst im Zeitpunkt des Zuflusses des Veräußerungserlöses oder bei Entnahme als Betriebsausgaben abgezogen werden.

BEISPIEL

U ist gewerblicher Grundstückshändler (Einkünfte i. S. d. § 15 EStG) und ermittelt seinen Gewinn zulässigerweise gem. § 4 Abs. 3 EStG. Zum 30. 06. 04 erwirbt und bezahlt er ein Grundstück für 50 000 €, welches als Umlaufvermögen einzustufen ist. Mit Wirkung zum 02. 03. 05 veräußert er es für 52 000 €. Der Veräußerungserlös geht am 20. 03. 05 ein. Wie wird die Veräußerung steuerlich behandelt?

LÖSUNG Das Grundstück gehört laut Sachverhaltsvorgabe zum Umlaufvermögen. Aufgrund der Regelung des § 4 Abs. 3 Satz 4 EStG muss U am 20. 03. 05 sowohl die Einnahmen als Betriebseinnahmen als auch die Anschaffungskosten als Betriebsausgaben ansetzen. Die Zahlung am 30. 06. 04 ist zu diesem Zeitpunkt nicht als Betriebsausgabe zu erfassen, weil § 11 EStG nicht gilt. § 4 Abs. 3 Satz 4 EStG ist insoweit eine Ausnahmeregelung zu § 11 Abs. 2 EStG.

5 Darlehen, Entnahmen, Einlagen, Anzahlungen

5.1 Darlehen

Geldbewegungen als solche sind in der Gewinnermittlung nach § 4 Abs. 3 EStG grundsätzlich **ohne Bedeutung**. Nimmt ein Stpfl aus betrieblichen Gründen z. B. ein Darlehen auf, ist der Eingang des Geldes keine Betriebseinnahme. Zahlt er das Darlehen zurück (Tilgungsleistungen), ist keine Betriebsausgabe anzusetzen (vgl. H 4.5 Abs. 2 [Darlehen] EStH).

Wenn es sich um ein betriebliches Darlehen handelt, sind die Zinszahlungen hingegen Betriebsausgaben, denn diese Aufwendungen werden für die Zurverfügungstellung des Darlehens bezahlt; sie sind also betrieblich veranlasst.

Eine Ausnahme von diesen Grundsätzen lässt die Rechtsprechung allerdings zu. Bekommt ein Stpfl ein aus betrieblichen Gründen gegebenes Darlehen nicht mehr zurück, z. B. weil der Empfänger Insolvenz angemeldet hat, soll der Darlehensverlust als Betriebsausgabe angesetzt werden können (vgl. BFH vom 23.11.1978 BStBl II 1979, 109). Stpfl mit Gewinnermittlung nach § 4 Abs. 3 EStG und nach §§ 4 Abs. 1, 5 EStG sollen insoweit gleich behandelt werden. Im Rahmen eines Bestandsvergleichs würde nämlich gebucht: »Sonstiger betrieblicher Aufwand an Darlehen« (vgl. H 4.5 Abs. 2 [Darlehens- und Beteiligungsverlust] EStH).

5.2 Entnahmen

5.2.1 Begriff und Überblick

Ausgehend von § 4 Abs. 1 Satz 2 EStG i. V. m. R 4.3 EStR sind Entnahmen alle Wirtschaftsgüter des (notwendigen oder gewillkürten) Betriebsvermögens (z. B. Barentnahmen, Waren, Nutzungen und Leistungen etc.) die der Stpfl dem Betrieb für sich, für seinen Haushalt und für andere betriebsfremde Zwecke im Laufe des Wirtschaftsjahrs entnimmt. Für die steuerliche Behandlung von Entnahmen im Rahmen der Gewinnermittlung nach § 4 Abs. 3 EStG sind insbesondere die nachfolgenden Bereiche zu unterscheiden:

- Bargeld,
- Wirtschafsgüter des,
- Umlaufvermögens,
- abnutzbaren Anlagevermögens,
- nicht abnutzbaren Anlagevermögens sowie
- Nutzungen und Leistungen.

5.2.2 Entnahmen und Umsatzsteuer

Vorab bedarf es aber einer kurzen Darstellung der Behandlung der Umsatzsteuer im Zusammenhang mit Entnahmen im Rahmen der Einnahmeüberschussrechnung. Die bei der Entnahme entstehende USt (§ 3 Abs. 1 b UStG; § 3 Abs. 9 a UStG) ist im Zeitpunkt der Entnahme als eine »fiktive« Betriebseinnahme anzusetzen. Bei Bezahlung an das Finanzamt ist sie dagegen als Betriebsausgabe zu berücksichtigen (vgl. H 9 b [Gewinnermittlung nach § 4 Abs. 3 EStG…] EStH). Die Bemessungsgrundlage der USt ergibt sich hierbei aus § 10 Abs. 4 UStG. Hintergrund des Ansatzes einer »fiktiven« Betriebseinnahme ist § 12 Nr. 3 EStG. Hiernach darf unter anderen die »Entnahme–USt« weder bei den einzelnen Einkunftsarten noch vom Gesamtbetrag der Einkünfte abgezogen werden. Würde nur eine Betriebsausgabe erfasst werden, so würde ein Verstoß gegen § 12 Nr. 3 EStG vorliegen.

5.2.3 Entnahme von Bargeld

Entnahmen von Bargeld sind bei der Überschussrechnung nicht zu berücksichtigen. Im Rahmen der Gewinnermittlung nach § 4 Abs. 3 EStG werden nur betrieblich veranlasste Geldbewegungen berücksichtigt. Im Übrigen haben sich die entnommenen Geldbeträge bereits bei Zufluss als Einnahme ausgewirkt.

5.2.4 Entnahme von Wirtschaftsgütern

Dagegen werden Entnahmen von **Sachwerten wie Betriebseinnahmen** behandelt. Die Begründung ist einfach. Hätte der Stpfl das Wirtschaftsgut nicht entnommen, hätte er es verkaufen und damit Betriebseinnahmen erzielen können. Im Einzelnen ist wie folgt zu unterscheiden:

5.2.4.1 Entnahme von Wirtschaftsgütern des Umlaufvermögens

Die im Zusammenhang mit den Wirtschaftsgütern des Umlaufvermögens (kein Fall des § 4 Abs. 3 Satz 4 EStG – siehe oben 4.4) stehenden Anschaffungs- oder Herstellungskosten werden/wurden **beim Erwerb von »normalen« Umlaufvermögen sofort** zu abzugsfähigen Betriebsausgaben.

In Höhe des Entnahmewertes ist eine »fiktive« Betriebseinnahme anzusetzen. Dieser bestimmt sich nach § 6 Abs. 1 Nr. 4 EStG i. V. m. § 6 Abs. 7 Nr. 2 EStG.

Zudem ergeben sich die oben dargestellten umsatzsteuerlichen Auswirkungen (siehe 5.2.2).

Wirtschaftsgüter des Umlaufvermögens i. S. d. § 4 Abs. 3 Satz 4 EStG werden wie Wirtschaftsgüter des nicht abnutzbaren Anlagevermögens behandelt (siehe 5.2.4.3).

5.2.4.2 Entnahme von Wirtschaftsgütern des abnutzbaren Anlagevermögens (mit »normaler« AfA)

Die im Zusammenhang mit den Wirtschaftsgütern des abnutzbaren Anlagevermögens (»normale« AfA) stehenden Anschaffungs- oder Herstellungskosten werden/wurden zu abzugsfähigen Betriebsausgaben, und zwar

- einerseits durch die bisher angefallene AfA und
- andererseits bezüglich des Restbuchwertes in Anknüpfung an § 7 EStG grundsätzlich im Jahr der Veräußerung ohne Rücksicht auf den Zahlungszeitpunkt (Schmidt/Heinicke, EStG 36. Aufl., § 4 Rz 392) bzw. im vorliegenden Fall im Zeitpunkt der Entnahme.

Im Jahr der Entnahme sind daher sowohl die Abschreibungen bis zum Entnahmezeitpunkt als auch der dann vorliegende Restbuchwert als Betriebsausgaben abzuziehen. In Höhe des Entnahmewertes ist eine »fiktive« Betriebseinnahme anzusetzen. Dieser bestimmt sich nach § 6 Abs. 1 Nr. 4 EStG i. V. m. § 6 Abs. 7 Nr. 2 EStG.

Zudem ergeben sich die oben dargestellten umsatzsteuerlichen Auswirkungen (s. 5.2.2).

5.2.4.3 Entnahme von Wirtschaftsgütern des nicht abnutzbaren Anlagevermögens

Die im Zusammenhang mit den Wirtschaftsgütern des nicht abnutzbaren Anlagevermögens stehenden Anschaffungs- oder Herstellungskosten werden **bei Zufluss des Veräußerungserlöses bzw. im Zeitpunkt der Entnahme** (§ 4 Abs. 3 Satz 4 EStG) zu abzugsfähigen Betriebsausgaben.

In Höhe des Entnahmewertes ist eine »fiktive« Betriebseinnahme anzusetzen. Dieser bestimmt sich nach § 6 Abs. 1 Nr. 4 EStG i. V. m. § 6 Abs. 7 Nr. 2 EStG.

Zudem ergeben sich die oben dargestellten umsatzsteuerlichen Auswirkungen (s. 5.2.2).

BEISPIEL

X ist selbstständiger Elektroeinzelhändler. Er entnimmt aus dem Betrieb am 10.06.02 eine Stereoanlage, die zum Verkauf bestimmt war, für seine Privatwohnung. Diese Anlage hatte er am 19.03.01 für 2 000 € netto angeschafft, der Teilwert bzw. Einkaufspreis am 10.06.02 beträgt 2 400 €. Wie ist einkommensteuerrechtlich zu verfahren?

LÖSUNG Bei Entnahmen ist auch im Rahmen der Gewinnermittlung gem. § 4 Abs. 3 EStG der Teilwert anzusetzen, und zwar zum Tag der Entnahme. Auch die bei der Entnahme entstehende USt (§ 3 Abs. 1 b Nr. 1 UStG) ist eine Betriebseinnahme. Zum Zeitpunkt der Entnahme sind daher insgesamt 2 856 € als Betriebseinnahme zu erfassen (2 400 € + 19 % von 2 400 €). Für den Fall, dass die Stereoanlage Anlagevermögen wäre (z. B. Vorführgerät), so wäre noch der Restbuchwert als Betriebsausgabe abzusetzen. In jedem Falle (gleich ob Anlage- oder Umlaufvermögen) ist die USt, wenn sie ans Finanzamt bezahlt wird, eine Betriebsausgabe (§ 13 UStG, § 18 Abs. 1 UStG, vgl. 5.2.2).

5.2.5 Entnahmen im Zusammenhang mit gewillkürtem Betriebsvermögen

Die Bildung von gewillkürtem Betriebsvermögen ist bei einer Gewinnermittlung nach § 4 Abs. 3 EStG grundsätzlich möglich (s. dazu 2).

BEISPIELE

Wie sind die Vorgänge jeweils zu behandeln?

a) B ist Gewerbetreibender und hat gem. § 4 Abs. 1 EStG ein Grundstück als gewillkürtes Betriebsvermögen bilanziert. Er geht zulässigerweise zur Gewinnermittlung nach § 4 Abs. 3 EStG über.

LÖSUNG Da B gewillkürtes Betriebsvermögen führen darf, liegt keine Entnahme vor.

b) Z ist Gewerbetreibender und ermittelt seinen Gewinn zulässigerweise gem. § 4 Abs. 3 EStG. Ein Pkw wird zunächst zu 60 %, später nur noch zu 40 % beruflich genutzt.

LÖSUNG Der Pkw ist zunächst notwendiges Betriebsvermögen, später gewillkürtes Betriebsvermögen. Auch hier liegt keine Entnahme des Pkw vor.

5.2.6 Entnahme von Nutzungen und Leistungen

Die Entnahme von Nutzungen oder Fremdleistungen (z. B. die Nutzung von betrieblichen Gerätschaften für private Zwecke, die private Pkw-Nutzung oder der Einsatz von Arbeitskräften im Privatbereich) führt ebenfalls zu einer Betriebseinnahme.

In Höhe des Entnahmewertes ist daher eine »fiktive« Betriebseinnahme anzusetzen.

Zudem ergeben sich die oben dargestellten umsatzsteuerlichen Auswirkungen (siehe 5.2.2).

Im Bereich der Pkw-Nutzung ist des Weiteren zu beachten, dass der Pkw-Haftpflicht-Beitrag, soweit er auf die Privatnutzung entfällt, als Sonderausgabe abgezogen werden kann (vgl. R 10.5 EStR).

5.2.7 Zusammenfassendes Beispiel

BEISPIEL

Rechtsanwalt Z erwarb mit Wirkung zum 01.01.2007 (Bauantrag nach dem 31. 03.1985) ein zu Wohnzwecken vermietetes Mehrfamilienhaus mit drei gleich großen Wohnungen. Der Kaufpreis betrug 600 000 €, der Bodenanteil davon 20 %. Das Gebäude wird linear abgeschrieben. Da das EG frei war, nutzte er dieses sofort als Praxis. 1. und 2. OG blieben vermietet.

Mit Wirkung zum 30.06.2017 verlegte Z seine Rechtsanwaltspraxis in ein gemietetes Anwesen in der Nähe seines Wohnhauses. Das EG konnte er zum 01.07.2017 zu Wohnzwecken vermieten. Z erklärte im Juni 2017 dem Finanzamt, dass er das EG ab 01.07.2017 als Privatvermögen betrachte. Der Teilwert des gesamten Hauses betrug zu diesem Zeitpunkt 1 Mio. €, der Bodenanteil davon 360 000 €. Wie ist der Vorgang zu behandeln?

LÖSUNG Bei den vermieteten Wohnungen ergeben sich keine Besonderheiten. Z hat insoweit Einkünfte aus Vermietung und Verpachtung. Den Mieteinnahmen stehen die auf diese Wohnungen entfallenden Werbungskosten gegenüber. Als Jahres-AfA sind gem. § 7 Abs. 4 Satz 1 Nr. 2 Buchst. a EStG 2 % von 320 000 €, d. h. 6 400 € anzusetzen (600 000 € ./. 20 % Bodenanteil, davon 2/3).

Vom 01.01.2007 bis zum 30.06.2017 war das EG als Praxis des Z notwendiges Betriebsvermögen (vgl. R 4.2 Abs. 1 EStR). Ab dem 01.07.2017 wurde die Praxis Privatvermögen. Z hat rechtzeitig dem Finanzamt gegenüber die Entnahme erklärt.

Damit waren in der Zeit **bis zum 30.06.2017** alle auf die Praxis entfallenden Kosten Betriebsausgaben (z. B. die auf die Praxis entfallenden Strom-/Heizungs-/Wasser-/Versicherungskosten usw., alle Reparaturkosten, die in der Praxis entstehen und 1/3 der Reparaturkosten, die das ganze Haus betreffen); vgl. R 4.7 Abs. 2 Satz 3 EStR. Als Jahres-AfA war anzusetzen gem. § 7 Abs. 4 Satz 1 Nr. 1 EStG 3 % von 160 000 € = 4 800 € (600 000 € abzgl. 20 % Bodenanteil, davon 1/3). Für 2017 ist nur eine Halbjahres-AfA zulässig.

Zum 30.06.2017 hat Z einen möglichen **Entnahmegewinn** als laufenden Gewinn im Rahmen seiner Rechtsanwaltspraxis zu versteuern. Zu berechnen ist die Differenz zwischen Anschaffungskosten bzw. Buchwert und dem Teilwert:

	Grund und Boden		Gebäude
1/3 Teilwert	120 000 €		213 333 €
1/3 Anschaffungskosten	./. 40 000 €	160 000 €	
3 % AfA × 10,5 Jahre = 31,5 %		./ . 50 400 €	
Buchwert			./. 109 600 €
Entnahmegewinn	80 000 €		103 733 €
Gesamter Entnahmegewinn			183 733 €

Durch die Entnahme der Praxis ins Privatvermögen ist ab **01.07.2017** das ganze Haus im Rahmen der Einkünfte aus Vermietung und Verpachtung zu erfassen. Den eingehenden Mieten stehen alle verausgabten Werbungskosten gegenüber. Nur bei der AfA gibt es eine Besonderheit. Für die von Anfang an vermieteten Wohnungen im 1. und 2. OG bleibt es bei der bisherigen Lösung, also ist eine Jahres-AfA von 6 400 € anzusetzen. Die AfA für die ehemalige Praxis ist neu zu berechnen. Dabei ist als Bemessungsgrundlage der anteilige Teilwert maßgeblich, vgl. R 7.3 Abs. 6 Satz 1 EStR, und als AfA-Satz der nach § 7 Abs. 4 EStG mögliche, vgl. R 7.4 Abs. 10 Satz 1 Nr. 1 EStR. Die Jahres-AfA beträgt daher für das EG gem. § 7 Abs. 4 Satz 1 Nr. 2 Buchst. a EStG 2 % von 213 333 € = 4 267 € (1 Mio. € ./. 360 000 € = 640 000 € davon 1/3). Für 2017 ist nur die Hälfte davon abzugsfähig. Die gesamte Jahres-AfA für das ganze Gebäude beträgt daher ab 2018 10 667 € (6 400 € + 4 267 €).

5.3 Einlagen

5.3.1 Begriff und Überblick

Ausgehend von § 4 Abs. 1 Satz 8 EStG i. V. m. R 4.3 Abs. 1 EStR sind Einlagen alle Wirtschaftsgüter (z. B. Bareinzahlungen und Wirtschaftsgüter), die der Stpfl dem Betrieb im Laufe des Wirtschaftsjahres zugeführt hat. Die Einlagen sind gem. § 6 Abs. 1 Nr. 5 EStG i. V. m. § 6 Abs. 7 Nr. 2 EStG zu bewerten. Im Grundsatz ist als Einlagewert der Teilwert anzusetzen, sofern keine Ausnahmeregelung (z. B. § 6 Abs. 1 Nr. 5 Satz 1 Buchst. a EStG für Einlagen innerhalb von 3 Jahren seit Anschaffung/Herstellung) eingreift. Für die steuerliche Behandlung von Einlagen im Rahmen der Gewinnermittlung nach § 4 Abs. 3 EStG sind auch hier insbesondere die nachfolgenden Bereiche zu unterscheiden:

- Bargeld,
- Wirtschafsgüter des
- Umlaufvermögens,
- abnutzbaren Anlagevermögens,
- nicht abnutzbaren Anlagevermögens sowie
- Nutzungen und Leistungen.

5.3.2 Einlage von Bargeld

Einlagen von Bargeld sind bei der Überschussrechnung nicht zu berücksichtigen und haben keine Gewinnauswirkung.

5.3.3 Einlage von Wirtschaftsgütern

Dagegen werden Einlagen von **Sachwerten wie Betriebsausgaben** behandelt. Im Einzelnen ist wie folgt zu unterscheiden:

5.3.3.1 Einlage von Wirtschaftsgütern des Umlaufvermögens

Die Einlage von Wirtschaftsgütern des »normalen« Umlaufvermögens (kein Fall des § 4 Abs. 3 Satz 4 EStG – s. 4.4) führt im Zeitpunkt der Einlage zu einer »fiktiven« Betriebsausgabe in Höhe des Einlagewertes.

BEISPIEL

Legt der Stpfl privat angeschaffte Waren ein, kann er den Einlagewert (vgl. § 6 Abs. 1 Nr. 5 EStG) sofort abziehen.

Wirtschaftsgüter des Umlaufvermögens i. S. d. § 4 Abs. 3 Satz 4 EStG (z. B. Grundstücke) führen erst bei einer späteren Veräußerung im Zeitpunkt des Zuflusses des Veräußerungserlöses bzw. bei einer Entnahme im Entnahmezeitpunkt zu »fiktiven« Betriebsausgaben in Höhe des ursprünglichen Einlagewertes.

5.3.3.2 Einlage von Wirtschaftsgütern des abnutzbaren Anlagevermögens (mit »normaler« AfA)

Auch bei der Einlage von Wirtschaftsgütern des abnutzbaren Anlagevermögens kann der Stpfl eine Betriebsausgabe in Höhe der Abschreibung geltend machen. Hierbei ist jedoch zwischen dem Einlagewert einerseits und der AfA-Bemessungsgrundlage andererseits zu unterscheiden, da diese ggfs. auseinanderfallen können.

Der Einlagewert bestimmt sich nach § 6 Abs. 1 Nr. 5 EStG und erfolgt im Grundsatz mit dem Teilwert, sofern keine Ausnahmevorschriften eingreifen (z. B. § 6 Abs. 1 Nr. 5 Satz 1 Buchst. a EStG für die Einlage eines Wirtschaftsgutes in ein Betriebsvermögen innerhalb der letzten drei Jahre seit Anschaffung bzw. Herstellung).

Auch die Afa-Bemessungsgrundlage richtet sich im Grundsatz nach den Teilwert im Zeitpunkt der Einlage. An dieser Stelle ist jedoch auf die besondere Regelung des § 7 Abs. 1 Satz 5 EStG hinzuweisen. Wurde das eingelegte Wirtschaftsgut vor der Einlage in das Betriebsvermögen zur Erzielung von Überschusseinkünften i. S. d. § 2 Abs. 1 Nr. 4 – 7 EStG eingesetzt, so wird für Zwecke der Afa-Bemessungsgrundlage der Einlagewert modifiziert. Der Einlagewert mindert sich um die Absetzungen für Abnutzungen oder Substanzverringerungen, Sonderabschreibungen und erhöhte Absetzungen, die bis zum Zeitpunkt der Einlage vorgenommen worden sind; höchstens jedoch bis zu den fortgeführten Anschaffungskosten/Herstellungskosten; ist der Einlagewert niedriger als dieser Wert, bemisst sich die weitere Absetzung für Abnutzung vom Einlagewert.

5.3.3.3 Einlage von Wirtschaftsgütern des nicht abnutzbaren Anlagevermögens

Die Einlage von Wirtschaftsgütern des nicht abnutzbaren Anlagevermögens führt im Zeitpunkt der Einlage noch nicht zu einem Ansatz von Betriebsausgaben. Vielmehr sind entsprechend der Regelung des § 4 Abs. 3 Satz 4 EStG erst bei einer späteren Veräußerung im Zeitpunkt des Zuflusses des Veräußerungserlöses bzw. bei einer Entnahme im Entnahmezeitpunkt »fiktive« Betriebsausgaben in Höhe des ursprünglichen Einlagewertes anzusetzen.

BEISPIEL

Legt ein Stpfl ein unbebautes Grundstück in sein Betriebsvermögen ein, kann er den Einlagewert erst bei Zufluss des Veräußerungserlöses bzw. bei einer späteren Entnahme im Entnahmezeitpunkt abziehen.

5.3.4 Einlagen und § 4 Abs. 5 EStG

Schafft ein Stpfl ein nichtabziehbares Geschenk i. S. d. § 4 Abs. 5 Nr. 1 EStG privat an und verschenkt er es an einen Kunden, so liegt zwar eine Einlage vor. Auf Grund der Regelung des § 4 Abs. 5 Nr. 1 EStG darf er jedoch den Einlagewert überhaupt nicht als Betriebsausgabe geltend machen.

5.3.5 Einlagen von Nutzungen und Leistungen

Im Rahmen der Gewinnermittlung nach § 4 Abs. 3 EStG können auch Nutzungen und Leistungen (z. B. die Nutzung privater Gegenstände für betriebliche Zwecke) eingelegt werden. Werden zum Privatvermögen gehörende Gegenstände für betriebliche Zwecke eingesetzt, so können die betrieblich veranlassten Aufwendungen grundsätzlich unter bestimmten Voraussetzungen als Betriebsausgaben angesetzt werden (zu weiteren Einzelheiten siehe H 4.7 [Gemischt genutzte Wirtschaftsgüter] EStH).

5.4 Anzahlungen, Vorauszahlungen, Teilzahlungen, Abschlagszahlungen

Diese Zahlungen werden **wie echte Zahlungen** behandelt. Soweit Zahlungen sofort abzugsfähig sind – z. B. beim Erwerb von Umlaufvermögen, welches nicht unter § 4 Abs. 3 Satz 4 EStG fällt – sind auch Anzahlungen sofort abzugsfähig. Soweit Zahlungen nicht sofort abzugsfähig sind, werden auch Anzahlungen usw. entsprechend behandelt (vgl. 5.3, d. h. gleiches Ergebnis wie bei den Einlagen).

BEISPIEL

V will ein Gebäudegrundstück erwerben. Vor dem notariellen Vertragsabschluss zahlt er 50 000 € an. Wie ist der Vorgang zu behandeln?

LÖSUNG Die AfA kann er erst abziehen, wenn er das Gebäude (wirtschaftlich) erworben hat und Zahlungen für den Grund und Boden sind erst bei einem späteren Verkauf abziehbar. V kann daher jetzt noch keine Betriebsausgaben geltend machen; eine Aufteilung des Betrags auf Grund und Boden und Gebäude ist daher zum Zeitpunkt der Anzahlung überflüssig.

6 Durchlaufende Posten

Hierbei handelt es sich im Namen und für Rechnung eines anderen vereinnahmte und verausgabte Gelder (vgl. § 4 Abs. 3 Satz 2 EStG). Diese Gelder werden daher bei der Überschussrechnung gem. § 4 Abs. 3 EStG nicht als Betriebseinnahmen oder Betriebsausgaben angesetzt, weil sie wirtschaftlich nicht zum Betriebsvermögen gehören, selbst wenn ihre Zahlung betrieblich veranlasst ist, BFH vom 04. 12. 1996 BStBl II 1997, 404, Schmidt/Heinicke EStG 36. Aufl., § 4 Rz 388.

Fremdgelder verschaffen trotz des Zu- und Abflusses keine eigene Verfügungsmacht. Der Betrag, die Verpflichtung und der Wille zur Weiterleitung müssen im Zeitpunkt des Zuflusses zweifelsfrei feststehen. Zu den durchlaufenden Posten gehören vom Stpfl vereinnahmte Beträge nicht bereits deshalb, weil der Stpfl sie als ihm möglicherweise nicht zustehend ansieht oder weil er sie zurückgewähren oder weiterleiten muss.

Unter die durchlaufenden Posten fallen z. B.:

- **Gerichtskostenvorschüsse**, die ein Rechtsanwalt von einem Mandanten erhält und bei Gericht einzahlt,
- die **Einnahmen** einer Lotto- und Totoannahmestelle für die Lotto- und Totogesellschaft,
- die **Zahlungen** auf ein Anderkonto bei einem Notar.

Keine durchlaufenden Posten sind z. B.:

- die **Umsatzsteuer**, denn der Überschussrechner hat sie im eigenen Namen zu zahlen, also sind es Betriebsausgaben,
- die Auslagen eines Rechtsanwalts für Porto und Telefon (bei Bezahlung durch den Mandanten sind sie Betriebseinnahmen).

7 Aufzeichnungspflichten

Ein Stpfl mit Gewinnermittlung nach § 4 Abs. 3 EStG hat gegenüber einem Bilanzierenden geringere Aufzeichnungspflichten. Er hat jedoch insbesondere die nachfolgenden Aufzeichnungspflichten zu beachten:

- beim Erwerb von Anlagegütern und von bestimmten Wirtschaftsgüter des Umlaufvermögens (§ 4 Abs. 3 Satz 5 EStG),
- bei Wirtschaftsgütern, die degressiv abgeschrieben werden (§ 7 Abs. 2 Satz 3 i. V. m. § 7a Abs. 8 EStG),
- bei der Übertragung stiller Reserven gem. § 6c EStG (§ 6c Abs. 2 EStG),
- im Rahmen des § 4 Abs. 7 EStG für die in § 4 Abs. 5 EStG genannten Betriebsausgaben und
- für Auslandsgeschäfte nach § 90 Abs. 3 AO.

8 Vordruck Einnahme-Überschuss-Rechnung – Anlage EÜR

Nach § 60 Abs. 4 EStDV haben Steuerpflichtige, die den Gewinn nach § 4 Abs. 3 EStG durch den Überschuss der Betriebseinnahmen über die Betriebsausgaben ermitteln, ihrer Steuererklärung eine Gewinnermittlung nach amtlich vorgeschriebenen Datensatz durch Datenfernübertragung zu übermitteln (vgl. hierzu § 84 Abs. 3d EStDV) bzw. unter bestimmten Voraussetzungen nach amtlich vorgeschriebenem Vordruck beizufügen.

Der Vordruck für das Jahr 2016 wurde mit BMF-Schreiben vom 29.09.2016 (BStBl I 2016, 1019) veröffentlicht.

Liegen die Betriebseinnahmen für den Betrieb **unter der Grenze von 17 500 €**, wird es nicht beanstandet, wenn an Stelle dieses Vordrucks der Steuererklärung eine formlose Gewinnermittlung beigefügt wir. Insoweit wird auch auf die elektronische Übermittlung der Einnahmeüberschussrechnung nach amtlich vorgeschriebenem Datensatz durch Datenfernübertragung verzichtet (BMF vom 29.09.2016, a. a. O.).

9 Übungsaufgaben zur Gewinnermittlung gemäß § 4 Abs. 3 EStG

FÄLLE 35–40

FALL 35

a) Der Eigentümer eines privaten vermieteten Mehrfamilienhauses ermittelt seinen »Gewinn« durch
1. Betriebsvermögensvergleich (er führt Bücher),
2. Einnahme-Überschuss-Rechnung nach § 4 Abs. 3 EStG.

b) Ein Großhändler elektrischer Geräte ermittelt seinen Gewinn durch
1. Betriebsvermögensvergleich,
2. Einnahme-Überschuss-Rechnung nach § 4 Abs. 3 EStG.

c) Ein Rechtsanwalt wehrt sich gegen die Aufforderung seines zuständigen Finanzbeamten, seinen Gewinn zu ermitteln durch
1. Betriebsvermögensvergleich,
2. Einnahme-Überschuss-Rechnung nach § 4 Abs. 3 EStG.

Ist für diese Stpfl eine Gewinnermittlung nach § 5 bzw. § 4 Abs. 3 EStG möglich?

FALL 36
a) Ein Unternehmer verkauft eine nicht mehr benötigte Maschine als Schrott für 600 € plus USt.
b) Ein Rechtsanwalt erhält von einem Mandanten aus Freude über den gewonnenen Prozess zusätzlich zu seinem gesetzlichen Honorar 1 000 € plus USt.
c) Ein Unternehmer verkauft Schmuggelwaren. Im Jahr 05 erhält er hierfür 50 000 € plus USt.
Liegen in diesen Fällen Betriebseinnahmen vor? Alle ermitteln ihren Gewinn gem. § 4 Abs. 3 EStG.

FALL 37 Ein vorsteuerabzugsberechtigter Lebensmittelhändler erwirbt gegen bar, folgende Wirtschaftsgüter:
a) 30 Zentner Kartoffeln,

b) eine Registrierkasse für 1 000 € plus USt,

c) einen Genossenschaftsanteil,

d) eine Schreibmaschine für 120 € plus USt,

e) ein Gebäudegrundstück,

f) einen Pkw, den er zu 30 % betrieblich nutzt,

g) einen Pkw, den er zu 60 % betrieblich nutzt.
Wie sind die Erwerbe zu behandeln, wenn der Lebensmittelhändler seinen Gewinn nach § 4 Abs. 3 EStG ermittelt?

FALL 38 Berechnen Sie für den Arzt Dr. M die Einkünfte (§§ 18 und 4 Abs. 3 EStG) nach den nachstehenden Angaben für das Jahr 2017 und begründen Sie kurz Ihre Lösung! M möchte – soweit möglich – die GWG–Regelung anwenden.
a) Dr. M (Lungenarzt) hat für seine Arztpraxis in Freiburg/Br. im Jahr 2017 Betriebseinnahmen mit 500 000 € und Betriebsausgaben mit 200 000 € erklärt. Er tätigt zu 100 % USt–freie Leistungen (§ 4 Nr. 14 UStG).

b) Für seine Praxis hat Dr. M im Januar 2017 ein Bank–Darlehen i. H. v. 100 000 € aufgenommen. Im Hinblick auf § 11 EStG hat er diese 100 000 € als Betriebseinnahme behandelt. Am 23. 12. 2017 hat er das Darlehen zurückgezahlt nebst 10 000 € Zinsen. Diese Gesamtsumme hat er dann als Betriebsausgaben angesetzt.

c) Dr. M kaufte im April 2017 einen Medikamentenschrank für 400 € + 76 € USt. Da dieser Betrag über der bekannten 410 €-Grenze liegt, hat er, da die Nutzungsdauer vier Jahre beträgt, nur 75 € als Betriebsausgabe angesetzt. Die gezahlte Umsatzsteuer i. H. v. 76 € hat er sofort als Betriebsausgabe angesetzt.

d) Im Laufe des Jahres 2017 sind durch einen defekten Kühlschrank Arzneimittel verdorben, die er im Jahre 2016 für 1 000 € einschließlich USt angeschafft und bezahlt hatte. Diesen Verlust hat er ebenfalls mit 1 000 € als Betriebsausgabe des Jahres 2017 angesetzt.

e) Durch einen infektiös an Tuberkulose erkrankten Patienten hat Dr. M sich im November 2017 angesteckt. Er musste drei Wochen ins Krankenhaus. Dies verursacht ihm selbst zu tragende Krankenhauskosten von 2 000 €. Den Vorgang hat er steuerlich nicht erfasst, weil er der Auffassung ist, dass Krankheitskosten immer privat veranlasst seien.

f) Aus betrieblichen Mitteln hat er im Jahr 2017 ein unbebautes Grundstück für 50 000 € gekauft. Den Kaufpreis hat er als Betriebsausgabe behandelt, da er später, wenn seine finanzielle Lage sich günstig weiter entwickelt, auf dem Grundstück ein selbstbewohntes Einfamilienhaus erstellen will.

g) Dr. M nutzt nachweislich einen Wäschetrockner mit einer Nutzungsdauer von sechs Jahren zu 60 % betrieblich. Der Trockner wurde am 13. 01. 2017 für 2 000 € + 380 € USt = 2 380 € gekauft. Dr. M hat 120 € jährliche laufende Kosten, daher macht er 72 € = 60 % als Betriebsausgabe geltend.

h) Im Herbst 2017 behandelte Dr. M den Juwelier Gold, der bei einem Unfall schwer verletzt wurde und zu dem Dr. M auf einer Privatfahrt zufällig hinzukam. Durch die sofortige sachkundige Hilfe des

Dr. M wurde der Verletzte gerettet. Dr. M verlangte kein Honorar. Er war aber damit einverstanden, dass Gold seiner Frau ein passendes Weihnachtsgeschenk übersendet. Der Juwelier übersandte deshalb einen Brillantring im steuerlich anzusetzenden Wert von 3 000 €. Dr. M hat den Vorgang nicht berücksichtigt, da er der Auffassung ist, dass dies anlässlich einer Privatfahrt geschehen ist und die Einnahme im Übrigen nicht ihm, sondern seiner Ehefrau zugeflossen sei.

i) Dr. M bezahlte seine jeweils am 3. eines Monats im Voraus fällige Praxismiete stets am 1. des Monats. Lediglich die Dezembermiete des Jahres 2017 ist durch ein Versehen erst am 11.01.2018 überwiesen worden. Dr. M hat diesen Mietbetrag (1 000 €) noch im Jahr 2017 als Betriebsausgabe erfasst, weil die Miete das Jahr 2017 betraf.

FALL 39 (sehr schwierig)

Ermitteln Sie bitte die Einkünfte der F für das Jahr 2017!

F ist Kinderärztin. Sie betreibt seit Jahren in Heilbronn, Fernerstraße 17, ihre Praxis. Sie ermittelt ihren Gewinn nach § 4 Abs. 3 EStG und ist als Ärztin nicht vorsteuerabzugsberechtigt. Für das Jahr 2017 hat sie 220 000 € Betriebseinnahmen und 100 000 € Betriebsausgaben erklärt.

1. Gebäudegrundstück Fernerstraße 17

Dieses Grundstück gehört F allein. Das Erdgeschoss mit insgesamt 60 % der Nutzfläche hat F an ihren Ehemann M für eine steuerlich anzuerkennende Monatsmiete von 6 000 € als Verkaufsräume für dessen Großhandel vermietet. Diesen Gebäudeteil hat F nicht zum gewillkürten Betriebsvermögen zugeordnet. 40 % der Nutzfläche (Obergeschoss) nutzt F für ihre eigene Praxis.

Dieses Gebäudegrundstück hat F mit Wirkung vom 01.01.2006 von Gertrud Bremer, einer Rentnerin (B), für 616 667 € erworben. Auf den Grund und Boden entfallen 25 %. Das Gebäude war im Jahre 1984 erstellt worden. Der Bauantrag wurde hierfür im Jahr 1983 gestellt. Bei Erwerb zahlte F für Notarkosten, Eintragungsgebühren, Maklerkosten und Grunderwerbsteuer insgesamt noch 50 000 €. Mit Wirkung zum 01.07.2017 veräußerte F das Gebäudegrundstück mit notariellem Vertrag vom 01.04.2017 an Erich Kaiser (K). K übernahm eine noch bestehende Hypotheken-Verbindlichkeit im Wert von 332 000 € als Teil des Kaufpreises und zahlte an F sofort zusätzlich 250 000 €. K übernahm auch alle entstehenden Nebenkosten. Ab 01.07.2017 mietete F von K die bisher genutzten Räume zu einem monatlichen Mietzins von 4 000 €. K trat auch in das Mietverhältnis zu M ein. F zahlte die Miete wie vereinbart jeweils am Ende des Monats. Aus Versehen überwies F die November- und Dezembermiete erst am 05.01.2018 (Tag der Übergabe des Überweisungsträgers an die Bank). Für die Hypotheken-Verbindlichkeit zahlte F vom 01. 01. bis 30.06.2017 26 560 € Zinsen an die Bank.

Die gesamten Aufwendungen des Gebäudegrundstücks (bisher noch nicht als Betriebsausgaben berücksichtigt und ohne AfA) betrugen in der Zeit vom 01. 01. bis 30.06.2017 30 000 € (Strom, Heizung, Wasser, Entwässerung, Müll, Kaminfeger, Versicherungen). Darin ist auch die Renovierung des Wartezimmers in ihrer Praxis in der Zeit vom 20. bis 30.03.2017 mit 8 000 € enthalten. In der Zeit vom 01. 07. bis 30. 12. 2017 mussten M und F insgesamt 20 000 € allgemeine Kosten aufbringen. Diese bezahlte F wie bisher über ihr Bankgirokonto, obwohl laut Mietvertrag M die Aufwendungen anteilig zu tragen hatte. Versehentlich sind die Mietausgaben und die allgemeinen Kosten i. H. v. 20 000 € nicht in den Betriebsausgaben berücksichtigt. F erklärte alle Einnahmen und Aufwendungen als Einkünfte aus Vermietung und Verpachtung. Das Finanzamt hat dies in den Jahren zuvor nicht beanstandet.

2. Schinken

Durch die besondere Aufmerksamkeit von F bei einer Röntgenaufnahme konnte ein Kind des Landwirts Xaver Langer (L) rechtzeitig von einer Krebserkrankung geheilt werden. L war F so dankbar, dass er F nicht nur die Honorarrechnung bezahlte, sondern ihr am 20. 12. 2017 vier Schinken (steuerlicher Wert je 50 €) schenkte.

F nahm einen Schinken zum Verzehr nach Hause, den zweiten schenkte sie einem Patienten, dessen Kind bei ihr seit Jahren ständig behandelt werden muss. Den dritten Schinken verzehrten F und ihre Sprechstundenhelferinnen bei einer kleinen Weihnachtsfeier am 22. 12. 2017. Der vierte Schinken verdarb, weil er vergessen wurde. Der Vorgang wurde in den Büchern nicht erfasst.

3. Faxgerät

F erwarb am 15. 11. 2017 ein Faxgerät für ihre Praxis für 140 € + 26,60 € USt. Sie bezahlte den Betrag von 166,60 € am 10. 12. 2017 und wies die 166,60 € als Betriebsausgabe in 2017 aus.

FALL 40

Ermitteln Sie bitte die Einkünfte des U für das Jahr 2017. U hat einen Kleingewerbebetrieb und ist voll zum Vorsteuerabzug berechtigt. Er ermittelt seinen Gewinn gem. § 4 Abs. 3 EStG. U hat für das Jahr 2017 einen steuerlichen Gewinn von 100 000 € erklärt. Cent-Beträge sind auf volle Euro abzurunden.

1. Drehstuhl

U erwarb am 10. 12. 2017 einen Drehstuhl für 420 € + 79,80 € USt. Seine Nutzungsdauer beträgt sechs Jahre. Er bezahlte die Rechnung durch Zusendung eines Schecks. Der Scheck wurde an den Verkäufer erst am 08. 01. 2018 abgesandt. U hat daher im Jahr 2018 als Betriebsausgaben 499,80 € geltend gemacht. U beabsichtigt – falls möglich – hierfür einen Sammelposten zu bilden.

2. Goethestraße 10

Durch notariellen Vertrag vom 16. 10. 2013 hat U privat ein unbebautes Grundstück, Schillerstraße 8, für 81 600 € einschließlich GrESt günstig erworben. Er wollte darauf ein Eigenheim errichten. Da die Deutsche Bundesbahn (DB) aus betrieblichen Gründen an diesem Grundstück stark interessiert war, verkaufte es U für 120 000 € durch notariellen Vertrag vom 15. 05. 2017. Der Teilwert im Betrieb wäre zu diesem Zeitpunkt nur 110 000 € gewesen. Vertragsgemäß übernahm die DB die auf diesen Vorgang entfallende GrESt (unterstellter Steuersatz: 5 %/ Steuersatz von Bundesland zu Bundesland unterschiedlich). U übernahm mit demselben Vertrag vom 15. 05. 2017 von der DB das unbebaute Grundstück Goethestraße 10, das an sein Betriebsgrundstück angrenzt, und das er dringend benötigte, um sein Betriebsgelände notwendigerweise zu erweitern. Er musste allerdings an die DB noch 20 000 € entrichten, um den Verkehrswert, den gemeinen Wert der Grundstücke, auszugleichen.
U setzte die 20 000 € und die vertragsmäßig zu zahlende GrESt (5 %) als Betriebsausgabe ab.

3. Forderung

U hatte aus einer umsatzsteuerfreien Leistung noch eine Forderung i. H. v. 20 000 € gegenüber einem Geschäftspartner. Trotz erstellter Rechnung war diese im März 2017 noch nicht bezahlt, weil es seinem Freund wirtschaftlich sehr schlecht ging. Da U dies sehr zu Herzen ging, sein Freund tat ihm Leid, erließ er ihm im März 2017 die Forderung. In den Büchern hat er den Erlass nicht erfasst.

Teil K Einkünfte aus nichtselbstständiger Arbeit (§ 19 EStG)

1 Einführung, Grundlagen und Überblick

Die Einkünfte aus nichtselbstständiger Arbeit i. S. d. § 19 EStG zählen zu den wichtigsten und bedeutendsten Einkunftsarten des EStG. Dies zeigt sich insbesondere am Steueraufkommen der Lohnsteuer, welche einen erheblichen Anteil an den Gesamtsteuereinnahmen hat. Obwohl für die Einkünfte aus nichtselbstständiger Arbeit Lohnsteuer erhoben wird, unterliegen diese Einkünfte dennoch der Einkommensteuer (vgl. § 2 Abs. 1 Nr. 4 EStG). Die Einkünfte aus nichtselbstständiger Arbeit unterliegen jedoch nicht einer doppelten Besteuerung mit Lohnsteuer, sondern die Lohnsteuer stellt lediglich eine spezielle Erhebungsform der Einkommensteuer dar. Durch die Erhebung der Lohnsteuer wird eine Besteuerung direkt an der Einkommensquelle vorgenommen. Das Verhältnis zwischen Einkommensteuer und Lohnsteuer kann man dabei wie folgt umschreiben: Zunächst behält der Arbeitgeber im laufenden Veranlagungszeitraum von dem an den Arbeitnehmer auszuzahlenden Arbeitslohn einen bestimmten Steuerbetrag (Lohnsteuer) ein und führt diesen Betrag an das Finanzamt ab (vgl. § 38 EStG). Wird der Arbeitnehmer nun zur Einkommensteuer veranlagt, so werden die Einkünfte aus nichtselbstständiger Arbeit mit in die Ermittlung des zu versteuernden Einkommens einbezogen (vgl. § 2 EStG), welches als Grundlage für die Ermittlung der tariflichen Einkommensteuer dient (§ 32 a EStG). Auf die so ermittelte Einkommensteuer wird nun gem. § 36 Abs. 2 Nr. 2 EStG die seinerzeit einbehaltene Lohnsteuer angerechnet. Im Ergebnis werden diese Einkünfte nur einmal – d. h. mit der Einkommensteuer – belastet, da die Lohnsteuer angerechnet wird.

1.1 Ermittlung der Einkünfte aus nichtselbstständiger Arbeit der Höhe nach

Die Einkünfte aus nichtselbstständiger Arbeit gehören gemäß § 2 Abs. 2 Nr. 2 EStG zu den sog. Überschusseinkünften. Hierbei ist besonders wichtig, dass die Begriffe Einkünfte einerseits und Einnahmen andererseits strikt auseinandergehalten werden. Bei den Überschusseinkünften ermitteln sich die Einkünfte grundsätzlich aus der Differenz zwischen den Einnahmen (§ 8 EStG) und den Werbungskosten (§ 9 EStG) bzw. dem Werbungskostenpauschbetrag (§ 9 a EStG). Für die Berechnung der Einkünfte muss zwischen den beiden folgenden Fallkonstellationen unterschieden werden:

1.1.1 Bezug von Arbeitslohn aus aktivem Dienstverhältnis ohne Versorgungsbezüge (§ 19 Abs. 1 Nr. 1 EStG)

	Einnahmen (§ 8 EStG) = Arbeitslohn
./.	tatsächliche Werbungskosten (§ 9 EStG), mindestens jedoch der Arbeitnehmerpauschbetrag (§ 9 a Satz 1 Nr. 1 Buchst. a EStG) i. H. v. 1 000 €
=	Einkünfte aus nichtselbstständiger Arbeit

1.1.2 Bezug von Versorgungsbezügen (§ 19 Abs. 1 Nr. 1 EStG i. V. m. § 19 Abs. 2 EStG)

	Einnahmen (§ 8 EStG) = Arbeitslohn = Versorgungsbezüge
./.	Versorgungsfreibetrag (§ 19 Abs. 2 EStG)
./.	Zuschlag zum Versorgungsfreibetrag (§ 19 Abs. 2 EStG)
./.	tatsächliche Werbungskosten (§ 9 EStG), mindestens jedoch der Werbungskosten-pauschbetrag (§ 9 a Satz 1 Nr. 1 Buchst. b EStG) i. H. v. 102 €
=	Einkünfte aus nichtselbstständiger Arbeit

Der Begriff der Versorgungsbezüge sowie die Ermittlung des Versorgungsfreibetrags und des Zuschlages werden unter 7.8 näher erläutert.

1.2 Merkmale der Einkünfte aus nichtselbstständiger Arbeit

Obwohl die Einkünfte aus nichtselbstständiger Arbeit zu den wichtigsten Einkünftetatbeständen zählen, hat es der Gesetzgeber unterlassen, diesen Begriff im Gesetz näher zu definieren bzw. zu erläutern. In § 19 Abs. 1 EStG wird lediglich eine beispielhafte Aufzählung vorgenommen, was alles zu den Einkünften zählt. Hiernach werden insbesondere Gehälter, Löhne, Bezüge für eine Beschäftigung im öffentlichen Dienst sowie Ruhe- und Witwengelder erfasst. Auf Grund der lediglich beispielhaften Aufzählung bedarf es somit einer Konkretisierung, unter welchen Voraussetzungen Einkünfte aus nichtselbstständiger Arbeit angenommen werden können. Im Wesentlichen werden die Einkünfte aus nichtselbstständiger Arbeit durch die vier nachfolgenden Elemente gekennzeichnet:

- Dienst-/(Arbeits-)verhältnis,
- Arbeitnehmer,
- Arbeitgeber,
- Arbeitslohn.

Die Begriffe Dienstverhältnis, Arbeitnehmer und Arbeitslohn werden in der Lohnsteuer–Durchführungsverordnung (LStDV) näher erläutert. Nach Auffassung der Rechtsprechung enthalten die in der LStDV dargestellten Definitionen und Erläuterungen eine zutreffende Auslegung des Gesetzes. Diese vier Elemente sind stets eng miteinander verbunden. So nimmt z. B. § 1 Abs. 1 Satz 1 LStDV bei der Bestimmung des Arbeitnehmerbegriffs Bezug auf den Arbeitslohnbegriff. Hingegen nimmt § 2 Abs. 1 LStDV bei der Definition des Begriffs Arbeitslohn Bezug auf den Arbeitnehmer.

2 Begriff Arbeitnehmer

2.1 Verwendung des Begriffs des Arbeitnehmers in den einzelnen Rechtsgebieten

Der Begriff des Arbeitnehmers wird in vielen Rechtsgebieten verwendet, so z. B. im Arbeitsrecht, im Sozialversicherungsrecht und natürlich auch im Bereich des Steuerrechts. Es besteht jedoch keine Übereinstimmung zwischen dem Arbeitnehmerbegriff im Steuerrecht und der Arbeitnehmereigenschaft im Sozialversicherungs- und Arbeitsrecht. Daher kann eine Person i. S. d. Sozialversicherungsrechtes als Arbeitnehmer, hingegen im Steuerrecht als selbstständig tätige Person angesehen werden. Die Ursache für die unterschiedliche Behandlung ist darin zu sehen, dass die einzelnen Rechtsgebiete verschiedene Zielsetzungen verfolgen. Im Einzelfall kann jedoch die arbeits- und sozialversicherungsrechtliche Behandlung der Person als Arbeitnehmer eine indizielle Wirkung auf die steuerrechtliche Einordnung als Arbeitnehmer haben. Es bedarf daher einer näheren Konkretisierung, was unter dem steuerrechtlichen Arbeitnehmerbegriff zu verstehen ist.

BEISPIELE

a) R ist als sog. Rundfunkermittler tätig und prüft, ob Personen ihre Rundfunkgebühren bezahlen.
LÖSUNG Steuerrechtlich ist R als Gewerbetreibender einzustufen, da er insoweit selbstständig tätig ist. Auf die arbeits- bzw. sozialversicherungsrechtliche Behandlung kommt es nicht an (vgl. BFH vom 02.12.1998 BStBl II 1999, 534).

b) A ist Gesellschafter einer GmbH und übt zugleich die Tätigkeit des GmbH-Geschäftsführers aus. Ist A hinsichtlich der Geschäftsführertätigkeit selbstständig oder unselbstständig tätig?
LÖSUNG Bei einem Gesellschafter-Geschäftsführer kommt es letztendlich auf die konkreten Umstände des Einzelfalls an, ob eine Selbstständigkeit gegeben ist, sodass vorliegend weitere Einzelheiten geklärt werden müssten. Aus der Organstellung selbst kann jedenfalls nicht auf die Unselbstständigkeit geschlossen werden. Die Höhe der Beteiligung kann – in Anlehnung an das Sozialversicherungsrecht – hierbei als Indiz eine entscheidende Rolle spielen (vgl. im Einzelnen BFH vom 20.10.2010 BFH/NV 2011, 585).

2.2 Begriff des Arbeitnehmers im Einkommensteuerrecht

Der Begriff des Arbeitnehmers ist zunächst unter Heranziehung von § 1 LStDV nach dem Gesamtbild der Verhältnisse unter Abwägung aller Umstände zu beurteilen. Letztendlich handelt es sich beim Arbeitnehmerbegriff um einen sog. »Typusbegriff«. Die Arbeitnehmereigenschaft kann daher nicht durch das Abarbeiten feststehender Merkmale abschließend bestimmt werden. Vielmehr bedarf es einer einzelfallbezogenen Würdigung nach dem Gesamtbild der Verhältnisse, wobei die für und gegen das Vorliegen der Arbeitnehmereigenschaft sprechenden Merkmale gegeneinander abgewogen werden müssen. Ausgehend von § 1 Abs. 1 Satz 1 und 2 LStDV können drei Gruppen von Arbeitnehmern unterschieden werden:

- Personen mit Bezug von Arbeitslohn aus einem **gegenwärtigen Dienstverhältnis (§ 1 Abs. 1 Satz 1 LStDV),**
- Personen mit Bezug von Arbeitslohn aus einem **früheren Dienstverhältnis (§ 1 Abs. 1 Satz 1 LStDV)** und
- Rechtsnachfolger der zuvor genannten Personen mit Bezug von Arbeitslohn aus einem **früheren Dienstverhältnis des Rechtsvorgängers (§ 1 Abs. 1 Satz 2 LStDV).**

Übereinstimmendes Merkmal dieser drei Fallgruppen ist das Vorhandensein eines Dienstverhältnisses. Das Merkmal Dienstverhältnis ist somit ein wesentliches Element des Arbeitnehmerbegriffes. Es dient dazu, die unselbstständige Tätigkeit von der selbstständigen Tätigkeit abzugrenzen. Hierdurch sollen insbesondere die Einkünfte aus nichtselbstständiger Arbeit von den Einkünften aus Gewerbebetrieb bzw. selbstständiger Arbeit abgegrenzt werden.

3 Begriff Dienstverhältnis/Abgrenzung zwischen selbstständiger und unselbstständiger Tätigkeit

Auf Grund dieser Zweckrichtung kann der lohnsteuerrechtliche Begriff des Dienstverhältnisses nicht mit dem zivilrechtlichen Begriff des Dienstvertrages i. S. d. §§ 611 ff BGB gleichgestellt werden. Unter dem Begriff des Dienstvertrages i. S. d. BGB fallen zwar auch Arbeitsverträge, die zu Einkünften aus nichtselbstständiger Arbeit führen. Jedoch können auch selbstständig ausgeübte Tätigkeiten als Dienstvertrag ausgestaltet sein.

BEISPIELE

a) A ist als Landarzt selbstständig tätig und behandelt seine Patienten.

LÖSUNG A erzielt aus seiner Tätigkeit als Landarzt Einkünfte gem. § 18 Abs. 1 Nr. 1 EStG aus freiberuflicher Tätigkeit, da er den Katalogberuf »Arzt« ausübt. Zwischen A und seinen Patienten liegt jedoch i. d. R. ein Dienstvertrag i. S. d. §§ 611 ff BGB hinsichtlich der Behandlung zu Grunde.

b) A ist als Stationsarzt in einem Krankenhaus angestellt.

LÖSUNG A erzielt aus seiner Tätigkeit als Stationsarzt Einkünfte aus nichtselbstständiger Arbeit gem. § 19 Abs. 1 Nr. 1 EStG. Zwischen dem Krankenhaus und dem Arzt A liegt auch ein Dienstvertrag i. S. d. §§ 611 BGB in Form eines Arbeitsvertrages vor.

Es bedarf daher einer eigenen lohnsteuerrechtlichen Begriffsbestimmung.

3.1 Dienstverhältnis i. S. d. § 1 LStDV

Ausgehend von § 1 Abs. 2 LStDV liegt ein Dienstverhältnis vor, wenn eine Person seine Arbeitskraft schuldet. Hiervon abzugrenzen sind die Fälle, bei denen nicht die Arbeitskraft, sondern ein Erfolg geschuldet wird.

BEISPIELE

a) B ist als Sekretärin bei dem Unternehmer U angestellt und führt die im Betrieb anfallenden Schreibarbeiten und Telefonate jeweils von 8.00 Uhr bis 12.00 Uhr durch.

LÖSUNG B schuldet ihre persönliche Arbeitskraft. B erzielt Einkünfte gem. § 19 EStG.

b) A ist als selbstständiger Architekt tätig und erstellt für seine Bauherren Baupläne.

LÖSUNG A schuldet gegenüber seinen Bauherren einen Arbeitserfolg, nämlich die fertig erstellten Baupläne. A erzielt Einkünfte gem. § 18 Abs. 1 Nr. 1 EStG.

Als Arbeitnehmer kommen ausschließlich nur natürliche Personen in Betracht, sodass juristische Personen keine Arbeitnehmer sein können.

BEISPIEL

Die Verwaltungs-GmbH übernimmt für den Eigentümer eines Bürohochhauses die Objektbetreuung des Hochhauses einschließlich eines Hausmeisterservices.

LÖSUNG Die GmbH ist selbstständig tätig und unterhält einen Gewerbebetrieb.

Ein Schulden der Arbeitskraft liegt regelmäßig dann vor, wenn der Beschäftigte unter der Leitung des Arbeitgebers tätig wird oder den Weisungen des Arbeitgebers folgen muss und somit in den Betrieb des Arbeitgebers eingegliedert ist. Es kommt entscheidend auf die Merkmale

- der Weisungsgebundenheit und
- der Eingliederung in den Betrieb des Arbeitgebers

an. Diese beiden Begriffe sind der Ausdruck der Unselbstständigkeit des Arbeitnehmers. Je nach Fallkonstellation treten diese beiden Merkmale mehr oder weniger stark in Erscheinung, so dass die Abgrenzung der selbstständigen von der unselbstständigen Tätigkeit nicht durch ein Abarbeiten von feststehenden Merkmalen vorgenommen werden kann. Vielmehr kann die Arbeitnehmereigenschaft nur durch das Vorliegen bzw. Nichtvorliegen einer größeren und unbestimmten Anzahl von Merkmalen festgestellt werden.

3.2 Abgrenzungskriterien

Dabei kann eine Vielzahl von Merkmalen für die Arbeitnehmereigenschaft sprechen, so z. B. insbesondere:

- Weisungsgebundenheit des Arbeitnehmers hinsichtlich Ort, Zeit und Inhalt der ausgeübten Tätigkeit,
- Eingliederung in den geschäftlichen Betrieb des Arbeitgebers,
- Vorliegen von festen Arbeitszeiten und festen Bezügen,
- Urlaubsanspruch und Anspruch auf Fortzahlung der Bezüge im Krankheitsfall,
- Überstundenvergütungen,
- Kein Unternehmerrisiko und keine Unternehmerinitiative,
- Schulden einer Arbeitskraft und nicht des Arbeitserfolges,
- kein Kapitaleinsatz,
- Bereitstellung der Arbeitsmittel durch den Arbeitgeber,
- Notwendigkeit der engen Zusammenarbeit mit anderen Mitarbeitern,
- Unselbstständigkeit in Organisation und Durchführung der Tätigkeit,
- höchstpersönliche Arbeitserbringung.

Im Gegensatz hierzu können folgende Merkmal für eine selbstständige Tätigkeit und somit für eine fehlende Arbeitnehmereigenschaft sprechen:

- Unternehmerrisiko,
- Tätigkeit für mehrere Auftraggeber möglich,
- Keine höchst persönliche Arbeitserbringung,
- Freies Bestimmungsrecht hinsichtlich Art, Zeit und Ort der Tätigkeit.

Die Tätigkeit eines Beamten, eines Richters oder eines Soldaten führt stets zu Einkünften aus nichtselbstständiger Arbeit, da insoweit die Merkmale der Arbeitnehmereigenschaft überwiegen.

3.3 Maßgebliche Abgrenzungskriterien

Ob die zuvor genannten Kriterien im konkreten Einzelfall vorliegen ist zunächst anhand des Willens der Vertragsparteien – d. h. aus dem zu Grunde liegenden Vertragsverhältnis – zu bestimmen, sofern die Vereinbarungen ernsthaft gewollt und tatsächlich durchgeführt werden. Der Wille der Vertragsparteien ist jedoch dann unbeachtlich, wenn die konkrete Durchführung und Ausgestaltung des Verhältnisses von dem Willen der Vertragsparteien abweicht. Es kommt somit entscheidend auf die tatsächliche Durchführung – d. h. dem **verwirklichten Willen** der Beteiligten – an.

BEISPIEL

Die natürliche Person A vereinbart mit dem Unternehmer U eine Mitarbeit in dessen Unternehmen. Der zu Grunde liegende Vertrag bezeichnet die Mitarbeit als »freie und selbstständige Mitarbeit«. Aus der tatsächlichen Durchführung des Mitarbeiterverhältnisses ergibt sich, dass A gegenüber U weisungsgebunden und in dessen Betrieb eingegliedert ist.

LÖSUNG Unter Berücksichtigung sämtlicher vorliegender Kriterien und nach Vornahme einer Gesamtabwägung ergibt sich, dass das Mitarbeiterverhältnis unstreitig als Dienstverhältnis i. S. d. § 1 Abs. 2 LStDV anzusehen ist. Es kommt hier auf die tatsächliche Durchführung und nicht auf die entgegenstehende schriftliche Vereinbarung als freier und selbstständiger Mitarbeit an.

3.4 Gesamtbeurteilung

Nachdem die Kriterien festgestellt worden sind, die für oder gegen eine Arbeitnehmertätigkeit sprechen, ist auf Basis dieser Umstände nach dem Gesamtbild der Verhältnisse in dem jeweiligen konkreten Einzelfall zu entscheiden, ob ein Dienstverhältnis vorliegt oder nicht. Ein zahlenmäßiger Vergleich der für und gegen ein Dienstverhältnis sprechenden Merkmale ist jedoch nicht geboten. Vielmehr muss hier eine wertende Betrachtung der Einzelkriterien vorgenommen werden.

4 Problembereich: Mehrfachtätigkeit

Oftmals üben Personen nicht nur eine einzelne Tätigkeit aus, sondern sie üben nebeneinander mehrere Tätigkeiten aus. Liegt eine solche Fallkonstellation vor, so ist **grundsätzlich** jede der einzelnen Tätigkeiten für sich und nach ihren jeweiligen einzelnen Merkmalen – d. h. nach dem Gesamtbild der Verhältnisse bezogen auf die jeweilige Tätigkeit – zu beurteilen. Übt ein Stpfl gleichzeitig sowohl eine selbstständige als auch eine unselbstständige Tätigkeit aus, so liegt eine sog. gemischte Tätigkeit vor.

BEISPIELE

a) Der Steuerpflichtige A ist bei einer Wirtschaftsprüfungsgesellschaft angestellt. Daneben ist er als selbstständiger Rechtsanwalt tätig.

b) Der in einem Krankenhaus angestellte Chefarzt unterhält zudem noch eine selbstständig betriebene Arztpraxis.

4.1 Begriff der Haupt- und Nebentätigkeit

Eine Person kann somit teilweise selbstständig und teilweise unselbstständig tätig sein. Stehen sich die jeweils ausgeübten Tätigkeiten nicht gleichwertig gegenüber, so bezeichnet man die überwiegende Tätigkeit als Haupttätigkeit. Für die nachrangig ausgeübte Tätigkeit – d. h. die Tätigkeit wird neben der eigentlichen Haupttätigkeit ausgeübt – verwendet man den Begriff der Nebentätigkeit. Auch im Rahmen einer Haupt- und Nebentätigkeit kann die eine Tätigkeit selbstständig und die andere Tätigkeit unselbstständig ausgeübt werden. So kann beispielsweise die Haupttätigkeit nichtselbstständig und die Nebentätigkeit selbstständig ausgeübt werden. Ebenso ist der umgekehrte Fall denkbar. Auch im Rahmen der Haupt- und Nebentätigkeit werden die Tätigkeiten grundsätzlich nach den allgemeinen Abgrenzungskriterien jeweils gesondert für sich beurteilt. Dabei ist ein sachlicher Zusammenhang grundsätzlich unschädlich (siehe als Ausnahme den unten dargestellten Bereich der Hilfstätigkeit).

BEISPIELE

a) Der angestellte Steuerberater S hält an der Fachhochschule S Vorlesungen zur Grunderwerbsteuer, ohne dabei fest in den Lehrgangsbetrieb eingegliedert zu sein.

b) Der angestellte Elektromeister E ist an den Wochenenden als selbstständiger Alleinunterhalter tätig.

c) Der selbstständig tätige Fahrlehrer F arbeitet in der Nacht von Mittwoch auf Donnerstag als Fabrikarbeiter.

4.2 Hilfstätigkeit

Problematisch ist jedoch im Bereich der Haupt- und Nebentätigkeit, wenn der Arbeitnehmer neben seiner eigentlichen Haupttätigkeit für seinen Arbeitgeber für diesen noch weitere Leistungen gegen Entgelt erbringt. Zwar gilt auch hier, dass jede Tätigkeit für sich gesondert zu beurteilen ist, sodass der Arbeitnehmer grundsätzlich eine unselbstständige Haupttätigkeit und eine selbstständige Nebentätigkeit ausüben kann. Besteht aber ein enger bzw. unmittelbarer Zusammenhang zwischen der Ausübung der Haupttätigkeit und der vorgenommenen Nebentätigkeit, so wird auch die Nebentätigkeit als eine unselbstständige Tätigkeit anzusehen sein. Ein derart enger Zusammenhang kann angenommen werden, wenn die Nebentätigkeit als Ausfluss der Haupttätigkeit anzusehen ist. Dabei muss die ausgeübte Nebentätigkeit nicht ausdrücklich im Arbeitsvertrag vereinbart worden sein. Es ist bereits ausreichend, dass der Arbeitgeber die Übernahme der Nebentätigkeit erwarten kann. Liegt ein solcher Zusammenhang vor, so wird die Nebentätigkeit als Hilfstätigkeit bezeichnet.

Darüber hinaus kann aber auch eine freiwillig erbrachte Nebentätigkeit als unselbstständige Tätigkeit angesehen werden, wenn die ausgeübte Tätigkeit tatsächlich als Hilfstätigkeit zur Haupttätigkeit angesehen wird oder sich die Nebentätigkeit von der Haupttätigkeit nicht unterscheidet (vgl. auch H 19.2 LStH und insbesondere H 19.2 »Nebentätigkeit bei demselben Arbeitgeber« LStH).

Ist eine Tätigkeit als Hilfstätigkeit zur Haupttätigkeit einzustufen, so teilt die Hilfstätigkeit das steuerliche Schicksal der Haupttätigkeit, so dass bei einer nichtselbstständigen Haupttätigkeit auch die Hilfstätigkeit nicht selbstständig ausgeübt wird bzw. bei einer selbstständigen Haupttätigkeit auch die Hilfstätigkeit selbstständig ausgeübt wird.

Zu der Frage der Ausübung einer nebenberuflichen Lehr- bzw. Prüfungstätigkeit siehe die Ausführungen in H 19.2 »Nebenberufliche Lehrtätigkeit« sowie »Nebenberufliche Prüfungstätigkeit« LStH.

BEISPIEL

Der angestellte Mitarbeiter M einer Bank hilft freiwillig bei verschiedenen abendlichen Veranstaltungen seiner Bank (z. B. Vorträge, Empfänge, Buchvorstellungen etc.) mit und erhält hierfür ein besonderes Entgelt. Frage: Gehören die besonderen Entgelte mit zu den Einkünften aus nichtselbstständiger Arbeit?

LÖSUNG Die Entgelte sind Ausfluss der unselbstständigen Tätigkeit (vgl. BFH vom 07. 11. 2006 BFH/NV 2007, 426).

5 Begriff Arbeitgeber

Der Begriff des Arbeitgebers kann zunächst nicht mit dem Begriff der selbstständig tätigen Person gleichgestellt werden und ist von diesem abzugrenzen. Nicht jede selbstständige Person ist gleichzeitig Arbeitgeber. Der Begriff des Arbeitgebers ist vielmehr mittelbar aus § 1 LStDV im Rahmen eines Umkehrschlusses abzuleiten. Danach ist als Arbeitgeber eine Person anzusehen, zu der der Arbeitnehmer in einem Dienstverhältnis steht. Als Arbeitgeber ist somit derjenige anzusehen, dem der Arbeitnehmer seine eigene Arbeitsleistung schuldet und unter dessen Leitungs- und Weisungsbefugnis er steht.

Ebenso wie bei einem Arbeitnehmer kann die Arbeitgebereigenschaft auch durch ein früheres Dienstverhältnisses mit dem früheren Arbeitnehmer oder mit dessen Rechtsnachfolger begründet werden.

Im Unterschied zum Arbeitnehmer – welche nur natürliche Personen sein können – kommen als Arbeitgeber auch juristische Gebilde in Betracht. Somit können als Arbeitgeber folgende Personen/Rechtsgebilde in Betracht kommen:

- natürliche Personen,
- juristische Personen des Privatrechts (z. B. GmbH, AG, eingetragener Verein),
- juristische Personen des öffentlichen Rechts (z. B. Gemeinde, Land, Bund),
- Personenvereinigungen (z. B. OHG, KG).

Des Weiteren kann eine natürliche Person sowohl Arbeitnehmer als auch Arbeitgeber sein.

BEISPIEL

Der im Krankenhaus angestellte Chefarzt Dr. Gründlich betreibt neben seiner angestellten Tätigkeit noch zusätzlich eine selbstständige Arztpraxis. Für diese Arztpraxis hat er die Arzthelferin A eingestellt.

LÖSUNG Dr. Gründlich ist aufgrund seiner angestellten Beschäftigung im Krankenhaus Arbeitnehmer. Dagegen ist er als Arbeitgeber für die bei ihm angestellte Arzthelferin A anzusehen.

6 Übungsfälle zur Arbeitnehmereigenschaft

FÄLLE 41–45

FALL 41 Liegt in den nachfolgenden Beispielen eine Arbeitnehmereigenschaft vor?	Ja	Nein	Begründung
a) Der pensionierte Finanzamtsvorsteher erhält von dem Land Baden-Württemberg eine Pension.			
b) Die verwitwete X erhält von dem Land Baden-Württemberg auf Grund der Beamtentätigkeit ihres verstorbenen Mannes Versorgungsbezüge.			
c) Der Arzt A hält in der Zeit von 8.00 bis 12.00 Uhr und 15.00 bis 18.00 Uhr für seine Patienten in der eigenen Praxis Sprechstunden ab.			
d) X ist als Student an der Universität Hamburg eingeschrieben. X besucht die für sein Semester empfohlenen Vorlesungen regelmäßig und folgt den Hinweisen der Professoren zur Nachbereitung äußerst genau.			
e) Der Student X arbeitet an einem Lehrstuhl für Steuerrecht als studentische Hilfskraft und erhält hierfür ein Entgelt.			

	Ja	Nein	Begründung
FALL 42 A, derzeit ohne feste Arbeit, bietet seine Arbeitskraft als Gelegenheitsarbeiter – wie auch weitere Personen – vor der Großmarkthalle der Stadt H an. Die Firma F betreibt auf dem Gelände der Großmarkthalle eine Abfertigungs-Spedition. Die Beladungen der Lkws der F werden regelmäßig durch die Kunden der F durchgeführt. Ausnahmsweise übernimmt F für ihre Kunden die Ladearbeiten. Hierfür werden Gelegenheitsarbeiter verpflichtet, die vor der Großmarkthalle ihre Dienste anbieten. Der Lohn wird dabei von Fall zu Fall ausgehandelt. Auch A arbeitet bei F zur Durchführung der Ladearbeiten lediglich an einem Tag bis zum Nachmittag. Die Arbeit besteht in der Verrichtung einfacher Arbeiten, bei der der A zeitlich und örtlich gebunden ist. Hinsichtlich der Arbeitsausführung ist der A den Weisungen des Angestellten der F unterworfen. Aus Freundschaftsdienst helfen ihm die Gelegenheitsarbeiter B und C. A, B und C haben eine Aufteilung des nach Arbeitserbringung durch die F in bar ausbezahlten Arbeitslohnes abgesprochen und auch sofort nach Arbeitserbringung durchgeführt. Damit sofort eine Aufteilung des Lohnes erfolgen kann, zahlt die F den Lohn in entsprechenden Scheinen und Münzen aus. Ist vorliegend ein Dienstverhältnis i. S. d. § 19 EStG zwischen der F und dem A gegeben?			
FALL 43 S arbeitet bei einer Rundfunkanstalt als Orchestermusiker in einem Symphonieorchester. S erzielt Einkünfte aus nichtselbstständiger Arbeit i. S. d. § 19 EStG. Arbeitsvertraglich ist S nur zur Mitwirkung im Symphonieorchester verpflichtet (Haupteinkünfte). S hat weitere selbstständige Verpflichtungsverträge mit der Rundfunkanstalt (unabhängig von dem Arbeitsverhältnis) für bestimmte einzelne Veranstaltungen/Tonaufnahmen abgeschlossen und ein separates Honorar bezogen. Die Verpflichtungsverträge basieren auf Formularverträgen, die auch für nicht beim Rundfunk beschäftigte Künstler verwendet werden. Aus dieser Tätigkeit erzielt S lediglich Nebeneinkünfte. Sind die Einkünfte aus den Tätigkeiten aufgrund der selbstständigen Verpflichtungsverträge einheitlich mit den Einkünften aus nichtselbstständiger Arbeit zu beurteilen?			
FALL 44 Der Lehrer hält an derselben Schule sowohl Pflichtunterricht als auch freiwillig weitere Unterrichtsstunden ab. Für die freiwilligen Unterrichtsstunden erhält er eine gesonderte Vergütung. Die Einnahmen aus dem Pflichtunterricht sind den Einkünften i. S. d. § 19 EStG zuzuordnen. Welche Einkünfte erzielt A aus den freiwillig übernommenen Unterrichtsstunden?			
FALL 45 AP ist selbstständiger Apotheker in Stuttgart. Für den Berufskollegen B übernimmt er für vier Wochen die Urlaubsvertretung in dessen Apotheke in Ludwigsburg. Als Vergütung erhält AP einen Betrag von 3 000 €. Mit der Urlaubsvertretung übernimmt AP auch die Pflichten eines Apothekenleiters. Hierzu zählt insbesondere die Pflicht zur persönlichen Leitung der Apotheke, d. h. es besteht grundsätzlich eine Anwesenheitspflicht während der Betriebszeiten in der Apotheke und diese muss fachlich geführt werden. AP erfüllt diese Verpflichtungen und ist während der Öffnungszeiten anwesend. Welche Einkünfte werden aus der Tätigkeit in Stuttgart erzielt? Handelt es sich bei den Einkünften aus der Apothekertätigkeit in Stuttgart und der Urlaubsvertretung in Ludwigsburg um einheitliche Einkünfte? Erzielt K aus der Urlaubsvertretung Einkünfte aus nichtselbstständiger Arbeit?			

7 Einnahmen/Arbeitslohn

Da die Einkünfte aus nichtselbstständiger Arbeit gemäß § 2 Abs. 2 Nr. 2 EStG zu den Überschusseinkünften zählen, ermittelt sich die Höhe der Einkünfte aus dem Überschuss der Einnahmen über die Werbungskosten. Im Gegensatz zu den übrigen Überschusseinkunftsarten werden im Bereich der Einkünfte aus nichtselbstständiger Arbeit die Einnahmen stets als Arbeitslohn bezeichnet, unabhängig von dem zu Grunde liegenden Rechtsverhältnis, sodass z. B. Arbeiter, Angestellte und Beamte Arbeitslohn beziehen.

7.1 Rechtsgrundlagen

Für die Frage, ob eine im Rahmen des § 19 EStG zu besteuernde Zuwendung in Form von Arbeitslohn vorliegt, sind mehrere Vorschriften heranzuziehen. Maßgebend ist zunächst § 8 Abs. 1 EStG, da es sich um eine Überschusseinkunftsart handelt. Hiernach sind Einnahmen alle Güter in Geld oder Geldeswert die dem Steuerpflichtigen (vorliegend) im Rahmen der Einkünfte aus nichtselbstständiger Arbeit zufließen. Diese Begriffsbestimmung wird des Weiteren durch die Regelungen des § 19 EStG sowie § 2 LStDV beeinflusst. Nach § 19 Abs. 1 Satz 2 EStG kommt es nicht darauf an, ob es sich um laufende oder einmalige Bezüge handelt bzw. ob der Arbeitnehmer ein Rechtsanspruch auf die Leistung hat. Ebenso kommt es nach § 2 Abs. 1 Satz 2 LStDV nicht auf die Bezeichnung und Form der Einnahme an. Ausgehend von § 2 Abs. 2 LStDV kann Arbeitslohn zudem aus einem gegenwärtigen, einem künftigen und einem früheren Dienstverhältnis zufließen. Gemäß § 2 Abs. 2 Nr. 2 LStDV kann auch der Rechtsnachfolger des Bezugsberechtigten aus dessen früheren Dienstverhältnis Arbeitslohn beziehen.

7.2 Begriff des Arbeitslohns dem Grunde nach

Im Zusammenspiel der einzelnen Vorschriften kann der Begriff des Arbeitslohnes daher mit folgenden Merkmalen umschrieben werden:

- Vorliegen eines Gutes in Geld oder Geldeswert (Zuwendung in Form einer Bereicherung),
- Vorliegen eines gegenwärtigen, künftigen oder früheren Dienstverhältnisses,
- Zusammenhang zwischen Dienstverhältnis und Einnahme,
- einmalige oder laufende Einnahme,
- Einnahme mit und ohne Rechtsanspruch,
- Einnahme unabhängig von der Bezeichnung der Zuwendung,
- Zufluss der Einnahmen.

7.2.1 Vorliegen eines Gutes in Geld oder Geldeswert

Arbeitslohn kann dem Arbeitnehmer in unterschiedlicher Form zufließen. Allgemein gesprochen liegt Arbeitslohn vor, wenn Vorteile zufließen, die in Geld oder Geldeswert bestehen (§ 8 EStG). Diese Vorteile müssen aber bei dem Arbeitnehmer tatsächlich zu einer Bereicherung führen.

7.2.2 Vorliegen eines gegenwärtigen, künftigen oder früheren Dienstverhältnisses

Das Merkmal »Vorliegen eines gegenwärtigen, künftigen oder früheren Dienstverhältnisses« steht in einem direkten Zusammenhang mit dem Begriff des Arbeitnehmers, da dieser ebenfalls durch ein gegenwärtiges, früheres oder künftiges Dienstverhältnis gekennzeichnet ist. Das Erfordernis dieses Merkmals im Bereich des Arbeitslohnes ergibt sich daraus, dass Arbeitslohn dann nicht vorliegen kann, wenn kein zu Grunde liegendes Dienstverhältnis i. S. d. Lohnsteuerrechtes gegeben ist. Bedeutung erlangt dieses Merkmal insbesondere für die Abgrenzung zu den sonstigen Einkünften i. S. d. § 22 Nr. 1 EStG in Form der Rentenzahlungen aus der gesetzlichen Rentenversicherung. Bei diesen Rentenzahlungen handelt es sich nicht um Zuwendungen auf Grund eines Dienstverhältnisses, sondern um Zahlungen, die aufgrund eigener Beiträge an die Deutsche Rentenversicherung geleistet werden. Eine abweichende Beurteilung ergibt sich auch nicht aus dem Umstand, dass die Beitragszahlungen aufgrund eines seinerzeit bestandenen Dienstverhältnisses abgeführt werden mussten.

BEISPIEL

Der ehemalige Arbeitnehmer Fleißig war bei dem Automobilzulieferer Günstig als Büroangestellter beschäftigt. Nach Erreichen der Altersgrenze bezieht er von der Deutschen Rentenversicherung eine gesetzliche Altersrente. Den Anspruch auf die Altersrente hat er während seiner aktiven Dienstzeit bei der Firma Günstig durch die Beitragsleistungen an die Deutsche Rentenversicherung erworben.

LÖSUNG Fleißig bezieht vorliegend kein Arbeitslohn, da die Zuwendungen in Form der gesetzlichen Altersrente durch eine eigene Beitragsleistung erworben worden und somit kein Ausfluss aus seinem früheren Dienstverhältnis sind. Vielmehr erzielt er sonstige Einkünfte aus § 22 Nr. 1 Satz 3 Buchst. a Doppelbuchst. aa EStG.

Im Gegensatz hierzu sind solche Zuwendungen, die ohne eigene Beitragsleistung des Arbeitnehmers erbracht werden, grundsätzlich dem früheren Dienstverhältnis zuzuordnen (vgl. § 2 Abs. 2 Nr. 2 LStDV insbesondere zu der Frage, wann bei eigener Beitragsleistung Arbeitslohn angenommen werden kann).

BEISPIEL

Der verbeamtete Bewährungshelfer Gesetzestreu bezieht nach Eintritt in das Pensionsalter von seinem Dienstherrn eine monatliche Pension.

LÖSUNG Gesetzestreu bezieht Arbeitslohn i. S. d. § 8 Abs. 1 EStG i. V. m. § 19 Abs. 1 Nr. 2 EStG. Gem. § 2 Abs. 2 Nr. 2 LStDV handelt es sich bei den monatlichen Pensionszahlungen um Arbeitslohn.

Ebenso gehören auch Zahlungen an den Rechtsnachfolger zum Arbeitslohn.

BEISPIEL

Der verbeamtete Bewährungshelfer Gesetzestreu bezieht nach Eintritt in das Pensionsalter von seinem Dienstherrn eine monatliche Pension. Gesetzestreu verstirbt kurze Zeit später bei einem Verkehrsunfall und hinterlässt eine Witwe, die nunmehr eine Hinterbliebenenpension bezieht.

LÖSUNG Die Witwe bezieht Arbeitslohn i. S. d. § 8 Abs. 1 EStG i. V. m. § 19 Abs. 1 Nr. 2 EStG i. V. m. § 2 Abs. 2 Nr. 2 LStDV.

7.2.3 Zusammenhang zwischen Dienstverhältnis und Einnahme

Auf Grund der Formulierungen »... **für** eine Beschäftigung ...« in § 19 Abs. 1 Nr. 1 EStG sowie »... **im Rahmen** einer der Einkunftsarten ...« in § 8 Abs. 1 EStG ist ein Zusammenhang zwischen dem Dienstverhältnis und der Einnahme erforderlich. Dieser Zusammenhang wird durch das Veranlassungsprinzip näher konkretisiert. Hiernach liegt ein Zusammenhang und somit auch Arbeitslohn grundsätzlich vor, wenn die Einnahmen in Geld oder Geldeswert durch ein individuelles Dienstverhältnis veranlasst sind. Ein Veranlassungszusammenhang liegt vor, wenn die Einnahme nur deshalb gewährt wird, weil der Einnahmeempfänger Arbeitnehmer des Arbeitgebers ist. Die Einnahme fließt demnach nur mit Rücksicht auf das Dienstverhältnis zu und stellt sich letztendlich als Ertrag seiner nichtselbstständigen Arbeit dar. Die Einnahmen sind somit im weitesten Sinne als Gegenleistung für die Zurverfügungstellung der individuellen Arbeitskraft anzusehen (vgl. R 19.3 Abs. 1 LStR sowie H 19.3 [Allgemeines zum Arbeitslohnbegriff] LStH).

BEISPIEL

Der Bankangestellte B erhält für seine Tätigkeit bei der X-Bank ein Bruttogehalt von 3 000 €.

Ein solcher Zusammenhang ist grundsätzlich dann nicht gegeben, wenn die Gegenleistung ohne Wissen und Wollen des Arbeitgebers erfolgt.

BEISPIELE

a) Eine Kassiererin unterschlägt regelmäßig kleinere Geldbeträge aus der Kasse ihres Arbeitgebers.

b) Der Lagerarbeiter Traurig entwendet bei seinem Arbeitgeber aus dem Lagerbestand des Öfteren kleinere Elektronikartikel und macht sich hierdurch des Diebstahls schuldig.

LÖSUNG In beiden Fällen liegt kein Arbeitslohn vor, da weder das Geld noch die Elektronikartikel als Gegenleistung für die Zurverfügungstellung der individuellen Arbeitskraft anzusehen sind. Es fehlt insoweit am Wissen und Wollen des Arbeitgebers.

Weitere Beispiele zum Vorliegen bzw. Nichtvorliegen von Arbeitslohn finden sich in H 19.3 [Beispiele] LStH.

7.2.4 Regelmäßigkeit der Einnahme (laufende und einmalige Einnahmen)

Für die Annahme von Arbeitslohn kommt es nicht darauf an, ob Einnahmen regelmäßig zufließen. Ausgehend von § 19 Abs. 1 Satz 2 EStG liegt Arbeitslohn auch bei einmaligen, unregelmäßigen oder regelmäßigen Zuwendungen vor. Es werden somit grundsätzlich alle Zuwendungen als Arbeitslohn erfasst. Ursache hierfür ist, dass der Arbeitgeber laufende bzw. einmalige Zuwendung nur deshalb erbringt, weil der Arbeitnehmer seine Arbeitskraft zur Verfügung stellt.

BEISPIEL

Der Arbeitnehmer X erhält von seinem Arbeitgeber für besonders gute Leistungen in einem Monat einen zusätzlichen Betrag von 1 000 € als Sonderzuwendung ausbezahlt.

LÖSUNG Die 1 000 € stellen Arbeitslohn dar, weil sie ihre Ursache im Dienstverhältnis haben und als Gegenleistung für die Erbringung der Arbeitskraft durch den X angesehen werden.

7.2.5 Bestehen eines Rechtsanspruchs

im Übrigen kommt es nicht darauf an, ob der Arbeitnehmer einen Anspruch auf die Leistung hat. Demnach liegt Arbeitslohn unabhängig davon vor, ob der Arbeitnehmer einen Rechtsanspruch auf die Zuwendung hat (z. B. aus Gesetz, aus Tarifverträgen oder aus individuellen Vereinbarungen zwischen Arbeitgeber und Arbeitnehmer) oder ob der Arbeitgeber eine freiwillige Sonderzuwendung leistet.

BEISPIEL

Der Arbeitnehmer Schlau hätte aufgrund einer tarifvertraglichen Regelung einen monatlichen Arbeitslohnanspruch von 4 000 €. Aufgrund einer individuellen Einzelvereinbarung erhält Schlau jedoch 500 € mehr. Zudem erhält Schlau eine freiwillige, einmalige Sonderzuwendung i. H. v. 250 €.

LÖSUNG Schlau erhält einen monatlichen Arbeitslohn i. H. v. 4 500 €. Hierauf hat er einen Rechtsanspruch. Darüber hinaus stellen auch die 250 € Arbeitslohn dar, obwohl es sich hierbei um eine freiwillige Sonderzuwendung handelt.

Grundsätzlich führen gesetzeswidrige bzw. sittenwidrige Verträge zur Unwirksamkeit des Vertrages, sodass hieraus keinerlei Ansprüche abgeleitet werden können. Wenn es aber für das Vorliegen von Arbeitslohn nicht auf das Vorhandensein eines Rechtsanspruches ankommt, so können auch Zuwendungen aus unwirksamen Dienstverhältnissen als Arbeitslohn angesehen werden.

7.2.6 Bezeichnung der Einnahme

Im Wirtschaftsleben gibt es eine Vielzahl von Vergütungsformen, die sehr unterschiedlich bezeichnet werden. Eine detaillierte Aufzählung ist kaum möglich. Daher sieht § 2 Abs. 1 Satz 2 LStDV vor, dass es für die Annahme von Arbeitslohn auf dessen Bezeichnung nicht ankommt. Als Arbeitslohn kommen insbesondere folgende Einnahmen in Betracht:

- Lohn,
- Gehalt,
- Gratifikationen,
- Tantiemen,
- Urlaubsentschädigungen,
- Weihnachtszuwendungen,
- Überstundenvergütungen,
- Zuschläge und Zulagen, z. B. für Sonntags-, Nacht- oder Feiertagsarbeit,
- andere Bezüge und Vorteile,
- Ruhegelder,
- Witwen- und Waisengelder,
- Trinkgelder.

Arbeitslohn ist auch dann anzunehmen, wenn die Zuwendung falsch bezeichnet wird, z. B. als Schenkung.

BEISPIEL

Der Arbeitgeber Schlau »schenkt« seinem Arbeitnehmer Pfiffig einen Geldbetrag in Höhe von 1 000 €, weil er mit dessen Arbeit äußerst zufrieden ist und er seinen Arbeitnehmer motivieren möchte.

LÖSUNG Die 1 000 € stellen trotz der Bezeichnung als Schenkung Arbeitslohn dar, weil die Ursache für die Zuwendung im individuellen Dienstverhältnis zu sehen ist.

7.2.7 Zufluss der Einnahmen

Des Weiteren ist für die Annahme von Arbeitslohn der Zufluss einer Einnahme erforderlich. Alleine das Innehaben eines Anspruchs gegen den Arbeitgeber begründet noch kein Zufluss von Arbeitslohn. Vielmehr liegt ein Zufluss von Arbeitslohn vor, wenn der Arbeitnehmer über die Einnahme die wirtschaftliche Verfügungsmacht erlangt hat, selbst dann wenn die Zahlung seitens des Arbeitgebers ohne Rechtsgrund bzw. versehentlich erfolgt ist (H 38.2 [Zufluss von Arbeitslohn] LStH).

7.2.8 Zuwendung durch den Arbeitgeber selbst oder einen Dritten

Der Arbeitslohn wird regelmäßig durch den Arbeitgeber selbst dem Arbeitnehmer zugewendet. Darüber hinaus kann aber auch dann Arbeitslohn angenommen werden, wenn eine Zuwendung durch einen Dritten erfolgt. Damit diese Zuwendung durch einen Dritten als Arbeitslohn angesehen werden kann, muss zwischen der Arbeitsleistung selbst und der Vorteilseinräumung ein Zusammenhang bestehen. Ein solcher Zusammenhang liegt i. d. R. dann vor, wenn der durch den Arbeitnehmer erlangte Vorteil wirtschaftlich als Frucht seiner Dienstleistung für den Arbeitgeber angesehen werden kann.

BEISPIEL

A arbeitet als Aushilfekellner (Arbeitnehmer i. S. d. Lohnsteuerrechts) in einer Cocktailbar in Stuttgart und erhält von den Gästen regelmäßig Trinkgelder.

LÖSUNG Die Trinkgelder erfüllen die Voraussetzungen des Arbeitslohnbegriffs. Obwohl der Arbeitgeber selbst nicht das Trinkgeld ausbezahlt, können diese als Frucht der eigenen Dienstleistung des Arbeitnehmers angesehen werden. Diese Trinkgelder sind jedoch gem. § 3 Nr. 51 EStG steuerfrei.

7.3 Zeitliche Zuordnung des Arbeitslohns beim Arbeitnehmer

Wenn dem Grunde nach das Vorliegen von Arbeitslohn geklärt ist, muss in einem zweiten Schritt die Frage der zeitlichen Erfassung des Arbeitslohnes – d. h. die Frage der Bestimmung des Zuflusszeitpunktes – geklärt werden. Die Frage des Zuflusszeitpunktes hat dabei insbesondere Bedeutung für die Entstehung der Lohnsteuerschuld, für die Bestimmung der anzuwendenden Fassung der einschlägigen Rechtsgrundlagen (EStG, LStDV, etc.), für die Anwendung der Besteuerungsmerkmale (z. B. Steuerklasse, Familienstand, etc.) sowie für die Zuordnung des Arbeitslohnes zu einem bestimmten Veranlagungszeitraum.

Für den Bereich der Einkünfte aus nichtselbstständiger Arbeit greift für den Zuflusszeitpunkt die Sonderregelung des § 11 Abs. 1 Satz 4 EStG, der wiederum auf § 38 a Abs. 1 Satz 2 und Satz 3 EStG verweist. Hiernach ist zwischen zwei Arten von Arbeitslohn zu unterscheiden, und zwar zwischen dem **laufenden Arbeitslohn** und dem nicht laufenden Arbeitslohn (**sonstige Bezüge**).

Hiervon abzugrenzen ist die zeitliche Erfassung der Werbungskosten bei § 19 EStG. In Ermangelung einer entsprechenden Sonderregelung für Einkünfte aus nichtselbstständiger Arbeit greifen hier die allgemeinen Ausführungen ein, so dass das Abflussprinzip i. S. d. § 11 Abs. 2 EStG anzuwenden ist, sofern keine speziellere Vorschrift (z. B. Afa-Regelungen) eingreift.

7.3.1 Abgrenzung zwischen laufendem Arbeitslohn und den sonstigen Bezügen

Unter dem Begriff des laufenden Arbeitslohns wird solcher Arbeitslohn verstanden, der dem Arbeitnehmer regelmäßig fortlaufend zufließt. In Abgrenzung hierzu handelt es sich bei sonstigen Bezügen um solchen Arbeitslohn, der nicht als laufender Arbeitslohn gezahlt wird. Dies sind insbesondere einmalige Zahlungen des Arbeitgebers an den Arbeitnehmer, die neben dem laufenden Arbeitslohn geleistet werden. Entsprechend R 39 b.2 LStR können insbesondere die nachfolgenden Zuwendungen wie folgt unterteilt werden:

Laufender Arbeitslohn	Sonstige Bezüge
Monatsgehälter, Wochen- und Tagelöhne	13. und 14. Monatsgehalt
Mehrarbeitsvergütungen	Nicht fortlaufend gezahlte Gratifikationen und Tantiemen
Nachzahlungen/Vorauszahlungen mit ausschließlichem Bezug zu solchen Lohnzahlungszeiträumen, die im Kalenderjahr der Zahlung enden	Nachzahlungen/Vorauszahlungen mit Bezug zu solchen Lohnzahlungszeiträumen, die in einem anderen Jahr als dem der Zahlung enden
Arbeitslohn für Lohnzahlungszeiträume des abgelaufenen Kalenderjahres, der innerhalb der ersten drei Wochen des nachfolgenden Kalenderjahres zufließt	Arbeitslohn für Lohnzahlungszeiträume des abgelaufenen Kalenderjahres, wenn dieser später als drei Wochen nach dem abgelaufenen Kalenderjahr zufließt

7.3.2 Zeitliche Erfassung

Ausgehend von § 38 a Abs. 1 Satz 2 EStG gilt **laufender Arbeitslohn** als in dem Kalenderjahr bezogen, in dem der Lohnzahlungszeitraum endet. Als Lohnzahlungszeitraum wird der Zeitraum angesehen, für den der laufende Arbeitslohn gezahlt wird, zum Beispiel Monatslohn, Wochenlohn oder Tagelohn.

BEISPIEL

Der Arbeitnehmer Emsig erhält von seinem Arbeitgeber Bienen sein monatliches Gehalt für den Monat Dezember 2016 am 12.01.2017.

LÖSUNG Bei dem Dezembergehalt handelt es sich um laufenden Arbeitslohn. Daher gilt es bereits mit Ende des Lohnzahlungszeitraumes Dezember 2016 als bezogen. Emsig hat das Dezembergehalt somit in 2016 versteuern.

Sonstige Bezüge werden hingegen in dem Kalenderjahr bezogen, in dem sie dem Steuerpflichtigen zufließen. Zur Bestimmung des Begriffs »Zufluss« kann hierbei auf die grundsätzliche Regelung des § 11 Abs. 1 Satz 1 EStG zurückgegriffen werden.

BEISPIEL

Der Arbeitnehmer Fleißig erhält von seinem Arbeitgeber A. Meise eine am 05.12.2016 fällige Jubiläumszuwendung, erst am 11.01.2017.

LÖSUNG Die Jubiläumszuwendung ist kein laufender Arbeitslohn. Vielmehr handelt es sich hierbei um einen sonstigen Bezug (vgl. R 39 b.2 Abs. 2 Nr. 4 LStR). Der Zufluss erfolgt hier erst am 11.01.2017 und ist somit im Jahr 2017 zu versteuern.

7.4 Zuwendungen, die nicht als Arbeitslohn angesehen werden können

Zuwendungen des Arbeitgebers an den Arbeitnehmer sind nicht stets als Arbeitslohn zu behandeln, welcher der Einkommensteuer unterliegt. Vielmehr können auch solche Zuwendungen seitens des Arbeitgebers vorliegen, die nicht den Arbeitslohnbegriff erfüllen bzw. die zwar als Arbeitslohn angesehen werden können, aber von der Besteuerung ausgenommen werden sollen.

7.4.1 Grundlagen zur Steuerbarkeit und Steuerfreiheit

Für die Frage, ob ein zu versteuernder Arbeitslohn vorliegt, ist zweckmäßigerweise wie folgt zu prüfen:

Zunächst ist die Zuwendung dahingehend zu untersuchen, ob es sich um eine steuerbare Zuwendung handelt. Dies bedeutet: Es ist zu klären, ob dem Grunde nach überhaupt Arbeitslohn vorliegt. Es kann nämlich sein, dass die Zuwendung – obwohl ein gewisser Zusammenhang mit den Einkünften aus nichtselbstständiger Arbeit besteht – nicht sämtliche Merkmale des Arbeitslohnbegriffs erfüllt und somit auch nicht zur Besteuerung herangezogen wird (z. B. Zuwendungen im ganz überwiegenden betrieblichen Interesse bzw. Aufmerksamkeiten, hierzu später mehr). Sind die Merkmale des Arbeitslohnbegriffs erfüllt, so spricht man von einer steuerbaren Zuwendung. Liegen dagegen die Voraussetzungen des Arbeitslohnbegriffs nicht vor, spricht man von einer nicht steuerbaren Zuwendung. Eine solche nicht steuerbare Zuwendung führt nicht zu Einkünften i. S. d. § 19 EStG.

Ist dem Grunde nach geklärt, dass die Zuwendung zu den Einkünften aus nicht selbstständiger Arbeit zählt (d. h. es liegt eine steuerbare Zuwendung vor), so muss in einem zweiten Schritt geklärt werden, ob diese Einnahmen auch steuerpflichtig sind. Die Einnahmen sind dann steuerpflichtig – d. h. sie werden der Besteuerung zu Grunde gelegt –, sofern keine sachliche Steuerbefreiungsvorschrift eingreift. Als solche sachliche Steuerbefreiungsvorschriften kommen beispielsweise die §§ 3, 3 b EStG in Betracht.

Es findet somit eine mehrstufige Prüfung statt, bei der zunächst die Steuerbarkeit und im Anschluss die Steuerpflicht der Zuwendung geprüft wird:

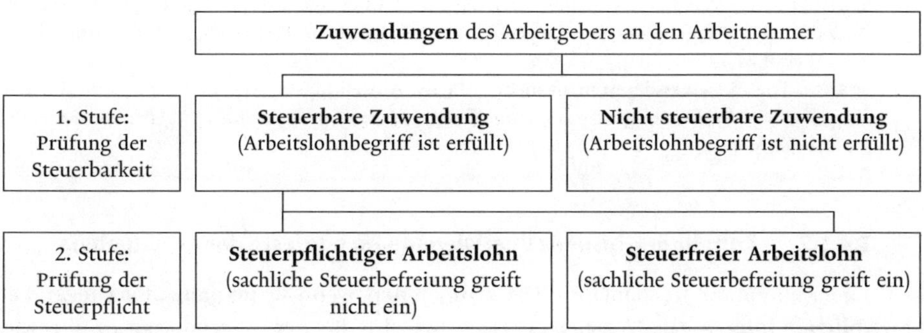

Auf der 1. Prüfungsebene ist somit zunächst zu klären, ob in der Zuwendung des Arbeitgebers überhaupt eine steuerbare Zuwendung – d. h. Arbeitslohn – zu sehen ist. Wie oben bereits dargestellt, müssen für das Vorliegen von Arbeitslohn mehrere Voraussetzungen vorliegen. Die Frage, ob steuerbare bzw. nicht steuerbare Zuwendungen vorliegen, erfolgt grundsätzlich anhand des Merkmals »Zusammenhang zwischen Dienstverhältnis und Einnahme«. Ausgehend vom Wortlaut des § 8 Abs. 1 EStG »... im Rahmen einer der Einkunftsarten ...« bzw. vom Wortlaut des § 19 Abs. 1 EStG »... für eine Beschäftigung ...« ist zwischen der Einnahme und dem Dienstverhältnis ein Veranlassungszusammenhang erforderlich.

7.4.2 Steuerbare Zuwendungen

Für das Vorliegen einer steuerbaren Zuwendung muss sich die Einnahme im weitesten Sinne als Gegenleistung für die Zurverfügungstellung der individuellen Arbeitskraft erweisen (R 19.3 Abs. 1 LStR).

BEISPIEL

Die angestellte Sekretärin S erhält ein Monatsgehalt von 1 500 € für die von ihr durchgeführten Sekretariatsaufgaben bei ihrem Arbeitgeber.

LÖSUNG Das Monatsgehalt stellt eine Gegenleistung für die Zurverfügungstellung der Arbeitskraft der S dar und ist somit als (steuerbarer) Arbeitslohn einzustufen.

7.4.3 Nicht steuerbare Zuwendungen

In Abgrenzung hierzu liegt hingegen kein Arbeitslohn und somit auch keine steuerbare Zuwendung vor, wenn die Zuwendung auf einem anderen Rechtsgrund als dem Arbeitsverhältnis basiert oder nicht als Entlohnung für die Zurverfügungstellung der eigenen Arbeitskraft angesehen werden kann.

7.4.3.1 Vorliegen eines anderen Rechtsgrundes

Als anderer Rechtsgrund kommt beispielsweise ein Darlehnsvertrag in Betracht.

BEISPIEL

Der Angestellte A hat einen Zahlungsanspruch auf Grund seines Anstellungsvertrages i. H. v. 2 000 € gegenüber seinem Arbeitgeber B. A und B vereinbaren, dass die 2 000 € nicht sofort ausbezahlt werden, sondern dem B darlehensweise für einen Zeitraum von einem Jahr gegen eine Verzinsung von 5 % jährlich zur Verfügung gestellt wird. B hätte auch über ausreichende liquide Mittel zur sofortigen Auszahlung der 2 000 € verfügt. Liegen Einkünfte aus nichtselbstständiger Arbeit hinsichtlich der Zinsen vor?

LÖSUNG Die Zinsen basieren nicht mehr auf dem Anstellungsvertrag, da Rechtsgrund für die Zahlung der Darlehensvertrag ist (zu weiteren Einzelheiten vgl. Schmidt/Krüger, EStG 36. Aufl., § 19 Rz 100 »Zinsen«).

7.4.3.2 Entlohnung im ganz überwiegendem Interesse des Arbeitgebers

Eine Entlohnung ist ebenfalls nicht anzunehmen, wenn sie **im ganz überwiegend eigenbetrieblichen Interesse** des Arbeitgebers gewährt wird. Bei der Fallgruppe »ganz überwiegend eigenbetriebliches Interesse« liegt im Gegensatz zu dem vorherigen Beispiel noch eine gewisse Verknüpfung des Vorteils mit dem Arbeitsverhältnis vor, bei dem aber die Vorteile nicht mehr als Entlohnung für die Dienste des Arbeitnehmers i. S. d. § 19 EStG angesehen werden können, sodass nicht mehr von einer Gegenleistung für die Zurverfügungstellung der individuellen Arbeitskraft gesprochen werden kann. Vielmehr steht hier eine betriebliche Zielsetzung ganz entscheidend im Vordergrund, sodass das Interesse des Arbeitnehmers an der Erlangung des

Vorteils dabei vernachlässigt werden kann. Oftmals ist in diesen Fallkonstellationen auch keine Bereicherung – was notwendige Voraussetzung des Arbeitslohnbegriffs ist – gegeben.

BEISPIEL

Der Arbeitnehmer Protzig arbeitet als Projektmanager bei dem Automobilzulieferer X. X legt hinsichtlich der Ausstattung der Arbeitsplätze besonders großen Wert auf eine moderne und für die Arbeitnehmer angenehme Büroeinrichtung. Protzig genießt jeden Morgen die Büroausstattung und geht gerne zur Arbeit.

LÖSUNG Die Nutzung der modernen Büroausstattung durch Protzig führt zu keinem Arbeitslohn, da diese Nutzungsmöglichkeit nicht in Geldeswert ausgedrückt werden kann bzw. im eigenbetrieblichen Interesse erfolgt.

Die Vornahme einer zutreffenden Abgrenzung zwischen steuerbaren und nichtsteuerbaren Zuwendungen ist im Einzelfall äußerst schwierig. Der Vorteil darf sich lediglich als **notwendige Begleiterscheinung einer betriebsfunktionalen Zielsetzung** erweisen, wobei der Vorteil typischerweise in die Privatsphäre des Arbeitnehmers einfließt. Daher findet hier eine Wechselwirkung zwischen dem eigenbetrieblichen Interesse des Arbeitgebers und dem Ausmaß der Bereicherung auf Seiten des Arbeitnehmers statt. Je höher die Bereicherung aus Sicht des Arbeitnehmers anzusetzen ist, desto weniger fällt das eigenbetriebliche Interesse aus der Sicht des Arbeitgebers ins Gewicht. Nur dann, wenn das Bereicherungsinteresse des Arbeitnehmers gegenüber dem Interesse des Arbeitgebers in den Hintergrund tritt, kann ein eigenbetriebliches Interesse angenommen werden. Im Ergebnis kann somit das Vorliegen von Arbeitslohn nur dann verneint werden, wenn das Bereicherungsinteresse des Arbeitnehmers gegenüber dem ganz im Vordergrund stehenden Interesse des Arbeitgebers vernachlässigt werden kann.

7.4.3.2.1 Aufmerksamkeiten

Typischerweise liegt bei den sog. **Aufmerksamkeiten** eine Zuwendung im ganz überwiegend betrieblichen Interesse vor (R 19.6 LStR). Hierbei handelt es sich um Sachleistungen des Arbeitgebers von geringem Wert (z. B. Buch, DVD/CD, Blumen, Genussmittel),

- welche üblicherweise im gesellschaftlichen Verkehr untereinander ausgetauscht werden,
- zu keiner wesentlichen Bereicherung des Arbeitnehmers führen (Grenze: Bruttowert von 60 € inklusive Umsatzsteuer/Hinweis: Durch die LStÄR 2015 wurde der frühere Wert von 40 € auf 60 € angehoben.) und
- anlässlich eines besonderen persönlichen Ereignisses geleistet werden (z. B. Geburtstag).

Unter den Begriff der Aufmerksamkeiten fällt auch eine Zuwendung von Getränken und Genussmitteln, die der Arbeitgeber zum Verzehr im Betrieb dem Arbeitnehmer unentgeltlich oder teilentgeltlich überlässt bzw. während eines außergewöhnlichen Arbeitseinsatzes Speisen bis zu einem Wert von 60 € (früher: 40 €, geändert durch die LStÄR 2015) teilentgeltlich oder unentgeltlich überlässt (R 19.6 Abs. 2 LStR).

Nicht unter den Begriff der Aufmerksamkeit fallen Geldzuwendungen. Diese sind unabhängig von ihrer Höhe stets als Arbeitslohn einzustufen.

BEISPIELE

Der selbstständige Arzt A schenkt seiner Angestellten B zum Geburtstag

a) einen Bestseller-Roman im Wert von 20 €,
b) einen Bildband über Nordamerika im Wert von 70 €,
c) 20 € in bar.

LÖSUNG Im Beispiel a) liegt eine nicht steuerbare Aufmerksamkeit vor, da der Wert des Sachbezuges 60 € nicht übersteigt. Hingegen liegt sowohl im Beispiel b) als auch im Beispiel c) steuerbarer Arbeitslohn vor, da die Freigrenze von 60 € überschritten ist (Beispiel b) bzw. es sich um eine Geldzuwendung handelt und diese nicht als Aufmerksamkeit eingestuft werden kann (Beispiel c).

7.4.3.2.2 Berufliche Fortbildungs- oder Weiterbildungsleistungen

Darüber hinaus kann auch bei beruflichen Fortbildungs- oder Weiterbildungsleistungen des Arbeitgebers unter bestimmten Voraussetzungen ein ganz überwiegend betriebliches Interesse angenommen werden (vgl. R 19.7 LStR).

7.4.3.2.3 Weitere Beispiele zum ganz überwiegend eigenbetrieblichen Interesse

Oftmals tritt die Fallgruppe des ganz überwiegend eigenbetrieblichen Interesses jedoch in typischen Fallkonstellationen auf, so z. B. wenn

- der Vorteil der **Belegschaft als Gesamtheit** zugewendet wird oder
- der Vorteil dem Arbeitnehmer **aufgedrängt** wird, dieser keine Wahlmöglichkeit hinsichtlich der Vorteilsannahme hat und der Vorteil keine Marktgängigkeit besitzt.

BEISPIELE

Beispiele für Zuwendungen in ganz überwiegend eigenbetrieblichem Interesse:

- Leistungen zur Verbesserung der Arbeitsbedingungen (z. B.: Bereitstellung von betriebseigenen Dusch- und Badeanlagen, Bereitstellung von Aufenthalts-, Ruhe- und Leseräumen),
- Durchführung von Betriebsveranstaltungen (z. B. Betriebsausflüge, Weihnachtsfeiern oder Jubiläumsfeiern), zu den Einzelheiten vergleiche § 19 Abs. 1 Nr. 1 a EStG sowie R 19.5 LStR,
- Vorsorgeuntersuchungen leitender Angestellter.

7.5 Steuerfreie Einnahmen

Ist dem Grunde nach festgestellt, dass es sich um steuerbare Zuwendungen in Form von Arbeitslohn handelt und ist deren Höhe näher bestimmt, so muss geprüft werden, ob es sich um steuerfreien oder um steuerpflichtigen Arbeitslohn handelt. Es liegt nur dann steuerfreier Arbeitslohn vor, wenn eine sachliche Steuerbefreiungsvorschrift greift (z. B. § 3 EStG, § 3 b EStG). Bei der Steuerbefreiungsvorschrift des § 3 EStG handelt es sich um eine nicht im inhaltlichen Zusammenhang stehende Aufzählung von Einzelbefreiungsvorschriften. Der Gesetzgeber hat nämlich aufgrund einer Vielzahl von Gründen einzelne Einnahmen steuerfrei gestellt, so z. B. aus sozial-, wirtschafts-, gesellschafts- oder arbeitsmarktpolitischen Gründen.

Im Ergebnis hat der Gesetzgeber insbesondere folgende Einnahmen steuerfrei gestellt:

- § 3 Nr. 12 EStG: Aufwandsentschädigungen aus öffentlichen Kassen,
- § 3 Nr. 13 EStG: Reisekostenersatz aus öffentlichen Kassen,
- § 3 Nr. 16 EStG: Reisekostenersatz durch private Arbeitgeber,
- § 3 Nr. 26 EStG: bestimmte nebenberuflich ausgeübte Tätigkeiten,
- § 3 Nr. 30 EStG: Werkzeuggeld,
- § 3 Nr. 31 EStG: Überlassung typischer Berufskleidung,
- § 3 Nr. 45 EStG: private Nutzungsmöglichkeit von betrieblichen Personalcomputern und Telekommunikationsgeräten,
- § 3 Nr. 50 EStG: durchlaufende Gelder und Auslagenersatz,
- § 3 Nr. 51 EStG: Trinkgelder,
- § 3 Nr. 62 EStG: Zukunftssicherungsleistungen für den Arbeitnehmer.

Im vorliegenden Grundkurs werden jedoch nur die steuerfreien Trinkgelder gem. § 3 Nr. 51 EStG sowie steuerfreien Zukunftssicherungsleistungen gem. § 3 Nr. 62 EStG behandelt.

7.5.1 Trinkgelder

Für die steuerliche Behandlung von Trinkgeldern ist danach zu unterscheiden, ob der Arbeitnehmer einen Rechtsanspruch bzw. keinen Rechtsanspruch auf das Trinkgeld hat. Besteht ein Rechtsanspruch auf das Trinkgeld, so ist das Trinkgeld in voller Höhe steuerpflichtiger Arbeitslohn. Wird das Trinkgeld hingegen freiwillig ohne rechtliche Verpflichtung gezahlt, so ist dieses gem. § 3 Nr. 51 EStG steuerfrei.

BEISPIELE

a) A ist Barkeeper in der Coktailbar Sunrise in Stuttgart und erhält von den Gästen regelmäßig Trinkgelder.

LÖSUNG Die Trinkgelder des A sind steuerfrei gem. § 3 Nr. 51 EStG.

b) B ist Croupier bei einer Spielbank und erhält aus dem Spielbanktronc Zahlungen. Der Spielbanktronc wird durch die Besucher gespeist, die Jetons in die dafür vorgesehenen Behälter als Trinkgeld für die Angestellten werfen. Auf Grund des Tarifvertrages hat B einen Anspruch auf einen Anteil am Spielbanktronc.

LÖSUNG Es handelt sich vorliegend um steuerpflichtigen Arbeitslohn, da es für die Annahme eines steuerfreies Trinkgelds i. S. d. § 3 Nr. 51 EStG an der hierfür erforderlichen typischen persönlichen und unmittelbaren Leistungsbeziehung zwischen dem B und den Gästen fehlt (BFH vom 18. 12. 2008 BStBl II 2009, 820).

7.5.2 Zukunftssicherungsleistungen für Arbeitnehmer (§ 3 Nr. 62 EStG)

Aufwendungen des Arbeitgebers für bestimmte Zukunftssicherungsleistungen des Arbeitnehmers sind als steuerfreier Arbeitslohn i. S. d. § 3 Nr. 62 EStG anzusehen und werden daher nicht der Besteuerung unterworfen. Die nachfolgenden Ausführungen beschränken sich auf die Zukunftssicherungsleistungen nach § 3 Nr. 62 Satz 1 EStG.

Unter dem Begriff der Zukunftssicherungsleistungen werden im Allgemeinen solche Aufwendungen verstanden, die der Arbeitgeber zur Absicherung der wirtschaftlichen Existenz des Arbeitnehmers oder seines Angehörigen für bestimmte Lebensrisiken in Form von Krankheit, Unfall, Invalidität, Alter oder Tod (vgl. § 2 Abs. 2 Nr. 3 LStDV) aufwendet. Zu den Zukunftssicherungsleistungen nach dieser Vorschrift gehören insbesondere der Beitragsanteil des Arbeitgebers am Gesamtsozialversicherungsbeitrag, da dieser auf Grund der sozialversicherungsrechtlichen Vorschriften als eine eigene gesetzliche Verpflichtung erfüllt werden muss. Der Gesamtsozialversicherungsbeitrag umfasst die Beiträge zur Renten-, Kranken-, Pflege- und Arbeitslosenversicherung. Der Arbeitnehmeranteil zählt hingegen nicht zu den Zukunftssicherungsleistungen i. S. d. § 3 Nr. 62 Satz 1 EStG.

Die Ausgaben des Arbeitgebers sind insoweit steuerfrei, als er zur Beitragsleistung nach sozialversicherungsrechtlichen oder anderen gesetzlichen Vorschriften oder nach einer auf gesetzlicher Ermächtigung beruhenden Bestimmung verpflichtet ist. Für die Frage, inwieweit der Arbeitgeber im Bereich der Kranken- und Pflegeversicherung zur Beitragsleistung verpflichtet ist, muss zwischen den nachfolgenden Personen differenziert werden:

- Krankenversicherungspflichtige Arbeitnehmer,
- Nicht gesetzlich krankenversicherungspflichtige Arbeitnehmer.

7.5.2.1 Krankenversicherungspflichtige Arbeitnehmer

Bei krankenversicherungspflichtigen Arbeitnehmern sind die Beitragsteile/Zuschüsse des Arbeitgebers zur Krankenversicherung bzw. zur sozialen Pflegeversicherung steuerfrei, soweit der Arbeitgeber zur Tragung der Beiträge verpflichtet ist (zu weiteren Einzelheiten siehe R 3.62 LStR).

7.5.2.2 Nicht gesetzlich krankenversicherungspflichtige Arbeitnehmer

Bei den nicht gesetzlich krankenversicherungspflichtigen Arbeitnehmern ist wiederum zwischen solchen Person zu unterscheiden, die in der gesetzlichen Krankenversicherung freiwillig versichert sind und solchen Personen die eine private Kranken- und Pflegepflichtversicherung abgeschlossen haben.

Bei solchen Personen, die in der gesetzlichen Krankenversicherung freiwillig versichert sind, sind die Zuschüsse des Arbeitgebers zur gesetzlichen Krankenversicherung bzw. zur sozialen Pflegeversicherung oder privaten Pflege–Pflichtversicherung nach § 3 Nr. 62 EStG steuerfrei, soweit der Arbeitgeber nach § 257 Abs. 1 SGB V und nach § 61 Abs. 1 SGB XI zur Zuschussleistung verpflichtet ist.

Bei solchen Personen, die eine private Kranken- und Pflege–Pflichtversicherung abgeschlossen haben sind nach § 3 Nr. 62 EStG die Zuschüsse des Arbeitgebers steuerfrei, die er nach § 257 Abs. 2 SGB V sowie nach § 61 Abs. 2 SGB XI leisten muss. Der private Krankenversicherungsschutz muss aber Leistungen zum Inhalt haben, die ihrer Art nach auch den Leistungen des SGB V entsprechen.

Vereinfacht ausgedrückt sind solche Zuschüsse des Arbeitgebers steuerfrei, die er als Arbeitgeberanteil bei einer unterstellten Krankenversicherungspflicht des Arbeitnehmers als Arbeitgeberanteil zur Kranken- und Pflegeversicherung zahlen müsste, jedoch begrenzt auf die Hälfte der tatsächlich zu entrichtenden Kranken- und Pflegeversicherungsbeiträge.

7.6 Einbeziehung von Dritten in die Arbeitslohnzahlung

Auch dritte Personen können in die Arbeitslohnzahlung einbezogen werden, indem die Zuwendung an einen Dritten oder durch einen Dritten geleistet wird.

7.6.1 Zuwendungen an einen Dritten

Arbeitslohn liegt nicht nur dann vor, wenn der Arbeitnehmer unmittelbar selbst die Zahlungen erhält. Arbeitslohn kann auch dann vorliegen, wenn die Zahlungen an einen Dritten – mit oder ohne Einwilligung des Arbeitnehmers – geleistet werden. Insbesondere in folgenden Fallkonstellationen kann eine Arbeitslohnzahlung an Dritte vorliegen:

1. Arbeitgeberbeiträge zur gesetzlichen Sozialversicherung (steuerfrei nach § 3 Nr. 62 EStG),
2. Arbeitnehmerbeiträge zur gesetzlichen Sozialversicherung,
3. vom Arbeitslohn einbehaltene und an das Finanzamt abgeführte Steuern (Lohnsteuer, Solidaritätszuschlag, Kirchensteuer),
4. die aufgrund einer Pfändung an den Gläubiger des Arbeitnehmers abgeführten Lohnteile.

7.6.2 Zuwendungen durch einen Dritten

Des Weiteren muss Arbeitslohn nicht immer zwingend vom Arbeitgeber ausbezahlt werden. Vielmehr können auch Zuflüsse von dritter Seite als Arbeitslohn (Lohnzahlung durch Dritte) angesehen werden. Voraussetzung ist auch hier, dass ein Zusammenhang zwischen der Vorteilsgewährung und der Arbeitsleistung gegeben ist, d. h. der eingeräumte Vorteil muss mit Rücksicht auf eine im Rahmen des Dienstverhältnisses erbrachte Dienstleistung geleistet werden.

Typischer Anwendungsfall für eine Lohnzahlung durch Dritte ist die Einräumung von Trinkgeldern, z. B. im Hotel-, Gaststätten-, und Friseurgewerbe oder bei Botendiensten.

7.7 Bewertung von Einnahmen in Geldeswert im Überblick

Wenn dem Grunde nach geklärt ist, ob eine Zuwendung zum Arbeitslohn gehört, muss in einem weiteren Schritt der steuerliche Wert der Zuwendung bestimmt werden. Unproblematisch ist dies bei einer Zuwendung in Geld. Jedoch gehören gem. § 8 Abs. 1 EStG nicht nur Güter in Geld zu den Einnahmen, sondern es werden auch Güter in Geldeswert erfasst. Diese Einnahmen werden entsprechend § 8 Abs. 2 EStG als Sachbezüge bezeichnet. Insbesondere fallen unter diese Sachbezüge die unentgeltliche bzw. teilentgeltliche Überlassung einer Wohnung, die Gestellung eines Firmenwagens, die Gewährung von Verpflegungsleistungen, die Überlassung von Waren, die Gewährung von Dienstleistungen oder die Einräumung eines zinslosen oder zinsverbilligten Darlehens. All diese Vorteile haben die Gemeinsamkeit, dass für die Erhebung der Einkommensteuer zunächst eine Umrechnung – d. h. Bewertung – der Sachbezüge in Geld erforderlich ist. Diese Bewertung erfolgt anhand der Bewertungsvorschriften des § 8 Abs. 2 und Abs. 3 EStG. Ausgangspunkt für die Bewertung der Sachleistung ist zunächst § 8 Abs. 2 Satz 1 EStG. Hiernach werden die Sachbezüge grundsätzlich mit den um die üblichen Preisnachlässe geminderten üblichen Endpreisen am Abgabeort angesetzt.

BEISPIEL

Der Arbeitnehmer X erhält von seinem Arbeitgeber Y als Anerkennung für besondere Leistungen ein Buch im Wert von 40 €. Weitere Sachbezüge liegen nicht vor.

LÖSUNG Zwar liegt hier ein Sachbezug vor i. S. d. § 8 Abs. 2 EStG. Da aber die Freigrenze nach § 8 Abs. 2 Satz 9 (bis VZ 2013) bzw. Satz 11 (ab VZ 2014) EStG nicht überschritten ist, findet eine Versteuerung des Buches bei X nicht statt.

Erfolgt eine teilentgeltliche Zuwendung, so ist als Einnahme der Unterschiedsbetrag zwischen dem Geldwert des Sachbezuges und dem tatsächlichen Entgelt zu versteuern.

Dieser allgemeine Bewertungsgrundsatz wird durch verschiedene Spezialvorschriften verdrängt, so zum Beispiel

- für die Bewertung der privaten Nutzung eines Firmenwagens (§ 8 Abs. 2 Satz 2 bis Satz 5 EStG),
- für die Bewertung bestimmter Sachbezüge (Verpflegung, Unterkunft und Wohnung) nach der SvEV (§ 8 Abs. 2 Satz 6 bis 9 EStG),
- für weitere Sachbezüge, für die die oberste Finanzbehörde eines Landes mit Zustimmung des Bundesministeriums für Finanzen Durchschnittswerte festgesetzt haben, z. B. die steuerliche Behandlung von Zinsvorteil aus Arbeitgeberdarlehen (§ 8 Abs. 2 Satz 10 EStG) sowie
- für die Bewertung der sog. Belegschaftsrabatte nach § 8 Abs. 3 EStG.

7.8 Steuerbarer und steuerpflichtiger Arbeitslohn

Nachdem die steuerpflichtigen Einnahmen der Höhe nach festgestellt worden sind, ist für die weitere Ermittlung der Einkünfte aus nichtselbstständiger Arbeit danach zu differenzieren, ob die Einnahmen aus einem gegenwärtigen oder einem früheren Dienstverhältnis mit Versorgungsbezügen zufließen. Je nachdem, welche Art von Einnahmen im Rahmen des Dienstverhältnisses zufließen, ergibt sich eine unterschiedliche Einkünfteermittlung, die wie folgt aussieht:

	Dienstverhältnis **ohne** Versorgungsbezüge		Dienstverhältnis **mit** Versorgungsbezügen
	Einnahmen		Einnahmen (Versorgungsbezüge)
		./.	Versorgungsfreibetrag
		./.	Zuschlag zum Versorgungsfreibetrag
./.	Werbungskosten/-pauschbetrag gem. § 9 a Nr. 1 a EStG	./.	Werbungskosten/-pauschbetrag gem. § 9 a Nr. 1 b EStG
=	Einkünfte aus nichtselbstständiger Arbeit	=	Einkünfte aus nichtselbstständiger Arbeit

Nur bei einem Dienstverhältnis mit Versorgungsbezügen kann gem. § 19 Abs. 2 EStG der Versorgungsfreibetrag und der hierauf vorzunehmende Zuschlag angewendet werden. Zudem kann nur ein verminderter Werbungskostenpauschbetrag gem. § 9 a Nr. 1 b EStG i. H. v. 102 € angesetzt werden.

7.8.1 Begriff der Versorgungsbezüge

Welche Einnahmen unter den Begriff der Versorgungsbezüge fallen, ergibt sich aus § 19 Abs. 2 Satz 2 Nr. 1 und Nr. 2 EStG. Hiernach ist zwischen zwei Ausgestaltungen zu unterscheiden:

Zum einen liegen **unabhängig vom Lebensalter** gem. § 19 Abs. 2 Satz 2 Nr. 1 EStG Versorgungsbezüge in Form von Ruhegehältern, Witwen- oder Waisengeldern, Unterhaltsbeiträgen oder gleichartigen Bezügen vor, wenn diese

- auf Grund beamtenrechtlicher oder entsprechender gesetzlicher Vorschriften oder
- nach beamtenrechtlichen Grundsätzen von Körperschaften, Anstalten oder Stiftungen des öffentlichen Rechts oder öffentlich-rechtlichen Verbänden von Körperschaften

geleistet werden.

Zum anderen liegen gem. § 19 Abs. 2 Satz 2 Nr. 2 EStG in anderen Fällen Versorgungsbezüge in Form von Bezügen und Vorteilen aus früheren Dienstleistungen vor, wenn bestimmte Voraussetzungen gegeben sind. Wichtigster Anwendungsfall ist das Erreichen einer Altersgrenze. Diese Altersgrenze wird mit Vollendung des 63. Lebensjahres bzw. bei schwer behinderten Steuerpflichtigen mit Vollendung des 60. Lebensjahres erreicht. Es ist somit eine **Abhängigkeit vom Lebensalter** gegeben. Darüber hinaus liegen Versorgungsbezüge auch bei verminderter Erwerbsfähigkeit oder bei Hinterbliebenenbezügen vor.

7.8.2 Allgemeines zu der Höhe der Versorgungsbezüge

Auf Grund des Urteils des BVerfG vom 06.03.2002 BStBl II 2002, 618 hat der Gesetzgeber mit Wirkung ab dem Veranlagungszeitraum 2005 die Besteuerung der Alterseinkünfte grundlegend verändert. Als Besteuerungsprinzip hat der Gesetzgeber sowohl für die Renteneinkünfte als auch für die Versorgungsbezüge das Prinzip der nachgelagerten Besteuerung gewählt. Das Prinzip der nachgelagerten Besteuerung besagt, dass die Einnahmen in voller Höhe im (späteren)

Zuflusszeitpunkt zu versteuern sind. Da vor dem Veranlagungszeitraum 2005 eine abweichende Regelung gegolten hat, bei der die zuvor genannten Einkünfte nur einer teilweisen Besteuerung unterworfen worden sind, hat der Gesetzgeber zur Abmilderung von Härtefällen eine Übergangsregelung geschaffen, bei der eine schrittweise Anpassung von der teilweisen Besteuerung hin zur vollen Besteuerung stattfindet. Diese Übergangsregelung findet in den Jahren 2005 bis 2040 statt.

7.8.3 Schrittweise Anpassung des Versorgungsfreibetrags und des Zuschlags

In diesem Übergangszeitraum von 2005 bis 2040 wird sowohl der Versorgungsfreibetrag als auch der Zuschlag zum Versorgungsfreibetrag schrittweise verringert. Die Höhe des Freibetrags und des Zuschlags bestimmt sich nach dem Jahr des Versorgungsbeginns.

Der **Versorgungsfreibetrag** beträgt bei Eintritt des Versorgungsbeginns bis zum Jahr 2005 40 % der Versorgungsbezüge, maximal jedoch 3 000 € (Höchstbetrag). Dieser Betrag wird bis zum Eintritt des Versorgungsbeginns im Jahr 2040 bis auf 0 % bzw. 0 € schrittweise verringert.

Der **Zuschlag zum Versorgungsfreibetrag** beträgt bei Eintritt des Versorgungsbeginns bis zum Jahr 2005 900 € und wird ebenfalls bis zum Eintritt des Versorgungsbeginns im Jahr 2040 bis auf 0 € vermindert.

Für das Jahr 2017 beträgt der Versorgungsfreibetrag 20,8 % der Versorgungsbezüge, höchstens jedoch 1 560 € und der Zuschlag zum Versorgungsfreibetrag 468 €. Die für den Übergangszeitraum geltenden Prozentsätze bzw. Beträge können der Tabelle in § 19 Abs. 2 Satz 3 EStG entnommen werden.

7.8.4 Festschreibung des Versorgungsfreibetrags und des Zuschlags

Die Höhe des Versorgungsfreibetrags und des Zuschlags richtet sich nach dem Jahr des Eintritts des Versorgungsbeginns und bleibt grundsätzlich für die gesamte Laufzeit des Versorgungsbezuges unverändert (§ 19 Abs. 2 Satz 8 EStG), insbesondere führen regelmäßige Anpassungen der Versorgungsbezüge nicht zu einer Neuberechnung (§ 19 Abs. 2 Satz 9 EStG).

Ausnahmsweise kann eine Anpassung der Beträge entsprechend des § 19 Abs. 2 Satz 10 und 11 EStG in Betracht kommen.

7.8.5 Bemessungsgrundlage

Bemessungsgrundlage für den Versorgungsfreibetrag ist für einen Versorgungsbeginn ab dem Jahr 2005 gem. § 19 Abs. 2 Satz 4 Buchst. b EStG das Zwölffache des Versorgungsbezuges für den ersten vollen Monat. Voraussichtliche Sonderzahlungen im Kalenderjahr (z. B. Weihnachtsgeld), auf die ein Rechtsanspruch besteht, werden hinzugerechnet.

7.8.6 Zeitanteilige Berücksichtigung

Gem. § 19 Abs. 2 Satz 12 EStG ermäßigen sich der Versorgungsfreibetrag und der Zuschlag zum Versorgungsfreibetrag in dem maßgeblichen Kalenderjahr für jeden vollen Kalendermonat um je 1/12, für den keine Versorgungsbezüge gezahlt werden.

7.8.7 Werbungskostenpauschbetrag

Für Versorgungsbezüge wird ab dem Jahr 2005 nur noch ein Werbungskostenpauschbetrag i. H. v. 102 € gem. § 9 a Nr. 1 b EStG gewährt.

8 Übungsfälle zum Arbeitslohn

FÄLLE 46–49

FALL 46 M1 ist angestellter Musiker in einem Orchester mit Einkünften aus § 19 EStG. Bei seiner Tätigkeit benutzt er ein eigenes Musikinstrument. M1 erhält von seinem Arbeitgeber grundsätzlich ein sog. Rohr-, Blatt- und Saitengeld. Dieses wird jedoch nicht mehr gezahlt, wenn der M1 länger als sechs Wochen erkrankt ist oder sich in Sonderurlaub befindet. Handelt es sich bei dem Rohr-, Blatt- und Saitengeld um (steuerfreien) Auslagenersatz i. S. d. § 3 Nr. 50 EStG?

FALL 47 M2 ist angestellter Musiker in einem Orchester mit Einkünften aus § 19 EStG. Bei seiner Tätigkeit benutzt er ein eigenes Musikinstrument. Für die Abnutzung des musikereigenen Instruments erhält M2 ein pauschales Instrumentengeld. Handelt es sich bei dem Instrumentengeld um eine steuerbare Einnahme i. S. d. § 19 EStG?

FALL 48 Liegt in den nachfolgenden Fällen Arbeitslohn vor?
a) Ein angestellter Versicherungsvertreter erhält einen vertraglich vereinbarten Festbetrag von 1 000 € pro Monat. Für erfolgreich vermittelte Versicherungsverträge erhält er eine Provision. Die Provisionsbeträge sind schwankend.
b) Ein pensionierter Beamter erhält eine monatliche Pension von 2 222 €.
c) Die Witwe eines Beamten erhält von dessen Dienstherrn eine monatliche Pension von 1 111 €.
d) Der Arbeitgeber A des Beschäftigten B zerstört auf Grund eines Missgeschicks den privaten Fotoapparat des B vollkommen. A zahlt als Ersatz an den B 150 €.
e) Der Lokführer L ist Mitglied in einer Gewerkschaft. Während eines Streiks, an dem sich auch der L beteiligt, erhält L Streikgelder von der Gewerkschaft.

FALL 49 Ein Beamter erhält seit dem 30. 06. 2010 Versorgungsbezüge mir einem jeweiligen monatlichen Betrag von 3 000 € (keine Sonderzahlungen). Wie hoch sind die Einkünfte aus nichtselbstständiger Arbeit im Jahr 2017?

9 Werbungskosten

In jüngerer Zeit haben sich bei den Werbungskosten zu § 19 EStG zahlreiche Gesetzesänderungen ergeben. So sind beispielsweise durch das Gesetz zur Änderung und Vereinfachung der Unternehmensbesteuerung und des steuerlichen Reisekostenrechts vom 20. 02. 2013 (BGBl I 2013, 285) erhebliche Änderungen insbesondere auch bei dem Werbungskostenabzug eines Arbeitnehmers vorgenommen werden. Der Gesetzgeber hat durch diese Regelung das Reisekostenrecht in weiten Teilen vereinfacht und vereinheitlicht. Die für diesen Grundkurs wichtigsten Neuerungen im Reisekostenrecht sind nachfolgend dargestellt. Von den Änderungen betroffen sind insbesondere die Entfernungspauschale, die doppelte Haushaltsführung und die Reisekosten bei Auswärtstätigkeiten.

Für das Verständnis des (neuen) steuerlichen Reisekostenrechts ist daher der nachfolgend dargestellt Aufbau des § 9 EStG mit bestimmten ausgewählten Werbungskosten von zentraler Bedeutung:

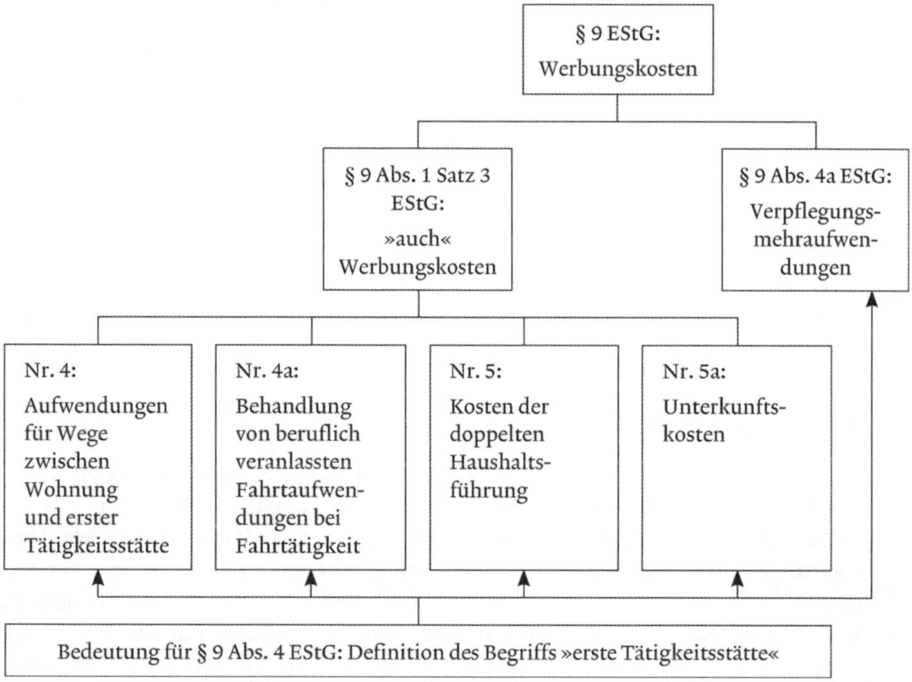

Wie aus der Übersicht zu entnehmen ist, hat der Begriff der ersten Tätigkeitsstätte nicht nur Auswirkungen auf die Entfernungspauschale i. S. d. § 9 Abs. 1 Nr. 4 EStG. Vielmehr hat dieser Begriff auch eine Auswirkung auf die Geltendmachung von

- Fahrtkosten,
- Kosten der doppelten Haushaltsführung und
- Verpflegungsmehraufwendungen.

Beispielsweise ist beim Vorliegen einer ersten Tätigkeitsstätte grundsätzlich

- die Entfernungspauschale anzusetzen,
- die Geltendmachung von Verpflegungsmehraufwendungen nicht möglich und
- die Berücksichtigung von Unterkunftskosten nur im Rahmen einer doppelten Haushaltsführung möglich.

Liegt hingegen keine erste Tätigkeitstätte vor und ist von einer Auswärtstätigkeit auszugehen, so sind grundsätzlich

- die tatsächlichen Fahrtkosten (ggfs. die pauschalen km–Sätze) anzusetzen,
- die Inanspruchnahme von Verpflegungsmehraufwendungen sowie
- die Berücksichtigung von Unterkunftskosten möglich.

Der Begriff der ersten Tätigkeitsstätte wird nachfolgend im Rahmen der Fahrten zwischen Wohnung und erster Tätigkeitsstätte für alle Bereiche erläutert.

9.1 Fahrten zwischen Wohnung und erster Tätigkeitsstätte

Gemäß § 9 Abs. 1 Satz 3 Nr. 4 EStG zählen zu den Werbungskosten auch die Aufwendungen des Arbeitnehmers für die Wege zwischen Wohnung und erster Tätigkeitsstätte. Es liegt hier der Gedanke zu Grunde, dass bereits die Wege zur Tätigkeitsstätte dem beruflichen Bereich zuzurechnen sind. Bei den Aufwendungen für die Wege zwischen Wohnung und erster Tätigkeitsstätte kommt ein pauschaler Werbungskostenansatz i. H. v. grundsätzlich 0,30 € pro Entfernungskilometer in Betracht. Es ist daher zunächst zu klären, was unter dem Begriff der Wohnung sowie unter dem Begriff der ersten Tätigkeitsstätte im Sinne der Vorschrift zu verstehen ist und in welcher Höhe die Kosten angesetzt werden können. Insoweit sind die nachfolgenden Verwaltungsanweisungen zu berücksichtigen bzw. hilfreich:

- R 9.10 LStR sowie H 9.10 LStH,
- BMF-Schreiben vom 31. 10. 2013 (BStBl I 2013, 1376) zu der Entfernungspauschale,
- BMF-Schreiben vom 24. 10. 2014 (BStBl I 2014, 1412) zur Reform des steuerlichen Reisekostenrechtes.

9.1.1 Begriff der Wohnung

Unter dem Begriff der Wohnung ist eine Örtlichkeit zu verstehen, die der Arbeitnehmer regelmäßig zur Übernachtung nutzt und von der aus er seine erste Tätigkeitsstätte aufsucht. Bei dieser Örtlichkeit muss es sich nicht um eine voll eingerichtete Wohnung handeln. Vielmehr reicht auch ein möbliertes Zimmer, ein Gartenhaus oder ein auf gewisse Dauer abgestellter Wohnwagen als Wohnung im Sinne der Vorschrift aus (vgl. R 9.10 Abs. 1 LStR). Hingegen kann ein Hotelzimmer bzw. fremde Wohnung, in denen der Arbeitnehmer nur kurzfristig aus privaten Gründen übernachtet, nicht als Wohnung im Sinne der Vorschrift angesehen werden.

Hat der Arbeitnehmer **mehrere Wohnungen**, so stellt sich die Frage, ob der Arbeitnehmer auch für die weiter entfernt liegende Wohnung Aufwendungen für die Fahrten zwischen Wohnung und erster Tätigkeitsstätte geltend machen kann.

Grundsätzlich können nur die Aufwendungen für die Fahrten zwischen der zur ersten Tätigkeitsstätte näher liegenden Wohnung und der ersten Tätigkeitsstätte geltend gemacht werden. Gem. § 9 Abs. 1 Satz 3 Nr. 4 Satz 6 EStG können ausnahmsweise die Aufwendungen für die Wege zwischen der weiter entfernt liegenden Wohnung und der Tätigkeitsstätte dann berücksichtigt werden, wenn die weiter entfernt liegende Wohnung der Mittelpunkt der Lebensinteressen des Arbeitnehmers ist und diese Wohnung nicht nur gelegentlich aufgesucht wird.

Der Mittelpunkt der Lebensinteressen – d. h. der örtliche Lebensmittelpunkt – liegt bei **verheirateten Arbeitnehmern** regelmäßig am tatsächlichen Wohnort der Familie. Ausgehend von den Lohnsteuerrichtlinien kann dies ohne weitere Prüfung unterstellt werden, wenn der verheiratete Arbeitnehmer die Wohnung mindestens sechsmal im Kalenderjahr aufsucht. Bei **anderen Arbeitnehmern** ist eine einzelfallbezogene Beurteilung vorzunehmen. Der Mittelpunkt der Lebensinteressen befindet sich an dem Wohnort, zu dem die engeren persönlichen Beziehungen bestehen (vgl. zu den Einzelheiten R 9.10 Abs. 1 LStR). Für die Bestimmung des Lebensmittelpunktes ist es dabei unerheblich, ob sich die Wohnung im Inland oder Ausland befindet.

Kommt die weiter entfernt liegende Wohnung nicht als maßgebliche Wohnung im Sinne der Vorschrift in Betracht, d. h. diese Wohnung ist nicht der Lebensmittelpunkt, so ist der Werbungskostenabzug dennoch nicht gänzlich ausgeschlossen. Vielmehr ist in diesen Fällen die Entfernungspauschale für die Wege zwischen der ersten Tätigkeitsstätte und der Wohnung, welche den Lebensmittelpunkt des Arbeitnehmers darstellt, anzusetzen.

Zu weiteren Einzelheiten des Wohnungsbegriffs siehe H 9.10 [Wohnung] LStH.

9.1.2 Begriff der ersten Tätigkeitsstätte

Der früher maßgebliche Begriff der regelmäßigen Arbeitsstätte bzw. der heutige Begriff der ersten Tätigkeitsstätte hat sich im Lauf der letzten Jahre gewandelt.

9.1.2.1 Verhältnis zwischen regelmäßiger Arbeitsstätte und erster Tätigkeitsstätte

Nach der früheren Rechtslage kam es für die Geltendmachung von Aufwendungen für die Wege zwischen Wohnung und Arbeitsstätte auf den Begriff der »regelmäßigen Arbeitsstätte« an (§ 9 Abs. 1 Nr. 4 EStG a. F.). Dieser Begriff war bisher nicht gesetzlich näher definiert, sodass eine nähere Definition des Begriffs durch die Rechtsprechung erfolgte und hierzu zahlreiche Verwaltungsanweisungen ergangen sind (vgl. beispielsweise BMF vom 15. 12. 2011 BStBl I 2012, 57 zum Begriff der regelmäßigen Arbeitsstätte). Durch die Gesetzesänderung wurde dieser gesetzlich nicht näher bestimmte Begriff der »regelmäßigen Arbeitsstätte« durch den Begriff der »ersten Tätigkeitsstätte« ersetzt. Dieser Begriff der ersten Tätigkeitsstätte ist nunmehr der zentrale Begriff für das (neue) Reisekostenrecht, da an zahlreichen Stellen hierauf Bezug genommen wird (s. § 9 Abs. 1 Satz 3 Nr. 4, Nr. 4 a, Nr. 5 und Nr. 5 a sowie § 9 Abs. 4 a EStG). Aufgrund dieser zentralen Bedeutung des Begriffs hat der Gesetzgeber eine gesetzliche Definition in das EStG aufgenommen (§ 9 Abs. 4 EStG), welche teilweise auf der BFH-Rechtsprechung basiert. Zur Vereinfachung wurden insbesondere auch Typisierungen eingeführt, nach denen in bestimmten Fallkonstellationen eine erste Tätigkeitsstätte angenommen werden kann.

9.1.2.2 § 9 Abs. 4 EStG als gesetzliche Grundlage für den Begriff der ersten Tätigkeitsstätte

§ 9 Abs. 4 EStG, der den Begriff der ersten Tätigkeitsstätte näher bestimmt, enthält wiederum zahlreiche Einzelregelungen (Sätze), die inhaltlich zusammengefasst werden können:

§ 9 Abs. 4 EStG: Begriff der ersten Tätigkeitsstätte	
Sätze 1 – 4	Voraussetzungen für die Einordnung eines Ortes als erste Tätigkeitsstätte
Satz 5	Festlegung: je Dienstverhältnis maximal eine erste Tätigkeitsstätte
Sätze 6 – 7	Konkurrenzklausel, wenn mehrere Orte die Voraussetzungen für die Einordnung als erste Tätigkeitsstätte erfüllen
Satz 8	Bestimmte Bildungseinrichtungen als erste Tätigkeitstätte

9.1.2.3 Prüfungsschema und Überblick zur ersten Tätigkeitsstätte

Auf Grund dieser gesetzlichen Regelung ist wie folgt zu prüfen:

1. Schritt: Ortsfeste betriebliche Einrichtung
Im Rahmen der Prüfung des Vorliegens einer ersten Tätigkeitsstätte ist in einem ersten Schritt zunächst zu klären, ob eine **ortsfeste betriebliche Einrichtung** gegeben ist (vgl. § 9 Abs. 4 Satz 1 EStG). Liegt keine ortsfeste betriebliche Einrichtung vor, so kann auch keine erste Tätigkeitstätte vorliegen.

Ist hingegen eine ortsfeste betriebliche Einrichtung gegeben, so beinhaltet § 9 Abs. 4 EStG des Weiteren einen typisierten Prüfungsablauf mit zwei Prüfungsstufen.

2. Schritt: Dauerhafte Zuordnung

Auf Ebene der **ersten und vorrangig anzuwendenden Prüfungsstufe** sind die arbeits-/dienstrechtlichen Festlegungen maßgeblich (§ 9 Abs. 4 Satz 2 EStG). Wird der Arbeitnehmer durch den Arbeitgeber aufgrund der arbeitsvertraglichen Festlegung einer bestimmten ortsfesten betrieblichen Einrichtung **dauerhaft zugeordnet**, so ist diese Einrichtung die erste Tätigkeitsstätte.

3. Schritt: Dauerhafte Tätigkeit und quantitative Kriterien

Erst wenn eine solche Festlegung nicht existiert bzw. die Festlegung nicht eindeutig ist, ist auf die **zweite und somit nachrangig anzuwendende Prüfungsstufe** i. S. d. § 9 Abs. 4 Satz 4 EStG einzugehen. Im Rahmen dieser zweiten Prüfungsstufe werden **quantitative, d. h. zeitliche Kriterien** berücksichtigt, die in § 9 Abs. 4 Satz 4 EStG näher umschrieben sind (s. hierzu 9.1.2.4.3).

9.1.2.4 Tatbestandsmerkmale der ersten Tätigkeitsstätte im Detail

9.1.2.4.1 Ortsfeste betriebliche Einrichtung

Für das Vorliegen einer ersten Tätigkeitsstätte müssen zunächst spezielle Voraussetzungen hinsichtlich des Tätigkeitsortes erfüllt sein. Ausgehend von § 9 Abs. 4 Satz 1 EStG kommt als erste Tätigkeitsstätte nur eine ortsfeste betriebliche Einrichtung

- des Arbeitgebers,
- eines verbundenen Unternehmens (§ 15 AktG) oder
- eines vom Arbeitgeber bestimmten Dritten

in Betracht.

BEISPIEL

Der angestellte Verkäufer X arbeitet in der Filiale seines Arbeitgebers Y in Lüdinghausen. Die Filiale ist eine ortsfeste betriebliche Einrichtung des Arbeitsgebers.

Hingegen sind Fahrzeuge, Flugzeuge, Schiffe oder Tätigkeitsgebiete ohne ortsfeste betriebliche Einrichtung **keine Tätigkeitsstätten** i. S. d. § 9 Abs. 4 Satz 1 EStG.

BEISPIEL

Der Busfahrer **im** Bus oder der Lokführer **im** Zug haben regelmäßig keine erste Tätigkeitsstätte **im Zug/im Bus**.

Ebenfalls keine Tätigkeitsstätte i. S. d. § 9 Abs. 1 Satz 4 EStG ist das **häusliche Arbeitszimmer** des Arbeitnehmers, da es keine von der Wohnung getrennte Tätigkeitsstätte in Form einer betrieblichen Einrichtung des Arbeitgebers/Dritten ist. Dies gilt auch dann, wenn der Arbeitgeber vom Arbeitnehmer diese Arbeitsräume anmietet, welche der Wohnung des Arbeitnehmers zuzuordnen sind.

Des Weiteren ist zu beachten, dass je Dienstverhältnis nur eine erste Tätigkeitsstätte vorliegen kann.

Zu weiteren Einzelheiten siehe BMF-Schreiben vom 24. 10. 2014 BStBl I 2014, 1412 Rz. 2–4.

9.1.2.4.2 1. Prüfungsstufe: Dauerhafte Zuordnung

Ist eine ortsfeste betriebliche Einrichtung gegeben, so ist im Rahmen der ersten Prüfungsstufe zu klären, ob der Arbeitnehmer dieser Tätigkeitsstätte dauerhaft zugeordnet ist.

9.1.2.4.2.1 Kriterien zur Bestimmung der Zuordnung

Ausgehend von § 9 Abs. 4 Satz 2 EStG wird die (dauerhafte) **Zuordnung** des Arbeitnehmers durch die dienst- oder arbeitsrechtlichen Festlegungen sowie die diese ausfüllenden Absprachen und Weisungen bestimmt. Es ist dabei unerheblich, ob die Zuordnung auf schriftlicher oder mündlicher Basis erfolgt. Die Zuordnung kann beispielsweise durch Arbeitsvertrag, Tarifvertrag, Protokollnotizen, dienstrechtlichen Verfügungen, Reiserichtlinien etc. erfolgen und muss sich auf die Tätigkeit des Arbeitnehmers beziehen.

Hierbei ist aber zu beachten, dass eine Zuordnung **allein** aus tarifrechtlichen, mitbestimmungsrechtlichen oder organisatorischen Gründen – ohne ein eigenes Tätigwerden des Arbeitnehmers in der zugeordneten betrieblichen Einrichtung – keine Zuordnung i. S. d. § 9 Abs. 4 EStG begründet.

Für eine wirksame Zuordnung i. S. d. § 9 Abs. 4 EStG ist jedoch ausreichend, wenn der Arbeitnehmer in der von dem Arbeitgeber festgelegten Tätigkeitsstätte in **geringfügigem Maß tätig** werden soll, so zum Beispiel die Erbringung von Hilfs- oder Nebentätigkeiten (Stundenzettel, Auftragsbestätigungen, Krank- und Urlaubsmeldungen abgeben, Teilnahme an regelmäßigen Dienstbesprechungen etc.). Liegt ein solches Tätigwerden vor, so ist die Zuordnung selbst dann möglich, wenn letztendlich tarifrechtliche, mitbestimmungsrechtliche oder organisatorische Gründe für die Zuordnungsentscheidung des Arbeitgebers ausschlaggebend waren.

BEISPIEL

Der Außendienstmitarbeiter A der Firma QI betreut die Kunden seines Arbeitgebers in Süddeutschland. A soll einmal wöchentlich den Firmensitz der Firma QI in Dortmund aufsuchen, um dort die anfallenden Bürotätigkeiten zu erledigen sowie um an Dienstbesprechungen teilzunehmen. A ist dem Firmensitz arbeitsrechtlich zugeordnet.

LÖSUNG Der Firmensitz in Dortmund ist die erste Tätigkeitsstätte des A, sofern er dort dauerhaft tätig ist (s. hierzu 9.1.2.4.2.2). Es ist hierbei unerheblich, dass A überwiegend in Süddeutschland tätig wird.

Zu weiteren Einzelheiten hinsichtlich der Zuordnung siehe BMF vom 24. 10. 2014 BStBl I 2014, 1412 Rz. 5 – 12, insbesondere Tz. 12 zu Gestaltungsmöglichkeiten des Arbeitgebers hinsichtlich der Zuordnung.

9.1.2.4.2.2 Dauerhaftigkeit der Zuordnung

Des Weiteren muss der Arbeitnehmer dieser ortsfesten betrieblichen Einrichtung **dauerhaft** zugeordnet sein (§ 9 Abs. 4 Satz 1 EStG). Eine solche Zuordnung von gewisser Dauer kann gem. § 9 Abs. 4 Satz 3 EStG insbesondere dann angenommen werden, wenn der Arbeitnehmer

- unbefristet,
- für die Dauer des Dienstverhältnisses oder
- über einen Zeitraum von 48 Monaten hinaus

an einer ortsfesten betrieblichen Einrichtung tätig werden **soll**. Für die Frage, ob eine dauerhafte Zuordnung vorliegt, ist eine auf die Zukunft gerichtete Prognose vorzunehmen, und zwar aus Sicht eines ex-ante-Beobachters. Mithin bedarf es einer **Prognoseentscheidung**.

BEISPIELE

a) Der unbefristet angestellte Berater B wird für seinen Arbeitgeber bei dessen Kunden K für die Dauer von 20 Monaten eingesetzt. Liegt eine erste Tätigkeitsstätte bei dem Kunden K vor?

b) Der Arbeitnehmer A ist ausschließlich für die Dauer eines Projektes von der Firma X angestellt worden und soll laut arbeitsvertraglicher Regelung am Firmensitz in München tätig werden. Das Arbeitsverhältnis soll zum vorgegebenen Zeitpunkt enden.

LÖSUNG

a) Es liegt keine erste Tätigkeitsstätte bei dem Kunden K vor, da es an einer dauerhaften Zuordnung fehlt.

b) A hat ab seinem ersten Arbeitstag auf Grund der arbeitsrechtlichen Zuordnung seine erste Tätigkeitsstätte in München.

Zu weiteren Einzelheiten hinsichtlich der Dauerhaftigkeit der Zuordnung mit zahlreichen weiteren Beispielen siehe BMF vom 24. 10. 2014 BStBl I 2014, 1412 Rz. 5 – 24.

9.1.2.4.3 2. Prüfungsstufe: Quantitative Kriterien und Dauerhaftigkeit der Zuordnung

Liegt keine dauerhafte Zuordnung des Arbeitnehmers zu einer betrieblichen Einrichtung durch den Arbeitgeber durch eine dienst- oder arbeitsrechtliche Festlegung vor bzw. ist die getroffene Festlegung nicht eindeutig, so ist im Rahmen einer zweiten Stufe § 9 Abs. 4 Satz 4 EStG zu prüfen.

Hiernach ist eine betriebliche Einrichtung als erste regelmäßige Tätigkeitsstätte anzusehen, wenn der Arbeitnehmer dort **dauerhaft**

- typischerweise arbeitstäglich,
- je Arbeitswoche zwei volle Arbeitstage oder
- mindestens 1/3 seiner vereinbarten regelmäßigen Arbeitszeit

tätig werden soll.

Maßgebend sind – neben der Dauerhaftigkeit – somit zeitliche, d. h. quantitative Merkmale, welche ebenfalls im Rahmen einer in die Zukunft gerichteten Prognose zu beurteilen sind. Die Prognoseentscheidung ist zu Beginn des Dienstverhältnisses zu treffen und bleibt so lange bestehen, bis sich die Verhältnisse maßgeblich ändern (z. B. Außendienstmitarbeiter arbeitet nunmehr im Innendienst).

Des Weiteren muss der Arbeitnehmer an der betrieblichen Einrichtung seine eigene berufliche Tätigkeit ausüben. Im Rahmen dieser zweiten Prüfungsstufe ist es nicht ausreichend, wenn lediglich Vorbereitungs-, Hilfs oder Nebentätigkeiten ausgeübt werden, z. B. Abholung und Abgabe von Kundendienstfahrzeugen, Abgabe von Stundenzetteln, Krankmeldungen, etc.

Zu weiteren Einzelheiten hinsichtlich der quantitativen Zuordnungskriterien mit zahlreichen weiteren Beispielen siehe BMF vom 24. 10. 2014 BStBl I 2014, 1412 Rz 25 – 28 bzw. zum Merkmal der Dauerhaftigkeit siehe Rz 25 i. V. m. Rz 13 ff.

9.1.2.4.4 Mehrere Tätigkeitsstätten erfüllen die Voraussetzungen nach § 9 Abs. 4 Satz 1 – 4 EStG

Ausgehend von § 9 Abs. 4 Satz 5 EStG kann der Arbeitnehmer je Dienstverhältnis nur eine erste Tätigkeitsstätte haben. § 9 Abs. 4 Sätze 6 und 7 EStG beinhalten daher Vereinfachungsregeln für den Fall, dass der Arbeitnehmer mehrere Tätigkeitsstätten hat und diese jeweils die Voraussetzungen von § 9 Abs. 4 Satz 1 – 4 EStG (Annahme einer ersten Tätigkeitsstätte) erfüllen. Diese Regelungen sind vor dem Hintergrund zu sehen, dass ein Arbeitnehmer nur eine erste Tätigkeitsstätte haben kann (§ 9 Abs. 4 Satz 5 EStG), sodass von mehreren möglichen Tätigkeitsstätten nur eine die erste Tätigkeitsstätte sein kann. Die Bestimmung der ersten Tätigkeitsstätte aus einer Vielzahl von mehreren Tätigkeitsstätten (die die Voraussetzungen nach § 9 Abs. 4 Satz 1 – 4 EStG erfüllen) erfolgt wiederum durch eine zweistufige Prüfung.

Zunächst ist im Rahmen einer ersten Prüfungsstufe diejenige Tätigkeitsstätte als erste Tätigkeitstätte anzusehen, die der Arbeitgeber bestimmt (§ 9 Abs. 4 Satz 6 EStG).

Nur für den Fall, dass es an einer solchen Zuordnung mangelt bzw. dass diese nicht eindeutig ist, wird im Rahmen einer weiteren, zweiten Prüfung diejenige Tätigkeitsstätte als erste Tätigkeitsstätte angesehen, welche der Wohnung örtlich am nächsten liegt. Die Fahrten zu der weiter entfernten Tätigkeitsstätte werden dann als Auswärtstätigkeit eingestuft.

Weitere Einzelheiten hinsichtlich des Vorliegens mehrerer Tätigkeitsstätten mit zahlreichen weiteren Beispielen siehe BMF vom 24. 10. 2014 BStBl I 2014, 1412 Rz 29 – 31.

BEISPIELE

Liegt in den nachfolgenden Fällen eine erste Tätigkeitsstätte vor?

a) Der Arbeitnehmer W soll an keiner seiner Tätigkeitstätten mehr als 1/3 seiner vereinbarten Arbeitszeit tätig werden. Eine Zuordnung des W zu einer Tätigkeitsstätte seitens des Arbeitgebers liegt nicht vor. W führt an den Tätigkeitsstätten lediglich Vorbereitungs-, Hilfs- und Nebentätigkeiten aus.

b) Der Arbeitnehmer X soll an der Tätigkeitsstätte A zu mindestens 50 % seiner vereinbarten Arbeitszeit tätig werden. Eine Zuordnung des X zu einer Tätigkeitsstätte seitens des Arbeitgebers liegt nicht vor.

c) Der Arbeitnehmer Y soll sowohl an der Tätigkeitsstätte A (50 km von der Wohnung entfernt) als auch an der Tätigkeitsstätte B (40 km von der Wohnung entfernt) zu jeweils 40 % der vereinbarten Arbeitszeit tätig werden. Der Arbeitgeber hat die Tätigkeitsstätte A als erste Tätigkeitsstätte bestimmt.

d) Der Arbeitnehmer Z soll sowohl an der Tätigkeitsstätte A (50 km von der Wohnung entfernt) als auch an der Tätigkeitsstätte B (40 km von der Wohnung entfernt) zu jeweils 40 % der vereinbarten Arbeitszeit tätig werden. Der Arbeitgeber hat keine Tätigkeitsstätte als erste Tätigkeitsstätte bestimmt.

LÖSUNG

a) Der Arbeitnehmer W hat keine erste Tätigkeitsstätte.

b) Der Arbeitnehmer X hat auf Grund der zeitlichen Vorgaben an der Tätigkeitsstätte A eine erste Tätigkeitsstätte.

c) Der Arbeitnehmer Y hat auf Grund der Bestimmung seitens des Arbeitgebers seine erste Tätigkeitsstätte an der Tätigkeitsstätte A.

d) Mangels Bestimmung seitens des Arbeitgebers ist die Tätigkeitsstätte B als erste Tätigkeitsstätte anzusehen, da zu dieser Tätigkeitsstätte die Wohnung des Z am nächsten liegt.

9.1.2.5 Bildungseinrichtung als »erste Tätigkeitsstätte«

Durch die Neuregelung wurde nunmehr gesetzlich festgelegt, dass eine erste Tätigkeitsstätte auch eine Bildungseinrichtung sein kann, wenn diese zum Zweck eines Vollzeitstudiums bzw. zu einer vollzeitigen Bildungsmaßnahme aufgesucht wird (§ 9 Abs. 4 Satz 8 EStG). Hierdurch wird die frühere Verwaltungspraxis – entgegen der ergangenen geänderten Rechtsprechung (BFH vom 09. 02. 2012, BFH/NV 2012, 856) – im Gesetzestext verankert.

Zu weiteren Einzelheiten siehe BMF vom 24. 10. 2014 BStBl I 2014, 1412 Rz 32 – 34.

9.1.3 Ermittlung der anzusetzenden Höhe der Entfernungspauschale

Ist dem Grunde nach geklärt, dass Wege zwischen einer berücksichtigungsfähigen Wohnung und der ersten Tätigkeitsstätte zurückgelegt worden sind, so ist in einem weiteren Schritt die Höhe der berücksichtigungsfähigen Aufwendungen zu bestimmen.

Die Aufwendungen für die Fahrten zwischen Wohnung und erster Tätigkeitsstätte bestimmen sich grundsätzlich wie folgt:

Zahl der Arbeitstage × volle Entfernungskilometer × 0,30 €.

9.1.3.1 Bestimmung der berücksichtigungsfähigen Arbeitstage und Fahrten

Die Zahl der zu berücksichtigenden Arbeitstage richtet sich nach der Anzahl der tatsächlichen Arbeitstage im Kalenderjahr. Arbeitet der Arbeitnehmer an fünf Tagen die Woche, so können im Regelfall insgesamt 230 Arbeitstage als tatsächliche Arbeitstage unterstellt werden. Hat der Arbeitnehmer hingegen eine Sechs-Tage-Woche, so kann im Regelfall eine Gesamtzahl von 280 tatsächlichen Arbeitstagen im Kalenderjahr unterstellt werden.

Grundsätzlich kann der Arbeitnehmer für eine Hin- und Rückfahrt zu derselben ersten Tätigkeitsstätte pro Arbeitstag nur einmal die Entfernungspauschale ansetzen. Ausnahmen bestehen bei Arbeitnehmern, die in mehreren Dienstverhältnissen stehen und denen Aufwendungen für Wege zwischen auseinanderliegenden ersten Tätigkeitsstätten entstehen (s. 9.1.5.4).

9.1.3.2 Bestimmung der Entfernungskilometer

Für jeden vollen Entfernungskilometer zwischen Wohnung und Tätigkeitsstätte ist eine Entfernungspauschale von 0,30 € anzusetzen. Da es auf volle Entfernungskilometer ankommt, sind angefangene Kilometer nicht zu berücksichtigen, sodass stets auf volle Kilometer nach unten abzurunden ist. Die Entfernungspauschale ist unabhängig vom benutzten Verkehrsmittel anzusetzen. Es macht somit keinen Unterschied, ob der Arbeitnehmer mit dem eigenen Kraftfahrzeug oder mit einem öffentlichen Bus die Tätigkeitsstätte aufsucht. Insbesondere kann der Arbeitnehmer auch das Fortbewegungsmittel wechseln, z. B. an einem Tag mit dem Fahrrad und am anderen Tag mit der S-Bahn fahren. Die Anwendung der Entfernungspauschale setzt jedoch voraus, dass tatsächlich die Fahrten zwischen Wohnung und erster Tätigkeitsstätte durchgeführt werden.

Als Entfernung zwischen Wohnung und erster Tätigkeitsstätte ist gemäß § 9 Abs. 1 Satz 3 Nr. 4 Satz 4 EStG auf die kürzeste Straßenverbindung zwischen Wohnung und erster Tätigkeitsstätte abzustellen, selbst wenn eine längere S-Bahn-Strecke benutzt wird. Ausnahmsweise kann eine längere Straßenverbindung zugrunde gelegt werden, wenn diese offensichtlich verkehrsgünstiger ist und vom Arbeitnehmer regelmäßig benutzt wird. Daher ist eine mögliche, aber tatsächlich nicht benutzte Straßenverbindung bei der Berechnung der kürzesten Straßenverbindung nicht zu berücksichtigen. »Offensichtlich« verkehrsgünstiger ist die vom Arbeitnehmer gewählte Straßenverbindung dann, wenn ihre Vorteilhaftigkeit so auf der Hand liegt, dass sich auch ein unvoreingenommener, verständiger Verkehrsteilnehmer unter den gegebenen Verkehrsverhältnissen für die Benutzung der Strecke entschieden hätte. Dabei kommt es auf die Umstände des Einzelfalls an, bei dem es nicht (mehr) auf eine Zeitersparnis von mindestens 20 Minuten ankommt. Vielmehr können auch andere Gesichtspunkte (z. B. Ampelschaltung oder Streckenführung) von Bedeutung sein. Entscheidend ist letztendlich, ob die erste Tätigkeitsstätte – trotz gelegentlicher Störungen – in der Regel schneller und pünktlicher erreicht wird.

Als relevante, längere Verkehrsstrecke kann aber nur die tatsächlich benutzte Straßenverbindung zu Grunde gelegt werden. Eine mögliche, aber tatsächlich nicht benutzte Verkehrsverbindung ist somit für die Ermittlung der Entfernungspauschale nicht anzusetzen (vgl. zu den Einzelheiten BFH vom 16. 11. 2011 BStBl II 2012, 470, H 9.10 [Verkehrsgünstigere Strecke] LStH sowie BMF vom 31. 10. 2013 BStBl I 2013, 1376, Tz. 1.4).

Zu dem Fahrtkostenansatz bei einer einfachen Fahrt (nur Hinfahrt bzw. nur Rückfahrt) s. H 9.10 [Fahrtkosten – bei einfacher Fahrt] LStH sowie BMF vom 31. 10. 2013 BStBl I 2013, 1376, Tz. 1. 4.

9.1.3.3 Abgeltungswirkung der Entfernungspauschale

Durch den Ansatz der Entfernungspauschale von 0,30 € sind gemäß § 9 Abs. 2 Satz 1 EStG grundsätzlich sämtliche Aufwendungen abgegolten, die durch die Zurücklegung der Wege zwischen Wohnung und erster Tätigkeitsstätte entstehen (z. B. Parkgebühren für das Abstellen des Kraftfahrzeuges während der Arbeitszeit, Finanzierungskosten oder Beiträge für Kraftfahrerverbände). Die Finanzverwaltung lässt jedoch Unfallkosten, die auf einer Fahrt zwischen Wohnung und erster Tätigkeitsstätte entstanden sind, im Rahmen des allgemeinen Werbungskostenabzuges nach § 9 Abs. 1 Satz 1 EStG zum Abzug zu. Unfallkosten sind somit neben der Entfernungspauschale zu berücksichtigen (vgl. zu den Einzelheiten H 9.10 [Unfallschäden] LStH sowie BMF vom 31. 10. 2013 BStBl I 2013, 1376, Tz. 4).

9.1.3.4 Begrenzung der Entfernungspauschale durch Höchstbetrag

Die anzusetzende Entfernungspauschale kann grundsätzlich nur bis zu einem Höchstbetrag von 4 500 € pro Kalenderjahr angesetzt werden (§ 9 Abs. 1 Satz 3 Nr. 4 Satz 2 EStG). Eine Überschreitung des Höchstbetrages von 4 500 € ist nur dann möglich, wenn der Arbeitnehmer einen eigenen oder einen ihm zur Nutzung überlassenen Pkw einsetzt.

9.1.4 Abweichende Berücksichtigung der tatsächlichen Kosten

Des Weiteren kann in bestimmten Fallkonstellationen ein anderer Ansatz als die nach den oben dargestellten Grundsätzen ermittelte Entfernungspauschale in Betracht kommen. Besonderheiten gelten für:

- Fahrtkosten im Zusammenhang mit der Benutzung von öffentlichen Verkehrsmitteln,
- behinderte Arbeitnehmer,
- Flugkosten,
- steuerfreie Sammelbeförderung.

9.1.4.1 Fahrtkosten im Zusammenhang mit der Benutzung von öffentlichen Verkehrsmitteln

Hat der Arbeitnehmer Aufwendungen für die Benutzung öffentlicher Verkehrsmittel, welche höher sind als die anzusetzende Entfernungspauschale, so kann der Arbeitnehmer die Differenz zwischen der Entfernungspauschale und den tatsächlichen Aufwendungen gemäß § 9 Abs. 2 Satz 2 EStG ansetzen. Daher gilt die Beschränkung auf den Höchstbetrag von 4 500 € bei der Benutzung öffentlicher Verkehrsmittel, soweit keine höheren Aufwendungen glaubhaft gemacht oder nachgewiesen werden.

9.1.4.2 Tatsächliche Aufwendungen von behinderten Arbeitnehmern

Gem. § 9 Abs. 2 Satz 3 EStG können behinderte Menschen, deren Grad der Behinderung

- mindestens 70 beträgt oder
- weniger als 70 aber mindestens 50 beträgt und die in ihrer Bewegungsfähigkeit im Straßenverkehr erheblich beeinträchtigt sind

anstelle der Entfernungspauschalen die tatsächlichen Aufwendungen für die Wege zwischen Wohnung und erster Tätigkeitsstätte geltend machen. Der Grad der Behinderung muss durch amtliche Unterlagen nachgewiesen werden. Bei Benutzung eines Kraftfahrzeuges hat der Arbeitnehmer die Möglichkeit ohne Einzelnachweis einen pauschalen Kilometersatz i. H. v. 0,30 € je **gefahrenen** Kilometer anzusetzen. Unfallkosten, die auf dem Weg zwischen Wohnung und erster Tätigkeitsstätte entstehen, sind neben dem pauschalen Kilometersatz ansetzbar.

9.1.4.3 Flugkosten

Gem. § 9 Abs. 1 Nr. 4 Satz 3 EStG gilt die Entfernungspauschale nicht für Flugstrecken. Die Kosten des Flugtickets können hier in tatsächlicher Höhe angesetzt werden. Allerdings kann der Arbeitnehmer die Fahrten zum Flughafen hin und wieder zurück im Rahmen der Entfernungspauschale berücksichtigen.

9.1.5 Sonderfälle

9.1.5.1 Entfernungspauschale bei Fahrgemeinschaften

Legen Arbeitnehmer die Wege zwischen ihren Wohnungen und der ersten Tätigkeitsstätte mittels einer Fahrgemeinschaft zurück, so ist für die Ermittlung der Entfernungspauschale von folgenden Grundsätzen auszugehen.

Jeder Teilnehmer der Fahrgemeinschaft kann die für seine Person maßgebliche Entfernungspauschale für die Fahrten von seiner Wohnung zur ersten Tätigkeitsstätte als Werbungskosten ansetzen. Demzufolge können Umwegstrecken – auch wenn sie durch die Abholung von Mitfahrern entstehen – nicht mit in die Entfernungspauschale einbezogen werden.

Der oben dargestellte Höchstbetrag von 4 500 € greift nicht für die Fahrten des Arbeitnehmers, bei denen er sein eigenes Kraftfahrzeug benutzt. Bei allen anderen Fällen, insbesondere wenn der Arbeitnehmer lediglich Mitfahrer ist, findet eine betragsmäßige Begrenzung statt.

Wechseln sich die Teilnehmer der Fahrgemeinschaft gegenseitig ab, so ist die Entfernungspauschale in zwei Stufen zu ermitteln. Auf der 1. Stufe ist zunächst die Entfernungspauschale für die Tage zu ermitteln, an denen der Arbeitnehmer mitgenommen wird. Auf dieser 1. Stufe ist die Begrenzung auf 4 500 € Höchstbetrag zu beachten. Im Anschluss ist auf der 2. Stufe die Entfernungspauschale für diejenigen Tage zu ermitteln, an denen der Arbeitnehmer seinen eigenen Kraftwagen benutzt. Für die so ermittelten Entfernungspauschalen auf der 2. Stufe greift der Höchstbetrag nicht ein. Die insgesamt anzusetzende Entfernungspauschale ergibt sich aus der Summe der Beträge der 1. und 2. Stufe.

BEISPIEL

Die Arbeitnehmer A, B und C bilden eine Fahrgemeinschaft und fahren an 210 Arbeitstagen zu ihrer Tätigkeitsstätte, wobei jeder von ihnen an 70 Tagen mit seinem eigenen Kraftfahrzeug fährt. Für jeden Arbeitnehmer beträgt die kürzeste Straßenverbindung von seiner Wohnung hin zur ersten Tätigkeitsstätte 50 km.

LÖSUNG Auf der 1. Stufe ist zunächst die Entfernungspauschale für die Fahrten zu ermitteln, an denen der Arbeitnehmer mitgenommen wurde. Dies sind im vorliegenden Fall 140 Tage × 50 km × 0,30 €, so dass sich ein Betrag von 2 100 € ergibt. Der auf der 1. Stufe grundsätzlich zu prüfende Höchstbetrag von 4 500 € ist nicht überschritten. Auf der 2. Stufe ist die Entfernungspauschale für diejenigen Fahrten zu ermitteln, bei denen der Arbeitnehmer sein eigenes Kraftfahrzeug benutzt. Die Entfernungspauschale auf der 2. Stufe beläuft sich auf 1 050 € (70 Arbeitstage × 50 km × 0,30 €). Die Entfernungspauschale auf dieser 2. Stufe ist unbegrenzt – d. h. ohne Berücksichtigung des Höchstbetrages von 4 500 € – anzusetzen. Als Entfernungspauschale gem. § 9 Abs. 1 Nr. 4 EStG kommt somit ein Gesamtbetrag von 3 150 € zum Ansatz.

9.1.5.2 Entfernungspauschale bei der Benutzung verschiedener Verkehrsmittel

Oftmals nutzen Arbeitnehmer auch verschiedene Verkehrsmittel, um von der Wohnung zur ersten Tätigkeitsstätte zu gelangen. Beispielsweise fährt ein Arbeitnehmer mit dem eigenen Kraftwagen zur nächstgelegenen S-Bahnhaltestelle und steigt dort auf öffentliche Verkehrsmittel um bzw. benutzt einen Teil des Jahres öffentliche Verkehrsmittel und den anderen Teil des Jahres fährt er mit dem eigenen Kraftfahrzeug. Bei derartigen Mischfällen ist ab dem Veranlagungszeitraum 2012 durch die Neufassung des § 9 Abs. 2 Satz 2 EStG und der damit verbundenen Einführung einer jahresbezogenen Vergleichsrechnung eine erhebliche Vereinfachung bei der Ermittlung der Entfernungspauschale eingetreten.

Hierbei ist wie folgt vorzugehen:

Zunächst ist bei diesen Mischfällen die kürzeste Straßenverbindung zu ermitteln, die als Grundlage für die anschließend vorzunehmende Berechnung für die anzusetzende Entfernungspauschale für die Fahrten zwischen Wohnung und erster Tätigkeitsstätte dient.

Die Teilstrecke, die mit dem eigenen Kfz zurückgelegt wird, ist in voller Höhe anzusetzen, wobei auch die Regelungen über die zuvor dargestellte verkehrsgünstigste Straßenverbindung anzuwenden sind.

Der verbleibende Teil der maßgeblichen Entfernung zwischen Wohnung und erster Tätigkeitsstätte ist die Teilstrecke, die auf öffentliche Verkehrsmittel entfällt. Hinsichtlich der beiden Teilstrecken, d. h. die »Kfz-Teilstrecke« einerseits und die »öffentliche-Verkehrsmittel-Strecke« andererseits, sind die anzusetzenden Fahrtkosten wie folgt zu ermitteln:

Zuerst ist die anzusetzende Entfernungspauschale für die »Kfz-Teilstrecke« und die jeweiligen Arbeitstage zu ermitteln.

Anschließend ist die anzusetzende Entfernungspauschale für die »öffentliche-Verkehrsmittel-Strecke« und die jeweiligen Arbeitstage zu ermitteln.

Beide Beträge werden sodann zusammengerechnet und bilden die insgesamt anzusetzende Entfernungspauschale, die in diesen Mischfällen auch höher als 4 500 € sein kann.

BEISPIELE

Wie hoch ist in den nachfolgenden Beispielen die Entfernungspauschale im Veranlagungszeitraum 2017?

a) A fährt zu seiner ersten Tätigkeitsstätte (kürzeste Straßenverbindung: 25 km) an 160 Tagen mit seinem eigenen Kfz und an 60 Tagen mit der S-Bahn. Die Kosten für die S-Bahn-Fahrkarten belaufen sich auf 480 €.

b) B gelangt an 220 Tagen zu seiner ersten Tätigkeitsstätte, indem er zunächst 6 km mit dem eigenen Kfz zum nächstgelegenen S-Bahnhof und von dort weitere 33 km mit der S-Bahn fährt. Die kürzeste Straßenverbindung beträgt 26 km. Die Kosten für die S-Bahn-Fahrkarten belaufen sich auf 1 800 €.

LÖSUNG

a) Die Entfernungspauschale ermittelt sich für den Veranlagungszeitraum 2017 wie folgt:

- Fahrten mit dem Pkw: 160 Tage × 25 km × 0,30 € Entfernungspauschale = 1 200 €
- Fahrten mit der S-Bahn: 60 Tage × 25 km × 0,30 € Entfernungspauschale = 450 €
- Gesamtsumme: 1 650 €

Für den Veranlagungszeitraum 2017 ist eine Entfernungspauschale von 1 650 € anzusetzen, da die angefallenen Aufwendungen für die Nutzung der S-Bahn i. H. v. 480 € nicht höher sind.

b) Die Entfernungspauschale ermittelt sich für den Veranlagungszeitraum 2017 wie folgt:

- Fahrten mit dem Pkw: 220 Tage × 6 km × 0,30 € Entfernungspauschale = 396 €
- Fahrten mit der S-Bahn: 220 Tage × 20 km × 0,30 € Entfernungspauschale = 1 320 €
- Gesamtsumme: 1 716 €

Da die Aufwendungen für die öffentlichen Verkehrsmittel (S-Bahn) mit 1 800 € höher sind als die ermittelte Entfernungspauschale mit 1 716 €, sind die höheren tatsächlichen Aufwendungen von 1 800 € anzusetzen.

9.1.5.3 Entfernungspauschale und Sammelbeförderung

Für Strecken, die mittels einer steuerfreien Sammelbeförderung nach § 3 Nr. 32 EStG zurückgelegt werden, gilt die Entfernungspauschale nicht.

9.1.5.4 Mehrere erste Tätigkeitsstätten bei mehreren Dienstverhältnissen

Hat ein Arbeitnehmer mehrere Dienstverhältnisse und entstehen ihm Aufwendungen für die Wege zu mehreren auseinander liegenden ersten Tätigkeitsstätten, so gilt Folgendes:

Kehrt der Arbeitnehmer von einer ersten Tätigkeitsstätte zunächst zurück zur eigenen Wohnung und fährt sodann zur anderen ersten Tätigkeitsstätte, so ist die Entfernungspauschale für jeden Weg zur ersten Tätigkeitsstätte anzusetzen (Zwischenhalt in der Wohnung). Die bisher kennen gelernte Einschränkung, dass pro Arbeitstag nur eine Fahrt zur ersten Tätigkeitsstätte zulässig ist, gilt nur bei dem Vorliegen einer, aber nicht bei dem Vorliegen mehrerer erster Tätigkeitsstätten.

Fährt der Arbeitnehmer hingegen direkt von der ersten Tätigkeitsstätte weiter zur nächsten ersten Tätigkeitsstätte ohne Zwischenhalt in der Wohnung, so ist für die Entfernungsermittlung der Weg zur ersten Tätigkeitsstätte als Umwegstrecke zur nächsten ersten Tätigkeitsstätte zu berücksichtigen. Bei der Ermittlung der Entfernungspauschale darf höchstens die Hälfte der Gesamtstrecke als Entfernung angesetzt werden.

BEISPIEL

Der Arbeitnehmer X hat seine Wohnung in W. Seine erste Tätigkeitsstätte im Dienstverhältnis D1 befindet sich in A und seine zweite erste Tätigkeitsstätte im Dienstverhältnis D2 in B. Die Entfernungen betragen zwischen W und A 45 km, zwischen A und B 60 km und zwischen W und B 75 km. X fährt vormittags zu seiner Arbeitsstätte in A und nachmittags weiter zu seiner Arbeitsstätte in B.

LÖSUNG Die Gesamtstrecke beläuft sich auf 180 km, sodass für die Ermittlung der Entfernungspauschale maximal 90 km – also die Hälfte der Gesamtentfernung – angesetzt werden darf. Die Entfernung zwischen der Wohnung und den beiden ersten Tätigkeitsstätten beträgt 120 km (45 km und 75 km), also mehr als die Hälfte der Gesamtstrecke, sodass nur 90 km angesetzt werden dürfen.

9.1.6 Behandlung von beruflich veranlassten Fahrtaufwendungen zu einem weiträumigen Tätigkeitsgebiet bzw. zu einem Sammelpunkt (§ 9 Abs. 1 Nr. 4a EStG)

Der neu eingefügte § 9 Abs. 1 Satz 3 Nr. 4a EStG regelt die steuerliche Behandlung von Aufwendungen für beruflich veranlasste Fahrten, die weder Fahrten zwischen Wohnung und erster Tätigkeitsstätte noch Familienheimfahrten sind. Durch diese Regelung werden insbesondere auch die Fahrtkosten zu einem **weiträumigen Tätigkeitsgebiet** bzw. zu einem **Sammelpunkt** erfasst, wobei dann für den Ansatz der Höhe nach für diese Fahrtkosten § 9 Abs. 1 Satz 3 Nr. 4 und § 9 Abs. 2 EStG (Entfernungspauschale) entsprechend gilt. Für das Verständnis dieser Regelung bedarf es zunächst eines Überblickes zum Inhalt des § 9 Abs. 1 Satz 3 Nr. 4a EStG, welcher wie folgt strukturiert werden kann:

§ 9 Abs. 1 Satz 3 Nr. 4a EStG: Aufwendungen für bestimmte beruflich veranlasste Fahrten	
Satz 1	Bestimmung der zu erfassenden Fahrten nach Nr. 4a
Satz 2	Grundsatz: Wahlrecht hinsichtlich der anzusetzenden Kosten (pauschaler Ansatz oder tatsächliche Kosten)
Satz 3	Ausnahme: Ansatz der Entfernungspauschale bei weiträumigem Arbeitsgebiet bzw. Sammelpunkt
Satz 4	Klarstellende Regelung für Fahrten innerhalb eines weiträumigen Arbeitsgebiets, dass Satz 1 und Satz 2 (Wahlrecht) anzuwenden ist

9.1.6.1 Überblick zur Höhe der anzusetzenden Werbungskosten

Liegt eine beruflich veranlasste Fahrt i. S. d. Satzes 1 vor, so ist in einem weiteren Schritt die Höhe der anzusetzenden Werbungskosten zu ermitteln. Für die Ermittlung der Höhe sind – je nach Sachverhaltsgestaltung – drei Berechnungsgrößen denkbar. Als Berechnungsgrößen kommen

- die Entfernungspauschale (bei Sachverhalten i. S. d. Satzes 3, d. h. bei Sammelpunkten und bei einem weiträumigen Tätigkeitsgebiet) oder
- ein pauschaler Kilometeransatz bzw. der tatsächliche Kostenansatz (bei Sachverhalten i. S. d. Satzes 1 i. V. m. Satz 2 bzw. Satz 4)

in Betracht.

9.1.6.2 Entsprechende Anwendung der Entfernungspauschale als Ausnahmeregelung

Selbst wenn die Voraussetzungen für die unmittelbare Anwendung der Entfernungspauschale nach § 9 Abs. 1 Satz 3 Nr. 4 EStG nicht gegeben sind, kann es dennoch Fallkonstellationen geben, in denen die Regelungen zur Entfernungspauschale ausnahmsweise entsprechend anzuwenden sind.

Eine entsprechende Anwendung setzt voraus, dass der Arbeitnehmer zunächst keine erste Tätigkeitsstätte i. S. d. § 9 Abs. 4 EStG hat. Daher ist in dieser Fallkonstellation mangels Vorliegen einer ersten Tätigkeitsstätte auch die unmittelbare Anwendung der Entfernungspauschale i. S. d. § 9 Abs. 1 Satz 3 Nr. 4 EStG ausgeschlossen. Des Weiteren muss ein Sammelpunkt oder ein weiträumiges Tätigkeitsgebiet i. S. d. § 9 Abs. 1 Satz 3 Nr. 4a Satz 3 EStG vorliegen.

9.1.6.2.1 Sammelpunkt

Ist der Arbeitnehmer dienstrechtlich/arbeitsvertraglich verpflichtet, typischerweise arbeitstäglich einen dauerhaft festgelegten Ort aufzusuchen, der die Kriterien für eine erste Tätigkeitsstätte nicht erfüllt, um von dort seine unterschiedlichen eigentlichen Einsatzorte aufzusuchen oder um von dort aus seine berufliche Tätigkeit aufzunehmen, so ist von einem Sammelpunkt auszugehen. Typischerweise fallen hierunter Fahrten eines Busfahrers von seiner Wohnung zum Busdepot, um von dort aus seiner Fahrtätigkeit nachgehen zu können. Für diese Fahrten zwischen Wohnung und Sammelpunkt sind die Regelungen über die Entfernungspauschale entsprechend anzuwenden. Hinsichtlich der Fahrtkosten erfolgt hier eine Gleichbehandlung mit einem typischen Arbeitnehmer, der eine erste Tätigkeitsstätte hat.

Im Zusammenhang mit einem Sammelpunkt sind folgende Punkte zu beachten:

- Treffen sich mehrere Arbeitnehmer typischerweise arbeitstäglich an einem bestimmten Ort, um von dort aus eine Fahrgemeinschaft zu ihren Tätigkeitsstätten vornehmen zu können, so liegt kein Sammelpunkt i. S. d. § 9 Abs. 1 Nr. 4 a EStG vor. Es mangelt insoweit an der dienst- oder arbeitsrechtlichen Festlegung seitens des Arbeitgebers (vgl. BMF vom 24. 10. 2014 BStBl I 2014, 1412 Rz 38).
- Da durch diese Regelung keine erste Tätigkeitsstätte fingiert wird, hat § 9 Abs. 1 Nr. 4 a EStG insbesondere keinen Einfluss auf den Ansatz von Werbungskosten in Form von Verpflegungspauschalen und Übernachtungskosten (vgl. BMF vom 24. 10. 2014 BStBl I 2014, 1412 Rz 39, 44).

9.1.6.2.2 Weiträumiges Tätigkeitsgebiet

Auch im Zusammenhang mit einem weiträumigen Tätigkeitsgebiet kommt der Ansatz der Entfernungspauschale in Betracht, wobei zwischen den Fahrten hin **zum** Tätigkeitsgebiet einerseits und den Fahrten **innerhalb** des Tätigkeitsgebietes andererseits differenziert werden muss.

a) Begriff des weiträumigen Tätigkeitsgebietes

In Abgrenzung zur ersten Tätigkeitsstätte liegt ein weiträumiges Tätigkeitsgebiet vor, wenn die geschuldete Arbeitsleistung des Arbeitnehmers auf einer festgelegten Fläche und nicht innerhalb einer ortsfesten betrieblichen Einrichtung des Arbeitgebers, eines verbundenen Unternehmens (§ 15 AktG) oder bei einem vom Arbeitgeber bestimmten Dritten ausgeübt werden soll. In der Regel werden Zusteller, Hafenarbeiter oder Forstarbeiter in einem weiträumigen Tätigkeitsgebiet tätig. Hingegen sind beispielsweise Bezirksleiter und Vertriebsmitarbeiter, die verschiedene Niederlassungen betreuen oder mobile Pflegekräfte, die unterschiedliche Personen in deren Wohnungen in einem festgelegten Gebiet betreuen, von dieser Regelung nicht betroffen (vgl. BMF vom 24. 10. 2014 BStBl I 2014, 1412 Rz 40, 41).

b) Fahrtkosten zu einem weiträumigen Tätigkeitsgebiet

Ist der Arbeitnehmer dienstrechtlich/arbeitsvertraglich verpflichtet, typischerweise arbeitstäglich in einem weiträumigen Arbeitsgebiet tätig zu werden, so ist in diesen Fällen die Entfernungspauschale anzusetzen, und zwar für die Fahrten zwischen Wohnung und dem zur Wohnung nächstgelegenen Zugang. Dies gilt aus Vereinfachungsgründen auch dann, wenn das weiträumige Tätigkeitsgebiet immer von verschiedenen Zugängen aus betreten wird.

c) Fahrtkosten innerhalb eines weiträumigen Tätigkeitsgebietes

Für Fahrten innerhalb des weiträumigen Tätigkeitsgebietes und für Fahrten zwischen einem weiter entfernt gelegenen Zugang sind der pauschale Ansatz bzw. der tatsächliche Kostenansatz vorzunehmen. Der Arbeitnehmer hat insoweit ein Wahlrecht. Wählt der Arbeitnehmer den pauschalen Ansatz, so richtet sich die Höhe der anzusetzenden Aufwendungen nach dem maßgeblichen pauschalen Kilometersatz des Bundesreisekostengesetzes für das jeweils benutzte Fahrzeug (s. hierzu 9.3.2.1.3).

9.2 Doppelte Haushaltsführung

In der heutigen modernen Arbeitswelt wird von zahlreichen Arbeitnehmern eine hohe Mobilität verlangt, da viele Arbeitgeber ihre Arbeitnehmer oftmals zeitlich befristet an unterschiedlichen Tätigkeitsstellen einsetzen möchten. Vielen Arbeitnehmern ist jedoch für derartig kurzfristige Arbeitseinsätze die Verlegung ihres Hauptwohnsitzes zu aufwändig, sodass der Hauptwohnsitz beibehalten und an der neuen Tätigkeitsstätte eine zusätzliche Unterkunftsmöglichkeit geschaffen wird. Fraglich ist, ob diese Kosten für diese zusätzliche Unterkunftsmöglichkeit als Werbungskosten abgezogen werden können. Grundsätzlich zählen Kosten des Wohnens gemäß § 12 Nr. 1 EStG zu den nicht abzugsfähigen Kosten der Lebensführung. Lediglich in den Fällen der sog. **doppelten Haushaltsführung** i. S. d. § 9 Abs. 1 Nr. 5 EStG wird hiervon eine **Ausnahme** gemacht.

9.2.1 Allgemeines

Notwendige Mehraufwendungen im Zusammenhang mit einer aus beruflichem Anlass begründeten doppelten Haushaltsführung können daher als Werbungskosten abgezogen werden. Eine doppelte Haushaltsführung setzt dabei Folgendes voraus:

1. Der Arbeitnehmer unterhält außerhalb des Ortes seiner ersten Tätigkeitsstätte einen **eigenen Hausstand.**
2. Der Arbeitnehmer **wohnt auch am Beschäftigungsort, d. h. am Ort der ersten Tätigkeitsstätte** (Zweitwohnung).
3. Das Begründen der doppelten Haushaltsführung ist **beruflich veranlasst**.

Für die Annahme einer doppelten Haushaltsführung ist die Anzahl der tatsächlichen Übernachtungen in der Zweitwohnung unerheblich. Eine doppelte Haushaltsführung scheidet jedoch in den Fällen aus, in denen die auswärtige Beschäftigung als Auswärtstätigkeit anzuerkennen ist (R 9.11 Abs. 1 LStR).

9.2.2 Eigener Hausstand

Unter welchen Voraussetzungen ein eigener Hausstand angenommen werden kann, ist in § 9 Abs. 1 Satz 3 Nr. 5 Satz 3 EStG näher konkretisiert. Hiernach bedarf es für die Annahme eines eigenen Hausstands zweier Voraussetzungen. Zum einen muss der Arbeitnehmer eine **Wohnung innehaben**. Zum anderen wird eine **finanzielle Beteiligung** an den Kosten der Lebensführung (laufende Kosten der Haushaltsführung) vorausgesetzt.

9.2.2.1 Innehaben einer Wohnung

Für die Annahme einer doppelten Haushaltsführung muss der Arbeitnehmer einen eigenen Hausstand außerhalb des Ortes seiner ersten Tätigkeitsstätte unterhalten. Der Arbeitnehmer kann diese Wohnung

- aus eigenem Recht als Eigentümer/Mieter bzw.
- aus gemeinsamen oder abgeleitetem Recht als Ehegatte, Lebenspartner, Lebensgefährte oder Mitbewohner

innehaben. Des Weiteren muss eine Wohnung vorliegen, die entsprechend der Lebensbedürfnisse des Arbeitnehmers eingerichtet ist und den auf Dauer angelegten Mittelpunkt der Lebensinteressen des Arbeitnehmers darstellt.

Bei einem **verheirateten Arbeitnehmer** stellt i. d. R. der Familienwohnsitz einen eigenen Hausstand des verheirateten Arbeitnehmers dar.

BEISPIEL

Der Universitätsprofessor Schmal wohnt mit seiner Familie in einem eigenen Einfamilienhaus in Köln. Unter der Woche arbeitet er an der Universität Hamburg und hat dort ein Appartement angemietet. Seine vorlesungsfreien Tage und die Wochenenden verbringt er gemeinsam mit seiner Familie in Köln.

LÖSUNG Schmal unterhält einen eigenen Hausstand an seinem Familienwohnsitz in Köln. An der auswärtigen Beschäftigungsstelle in Hamburg unterhält er seine Zweitwohnung. Unter der Voraussetzung des Vorliegens einer beruflichen Veranlassung kann Schmal die notwendigen Mehraufwendungen für die doppelte Haushaltsführung als Werbungskosten ansetzen.

Auch bei **nicht verheirateten/alleinstehenden Arbeitnehmern** kann eine doppelte Haushaltsführung gegeben sein. Auch hier müssen die zuvor genannten Voraussetzungen vorliegen. Insbesondere muss geprüft werden, ob der Steuerpflichtige tatsächlich einen eigenen Haushalt **unterhält** oder ob er lediglich in einem fremden Haushalt **eingegliedert** ist. Zu weiteren Einzelheiten siehe R 9.11 Abs. 3 LStR sowie H 9.11 Abs. 1–4 [Eigener Hausstand] LStH.

9.2.2.2 Finanzielle Beteiligung

Des Weiteren ist auch eine finanzielle Beteiligung des Arbeitnehmers an den Kosten der Lebensführung (laufende Kosten der Haushaltsführung) erforderlich.

Eine finanzielle Beteiligung an den Kosten der Lebensführung liegt nicht vor, wenn es sich lediglich um **Bagatellbeträge** handelt.

Von einer finanziellen Beteiligung oberhalb der Bagatellgrenze ist dann auszugehen, wenn sich der Arbeitnehmer mit Barleistungen von **mehr als 10 %** an den monatlich regelmäßig anfallenden laufenden Kosten der Haushaltsführung beteiligt. Zu diesen Kosten zählen beispielsweise die Miete, die Mietnebenkosten oder Kosten für Lebensmittel und andere Dinge des täglichen Bedarfs. Liegen die Barleistungen des Arbeitnehmers unterhalb dieser Grenze, kann der Arbeitnehmer eine finanzielle Beteiligung auch auf andere Art und Weise darlegen.

Bei **Ehegatten/Lebenspartnern mit den Steuerklassen III, IV oder V** kann die finanzielle Beteiligung ohne entsprechende Nachweise unterstellt werden. Für weitere Einzelheiten siehe BMF vom 24. 10. 2014 BStBl I 2014, 1412 Rz 100.

9.2.3 Wohnen am Ort der ersten Tätigkeitsstätte

Für die Annahme des Merkmals »Wohnen am Ort der ersten Tätigkeitsstätte« werden hinsichtlich der Unterkunft keine hohen Anforderungen gestellt. Es reicht bereits jede dem Arbeitnehmer entgeltlich oder unentgeltlich zur Verfügung stehende Unterkunft, z. B. eine Eigentumswohnung, ein möbliertes Zimmer, ein Hotelzimmer, eine Gemeinschaftsunterkunft oder bei Soldaten auch die Unterkunft in der Kaserne.

Ausgehend vom Gesetzeswortlaut des § 9 Abs. 1 Nr. 5 Satz 2 EStG bedarf es des Weiteren einer Zweitunterkunft/-wohnung am Beschäftigungsort. Hierbei ist jedoch zu beachten, dass eine Zweitunterkunft/-wohnung **in der Nähe** des Beschäftigungsortes einer Unterkunft am Beschäftigungsort gleichsteht. Aus Vereinfachungsgründen kann grundsätzlich von einer Zweitunterkunft/-wohnung am Beschäftigungsort ausgegangen werden, wenn der Weg von der Zweitunterkunft zur ersten Tätigkeitsstätte weniger als die Hälfte der Entfernung der kürzesten Straßenverbindung zwischen der Hauptwohnung und der ersten Tätigkeitsstätte beträgt (Grenze: **halbe Strecke zwischen Hauptwohnung und Beschäftigungsort**). Entsprechendes gilt, wenn der eigene Hausstand und die Zweitwohnung sich innerhalb derselben Stadt (Stadt oder Gemeinde) befinden.

BEISPIEL

Der Arbeitnehmer X hat seinen eigenen Hausstand in H. Seine erste Tätigkeitstätte befindet sich in E. Die Entfernung von H nach E beträgt 300 km. Der Arbeitnehmer hat in Z eine günstige Zweitwohnung. Die Entfernung von der Zweitwohnung in Z zur ersten Tätigkeitsstätte in E beträgt 77 km.

LÖSUNG Trotz der Entfernung von 77 km zwischen der Zweitwohnung und der ersten Tätigkeitsstätte in E gilt die Zweitwohnung in Z als Wohnung am Ort der ersten Tätigkeitsstätte. Die Entfernung beträgt nämlich weniger als die Hälfte der Entfernung zwischen der Hauptwohnung in H und der ersten Tätigkeitsstätte in E (1/2 von 300 km = 150 km).

Für weitere Einzelheiten siehe BMF vom 24. 10. 2014 BStBl I 2014, 1412 Rz 101.

9.2.4 Beruflicher Anlass

Zudem muss die Begründung der doppelten Haushaltsführung beruflich veranlasst sein. Eine berufliche Veranlassung liegt vor, wenn der Haushalt am/in der Nähe des Beschäftigungsortes (Zweithaushalt) deswegen begründet wird, um von dort aus den Arbeitsplatz aufsuchen zu können. Weitere Motive für die Aufspaltung der Haushaltsführung sind hierbei nicht zu berücksichtigen (vgl. BFH vom 28. 03. 2012 BStBl II 2012, 831). In der Regel ist daher eine berufliche Veranlassung anzunehmen, wenn der Beschäftigungsort aufgrund einer Versetzung, eines Wechsels oder der erstmaligen Begründung eines Dienstverhältnisses gewechselt wird und deswegen am Beschäftigungsort ein Zweithaushalt begründet wird, um von dort die erste Tätigkeitsstätte aufzusuchen.

BEISPIEL

Der verheiratete Jura-Professor M wohnt mit seiner Familie in Hamburg und arbeitet dort an der Universität. Am 01. 09. 2017 wechselt er seine Arbeitsstelle und arbeitet nunmehr an der Universität in Tübingen. In Tübingen bewohnt er ein kleines 1-Zimmer-Appartement. Seine Familie wohnt weiterhin in Hamburg, die er regelmäßig am Wochenende besucht.

LÖSUNG Vorliegend ist eine berufliche Veranlassung gegeben.

Eine beruflich veranlasste doppelte Haushaltsführung liegt auch vor, wenn nach Eheschließung der eigene Hausstand am Beschäftigungsort aufgelöst und am Beschäftigungsort des ebenfalls berufstätigen Ehegatten begründet wird (vgl. H 9.11 (1–4) [Eheschließung/Begründung einer Lebenspartnerschaft] LStH).

BEISPIEL

EM arbeitet in Osnabrück. EF arbeitet in Hamburg. EM und EF heiraten. EM verlegt im Anschluss seinen Hausstand nach Hamburg. Hierdurch wird ein gemeinsamer Familienwohnsitz begründet. Er mietet sich aber eine kleine Wohnung in Osnabrück an, in der er unter der Woche nächtigt (vgl. BFH vom 04. 10. 1989 BStBl II 1990, 321).

Auch in den sog. »**Wegverlegungsfällen**« liegt eine aus beruflichem Anlass begründete doppelte Haushaltsführung vor. Diesen Wegverlegungsfällen liegt i. d. R. folgende Sachverhaltskonstellation zu Grunde:

- Der Arbeitnehmer unterhält zunächst an seinem Beschäftigungsort einen Haupthausstand.
- Diesen Haupthausstand verlegt er aus privaten Gründen vom Beschäftigungsort weg.
- Am Beschäftigungsort selbst begründet er einen zweiten Haushalt, um von dort aus seiner Beschäftigung weiter nachgehen zu können.

BEISPIEL

A arbeitet und wohnt in Bonn. A verlegt nun seinen Haupthausstand zu seiner langjährigen Lebensgefährtin L nach München. In Bonn mietet er sich eine kleine Zweitwohnung an (vgl. BFH vom 05. 03. 2009 BStBl II 2009, 1016).

Ausnahmsweise liegt bei diesen Wegverlegungsfällen dann keine beruflich veranlasste doppelte Haushaltsführung vor, wenn bereits im Zeitpunkt der Wegverlegung des Lebensmittelpunktes vom Beschäftigungsort ein Rückumzug an den Beschäftigungsort geplant ist (siehe auch R 9.11 Abs. 2 LStR).

9.2.5 Höhe der Aufwendungen

Ausgehend vom Wortlaut des § 9 Abs. 1 Nr. 5 EStG können als Aufwendungen nur die **notwendigen Mehraufwendungen** anlässlich der doppelten Haushaltsführung als Werbungskosten geltend gemacht werden. Zu diesen notwendigen Mehraufwendungen zählen gem. R 9.11 Abs. 5 LStR die folgenden Kosten:

- verschiedene notwendige Fahrtkosten,
- notwendige Verpflegungsmehraufwendungen,
- notwendige Aufwendungen für die Zweitwohnung,
- Umzugskosten.

9.2.5.1 Notwendige Fahrtkosten

Der Arbeitnehmer kann als notwendige Fahrtkosten

- (einmalige) Aufwendungen für die erstmalige Hinfahrt und für die letztmalige Rückfahrt anlässlich des **Wohnungswechsels** zur Begründung bzw. Beendigung der doppelten Haushaltsführung sowie

- (laufende) Aufwendungen für eine tatsächlich durchgeführte wöchentliche Heimfahrt vom Ort des eigenen Hausstands hin zum Beschäftigungsort und zurück (**Familienheimfahrt**) bzw. Aufwendungen für wöchentliche Familien-Ferngespräche

geltend machen.

a) (Einmalige) Fahrtaufwendungen

Für die Ermittlung der (einmaligen) Fahrtkosten ist § 9 Abs. 1 Satz 3 Nr. 4 a Satz 1 und 2 EStG i. V. m. R 9.5 Abs. 1 LStR anzuwenden. Eventuell anfallende Nebenkosten können nach Maßgabe der R 9.8 LStR angesetzt werden (siehe R 9.11 Abs. 6 LStR). Die (einmaligen) Fahrtaufwendungen anlässlich der Begründung bzw. Beendigung der doppelten Haushaltführung können somit wie bei einer Auswärtstätigkeit (d. h. Ansatz der tatsächlich entstandenen Fahrtaufwendungen) angesetzt werden. So kann der Arbeitnehmer beispielsweise bei Benutzung eines öffentlichen Verkehrsmittels die tatsächlichen Kosten ansetzen; bei der Benutzung eines eigenen Kraftfahrzeuges kann er hingegen wie bei der Auswärtstätigkeit einen Einzelnachweis der tatsächlich entstandenen Fahrzeugkosten erbringen (individueller Kilometersatz) oder bei fehlendem Einzelnachweis den pauschalen Kilometeransatz von 0,30 € pro gefahrenen Pkw-Kilometer ansetzen. Darüber hinaus können auch ggf. anfallende Nebenkosten wie bei einer Auswärtstätigkeit abgezogen werden.

b) Familienheimfahrten

Für die tatsächlich durchgeführten Familienheimfahrten kann der Arbeitnehmer eine Entfernungspauschale i. H. v. 0,30 € je Entfernungskilometer zwischen dem Ort des eigenen Hausstandes und dem Ort der ersten Tätigkeitsstätte gem. § 9 Abs. 1 Satz 3 Nr. 5 Satz 6 EStG ansetzen. Die Entfernungspauschale ist grundsätzlich unabhängig vom eingesetzten Verkehrsmittel. Wie bei den Aufwendungen für die Wegstrecken zwischen Wohnung und erster Tätigkeitsstätte i. S. d. § 9 Abs. 1 Satz 3 Nr. 4 EStG gilt die Entfernungspauschale jedoch nicht für Flugstrecken und für eine steuerfreie Sammelbeförderung.

Zudem gilt auch hier für die Entfernungsbestimmung die kürzeste Straßenverbindung, es sei denn eine andere Straßenverbindung ist offensichtlich verkehrsgünstiger und wird vom Arbeitnehmer regelmäßig benutzt. Hingegen können solche Aufwendungen für Familienheimfahrten nicht berücksichtigt werden, die der Steuerpflichtige mit einem im Rahmen einer Einkunftsart überlassenen Kraftfahrzeug durchführt (§ 9 Abs. 1 Satz 3 Nr. 5 Satz 8 EStG).

9.2.5.2 Notwendige Verpflegungsmehraufwendungen

Auch im Rahmen einer beruflich veranlassten doppelten Haushaltsführung kann der Arbeitnehmer notwendige Mehraufwendungen für Verpflegung geltend machen. Der gesetzliche Anknüpfungspunkt hierfür ist in § 9 Abs. 4 a Satz 12 und Satz 13 EStG enthalten:

a) Verpflegungspauschalen und Kürzungsregelungen

Hinsichtlich der Höhe der Verpflegungspauschalen verweist § 9 Abs. 4 a Satz 12 EStG zunächst für den Bereich des Inlandes auf die Verpflegungspauschalen i. S. d. § 9 Abs. 4 a Satz 3 EStG und für den Bereich des Auslandes auf die Pauschbeträge i. S. d. § 9 Abs. 4 a Satz 5 EStG. Des Weiteren sind auch die Kürzungsregelungen zu den Verpflegungspauschalen i. S. d. § 9 Abs. 4 a Sätze 8 bis 10 EStG zu beachten. Zu den Einzelheiten siehe 9. 3. 2. 2.

b) Dreimonatsfrist

Gem. § 9 Abs. 4 a Satz 12 EStG ist auch bei einer doppelten Haushaltsführung die Regelung zur Dreimonatsfrist i. S. d. § 9 Abs. 4 a Satz 6 und Satz 7 EStG im Rahmen des Ansatzes von Verpflegungsmehraufwendungen zu beachten.

Die Verpflegungsmehraufwendungen können grundsätzlich nicht für die gesamte Dauer der doppelten Haushaltsführung angesetzt werden. Vielmehr ist ein Ansatz nur für einen Zeitraum **von 3 Monaten** nach Bezug der Wohnung am neuen Beschäftigungsort zulässig.

Die Dauer einer eventuell vorausgegangenen Auswärtstätigkeit i. S. d. § 9 Abs. 4 a Satz 2 EStG an dem Tätigkeitsort, an dem die doppelte Haushaltsführung begründet wurde, ist auf die Dreimonatsfrist anzurechnen, wenn sie ihr unmittelbar vorausgegangen ist (§ 9 Abs. 4 a Satz 13 EStG).

Des Weiteren ist zu beachten, dass innerhalb der Dreimonatsfrist, welche für die doppelte Haushaltsführung gilt, auch eine Auswärtstätigkeit i. S. d. § 9 Abs. 4 a Satz 2 bzw. Satz 4 EStG vorliegen kann und somit sich die Frage stellt, in welcher Höhe die Verpflegungspauschalen angesetzt werden können. Ausgehend von § 9 Abs. 4 a Satz 12 2. HS EStG ist für jeden Kalendertag innerhalb der Dreimonatsfrist, an dem gleichzeitig auch eine Auswärtstätigkeit i. S. d. § 9 Abs. 4 a Satz 2 bzw. Satz 4 EStG gegeben ist, nur der jeweils höchste in Betracht kommende Pauschbetrag abziehbar.

Zu weiteren Einzelheiten siehe R 9.11 Abs. 7 LStR.

9.2.5.3 Notwendige Aufwendungen für die Zweitwohnung

9.2.5.3.1 Tatsächliche Unterkunftskosten im Inland mit Höchstbetragsbegrenzung

Ausgehend von § 9 Abs. 1 Satz 3 Nr. 5 Satz 4 EStG kann der Arbeitnehmer im Rahmen einer doppelten Haushaltsführung **im Inland** die tatsächlich entstandenen Unterkunftskosten geltend machen, jedoch begrenzt auf einen monatlichen Höchstbetrag von 1 000 €. Hierdurch entfällt der früher vorzunehmende Vergleich mit einer »durchschnittlichen Wohnung von 60 qm«. Ebenso entfällt auch die Prüfung der Notwendigkeit und Angemessenheit.

Zu den Aufwendungen für die Zweitwohnung, die im Rahmen des Höchstbetrages angesetzt werden können, zählen insbesondere:

- Mietaufwendungen,
- Betriebskosten, z. B. Heizkosten,
- Kosten der laufenden Reinigung und Pflege der Zweitwohnung,
- Afa für notwendige Einrichtungsgegenstände (ohne Arbeitsmittel),
- Zweitwohnungsteuer,
- Rundfunkbeitrag,
- bei einer im Eigentum befindlichen Zweitwohnung die damit zusammenhängenden tatsächlichen Aufwendungen (z. B. Afa, Darlehenszinsen, Nebenkosten und Reparaturkosten).

Aufwendungen, die sich auf das häusliche Arbeitszimmer innerhalb der Zweitwohnung/-unterkunft beziehen, sind nicht im Rahmen der Ermittlung der anzuerkennenden Unterkunftskosten einzubeziehen. Vielmehr sind diese Aufwendungen nach § 4 Abs. 5 Satz 1 Nr. 6 b EStG zu beurteilen.

Im Rahmen der Anwendung des Höchstbetrages ist grundsätzlich § 11 EStG zu beachten. Wurde jedoch ein monatlicher Höchstbetrag von 1 000 € nicht ausgeschöpft, so kann der nicht ausgeschöpfte Teil des Höchstbetrages in andere Monate des Bestehens der doppelten Haushaltsführung im selben Kalenderjahr übertragen werden.

Vom Mieter vereinnahmte Erstattungen (z. B. Nebenkostenrückzahlungen) mindern im Zeitpunkt des Zuflusses die Unterkunftskosten der doppelten Haushaltsführung.

Für weitere Einzelheiten siehe BMF vom 24. 10. 2014 BStBl I 2014, 1412 Rz 102 – 106.

9.2.5.3.2 Unterkunftskosten bei Zweitwohnung im Ausland

Bei einer doppelten Haushaltsführung im Ausland gelten die zuvor genannten Ausführungen nicht. Aufwendungen für eine im Ausland belegene Zweitwohnung sind zu berücksichtigen, soweit sie notwendig und angemessen sind. Unterkunftskosten sind notwendig, soweit sie die ortsübliche Miete für eine nach Lage und Ausstattung durchschnittliche Wohnung am Ort der ersten Tätigkeitsstätte mit einer Wohnfläche bis zu 60 qm nicht überschreiten. Für weitere Einzelheiten siehe BMF vom 24. 10. 2014 BStBl I 2014, 1412 Rz 107 sowie R 9.11 Abs. 8 LStR.

9.2.5.4 Umzugskosten

Umzugskosten im Zusammenhang mit der Begründung, Beendigung oder einem Wechsel der doppelten Haushaltsführung können grundsätzlich als Werbungskosten geltend gemacht werden. Zu den Einzelheiten siehe R 9.11 Abs. 9 LStR.

9.2.5.5 Sonderregelungen für die »Wegverlegungsfälle«

Findet die doppelte Haushaltsführung im Rahmen eines Wegverlegungsfalls statt, so sind sowohl hinsichtlich der notwendigen Verpflegungsmehraufwendungen als auch hinsichtlich der Umzugskosten Besonderheiten zu beachten, die sich im Einzelnen aus R 9.11 Abs. 7 LStR sowie aus R 9.11 Abs. 9 LStR ergeben.

9.2.6 Konkurrenzverhältnis zwischen Entfernungspauschale und doppelter Haushaltsführung

Bei vielen Arbeitnehmern kann es vorkommen, dass sowohl die Voraussetzungen für den Abzug der Entfernungspauschale für die Wege zwischen Wohnung und erster Tätigkeitsstätte als auch die doppelte Haushaltsführung vorliegen und der Arbeitnehmer von seinem Beschäftigungsort nicht nur einmal pro Woche sondern mehrmals pro Woche zu dem Ort seines eigenen Hausstandes fährt. In diesen Fällen kann es unter Umständen günstiger sein, lediglich die Entfernungspauschale für die Wege zwischen Wohnung und erster Tätigkeitsstätte geltend zu machen.

Dem Arbeitnehmer wird ein **Wahlrecht** eingeräumt, ob er die Entfernungspauschale für die Wege zwischen Wohnung und erster Tätigkeitsstätte oder aber ob er die Aufwendungen im Rahmen der doppelten Haushaltsführung (mit der Beschränkung auf eine wöchentliche Familienheimfahrt) geltend machen möchte. Dieses Wahlrecht kann er für dieselbe doppelte Haushaltsführung pro Kalenderjahr nur einmal ausüben. Eine Kombination beider Abzugsmöglichkeiten für die Familienheimfahrten ist nicht möglich (vgl. R 9.11 Abs. 5 LStR).

BEISPIEL

Der verheiratete A wohnt in Düsseldorf mit seiner Familie in einem Einfamilienhaus (Haupthausstand). Seine Arbeitsstelle befindet sich seit Jahren 160 km weiter weg in Osnabrück. In Osnabrück bewohnt A direkt neben seiner Arbeitsstelle eine kleine Wohnung (Zweitwohnung), für die er monatlich 170 € bezahlt. A fährt im Jahr 2017 an 90 Tagen mit dem Auto von seiner Tätigkeitsstätte zu seinem Haupthausstand in Düsseldorf und zurück. Er ist insgesamt 45 Wochen in Osnabrück. Welcher steuerliche Ansatz ist für A günstiger?

LÖSUNG A hat ein Wahlrecht, ob er einerseits die Wege zwischen Wohnung und erster Tätigkeitsstätte i. S. d. § 9 Abs. 1 Satz 3 Nr. 4 EStG oder anderseits die Aufwendungen für die doppelte Haushaltsführung geltend macht i. S. d. § 9 Abs. 1 Satz 3 Nr. 5 EStG.

- Als Wegekosten kann A gem. § 9 Abs. 1 Satz 3 Nr. 4 EStG einen Betrag von 4 320 € (90 Tage × 160 km × 0,30 €/km) geltend machen.
- Als notwendige Mehraufwendungen der doppelten Haushaltsführung könnte A die notwendigen Aufwendungen für die Zweitwohnung i. H. v. 2 040 € (12 × 170 €) sowie eine wöchentliche Heimfahrt mit einem Betrag von (45 × 160 km × 0,30 €/km) 2 160 € ansetzen, insgesamt also 4 200 €.
- Somit ist für A der Ansatz der Wegekosten i. S. d. § 9 Abs. 1 Satz 3 Nr. 4 EStG günstiger.

Wählt der Arbeitnehmer den Werbungskostenabzug im Rahmen einer doppelten Haushaltsführung, so kann er trotzdem für die Fahrten zwischen Zweitwohnung (nicht Ort des eigenen Hausstandes) und der ersten Tätigkeitsstätte die Entfernungspauschale ansetzen. Die Entfernungspauschale für die Wege zwischen Zweitwohnung und erster Tätigkeitsstätte wird von dem zuvor genannten Sachverhalt nicht erfasst.

Der Werbungskostenabzug der zuvor genannten Aufwandspositionen ist nur insoweit zulässig, als der Arbeitgeber diese nicht nach § 3 Nr. 13 oder § 3 Nr. 16 EStG steuerfrei erstattet (vgl. zu den Einzelheiten R 9.11 Abs. 10 LStR).

9.3 Reisekosten bei Auswärtstätigkeiten

Des Weiteren können auch Reisekosten des Arbeitnehmers als Werbungskosten angesetzt werden, soweit diese durch eine so gut wie ausschließlich beruflich veranlasste Auswärtstätigkeit entstanden sind.

Unter dem Begriff der Reisekosten versteht man die Fahrtkosten, die Verpflegungsmehraufwendungen, die Übernachtungskosten sowie die Reisenebenkosten. Die wesentlichen Regelungen hierzu sind in R 9.4 bis R 9.8 LStR enthalten.

9.3.1 Begriff der beruflich veranlassten Auswärtstätigkeit

Entscheidendes Merkmal für die Annahme von abzugsfähigen Reisekosten ist somit zunächst das Vorliegen einer beruflich veranlassten Auswärtstätigkeit.

Eine beruflich veranlasste Auswärtstätigkeit liegt vor, wenn der Arbeitnehmer

- außerhalb seiner Wohnung und
- nicht an seiner ersten Tätigkeitsstätte
- beruflich tätig wird.

Für die Annahme einer beruflich veranlassten Auswärtstätigkeit kommt es nicht darauf an, dass der Arbeitnehmer eine bestimmte Entfernung von seiner Wohnung/ersten Tätigkeitsstätte überschreitet. Zudem kommt es auch nicht darauf an, dass er eine bestimmte zeitliche Grenze überschreitet, wenngleich die Abwesenheitsdauer für die Frage der Gewährung von Verpflegungsmehraufwendungen eine Rolle spielt.

Des Weiteren liegt eine Auswärtstätigkeit auch dann vor, wenn sich der Arbeitnehmer an einem »Sammelpunkt« einzufinden hat bzw. er in einem weiträumigen Tätigkeitsgebiet tätig werden soll (vgl. 9.1.6 sowie BMF vom 24. 10. 2014 BStBl I 2014, 1412 Rz 39, 44 insbesondere hinsichtlich der Anwendung der Entfernungspauschale).

9.3.1.1 Begriff der Wohnung und der ersten Tätigkeitsstätte

Der Begriff der Wohnung sowie der Begriff der ersten Tätigkeitsstätte wurden bereits im Rahmen des Werbungskostenabzuges für die Wege zwischen Wohnung und erster Tätigkeitsstätte besprochen (siehe 9.1.1 und 9.1.2).

BEISPIELE

a) Der unbefristet angestellte und in Münster wohnende A ist für die Dauer von einer Woche von seiner ersten Tätigkeitsstätte in Münster zu einer Zweigstelle seines Arbeitgebers in Bielefeld abgeordnet.
LÖSUNG Die Tätigkeit in Bielefeld stellt für A eine Auswärtstätigkeit dar, da er außerhalb seiner Wohnung in Münster und außerhalb seiner ersten Tätigkeitsstätte in Münster tätig wird.

b) Der unbefristet angestellte und in Münster wohnende A hat bisher an seiner ersten Tätigkeitsstätte in Münster gearbeitet. Er wird von seinem Arbeitgeber dauerhaft an die neue Filiale in Bielefeld versetzt, in der er fortan als Filialleiter tätig wird. Der Arbeitgeber hat die Filiale in Bielefeld als erste Tätigkeitsstätte bestimmt.
LÖSUNG A hat in Bielefeld nunmehr seine erste Tätigkeitsstätte.

9.3.1.2 Berufliche Tätigkeit

Eine berufliche Veranlassung liegt insbesondere dann vor, wenn die Reise auf Weisung des Arbeitgebers vorgenommen wird, um z. B. Kunden zu besuchen, Verhandlungen mit Geschäftspartnern zu führen oder um eine Fachmesse zu besuchen. Im Umkehrschluss kann aber aus dem Vorliegen einer Weisung nicht stets der Rückschluss gezogen werden, dass es sich um eine weitaus überwiegend beruflich veranlasste Reise handelt. Es bedarf vielmehr stets einer genauen Prüfung des Veranlassungszusammenhangs. Besteht im Rahmen einer beruflich veranlassten Auswärtstätigkeit auch ein Zusammenhang mit einer nicht mehr als geringfügig anzusehenden privaten Angelegenheit, so ist eine Aufteilung der Aufwendungen in einem beruflich und in einen privat veranlassten Teil vorzunehmen. Besteht keine solche Aufteilungsmöglichkeit – auch nicht im Wege einer Schätzung –, so sind die gesamten Aufwendungen dem Bereich der privaten Lebensführung zuzurechnen. Zudem hat der Arbeitnehmer die berufliche Veranlassung der Auswärtstätigkeit, die Reisedauer und den Reiseweg aufzuzeichnen und anhand geeigneter Unterlagen nachzuweisen oder glaubhaft zu machen (R 9.4 LStR).

Gem. R 9.4 Satz 2 LStR ist auch der Vorstellungsbesuch eines Stellenbewerbers eine Auswärtstätigkeit.

9.3.2 Ansatz der verschiedenen Reisekostenarten

Liegt dem Grunde nach eine beruflich veranlasste Auswärtstätigkeit vor, so können als Reisekosten

- Fahrtkosten (§ 9 Abs. 1 Satz 3 Nr. 4 a EStG i. V. m. R 9.5 LStR),
- Verpflegungsmehraufwendungen (§ 9 Abs. 4 a EStG i. V. m. R 9.6 LStR),
- Übernachtungskosten (§ 9 Abs. 1 Satz 3 Nr. 5 a EStG i. V. m. R 9.7 LStR) und
- Reisenebenkosten (R 9.8 LStR)

geltend gemacht werden. Die nachfolgenden Ausführungen beziehen sich lediglich auf eine beruflich veranlasste Auswärtstätigkeit **im Inland**. Die Besonderheiten hinsichtlich der Verpflegungsmehraufwendungen und der Übernachtungskosten einer beruflich veranlassten Auswärtstätigkeit mit Auslandsbezug werden in diesem Grundkurs nicht dargestellt.

9.3.2.1 Fahrtkosten

Der Arbeitnehmer kann zunächst die ihm entstandenen Fahrtkosten als Werbungskosten i. S. d. § 9 Abs. 1 Satz 3 Nr. 4 a EStG ansetzen. Unter dem Begriff der Fahrtkosten werden die tatsächlichen Aufwendungen verstanden, die dem Arbeitnehmer durch die Benutzung eines Beförderungsmittels entstehen. Als Beförderungsmittel kommen sowohl öffentliche Verkehrsmittel (Bus, Bahn etc.) als auch andere Beförderungsmittel (z. B. Pkw, Motorrad, Mofa oder Fahrrad) in Betracht. Für die steuerliche Behandlung ist es grundsätzlich irrelevant, welches Beförderungsmittel und gegebenenfalls welche Tarifklasse der Arbeitnehmer bei öffentlichen Verkehrsmitteln benutzt. Der Arbeitnehmer kann insbesondere nicht auf ein preisgünstigeres Beförderungsmittel verwiesen werden.

Hinweis: Aufwendungen für die Fahrten i. S. d. § 9 Abs. 1 Satz 3 Nr. 4 a Satz 3 EStG (Sammelpunkt/weiträumiges Tätigkeitsgebiet) gehören nicht zu den Reisekosten (R 9.5 Abs. 1 LStR).

9.3.2.1.1 Relevante Wegstrecken

Im Rahmen einer Auswärtstätigkeit können Fahrtkosten insbesondere für Fahrten zwischen

- Wohnung und auswärtiger Tätigkeitsstätte,
- erster Tätigkeitsstätte und auswärtiger Tätigkeitsstätte oder
- mehreren auswärtigen Tätigkeitsstätten innerhalb desselben Dienstverhältnisses

in Betracht kommen (vgl. zu weiteren Wegstrecken H 9.5 [Allgemeines] LStH).

9.3.2.1.2 Fahrtkosten bei öffentlichen Verkehrsmitteln

Legt der Arbeitnehmer die Wegstrecke mit einem öffentlichen Verkehrsmittel zurück, so kann er die tatsächlich entstandenen Aufwendungen – d. h. den entrichteten Fahrpreis einschließlich etwaiger Zuschläge – als Werbungskosten geltend machen. Diese tatsächlich entstandenen Aufwendungen kann er beispielsweise durch Vorlage des Fahrscheins oder des Taxibelegs nachweisen.

9.3.2.1.3 Fahrtkosten bei Fahrzeugen

Benutzt der Arbeitnehmer dagegen ein eigenes Fahrzeug, so kann er wählen:

a) Einzelnachweis der Fahrtkosten

Im Gegensatz zu dem Werbungskostenabzug bei den Wegen zwischen Wohnung und erster Tätigkeitsstätte kann der Arbeitnehmer die tatsächlichen Kosten ansetzen. Möchte der Arbeitnehmer diese Kosten ansetzen, so sind diese wie folgt zu ermitteln:

Der Arbeitnehmer kann nur den Anteil der jährlichen Gesamtkosten des Fahrzeuges ansetzen, die auf die Fahrten anlässlich einer beruflich veranlassten Auswärtstätigkeit entfallen. Aus Vereinfachungsgründen kann der Arbeitnehmer für einen zusammenhängenden Zeitraum von 12 Monaten die Gesamtkosten für das relevante Fahrzeug ermitteln und sodann hieraus einen individuellen Kilometersatz für sein Fahrzeug ermitteln. Dieser individuelle Kilometersatz darf so lange angesetzt werden, bis sich die Verhältnisse wesentlich ändern. Eine wesentliche Änderung ist z. B. im Ablauf des Abschreibungszeitraums oder in dem Eintritt veränderter Leasingbelastungen zu sehen.

Bei der Ermittlung des individuellen Kilometersatzes sind insbesondere folgende Kostenpositionen einzubeziehen:

- Betriebsstoffkosten,
- Wartungs- und Reparaturkosten,

- Kosten einer Garage am Wohnort,
- Kraftfahrzeugsteuer,
- Kfz–Haftpflicht- und Fahrzeugversicherungen,
- Absetzungen für Abnutzung (grundsätzliche Nutzungsdauer von Personenkraftwagen: sechs Jahre; Verkürzungen möglich (vgl. H 9.5 [Einzelnachweis] LStH),
- gezahlte Schuldzinsen für ein Anschaffungsdarlehen des Fahrzeuges.

Dagegen sind folgende Kostenpositionen nicht mit in die Gesamtkosten für die Ermittlung des individuellen Kilometersatzes einzubeziehen:

- Aufwendungen infolge von Verkehrsunfällen,
- Park- und Straßenbenutzungsgebühren,
- Beiträge für Insassen- und Unfallversicherungen,
- Verwarnungs-, Ordnungs- und Bußgelder.

Diese nicht in die Gesamtkosten einzubeziehenden Kostenpositionen können unter Umständen als Reisenebenkosten berücksichtigt werden (vgl. hierzu die nachfolgenden Ausführungen).

Die zu berücksichtigenden Fahrtkosten ergeben sich aus der Multiplikation des individuellen Kilometersatzes mit den tatsächlich zurückgelegten Kilometern während der Auswärtstätigkeit.

BEISPIEL

Der nachgewiesene individuelle Kilometersatz für den Pkw eines Arbeitnehmers beträgt 0,42 €. Er legt im Rahmen einer beruflich veranlassten Auswärtstätigkeit insgesamt eine Strecke von 100 km zurück.

LÖSUNG Die im Rahmen der Reisekosten anzusetzenden Fahrtkosten belaufen sich auf 42 € (0,42 € × 100 km).

b) Pauschalansatz der Fahrtkosten

Wählt der Steuerpflichtige nicht den Einzelnachweis, so kann er gem. § 9 Abs. 1 Satz 3 Nr. 4 a Satz 2 EStG bei der Benutzung eines privaten Fahrzeuges die Fahrtkosten mit den folgenden pauschalen Kilometersätzen ansetzen (BMF vom 24. 10. 2014 BStBl I 2014, 1412 Rz 36):

Pkw	0,30 € je Fahrtkilometer
jedes andere motorbetriebene Fahrzeug	0,20 € je Fahrtkilometer

Ab dem Veranlagungszeitraum 2014 kommt für eine aus beruflichen Gründen mitgenommene Person bzw. für die Benutzung eines Fahrrades kein Pauschalansatz mehr in Betracht.

Bei den pauschalen Kilometersätzen ist zu beachten, dass es sich hierbei um Pauschalwerte je Fahrtkilometer und nicht – wie bei den Wegstrecken zwischen Wohnung und erster Tätigkeitsstätte – um Entfernungskilometer handelt. Begehrt der Steuerpflichtige einen höheren Ansatz als die pauschalierten Kilometersätze, muss er zwingend die tatsächlichen Kosten nachweisen. Ein Rückgriff auf Kostentabellen von Automobilclubs oder anderen Vereinigungen ist nicht möglich.

Macht der Arbeitnehmer von dem zuvor dargestellten Pauschalansatz Gebrauch, so ist eine Prüfung der tatsächlichen Kilometerkosten und damit einhergehend einer eventuellen offensichtlich unzutreffenden Besteuerung nicht mehr erforderlich (BMF vom 24. 10. 2014 BStBl I 2014, 1412 Rz 36).

c) Zusätzlicher Ansatz außergewöhnlicher Kosten

Durch den Ansatz der pauschalierten Kilometersätze sind diejenigen Kosten abgegolten, die üblicherweise durch die Benutzung des Beförderungsmittels entstehen. Außergewöhnliche Kosten – wie beispielsweise Unfallkosten – konnten bei der pauschalen Ermittlung der Kilometersätze nicht berücksichtigt werden. Daher sind außergewöhnliche Kosten, die durch die Fahrten anlässlich einer Auswärtstätigkeit entstanden sind, neben den pauschalierten Kilometeransätzen zu berücksichtigen. Im Ergebnis können somit außergewöhnliche Aufwendungen noch zusätzlich geltend gemacht werden.

BEISPIEL

Auf der Fahrt zu einer beruflich veranlassten Fortbildungsveranstaltung wird das Fahrzeug des A auf Grund eines Fahrfehlers des A leicht beschädigt. Die von A selbst zu tragenden Unfallkosten belaufen sich auf 2 000 €.

LÖSUNG A kann diese Unfallkosten neben den pauschale Kilometersätzen steuermindernd berücksichtigen (vgl. H 9.5 [Einzelnachweis bzw. pauschale Kilometeransätze] LStH).

d) Fahrtkosten zum Sammelpunkt/weiträumigen Tätigkeitsgebiet

Des Weiteren ist zu beachten, dass gem. § 9 Abs. 1 Satz 3 Nr. 4 a EStG für Fahrten von der Wohnung

- zu einem bestimmten Sammelpunkt bzw.
- zu einem weiträumigen Tätigkeitsgebiet

als Aufwendungen nur die Entfernungspauschale angesetzt werden kann (siehe 9.1.6).

9.3.2.2 Verpflegungsmehraufwendungen

Als weitere Reisekostenart können auch Verpflegungs**mehr**aufwendungen gem. § 9 Abs. 4 a EStG als Werbungskosten angesetzt werden. Kosten der Ernährung zählen zwar grundsätzlich zu den Kosten der privaten Lebensführung, sodass für diese eine Abzugsbeschränkung gem. § 12 Nr. 1 EStG in Betracht kommen würde. Es kann aber nicht außer Acht gelassen werden, dass ein Arbeitnehmer, der sich außerhalb seines regulären Umfeldes befindet, einen gewissen Mehraufwand für Verpflegungsaufwendungen hat.

BEISPIEL

Der in Stuttgart wohnende verheiratete Arbeitnehmer A ist zu einem Vorstellungsgespräch in Hamburg eingeladen. Das Mittagessen nimmt er in einem Restaurant im Hafenviertel ein. Üblicherweise isst er abends zusammen mit seiner Ehefrau in der gemeinsamen Wohnung.

LÖSUNG Im Verhältnis zu einer Essensaufnahme in Stuttgart ist dem A durch die Mahlzeiteneinnahme im Restaurant ein erhöhter Aufwand entstanden.

Für Veranlagungszeiträume bis 2013 war die steuerliche Behandlung der Verpflegungsmehraufwendungen im Bereich der Betriebsausgaben in § 4 Abs. 5 Nr. 5 EStG a. F. geregelt. Durch die Verweisungsnorm in § 9 Abs. 5 EStG a. F. konnten die Regelungen zu den Verpflegungsmehraufwendungen auch im Bereich des Werbungskostenabzuges angewendet werden. Ab dem Veranlagungszeitraum 2014 wurde die gesetzliche Konzeption hinsichtlich der Verpflegungsmehraufwendungen geändert. Nunmehr sind die Verpflegungsmehraufwendungen in § 9 Abs. 4 a EStG geregelt und § 4 Abs. 5 Nr. 5 EStG beinhaltet eine Verweisung auf § 9 Abs. 4 a EStG. Der wesentliche Inhalt des neuen § 9 Abs. 4 a EStG kann dabei wie folgt strukturiert werden:

§ 9 Abs. 4 a EStG: Verpflegungsmehraufwendungen	
Sätze 1 und 2	Voraussetzungen für die Annahme von Verpflegungsmehraufwendungen
Satz 3	Höhe der Verpflegungsmehraufwendungen
Satz 4	Entsprechende Anwendung bei fehlender erster Tätigkeitsstätte bzw. Bestimmung des Begriffs »Wohnung«
Satz 5	Verpflegungsmehraufwendungen und Tätigkeit im Ausland
Sätze 6 und 7	Beschränkung der Dauer der Gewährung von Verpflegungsmehraufwendungen
Sätze 8 – 10	Kürzung der Verpflegungspauschalen
Satz 11	Verpflegungsmehraufwendungen und steuerfreie Erstattungen
Satz 12	Verpflegungsmehraufwendungen und doppelte Haushaltsführung
Satz 13	Dauer der Gewährung von Verpflegungsmehraufwendungen bei vorangegangener auswärtiger Tätigkeit und anschließender doppelter Haushaltsführung

Im Folgenden beschränken sich die Ausführungen auf die Verpflegungspauschalen im Inland. Die Verpflegungspauschalen für eine Auslandstätigkeit ist nicht Gegenstand dieses Grundkurses.

9.3.2.3 Grundsätzlicher Anwendungsbereich

Die Verpflegungspauschalen sind bei einer auswärtigen beruflichen Tätigkeit anzuwenden, d. h. der Arbeitnehmer ist außerhalb seiner Wohnung und seiner ersten Tätigkeitsstätte beruflich tätig (vgl. § 9 Abs. 4 a Satz 2 EStG). Der Arbeitnehmer hat in dieser Fallkonstellation eine erste Tätigkeitsstätte.

Des Weiteren sind die Verpflegungsmehraufwendungen auch dann anzuwenden, wenn der Arbeitnehmer keine erste Tätigkeitsstätte hat (vgl. § 9 Abs. 4 a Satz 4 1. HS EStG), z. B. wenn die Regelungen zum Sammelpunkt bzw. zum weiträumigen Tätigkeitsgebiet zur Anwendung kommen.

Darüber hinaus kommen die Verpflegungsmehraufwendungen auch bei einer doppelten Haushaltsführung in Betracht (vgl. § 9 Abs. 4 a Satz 12 und 13 EStG).

9.3.2.4 Begriff der Wohnung und der ersten Tätigkeitsstätte

Als Wohnung i. S. d. der Vorschrift ist der Hausstand, der den Mittelpunkt der Lebensinteressen des Arbeitnehmers bildet sowie eine Unterkunft am Ort der ersten Tätigkeitsstätte im Rahmen der doppelten Haushaltsführung anzusehen (§ 9 Abs. 4 a Satz 4 2. HS EStG). Zum Begriff der ersten Tätigkeitsstätte siehe die Ausführungen unter 9. 1. 2.

9.3.2.5 Höhe der Verpflegungspauschalen im Inland

Für den Ansatz von Verpflegungsmehraufwendungen müssen des Weiteren auch die zeitlichen Vorgaben des § 9 Abs. 4 a Satz 3 EStG erfüllt sein. Im Verhältnis zum früheren Recht hat sich insoweit eine wesentliche Änderung ergeben. Die bisherige dreistufige Ausgestaltung der Verpflegungspauschalen wurde aufgegeben und durch eine zweistufige Ausgestaltung ersetzt. Früher konnten Verpflegungsmehraufwendungen i. H. v. 6 €, 12 € bzw. 24 € geltend gemacht werden (§ 9 Abs. 5 i. V. m. § 4 Abs. 5 Nr. 5 EStG a. F.). Ausgehend von der Neuregelung ist die niedrigste Stufe der Verpflegungsmehraufwendungen weggefallen, sodass nur noch Verpflegungsmehraufwendungen in Höhe von entweder 12 € oder 24 € angesetzt werden können (§ 9 Abs. 4 a Satz 3 EStG). Zweckmäßigerweise ist für die Prüfung der Gewährung von Verpflegungspauschalen zwischen einer Auswärtstätigkeit ohne Übernachtung und einer Auswärtstätigkeit mit Übernachtung im Inland zu unterscheiden.

9.3.2.5.1 Auswärtstätigkeit ohne Übernachtung

Gemäß § 9 Abs. 4 a Satz 3 Nr. 3 EStG ist dem Arbeitnehmer

- bei einer Abwesenheit von seiner Wohnung und der ersten Tätigkeitsstätte
- von mehr als acht Stunden
- ohne Übernachtung außerhalb seiner Wohnung

eine Verpflegungspauschale von 12 € zu gewähren.

BEISPIEL

X ist aus beruflichen Gründen wie folgt abwesend:
a) Mittwoch, den 05. 04. 2017 von 10.00 bis 15.00 Uhr,

b) Donnerstag, den 06. 04. 2017 von 10.00 bis 20.00 Uhr.
Wie hoch sind die Verpflegungsmehraufwendungen?

LÖSUNG Die Verpflegungsmehraufwendungen ermitteln sich gem. § 9 Abs. 4 a Satz 3 Nr. 3 EStG wie folgt:
a) Abwesenheit: 5 h, Verpflegungspauschale: – ;

b) Abwesenheit: 10 h, Verpflegungspauschale: 12 €.

Ist der Arbeitnehmer an einem Kalendertag mehrfach auswärts tätig, so können die Abwesenheitszeiten dieser Tätigkeiten zusammengerechnet werden und auf Basis dieser Gesamtabwesenheitsdauer ist sodann ggf. ein Pauschbetrag zu gewähren.

BEISPIEL

Der Arbeitnehmer Fleißig fährt morgens um 7.00 Uhr direkt von seiner Wohnung aus zu einem Kundengespräch und kehrt im Anschluss zu seiner ersten Tätigkeitsstätte zurück und erreicht diese um 12.00 Uhr. Am Nachmittag besucht er ebenfalls einen anderen Kunden in der Zeit von 15.00 Uhr bis 18.30 Uhr.

LÖSUNG Die Abwesenheitsdauer von der Wohnung und der ersten Tätigkeitsstätte beträgt insgesamt 8,5 h, sodass Fleißig Verpflegungsmehraufwendungen i. H. v. 12 € gem. § 9 Abs. 4 a Satz 3 Nr. 3 EStG geltend machen kann.

Somit können mehrere kürzere Abwesenheitszeiten pro Tag zusammengerechnet werden bzw. es ist auch eine Zusammenrechnung der Abwesenheitszeiten über Mitternacht möglich. Erfolgen die Tätigkeiten über Nacht, so können sie für den Kalendertag berücksichtigt werden, an dem der Arbeitnehmer den überwiegenden Teil der insgesamt mehr als acht Stunden abwesend ist.

BEISPIEL

Der Lkw–Fahrer X beginnt seine Auswärtstätigkeit um 20.00 Uhr und beendet diese um 5.00 Uhr des Folgetages.

LÖSUNG Es liegt eine gesamte Abwesenheitszeit von 9 h vor. Es ist eine Verpflegungspauschale von 12 € gem. § 9 Abs. 4 a Satz 3 Nr. 3 EStG für den Folgetag (Tag mit der überwiegenden Abwesenheit) zu gewähren.

9.3.2.5.2 Auswärtstätigkeit mit Übernachtung

Bei einer Übernachtung außerhalb seiner Wohnung kann der Arbeitnehmer gem. § 9 Abs. 4 a Satz 3 Nr. 2 EStG jeweils eine Verpflegungspauschale i. H. v. 12 € für den **An-/Abreisetag** geltend machen. Für die Bestimmung eines Kalendertages als An-/Abreisetag ist es ausreichend, wenn der Arbeitnehmer an diesem, einem anschließenden oder vorhergehenden Tag auswärtig, d. h. außerhalb seiner Wohnung, übernachtet. Auf die Prüfung einer Mindestabwesenheitsdauer wie bei § 9 Abs. 4 a Satz Nr. 3 EStG kommt es nicht an. Für die **Zwischentage**, an denen der Arbeitnehmer 24 Stunden von seiner Wohnung abwesend ist, kann der Arbeitnehmer eine Verpflegungspauschale i. H. v. 24 € gem. § 9 Abs. 4 a Nr. 1 EStG geltend machen.

BEISPIELE

a) Der Angestellte X aus Ludwigsburg nimmt an einer mehrtägigen Fortbildungsveranstaltung in Dortmund teil. Er verlässt am 10.10.01 um 18.00 Uhr seine Wohnung und kehrt zu dieser am 13.10.01 um 16.00 Uhr nach der durchgeführten Fortbildungsveranstaltung zurück. Auf eine eventuelle Kürzung der Verpflegungspauschalen ist nicht einzugehen.

LÖSUNG Für den Angestellten X liegt eine Auswärtstätigkeit vor, da er sowohl außerhalb von seiner ersten Tätigkeitsstätte als auch außerhalb seiner Wohnung beruflich tätig wird. Gem. § 9 Abs. 4 a Satz 3 Nr. 2 EStG kann er sowohl für den Anreisetag (10.10.01) als auch für den Abreisetag (13.10.01) jeweils eine Verpflegungspauschale von 12 € geltend machen. Für die Zwischentage 11.10.01 und 12.10.01 kann er gem. § 9 Abs. 4 a Satz 3 Nr. 1 EStG jeweils 24 € geltend machen. Insgesamt kann er also 72 € als Werbungskosten in Form von Verpflegungsmehraufwendungen geltend machen.

b) Der Arbeitnehmer Nixwieweg fährt am Montag, den 02.02. um 10.00 Uhr zu einer Kaminbaumesse in Norddeutschland. Er kehrt am Donnerstag, den 05.02. um 12.30 Uhr zurück. Er übernachtet in einem Hotel.
Wie hoch sind die Verpflegungspauschalen? Auf eine evtl. Kürzung der Verpflegungspauschalen ist nicht einzugehen.

LÖSUNG Nixwieweg kann gem. § 9 Abs. 4 a Satz 3 EStG folgende Verpflegungsmehraufwendungen geltend machen:
Montag, den 02.02.: Anreisetag: Verpflegungsmehraufwendungen: 12 €
Dienstag, den 03.02.: Abwesenheitsdauer: 24 h Verpflegungsmehraufwendungen: 24 €
Mittwoch, den 04.02.: Abwesenheitsdauer: 24 h Verpflegungsmehraufwendungen: 24 €
Donnerstag, den 05.02.: Abreisetag Verpflegungsmehraufwendungen: 12 €
Ein tatsächlicher Ansatz der Verpflegungsmehraufwendungen scheidet aus.

Zu weiteren Einzelheiten siehe BMF vom 24. 10. 2014 BStBl I 2014, 1412 Rz 46 – 49.

9.3.2.6 Zeitliche Begrenzung der Gewährung von Verpflegungsmehraufwendungen (Dreimonatsfrist)

Des Weiteren ist die Gewährung der Verpflegungspauschalen auf die ersten drei Monate einer längerfristigen beruflichen Tätigkeit an derselben Tätigkeitsstätte beschränkt (§ 9 Abs. 4 a Satz 6 EStG).

Eine längerfristige berufliche Tätigkeit an derselben Tätigkeitsstätte liegt vor, sobald der Arbeitnehmer an dieser Tätigkeitsstätte mindestens an drei Tagen in der Woche tätig wird. Wird die auswärtige Tätigkeitsstätte somit nicht an mehr als zwei Tagen in der Woche aufgesucht, so beginnt die Dreimonatsfrist nicht. Die Prüfung des Unterbrechungszeitraumes und des Ablaufs der Dreimonatsfrist erfolgt aus Sicht einer Ex-post-Betrachtung.

BEISPIEL

A arbeitet in Stuttgart. Er ist für die Dauer vom 01.01.2017 bis zum 30.09.2017 von seinem Arbeitgeber nach Bremen abgeordnet. Im Oktober kehrt er – wie geplant – nach Stuttgart zurück.

LÖSUNG A kann lediglich für Januar, Februar und März Verpflegungsmehraufwendungen geltend machen.

Zudem wurde auch die Problematik vereinfacht, ab wann bei einer Unterbrechung der Auswärtstätigkeit die Fristberechnung neu beginnt. Zukünftig sind nur noch zeitliche Kriterien maßgeblich, sodass ein Neubeginn der Dreimonatsfrist bei einer zeitlichen Unterbrechung von mindestens vier Wochen anzunehmen ist (§ 9 Abs. 4 a Satz 7 EStG). Auf den Grund der Unterbrechung kommt es dabei nicht an (z. B. Urlaub, Krankheit oder eine Tätigkeit an einer anderen Einsatzstelle); maßgeblich ist nur noch die Unterbrechungsdauer.

BEISPIEL

Der Arbeitnehmer A unterbricht seine seit längerem andauernde Auswärtstätigkeit wegen Krankheit vom 10.12.2016 bis zum 20.01.2017.

LÖSUNG Vorliegend ist eine Unterbrechung von mehr als vier Wochen gegeben, sodass A für weitere drei Monate im Jahr 2017 Verpflegungspauschalen geltend machen kann.

9.3.2.7 Kürzung der Verpflegungspauschalen

Des Weiteren kann noch eine Kürzung der Verpflegungspauschalen in Betracht kommen. Wird dem Arbeitnehmer im Rahmen einer Auswärtstätigkeit bzw. doppelten Haushaltsführung von seinem Arbeitgeber (bzw. auf dessen Veranlassung von einem Dritten) eine Mahlzeit zur Verfügung gestellt, so ist die als Werbungskosten abziehbare Verpflegungspauschale gem. § 9 Abs. 4 a Satz 8 EStG zu kürzen. Der Kürzungsbetrag beträgt

- bei einem übernommenen **Frühstück** 20 % der 24-Stunden-Pauschale i. S. d. § 9 Abs. 4 a Satz 3 Nr. 1 EStG (§ 9 Abs. 4 a Satz 8 Nr. 1 EStG), d. h. 4,80 € sowie
- bei einem übernommenen **Mittag- oder Abendessen** jeweils 40 % der 24-Stunden-Pauschale i. S. d. § 9 Abs. 4 a Satz 3 Nr. 1 EStG (§ 9 Abs. 4 a Satz 8 Nr. 2 EStG), d. h. 9,60 €.

Die Kürzung ist tagesbezogen vorzunehmen und kann maximal bis auf einen Wert von 0 € erfolgen.

BEISPIEL

Der angestellte Steuerberater S ist zu einer dreitägigen Fortbildungsveranstaltung (Anreise: 01.09.01/ Abreise: 03.09.01) gereist. Es handelt sich insoweit um eine auswärtige berufliche Tätigkeit. Der Arbeitgeber bucht und bezahlt für zwei Übernachtungen das Hotelzimmer nebst Frühstück. Des Weiteren übernimmt er am 02.09.01 das Mittag- und Abendessen. Weitere Kostenerstattungen nimmt der Arbeitgeber nicht vor.

Welche Verpflegungspauschalen kann S geltend machen?

LÖSUNG Der angestellte Steuerberater S kann folgende Verpflegungsmehraufwendungen geltend machen:

	01.09.01	02.09.01	03.09.01
Verpflegungspauschale	12 € (Anreisetag) gem. § 9 Abs. 4 a Satz 3 Nr. 2 EStG	24 € (Zwischentag) gem. § 9 Abs. 4 a Satz 3 Nr. 1 EStG	12 € (Abreisetag) gem. § 9 Abs. 4 a Satz 3 Nr. 2 EStG
Kürzung wegen Frühstück	–	./. 4,80 €	./. 4,80 €
Kürzung wegen Mittagessen	–	./. 9,60 €	–
Kürzung wegen Abendessen	–	./. 9,60 €	–
Verbleibender Werbungskostenansatz	12 €	0 €	7,20 €
S kann insgesamt 19,20 € als Verpflegungspauschale geltend machen.			

Leistet der Arbeitnehmer ein Entgelt für die Mahlzeit, mindert gem. § 9 Abs. 4 a Satz 10 EStG dieser Betrag den zuvor dargestellten Kürzungsbetrag.

BEISPIEL

Wie Fall zuvor, jedoch leistet S eine Zuzahlung zum Mittag- und Abendessen von je 4,00 €
Welche Verpflegungspauschalen kann S geltend machen?

LÖSUNG Der angestellte Steuerberater S kann folgende Verpflegungsmehraufwendungen geltend machen:

	01.09.01	02.09.01	03.09.01
Verpflegungspauschale	12 € (Anreisetag) gem. § 9 Abs. 4 a Satz 3 Nr. 2 EStG	24 € (Zwischentag) gem. § 9 Abs. 4 a Satz 3 Nr. 1 EStG	12 € (Abreisetag) gem. § 9 Abs. 4 a Satz 3 Nr. 2 EStG
Kürzung wegen Frühstück	–	./. 4,80 €	./. 4,80 €
Kürzung wegen Mittagessen	–	./. 5,60 € (Pauschale 9,60 € ./. Kürzung 4,00 €)	–
Kürzung wegen Abendessen	–	./. 5,60 € (Pauschale 9,60 € ./. Kürzung 4,00 €)	–
Verbleibender Werbungskostenansatz	12 €	8 €	7,20 €
S kann insgesamt 27,20 € als Verpflegungspauschale geltend machen.			

Zu weiteren Einzelheiten siehe BMF vom 24. 10. 2014 BStBl I 2014, 1412 Rz 73 – 98.

9.3.2.8 Unterkunftskosten bei Auswärtstätigkeit

Als weitere Reisekostenart kann der Arbeitnehmer auch die Übernachtungskosten bzw. die Unterkunftskosten bei einer Auswärtstätigkeit geltend machen. Ab VZ 2014 sind die Unterkunftskosten bei einer Auswärtstätigkeit ausdrücklich in § 9 Abs. 1 Nr. 5 a EStG gesetzlich geregelt. Hiernach sind als Werbungskosten die Unterkunftskosten bei einer Auswärtstätigkeit abzugsfähig, sofern es sich um notwendige Mehraufwendungen des Arbeitnehmers für beruflich veranlasste Übernachtungen an einer Tätigkeitsstätte handelt, die nicht erste Tätigkeitsstätte ist. Nachfolgend werden die Unterkunftskosten bei Auswärtstätigkeit im Inland dargestellt.

9.3.2.8.1 Allgemeines

Von den Unterkunftskosten im Rahmen einer doppelten Haushaltsführung, die nach § 9 Abs. 1 Satz 3 Nr. 5 EStG zu behandeln sind, sind solche Unterkunftskosten zu unterscheiden, die im Rahmen einer **auswärtigen Tätigkeit** anfallen. Zum besseren Verständnis des § 9 Abs. 1 Satz 3 Nr. 5 a EStG kann dessen Inhalt wie folgt strukturiert werden:

§ 9 Abs. 1 Satz 3 Nr. 5 a EStG: Übernachtungskosten im Rahmen einer auswärtigen Tätigkeit	
Satz 1	Voraussetzungen für die Annahme von Übernachtungskosten
Satz 2	Begriff der Übernachtungskosten
Satz 3	Betragsmäßige Begrenzung der Übernachtungskosten wegen »Mehrfachnutzung«
Satz 4	Betragsmäßige Begrenzung der Übernachtungskosten nach Ablauf von 48 Monaten
Satz 5	Neubeginn des 48-Monatszeitraums bei Unterbrechung

9.3.2.8.2 Berufliche Veranlassung

Zum Begriff der beruflichen Veranlassung s. die Ausführungen zu 9.3.1.2 sowie Rz 111 des BMF-Schreibens vom 24.10.2014 BStBl I 2014, 1412.

9.3.2.8.3 Notwendige Unterkunftskosten

Im Gegensatz zu den Verpflegungsmehraufwendungen kann der Steuerpflichtige hier keine pauschalen Übernachtungskosten ansetzen (hiervon abzugrenzen ist die pauschale steuerfreie Erstattungsmöglichkeit des Arbeitgebers i. S. d. R 9.7 Abs. 3 LStR).

9.3.2.8.3.1 Unterkunftskosten

Als Unterkunftskosten können nur die tatsächlichen Aufwendungen des Arbeitnehmers für die persönliche Inanspruchnahme einer Unterkunft zur Übernachtung angesetzt werden (vgl. § 9 Abs. 1 Satz 3 Nr. 5 a Satz 2 EStG). Hierunter fallen beispielsweise die Kosten für die Nutzung eines Hotelzimmers, Kosten für die Nutzung eines möblierten Zimmers oder einer Wohnung.

Es gibt somit Reisekostenarten, die einerseits mit den tatsächlichen Aufwendungen (Übernachtungskosten, Reisenebenkosten) anzusetzen sind und andererseits solche Aufwendungen, die lediglich mit einem pauschalen Ansatz abgegolten werden (Verpflegungsmehraufwendungen).

Aus dieser unterschiedlichen Behandlung resultieren dann Probleme, wenn nur ein Gesamtpreis für Unterkunft und Verpflegung nachgewiesen werden kann und der Preis für die Verpflegung sich nicht feststellen lässt, z. B. bei einer Tagungspauschale. In diesen Fällen müssen die Verpflegungskosten aus dem Gesamtpreis herausgerechnet werden, da diese bereits durch den Ansatz der Verpflegungsmehraufwendungen abgegolten sind. In derartigen Fällen ist der Gesamtpreis zur Ermittlung der Übernachtungskosten

- für ein darin enthaltenes Frühstück um 20 % bzw.
- für ein darin enthaltenes Mittag-und Abendessen um jeweils 40 %

zu kürzen. Bemessungsgrundlage für den Kürzungsbetrag ist die am Unterkunftsort maßgebende Verpflegungspauschale bei einer Auswärtstätigkeit mit einer Abwesenheitsdauer von mindestens 24 Stunden, im Inland somit 24 €.

Zu weiteren Einzelheiten einschließlich zahlreicher Beispiele siehe BMF vom 24. 10. 2014 BStBl I 2014, 1412 Rz 112 – 113.

9.3.2.8.3.2 Notwendigkeit der Unterkunftskosten

Die Kosten der Unterkunft können im Rahmen der auswärtigen beruflichen Tätigkeit nur dann abgezogen werden, wenn der Arbeitnehmer noch eine weitere Wohnung hat, für die ihm Aufwendungen entstehen, weil er dort seinen Lebensmittelpunkt hat bzw. wieder aufnehmen will. Ein eigener Hausstand ist hierbei jedoch nicht erforderlich. Des Weiteren ist auch die Angemessenheit der Unterkunft nicht zu prüfen; entscheidend ist letztendlich nur die berufliche Veranlassung der Mehraufwendungen. Stellt die Unterkunft am auswärtigen Tätigkeitsort die einzige Wohnung/Unterkunft des Arbeitnehmers dar, so liegt kein beruflich veranlasster Mehraufwand vor.

Gem. § 9 Abs. 1 Satz 3 Nr. 5 a Satz 3 EStG sind auch solche Aufwendungen nicht abzugsfähig, die dadurch entstehen, dass die Unterkunft mit anderen Personen gemeinsam genutzt wird, die in keinem Dienstverhältnis zum selben Arbeitgeber stehen. In diesem Fall sind nur die Aufwendungen abzugsfähig, die bei einer alleinigen Nutzung durch den Arbeitnehmer angefallen wären.

BEISPIEL

Der Arbeitnehmer X übernachtet auf einer Auswärtstätigkeit in einem Doppelzimmer, da seine Ehefrau ihn aus persönlichen Gründen begleitet. Das Doppelzimmer kostet 200 €. Für das Einzelzimmer hätte X 130 € zahlen müssen.

LÖSUNG Als Unterkunftskosten kann X gem. § 9 Abs. 1 Satz 3 Nr. 5 a EStG nur den Betrag von 130 € als Werbungskosten abziehen.

Zu weiteren Einzelheiten siehe BMF vom 24. 10. 2014 BStBl I 2014, 1412 Rz 114 – 117.

9.3.2.8.4 Begrenzte Berücksichtigung bei einer längerfristigen Auswärtstätigkeit

Zur Vermeidung von Abgrenzungsschwierigkeiten wurde durch die gesetzliche Regelung insbesondere auch festgelegt, dass bei einer länger dauernden Auswärtstätigkeit die Übernachtungskosten der Höhe nach nur noch begrenzt angesetzt werden können. Der Höchstbetrag richtet sich dabei nach dem Betrag, der im Rahmen einer doppelten Haushaltsführung (§ 9 Abs. 1 Satz 3 Nr. 5 EStG) angesetzt werden könnte. Als eine länger andauernde Auswärtstätigkeit sieht der Gesetzgeber nunmehr einen Zeitraum von mehr als 48 Monaten an (§ 9 Abs. 1 Satz 3 Nr. 5 a Satz 4 EStG).

9.3.2.8.4.1 Fallvarianten

Somit sind zwei Fallvarianten zu unterscheiden:

1. Fallvariante: Zeitraum bis 48 Monate

Ist der Arbeitnehmer im Rahmen einer auswärtigen Tätigkeit an derselben auswärtigen Tätigkeitsstelle tätig, so kann er im Zeitraum der ersten 48 Monate die beruflich veranlassten Unterkunftskosten als Werbungskosten unbeschränkt abziehen.

2. Fallvariante: Zeitraum über 48 Monate hinweg

Ist der Arbeitnehmer auch noch über den Zeitraum der ersten 48 Monate hinweg an derselben auswärtigen Tätigkeitsstelle tätig, so ist der Ansatz der Werbungskosten der Höhe nach beschränkt, und zwar bis zur Höhe des Betrages, der im Rahmen der doppelten Haushaltsführung angesetzt werden könnte (1 000 €-Grenze pro Monat). Durch diese zweite Fallvariante soll letztendlich eine Gleichstellung mit dem wirtschaftlich vergleichbaren Fall der doppelten Haushaltsführung erreicht werden. Aus Vereinfachungsgründen ist nicht zu beanstanden, dass die Begrenzung auf 1 000 € erst ab dem ersten vollen Kalendermonat vorgenommen wird, der auf den Monat folgt, in dem die 48-Monatsfrist endet.

9.3.2.8.4.2 Unterbrechung

Die zuvor genannte 48-Monatsfrist beginnt neu, wenn der Arbeitnehmer seine berufliche Tätigkeit an derselben Tätigkeitsstätte für mindestens sechs Monate unterbricht (vergleiche § 9 Abs. 1 Satz 3 Nr. 5 a Satz 5 EStG). Es handelt sich hierbei um eine ähnliche Regelung wie bei einer Unterbrechung der Dreimonatsfrist im Rahmen der Verpflegungsmehraufwendungen. Auch hier ist eine Ex-post-Betrachtung vorzunehmen.

9.3.2.8.4.3 Begriff der »längerfristigen beruflichen Tätigkeit« an derselben Tätigkeitsstätte

Von einer längerfristigen beruflichen Tätigkeit an derselben Tätigkeitsstätte i. S. d. § 9 Abs. 1 Satz 3 Nr. 5 a Satz 4 EStG ist erst dann auszugehen, sobald der Arbeitnehmer an dieser mindestens an drei Tagen in der Woche tätig wird. Die Frist beginnt daher nicht, wenn der Arbeitnehmer lediglich an zwei Tagen in der Woche die auswärtige Tätigkeitsstätte aufsucht. Es ist hierbei eine Ex-post-Betrachtung vorzunehmen.

Zu weiteren Einzelheiten siehe BMF vom 24. 10. 2014 BStBl I 2014, 1412 Rz 118 - 122.

9.3.2.9 Reisenebenkosten

Im Rahmen der Auswärtstätigkeiten kann der Arbeitnehmer zudem auch seine Reisenebenkosten in der tatsächlich angefallenen Höhe als Werbungskosten geltend machen. Hierzu zählen insbesondere

- Gepäckbeförderungskosten/-aufbewahrungskosten,
- Telefonkosten für Gespräche mit dem Arbeitgeber oder dessen Geschäftspartner sowie
- Maut- und Parkplatzgebühr.

Dagegen zählen nicht zu den Reisenebenkosten Aufwendungen für, Massagen, Pay-TV oder für die Minibar. Weitere Beispiele sind in dem BMF-Schreiben vom 24. 10. 2014 BStBl I 2014, 1412 Rz 124 - 127 enthalten.

9.3.3 Erstattungen durch den Arbeitgeber

Der Arbeitgeber kann die als Reisekosten abziehbaren Werbungskosten grundsätzlich gem. § 3 Nr. 13 EStG bzw. § 3 Nr. 16 EStG steuerfrei erstatten (vgl. zu den Einzelheiten Fahrtkosten: H 9.5 [Werbungskostenabzug und Erstattung durch den Arbeitgeber] LStH, Verpflegungsmehraufwendungen: H 9.6 [Erstattung durch den Arbeitgeber] LStH, Übernachtungskosten: R 9.7 LStR sowie H 9.7 [Steuerfreiheit der Arbeitgebererstattungen] LStH, Reisenebenkosten: R 9.8 LStR).

Hiervon abweichend kann der Arbeitgeber im Bereich der Übernachtungskosten für jede Übernachtung im Inland ohne Einzelnachweis einen pauschalen Betrag von 20 € steuerfrei erstatten (R 9.7 Abs. 3 LStR).

Liegt eine steuerfreie Erstattung vor, so kann der Arbeitnehmer i. H. d. steuerfreien Erstattung keinen Werbungskostenabzug mehr durchführen.

9.4 Fortbildungskosten – Ausbildungskosten

Die Aneignung von Wissen und Fähigkeiten ist im heutigen Berufsleben unabdingbare Voraussetzung für ein erfolgreiches Fortkommen. Dies erfordert in vielen Berufen auch ein lebenslanges Lernen. Für steuerliche Zwecke muss unterschieden werden, in welchem »Stadium« des Berufslebens Wissen und Fähigkeiten angeeignet werden, insbesondere ob dies am Anfang des Berufslebens geschieht. Es muss nämlich einerseits zwischen den Ausbildungskosten (die regelmäßig zu Beginn des Berufslebens anfallen) und anderseits zwischen den Fortbildungskosten unterschieden werden.

9.4.1 Fortbildungskosten

Als Fortbildungskosten kann man solche Aufwendungen bezeichnen, die dem Stpfl in einem erlernten Beruf zur Fortbildung bzw. zur Vorbereitung auf einen Berufswechsel entstehen (vgl. R 9.2 Abs. 1 LStR), z. B. der Besuch einer Fortbildungsveranstaltung zu aktuellen Entwicklungen im Steuerrecht. Bei diesen Aufwendungen handelt es sich dem Grunde nach um Werbungskosten. Sie können daher nach den allgemeinen Grundsätzen bei der Ermittlung der Höhe der Einkünfte aus nichtselbstständiger Arbeit abgezogen werden.

9.4.2 Ausbildungskosten

Von den Fortbildungskosten sind die sog. Ausbildungskosten zu unterscheiden. Hierbei handelt es sich regelmäßig um Aufwendungen für den erstmaligen Erwerb von Kenntnissen, mit denen man einen Beruf ausüben kann bzw. um Aufwendungen im Zusammenhang mit einem Erststudium (vgl. R 9.2 Abs. 1 LStR). Je nach Sachverhaltslage sind diese Aufwendungen als Werbungskosten, Sonderausgaben oder als Kosten der privaten Lebensführung zu behandeln.

9.4.2.1 Überblick zu der geschichtlichen Entwicklung der steuerlichen Behandlung von Berufsausbildungskosten

Nach früherer Rechtsauffassung wurden die Kosten der erstmaligen Berufsausbildung (bzw. des Erststudiums), sofern sie nicht im Rahmen eines Dienstverhältnisses entstanden sind, den Kosten der privaten Lebensführung zugeordnet (§ 12 Nr. 5 EStG a. F.). Ein Werbungskostenabzug war demnach grundsätzlich nicht möglich. Somit konnte nur eine Berücksichtigung der Aufwendungen über den Sonderausgabenabzug des § 10 Abs. 1 Nr. 7 EStG erfolgen (vgl. hierzu 19. Auflage Teil J 8.4.2).

Dieser früheren Rechtsauffassung ist der BFH in mehreren Urteilen vom 28.07.2011 (VI R 8/10, VI R 5/10 und VI R 7/10) nicht gefolgt und hat in den Urteilen die Auffassung vertreten, dass die Entstehung von vorweggenommenen Werbungskosten auch bei einer erstmaligen Berufsausbildung möglich sei.

Als Reaktion auf die Rechtsprechung des BFH hat der Gesetzgeber das Einkommensteuergesetz an mehreren Stellen durch das Beitreibungsrichtlinie-Umsetzungsgesetz geändert. Hierdurch wurde der ursprüngliche Rechtszustand wiederhergestellt, nach dem die Kosten einer erstmaligen Berufsausbildung wieder den Kosten der privaten Lebensführung zuzurechnen sind. Insbesondere ist nach der Neuregelung ein Abzug als vorweggenommene Werbungskosten nicht mehr möglich. Hierfür wurden folgende Regelungen ausdrücklich in das EStG aufgenommen:

Zum einen wurde sowohl in § 4 Abs. 9 EStG (für den Bereich der Betriebsausgaben) als auch in § 9 Abs. 6 EStG (für den Bereich der Werbungskosten) **klarstellend** geregelt, dass Aufwendungen für eine erstmalige Berufsausbildung oder für ein Erststudium, das zugleich eine Erstausbildung vermittelt, keine Werbungskosten sind, sofern diese Berufsausbildung/dieses Erststudium nicht im Rahmen eines Dienstverhältnisses stattfindet bzw. keine Betriebsausgaben darstellt.

Zudem enthielt § 12 Nr. 5 EStG a. F. ein Abzugsverbot für Aufwendungen des Steuerpflichtigen für seine erstmalige Berufsausbildung bzw. sein Erststudium, das zugleich eine Erstausbildung vermittelt, wenn die Berufsausbildung bzw. das Erststudium nicht im Rahmen eines Dienstverhältnisses stattfindet. Diese Regelungen waren bereits für **Veranlagungszeiträume ab 2004** anzuwenden.

Zum anderen wurde der Höchstbetrag für den Sonderausgabenabzug nach § 10 Abs. 1 Nr. 7 EStG von 4 000 € auf 6 000 € angehoben. Der erhöhte Sonderausgabenabzug ist erstmals auf **Veranlagungszeiträume ab 2012** anzuwenden.

Durch das Gesetz zur Anpassung der Abgabenordnung an den Zollkodex der Union und zur Änderung weiterer steuerlicher Vorschriften vom 22. 12. 2014 wurden erneut im Rahmen der Ausbildungskosten weitere Änderungen vorgenommen. § 12 Nr. 5 EStG wurde mit Wirkung zum 01. 01. 2015 aufgehoben. Des Weiteren wurde der Werbungskostenabzug für Kosten der Berufsausbildung in § 9 Abs. 6 EStG ebenfalls mit Wirkung ab dem 01. 01. 2015 neu geregelt. Entsprechendes gilt auch für den Betriebsausgabenabzug über § 4 Abs. 9 EStG.

Somit sind Aufwendungen für eine erstmalige Berufsausbildung bzw. ein Erststudium außerhalb eines Dienstverhältnisses, das zugleich eine Erstausbildung vermittelt, regelmäßig keine Werbungskosten und vom Werbungskostenabzug ausgeschlossen. Diese Aufwendungen können bei Vorliegen der in § 10 Abs. 1 Nr. 7 EStG genannten Voraussetzungen lediglich als Sonderausgaben i. R. d. Höchstbetrages abgezogen werden.

9.4.2.2 Abzug als Werbungskosten

Für die Frage der Abzugsfähigkeit der Aufwendungen einer Ausbildung kommt § 9 Abs. 6 EStG eine entscheidende Bedeutung zu. Aufwendungen für eine Berufsausbildung können nur dann Werbungskosten sein, wenn der Stpfl zuvor bereits eine Erstausbildung – d. h. Berufsausbildung oder Studium – abgeschlossen hat oder wenn die Aufwendungen im Rahmen eines Dienstverhältnisses stattfinden.

9.4.2.2.1 Begriff der Berufsausbildung als Erstausbildung ab Veranlagungszeitraum 2015

Durch das Gesetz zur Anpassung der Abgabenordnung an den Zollkodex der Union und zur Änderung weiterer steuerlicher Vorschriften vom 22. 12. 2014 wurde mit Wirkung ab dem 01. 01. 2015 insbesondere § 9 Abs. 6 EStG neu gefasst, wodurch insbesondere der Begriff der

Berufsausbildung als Erstausbildung gesetzlich festgeschrieben wurde. Der Inhalt von § 9 Abs. 6 EStG kann wie folgt umschrieben werden:

§ 9 Abs. 6 **Satz 1** EStG:	Voraussetzungen für den Abzug von Berufsausbildungskosten als Werbungskosten
§ 9 Abs. 6 **Satz 2** EStG:	Definition des Begriffs »Berufsausbildung als Erstausbildung«
§ 9 Abs. 6 **Satz 3** EStG:	Definition des Begriffs »geordnete Ausbildung«
§ 9 Abs. 6 **Satz 4** EStG:	Abschluss der Berufsausbildung bei Fehlen einer Abschlussprüfung
§ 9 Abs. 6 **Satz 5** EStG:	Abschluss der Berufsausbildung bei Bestehen einer bestimmten Berufsausbildung ohne Durchlaufen der entsprechenden Berufsausbildung

Ausgehend von § 9 Abs. 6 Satz 1 EStG können Aufwendungen für die Berufsausbildung/ Studium des Steuerpflichtigen nur dann als Werbungskosten berücksichtigt werden, wenn der Steuerpflichtige

- **zuvor** bereits eine **Erstausbildung** (Berufsausbildung oder Studium) abgeschlossen hat oder
- die Berufsausbildung/das Studium im Rahmen eines **Dienstverhältnisses** stattfindet.

Den Sätzen 2 und 3 des § 9 Abs. 6 EStG kommt im Rahmen der Neuregelung eine besondere Bedeutung zu, da hier erstmalig der Begriff der Berufsausbildung als Erstausbildung gesetzlich geregelt wird. Gem. § 9 Abs. 6 Satz 2 EStG liegt eine **Berufsausbildung als Erstausbildung** grundsätzlich nur dann vor, wenn

- eine geordnete Ausbildung
- mit einer Mindestdauer von 12 Monaten bei vollzeitiger Ausbildung und
- mit einer Abschlussprüfung (siehe aber als Ausnahmetatbestand: § 9 Abs. 6 Satz 4 EStG)

durchgeführt wird. Ausgehend von § 9 Abs. 6 Satz 3 EStG liegt eine geordnete Ausbildung vor, wenn sie auf der Grundlage von Rechts- oder Verwaltungsvorschriften oder internen Vorschriften eines Bildungsträgers durchgeführt wird.

Hintergrund dieser gesetzlichen Kodifizierung sind in der Vergangenheit vorgenommene Gestaltungsvarianten in der Praxis, bei denen lediglich aus steuerlichen Gründen eine »Erstausbildung« absolviert wurde, um dann im Rahmen einer Zweitausbildung die Aufwendungen der Ausbildung als Werbungskosten/Betriebsausgaben ansetzen zu können, so z. B. zunächst die Ausbildung zum Taxifahrer oder Skilehrer, um im Anschluss dann die steuerlich begünstigte zweite Ausbildung vornehmen zu können.

Gem. § 4 Abs. 9 Satz 2 EStG gelten die zuvor genannten Regelungen des § 9 Abs. 6 Satz 2 bis 5 EStG für den Betriebsausgabenabzug entsprechend.

M. E. kann für weitere Einzelheiten auf das BMF-Schreiben vom 22. 09. 2010 BStBl I 2010, 721 zurückgegriffen werden, sofern dieses nicht im Widerspruch zu der gesetzlichen Neuregelung des § 9 Abs. 6 EStG ab Veranlagungszeitraum 2015 steht.

Hinweis: Das steuerliche Abzugsverbot für Kosten der Berufsausbildung wird derzeit vom Bundesverfassungsgericht hinsichtlich einer eventuellen Verfassungswidrigkeit der Regelung überprüft (vgl. hierzu das beim BVerfG anhängige Verfahren mit dem Az.: 2 BvL 24/14).

9.4.2.2.2 Begriff des Erststudiums

M. E. kann für die Bestimmung des Begriffs »**Erststudium**« auch hier auf die Ausführungen des BMF-Schreibens vom 22. 09. 2010 BStBl I 2010, 721 zurückgegriffen werden.

Hiernach wird unter dem Begriff »**Studium**« jedes akademische Studium an einer Hochschule i. S. d. § 1 Hochschulrahmengesetzes verstanden, z. B. das Studium an einer Universität,

Fachhochschule, Kunst- und Musikhochschule oder an sonstigen Bildungseinrichtungen, die den staatlichen Fachhochschulen gleichgestellt sind (z. B. Berufsakademie).

Das Studium ist ein **erstmaliges** Studium wenn es als Erstausbildung anzusehen ist. Es darf also kein durch einen berufsqualifizierenden Abschluss beendetes Studium bzw. keine andere abgeschlossene nichtakademische Berufsausbildung vorangegangen sein.

Wird ein Studium abgebrochen, so gilt dies nicht als Erststudium.

9.4.2.3 Abzug als Sonderausgaben

9.4.2.3.1 Rechtsgrundlage und Abgrenzungsfragen

Dem **beschränkten Sonderausgabenabzug** des § 10 Abs. 1 Nr. 7 EStG unterliegen die Aufwendungen für die eigene erstmalige Berufsausbildung und für ein Erststudium, wenn diese nicht im Rahmen eines Dienstverhältnisses absolviert werden (s. hierzu BMF vom 22.09.2010 BStBl I 2010, 721 welches m. E. weiterhin anwendbar ist, sofern dieses nicht im Widerspruch zu der gesetzlichen Neuregelung des § 9 Abs. 6 EStG ab Veranlagungszeitraum 2015 steht).

Alle weiteren Bildungsmaßnahmen, die **nach** dem Abschluss einer ersten Berufsausbildung oder eines Erststudiums erworben werden, führen zum **Werbungskosten**- bzw. **Betriebsausgabenabzug,** wenn sie beruflich/betrieblich veranlasst sind. Das gilt auch für Ausbildungskosten zu einem zweiten (neuen) Beruf. Damit wird der veränderten Arbeitsmarktsituation, die der BFH zum Anlass seiner Rechtsprechungsänderung genommen hatte, zumindest teilweise Rechnung getragen. Danach unterliegen die Aufwendungen für folgende Bildungsmaßnahmen nicht dem eingeschränkten Sonderausgabenabzug, sondern sind grundsätzlich als **Werbungskosten/Betriebsausgaben abziehbar**:

- **Weiterbildungs**- bzw. **Fortbildungskosten** in einem ausgeübten oder einem nicht ausgeübten Beruf,
- **Umschulungsmaßnahmen** oder **Ausbildungskosten** für einen **zweiten** Beruf,
- Aufwendungen für ein **Zweitstudium,** mit dem eine weitere Qualifikation in einem ausgeübten Beruf oder ein neuer Beruf angestrebt wird. Ein sog. **Aufbaustudium** (z. B. Universitätsstudium im Anschluss an ein Fachhochschulstudium) wird als Zweitstudium eingeordnet.

Promotionskosten sind in der Regel als Werbungskosten/Betriebsausgaben abzugsfähig, sofern ein berufsbezogener Veranlassungszusammenhang zu bejahen ist, da davon auszugehen ist, dass dem Promotionsstudium und der Promotion durch die Hochschule der Abschluss eines Studiums vorangeht.

Die Behandlung als Werbungskosten/Betriebsausgaben ist günstiger als der Sonderausgabenabzug, da es dort keine betragsmäßige Begrenzung auf Höchstbeträge gibt und ggf. ein veranlagungszeitraumübergreifender Verlustabzug (§ 10 d EStG) möglich ist.

BEISPIELE

a) Ein selbstständiger Steuerberater und

b) ein angestellter Steuerberater
besuchen eine eintägige Fortbildungsveranstaltung über gesetzliche Neuregelungen im Steuerrecht. Wie werden die Veranstaltungskosten behandelt?

LÖSUNG

a) Es ergeben sich Betriebsausgaben im Rahmen der Einkünfte aus selbstständiger Arbeit (§ 18 EStG) des freiberuflich tätigen Steuerberaters.

b) Es ergeben sich Werbungskosten im Rahmen der Einkünfte aus nichtselbstständiger Arbeit (§ 19 EStG).

9.4.2.3.2 Höhe des Abzugs

Der Abzug von Aufwendungen für die erstmalige Berufsausbildung ist auf **4 000 €** (bis VZ 2011) bzw. 6 000 € (ab VZ 2012) **im Kj** begrenzt. Bei Ehegatten, die die Voraussetzungen des § 26 Abs. 1 Satz 1 EStG erfüllen, steht der Höchstbetrag **beiden Ehegatten** gesondert zu. Der Höchstbetrag gilt für das ganze Kj und verringert sich nicht, wenn dem Stpfl nur während eines Teils des Kj Ausbildungskosten entstanden sind.

Für den Zeitpunkt des Abzugs gilt § 11 Abs. 2 EStG. Im Übrigen gelten die allgemeinen Grundsätze des Einkommensteuerrechtes.

9.4.2.3.3 Umfang der Aufwendungen

Ausbildungskosten sind nachzuweisen. Bis zum Höchstbetrag können sämtliche Kosten der erstmaligen Berufsausbildung bzw. des Erststudiums geltend gemacht werden, z. B.:

- Fachliteratur und sonstiges Lernmaterial (Schreibmaterial, PC),
- Studien- und Lehrgangsgebühren sowie sonstige Veranstaltungskosten,
- Prüfungsgebühren,
- Aufwendungen für eine auswärtige Unterbringung (§ 10 Abs. 1 Nr. 7 Satz 3 EStG),
- die Mehraufwendungen für Verpflegung (§ 9 Abs. 4 a EStG),
- den Aufwendungen für ein häusliches Arbeitszimmer (§ 4 Abs. 5 Satz 1 Nr. 6 Buchst. b EStG).

Der Stpfl muss durch die Aufwendungen tatsächlich belastet sein. Aufwendungen durch **Dritte** (z. B. die Eltern) für Bildungsmaßnahmen des Stpfl sind, wenn es sich um einen Fall der sog. Abkürzung des Zahlungswegs handelt, als Bildungsaufwendungen des Stpfl zu werten.

BEISPIELE

a) A hat in 01 für sein Erststudium folgende Aufwendungen gehabt:

- Fachbücher i. H. v. 300 €,
- Einschreibegebühren i. H. v. 40 €.

Wie werden die Aufwendungen steuerlich behandelt?

LÖSUNG A hat insgesamt 340 € bezahlt, ein Abzug als Sonderausgaben gem. § 10 Abs. 1 Nr. 7 EStG i. H. v. 340 € ist möglich, da es sich um ein Erststudium handelt und die Aufwendungen niedriger als der Höchstbetrag von 4 000 € sind.

b) Eine Arbeitnehmerin, die nach einer Bankausbildung als Sachbearbeiterin bei der Bank tätig ist, nimmt im Rahmen eines Fernstudiums ein BWL-Studium auf. Wie werden die Aufwendungen steuerlich behandelt?

LÖSUNG Die Aufwendungen für das Fernstudium dienen der künftigen verbesserten Einkünfteerzielung. Die Aufwendungen sind daher Werbungskosten.

9.5 Arbeitsmittel

Gemäß § 9 Abs. 1 Satz 3 Nr. 6 EStG kann der Arbeitnehmer des Weiteren auch die Aufwendungen für seine Arbeitsmittel als Werbungskosten abziehen. Ausgehend von der ständigen Rechtsprechung des BFH sind Arbeitsmittel solche Wirtschaftsgüter (Gegenstände), die der Erledigung von dienstlichen Aufgaben dienen. Die in § 9 Abs. 1 Satz 3 Nr. 6 EStG vorgenommene beispielhafte Aufzählung der Werkzeuge und der typischen Berufskleidung hat keinen abschließenden Charakter. Vielmehr können auch – bei entsprechender beruflicher Nutzung – andere Gegenstände als Arbeitsmittel angesehen werden, wie zum Beispiel Fachbücher und Fachzeitschriften, Personalcomputer, Aktenordner, Schreibtischstuhl, Schreibtischlampe oder Diktiergerät.

9.5.1 Typische Berufskleidung

Unter dem Begriff der typischen Berufskleidung können zwei Typen von Kleidungsstücken zusammengefasst werden. Zum einen fällt hierunter die Arbeitsschutzkleidung, die für die jeweilige Berufstätigkeit erforderlich ist. Zum anderen werden solche Kleidungsstücke erfasst, die wegen der uniformartigen Beschaffenheit bzw. durch eine dauerhafte Kennzeichnung mit Firmenemblem objektiv eine berufliche Funktion erfüllen. Beide Fallgruppen setzen aber voraus, dass eine private Nutzung so gut wie ausgeschlossen ist. Daher fallen normale Schuhe bzw. Unterwäsche – d. h. insgesamt bürgerliche Kleidung – nicht unter den Begriff der typischen Berufskleidung.

BEISPIELE

Typische Berufskleidung:
- Uniformen der Bundeswehr (vgl. BFH vom 04. 02. 1972 BStBl II 1972, 379)
- Dienstkleidung des Verkaufspersonals einer Luftverkehrsgesellschaft (Hessisches FG vom 09. 03. 1992 EFG 1993, 648)
- Arztkittel (BFH vom 06. 12. 1990 BStBl II 1991, 348)

9.5.2 Andere Arbeitsmittel

Andere Arbeitsmittel sind solche Gegenstände, die ihrer Art nach der Berufstätigkeit zu dienen bestimmt sind. Hierunter fallen insbesondere die im Gesetz genannten Werkzeuge.

9.5.3 Höhe der Werbungskosten

Ist dem Grunde nach der Gegenstand als Arbeitsmittel anzusehen, so ist das mehrjährige nutzbare Arbeitsmittel wie folgt zu behandeln:

- Handelt es sich bei dem Arbeitsmittel um ein geringwertiges Wirtschaftsgut (Grenze: 410 € ohne Umsatzsteuer/Hinweis: Die Grenze von 410 € wird ab VZ 2018, d. h. für Anschaffungen nach dem 31. 12. 2017 auf 800 € angehoben.), so können die Anschaffungs-/Herstellungskosten **im Jahr der Anschaffung oder Herstellung** in voller Höhe als Werbungskosten abgezogen werden. Es handelt sich insoweit um einen Ausnahmetatbestand zum allgemeinen Abflussprinzip i. S. d. § 11 Abs. 2 EStG.
- Liegen dagegen die Voraussetzungen für den Abzug als geringwertiges Wirtschaftsgut nicht vor, so müssen bei einem mehrjährig nutzbaren Wirtschaftsgut die Anschaffungs- oder Herstellungskosten auf die voraussichtliche gesamte Nutzungsdauer verteilt werden. Erfolgt die Anschaffung/Herstellung des Wirtschaftsgutes im laufenden Jahr, so findet lediglich eine zeitanteilige Berücksichtigung der Abschreibungsbeträge statt. Für die Gewährung der AfA ist auch hier der Zeitpunkt der Anschaffung/Herstellung maßgeblich (es handelt sich insoweit um eine Ausnahmeregelung zum allgemeinen Abflussprinzip i. S. d. § 11 Abs. 2 EStG).

BEISPIELE

a) Der Arbeitnehmer A erwirbt ein für sein Beruf erforderliches Faxgerät (betriebsgewöhnliche Nutzungsdauer: 6 Jahre) zu einem Kaufpreis von 100 € zzgl. Umsatzsteuer am 01. 12. 01. Den Kaufpreis bezahlt er am 01. 02. 02.

LÖSUNG A kann das Faxgerät im Jahr 01 – unabhängig vom Zahlungszeitpunkt – als GWG i. H. v. 119 € gem. § 9 Abs. 1 Satz 3 Nr. 7 Satz 2 EStG i. V. m. § 6 Abs. 2 EStG als Werbungskosten abziehen.

b) Der Arbeitnehmer B erwirbt einen für seinen Beruf erforderlichen Computer (betriebsgewöhnliche Nutzungsdauer: 3 Jahre) zu einem Kaufpreis von 1 500 € inkl. Umsatzsteuer am 01.07.01. Den Kaufpreis bezahlt er erst im Jahr 02.

LÖSUNG A kann den Computer zeitanteilig gem. § 9 Abs. 1 Satz 3 Nr. 7 Satz 1 EStG i. V. m. § 7 EStG im Jahr 01 i. H. v. 250 € absetzen (Jahres-AfA: 500 €, hiervon 6/12).

Obwohl diese Arbeitsmittel dem beruflichen Bereich des Arbeitnehmers dienen, werden sie nicht zu einer Art »Betriebsvermögen des Arbeitnehmers«, sondern sie bleiben Privatvermögen. Dies hat zur Folge, dass bei einer eventuellen Veräußerung des beruflich genutzten Arbeitsmittels der Veräußerungserlös nicht bei den Einkünften aus nichtselbstständiger Arbeit zu erfassen ist. Lediglich wenn die Voraussetzungen eines anderen Einkünftetatbestands (z. B. § 23 EStG) erfüllt sind, unterliegt der Veräußerungserlös der Einkommensbesteuerung.

10 Übungsaufgabe zu den Einkünften aus nichtselbstständiger Arbeit

FALL 50

Der ledige und konfessionslose Anton Antonius (A) lebt seit mehreren Jahren in Stuttgart und verdient seinen Lebensunterhalt als angestellter Projektmanager bei der X-GmbH in L, die Einzelanfertigungen aus Karbon für den Rennsportbereich entwickelt und produziert. Da das Leben des A – aus seiner Sicht nur noch aus Arbeit besteht und die Monate Januar und Februar 2016 besonders arbeitsintensiv waren – lässt er sich von seinem Arbeitgeber, der X-GmbH, für die Monate März und April 2016 ohne Zahlung von Bezügen von seiner Arbeit freistellen. In dieser Zeit führt er eine Pilgerreise nach Indien durch.

Zahlungen der X-GmbH:

Wegen seiner arbeitsreichen Zeit und der Pilgerfahrt nach Indien kommt A erst Ende Dezember 2016 dazu, seine Kontoauszüge zu überprüfen. Neben den zu erwartenden Buchungen der monatlichen Gehaltszahlungen der X-GmbH für die Monate Januar und Februar sowie Mai bis Dezember 2016 (monatlicher Bruttoarbeitslohn: 3 000 €), sind weitere Gutschriften durch die X-GmbH in den Kontoauszügen enthalten bzw. es fehlen bestimmte Buchungen.

Durch einen Fehler in der Buchhaltung wurde dem A das Dezembergehalt 2015 – welches am letzten Tag des Monats fällig ist – erst am 15.01.2016 auf seinem Konto gutgeschrieben.

Das Weihnachtsgeld 2016 i. H. v. brutto 2 000 € – welches am 30.11.2016 fällig gewesen wäre – ist in den Kontoauszügen des Jahres 2016 des A nicht enthalten. Nach Rücksprache mit der Buchhaltung hat sich bei der Überweisung des Weihnachtsgeldes an den A ein Zahlendreher in der Kontonummer des A eingeschlichen, sodass diesem der Betrag nicht gutgeschrieben werden konnte. Die X-GmbH hat unmittelbar nach Kenntnis des Vorgangs das Weihnachtsgeld erneut auf das richtige Konto überwiesen, sodass auf den Kontoauszügen des A die Gutschrift des Weihnachtsgeldes am 05.01.2017 erfolgt ist.

Des Weiteren ist in den Kontoauszügen vom 07.07.2016 eine Sonderzuwendung der X-GmbH enthalten, bei dem als Verwendungszweck folgender Text enthalten ist: »Einmalige Zuwendung für besondere, anerkennungswürdige Leistungen im Monat April«. A, der im gesamten April in Indien war, geht davon aus, dass es sich bei der Überweisung um eine Fehlbuchung handelt. Nach Rücksprache mit der Buchhaltung der X-GmbH stellt sich in der Tat heraus, dass es sich um eine irrtümliche Überweisung handelt und ohne Rechtsanspruch an den A ausbezahlt worden ist. Die Sonderzuwendung zahlt A im Monat Februar 2017 zurück. Die Sonderzuwendung beläuft sich auf einen ggfs. steuerlich zu berücksichtigenden Wert von 1 500 €.

Aufwendungen im Zusammenhang mit der Tätigkeit bei der X-GmbH:

A suchte im Jahr 2016 an 180 Arbeitstagen seine erste Tätigkeitsstätte in L auf. Da sowohl das Einfamilienhaus des A als auch seine Arbeitsstätte jeweils nur 1 km von der nächsten S-Bahn-Haltestelle entfernt liegen, hat sich A entschlossen, die Wege zu den S-Bahn-Haltestellen zu Fuß zurückzulegen und sodann die S-Bahn zu benutzen. Die für den Fahrpreis zu Grunde liegende Tarifentfernung beläuft sich auf 18 km; würde A mit dem Pkw fahren, so könnte er seine Arbeitsstelle bereits nach 11 km erreichen. Durch die Benutzung der öffentlichen Verkehrsmittel sind ihm Kosten i. H. v. 1 100 € entstanden.

Während seiner Pilgerfahrt ist A zudem zu der Erkenntnis gelangt, dass seine derzeitige Tätigkeit für den Rennsport unter ökologischen Gesichtspunkten bedenklich ist. Deshalb hat sich A dazu entschlossen, sich eine neue Arbeitsstelle – aus seiner bisher noch ungekündigten Stellung heraus – zu suchen. Zudem hat sich ein Großkunde der X-GmbH aus dem Rennsportbereich zurückgezogen, sodass die Gefahr besteht, dass A seinen Job verliert. Daher nimmt A zunächst an einem Volkshochschul-Seminar »Wie bewerbe ich mich richtig?« teil und bezahlt hierfür einen Betrag i. H. v. 100 €. Zudem lässt er zu einem Preis von 150 € professionelle Bewerbungsmappen erstellen, die er an potentielle Arbeitgeber verschickt.

Auf Grund seiner Bewerbungen hat A am 15. 11. 2016 ein Vorstellungsgespräch bei der Firma NeuArbeit GmbH in Dortmund. A verließ morgens um 6.00 Uhr sein Einfamilienhaus und ist zunächst mit dem Fahrrad zum nächstgelegenen DB-Bahnhof (einfache Entfernung: 10 km) gefahren, um von dort aus per Zug und 1. Klasse nach Dortmund zu reisen. Die 1. Klasse-Fahrkarte kostete 199 €. Wäre A in der 2. Klasse gefahren, so hätte er lediglich 99 € zahlen müssen. Die Fahrt mit dem Zug hat A nur deshalb gewählt, damit er einmal in Ruhe seinen privat angeschafften Tablet-PC ausprobieren kann; sonst wäre er mit dem Pkw gefahren (einfache Entfernung mit dem Pkw: 450 km). Für die Fahrt vom Dortmunder Hauptbahnhof zum Firmensitz der NeuArbeit GmbH hin und zurück sind insgesamt Taxikosten i. H. v. 30 € angefallen. Der anstrengende Tag endete für A um 20.00 Uhr, als er wieder sein Einfamilienhaus erreicht. Fahrtkostenerstattungen hat er keine erhalten.

Leider erhielt A eine Absage von der NeuArbeit GmbH und weitere Vorstellungsgespräche hatte A nicht. Glücklicherweise konnte der neue Großkunde MoSpo gefunden werden, sodass A seine alte Tätigkeit weiterhin ausüben kann.

Des Weiteren zahlt A einen monatlichen Gewerkschaftsbeitrag i. H. v. 10 €, der per Lastschrift pünktlich zum ersten eines jeden Monates von dem Konto des A abgebucht wird.

Welche Einkünfte erzielt A dem Grunde und der Höhe nach im Jahr 2016?

Teil L Einkünfte aus Kapitalvermögen (§ 20 EStG)

1 Vorbemerkung

Bis einschließlich VZ 2008 wurden bei den Einkünften aus Kapitalvermögen nur die Erträge erfasst, die das Kapitalvermögen abwarf. Einnahmen waren danach – wie bei den anderen Überschusseinkunftsarten auch – alle Gelder und geldwerten Vorteile, die als Früchte des Kapitalvermögens anfielen, wie z. B. die Zinsen für das Sparguthaben auf einem Sparbuch.

Seit VZ 2009 werden bei den Einkünften aus Kapitalvermögen zusätzlich alle **Gewinne aus der Veräußerung** von Kapitalanlagen erfasst, auch soweit sie bisher unter § 23 EStG fielen. Darüber hinaus werden die Einkünfte aus Kapitalvermögen – von Ausnahmen abgesehen – nicht mehr mit dem normalen Steuersatz, sondern mit dem **Abgeltungsteuersatz von 25 %** (§ 32 d, § 43 Abs. 5 EStG) versteuert.

2 Die Arten der Einkünfte aus Kapitalvermögen

Die Einkünfte aus Kapitalvermögen sind zu unterscheiden in

- **laufende Einnahmen** (z. B. Gewinnanteile, Bezüge und Zinsen) gem. § 20 Abs. 1 Nr. 1 bis 11 EStG und
- **Gewinne** aus der **Veräußerung** von Kapitalanlagen aller Art gem. § 20 Abs. 2 Nr. 1 bis 8 EStG

Zu den laufenden Einnahmen aus Kapitalvermögen nach § 20 Abs. 1 Nr. 1 bis 11 EStG gehören folgende **Einnahmen und Erträge:**

1. **Gewinnanteile (Dividenden)**, Ausbeuten und sonstige Bezüge aus Aktien, Genussrechten, mit denen das Recht am Gewinn und Liquidationserlös einer Kapitalgesellschaft verbunden ist, aus Anteilen an Gesellschaften mit beschränkter Haftung (GmbH), an Erwerbs- und Wirtschaftsgenossenschaften sowie an Bergbau treibenden Vereinigungen, die die Rechte einer juristischen Person haben (§ 20 Abs. 1 Nr. 1 EStG);
2. Bezüge, die **nach der Auflösung einer Körperschaft** oder Personenvereinigung i. S. d. Nr. 1 anfallen und die nicht in der Rückzahlung von Nennkapital bestehen (§ 20 Abs. 1 Nr. 2 EStG);
3. Einnahmen aus der Beteiligung an einem Handelsgewerbe als **stiller Gesellschafter** und aus **partiarischen Darlehen** (§ 20 Abs. 1 Nr. 4 EStG);
4. Zinsen aus **Hypothekenschulden** und **Grundschulden** sowie Renten aus **Rentenschulden** (§ 20 Abs. 1 Nr. 5 EStG);
5. Erträge aus **Kapitalversicherungen** (§ 20 Abs. 1 Nr. 6 EStG);
6. Zinsen aus **sonstigen Kapitalforderungen** jeder Art (§ 20 Abs. 1 Nr. 7 EStG);
7. **Diskontbeträge** von Wechseln und Anweisungen einschließlich der Schatzwechsel (§ 20 Abs. 1 Nr. 8 EStG);
8. Einnahmen aus Leistungen einer nicht von der Körperschaftsteuer befreiten Körperschaft, Personenvereinigung oder Vermögensmasse i. S. d. § 1 Abs. 1 Nr. 3 bis 5 KStG (§ 20 Abs. 1 Nr. 9 EStG);
9. Leistungen eines nicht von der Körperschaftsteuer befreiten Betriebs gewerblicher Art i. S. d. § 4 KStG (§ 20 Abs. 1 Nr. 10 EStG);

10. **Stillhalterprämien**, die für die Einräumung von Optionen vereinnahmt werden (§ 20 Abs. 1 Nr. 11 EStG).

Als **Veräußerungsgewinne** gehören nach § 20 Abs. 2 Nr. 1 bis 8 EStG zu den Einkünften aus Kapitalvermögen:

1. Gewinne aus der Veräußerung von **Anteilen an einer Körperschaft** i. S. d. § 20 Abs. 1 Nr. 1 EStG (§ 20 Abs. 2 Satz 1 Nr. 1 EStG);
2. Gewinne aus der Veräußerung von **Dividendenscheinen** und von **Zinsscheinen** und Zinsforderungen, wenn die dazugehörigen Anteile bzw. Schuldverschreibungen nicht mitveräußert werden (§ 20 Abs. 2 Satz 1 Nr. 2 EStG);
3. Gewinne aus **Termingeschäften** (§ 20 Abs. 2 Satz 1 Nr. 3 EStG);
4. Gewinne aus der Veräußerung von Wirtschaftsgütern, die Erträge i. S. d. § 20 Abs. 1 Nr. 4 EStG erzielen, dies sind **stille Beteiligungen** (§ 20 Abs. 2 Satz 1 Nr. 4 EStG);
5. Gewinne aus der **Übertragung von Rechten** i. S. d. § 20 Abs. 1 Nr. 5 EStG (§ 20 Abs. 2 Satz 1 Nr. 5 EStG);
6. Gewinne aus der Veräußerung von **Ansprüchen auf eine Versicherungsleistung** i. S. d. § 20 Abs. 1 Nr. 6 EStG (§ 20 Abs. 2 Satz 1 Nr. 6 EStG);
7. Gewinne aus der Veräußerung von sonstigen Kapitalforderungen jeder Art i. S. d. § 20 Abs. 1 Nr. 7 EStG (§ 20 Abs. 2 Satz 1 Nr. 7 EStG);
8. Gewinne aus der Übertragung oder Aufgabe einer die Einnahmen i. S. d. § 20 Abs. 1 Nr. 9 EStG vermittelnden Rechtsposition (§ 20 Abs. 2 Satz 1 Nr. 8 EStG).

Die Aufzählung der Einnahmen und Erträge einerseits und der Veräußerungsgewinne andererseits ist nach der Rechtsprechung nicht erschöpfend (BFH vom 14.02.1984 BStBl II 1984, 580), so dass letztendlich alle Erträge aus Geldvermögen, gleich welcher Art und Bezeichnung, i. R. d. § 20 EStG besteuert werden, soweit nicht ausdrücklich gesetzlich geregelte Ausnahmen vorliegen. Dazu bestimmt § 20 Abs. 3 EStG, dass zu den Einkünften aus Kapitalvermögen auch **besondere Entgelte oder Vorteile** gehören, die **neben** den in § 20 Abs. 1 und 2 EStG bezeichneten Einnahmen oder an deren Stelle gewährt werden.

Weil im Rahmen des Grundkurses nur das Grundsätzliche dargestellt wird, werden von den verschiedenen Einkünften aus Kapitalvermögen nur besprochen:

- die Einnahmen aus Beteiligungen an juristischen Personen (§ 20 Abs. 1 Nr. 1 EStG),
- die Einnahmen aus der Beteiligung an einem Handelsgewerbe (§ 20 Abs. 1 Nr. 4 EStG),
- die Zinsen aus sonstigen Kapitalforderungen (§ 20 Abs. 1 Nr. 7 EStG),
- die Gewinne aus der Veräußerung von Anteilen an juristischen Personen (§ 20 Abs. 2 Satz 1 Nr. 1 EStG) und
- die Stückzinsen (§ 20 Abs. 2 Satz 1 Nr. 7 EStG).

3 Zurechnung der Einkünfte aus Kapitalvermögen

Bei den Einkünften aus Kapitalvermögen kommt es für die persönliche Zurechnung grundsätzlich darauf an, wer Kapitalvermögen im eigenen Namen und auf eigene Rechnung gegen Entgelt zur Nutzung überlässt (BFH vom 26.11.1997 BStBl II 1998, 190). Das bedeutet, Einkünfte aus Kapitalvermögen i. S. v. § 20 Abs. 1 Nr. 1 und 2 EStG erzielt der Anteilseigner (§ 20 Abs. 5 Satz 1 EStG). Anteilseigner ist nach § 20 Abs. 5 Satz 2 EStG derjenige, dem nach § 39 Abs. 1 Nr. 1 AO die Anteile an dem Kapitalvermögen i. S. d. § 20 Abs. 1 Nr. 1 EStG im Zeitpunkt des Gewinnverteilungsbeschlusses zuzurechnen sind. Sind einem Nießbraucher oder Pfandgläubiger die Einnahmen i. S. d. § 20 Abs. 1 Nr. 1 oder 2 EStG zuzurechnen, gilt er als Anteilseigner.

BEISPIELE

a) Am 25.05.2017 hat A 1 000 Aktien der X-AG erworben. Am 26.05.2017 beschließt die X-AG, für das Wirtschaftsjahr 2016 eine Dividende i. H. v. 2,50 € je Aktie auszuschütten.

LÖSUNG Die Dividende i. H. v. 2 500 € ist A als Einnahmen aus Kapitalvermögen zuzurechnen, weil ihm im Zeitpunkt des Gewinnverteilungsbeschlusses (26.05.2017) die Aktien zuzurechnen sind. Es spielt keine Rolle, für welchen Zeitraum diese Dividende bezahlt wird.

b) B ist Alleingesellschafter einer GmbH. Er veräußert am 30.06.2017 seinen Anteil an der GmbH an C. Der Gewinnverteilungsbeschluss für das Wirtschaftsjahr 2017 wird von der Gesellschafterversammlung der GmbH am 30.04.2018 gefasst. Aufgrund dieses Beschlusses werden am 02.05.2018 80 000 € ausgeschüttet.

LÖSUNG Die Gewinnausschüttung der GmbH muss C als Einnahmen aus Kapitalvermögen gem. § 20 Abs. 1 Nr. 1 EStG im VZ 2018 versteuern, denn diesem sind nach § 20 Abs. 5 Satz 2 EStG die Anteile an der GmbH im Zeitpunkt des Gewinnverteilungsbeschlusses zuzurechnen. Es spielt keine Rolle, dass B gegen C gem. § 101 Nr. 2 BGB einen Anspruch auf die Hälfte des Gewinns hat, weil er bis zum 30.06.2017 Anteilseigner war. Es ist deshalb sinnvoll, einen höheren Kaufpreis zu vereinbaren und § 101 BGB vertraglich auszuschließen.

Gehen Kapitalforderungen i. S. v. § 20 Abs. 1 Nr. 7 EStG während einer laufenden Zinsperiode im Wege der **Gesamtrechtsnachfolge** auf einen Erben über, sind die Zinsen nach dem Zuflussprinzip des § 11 Abs. 1 EStG in vollem Umfang dem Erben als Einnahmen nach § 20 Abs. 1 Nr. 7 EStG zuzurechnen, denn der Zeitpunkt des Zuflusses ist bei diesen Kapitalerträgen regelmäßig der Fälligkeitstermin und der Erbe tritt als Gesamtrechtsnachfolger hinsichtlich aller bis zum Erbfall entstandenen Zinsen für die laufende Zinsperiode in die Rechtsstellung des Erblassers ein.

Es bleibt einem Stpfl unvoreingenommen, seine Einkunftsquelle zu übertragen, z. B. zur Errichtung eines Sparkontos von den Eltern auf (minderjährige) Kinder. Dabei ist zu beachten, dass einem minderjährigen Kind die Kapitalforderung nur zuzurechnen ist, wenn ersichtlich ist, dass die Verfügungsbefugnis der Eltern nicht auf eigenem Recht, sondern auf dem elterlichen Sorgerecht beruht.

4 Subsidiäre Einkunftsart

Die Vorschrift des **§ 20 EStG** ist gegenüber den Gewinneinkünften (Einkünfte aus Land- und Forstwirtschaft, aus Gewerbebetrieb und aus selbstständiger Arbeit) und den Einkünften aus Vermietung und Verpachtung **subsidiär** (§ 20 Abs. 8 EStG). Stehen Erträge aus Kapitalvermögen im engeren Zusammenhang mit diesen Einkunftsarten, werden sie dort und nicht im Rahmen des § 20 EStG erfasst. Dabei kommt es auf die Gewinnermittlungsart bei den Gewinneinkünften nicht an, d. h. ob z. B. Gewerbetreibende bilanzieren oder ihren Gewinn nach § 4 Abs. 3 EStG ermitteln, spielt keine Rolle.

BEISPIELE

a) Ein Mietshauseigentümer führt bei einer Bank ein Kontokorrentkonto **nur** für die Mietzinseingänge und die Kostenbelastungen des Hauses. Welche Einkunftsart liegt vor?

LÖSUNG Gutgeschriebene oder belastete Zinsen gehören zu den Einnahmen bzw. Werbungskosten aus Vermietung und Verpachtung, da für **alle** Ein- und Ausgaben **ein** spezielles Konto geführt wird. Anders s. Fall 8 e).

b) Ein Elektrogroßhändler hat zur Verstärkung seines Betriebskapitals Aktien im Betriebsvermögen. Welche Einkunftsart liegt vor?

LÖSUNG Da die Aktien als gewillkürtes Betriebsvermögen bilanziert sind, gehören die Dividenden zu den Betriebseinnahmen und damit zu den Einkünften aus Gewerbebetrieb (§ 20 Abs. 8 EStG).

5 Einnahmen aus Beteiligungen an juristischen Personen (§ 20 Abs. 1 Nr. 1 EStG)

5.1 Allgemeines

Nach § 20 Abs. 1 Nr. 1 EStG gehören zu den Einnahmen aus Kapitalvermögen alle Bezüge aus Beteiligungen an juristischen Personen; insbesondere die Gewinnanteile (Dividenden), Ausbeuten und sonstige Bezüge aus Aktien, Genussrechten, Anteilen an Gesellschaften mit beschränkter Haftung, Erwerbs- und Wirtschaftsgenossenschaften (z. B. Baugenossenschaften und Volksbanken) sowie an bergbautreibenden Vereinigungen.

Die hier erwähnten Beteiligungen gewähren eine gesellschaftsmäßige Stellung, d. h. die Beteiligten haben Mitbestimmungsrechte und Vermögensrechte, während Darlehen oder sonstige Guthaben nur einfache Geldforderungen sind.

Dividenden sind Beträge, die Kapitalgesellschaften (insbesondere AG, GmbH, KGaA) und Genossenschaften von ihrem Gewinn an die Anteilseigner, z. B. die Aktionäre oder die Genossen, ausschütten, d. h. auszahlen oder gutschreiben.

Ausbeuten sind Gewinnanteile aus Anteilen an bergbautreibenden Vereinigungen (Berggesellschaften).

Gewinnrechte stammen aus einem besonderen Recht einzelner Anteilseigner innerhalb des Vermögens einer AG oder GmbH.

5.2 Die Kapitalgesellschaft als Steuersubjekt der Körperschaftsteuer

Die in § 20 Abs. 1 Nr. 1 EStG aufgeführten Gesellschaften sind alle juristische Personen. Sie sind selbst rechtsfähig, d. h. sie sind selbst Träger von Rechten und Pflichten wie eine natürliche Person. Sie haben eigenes Vermögen und betreiben das Unternehmen selbst. Deshalb sind sie nach § 1 KStG persönlich steuerpflichtig. Ihre Gewinne unterliegen bei ihnen der KSt. Die KSt ist die ESt der juristischen Personen. Diese Gesellschaften entscheiden jedes Jahr, ob und wie viel ihres erwirtschafteten Gewinns sie an die Anteilseigner ausschütten. Die Anteilseigner versteuern nur die ihnen zugeflossenen Ausschüttungen als Einkünfte aus Kapitalvermögen nach § 20 Abs. 1 Nr. 1 EStG. Werden diese Anteile im Betriebsvermögen gehalten, gehören sämtliche Erträge nach § 20 Abs. 8 EStG zu den Einkünften aus Land- und Forstwirtschaft, Gewerbebetrieb oder selbstständiger Arbeit.

Zu den juristischen Personen zählen **nicht** die **Personengesellschaften** (OHG, KG, GbR, Partnerschaft), weil diese keine eigene Rechtsfähigkeit besitzen. Träger der Rechte und Pflichten sind die Gesellschafter in ihrer Gesamtheit. Diese Gesellschaften sind daher nicht körperschaftsteuerpflichtig, die von ihnen erwirtschafteten Gewinne sind in voller Höhe gem. § 15 Abs. 1 Satz 1 Nr. 2 EStG auf die einzelnen Gesellschafter zu verteilen und bei deren ESt-Veranlagung als Einkünfte aus Gewerbebetrieb zu erfassen. Ob die einzelnen Gesellschafter diese Gewinne für private Zwecke entnehmen, spielt keine Rolle.

BEISPIELE

a) X und Y sind zu je 50 % an einer OHG beteiligt. Die Personengesellschaft erzielt im VZ 2017 einen Gewinn von 100 000 €. Liegen Einnahmen aus Kapitalvermögen vor?

LÖSUNG Im Rahmen der einheitlichen und gesonderten Gewinnfeststellung wird den Gesellschaftern X und Y für die OHG je ein Gewinnanteil von 50 000 € zugerechnet. Sie erzielen in dieser Höhe Einkünfte aus Gewerbebetrieb gem. § 15 Abs. 1 Satz 1 Nr. 2 EStG im VZ 2017. Es spielt keine Rolle, ob und ggf. wann die Gesellschafter ihre Gewinnanteile ganz oder teilweise für private Zwecke entnehmen.

b) X und Y sind zu je 50 % an einer GmbH beteiligt. Die Kapitalgesellschaft erzielt für den VZ 2017 einen Gewinn von 100 000 €. Liegen Einnahmen aus Kapitalvermögen vor?

LÖSUNG Bei der GmbH kommt es auf die Höhe der Ausschüttung an. Beschließt z. B. die Gesellschafterversammlung (bestehend aus X und Y) im Jahr 2018, den Gesellschaftern, also sich selbst, sofort nach der Beschlussfassung einen Gewinnanteil von je 30 000 € zu überweisen, so haben X und Y im VZ des Zuflusses (= VZ 2018) je 30 000 € als Einnahmen aus Kapitalvermögen zu erfassen.

5.3 Besteuerung bei der Kapitalgesellschaft

Da die juristischen Personen ihren vollen im Wirtschaftsjahr erzielten Ertrag der KSt unterwerfen müssen und die ausgeschütteten Gewinnanteile bei den Gesellschaftern einkommensteuerpflichtig sind, unterliegen alle ausgeschütteten Erträge (Dividenden, Gewinnausschüttungen) einer steuerlichen Doppelbelastung.

Diese Doppelbesteuerung ist allerdings bereits seit der Einführung dieses Besteuerungssystems insoweit entschärft, als bei den Gesellschaften der KSt-Satz seit VZ 2008 auf 15 % abgesenkt worden ist und bei der Besteuerung der Anteilseigner Besonderheiten bei der ESt-Besteuerung gelten (s. nachfolgend 5.5).

5.4 Zuflusszeitpunkt bei Gewinnausschüttungen

Einnahmen aus Kapitalvermögen sind zugeflossen, sobald der Stpfl über sie wirtschaftlich verfügen kann (BFH vom 08. 10. 1991 BStBl II 1992, 174).

Aber: Gewinnausschüttungen sind dem Gesellschafter einer Kapitalgesellschaft schon dann zugeflossen, wenn sie ihm z. B. auf einem Verrechnungskonto bei der leistungsfähigen (= zahlungsfähigen) Kapitalgesellschaft gutgeschrieben worden sind, über das der Gesellschafter verfügen kann, oder wenn der Gesellschafter aus eigenem Interesse seine Gewinnanteile in der Kapitalgesellschaft belässt (Umwandlung [Novation] seiner Forderung in eine langfristige Darlehensforderung; BFH vom 14. 02. 1984 BStBl II 1984, 480).

Beachte: Gewinnausschüttungen an den **beherrschenden** Gesellschafter oder den **Alleingesellschafter** einer zahlungsfähigen Kapitalgesellschaft sind diesen i. d. R. auch dann zum Zeitpunkt der Beschlussfassung über die Gewinnverwendung zugeflossen, wenn die Gesellschasfterversammlung eine spätere Fälligkeit des Auszahlungsanspruchs beschlossen hat (BFH vom 17. 11. 1998 BStBl II 1999, 223; s. auch H 20.2 [Zuflusszeitpunkt bei Gewinnausschüttungen] EStH).

5.5 Grundsätzliche Behandlung beim Anteilseigner

Durch die Einführung der Abgeltungsteuer für die Einnahmen aus Kapitalvermögen mit Wirkung ab VZ 2009 hat sich die steuerliche Behandlung dieser Kapitalerträge entscheidend geändert. Ab VZ 2009 ist wie folgt zu unterscheiden:

1. Gehören die Anteile an den juristischen Personen zum **Privatvermögen** der Anteilseigner, gilt nach § 32 d Abs. 1 EStG ein gesonderter ESt-Tarif von **25 %**. Die ESt für diese Erträge ist grundsätzlich mit dem Abzug der KapSt i. H. v. **25 % abgegolten** (§ 43 Abs. 5 Satz 1 EStG). Zusätzlich ist noch der SolZ mit 5,5 % der KapSt (§§ 1, 3, 4 SolzG) und evtl. die KiSt mit (je nach Bundesland) 8 % oder 9 % der ESt einzubehalten. Dafür sind die Einnahmen in voller Höhe, d. h. zu 100 % steuerpflichtig. Außerdem sind alle tatsächlichen Aufwendungen, die mit diesen Einnahmen in einem Zusammenhang stehen, nicht mehr als Werbungskosten abzugsfähig (§ 20 Abs. 9 Satz 1 EStG).
   Im Fall der KiSt-Pflicht ermäßigt sich der gesonderte ESt-Tarif von 25 % um 25 % der auf die Kapitalerträge entfallenden KiSt (§ 32 d Abs. 1 Sätze 3 bis 5 EStG).
   Formel: $\dfrac{\text{Einkünfte aus Kapitalvermögen}}{4 + \text{Kirchensteuersatz (0,08 bzw. 0,09)}}$
   Dafür ist diese bezahlte KiSt nicht als Sonderausgaben abzugsfähig (§ 10 Abs. 1 Nr. 4 HS 2 EStG).
2. Gehören die Anteile an den juristischen Personen zum **Betriebsvermögen** der Anteilseigner, gilt das **Teileinkünfteverfahren**. Das bedeutet, die Gewinnanteile (Dividenden) usw. gehören gem. § 20 Abs. 1 Nr. 1 EStG i. V. m. § 20 Abs. 8 EStG zu den Gewinneinkünften, weil die Einkunftsart Kapitalvermögen eine subsidiäre Einkunftsart ist. Diese Einnahmen sind bei der jeweiligen Gewinneinkunftsart nach § 3 Nr. 40 Buchst. d EStG zu **60 %** mit dem normalen Steuersatz nach § 32 a EStG **steuerpflichtig** und zu 40 % steuerfrei. Entsprechend dürfen nach § 3 c Abs. 2 EStG nur 60 % der Aufwendungen als Betriebsausgaben abgezogen werden und 40 % der Aufwendungen sind nicht abzugsfähig. Von den Einnahmen ist nach § 43 Abs. 1 Nr. 1 EStG ebenfalls die KapSt mit 25 %, der SolZ mit 5,5 % der KapSt und evtl. die KiSt mit (je nach Bundesland) 8 % oder 9 % der ESt einzubehalten. Jedoch hat diese einbehaltene KapSt keine Abgeltungswirkung, sondern wird auf die ESt-Schuld angerechnet, weil § 43 Abs. 5 Satz 1 EStG nicht für die Gewinneinkunftsarten gilt (§ 43 Abs. 5 Satz 2 EStG). Dasselbe gilt nach § 43 Abs. 5 Satz 2 EStG, wenn die Kapitalerträge zu den Einkünften aus Vermietung und Verpachtung gehören.

BEISPIELE

a) A hält in seinem **Privatvermögen** 10 000 Aktien der S-AG. Am 20. 06. 2017 erhält er aufgrund des Beschlusses der Hauptversammlung der AG eine Dividende von 20 000 €. Wie hoch ist die Nettodividende und wie hoch ist die ESt-Schuld auf diesen Vorgang (angenommener ESt-Satz 42 %)?

LÖSUNG

Dividende	20 000 €
./. 25 % KapSt von 20 000 €	./. 5 000 €
./. 5,5 % SolZ von 5 000 €	./. 275 €
Nettodividende, auszuzahlender Betrag	14 725 €

Für Kapitalerträge i. S. d. § 20 EStG, die der KapSt unterlegen haben, ist die ESt mit diesem Steuerabzug abgegolten (§ 43 Abs. 5 Satz 1 EStG). Somit beträgt die endgültige Steuerschuld des A einschließlich SolZ 5 275 €.

Angenommen, A unterliegt der KiSt-Pflicht, dann beträgt

- die KapSt (20 000 € : 4,08 =) 4 901,96 €,
- der SolZ 5,5 % von 4 901,96 € = 269,60 € und
- die KiSt 8 % von 4 901,96 € = 392,15 €.

Diese einbehaltene KiSt ist nach § 10 Abs. 1 Nr. 4 HS 2 EStG nicht als Sonderausgaben abzugsfähig.

b) Wie a), jedoch hält A die Aktien in seinem gewerblichen Einzelunternehmen.
LÖSUNG Die KapSt und der SolZ sind in derselben Höhe einzubehalten. Jedoch hat dieser Steuerabzug keine Abgeltungswirkung, weil die Aktien zum Betriebsvermögen gehören.

Steuerpflichtige Einnahmen 60 % von 20 000 €	12 000,00 €
./. Betriebsausgaben	0,00 €
Einkünfte aus Gewerbebetrieb	12 000,00 €
ESt-Schuld, 42 % Tarifsatz	5040,00 €
Anzurechnen ist die KapSt	5 000,00 €
Nachzahlungsbetrag	40,00 €
5,5 % SolZ aus 5 040 €	277,20 €
Anzurechnen sind	275,00 €
Nachzahlungsbetrag	2,20 €

Die endgültige Steuerschuld einschließlich SolZ beträgt 5 040 € + 277,20 € = 5 317,20 € und ist damit um 42,20 € höher. Das bedeutet, je niedriger der ESt-Satz, desto niedriger ist die Gesamtsteuerbelastung.
So beträgt die Steuerschuld z. B. bei einem Steuersatz von 40 % nur noch 5 064 € (einschließlich 264 € Solidaritätszuschlag) und ist damit bereits um 211 € niedriger als bei der Abgeltungsteuer.

c) Wie a), jedoch sind A im Zusammenhang mit diesen Einnahmen Werbungskosten i. H. v. 500 € entstanden. (Anmerkung: Auf den Sparer-Pauschbetrag ist **nicht** einzugehen.)
LÖSUNG An der Lösung gegenüber a) ändert sich nichts, weil A die tatsächlichen Werbungskosten nicht abziehen kann (§ 20 Abs. 9 Satz 1 EStG).

d) Wie b), jedoch sind A im Zusammenhang mit diesen Einnahmen Betriebsausgaben i. H. v. 500 € entstanden.
LÖSUNG Die KapSt und der SolZ sind in derselben Höhe einzubehalten. Jedoch hat dieser Steuerabzug keine Abgeltungswirkung, weil die Aktien zum Betriebsvermögen des Einzelunternehmens gehören. Die Einnahmen sind nach § 3 Nr. 40 Buchst. d EStG i. H. v. 40 % steuerfrei, dafür sind nach § 3 c Abs. 2 EStG nur 60 % der Aufwendungen als Betriebsausgaben abziehbar.

Steuerpflichtige Einnahmen 60 % von 20 000 €		12 000,00 €
./. abzugsfähige Betriebsausgaben 60 % von 500 €	./.	300,00 €
steuerpflichtige Einkünfte aus Gewerbebetrieb		11 700,00 €
ESt-Schuld, 42 % Tarifsatz		4914,00 €
./. anrechenbare KapSt		5 000,00 €
Erstattungsbetrag		86,00 €
5,5 % SolZ aus 4 914 €		270,27 €
./. anrechenbarer SolZ	./.	275,00 €
Erstattungsbetrag		4,73 €

6 Gewinnanteile aus stillen Beteiligungen und partiarischen Darlehen (§ 20 Abs. 1 Nr. 4 EStG)

6.1 Begriff stille Beteiligung

Eine stille Beteiligung liegt vor, wenn sich eine **natürliche Person** als stiller Gesellschafter an einem **Handelsgewerbe**, das ein anderer betreibt, mit einer Vermögenseinlage beteiligt. Auch der Mehrheitsgesellschafter einer Kapitalgesellschaft kann daneben stiller Gesellschafter der Kapitalgesellschaft sein (H 20.2 [Stiller Gesellschafter] EStH). Der stille Gesellschafter hat die Vermögenseinlage so zu leisten, dass sie in das Vermögen des Inhabers des Handelsgeschäfts übergeht (§ 230 Abs. 1 HGB). Er ist lediglich Kapitalgeber und am Betriebsvermögen des Handelsgewerbes weder sachenrechtlich noch schuldrechtlich beteiligt, hat keinen Einfluss auf die Geschäftsführung, sondern nur Kontrollrechte nach § 233 HGB und tritt nach außen nicht in Erscheinung.

Der stille Gesellschafter ist nach § 231 HGB am Gewinn und Verlust beteiligt. Im Gesellschaftsvertrag kann bestimmt werden, dass er nicht am Verlust beteiligt sein soll; seine Beteiligung am Gewinn kann nicht ausgeschlossen werden. Unabhängig davon nimmt er nur bis zur Höhe seiner Einlage an Verlusten teil (§ 232 Abs. 2 HGB).

Stille Beteiligungen können an dem Handelsgewerbe eines Einzelkaufmanns, einer Personengesellschaft oder einer Kapitalgesellschaft bestehen.

Abgrenzung: Ist der stille Gesellschafter auch am Vermögen des Handelsgewerbes beteiligt, ist er als Mitunternehmer anzusehen (atypischer stiller Gesellschafter) und erzielt Einkünfte aus Gewerbebetrieb gem. § 15 Abs. 1 Satz 1 Nr. 2 EStG.

6.2 Begriff partiarisches Darlehen

Das partiarische Darlehen beruht im Gegensatz zur stillen Beteiligung nicht auf einem Gesellschaftsverhältnis. Es fehlt eine gemeinsame Zweckverfolgung. Vielmehr werden nur obligatorische Beziehungen geknüpft, die auf einen Leistungsaustausch gerichtet sind. Zur – nicht einfachen – Abgrenzung zwischen stiller Gesellschaft und partiarischem Darlehen s. BFH vom 28.10.2008 BStBl II 2009, 190 und vom 08.04.2008 BStBl II 2008, 852. Die Abgrenzung zwischen stiller Gesellschaft und partiarischem Darlehen ist für die einkommensteuerliche Behandlung unbedeutend, denn sowohl die Gewinnanteile als auch die Zinsen fallen unter § 20 Abs. 1 Nr. 4 EStG und unterliegen jeweils der KapSt.

6.3 Einnahmen

Zu den Einnahmen des typischen stillen Gesellschafters i. S. v. § 20 Abs. 1 Nr. 4 EStG gehören Vergütungen jeder Art, die im Zusammenhang mit der stillen Beteiligung gewährt werden, insbesondere die Gewinnanteile und sonstigen Vorteile.

Diese Einnahmen sind nach § 11 Abs. 1 EStG im Zeitpunkt des Zuflusses (Überweisung) in voller Höhe zu erfassen (BFH vom 22.07.1997 BStBl II 1997, 755, 768). Der Zufluss wird jedoch auch bewirkt durch

- Erhöhung der Vermögenseinlage oder
- Auffüllung des Einlagekontos, wenn die Einlage noch nicht in vollem Umfang entrichtet oder durch Verluste gemindert wurde (H 20.1 [Stiller Gesellschafter] EStH).

Die Einnahmen aus stiller Beteiligung unterliegen der KapSt von 25 % (§ 43 Abs. 1 Nr. 3, § 43 a Abs. 1 Nr. 1 EStG).

Abgrenzung: Gewinne aus der Veräußerung von Wirtschaftsgütern durch Gesellschaften, die Erträge i. S. d. § 20 Abs. 1 Nr. 4 EStG erzielen, sowie die Vereinnahmung eines Auseinandersetzungsguthabens stellen ebenfalls Einkünfte aus Kapitalvermögen dar, fallen aber unter § 20 Abs. 2 Nr. 4 EStG.

BEISPIEL

S hat sich mit einer Einlage von 100 000 € am Handelsgewerbe des Einzelkaufmanns H beteiligt. Er ist am Gewinn und Verlust mit 12 % beteiligt. Nach dem Gesellschaftsvertrag geht die Einlage in das Vermögen des H über. Dieser ist bei Beendigung des Gesellschaftsverhältnisses zur Rückerstattung der Einlage zum Nennbetrag verpflichtet. H erzielt im VZ 2017 einen Gewinn in seinem Handelsgewerbe von 200 000 €. S erhält seinen Gewinnanteil nach Abzug von KapSt und SolZ am Tag nach der Aufstellung der Bilanz (= 25. 03. 2018) ausbezahlt.

LÖSUNG Der im Jahr des Zuflusses (= VZ 2018) als Einnahmen aus Kapitalvermögen gem. § 20 Abs. 1 Nr. 4 EStG zu erfassende Gewinnanteil des S beträgt 12 % von 200 000 € = 24 000 €. Die Auszahlung berechnet sich wie folgt:

Gewinnanteil	24 000 €
./. KapSt (§ 43 a Abs. 1 Nr. 2 EStG)	6 000 €
./. SolZ	330 €
Auszahlungsbetrag	17 670 €

Mit den einbehaltenen Abzugsbeträgen von 6 000 € und 330 € ist die ESt-Schuld bzw. SolZ-Schuld dieser Einnahmen abgegolten.

6.4 Verluste

Der Verlustanteil des stillen Gesellschafters aus seiner Beteiligung stellt negative Einnahmen aus Kapitalvermögen dar (BMF vom 22. 12. 2009 BStBl I 2010, 94, Rz 4; H 20.1 [Stiller Gesellschafter] EStH).

Verlustanteile eines typisch stillen Gesellschafters dürfen steuerrechtlich erst dann als negative Einnahmen aus Kapitalvermögen erfasst werden, wenn der Geschäftsinhaber den Jahresabschluss festgestellt hat und der Verlustanteil des stillen Gesellschafters berechnet und – im Regelfall – auch von seiner Einlage abgebucht worden ist. Eine zeitlich vorverlagerte Verlustzurechnung aufgrund gesellschaftsvertraglicher Vereinbarungen ist steuerrechtlich nicht anzuerkennen, da die tatsächlichen Gegebenheiten, nämlich die Erstellung des Jahresabschlusses, maßgebend sind (BFH vom 16. 10. 2007 BStBl II 2008, 126; H 20.1 [Stiller Gesellschafter] EStH).

BEISPIEL

G hat sich mit einer Einlage von 150 000 € als stiller Gesellschafter am Handelsgewerbe der Automobil GmbH, deren Gesellschafter X und Y sind, beteiligt. Er ist am Gewinn und Verlust mit 15 % beteiligt. Nach dem Gesellschaftsvertrag geht die Einlage in das Vermögen der GmbH über. Die GmbH hat diese Einlage als langfristige Schuld in ihrer Bilanz passiviert. Sie ist bei Beendigung des Gesellschaftsverhältnisses zur Rückerstattung der Einlage zum Nennbetrag verpflichtet. Die GmbH erzielt im VZ 2017 einen Verlust in ihrem Handelsgewerbe i. H. v. 240 000 €. Der Verlustanteil des G i. H. v. 15 % = 36 000 € wurde bei dem am 15. 03. 2018 aufgestellten Jahresabschluss der GmbH zum 31. 12. 2017 von der Einlageverpflichtung des G abgebucht. Die langfristige Verbindlichkeit der GmbH ist folglich nur noch mit 114 000 € in der Bilanz der GmbH zum 31. 12. 2017 passiviert.

LÖSUNG Der Verlustanteil stellt negative Einnahmen aus Kapitalvermögen dar. Ausgaben sind nach § 11 Abs. 2 Satz 1 EStG für das Kj abzusetzen, in dem sie geleistet worden sind. Dies ist bei einem Verlustanteil aus einer stillen Beteiligung erst zu dem Zeitpunkt der Fall, in dem der Verlust von seiner Einlage abgebucht worden ist. Diese Abbuchung erfolgt im Zusammenhang mit der Erstellung des Jahresabschlusses. Dieser kann wiederum erst nach Ablauf des alten Jahres und damit im darauffolgenden Kj erfolgen. Der Verlustanteil des G führt damit erst im VZ 2018 zu negativen Einnahmen aus Kapitalvermögen.

6.5 Werbungskosten

Als Werbungskosten eines stillen Gesellschafters kommen insbesondere Schuldzinsen für die Finanzierung der Einlage in Betracht. Zu beachten ist, dass ab VZ 2009 die tatsächlichen Werbungskosten nach § 20 Abs. 9 EStG bei der Ermittlung der Einkünfte aus Kapitalvermögen nicht mehr abgezogen werden können.

7 Zinsen aus sonstigen Kapitalforderungen i. S. d. § 20 Abs. 1 Nr. 7 EStG

Unter die Zinsen i. S. d. § 20 Abs. 1 Nr. 7 EStG fallen alle Vergütungen, die der Schuldner einer Kapitalforderung für die Zurverfügungstellung des Kapitals erbringt. Im Gegensatz zu den Beteiligungen i. S. d. § 20 Abs. 1 Nr. 1 EStG hat der Gläubiger hier keine gesellschaftsrechtliche Stellung, sondern nur eine einfache Geldforderung. Probleme wie bei den Beteiligungen, ob und wie der Schuldner seine Erträge zu erfassen hat und wie die Besteuerung beim Schuldner sich auf den Gläubiger auswirkt, entstehen daher hier nicht.

Unter die Vorschrift des § 20 Abs. 1 Nr. 7 EStG fallen z. B. Zinsen aus **Darlehen**, aus **Anleihen** und aus **Guthaben** (Girokonto, Festgeldkonto, Sparguthaben, Sparpläne) bei Sparkassen, Banken und anderen Kreditanstalten. Damit werden alle Zinsen aus privaten Sparkonten und privaten Kontokorrentkonten, aber auch aus Pfandbriefen, Schuldverschreibungen, Obligationen und sonstigen Papieren erfasst, die nur Forderungsrechte darstellen. Die Bezeichnung der Kapitalanlage und deren zivilrechtliche Ausgestaltung sind unerheblich. Selbst wenn die Höhe der Rückzahlung oder des Entgelts von einem ungewissen Ereignis abhängt, liegen Einnahmen gem. § 20 Abs. 1 Nr. 7 EStG vor.

Ob die Zinszahlungen auf vertraglicher oder gesetzlicher Grundlage beruhen oder ob sie freiwillig bezahlt werden, spielt keine Rolle. Zahlt ein Schuldner für ein Darlehen z. B. 2 % mehr, als er vertraglich dazu verpflichtet ist, hat der Gläubiger 2 % mehr als Einnahmen anzusetzen. Zu den Einnahmen i. S. v. § 20 Abs. 1 Nr. 7 EStG gehören auch **Verzugszinsen** und Zinsen für **Steuererstattungen** gem. § 233 a AO. Dabei ist zu beachten, dass die Nachzahlung unterlassener Zinszahlungen für einen längeren Zeitraum keine Entschädigungen i. S. d. § 24 Nr. 1 Buchst. a EStG bilden.

Dagegen sind Nachforderungszinsen nach § 20 Abs. 9 Satz 1 EStG nicht als Werbungskosten abzugsfähig. Aus Gründen sachlicher Härte sind auf Antrag des Stpfl Erstattungszinsen nicht in die Steuerbemessungsgrundlage einzubeziehen, soweit ihnen nicht abziehbare Nachforderungszinsen gegenüberstehen, die auf ein- und demselben Ereignis beruhen (BMF vom 05. 10. 2000 BStBl I 2000, 1508; s. auch H 20.2 [Erstattungszinsen nach § 233 a AO] EStH).

Zinsen auf **Rentennachzahlungen** gehören ebenfalls zu den Einkünften aus Kapitalvermögen i. S. v. § 20 Abs. 1 Nr. 7 EStG und nicht zu den sonstigen Einkünften gem. § 22 Nr. 1 Satz 3 Buchst. a Doppelbuchst. aa EStG (BFH vom 09. 06. 2015 BStBl II 2016, 523 und BMF vom 19. 08. 2013 BStBl I 2013, 1087 unter Berücksichtigung der Änderungen durch BMF vom 04. 07. 2016 BStBl I 2016, 645, Rz. 196).

Zinserträge aus der Anlage von **Instandhaltungsrücklagen** von Wohnungseigentümergemeinschaften zählen ebenfalls grundsätzlich zu den Einnahmen aus Kapitalvermögen gem. § 20 Abs. 1 Nr. 7 EStG.

Die Einnahmen aus diesen Geldvermögen fließen im Allgemeinen wieder in Form von Geld zu und sind daher – trotz eventueller Geldwertverschlechterung in den vorangegangenen Jahren – mit dem **Nominalwert** anzusetzen (BFH vom 14.05.1974 BStBl II 1974, 572).

Bei diesen Kapitalanlagen ist zu trennen zwischen den laufenden Einnahmen, die unter § 20 Abs. 1 Nr. 7 EStG fallen und den realisierten Wertzuwächsen, die von § 20 Abs. 2 Nr. 7 EStG erfasst werden. Im Einzelnen sind zu unterscheiden:

1. Kapitalanlagen mit **gesicherter** Rückzahlung des Kapitalvermögens und **gesicherten** Kapitalerträgen,
2. Kapitalanlagen mit **gesicherter** Rückzahlung des Kapitalvermögens, aber **ungewissen** Kapitalerträgen,
3. Kapitalanlagen **ohne garantierte** Rückzahlung des Kapitalvermögens, aber **gesicherten** Kapitalerträgen,
4. Kapitalanlagen **ohne garantierte** Rückzahlung des Kapitalvermögens und **ungewissen** Kapitalerträgen.

Bei den Kapitalanlagen unter 1. (Regelfall) können nur laufende Erträge anfallen, Veräußerungsgewinne kommen hier nicht vor.

Bei den Kapitalanlagen unter 2. bis 4. können sich sowohl laufende Erträge als auch Veräußerungsgewinne ergeben, u. U. auch nur Veräußerungsgewinne. Laufende Erträge fallen unter § 20 Abs. 1 Nr. 7 EStG, Veräußerungsgewinne unter § 20 Abs. 2 Nr. 7 EStG. Dabei gilt: Werden Erträge für die Nutzungsüberlassung einer Kapitalanlage erst bei Endfälligkeit oder Einlösung der Kapitalanlage vereinnahmt, liegen nach Auffassung der Finanzverwaltung (BMF vom 22.12.2009 BStBl I 2010, 94, Rz 53 bis 55) Einnahmen aus einer Veräußerung i. S. d. § 20 Abs. 2 Nr. 7 EStG im Zeitpunkt der Fälligkeit oder Einlösung vor. Dies ist z. B. der Fall bei abgezinsten Sparbriefe n, Zero Coupon Bond s, Bundesschatzbriefen Typ B und Schatzanweisungen des Bundes und der Länder.

Aber: Die Zinsen bei Bundesschatzbriefen Typ A werden nach Ablauf der Sperrfrist jährlich gutgeschrieben. Das heißt, die Zinsen fließen regelmäßig vor Endfälligkeit oder Veräußerung zu; deshalb fallen sie auch unter § 20 Abs. 1 Nr. 7 EStG.

Dasselbe gilt im Normalfall auch für Zinsen, die die Bausparkassen für das Bausparguthaben vergüten. Der Zufluss erfolgt nach der Regelung im Bausparvertrag. Da der Bausparer aufgrund dieses Vertrags damit einverstanden ist, dass die Bausparkasse die Zinsen erst mit dem Gesamtguthaben, also erst nach einigen Jahren auszahlt, hat er im Vertrag für die Zukunft schon verfügt (Vorausverfügung). Daher ist ein Zufluss der Zinsen mit der jeweiligen Gutschrift der Bausparkasse auf dem Bausparkonto anzunehmen, also im Allgemeinen – wie bei Sparbüchern – am Jahresende. Eine Besonderheit ist darin zu sehen, dass nicht nur die Einzahlungen, sondern auch die gutgeschriebenen Zinsen Bausparbeiträge sind und damit bei Bausparprämienanträgen angesetzt werden können.

Abgrenzung: Zinsen aus Bausparguthaben können jedoch auch Einnahmen aus Vermietung und Verpachtung sein. Nach dem Urteil des BFH vom 08.02.1983 BStBl II 1983, 355 ist dies der Fall, wenn alleiniger Zweck des Abschlusses des Bausparvertrags die Erlangung des Baudarlehens und die Verwendung der Kreditmittel zur Erzielung von Einkünften aus Vermietung und Verpachtung ist. Voraussetzung ist daher ein enger zeitlicher und wirtschaftlicher Zusammenhang mit der geplanten Errichtung oder dem geplanten Erwerb eines zu vermietenden Gebäudes, d. h. die Bauabsicht oder der Erwerb muss bereits in ein konkretes Stadium getreten sein.

8 Gewinne aus der Veräußerung von Anteilen an juristischen Personen (§ 20 Abs. 2 Satz 1 Nr. 1 EStG)

Nach § 20 Abs. 2 Satz 1 Nr. 1 EStG gehören seit VZ 2009 – unabhängig von der Haltedauer – auch Gewinne aus der Veräußerung von Anteilen an einer Körperschaft i. S. d. § 20 Abs. 1 Nr. 1 EStG zu den Einkünften aus Kapitalvermögen, wenn die Anteile an diesen Körperschaften nach dem 31. 12. 2008 erworben werden (§ 52 Abs. 28 Satz 11 EStG). Das bedeutet, dass die bisher unter § 23 EStG fallenden sog. Spekulationsgeschäfte nunmehr zu den Einkünften aus Kapitalvermögen gehören und darüber hinaus die Veräußerungsgewinne selbst dann steuerpflichtig sind, wenn zwischen dem Erwerb und der Veräußerung dieser Anteile ein längerer Zeitraum als ein Jahr besteht. Für diese Veräußerungsgewinne gilt ebenfalls der gesonderte ESt-Tarif nach § 32 d Abs. 1 EStG von 25 %. Sie unterliegen ebenfalls der Abgeltungsteuer nach § 43 Abs. 1 Satz 1 Nr. 9 EStG i. V. m. § 43 Abs. 5 EStG mit 25 %.

Diese Vorschrift ist abzugrenzen von § 17 Abs. 1 Satz 1 EStG. Nach dieser Vorschrift gehört zu den Einkünften aus Gewerbebetrieb auch der Gewinn aus der Veräußerung von Anteilen an einer Kapitalgesellschaft, wenn der Veräußerer innerhalb der letzten fünf Jahre am Kapital der Kapitalgesellschaft unmittelbar oder mittelbar zu mindestens 1 % beteiligt war. § 17 Abs. 1 EStG hat gem. § 20 Abs. 8 EStG Vorrang vor § 20 Abs. 2 Satz 1 Nr. 1 EStG, weil diese Veräußerungsgewinne zu den Einkünften aus Gewerbebetrieb gehören. Diese Veräußerungsgewinne unterliegen dem Teileinkünfteverfahren gem. § 3 Nr. 40 Buchst. c EStG.

BEISPIELE

A erwirbt am

- 12. 04. 2008 1000 Aktien der X-AG für 40 000 € und veräußert diese am 25. 08. 2017 für 50 000 €;
- 28. 05. 2016 2000 Aktien der Y-AG für 60 000 € und veräußert diese am 16. 01. 2017 für 80 000 €;
- 13. 09. 2016 1500 Aktien der Z-AG für 45 000 € und veräußert diese am 10. 11. 2017 für 50 000 €;
- 13. 02. 2017 einen Anteil von 60 % an der T-GmbH für 300 000 € und veräußert diesen am 28. 12. 2017 für 350 000 €.

LÖSUNG Die Veräußerungsgewinne werden wie folgt behandelt:

- Der Veräußerungsgewinn von 10 000 € aus der Veräußerung der Aktien der X-AG ist nicht steuerpflichtig, weil der Erwerb der Anteile vor dem 01. 01. 2009 erfolgte und der Zeitraum zwischen der Anschaffung und der Veräußerung mehr als ein Jahr beträgt (§ 52 Abs. 28 Satz 11 EStG).
- Der Veräußerungsgewinn von 20 000 € aus der Veräußerung der Aktien der Y-AG gehört zu den Einkünften aus Kapitalvermögen i. S. v. § 20 Abs. 2 Satz 1 Nr. 1 EStG, obwohl der Zeitraum zwischen der Anschaffung und der Veräußerung nicht mehr als ein Jahr beträgt, weil § 23 EStG auf Veräußerungsgewinne von Anteilen an juristischen Personen nicht mehr anzuwenden ist (§ 52 Abs. 31 Satz 2 EStG). Der Veräußerungsgewinn ist in voller Höhe mit dem gesonderten ESt-Tarif nach § 32 d Abs. 1 EStG steuerpflichtig. Er fällt nicht unter § 3 Nr. 40 EStG.
- Der Veräußerungsgewinn von 5 000 € aus der Veräußerung der Aktien der Z-AG ist nach § 20 Abs. 2 Satz 1 Nr. 1 EStG steuerpflichtig, weil der Erwerb der Aktien nach dem 31. 12. 2008 erfolgte. Der Veräußerungsgewinn unterliegt der KapSt von 25 %, weil diese Erträge in § 43 Abs. 1 Nr. 9 EStG aufgeführt sind. Diese Einkünfte bleiben bei der Ermittlung des zu versteuernden Einkommens außer Ansatz, weil sie unter § 32 d Abs. 1 EStG fallen und kein Ausnahmetatbestand des § 32 d Abs. 2 EStG vorliegt. Der Abzug der KapSt hat abgeltende Wirkung.
- Der Veräußerungsgewinn von 50 000 € aus der Veräußerung der Beteiligung an der T-GmbH gehört nicht zu den Einkünften aus Kapitalvermögen i. S. v. § 20 Abs. 2 Satz 1 Nr. 1 EStG, sondern zu den Einkünften aus Gewerbebetrieb gem. § 17 Abs. 1 EStG, weil A an der GmbH mit mindestens 1 % beteiligt war. Der Veräußerungsgewinn ist nach dem Teileinkünfteverfahren zu versteuern, d. h. mit 60 % von 50 000 € = 30 000 € (§ 3 Nr. 40 Buchst. c EStG). Wegen der Höhe des Veräußerungsgewinns bleibt kein Freibetrag nach § 17 Abs. 3 EStG übrig.

Der Veräußerungsgewinn ist nach § 20 Abs. 4 Satz 1 EStG wie folgt zu ermitteln:

Veräußerungspreis
./. Veräußerungskosten
./. Anschaffungskosten
Veräußerungsgewinn (Veräußerungsverlust)

Zu den Anschaffungskosten der Anteile an Kapitalgesellschaften gehören neben dem Kaufpreis (Kurswert) auch die **Anschaffungsnebenkosten**, wie z. B. die Maklerprovision und die Bankspesen, wenn sie vom Erwerber entrichtet werden.

Zu den **Veräußerungskosten** gehören insbesondere die Maklerprovision und Bankspesen, wenn sie (auch) vom Veräußerer zu entrichten sind.

Hinweis: Nach § 20 Abs. 6 Satz 4 EStG dürfen Verluste i. S. d. § 20 Abs. 2 Satz 1 Nr. 1 EStG, die aus der Veräußerung von Aktien entstehen, nur mit Gewinnen i. S. d. § 20 Abs. 2 Satz 1 Nr. 1 EStG, die aus der Veräußerung von Aktien resultieren, ausgeglichen werden. Gewinne aus der Veräußerung von Aktien können dagegen grundsätzlich auch mit anderen Verlusten aus Kapitaleinkünften verrechnet werden.

9 Stückzinsen (§ 20 Abs. 2 Satz 1 Nr. 7 EStG)

Veräußert der Inhaber einer Schuldverschreibung (z. B. Anleihe) den dazugehörigen Zinsschein zusammen mit der Kapitalforderung und wird dabei der bis zum Veräußerungszeitpunkt entstandene Zins des laufenden Zinszeitraums gesondert in Rechnung gestellt, liegen beim **Veräußerer** nach § 20 Abs. 2 Satz 1 Nr. 7 EStG i. H. d. «Stückzinsen" steuerpflichtige Kapitalerträge vor.

Der **Erwerber**, der den Zinsschein am Zahlungstermin (meistens über seine Bank) beim Schuldner vorlegt, erhält die Zinsen für den gesamten Zinszahlungszeitraum, also auch für den Zeitraum, dessen Zinsen noch dem Veräußerer zustanden.

Der Erwerber hat daher den vollen Zinsbetrag als steuerpflichtige Einnahmen i. S. v. § 20 Abs. 1 Nr. 7 EStG zu versteuern, kann aber die an den Veräußerer gezahlten Stückzinsen (die dieser versteuert hat) mit den steuerpflichtigen Einnahmen aus Kapitalvermögen verrechnen (BMF vom 09. 10. 2012 BStBl I 2012, 953, Rz. 49 – 51).

BEISPIEL

Die Eheleute A erwerben im August 2017 eine Anleihe mit einem Stückzinsenanteil von 11 000 €. Im September 2017 fließen ihnen aus dieser Anleihe 12 000 € Zinsen zu. Welche Rechtsfolgen treten ein?

LÖSUNG Die gezahlten Stückzinsen von 11 000 € mindern die gutgeschriebenen Zinsen von 12 000 €. Der KapSt unterliegt nach § 43 a Abs. 3 Satz 2 EStG nur der verbleibende Betrag von 1 000 €.

Fließen die für die erworbene Kapitalforderung i. S. d. § 20 Abs. 1 Nr. 7 EStG gutgeschriebenen Zinsen erst im Folgejahr zu, sind die im Jahr des Erwerbs gezahlten Stückzinsen zunächst mit allen anderen positiven Einnahmen aus **Kapitalvermögen** im Jahr des Erwerbs zu verrechnen. Übersteigen die gezahlten Stückzinsen die übrigen positiven Einnahmen aus Kapitalvermögen, liegt ein Verlust aus Kapitalvermögen i. S. v. § 20 Abs. 2 Satz 1 Nr. 7 EStG vor.

Dieser Verlust darf nicht mit Einkünften aus anderen Einkunftsarten verrechnet werden; er darf auch nicht nach § 10 d EStG abgezogen werden. Diese gesetzliche Regelung ist erforderlich, weil die Einkünfte aus Kapitalvermögen nur mit einem Abgeltungsteuersatz von 25 % der Einkommensteuer unterworfen werden (BMF vom 09. 10. 2012, a. a. O.).

Dieser Verlust mindert aber nach § 20 Abs. 6 Satz 2 EStG die Einkünfte, die der Stpfl in den folgenden Veranlagungszeiträumen aus Kapitalvermögen erzielt.

Diese Regelung gilt auch für den KapSt-Abzug und muss von der auszahlenden Stelle (i. d. R. die Bank) beachtet werden (§ 43 a Abs. 3 Satz 2 EStG). Das bedeutet, solange der Betrag an gezahlten Stückzinsen gleich hoch oder höher ist als der Betrag der vereinnahmten Einnahmen aus Kapitalvermögen, wird kein KapSt-Abzug vorgenommen. Ein Überhang an gezahlten Stückzinsen ist auf das nächste Jahr zu übertragen (§ 43 a Abs. 3 Satz 3 EStG).

BEISPIEL

A hat am 01. 10. 2017 eine 5 %-Anleihe (Zinstermin 01. 04.) im Nennwert von 100 000 € (= Kurswert) erworben und neben dem Kaufpreis noch Stückzinsen für 180 Tage = 2 500 € bezahlen müssen. Am 01. 04. 2018 erhält er Zinsen von 5 000 € gutgeschrieben. Neben diesen Zinseinnahmen hat er in den Jahren 2017 und 2018 noch weitere Einnahmen aus Kapitalvermögen i. H. v. jeweils 1 000 €.

LÖSUNG Im VZ 2017 sind die Stückzinsen (= negative Einnahmen aus Kapitalvermögen) mit den positiven Zinsen von 1 000 € zu verrechnen. Somit ergibt sich für 2017 keine ESt-Schuld. Allerdings dürfen diese Verluste nicht mit Einkünften aus anderen Einkunftsarten verrechnet und auch nicht nach § 10 d EStG abgezogen werden (§ 20 Abs. 6 Satz 1 EStG). Somit verbleibt ein »Stückzinstopf« von 1 500 €. Mangels positiver Einnahmen unterbleibt ein KapSt-Abzug. Im VZ 2018 betragen die positiven Zinseinnahmen 6 000 €. Von diesem Betrag ist der Verlust aus 2017 mit 1 500 € abzuziehen (§ 20 Abs. 6 Satz 2 EStG). Somit verbleiben positive Einnahmen aus Kapitalvermögen von 4 500 €. Diese Regelung gilt auch für die KapSt (§ 43 a Abs. 3 Sätze 3 und 4 EStG). Folglich ist diese im Jahre 2018 mit 25 % von 4 500 € = 1 125 € zuzüglich 5,5 % SolZ von 1 125 € = 61,87 € einzubehalten.

Da gezahlte Stückzinsen keine Werbungskosten, sondern negative Einnahmen sind, wird der Sparer-Pauschbetrag nach § 20 Abs. 9 EStG durch ihre Zahlung nicht gemindert.

10 Werbungskosten

10.1 Arten

Bei den Einkünften aus Kapitalvermögen sind grundsätzlich nur solche Aufwendungen als Werbungskosten anzusehen, die mit den einzelnen Einnahmen unmittelbar zusammenhängen. Ein unmittelbarer Zusammenhang mit den Einnahmen ist bei Aufwendungen für die einzelne Kapitalanlage und bei Aufwendungen für die Gesamtheit der Kapitalanlagen (allgemeine Verwaltungskosten) insoweit gegeben, als sie zur Erwerbung, Sicherung und Erhaltung der Kapitaleinnahmen dienen. Dies gilt auch dann, wenn die Aufwendungen gleichzeitig der Sicherung und Erhaltung des Kapitalstamms dienen (R 20.1 EStR). Nachdem ab VZ 2009 auch Veräußerungsgewinne aller Kapitalanlagen zu den Einkünften aus Kapitalvermögen gehören (vgl. § 20 Abs. 2 EStG), liegen ab diesem Zeitpunkt auch dann Werbungskosten vor, wenn die Aufwendungen ausschließlich der Sicherung und Erhaltung des Kapitalstamms dienen.

Nach diesen Grundsätzen können u. a. Bankspesen für die Depotverwaltung, Gebühren, Fachliteratur, Reisekosten zur Hauptversammlung, Vergütungen für einen Vermögensberater, Verfahrensauslagen und Rechtsanwaltskosten als Werbungskosten berücksichtigt werden (R 20.1 Abs. 2 EStR).

Aber: Aufwendungen, die auf Vermögen entfallen, das nicht zur Erzielung von Kapitaleinkünften angelegt ist oder bei dem Kapitalerträge nicht mehr zu erwarten sind, können nicht als Werbungskosten berücksichtigt werden (R 20.1 Abs. 1 Satz 2 EStR).

Schuldzinsen, die für einen zum Erwerb von Wertpapieren aufgenommenen Kredit gezahlt werden, sind in vollem Umfang Werbungskosten bei den Einkünften aus Kapitalvermögen, wenn auf Dauer gesehen ein Überschuss der Einnahmen über die Ausgaben einschl. eines steuerpflichtigen Veräußerungsgewinns erwartet werden kann. Bei dieser Beurteilung ist grundsätzlich auf jede einzelne Kapitalanlage abzustellen (BFH vom 24. 03. 1992 BStBl II 1993, 18).

10.2 Abzugsfähigkeit der Werbungskosten

Mit Wirkung ab VZ 2009 können die tatsächlichen Werbungskosten grundsätzlich nicht mehr abgezogen werden (§ 20 Abs. 9 Satz 1 EStG i. V. m. § 2 Abs. 2 Satz 2 EStG). Dies gilt auch für Schuldzinsen, die nach der Veräußerung oder der Aufgabe einer Beteiligung i. S. d. § 17 Abs. 1 EStG anfallen (BFH vom 01. 07. 2014 BStBl II 2014, 975).

Das Abzugsverbot der tatsächlichen Werbungskosten gilt nicht nur dann, wenn die ESt nach § 43 Abs. 5 EStG durch den Abzug der KapSt abgegolten ist, sondern auch dann, wenn die Einkünfte aus Kapitalvermögen gem. § 32 d Abs. 3 EStG zwingend oder gem. § 32 d Abs. 4 und 6 EStG auf Antrag in die Veranlagung einbezogen werden (s. 11.2 und 11.4). Gegen das Werbungskostenabzugsverbot bestehen keine verfassungsrechtlichen Bedenken (BFH vom 01. 07. 2014 BStBl II 2014, 975).

Eine **Ausnahme vom Abzugsverbot** greift jedoch ein, wenn

- die Kapitalanlagen zum **Betriebsvermögen** gehören (in diesem Fall sind die Aufwendungen – unter Beachtung des Teileinkünfteverfahrens nach § 3 c Abs. 2 EStG – als Betriebsausgaben bei den Gewinneinkunftsarten abzugsfähig) oder
- die Kapitalerträge nach § 32 d Abs. 2 EStG zwingend oder auf Antrag in die Veranlagung einzubeziehen und mit dem persönlichen Steuersatz nach § 32 a EStG zu versteuern sind (in diesem Fall sind die Aufwendungen als Werbungskosten bei der Ermittlung der Einkünfte aus Kapitalvermögen abzugsfähig).

Sofern das Abzugsverbot anzuwenden ist, ist bei der Ermittlung der Einkünfte aus Kapitalvermögen als Werbungskosten ein Betrag von 801 € **(Sparer-Pauschbetrag)**, bei der Zusammenveranlagung von Ehegatten oder Lebenspartnern ein gemeinsamer Sparer-Pauschbetrag von 1 602 € abzuziehen (§ 20 Abs. 9 Sätze 1 und 2 EStG). Der Sparer-Pauschbetrag und der gemeinsame Sparer-Pauschbetrag dürfen nicht höher sein als die nach Maßgabe des § 20 Abs. 6 EStG verrechneten Kapitalerträge.

Der gemeinsame Sparer-Pauschbetrag ist bei der Einkunftsermittlung bei den Ehegatten/ Lebenspartnern je zur Hälfte abzuziehen. Sind die Kapitalerträge eines Ehegatten/ Lebenspartners niedriger als 801 €, so ist der anteilige Sparer-Pauschbetrag insoweit, als er die Kapitalerträge dieses Ehegatten/ Lebenspartners übersteigt, bei dem anderen Ehegatten/ Lebenspartner abzuziehen.

Der Sparer-Pauschbetrag wird soweit wie möglich bereits beim Steuerabzug berücksichtigt. Zu diesem Zweck kann der Stpfl gegenüber der auszahlenden Stelle unter Angabe des Namens, der Anschrift und des Geburtsdatums erklären, bis zu welcher Höhe Kapitalerträge vom Steuerabzug ausgenommen werden sollen (**Freistellungsauftrag**, § 44 a Abs. 2 Satz 1 Nr. 1 EStG). Bei mehreren Konten ist der Freistellungsauftrag ggf. betragsmäßig aufzuteilen. Der Freistellungsauftrag steht den Finanzbehörden zu Prüfungszwecken zur Verfügung. Sofern der Stpfl wegen der geringen Höhe seines zu versteuernden Einkommens nicht zur ESt veranlagt wird, kann er nach § 44 a Abs. 2 Satz 1 Nr. 2 EStG vom zuständigen Wohnsitzfinanzamt eine Nichtveranlagungs-Bescheinigung **(NV-Bescheinigung)** erhalten. Auch in diesen Fällen unterbleibt dann der KapSt-Abzug.

BEISPIEL

	Ehemann	Ehefrau
Einnahmen aus Kapitalvermögen	4 000 €	100 €
./. Sparer-Pauschbetrag	./. 801 €	./. 100 €
(801 € ./. 100 € = 701 €		
unverbraucht und übertragbar auf Ehemann)	./. 701 €	
Einkünfte	2 498 €	0

Diese Berechnung ist nur dann von Bedeutung, wenn die Einkünfte jedes Ehegatten bei einer Zusammenveranlagung gesondert berechnet werden müssen. Ansonsten kommt man einfacher und schneller zum Ziel, wenn man den gemeinsamen Sparer-Pauschbetrag von den gemeinsamen Einnahmen abzieht.

BEISPIEL

Ergänzung	Einkünfte
Einnahmen	4 100 €
./. gemeinsamer Sparer-Pauschbetrag	./. 1 602 €
Einkünfte	2 498 €

Ein besonderes Problem entsteht, wenn bei zusammenveranlagten Ehegatten/ Lebenspartnern nur einer positive Einkünfte erzielt hat, die Ehegatten/ Lebenspartner insgesamt aber einen Verlust aus Kapitalvermögen erlitten haben. Mit Urteil vom 26.02.1985 BStBl II 1985, 547 hat der BFH entschieden, dass auch in diesem Falle der gemeinsame Sparer-Pauschbetrag gewährt werden kann. Dies folgt aus der Übertragungsmöglichkeit des hälftigen Sparer-Pauschbetrags (§ 20 Abs. 9 Satz 3 EStG).

BEISPIEL

	Ehemann	Ehefrau
Einnahmen/Verlust aus Kapitalvermögen	5 900 €	./. 5 000 €
./. Sparer-Pauschbetrag	./. 1 602 €	–
Einkünfte	4 298 €	./. 5 000 €

11 Gesonderter Steuertarif für Einkünfte aus Kapitalvermögen (§ 32 d EStG)

11.1 Grundsätze

Die Einfügung des § 32 d EStG brachte eine Systemveränderung bei der Besteuerung der einzelnen Einkunftsarten mit sich. Bis einschließlich VZ 2008 wurden die Einkünfte aus allen sieben Einkunftsarten addiert bzw. miteinander verrechnet und die Summe der Einkünfte ermittelt, die nach Abzug von verschiedenen Aufwendungen und Freibeträgen das zu versteuernde Einkommen ergaben. Dieses zu versteuernde Einkommen bildete die Bemessungsgrundlage für die nach dem Tarif in § 32 a EStG zu berechnende ESt. Seit VZ 2009 werden die Einkünfte aus Kapitalvermögen grundsätzlich aus dieser Tarifbesteuerung herausgenommen und nach § 32 d Abs. 1 Satz 1 EStG mit einem einheitlichen Steuersatz von **25 %** versteuert (sog. **Abgeltungsteuer**; s. oben 5.5.). Hinzu kommen der SolZ mit 5,5 % der ESt und ggf. die KiSt. Zur

Berechnung des ESt-Satzes bei bestehender KiSt-Pflicht nach § 32 d Abs. 1 EStG s. 5. 5. **Beachte:** Da die ESt i. S. d. § 32 d Abs. 1 EStG keine tarifliche Steuer ist, können Steuerermäßigungen, die an die tarifliche ESt anknüpfen (z. B. nach §§ 35 a und 35 b EStG), die ESt nach dem gesonderten Steuertarif i. S. d. § 32 d Abs. 1 EStG nicht mindern.

Einzelheiten zur Abgeltungsteuer enthält BMF vom 18.01.2016 BStBl I 2016, 85 unter Berücksichtigung der Änderungen durch BMF vom 20.04.2016 BStBl I 2016, 475 und vom 16.06.2016 BStBl I 2016, 527.

Die Erhebung der ESt auf Kapitalerträge erfolgt weiterhin durch die **KapSt**, die in den §§ 43 ff EStG geregelt ist. Daraus folgt auch, dass die tatsächlichen Werbungskosten nicht mehr abgezogen werden können, sondern nur noch der Sparer-Pauschbetrag gewährt wird.

Die Einkünfte aus Kapitalvermögen werden folglich grundsätzlich nicht mehr in die Summe der Einkünfte und damit nicht mehr in das zu versteuernde Einkommen miteinbezogen. Jedoch sind nach § 2 Abs. 5 a EStG die nach § 32 d Abs. 1 EStG und nach § 43 Abs. 5 EStG (Kapitalertragsteuerabzug) zu besteuernden Kapitalerträge auch ab VZ 2009 in die Bezugsgrößen Einkünfte, Summe der Einkünfte, Gesamtbetrag der Einkünfte, Einkommen und zu versteuerndes Einkommen **einzubeziehen**, wenn **außersteuerliche Rechtsnormen** an diese Begriffe anknüpfen.

Soweit dagegen **Rechtsnormen des EStG an die vorstehenden Bezugsgrößen** anknüpfen, sind Kapitalerträge nach § 32 d Abs. 1 EStG und § 43 Abs. 5 EStG **nicht einzubeziehen** (§ 2 Abs. 5 b EStG). Dies wirkt sich insbesondere beim Spendenabzug nach § 10 b EStG und bei der Höhe der zumutbaren Belastung nach § 33 Abs. 3 EStG aus.

Aber: Soweit die Einkünfte der in § 20 Abs. 1, 2 und 3 EStG bezeichneten Art nach § 20 Abs. 8 EStG zu den Einkünften aus Land- und Forstwirtschaft, aus Gewerbebetrieb, aus selbstständiger Arbeit oder aus Vermietung und Verpachtung gehören, sind sie auch in Zukunft bei der Ermittlung der Summe der Einkünfte und des zu versteuernden Einkommens zu berücksichtigen, unterliegen also dem normalen ESt-Tarif.

BEISPIELE

a) Der Gesamtbetrag der Einkünfte des alleinstehenden Kurt Stark (S) beträgt im VZ 2017 40 000 Euro. Außerdem erzielte S in 2017 Einkünfte aus Kapitalvermögen i. H. v. 2 000 Euro, von denen KapSt mit 25 % und der SolZ mit 5,5 % einbehalten wurden. S hat im VZ 2017 Spenden von 10 000 Euro geleistet und außergewöhnliche Belastungen nach § 33 EStG von 3 000 Euro überwiesen.

LÖSUNG Die Bemessungsgrundlage für den Spendenabzug nach § 10 b Abs. 1 Satz 1 Nr. 1 EStG und für die Ermittlung der zumutbaren Belastung nach § 33 Abs. 3 EStG beträgt nur 40 000 Euro, weil die Einkünfte aus Kapitalvermögen nach § 2 Abs. 5 b EStG nicht in die Bezugsgröße »Gesamtbetrag der Einkünfte« einzubeziehen sind. Die abzugsfähigen Spenden betragen folglich 20 % von 40 000 Euro = 8 000 Euro und die zumutbare Belastung nach § 33 Abs. 3 EStG beträgt 6 % von (nur) 40 000 Euro = 2 400 Euro.

b) Wie Beispiel a, die Kapitalerträge gehören jedoch nach § 20 Abs. 8 EStG zu den Einkünften aus Gewerbebetrieb.

Lösung Die Kapitalerträge unterliegen zwar der KapSt einschl. SolZ. Sie sind jedoch nach § 20 Abs. 8 EStG den Einkünften aus Gewerbebetrieb zuzurechnen und unterliegen damit der tariflichen ESt. Die Bemessungsgrundlage für den Spendenabzug nach § 10 b Abs. 1 Satz 1 Nr. 1 EStG und die zumutbare Belastung nach § 33 Abs. 3 EStG beträgt folglich 42 000 €. Die abzugsfähigen Spenden belaufen sich auf 20 % von 42 000 Euro = 8 400 Euro und die zumutbare Belastung beträgt 6 % von 42 000 Euro = 2 520 Euro.

11.2 Ausnahmen vom gesonderten Steuertarif (§ 32 d Abs. 2 EStG)

Nach § 32 d Abs. 2 EStG sind die Einkünfte aus Kapitalvermögen nicht mit dem Abgeltungsteuersatz von 25 %, sondern mit dem normalen Tarif nach § 32 a EStG zu versteuern. Diese Vorschrift gilt z. B.

- **zwingend** bei laufenden Erträgen nach **§ 20 Abs. 1 Nr. 4 und 7 EStG** sowie bei Veräußerungsgewinnen nach **§ 20 Abs. 2 Satz 1 Nr. 4 und 7 EStG** aus der Beteiligung als typisch **stiller Gesellschafter** an einem Handelsgewerbe oder als **Darlehensgeber**, wenn **Gläubiger und Schuldner** einander **nahestehende Personen** (BFH vom 29. 04. 2014 BStBl II 2014, 986, 990, 992 und 995 sowie vom 28. 01. 2015 BStBl II 2017, 397) sind (§ 32 d Abs. 2 Satz 1 Nr. 1 Buchst. a EStG). Das Verhältnis von nahestehenden Personen liegt vor, wenn die Person auf den Stpfl einen beherrschenden Einfluss ausüben kann (BMF vom 18. 01. 2016 BStBl I 2016, 85 unter Berücksichtigung der Änderungen durch BMF vom 20. 04. 2016 BStBl I 2016, 475 und vom 16. 06. 2016 BStBl I 2016, 527, Rz. 136). In diesen Fällen sind bei der Ermittlung der Einkünfte aus Kapitalvermögen die tatsächlichen Werbungskosten abziehbar, dafür entfällt der Sparer-Pauschbetrag (§ 20 Abs. 9 EStG) und der eingeschränkte Verlustausgleich nach § 20 Abs. 6 EStG (§ 32 d Abs. 2 Satz 2 EStG);
- **auf Antrag** gem. § 32 d Abs. 2 Satz 1 Nr. 3 EStG für Kapitalerträge i. S. d. **§ 20 Abs. 1 Nr. 1 und 2 EStG** (Gewinnausschüttungen und Dividenden) aus einer Beteiligung an einer Kapitalgesellschaft, wenn der Stpfl im VZ, für den der Antrag erstmals gestellt wird,

  – unmittelbar oder mittelbar zu **mindestens 25 %** an der Kapitalgesellschaft beteiligt ist **oder**

  – zu **mindestens 1 %** an der Kapitalgesellschaft beteiligt ist und durch eine **berufliche** – selbständig oder nichtselbständig ausgeübte – **Tätigkeit** für diese **maßgeblichen unternehmerischen Einfluss** auf deren wirtschaftliche Tätigkeit nehmen kann . Es ist ausreichend, dass die notwendige Beteiligungsquote zu irgendeinem Zeitpunkt in dem VZ, für den der Antrag gestellt wird, vorliegt.

  Die Einkünfte unterliegen dem Teileinkünfteverfahren nach § 3 Nr. 40 EStG, weil nach § 32 d Abs. 2 Nr. 3 Satz 2 EStG die Ausnahmevorschrift des § 3 Nr. 40 Satz 2 EStG keine Anwendung findet, und werden mit dem persönlichen Steuersatz gem. § 32 a EStG der ESt unterworfen. Dieser Antrag ist insbesondere für die Stpfl von Bedeutung, die im VZ hohe Finanzierungskosten entrichten mussten, weil in diesen Fällen die tatsächlichen Werbungskosten abzugsfähig sind, allerdings nach § 3 c Abs. 2 EStG nur mit 60 %. Auch in diesen Fällen entfällt insoweit der Sparer-Pauschbetrag nach § 20 Abs. 9 EStG und der eingeschränkte Verlustausgleich nach § 20 Abs. 6 EStG.

Der Antrag, der spätestens zusammen mit der Abgabe der erstmaligen ESt-Erklärung für den jeweiligen VZ zu stellen ist, gilt, solange er nicht widerrufen wird, auch für die vier folgenden Veranlagungszeiträume. Eine Nachholung ist nur unter den Voraussetzungen des § 110 AO (= Wiedereinsetzung in den vorigen Stand) möglich (BFH vom 28. 07. 2015 BStBl II 2017, 894). Ein Widerruf des Antrags kann auch für das Erstjahr bis zur Bestandskraft erklärt werden. Nach einem Widerruf ist ein erneuter Antrag des Stpfl für diese Beteiligung an der Kapitalgesellschaft nicht mehr möglich (§ 32 d Abs. 2 Nr. 3 Satz 3 bis 6 EStG).

11.3 Verpflichtung zum Antrag auf Besteuerung (§ 32 d Abs. 3 EStG)

Steuerpflichtige Kapitalerträge, die nicht der KapSt unterlegen haben (z. B. Gewinne aus der Veräußerung von GmbH-Anteilen, verdeckte Gewinnausschüttungen), hat der Stpfl nach § 32 d Abs. 3 EStG in seiner Einkommensteuererklärung anzugeben. Dazu gehören z. B.

- Gewinne aus der Veräußerung von GmbH-Anteilen,
- Beteiligungen als stiller Gesellschafter sowie
- die Steuererstattungszinsen nach § 233 a AO.

Die ESt für diese Kapitalerträge beträgt ebenfalls 25 % (bzw. bei bestehender KiSt-Pflicht 24,50 % oder 24,45 %) und ist der tariflichen ESt (§ 32 a Abs. 1 EStG) hinzuzurechnen. Sie unterliegen also trotz Einbeziehen in die Veranlagung nicht dem normalen ESt-Tarif. Das bedeutet, die übrigen Kapitalerträge, die der KapSt unterlegen haben, bleiben weiterhin bei der Veranlagung außer Betracht. Die tatsächlichen Werbungskosten bleiben vom Abzug ausgeschlossen. Die auf diese ESt entfallende KiSt ist nicht als Sonderausgaben abzugsfähig.

11.4 Veranlagung auf Antrag (§ 32 d Abs. 4 EStG)

§ 32 d Abs. 4 EStG ermöglicht eine Veranlagung **auf Antrag** zur nachträglichen Berücksichtigung von Tatbeständen, die bei der Einbehaltung der KapSt nicht berücksichtigt wurden. Darunter fallen insbesondere

- ein nicht vollständig ausgeschöpfter Sparer-Pauschbetrag,
- die Anwendung der Ersatzbemessungsgrundlage nach § 43 a Abs. 2 Satz 7 EStG,
- ein noch nicht i. R. d. § 43 a Abs. 3 EStG berücksichtigter Verlust,
- ein Verlustvortrag nach § 20 Abs. 6 EStG und
- noch nicht berücksichtigte ausländische Steuern (§ 32 d Abs. 5 EStG).

Der Stpfl kann den Steuereinbehalt des Kreditinstituts dem **Grund** und der **Höhe** nach **überprüfen** lassen. Außerdem kann er den beim KapSt-Abzug noch nicht berücksichtigten steuermindernden Effekt der KiSt-Zahlung im Rahmen der Veranlagung nachholen, wenn der KiSt-Abzug durch sein Kreditinstitut nicht durchgeführt worden ist.

Die ESt beträgt wie im Fall des § 32 d Abs. 3 EStG 25 % (bzw. bei bestehender KiSt-Pflicht 24,50 % oder 24,45 %) und ist der tariflichen ESt (§ 32 a Abs. 1 EStG) hinzuzurechnen. Die vom Kreditinstitut bereits einbehaltene und bescheinigte KapSt wird nach § 36 Abs. 2 Nr. 2 EStG im Rahmen der Veranlagung auf die für die Einkünfte aus Kapitalvermögen festgesetzte ESt angerechnet. Dies kann zu einer ESt-Erstattung führen.

Die tatsächlich angefallenen Werbungskosten bleiben vom Abzug ausgeschlossen.

Eine Antragstellung ist so lange möglich, als der Steuerbescheid nach den Vorschriften der AO (z. B. § 164 Abs. 2 AO) oder den Einzelsteuergesetzen geändert werden kann.

BEISPIEL

Der konfessionslose M erhielt im VZ 2017 aus seiner Beteiligung an einer AG eine Dividende von 10 000 € und aus einem Sparbrief 2 000 €, von denen 25 % KapSt = 3 000 € (§ 43 Abs. 1 Nr. 1 und 7 EStG i. V. m. § 43 a Abs. 1 Nr. 1 EStG) und SolZ mit 5,5 % = 165 € (§ 4 SolZG) einbehalten wurden. Der an M ausbezahlte Betrag belief sich folglich auf 6 835 €. M hat seiner Bank versehentlich **keinen** Freistellungsauftrag erteilt; er hat jedoch für VZ 2017 einen Antrag nach § 32 d Abs. 4 EStG gestellt. Der durchschnittliche ESt-Satz des M beträgt im VZ 2017 38 %.

LÖSUNG Die Einnahmen des M aus Kapitalvermögen i. H. v. (10 000 € + 2 000 € =) 12 000 € bleiben bei der Berechnung des zu versteuernden Einkommens grundsätzlich außer Ansatz, da für Einkünfte

aus Kapitalvermögen gem. § 32 d Abs. 1 EStG ein gesonderter Steuertarif von 25 % gilt und die hiernach ermittelte ESt durch die Erhebung der KapSt gem. § 43 Abs. 5 EStG abgegolten ist.
Weil M jedoch seiner Bank keinen Freistellungsauftrag (§ 44 a Abs. 2 Nr. 1 EStG) erteilt hat und deshalb bei der Erhebung der KapSt der Sparer-Pauschbetrag von 801 € nicht berücksichtigt wurde, kann M nach § 32 Abs. 4 EStG mit der ESt-Erklärung einen Antrag auf Überprüfung des Steuereinbehalts im Rahmen der ESt-Veranlagung stellen. In diesem Fall erfolgt bei der ESt-Veranlagung entsprechend der Regelung in § 32 d Abs. 3 Satz 2 EStG eine Erhöhung der festzusetzenden ESt um 25 % von (12 000 € ./. 801 € =) 11 199 € = 2 799 € und des SolZ von 153,99 € (R 2. EStR). Die von der Bank bereits einbehaltene KapSt von 3 000 € und der einbehaltene SolZ von 165 € werden im Rahmen der Veranlagung auf die für die Einkünfte aus Kapitalvermögen festgesetzte ESt angerechnet. Dies führt zu einer Erstattung von (201 € + 11,01 € =) 212,01 €.

11.5 Günstigerprüfung (§ 32 d Abs. 6 EStG)

Auf Antrag des Stpfl werden nach § 32 d Abs. 6 EStG anstelle der Anwendung von § 32 d Abs. 1, 3 und 4 EStG die nach § 20 EStG ermittelten Kapitaleinkünfte den Einkünften i. S. d. § 2 EStG hinzugerechnet und der tariflichen ESt unterworfen, wenn dies zu einer niedrigeren ESt führt. Diese Günstigerprüfung kommt für Stpfl in Betracht, deren persönlicher Grenzsteuersatz niedriger ist als 25 %. Dies dürfte vor allem bei Rentnern und bei Studierenden mit einem Ferienjob der Fall sein.

Der Antrag auf Veranlagung kann nach § 32 d Abs. 6 Satz 3 EStG für den **jeweiligen VZ** nur einheitlich für **sämtliche Kapitalerträge** gestellt werden. Bei zusammenveranlagten Ehegatten/ Lebenspartnern kann der Antrag nur für sämtliche Kapitalerträge **beider Ehegatten/ Lebenspartner** gestellt werden.

Der Antrag auf Günstigerprüfung kann bis zur Unanfechtbarkeit des betreffenden ESt-Bescheids gestellt werden bzw. solange eine Änderung nach den Vorschriften der AO (z. B. § 164 Abs. 2 AO) oder den Einzelsteuergesetzen möglich ist (BFH vom 12.05.2015 BStBl II 2017, 806).

Sollte die Günstigerprüfung durch das Finanzamt ergeben, dass die Einbeziehung der Einkünfte aus Kapitalvermögen in die ESt-Veranlagung nicht zu einer niedrigeren Steuerfestsetzung führt, **gilt der Antrag als nicht gestellt**. Dann bleibt es hinsichtlich der Einkünfte aus Kapitalvermögen alternativ

- bei einer Berechnung der ESt nach § 32 d Abs. 3 EStG (Pflichtveranlagung zum Abgeltungsteuersatz),
- bei einer Wahlveranlagung zum Abgeltungsteuersatz nach § 32 d Abs. 4 EStG oder
- bei einer Abgeltung der ESt nach § 43 Abs. 5 EStG (KapSt-Abzug).

Obwohl die ESt in diesem Fall nach dem normalen Tarif nach § 32 a EStG zu berechnen ist, darf ein Abzug der tatsächlich nachgewiesenen Werbungskosten auch i. R. d. Günstigerprüfung nicht vorgenommen werden (§ 20 Abs. 9 Satz 1 2. HS EStG und BFH vom 28.01.2015 BStBl II 2015, 393). Dagegen ist beim Ansatz der tariflichen ESt die KiSt auf Kapitalerträge als Sonderausgabe abzugsfähig (§ 10 Abs. 1 Nr. 4 EStG).

BEISPIEL

Wie Beispiel in 11.4. M hat jedoch im VZ 2017 wegen hoher Verluste aus Gewerbebetrieb ohne seine Einkünfte aus Kapitalvermögen nur ein zu versteuerndes Einkommen von 7 000 € erzielt (s. C 1.4 und P 1). Die tarifliche ESt beträgt folglich 0 €. M hat außer dem Antrag nach § 32 d Abs. 4 EStG auch einen Antrag auf Günstigerprüfung nach § 32 d Abs. 6 EStG gestellt.

LÖSUNG Die Einnahmen des M aus Kapitalvermögen i. H. v. (10 000 € + 2 000 € =) 12 000 € bleiben auch in diesem Fall bei der Berechnung des zu versteuernden Einkommens wegen § 32 d Abs. 1 EStG grundsätzlich außer Ansatz.
Bei der ESt-Veranlagung erfolgt infolge des Antrags nach § 32 d Abs. 4 EStG zunächst eine Erhöhung der festzusetzenden ESt um 25 % von (12 000 € ./. 801 € =) 11 199 € = 2 799 € und des SolZ von 153,99 €. Dies führt für sich gesehen zu einer Erstattung von 212,01 €.
Danach wird vom Finanzamt die Günstigerprüfung durchgeführt. Dabei wird das bisherige zu versteuernde Einkommen von 7 000 € um die Einkünfte aus Kapitalvermögen von 11 199 € auf 18 199 € erhöht. Dies führt zu einer festzusetzenden ESt von 2 045 € und des SolZ von 112,47 €. Die Einbeziehung der Einkünfte aus Kapitalvermögen in die ESt-Veranlagung des VZ 2017 ist folglich günstiger, da die endgültige ESt niedriger ist als 2 799 €. Die Ersparnis auf Grund der Günstigerprüfung beträgt – isoliert gesehen – für M somit bei der ESt (2 045 € ./. 2 799 € =) 754 € und beim SolZ (112,47 ./. 153,99 € =) 41,52 €, zusammen 795,52 €.
Auf die bei der ESt-Veranlagung endgültig festzusetzende ESt von 2 045 € wird die von der Bank einbehaltene KapSt von 3 000 € angerechnet (R 2. EStR). Auf den festgesetzten SolZ von 112,47 € wird der einbehaltene SolZ von 165 € angerechnet. Dies führt zu einer Erstattung von 955 € und von 52,53 €, insgesamt 1 007,53 €.

11.6 Veranlagung zur Kirchensteuer

Der Steuersatz nach § 32 d Abs. 1 EStG von 25 % ermäßigt sich im Fall der KiSt-Pflicht um 25 % der auf die Kapitalerträge entfallenden KiSt (§ 32 d Abs. 1 Satz 3 EStG). Wird die nach § 51 a Abs. 2 b EStG zu erhebende KiSt nicht als Zuschlag zur KapSt erhoben, wird sie im Rahmen der ESt-Veranlagung mit dem Satz nach § 32 d Abs. 1 Satz 4 und 5 EStG erhoben (§ 51 a Abs. 2 d EStG). Damit wird einerseits die als Sonderausgabe gem. § 10 Abs. 1 Nr. 4 EStG abzugsfähige KiSt bereits pauschal berücksichtigt und andererseits erreicht, dass sich die Wechselbeziehung zwischen ESt und KiSt auswirkt. Zur Berechnung des ESt-Satzes bei bestehender KiSt-Pflicht nach § 32 d Abs. 1 EStG s. 5. 5.

BEISPIEL

Die Einkünfte aus Kapitalvermögen des A betragen 6 000 €. Sein KiSt-Satz beträgt 8 %.
LÖSUNG Die ESt beträgt 6 000 € : 4,08 = 1 470,58 € und die KiSt 8 % von 1 470,58 € = 117,64 €. Die bezahlte KiSt von 117,64 € kann nicht als Sonderausgabe abgezogen werden.

12 Übungsaufgaben zu Einkünften aus Kapitalvermögen

FÄLLE 51–58

FALL 51 Folgende Arten von Einnahmen liegen vor:
a) Gewinnausschüttung en einer GmbH.

b) Dividende n einer AG.

c) Zinsen, die ein Darlehensgeber erhält.

d) Gewinnanteile aus der Beteiligung an einer Personengesellschaft, die einheitlich und gesondert festgestellt worden sind.

e) Zinsen aus Sparguthaben und Bausparguthaben.

f) Gewinnanteile einer GmbH und Zinsen aus Sparguthaben, wenn die GmbH-Beteiligung und das Sparguthaben zum Betriebsvermögen eines gewerblichen Betriebs gehören.
Zu welcher Einkunftsart gehören diese Einnahmen? Begründen Sie Ihre Entscheidung!

FALL 52 Der Gesellschafter einer GmbH ist an ihr zu 50 % beteiligt. Die GmbH erzielt einen Gewinn von 500 000 €, schüttet jedoch an die Gesellschafter nichts aus.
Welche Einnahmen sind bei dem Gesellschafter zu erfassen?

FALL 53 Z ist Aktionär einer AG. Im Jahre 2017 erhält er aufgrund eines Dividendenbeschlusses eine Dividende von 32 001 €. Z ist ledig und hat sonst keine Einnahmen aus Kapitalvermögen. Seiner Bank hat er einen Freistellungsauftrag über 801 € vorgelegt.
Wie viel hat Z zu versteuern?

FALL 54 Einem Darlehens-Gläubiger fließen im VZ 2017 1 000 € Tilgung und 2 000 € Zinsen zu.
Wie hoch sind die Einnahmen aus Kapitalvermögen im VZ 2017?

FALL 55 Wie hoch sind in den folgenden Fällen im Jahr 2017 die Einkünfte aus Kapitalvermögen? Es liegen nur Zinserträge vor.

a) **Einzelveranlagung**

nachgewiesene Einnahmen	Werbungskosten
5 200 €	500 €
4 700 €	60 €
600 €	15 €

b) **Zusammenveranlagung**

Einnahmen Ehemann	Einnahmen Ehefrau	nachgewiesene Werbungskosten Ehemann	nachgewiesene Werbungskosten Ehefrau
7 400 €	0 €	0 €	0 €
4 200 €	3 700 €	200 €	150 €

FALL 56 M und F sind verheiratet, Zusammenveranlagung ist beantragt und möglich. Sie haben nur festverzinsliche Papiere, die sie in drei verschiedenen Bankdepots verwalten lassen. Sie haben unterschiedlich hohe Freistellungsaufträge erteilt. Die Werbungskosten betragen im Jahr 2017 insgesamt 1 000 €.
Wie hoch sind im Jahr 2017 die Gutschriften der Banken und die Einkünfte gem. § 20 EStG bei folgenden Daten (Centbeträge sind abzurunden)?

	Bank A	Bank B	Bank C
Zinserträge	6 000 €	4 100 €	13 098 €
Freistellungsaufträge	600 €	500 €	502 €

FALL 57 B, ledig, keine KiSt-Pflicht, wohnhaft in Stuttgart, erwarb im Februar 2017 eine 40 %ige Beteiligung an der S-AG. Im Mai 2017 wurde von der Hauptversammlung der AG eine Gewinnausschüttung beschlossen (Anteil B 60 000 €). Nach Abzug der KapSt von 25 % = 15 000 € und des SolZ von 5,5 % von 15 000 € = 825 € wurden B 44 175 € auf dem Bankkonto gutgeschrieben.
Von einer anderen Bank erhielt B am 30. 12. 2017 Zinsen aus einem Sparvertrag i. H. v. 4 001 €. Unter Berücksichtigung des Freistellungsauftrags von 801 € wurden nach Abzug der KapSt von 25 % = 800 € und des SolZ von 44 € auf dem Sparkonto 3 157 € gutgeschrieben.
Wie hoch sind die Einkünfte aus Kapitalvermögen? In welcher Höhe sind diese Einkünfte bei der Veranlagung zur ESt des Jahres 2017 zu erfassen?

FALL 58 Wie Fall 57, jedoch stellt B einen Antrag nach § 32 d Abs. 2 Nr. 3 EStG, weil sie zur Finanzierung der AG-Beteiligung ein Darlehen aufgenommen hat und in 2017 dafür 48 000 € Schuldzinsen bezahlt hat.

Teil M Einkünfte aus Vermietung und Verpachtung (§ 21 EStG)

1 Allgemeines

Vermietung ist bürgerlich-rechtlich ein Vertrag, durch den der Mieter gegen Entgelt berechtigt ist, eine Sache während der vereinbarten Mietdauer zu gebrauchen (§ 535 BGB). Bei einem Pachtvertrag kommt zu der Gebrauchsüberlassung noch das Recht des Pächters hinzu, aus den überlassenen Sachen oder Rechten Früchte zu ziehen (§ 581 BGB). Für Zwecke des § 21 EStG bedarf es keiner trennscharfen Unterscheidung. Ob ein Steuerpflichtiger entsprechende Wirtschaftsgüter im Einzelfall vermietet oder verpachtet, ist letztlich unerheblich. In beiden Fällen erzielt der Steuerpflichtige Einkünfte aus Vermietung und Verpachtung (§ 21 EStG).

Welche Vermietung bzw. Verpachtung steuerpflichtig ist, ist in § 21 EStG einzeln aufgezählt. Diese Aufzählung ist erschöpfend, darüber hinausgehende Einkünfte sind nicht zu erfassen. Im Grundkurs werden nachfolgend nur die Einkünfte aus § 21 Abs. 1 Nr. 1 EStG behandelt.

Die Einkünfte aus Vermietung und Verpachtung (§ 21 Abs. 1 Nr. 1 EStG) gehören zu den Überschusseinkünften (§ 2 Abs. 2 Nr. 2 EStG). Die Einkünfte ermitteln sich schematisch wie folgt:

Einnahmen (§ 8 Abs. 1 und § 11 Abs. 1 EStG)
./. Werbungskosten (§ 9 EStG)
= Einkünfte (§ 21 EStG)

Einkünfte aus Vermietung und Verpachtung erzielt derjenige, der die betreffenden Wirtschaftsgüter an einen Dritten vermietet oder verpachtet. Dies ist regelmäßig der Vermieter oder der Verpächter (siehe z. B. BFH vom 12.07.2016 – IX R 21/15, BFH/NV 2016, 1695, m. w. N.).

Gem. § 21 Abs. 3 EStG sind Gebrauchsüberlassungen anderen Einkunftsarten zuzurechnen, soweit sie zu diesen gehören, d. h. § 21 EStG hat subsidiäre Bedeutung. Entscheidend ist dabei der engere wirtschaftliche Zusammenhang.

BEISPIEL

Der Großhandelsunternehmer G vermietet einen Parkplatz, der zu seinem Betriebsvermögen gehört, an eine Bank. Welcher Einkunftsart ist die Vermietung zuzurechnen?

LÖSUNG Da der Parkplatz zum Betriebsvermögen gehört (vgl. hierzu Band 3, Fanck/Guschl/Kirschbaum; Buchführungstechnik und Bilanzsteuerrecht), gehören die Mieteinnahmen zu den Betriebseinnahmen des Gewerbebetriebs (§ 15 EStG). Die Aufwendungen sind somit Betriebsausgaben dieses Gewerbebetriebs. Die Zuordnung zu den Einkünften aus Vermietung und Verpachtung (§ 21 Abs. 1 Nr. 1 EStG) ist in diesem Falle subsidiär (§ 21 Abs. 3 EStG).

2 Einnahmen aus Vermietung und Verpachtung von unbeweglichem Vermögen (§ 21 Abs. 1 Nr. 1 EStG)

Der Tatbestand des § 21 Abs. 1 Nr. 1 EStG umfasst die Vermietung oder Verpachtung von unbeweglichem Vermögen, das dem Privatvermögen zuzuordnen ist. Zum unbeweglichen Vermögen rechnen unbebaute Grundstücke, Gebäude, Gebäudeteile, im Schiffsregister eingetragene Schiffe und den Vorschriften des bürgerlichen Rechts über Grundstücke unterliegende Rechte (z. B. Erbbaurecht).

Einnahmen aus Vermietung und Verpachtung (§ 21 Abs. 1 Nr. 1 EStG) können z. B. sein:

- Miet- und Pachteinnahmen;
- Betriebskostenvorauszahlungen (die umlagefähigen Betriebskosten ergeben sich aus § 2 Betriebskostenverordnung, BetrKV, hierzu gehören z. B. Grundsteuer, Kosten für Heizung und Warmwasser, Müllabfuhrgebühren, Kosten für den Hauswart oder Hausmeister);
- Betriebskostennachzahlungen durch die Mieter bzw. Pächter;
- Garagen-/Stellplatzmiete;
- Entgelt für das Dulden von Leuchtreklame am Mietshaus.

BEISPIELE

a) A vermietet einen Garten als Lagerplatz für zehn Jahre und erhält eine einmalige Zahlung von 20 000 €.

b) B verpachtet einen Bauplatz mit alten Obstbäumen für jährlich 200 €. Der Pächter hat zusätzlich jeweils die Hälfte des geernteten Obstes an B abzugeben.

c) C vermietet ein Wohngebäude an viele einzelne Familien zu Wohnzwecken. Neben der Miete erhebt C Umlagen für Wasser, Heizung und sonstige Nebenkosten.

d) D ist in einem Mietshaus selbst Mieter und vermietet ein einzelnes Zimmer an einen Studenten, der eine monatliche Miete von 230 € plus Nebenkosten zu entrichten hat.
Was für Einnahmen liegen vor?

LÖSUNG Alles was A, B, C und D im Rahmen dieser Miet- bzw. Pachtverhältnisse erhalten, sind Einnahmen aus Vermietung und Verpachtung (§ 21 Abs. 1 Nr. 1 EStG). Sowohl die Haupt- und Nebenleistungen in Form von laufenden oder einmaligen Geldleistungen (z. B. bei A) als auch in anderer Form (z. B. das Obst bei B) sind als Mieteinnahme anzusetzen (analog § 8 Abs. 1 EStG). Auch die Umlagen, die C besonders erhebt, gehören als Nebenleistungen zu den Mieteinnahmen. Dass D selbst Mieter ist, spielt dabei keine Rolle (Untermietverhältnis).

e) E bestellt dem X das Erbbaurecht an einem Baugrundstück für 99 Jahre. X hat Erbbauzinsen zu zahlen. Was für Einnahmen liegen hier vor?

LÖSUNG E überlässt durch die Bestellung des Erbbaurechts dem X das Grundstück auf Zeit zur Nutzung. Damit liegen bei E Einnahmen aus Vermietung und Verpachtung in Höhe der Erbbauzinsen vor (§ 21 Abs. 1 Nr. 1 EStG). Die Nutzung besteht hier in der Möglichkeit des X, das Grundstück zu nutzen und selbst ein Gebäude auf diesem Baugrundstück auf Zeit errichten zu dürfen. Dies ist kein Verkauf des Grundstücks durch E, da dieser weiterhin bürgerlich-rechtlich Eigentümer des Grund und Bodens bleibt. Nach Ablauf der 99 Jahre erlischt das Erbbaurecht und E bzw. seine Erben können das Grundstück wieder anderweitig nutzen. Vgl. zum Erbbaurecht im Einzelnen Band 10, Maier/Grimm; Bürgerliches Recht und Steuerrecht.

3 Werbungskosten bei den Einkünften aus Vermietung und Verpachtung

Aufwendungen sind als Werbungskosten bei den Einkünften aus Vermietung und Verpachtung abziehbar, wenn und soweit sie der Erwerbung, Sicherung und Erhaltung der Einnahmen dienen (§ 9 Abs. 1 Satz 1 EStG). Die Aufwendungen müssen dabei durch die Einkünfte aus Vermietung und Verpachtung veranlasst sein (analog § 4 Abs. 4 EStG, vgl. E 2).

Zu den Werbungskosten gehören z. B.:

- die Schulzinsen für Darlehen, mit denen Aufwendungen im Zusammenhang mit dem Mietobjekt finanziert wurden, § 9 Abs. 1 Satz 3 Nr. 1 EStG;
- die Grundsteuer, die Gebühren für Müllabfuhr, Kanalbenutzung, Straßenreinigung und Kaminfeger, die Beiträge zu den Hausversicherungen (Brand-, Glas-, Haftpflicht-, Wasserschadenversicherung), § 9 Abs. 1 Satz 3 Nr. 2 EStG;
- die Absetzung für Abnutzung auf die abnutzbaren Wirtschaftsgüter (z. B. das Gebäude bzw. der Gebäudeteil, § 9 Abs. 1 Satz 3 Nr. 7 EStG (vgl. 4 und 5);
- Beiträge an den Hausbesitzerverein, § 9 Abs. 1 Satz 3 Nr. 3 EStG,
- die Kosten für Haus-, Treppen- und Kellerbeleuchtung, für den Fahrstuhlbetrieb, die Warmwasserversorgung, die Zentralheizung sowie die Ausgaben für Hausverwaltung und Hausmeister und die Steuerberatungskosten, § 9 Abs. 1 Sätze 1 und 2 EStG.
- die Erhaltungsaufwendungen (§ 9 Abs. 1 Satz 1 EStG).

Besondere Probleme bestehen bei Zinsen und Geldbeschaffungskosten. Sie gehören dann zu den Werbungskosten aus Vermietung und Verpachtung, wenn die Darlehensmittel, für die Schuldzinsen zu zahlen sind, für Zwecke des vermieteten oder verpachteten Gegenstandes verwendet worden sind. Entscheidend ist auch hier der wirtschaftliche und nicht der rechtliche oder nur zeitliche Zusammenhang (vgl. BFH vom 06. 02. 1997 BStBl II 1979, 550).

Zuführungen zur Instandhaltungsrücklage (kommt bei Wohnungs- und Teileigentum in Betracht) sind nicht als Werbungskosten abziehbar. Ein Werbungskostenabzug ist erst dann möglich, wenn das Guthaben des Instandhaltungsrücklagenkontos durch den Verwalter zur Bezahlung von Grundstücksaufwendungen verwendet wird. Im Jahr der Verwendung sind die Beträge den einzelnen Wohnungseigentümern entsprechend ihrem Miteigentumsanteil zuzurechnen (BFH vom 26. 01. 1988 BStBl II 1988, 577 sowie BFH/NV 2009, 571).

BEISPIELE

a) B hat 1995 geerbt und mit diesem Geld im Dezember 1995 ein Dreifamilienhaus (Baujahr 1990) angeschafft. Der Kaufpreis (einschließlich Nebenkosten) betrug 450 000 €, der Grund und Bodenanteil 100 000 €. Für 2017 ergibt sich: Mieter M1 zahlte 430 €, Mieter M2 zahlte 460 € und Mieter M3 zahlte 490 € (jeweils im Monat inklusive Nebenkostenvorauszahlung). Die Nebenkosten werden jährlich abgerechnet. Die Mieten werden pünktlich jeweils zu Beginn des Monats bezahlt. Die Vermietungen erfolgen umsatzsteuerfrei (§ 4 Nr. 12 Buchst. a UStG).
B hat im Jahr 2017 folgende Ausgaben bezahlt:

Kaminfeger	69 €	Kabelanschluss	75 €	Müllgebühren	200 €
Hausbeleuchtung	30 €	Rasenmäher (ND 9 J.)	900 €	Grundsteuer	600 €
Gartenschere (ND 5 J)	100 €	Reparatur der		Hausversicherungen	190 €
Wassergebühren	400 €	Zentralheizung	480 €	Öllieferung	2 850 €
		Dachreparatur	2 150 €	Geburtstagsgeschenk an M1	20 €

M1 hat lt. Mietvertrag unentgeltlich die Garten- und Rasenpflege übernommen (Jahreswert 750 €). Im Rahmen der Nebenkostenabrechnung für das Jahr 2016 mussten M1 140 € und M2 85 € im Jahr 2017 nachzahlen, während M3 im Jahr 2017 von B 62 € erstattet erhielt. Der Rasenmäher und die Gartenschere wurden Ende April 2017 im Baumarkt von B gekauft.
Wie hoch sind die Einkünfte des B aus Vermietung und Verpachtung dieses Hauses im Jahr 2017?

LÖSUNG

Einnahmen

Miete M1	12 × 430 € + 140 € =	5 300 €
Miete M2	12 × 460 € + 85 € =	5 605 €
Miete M3	12 × 490 € ./. 62 € =	5 818 €
		16 723 €

Werbungskosten

B kann folgende Ausgaben sofort und voll abziehen:
69 € + 30 € + 400 € + 75 € + 480 € + 2 150 €
+ 200 € + 600 € + 190 € + 2 850 € 7 044 €

Gartenschere und Rasenmäher sind Wirtschaftsgüter, die eine Nutzungsdauer von mehr als einem Jahr haben. Die Gartenschere kann als GWG gem. § 9 Abs. 1 Nr. 7 i. V. m. § 6 Abs. 2 EStG im VZ 2017 sofort voll als Werbungskosten abgezogen werden: 100 €

Der Rasenmäher kann nicht als GWG (§ 6 Abs. 2 EStG) behandelt werden, da seine Anschaffungskosten (abzüglich USt) mehr als 410 € betragen (tatsächlich 900 € : 1,19 = ca. 672 €; R 9 b Abs. 2 Satz 1 EStR). Die Aufwendungen für dieses Wirtschaftsgut dürfen daher nur mittels Abschreibung als Werbungskosten abgezogen werden. Die Bildung eines Sammelpostens (§ 6 Abs. 2 a EStG) kommt bei den Überschusseinkünften nicht in Betracht. Bei einer Nutzungsdauer von neun Jahren und Anschaffung im April 2017 errechnet sich die lineare AfA gem. § 7 Abs. 1 EStG für den Rasenmäher wie folgt: AK = 900 € (die USt gehört mangels Vorsteuerabzug mit zu den Anschaffungskosten, vgl. § 9 b Abs. 1 EStG): 9 = 100 € x 9/12 (§ 7 Abs. 1 Satz 4 EStG) = 75 €

Das Geburtstagsgeschenk an M 1 kann auch als Werbungskosten anerkannt werden, da das Geschenk in Zusammenhang mit der Garten- und Rasenpflege gesehen werden kann. Zwischen M1 und B kann nicht zwingend eine »freundschaftliche Basis« unterstellt werden(§ 9 Abs. 1 Satz 1 EStG): 20 €

Das Gebäude ist gem. § 7 Abs. 4 Satz 1 Nr. 2 a EStG mit 2 % abzuschreiben. Eine andere AfA-Vorschrift ist nicht anwendbar (vgl. 4). Daher beträgt die AfA 2 % von 350 000 € (Anschaffungskosten, § 255 Abs. 1 HGB, 450 000 € abzüglich Grund- und Bodenanteil i. H. v. 100 000 €): 7 000 €

14 239 €

Einkünfte	
Einnahmen	16 723 €
./. Werbungskosten	./. 14 239 €
verbleiben	2 484 €

Aufwendungen für die Garten- und Rasenpflege sind (über das Geburtstagsschenk an M1) nicht entstanden. Ersparte Aufwendungen des B sind keine Werbungskosten.

b) F hat ein Mietwohngrundstück vermietet. Gleichzeitig führt er einen Gewerbebetrieb mit einem eigenen Fabrikgrundstück. Zum Kauf von Maschinen für den Gewerbebetrieb nimmt er einen Bankkredit auf, für den er Schuldzinsen zahlt. Den Bankkredit sicherte er mittels einer Hypothek auf dem Mietwohngrundstück ab.

LÖSUNG Das Darlehen steht mit dem Gewerbebetrieb im wirtschaftlichen Zusammenhang. Die Zinsen sind dort Betriebsausgaben (§ 4 Abs. 4 EStG). Dass er der Bank das private Mietwohngrundstück zur Sicherheit überlässt (sog. Grundpfandrecht), spielt keine Rolle.

c) F (im Beispiel b) nimmt ein Bankdarlehen auf, um das Geld für Reparaturen am Mietwohngrundstück zu verwenden. Er räumt der Bank eine Hypothek an dem Fabrikgrundstück ein.

LÖSUNG Jetzt steht das Bankdarlehen (und folglich auch die Schuldzinsen) in wirtschaftlichem Zusammenhang mit dem Mietwohngrundstück. Die Schuldzinsen sind daher Werbungskosten bei den Einkünften aus Vermietung und Verpachtung (§§ 9 und 21 EStG).

d) A erwarb im Jahre 2015 ein unbebautes Grundstück und finanzierte die Anschaffungskosten mit einem Bankkredit. Das Grundstück will er bebauen und anschließend vermieten. Eine im Jahre 2015 eingereichte Bauvoranfrage beschied das Bürgermeisteramt positiv. Außerdem ließ sich A von einem Architekten im Jahre 2015 beraten. Die Baugenehmigung wurde im Jahre 2016 beantragt und im

Jahre 2017 erteilt. Sind die Kreditkosten und die Grundsteuer in den VZ 2015 bis 2017 Werbungskosten?

LÖSUNG Der BFH (Urteil vom 08.02.1983 BStBl II 1983, 554) hat diesen Fall wie folgt entschieden: »Der Eigentümer eines unbebauten Grundstücks hat vorab entstandene Werbungskosten aus den Einkünften aus Vermietung und Verpachtung, wenn ein wirtschaftlicher Zusammenhang mit einer späteren Bebauung und der Vermietung oder Verpachtung des Gebäudes besteht. Der enge zeitliche Zusammenhang mit der späteren Bebauung ist kein zusätzliches Tatbestandsmerkmal, sondern ein Umstand, der den wirtschaftlichen Zusammenhang offenkundig macht und dessen Nachweis erleichtern kann. Der Abzug von Werbungskosten für die Zeit, bevor der Stpfl Mieteinnahmen erzielt, setzt daher voraus, dass sich anhand objektiver Umstände der endgültige Entschluss des Stpfl belegen lässt, er werde durch die Errichtung eines Gebäudes die Einkunftsart Vermietung und Verpachtung begründen (siehe auch BFH vom 11.12.2012 – IX R 14/12, BStBl II 2013, 279 zum endgültigen Vermietungswille).« Im vorliegenden Fall handelt A bereits mit Einkünfteerzielungsabsicht. Die Schuldzinsen und die Grundsteuer in den VZ 2015 bis 2017 sind als vorweggenommene Werbungskosten bei den Einkünften aus Vermietung und Verpachtung (§ 21 Abs. 1 Nr. 1 EStG) zu berücksichtigen.

Neben den Schuldzinsen stellen auch die Kreditprovisionen, die Zuteilungsgebühren bei Bausparkassen, die Bereitstellungsgebühren, das Damnum, die Eintragungskosten für die Hypotheken, die Schätzungsgebühren für das zu belastende Grundstück und die Vermittlungsprovisionen Werbungskosten dar.

Die Schuldzinsen und Finanzierungsnebenkosten sind grundsätzlich gemäß § 11 Abs. 2 EStG im Zeitpunkt der Leistung als Werbungskosten (§ 9 Abs. 1 Satz 3 Nr. 1 EStG) abzugsfähig. Ist ein Damnum (Disagio) vereinbart, behält die darlehensgebende Bank bei der Darlehenshingabe den auf das Damnum (Disagio) entfallenden Betrag einfach von der Darlehenssumme ein. Wirtschaftlich betrachtet stellt das Damnum (Disagio) ein vorausbezahlter Schuldzinsenbetrag dar.

Für das Damnum (Disagio) gibt es für die Frage der Berücksichtigung als Werbungskosten eine Sonderregelung: Es ist in voller Höhe im Jahr der Verausgabung als Werbungskosten abziehbar, soweit es marktüblich ist (§ 11 Abs. 2 Satz 4 EStG). Hiervon ist bei einem Damnum i. H. v. 5 % der Darlehenssumme und einer Zinsbindungsfrist von mindestens fünf Jahren in jedem Fall auszugehen (Rz 15 des BMF-Schreibens vom 20.10.2003, BStBl I 2003,546, sog. Nichtaufgriffsgrenze). Wurde ein höheres Damnum (Disagio) vereinbart, ist dieses nicht zwingend marktunüblich. Nach dem BFH-Urteil vom 17. 02. 2016 – X R 38/14, BStBl II 2016, 646, besteht eine (widerlegbare) Vermutung, dass ein Damnum (Disagio), das mit einer Geschäftsbank vereinbart wurde, als marktüblich (auch über 5 % des Darlehensbetrags) anzusehen ist. In der Praxis werden damit Fälle, in denen eine Disagiovereinbarung teilweise als marktunüblich anzusehen ist, nur noch selten vorkommen. In diesem Ausnahmefall ist der marktunübliche Teil nach § 11 Abs. 2 Satz 3 EStG auf die entsprechende Laufzeit gleichmäßig zu verteilen, wenn die Darlehenslaufzeit bzw. die Zinsbindungsfrist mehr als fünf Jahre beträgt.

Wird ein Damnum (Disagio) allerdings im Rahmen der Gewinnermittlung nach dem Bestandsvergleich (§§ 4 Abs. 1, 5 EStG) abgezogen, ist es stets auf die Laufzeit des Darlehens bzw. der Zinsbindungsfrist zu verteilen (vgl. Band 3, Fanck/Guschl/Kirschbaum; Buchführungstechnik und Bilanzsteuerrecht, Stichwort: Aktiver Rechnungsabgrenzungsposten).

Besondere Probleme bestehen bei Abschlussgebühren für Bausparverträge. Das oben erwähnte BFH-Urteil vom 08.02.1983 BStBl II 1983, 355, erklärt diese Abschlussgebühren dann als Werbungskosten bei den Einkünften aus Vermietung und Verpachtung, wenn alleiniger Zweck des Vertragsabschlusses die Erlangung des Baudarlehens und die Verwendung der

Kreditmittel zur Erzielung von Einkünften aus Vermietung und Verpachtung ist. Dies ist der Fall, wenn die Bauabsicht bereits in ein konkretes Stadium getreten ist oder wenn durch einen neuen Bausparvertrag schon bestehende Grundstücksdarlehen umgeschuldet werden sollen.

4 Nachträglicher Schuldzinsenabzug bei Vermietungseinkünften

Früher waren Schuldzinsen als nachträgliche Werbungskosten bei den Einkünften aus Vermietung und Verpachtung grundsätzlich nicht berücksichtigungsfähig (BFH vom 25.04.1995, BFH/NV 1995, 966).

Der BFH hat mit Urteil vom 20.06.2012 – IX R 67/10, BStBl II 2013, 275 entschieden, dass auch nach Verkauf eines Mietobjektes der Abzug von Schuldzinsen für ein Anschaffungs- bzw. Herstellungsdarlehen bei den Vermietungseinkünften möglich sein kann. Allerdings ist ein Schuldzinsenabzug nur möglich, wenn der Veräußerungserlös nicht ausreicht, die Darlehensvaluta aus der Anschaffung oder Herstellung des Mietobjektes zu tilgen (Schuldenüberhang). Dabei ist es unbeachtlich, ob die Veräußerung innerhalb der zehnjährigen Veräußerungsfrist des § 23 EStG oder außerhalb erfolgt (BFH vom 08.04.2014 – IX R 45/13, BStBl II 2015, 635).

BEISPIELE

a) A aus Ludwigsburg war seit 2009 Eigentümer einer in Mosbach vermieteten Eigentumswohnung. A veräußerte diese im Juni 2017 für 200 000 €. Seine im Jahr 2017 noch aus der Anschaffung bestehende Darlehensvaluta betrug Ende Juni 2017 noch 260 000 €. A zahlte im Jahr 2017 Schuldzinsen i. H. v. (260.000 € x 5 % =) 13.000 €. Sind diese Schuldzinsen im VZ 2017 insgesamt berücksichtigungsfähig?

LÖSUNG Nein. Die Schuldzinsen sind aufzuteilen. Soweit die Schuldzinsen auf die Vermietungszeit entfallen (13.000 € x 6/12 = 6.500 €) liegen Werbungskosten vor (§ 9 Abs. 1 Satz 3 Nr. 1 EStG). Soweit die Schuldzinsen auf die Zeit nach dem Verkauf entfallen, sind sie nur insoweit als nachträgliche Werbungskosten abziehbar, als sie auf den Schuldenüberhang entfallen, also mit (60 000 € x 5 % x 6/12 =) 1.500 Euro. Im Ergebnis kann A bei seinen Einkünften aus Vermietung und Verpachtung für den VZ 2017 8 000 € Schuldzinsen als Werbungskosten abziehen (§§ 9 und 21 EStG). Der Vermietungsverlust ist mit anderen positiven Einkünften verrechenbar.

b) M erwarb im Jahr 1996 ein Mietshaus in Freiburg. Im September 2017 veräußerte er es für 500 000 €. Die Schulden im Zusammenhang mit dem Mietshaus valutierten noch mit 520 000 €. M tilgte mit dem Kaufpreis die Darlehensvaluta.
Nach der Veräußerung zahlte M im Jahr 2017 auf die Restvaluta (20 000 €) noch Schuldzinsen i. H. v.400 €. Sind diese Schuldzinsen im VZ 2017 insgesamt berücksichtigungsfähig?

LÖSUNG Ja. Schuldzinsen auf den Schuldenüberhang (20 000 €) sind weiterhin als nachträgliche Werbungskosten bei den Einkünften aus Vermietung und Verpachtung abziehbar. Dass der Verkauf außerhalb der 10-Jahresfrist des § 23 Abs. 1 Nr. 1 EstG erfolgt ist, ist für den nachträglichen Schuldzinsenabzug unerheblich.

Nach dem BFH-Urteil vom 08.04.2014 – IX R 45/13, BFH/NV 2014, 1151, kommt ein nachträglicher Schuldzinsenabzug auch dann in Betracht, wenn der Steuerpflichtige nach dem Verkauf des Mietobjekts eine Anschlussfinanzierung oder eine Umschuldung vornimmt. Voraussetzung ist, dass weiterhin ein sog. Schuldüberhang besteht (also die Schulden weiterhin den Veräußerungserlös objektiv übersteigen). In diesem Fall sind die Schuldzinsen auf das Refinanzierungs- oder Umschuldungsdarlehen weiterhin durch die (frühere) Einkünfteerzielung des veräußerten Mietobjekts veranlasst.

Nach Verkauf des Mietobjekts scheidet allerdings ein Abzug von Schuldzinsen als nachträgliche Werbungskosten dann aus, wenn kein Schuldüberhang besteht. Dies ist der Fall, wenn der Veräußerungserlös zur Schuldentilgung ausreicht. Dabei reicht die Möglichkeit der Schuldentilgung aus. Andere Finanzmittel als der Veräußerungserlös brauchen nicht zur Schuldentilgung eingesetzt werden (BFH vom 16.09.2015 – IX R 40/14, BStBl II 2016, 78, das auch Tilgungshindernisse thematisiert).

BEISPIEL 3

B aus Mannheim war seit 2008 Eigentümer einer in Freiburg vermieteten Eigentumswohnung. B veräußerte diese Ende 2016 für 200 000 €. Die aus der Anschaffung bestehende Darlehensvaluta betrug zu diesem Zeitpunkt noch 180 000 €. B erwarb mit dem Veräußerungserlös ein schickes Auto (Camero). Für die Restvaluta i. H. v. 180 000 € zahlte B im VZ 2017 Schuldzinsen i. H. v. 7 000 €. Sind diese Schuldzinsen im VZ 2017 berücksichtigungsfähig?

LÖSUNG Nein. Es liegt kein Schuldenüberhang vor. Der Veräußerungserlös hätte zur Schuldentilgung ausgereicht. Die Schuldzinsen sind damit nicht mehr durch die früheren Einkünfte aus Vermietung und Verpachtung veranlasst.

Nach dem BFH-Urteil vom 21.01.2014 – IX R 37/12, BStBl II 2015, 631, scheidet der Abzug von Schuldzinsen als nachträgliche Werbungskosten auch aus, wenn im Zeitpunkt des Verkaufs des Mietobjekts die Absicht, Einkünfte aus Vermietung und Verpachtung zu erzielen, bereits entfallen war (siehe auch BMF vom 27.07.2015, BStBl I 2015, 581).

BEISPIEL 4

Der Steuerpflichtige C erwarb im Jahr 2000 eine vermietete Eigentumswohnung in Köln. Nach dem der Mieter die Mietzahlungen wegen Insolvenz einstellte, kündigte C das Mietverhältnis im Jahr 2016. Die Anschlussvermietung stellte sich als schwierig heraus. In Folge dessen schaltete C Ende 2016 einen Makler zum ausschließlichen Verkauf der Wohnung ein. Mitte 2017 kam es dann zu dem Verkauf. Der Verkaufserlös (150 000 €) reichte nicht aus die Darlehensvaluta (200 000 €) zu tilgen.
Im Jahr 2017 zahlte C Schuldzinsen auf den Schuldüberhang i. H. v. 2 000 €. Sind diese Schuldzinsen im VZ 2015 berücksichtigungsfähig?

LÖSUNG Nein. Ab dem Zeitpunkt, in dem C den Makler zum ausschließlichen Verkauf der Wohnung beauftragt hat, handelte er nicht mehr mit Einkünfteerzielungsabsicht im Zusammenhang mit § 21 EStG. Die Schuldzinsen sind daher keine Werbungskosten mehr bei den Einkünften aus Vermietung und Verpachtung.

Die Schuldzinsen können Veräußerungskosten im Rahmen des § 23 EStG sein. Allerdings ist der Vorgang auch insoweit irrelevant, weil der Zeitraum zwischen der Anschaffung und dem Verkauf die 10-Jahresfrist offenkundig überschritten hat (§ 23 Abs. 1 Nr. 1 EStG).

5 Absetzung für Abnutzung (AfA)

5.1 Begriff und Bedeutung

In § 7 EStG ist vorgeschrieben, dass die Anschaffungs- oder Herstellungskosten für Wirtschaftsgüter, deren Verwendung oder Nutzung durch den Stpfl zur Erzielung von Einkünften sich erfahrungsgemäß auf einen Zeitraum von mehr als einem Jahr erstreckt, auf die Jahre der betriebsgewöhnlichen Nutzungsdauer zu verteilen sind (AfA). § 7 EStG gilt nicht nur für betriebliche, sondern auch für private Wirtschaftsgüter, die zur Erzielung von Einnahmen eingesetzt werden (§ 9 Abs. 1 Nr. 7 EStG). § 11 EStG wird damit durchbrochen (vgl. F 3.4). Für Wirtschaftsgüter, die sich erfahrungsgemäß nicht abnutzen (z. B. Grund und Boden), sind keine AfA vorzunehmen.

BEISPIEL

G erwarb für 800 000 € ein bebautes Grundstück und vermietet die Wohnungen an mehrere Familien. Von den Anschaffungskosten entfallen 300 000 € auf das Grundstück (den Gund und Boden). Kann G die 500 000 € für das Gebäude als Werbungskosten abziehen?

LÖSUNG Ja, jedoch nicht sofort bei Bezahlung, sondern nur über die AfA nach § 7 Abs. 4 EStG. Es wäre wirtschaftlich und steuerlich unsinnig, die Anschaffungskosten für das Gebäude sofort voll zum Abzug zuzulassen, denn der Wert des Gebäudes dient ja längere Zeit der Erzielung der Einnahmen.

5.2 Die Abschreibungsmethoden

In § 7 EStG sind viele Abschreibungsmethoden dargestellt. Jedoch sind bei den Überschusseinkünften (zu denen die Einkünfte aus Vermietung und Verpachtung gehören) nicht alle zulässig.

Zulässig ist die **lineare AfA. Sie** verteilt die Anschaffungs- oder Herstellungskosten gleichmäßig auf die Jahre der Nutzung (z. B. § 7 Abs. 1 bei beweglichen abnutzbaren Wirtschaftsgütern sowie die Gebäude-AfA nach § 7 Abs. 4 EStG).

Die **degressiven AfA** nach§ 7 Abs. 2 EStG kann nur bei beweglichen Wirtschaftsgütern des Anlagevermögens, also nur bei den Gewinneinkünften, angesetzt werden, soweit die Wirtschaftsgüternach dem 31. 12. 2008 und vor dem 01. 01. 2011 angeschafft oder hergestellt worden sind. Im Bereich der Überschusseinkünfte (zu denen die Einkünfte aus Vermietung und Verpachtung gehören) war § 7 Abs. 2 EStG nicht anwendbar.

Die degressive Gebäude-AfA nach § 7 Abs. 5 EStG gilt bei den Einkünften aus Vermietung und Verpachtung (§ 21 EStG) nur noch in den dort angeführten Altfällen.

5.3 Anschaffungs- und Herstellungskosten

Anhand dieser beiden Begriffe werden die Bemessungsgrundlage und das AfA-Volumen für die AfA ermittelt. **Bemessungsgrundlage** ist der Betrag, von dem die jährliche AfA berechnet wird. **AfA-Volumen** ist der Betrag, der auf die Jahre jeweils noch verteilt werden kann. Zu Beginn entspricht die AfA-Bemessungsgrundlage dem AfA-Volumen.

Anschaffungskosten sind gem. § 255 Abs. 1 HGB die Aufwendungen, die geleistet werden, um einen Vermögensgegenstand zu erwerben und ihn in einen betriebsbereiten Zustand zu versetzen, soweit sie dem Vermögensgegenstand einzeln zugeordnet werden können. Zu den Anschaffungskosten gehören auch die Nebenkosten sowie die nachträglichen Anschaffungskosten. Anschaffungspreisminderungen sind abzuziehen (vgl. auch BFH vom 24. 05. 1968 BStBl II 1968, 574). Zu den Anschaffungskosten rechnen nicht nur der Kaufpreis, sondern auch die Nebenkosten, z. B. Grunderwerbsteuer, Grundbuchkosten und Notariatsgebühren betreffend des Eigentumswechsels und der Maklerkosten im Zusammenhang mit dem Kauf des Objekts (§ 255 Abs. 1 Satz 3 HGB).

Herstellungskosten sind gem. § 255 Abs. 2 Satz 1 HGB die Aufwendungen, die durch den Verbrauch von Gütern und die Inanspruchnahme von Diensten für die Herstellung eines Vermögensgegenstands, seine Erweiterung oder für eine über seinen ursprünglichen Zustand hinausgehende wesentliche Verbesserung entstehen (vgl. R 21.1 Abs. 2 EStR). Hierzu gehören bei einem hergestellten Mietobjekt insbesondere das Baumaterial und die Handwerkerlöhne. Einzelheiten zu diesen beiden Begriffen sind dem Band 3, Fanck/Guschl/Kirschbaum; Buchführungstechnik und Bilanzsteuerrecht zu entnehmen.

BEISPIEL

H erwarb Anfang 2017 ein Mietwohngrundstück für einen Kaufpreis von 600 000 € (der Kaufpreisanteil für den Grund und Boden beträgt 200 000 €, Baujahr 2000), um es anschließend zu vermieten. Im Zusammenhang mit dem Erwerb sind Grunderwerbsteuer, Notariatsgebühren und Grundbuchgebühren sowie Maklerkosten i. H. v. insgesamt 60 000 € angefallen. Wie hoch ist die AfA-Bemessungsgrundlage?

LÖSUNG Abschreibungsfähig sind nur die Anschaffungskosten, soweit sie auf das Gebäude entfallen. Der Grund und Boden ist nicht abnutzbar. Zu ermitteln sind zunächst die Anschaffungskosten (§ 255 Abs. 1 HGB) des bebauten Grundstücks (Schritt 1): Hierzu gehören der Kaufpreis (600 000 €) sowie die Anschaffungsnebenkosten (60 000 €). Von den gesamten Anschaffungskosten (660 000 €) ist der Anteil des Grund und Bodens (200/600 = 220 000 €) abzuziehen (Schritt 2). Im Schritt 3 können nun die Anschaffungskosten des Gebäudes ermittelt werden (660 000 ./. 220 000 = 440 000 €). Die 440 000 € stellen somit die Bemessungsgrundlage für die Gebäude-AfA nach § 7 Abs. 4 Nr. 2 Buchst. b EStG dar. AfA-Bemessungsgrundlage sind nur die Anschaffungskosten, die auf das Gebäude entfallen.

Wird ein Wirtschaftsgut vererbt oder verschenkt, hat der Erbe bzw. der Beschenkte keine Aufwendungen für den Erwerb. Bei privaten Wirtschaftsgütern ist in diesen Fällen § 11 d EStDV anzuwenden mit der Folge, dass die AfA-Bemessungsgrundlage des Rechtsvorgängers auch für den Rechtsnachfolger maßgebend ist (**Fußstapfentheorie**). Der Rechtsnachfolger übernimmt auch das AfA-Volumen des Rechtsvorgängers. Dies gilt sowohl bei Einzelrechtsnachfolge (Schenkung) als auch bei Gesamtrechtsnachfolge (Erbschaft).

BEISPIEL

Vater K hat im Jahr 2003 ein privates Gebäudegrundstück für 400 000 € (Wert für Grund und Boden davon 1/4) erworben und es anschließend vermietet. Am 31. 12. 2016 verstarb er. Alleinerbe wurde sein Sohn S.

LÖSUNG Ab dem Jahre 2017 hat S, wie vorher sein Vater, Abschreibungen von der AfA-Bemessungsgrundlage von 300 000 € vorzunehmen (Anschaffungskosten des Gebäudes des K). S übernimmt somit die AfA-Bemessungsgrundlage und das noch nicht abgeschriebene AfA-Volumen des K. Wäre K während des Jahres 2017 verstorben, wäre die AfA zwischen K und S zeitanteilig aufzuteilen gewesen (§ 7 Abs. 4 i. V. mit § 7 Abs. 1 Satz 4 EStG).

5.4 Beginn und Ende der Absetzung für Abnutzung

Wird ein Gebäude im Laufe eines Wirtschaftsjahres angeschafft oder hergestellt, so ist die AfA grundsätzlich zeitanteilig zu berechnen und zwar im Anschaffungsfall ab Lastenwechsel (Übergang von Besitz, Nutzungen und Lasten) und im Herstellungsfall ab Fertigstellung. In § 7 Abs. 1 Satz 4 EStG wird die generelle Monatsabschreibung geregelt (s. auch R 7.4 Abs. 2 EStR). Als kleinste Zeiteinheit gilt grundsätzlich der Monat, d. h. angefangene Monate zählen zugunsten des Stpfl für den AfA-Beginn mit. Für das Ende der AfA gilt dies entsprechend, d. h. zugunsten des Stpfl wird nicht beanstandet, wenn er den Abgangsmonat, z. B. bei Verkauf, noch mitrechnet. Bei beweglichen Wirtschaftsgütern im Betriebsvermögen wird beim Abgang der angefangene Monat nicht mitgerechnet, wenn dies für den Stpfl ungünstiger ist (z. B. beim Verkauf eines betrieblichen Pkw, der zum Teil privat genutzt wird). Einzelheiten sind auch im Band 3, Fanck/Guschl/Kirschbaum; Buchführungstechnik und Bilanzsteuerrecht ersichtlich.

Als Beginn der AfA in tatsächlicher Hinsicht ist bei Gebäuden der Tag der Anschaffung oder der Fertigstellung zu sehen. In Anschaffungsfällen ist auf den Tag des Übergangs von Besitz, Nutzungen und Lasten (sog. Lastenwechsel) abzustellen. Dann ist der Erwerber für einkommensteuerliche Zwecke bereits wirtschaftlicher Eigentümer des Objekts (§ 39 Abs. 2 Nr. 1 AO). In Herstellungsfällen ist der Tag maßgebend, an dem das Gebäude seiner Zweckbestimmung entsprechend genutzt werden kann. Dies ist bei Wohngebäuden der Tag der Fertigstellung (Bezugsfertigkeit). Auf die tatsächliche Nutzung kommt es nicht an (vgl. H 7.4 [Fertigstellung] EStH).

BEISPIEL

L hat ein Mietshaus errichten lassen. Das Gebäude war am 13.10.2016 fertiggestellt. Die Mieter zogen ab 01.01. 2017 zu verschiedenen Zeitpunkten ein; der letzte am 21.06.2017. Ab wann kann L die AfA in Anspruch nehmen?

LÖSUNG L kann ab Fertigstellung, also schon ab 13.10.2016 die AfA in Anspruch nehmen. Dass die Wohnungen bis Ende 2016 leer standen, spielt für die AfA als (vorweggenommene) Werbungskosten keine Rolle. L kann daher für das Jahr 2016 die AfA für drei Monate (der Oktober zählt mit), also für 3/12 der Jahres-AfA nach § 7 Abs. 4 EStG, in Anspruch nehmen. Für den VZ 2017 erhält L die volle Jahres-AfA, sofern er ganzjährig das Objekt zur Erzielung von Einkünften aus Vermietung und Verpachtung nutzt.

5.5 Die einzelnen Vorschriften der Absetzung für Abnutzung bei Gebäuden

Für den Begriff des Gebäudes sind die Vorschriften des Bewertungsrechts maßgebend. In R 7.1 Abs. 5 Satz 2 EStR wird eine Definition gegeben. Eigentumswohnungen und im Teileigentum stehende Räume gelten als Gebäudeteile (§ 7 Abs. 5 a EStG).

Bei der Abschreibung kommt es aber nicht in jedem Falle auf den Begriff des Gebäudes oder der Eigentumswohnung an, sondern auf den des Wirtschaftsguts. Im Gegensatz zu beweglichen Wirtschaftsgütern, die immer als einheitliche Wirtschaftsgüter angesehen werden, ganz gleich wie sie genutzt werden, gilt bei Gebäuden etwas anderes. Gebäude können aus mehreren Wirtschaftsgütern bestehen, soweit einzelne Gebäudeteile nicht in einem einheitlichen Nutzungs- und Funktionszusammenhang zueinander stehen (BFH-Urteil vom 26.11.1973 BStBl II 1974, 132). Wird z. B. ein Gebäude teils eigenbetrieblich, teils fremdbetrieblich, teils zu eigenen und teils zu fremden Wohnzwecken genutzt, so ist jeder der vier unterschiedlich genutzten Gebäudeteile ein besonderes Wirtschaftsgut und daher für sich abschreibungsfähig (§ 7 Abs. 5 a EStG, R 4.2 Abs. 4 EStR, vgl. auch Band 3, Fanck/Guschl/Kirschbaum; Buchführungstechnik und Bilanzsteuerrecht und Zimmermann/Hottmann; Bilanzsteuerrecht, mit Fällen).

BEISPIEL

U erstellt auf eigenem Grund und Boden ein Gebäude. Das EG nutzt er eigenbetrieblich, das 1. OG wird zu Wohnzwecken vermietet.

LÖSUNG Da das Gebäude unterschiedlichen Nutzungs- und Funktionszusammenhängen dient (bezüglich dem EG liegen eigenbetriebliche Zwecke; bezüglich dem OG liegt eine Nutzung zu fremden Wohnzwecken vor), ist das Gebäude einkommensteuerlich in zwei Wirtschaftsgüter aufzuteilen (R 4.2 Abs. 4 EStR). Jedes Wirtschaftsgut ist für sich nach den geltenden AfA-Vorschriften abzuschreiben, das EG z. B. nach § 7 Abs. 4 Satz 1 Nr. 1 EStG und das 1. OG z. B. nach § 7 Abs. 4 Satz 1 Nr. 2 Buchst. a EStG. Der zum Gebäude gehörende Grund und Boden wird entsprechend dem Gebäude steuerlich auch in zwei Wirtschaftsgüter aufgeteilt.

5.5.1 Absetzung für Abnutzung gemäß § 7 Abs. 4 EStG

Je nach Gebäudeart ist die AfA nach dieser Vorschrift in verschiedenen **linearen AfA-Sätzen** zulässig.

5.5.1.1 Absetzung für Abnutzung gemäß § 7 Abs. 4 Satz 1 Nr. 1 EStG

Für Gebäude und Gebäudeteile im Betriebsvermögen, die nicht Wohnzwecken dienen und für die der Antrag auf Baugenehmigung nach dem 31. 03. 1985 gestellt worden ist, greift eine lineare AfA i. H. v. jährlich 3 %. In der Zeit ab 01. 01. 1985 bis 31. 12. 2000 galten 4 %, vor dieser Zeit 2 %. Vgl. § 52 Abs. 21 b EStG 2001.

BEISPIEL

U erstellte auf eigenem Grund und Boden, der bisher als Garten privat genutzt wurde, für 260 000 € eine Fabrikhalle und nutzt diese für seinen Betrieb. Fertigstellung 10. 04. 2017, Bauantrag 14. 04. 2015. Nutzungsdauer der Halle 35 Jahre. Wie hoch ist die AfA in den Jahren ab 2017?

LÖSUNG Die Fabrikhalle und der anteilige Grund und Boden stellt notwendiges Betriebsvermögen dar und ist dem Gewerbebetrieb des U zuzurechnen (§ 15 EStG). Für die Abschreibung der Fabrikhalle sind die Voraussetzungen des § 7 Abs. 4 Satz 1 Nr. 1 EStG (Betriebsgebäude, nicht Wohnzwecken dienend, Bauantrag nach dem 31. 03. 1985) erfüllt. Daher kann U dieses Gebäude mit 3 % abschreiben. Dies sind jährlich 7 800 €. Im Jahr 2017 kann er nur zeitanteilig abschreiben und zwar ab Fertigstellung. Da der April 2017 mitzählt, beträgt die AfA für das Jahr 2017 9/12 von 7 800 € = 5 850 €. In den Jahren ab 2018 beträgt die AfA bis zur vollen Abschreibung jährlich 7 800 €. Der Grund und Boden ist spätestens ab der betrieblichen Nutzung (hier ab Bauantrag im April 2015) einzulegen (vgl. zu dieser AfA-Vorschrift auch den Band 3, Fanck/Guschl/Kirschbaum; Buchführungstechnik und Bilanzsteuerrecht). Die tatsächliche Nutzungsdauer der Halle spielt keine Rolle (§ 7 Abs. 4 Satz 2 EStG), da sie länger ist als die typisierte Nutzungsdauer nach § 7 Abs. 4 Nr. 1 EStG (100 % : 3 % = 33 1/3 Jahre).

5.5.1.2 Absetzung für Abnutzung gemäß § 7 Abs. 4 Satz 1 Nr. 2 EStG

Diese Vorschrift gilt für alle Gebäude, die nicht unter § 7 Abs. 4 Satz 1 Nr. 1 fallen; also für alle Gebäude und Gebäudeteile des Privatvermögens und für alle Gebäude und Gebäudeteile des Betriebsvermögens, soweit sie Wohnzwecken dienen oder der Antrag auf Baugenehmigung vor dem 01. 04. 1985 gestellt wurde. Hauptanwendungsfall sind die Einkünfte aus Vermietung und Verpachtung (§ 21 EStG).

Die AfA beträgt gem. § 7 Abs. 4 Satz 1 Nr. 2 EStG entweder 2 % (bei Fertigstellung nach dem 31. 12. 1924) oder 2,5 % (bei Fertigstellung vor dem 01. 01. 1925) der Anschaffungs- oder Herstellungskosten. Dabei wird eine Nutzungsdauer von 50 bzw. 40 Jahren unterstellt. Man spricht von einer typisierenden, d. h. unterstellten AfA, denn eine tatsächlich gegebene längere Nutzungsdauer als 50 bzw. 40 Jahre ist nach dieser Vorschrift unbeachtlich. Dies ergibt sich aus § 7 Abs. 4 Satz 2 EStG, wonach eine tatsächliche kürzere Nutzungsdauer zu beachten ist (vgl. R 7.4 Abs. 3 EStR). Die AfA ist so lange vorzunehmen, bis die Anschaffungs- oder Herstellungskosten aufgebraucht sind.

BEISPIEL

U erstellte auf eigenem Grund und Boden, der bisher privat verpachtet war, ein gemischtgenutztes Gebäude für 600 000 €. Die Nutzungsdauer beträgt 50 Jahre (Fertigstellung im April 2017; Bauantrag vom Oktober 2014). U vermietet 100 qm (EG) an den Unternehmer Z für betriebliche Zwecke. 100 qm (1. OG) bewohnt U selbst und 100 qm (2. OG) sind vermietet an einen fremden Mieter mit Familie. Welche Einkünfte erzielt U und wie hoch ist die AfA in den Jahren ab 2017?

LÖSUNG Gem. § 21 Abs. 1 Nr. 1 EStG erzielt U bezüglich des vermieteten EG und des vermieteten 2. OG Einkünfte aus Vermietung und Verpachtung. Nach § 7 Abs. 5 a EStG sind diese Gebäudeteile als selbstständige Wirtschaftsgüter grundsätzlich getrennt abzuschreiben. Die Gebäudeherstellungskosten, soweit sie auf das EG entfallen (200 000 €) sind mit 2 % gem. § 7 Abs. 4 Satz 1 Nr. 2 Buchst a EStG abzuschreiben. Dies sind im Jahr 2017 3 000 € (2 % von 200 000 €, davon 9/12), ab 2018 sind es 4 000 € (2 % von 200 000 €). AfA nach § 7 Abs. 4 Satz 1 Nr. 1 EStG scheidet aus, weil U das EG nicht für eigene betriebliche Zwecke nutzt. Die Gebäudeherstellungskosten, soweit sie auf das 2. OG entfallen (200 000 €), sind ebenfalls gem. § 7 Abs. 4 Satz 1 Nr. 2 Buchst. a EStG mit 2 % abzuschreiben, also im Jahr 2017 mit 3 000 € (2 % von 200 000 €, davon 9/12), ab 2018 mit 4 000 €. Das 1. OG (200 000 €) ist Privatvermögen. Es ist Konsumgut. Da es nicht der Besteuerung unterliegt, ist die AfA insoweit steuerlich irrelevant.

5.5.1.3 Absetzung für Abnutzung gemäß § 7 Abs. 4 Satz 2 EStG

Diese lineare AfA-Vorschrift ist anwendbar, wenn die objektive Nutzungsdauer des Gebäudes geringer ist als die in § 7 Abs. 4 Satz 1 Nr. 1 und 2 EStG gesetzlich typisierend unterstellte Nutzungsdauer. Eine objektiv niedrigere Nutzungsdauer ist regelmäßig durch ein Sachverständigengutachten nachzuweisen.

BEISPIEL

Ein privates Gebäude wird am 01. 10. 2017 für 420 000 € Herstellungskosten fertig gestellt und vermietet. Wie hoch ist die AfA in den Jahren 2017 und 2018, wenn die objektive Nutzungsdauer
a) 60-Jahre oder,

b) 30 Jahre beträgt?

LÖSUNG

a) Die AfA ist grundsätzlich nach § 7 Abs. 4 Satz 1 Nr. 2 Buchst. a EStG zu ermitteln. Hiernach ergibt sich für den VZ 2017 eine AfA i. H. v. (2 % von 420 000 € = 8 400 €, davon ¼ =) 2 100 € und 8 400 € ab dem Jahr 2018. Die typisierte Nutzungsdauer beträgt (100 % : 2 % =) 50 Jahre. Die tatsächliche Nutzungsdauer ist höher und spielt somit keine Rolle.

b) Bei einer objektiven Nutzungsdauer von nur 30 Jahren ist die AfA nach § 7 Abs. 4 Satz 2 EStG zu ermitteln. Hiernach beträgt der AfA-Satz (100 % : 30 Jahre =) 3 1/3 %. Für das Jahr 2017 ergibt sich somit eine AfA i. H. v. (3 1/3 % von 420 000 € = 14 000 €, davon ¼ =) 3 500 € und 14 000 € ab dem Jahr 2018.

5.5.1.3.1 Übersicht über die Gebäude-AfA gem. § 7 Abs. 4 und 5 EStG

AfA-Bemessungsgrundlage Anschaffungs- oder Herstellungskosten

Lineare AfA § 7 Abs. 4 Satz 1 Nr. 1 EStG	**Lineare AfA § 7 Abs. 4 Satz 1 Nr. 2 Buchst. a und b EStG**	**Lineare AfA § 7 Abs. 4 Satz 2 EStG**	**Degressive AfA § 7 Abs. 5 Satz 1 Nr. 1 EStG**
Gebäude(teile) des Betriebsvermögens. Nicht Wohnzwecken dienend. Antrag auf Baugenehmigung nach dem 31. 03. 1985. Geltung vom 01. 01. 1985 bis 31. 12. 2000 jährlich 4 %. Ab 01. 01. 2001 jährlich 3 %.	Gebäude(teile) des Privatvermögens. Gebäude(teile) des Betriebsvermögens, die Wohnzwecken dienen, oder Antrag auf Baugenehmigung vor dem 01. 04. 1985. Fertigstellung nach 31. 12. 1924 = jährlich 2 %. Fertigstellung vor 01. 01. 1925 = jährlich 2,5 %. Kann vom Bauherrn und Erwerber beansprucht werden für alle Gebäude.	Die tatsächliche Nutzungsdauer ist objektiv geringer als die bei § 7 Abs. 4 Satz 1 EStG angenommene. Der AfA-Satz ist nach der tatsächlichen Nutzungsdauer zu berechnen.	Gebäude im Inland, EU-Ausland und EWR-Staat i. S. d. § 7 Abs. 4 Satz 1 Nr. 1 EStG • Jahr der Fertigstellung oder Anschaffung und folgende 3 Jahre 10 % jährlich, • folgende 3 Jahre jährlich 5 %, • restliche 18 Jahre jährlich 2,5 %. Zulässig für alle Gebäude, • für die der Antrag auf Baugenehmigung **vor dem 01. 01. 1994** gestellt wurde, die aufgrund eines **vor dem 01. 01. 1994** rechtswirksam abgeschlossenen obligatorischen Vertrags im Baujahr angeschafft wurden.

Degressive AfA § 7 Abs. 5 Satz 1 Nr. 2 EStG	**Degressive AfA § 7 Abs. 5 Satz 1 Nr. 3 Buchst. a EStG**	**Degressive AfA § 7 Abs. 5 Satz 1 Nr. 3 Buchst. b EStG**	**Degressive AfA § 7 Abs. 5 Satz 1 Nr. 3 Buchst. c EStG**
Gebäude im Inland, EU-Ausland und EWR-Staat i. S. d. § 7 Abs. 4 Satz 1 Nr. 2 EStG.	Gebäude im Inland, EU-Ausland und EWR Staat i. S. d. § 7 Abs. 4 Satz 1 Nr. 2 EStG, soweit sie fremden Wohnzwecken dienen.	Gebäude im Inland, EU-Ausland und EWR Staat i. S. d. § 7 Abs. 4 Satz 1 Nr. 2 EStG, soweit sie fremden Wohnzwecken dienen.	Gebäude im Inland, EU-Ausland und EWR Staat i. S. d. § 7 Abs. 4 Satz 1 Nr. 2 EStG, soweit sie fremden Wohnzwecken dienen
• Jahr der Fertigstellung oder Anschaffung und folgende 7 Jahre je 5 %, • folgende 6 Jahre jeweils 2,5 %, • restliche 36 Jahre jeweils 1,25 %.	• Jahr der Fertigstellung oder Anschaffung und folgende 3 Jahre je 7 %, • folgende 6 Jahre jeweils 5 %, • folgende 6 Jahre jeweils 2 %, • folgende 24 Jahre jeweils 1,25 %.	• Jahr der Fertigstellung oder Anschaffung und folgende 7 Jahre je 5 %, • folgende 6 Jahre je 2,5 %, • folgende 36 Jahre je 1,25 %.	• Jahr der Fertigstellung oder Anschaffung und folgende 9 Jahre je 4 %, • folgende 8 Jahre je 2,5 %, • folgende 32 Jahre je 1,25 %.

Degressive AfA § 7 Abs. 5 Satz 1 Nr. 2 EStG	**Degressive AfA § 7 Abs. 5 Satz 1 Nr. 3 Buchst. a EStG**	**Degressive AfA § 7 Abs. 5 Satz 1 Nr. 3 Buchst. b EStG**	**Degressive AfA § 7 Abs. 5 Satz 1 Nr. 3 Buchst. c EStG**
Zulässig für alle Gebäude	Zulässig für alle Gebäude	Zulässig für alle Gebäude	Zulässig für alle Gebäude
• für die der Antrag auf Baugenehmigung **vor dem 01.01.1995** gestellt wurde, • die aufgrund eines **vor dem 01.01.1995** rechtswirksam abgeschlossenen obligatorischen Vertrags im Baujahr angeschafft wurden.	• für die der Antrag auf Baugenehmigung nach dem 28.02.1989 **und vor dem 01.01.1996** gestellt wurde, • die aufgrund eines nach dem 28.02.1989 **und vor dem 01.01.1996** rechtswirksam abgeschlossenen obligatorischen Vertrags im Baujahr angeschafft wurden.	• für die der Antrag auf Baugenehmigung **nach dem 31.12.1995 und vor dem 01.01.2004** gestellt wurde, • die aufgrund eines **nach dem 31.12.1995 und vor dem 01.01.2004** rechtswirksam abgeschlossenen obligatorischen Vertrags im Baujahr angeschafft wurden.	• für die der Antrag auf Baugenehmigung **nach dem 31.12.2003 und vor dem 01.01.2006** gestellt wurde, • die aufgrund eines **nach dem 31.12.2003 und vor dem 01.01.2006** rechtswirksam abgeschlossenen obligatorischen Vertrags im Baujahr angeschafft wurden.

5.5.2 Absetzung für Abnutzung gemäß § 7 Abs. 5 EStG

S. hierzu auch die Übersicht über die degressiven Absetzungen für Gebäude nach § 7 Abs. 5 EStG zu R 7.4

Die Vorschrift diente insbesondere zur Anregung der Baukonjunktur. Sie ist seit 1965 mehrfach geändert worden.

In der Zeit zwischen der Herstellung oder Anschaffung eines Gebäudes **ab dem 01.09.1977** bis zur Herstellung oder Anschaffung eines Gebäudes bei einem Antrag auf Baugenehmigung **vor dem 30.07.1981** oder eines rechtswirksam abgeschlossenen obligatorischen Vertrags vor dem 30.07.1981 galten folgende Abschreibungssätze:

- in den ersten 12 Jahren jeweils 3,5 %,
- in den folgenden 20 Jahren jeweils 2 %,
- in den folgenden 18 Jahren jeweils 1 %.

Bei Anwendungsfällen **ab dem 30.07.1981** galt die Vorschrift nur noch für Gebäude im Inland. Außerdem wurden die Abschreibungssätze geändert und zwar:

- in den ersten 8 Jahren jeweils 5 %,
- in den folgenden 6 Jahren jeweils 2,5 %,
- in den folgenden 36 Jahren jeweils 1,25 %.

Die Vorschrift galt von Anfang an für Gebäude jeder Art. Allerdings konnte diese AfA nur der Bauherr selbst und ab 01.01.1979 der entgeltliche Erwerber bei Erwerb bis zum Ende des Jahres der Fertigstellung geltend machen, nicht ein späterer entgeltlicher Erwerber.

Seit 01.01.1985 gilt die im Folgenden ausgeführte Regelung.

Durch das Gesetz zur Umsetzung steuerlicher EU-Vorgaben sowie zur Änderung steuerlicher Vorschriften wurde die Regelung über die degressive Gebäude-AfA nach § 7 Abs. 5 EStG durch Aufhebung der Beschränkung auf inländische Gebäude an das Europarecht angepasst. Nunmehr greift die degressive AfA gem. § 7 Abs. 5 EstG auch bei Gebäuden, die in einem Mitgliedstaat der EU oder in EWR-Staaten belegen sind. Mithilfe der Gesetzesregelung kann auf Antrag rückwirkend bei allen Veranlagungen, bei denen noch keine formelle Bestandskraft eingetreten ist, eine Änderung der Abschreibung erreicht werden (§ 52 Abs. 21 c EStG).

Klausurhinweis: AfA nach § 7 Abs. 5 EStG kommt nur in den dort beschriebenen Altfällen in Betracht.

5.5.2.1 Absetzung für Abnutzung gemäß § 7 Abs. 5 Satz 1 Nr. 1 EStG (bei Neubauten letztmals 1993)

Die Vorschrift gilt für Gebäude und Gebäudeteile im Inland, EU-Ausland und EWR Staat, die zum **Betriebsvermögen** gehören, nicht Wohnzwecken dienen und bei denen der Antrag auf Baugenehmigung nach dem 31.03.1985 und vor dem 01.01.1994 gestellt wurde (vgl. § 7 Abs. 4 Satz 1 Nr. 1 EStG). Die AfA-Sätze betragen

- in den ersten 4 Jahren jeweils 10 %,
- in den folgenden 3 Jahren jeweils 5 %,
- in den folgenden 18 Jahren jeweils 2,5 %.

Die AfA wird allgemein als »degressive Gebäude-AfA« bezeichnet. Dieser Ausdruck kann verwirren, denn diese degressive AfA ist keine geometrisch-degressive wie bei § 7 Abs. 2 EStG für bewegliche Wirtschaftsgüter, sondern eine solche nach Staffelsätzen, d. h. einige Jahre gleichmäßig zu 10 %, weitere Jahre wieder gleichmäßig zu 5 % und weitere Jahre ebenfalls gleichmäßig zu 2,5 %. Eine Besonderheit besteht noch insoweit, dass für das Jahr der Fertigstellung (aber nicht für das Jahr der Veräußerung) der volle Jahresbetrag abgesetzt werden darf (vgl. § 7 Abs. 5 Satz 3 EStG).

5.5.2.2 Absetzung für Abnutzung gemäß § 7 Abs. 5 Satz 1 Nr. 2 EStG (bei Neubauten letztmals 1994)

Diese Vorschrift gilt für alle Gebäude und Gebäudeteile im Inland, EU-Ausland und EWR-Staat, die nicht unter § 7 Abs. 4 Satz 1 Nr. 1 fallen (vgl. hierzu 5.5.1.2). Die AfA-Sätze betragen

- in den ersten 8 Jahren jeweils 5 %,
- in den folgenden 6 Jahren jeweils 2,5 %,
- in den folgenden 36 Jahren jeweils 1,25 %.

BEISPIELE

a) Wie hoch ist die AfA gem. § 7 Abs. 5 Satz 1 Nr. 2 EStG im Beispiel unter 5.5.1.3?

LÖSUNG Die Vorschrift ist nicht anwendbar. Das Gebäude kann somit nur nach § 7 Abs. 4 EStG linear abgeschrieben werden.

b) Ein Gebäudekomplex mit Eigentumswohnungen wurde von H am 25.04.1992 fertig gestellt. E erwarb von H mit Wirkung zum 15.09.1992 eine Eigentumswohnung, die er als Privatvermögen seitdem vermietet. Die Anschaffungskosten des Gebäudeteils der Eigentumswohnung betrugen (ohne Grund und Boden) umgerechnet 200 000 €.

Ist die Vorschrift des § 7 Abs. 5 Satz 1 Nr. 2 EStG anwendbar und wie hoch ist die AfA für das Jahr 2017?

LÖSUNG Da E die Eigentumswohnung im Jahr der Fertigstellung (1992) angeschafft hat, ist § 7 Abs. 5 Satz 1 Nr. 2 EStG anwendbar, wenn der Hersteller H die degressive Gebäude-AfA nicht beansprucht hat, § 7 Abs. 5 Satz 2 EStG. Die AfA betrug daher für acht Jahre ab 1992 5 % von 200 000 € = 10 000 € als Jahres-AfA, ab 2000 für sechs Jahre 2,5 % = 5 000 € und seit 2006 36 Jahre 1,25 %. Der AfA-Satz für den VZ 2017 beträgt daher weiterhin 1,25 %. Die als Werbungskosten abziehbare AfA für den VZ 2017 beträgt somit (1,25 % x 200.000 € = 2 500 €).

5.5.2.3 Absetzung für Abnutzung gemäß § 7 Abs. 5 Satz 1 Nr. 3 Buchst. a EStG (bei Neubauten letztmals 1995)

Die Abschreibungen nach dieser Vorschrift betragen

- in den ersten 4 Jahren jeweils 7 %,
- in den darauffolgenden 6 Jahren jeweils 5 %,
- in den darauffolgenden 6 Jahren jeweils 2 %,
- in den darauffolgenden 24 Jahren jeweils 1,25 % der HK oder AK.

Das Gebäude ist in 40 Jahren abgeschrieben.

§ 7 Abs. 5 Satz 1 Nr. 3 EStG legt fest, dass die Abschreibungen nur in Betracht kommen, soweit das Gebäude Wohnzwecken dient (also zu Wohnzwecken vermietet ist). Soweit das Gebäude **eigenen** Wohnzwecken dient, liegen keine Einkünfte aus § 21 EStG vor, so dass AfA ausgeschlossen ist (ggf. Förderung nach dem EigZulG). Die vermietete Wohnung kann aber im Betriebsvermögen sein, ohne die Begünstigung zu verlieren.

Für **Herstellungsfälle** werden als weitere Voraussetzungen bestimmt, dass der **Bauantrag** für das Gebäude **nach dem 28.02.1989** und **vor dem 01.01.1996 gestellt** und es vom Stpfl **hergestellt** worden ist.

Erwerbsfälle sind begünstigt, wenn die Anschaffung **nach dem 28.02.1989** aufgrund eines **nach** diesem Zeitpunkt **und vor dem 01.01.1996 rechtswirksam abgeschlossenen obligatorischen Vertrags** bis zum Ende des Jahres der Fertigstellung erfolgt. Durch diese Regelung wird auch der Kauf eines Wohngebäudes oder einer Eigentumswohnung von einem Bauträger begünstigt.

Nach § 7 Abs. 5 Satz 2 EStG ist im Fall der Anschaffung weiter erforderlich, dass der Hersteller für das veräußerte Gebäude keine anderen Abschreibungen als nach § 7 Abs. 4 EStG vorgenommen hat.

BEISPIEL

U erstellte auf eigenem Grund und Boden, der ehemals privat verpachtet war, ein gemischtgenutztes Gebäude für 800 000 DM. Die Nutzungsdauer beträgt 50 Jahre. Der Bauantrag wurde am 17.04.1992 gestellt. Das Gebäude war am 15.12.1992 fertig gestellt. Das EG nutzt U für eigene betriebliche Zwecke, das gleich große OG wird zu Wohnzwecken vermietet. U hat bislang Abschreibungen nach § 7 Abs. 5 EStG vorgenommen. Berechnen Sie die AfA für das Jahr 2017.

LÖSUNG Aufgrund des unterschiedlichen Nutzungs- und Funktionszusammenhangs liegen in Bezug auf das Gebäude einkommensteuerlich zwei Wirtschaftsgüter vor. Das EG ist Betriebsvermögen und dient nicht Wohnzwecken. Die AfA nach § 7 Abs. 5 Satz 1 Nr. 1 EStG betrug im Jahr 1992 ehemals 10 %, also 40 000 DM (800 000 DM, davon 1/2, davon 10 %). Die AfA im Jahre 2017 (26. Jahr) beträgt somit insoweit (2,5 % x 800.000 DM x 1/2 = 10 000 DM x 1,95583 =) umgerechnet 5 113 €.

Das OG ist zu Wohnzwecken vermietet. Die AfA nach § 7 Abs. 5 Satz 1 Nr. 3 Buchst. a EStG betrug im Jahr 1992 ehemals 7 %, also 28 000 DM (800 000 DM, davon 1/2, davon 7 %). Der Bauantrag ist nach dem 28.02.1989 gestellt worden. Die AfA im Jahr 2017 (26. Jahr) beträgt somit insoweit (1,25 % x 800 000 DM x 1/2 = 5 000 DM x 1,95583 =) umgerechnet 2 557 €.

Für Neubauten bis einschließlich 1994 konnte der Stpfl zwischen drei verschiedenen AfA-Methoden für Mietwohngebäude wählen. Er konnte die AfA-Beträge gem. § 7 Abs. 5 Satz 1 Nr. 3 Buchst. a EStG oder die nach § 7 Abs. 5 Satz 1 Nr. 2 EStG oder die nach § 7 Abs. 4 Satz 1 Nr. 2 Buchst. a EStG in Anspruch nehmen.

5.5.2.4 Absetzung für Abnutzung gemäß § 7 Abs. 5 Satz 1 Nr. 3 Buchst. b EStG

Für Wohngebäude, die aufgrund eines **nach dem 31.12.1995 und vor dem 01.01.2004** gestellten Bauantrags hergestellt oder die aufgrund eines **nach dem 31.12.1995 und vor dem 01.01.2004** abgeschlossenen Kaufvertrags angeschafft wurden, reduzierte das Jahressteuergesetz 1996 die Abschreibungssätze des § 7 Abs. 5 Satz 1 Nr. 3 Buchst. a EStG (vgl. 5.5.2.3).

Die Abschreibungen betragen:

- in den ersten 8 Jahren 5 %,
- in den darauffolgenden 6 Jahren 2,5 %,
- in den darauffolgenden 36 Jahren 1,25 %.

Damit ist das Gebäude in 50 Jahren abgeschrieben.

Für neue Betriebsgebäude gilt nur noch § 7 Abs. 4 EStG.

5.5.2.5 Absetzung für Abnutzung gemäß § 7 Abs. 5 Satz 1 Nr. 3 Buchst. c EStG (bei Neubauten bis letztmals 2005)

Mit dem Haushaltsbegleitgesetz 2004 vom 29.12.2003 (BGBl I 2003, 3076) und mit dem Gesetz zum Einstieg in ein steuerliches Sofortprogramm vom 22.12.2005 (BGBl I 2005, 3882) wurden für Wohngebäude, die aufgrund eines **nach dem 31.12.2003 und vor dem 01.01.2006** gestellten Bauantrags hergestellt oder die aufgrund eines **nach dem 31.12.2003 und vor dem 01.01.2006** abgeschlossenen Kaufvertrags angeschafft wurden, die Abschreibungssätze nochmals reduziert (vgl. 5.5.2.4).

Die Abschreibungen betragen:

- in den ersten 10 Jahren 4 %,
- in den darauffolgenden 8 Jahren 2,5 %,
- in den darauffolgenden 32 Jahren 1,25 %.

Seit dem Jahr 2006 können für Neufälle nur noch die AfA-Beträge gem. § 7 Abs. 4 EStG in Anspruch genommen werden.

5.5.2.6 Besonderheiten der Absetzung für Abnutzung gemäß § 7 Abs. 5 EStG

Unter Bauantrag ist der nach den jeweiligen landesrechtlichen Vorschriften vorgesehene formelle Antrag, der die Genehmigung zur Errichtung eines Gebäudes zum Ziel hat, zu verstehen. Zeitpunkt der Beantragung der Baugenehmigung ist der Zeitpunkt, in dem der Bauantrag bei derjenigen Behörde gestellt wird, bei der er nach Landesrecht einzureichen ist.

Unter Anschaffung versteht das Einkommensteuerrecht den entgeltlichen Erwerb eines Wirtschaftsguts in dem Sinne, dass dem Stpfl die wirtschaftliche Verfügungsmacht so verschafft worden ist, dass er das Wirtschaftsgut zur Erzielung von Einkünften nutzen kann. Das ist in der Regel der Fall, wenn Eigenbesitz, Gefahr, Nutzen und Lasten auf den Erwerber übergehen. Allerdings stellt § 7 Abs. 5 EStG in den Anschaffungsfällen für das zeitliche Kriterium auf das obligatorische Rechtsgeschäft (i. d. R. das Datum des Notarvertrags) ab.

In Anschaffungsfällen ist es unerheblich, wann der Bauantrag für das betreffende Gebäude gestellt wurde, d. h., dass z. B. die degressiven AfA-Sätze gem. § 7 Abs. 5 Satz 1 Nr. 3 Buchst. c EStG auch dann in Betracht kommen können, wenn nach dem 31. 12. 2003 und vor dem 01. 01. 2006 ein Wohngebäude aufgrund eines rechtswirksam abgeschlossenen obligatorischen Vertrags entgeltlich erworben wird, bei dem der Bauantrag aber bereits vor dem 01. 01. 2004 gestellt wurde. Voraussetzung ist für die Begünstigung der Anschaffung jedoch stets, dass der Stpfl das Gebäude spätestens bis zum **Ende des Jahres der Fertigstellung** angeschafft hat.

Im Falle der Anschaffung können die degressiven AfA-Sätze gem. § 7 Abs. 5 Satz 1 Nr. 3 EStG nur dann beansprucht werden, wenn der Hersteller selbst für das Gebäude weder degressive Absetzungen noch erhöhte Absetzungen oder Sonderabschreibungen in Anspruch genommen hat (§ 7 Abs. 5 Satz 2 EStG). Der Hersteller darf also für das Gebäude lediglich lineare AfA nach § 7 Abs. 4 EStG abgezogen haben, wenn der entgeltliche Erwerber in den Genuss der degressiven AfA kommen soll. Allerdings bezieht sich diese Einschränkung nur auf das Jahr der Fertigstellung. Im folgenden Jahr konnte der Erwerber zur degressiven AfA übergehen (vgl. BFH vom 03. 04. 2001 BStBl II 2001, 599).

BEISPIELE

a) K erwarb mit notariellen Kaufvertrag vom 04. 03. 2004 von V ein leer stehendes Mietwohngrundstück mit drei zu vermietenden Wohnungen. V hat das Gebäude im Jahre 1990 erstellt. In dem notariellen Vertrag wurde vereinbart, dass Nutzen und Lasten am 31. 12. 2004 übergehen. K wurde am 28. 08. 2005 im Grundbuch als neuer Eigentümer eingetragen. Die Anschaffungskosten von K beliefen sich auf 800 000 € (Grund und Bodenanteil 200 000 €). Das Finanzamt gewährte K bislang AfA nach § 7 Abs. 5 EStG. Berechnen Sie die AfA für das Jahr 2017.

LÖSUNG Da das Gebäude schon im Jahre 1990 erstellt und erst 2004 angeschafft wurde, ist die degressive AfA gem. § 7 Abs. 5 EStG nicht anwendbar. Es liegt kein Herstellungsfall vor. K kann das Gebäude nur gem. § 7 Abs. 4 Satz 1 Nr. 2 Buchst. a EStG mit 2 % abschreiben. Soweit die VZ bis 2016 nicht nach den Vorschriften der AO änderbar sind, ist die zutreffende AfA ab dem VZ 2017 auf das restliche AfA-Volumen anzuwenden (BFH vom 21. 11. 2013 BStBl II 2014,, 563). Die AfA beträgt im VZ 2017 daher: 2 % von 600 000 € (800 000 € ./. 200 000 €) = 12 000 €.

b) Angenommen, das Gebäude im Beispiel a) wäre von V erst zum 30. 10. 2004 fertig gestellt worden.

LÖSUNG Bei der Anschaffung eines Wohngebäudes ist für die Inanspruchnahme der degressiven AfA gem. § 7 Abs. 5 Satz 1 Nr. 3 Buchst. c EStG erforderlich, dass das Gebäude nach dem 31. 12. 2003 aufgrund eines nach diesem Zeitpunkt rechtswirksam abgeschlossenen obligatorischen Vertrags und bis zum Ende des Jahres der Fertigstellung und vor dem 01. 01. 2006 angeschafft worden ist. Diese Voraussetzungen sind erfüllt. Die AfA gem. § 7 Abs. 5 Satz 1 Nr. 3 Buchst. c EStG ist hier zulässig. Da es bei AfA-Beginn auf den Übergang von Nutzen und Lasten ankommt (Begründung des wirtschaftlichen Eigentums), konnte K ab 2004 eine AfA von 4 % aus 600 000 € jährlich für die ersten 10 Jahre, also bis 2013, vornehmen. Seit dem VZ 2014 beträgt die degressive AfA für acht Jahre 2,5 %, danach 32 Jahre 1,25 %. Voraussetzung ist nur noch, dass V für die Monate Oktober bis Dezember 2004 höchstens eine AfA i. H. v. 2 % gem. § 7 Abs. 4 Satz 1 Nr. 2 Buchst. a EStG geltend gemacht hat. Falls V eine AfA gem. § 7 Abs. 5 Satz 1 Nr. 3 Buchst. c EStG geltend machte, konnte K erst ab 2005 die AfA gem. § 7 Abs. 5 Satz 1 Nr. 3 Buchst. c EStG beanspruchen.
Dass das zivilrechtliche Eigentum erst mit Eintragung im Grundbuch am 28. 08. 2005 übergegangen ist, ist ohne Bedeutung.

c) E errichtete auf einem im Jahre 1970 angeschafften Bauplatz (Privatvermögen) ein Gebäude. Der Bauantrag wurde am 15. 06. 1989 gestellt und das Gebäude am 16. 11. 1990 fertig gestellt. Die Baukosten betrugen umgerechnet 300 000 €. Das EG nutzt er eigenbetrieblich, das 1. OG vermietet er zu Wohnzwecken. Das 2. OG bewohnt er selbst. Die Geschosse des Gebäudes sind gleich groß. Welche AfA ist im VZ 2017 möglich?

LÖSUNG Der AfA-Ansatz im VZ 2017 hängt davon ab, welche AfA-Methode E im Jahr der Fertigstellung (also im Jahr 1990) gewählt hat. Das EG ist notwendiges Betriebsvermögen und dient nicht Wohnzwecken, E konnte als AfA alternativ ansetzen:

- entweder 4 % von 100 000 € = 4 000 € jährlich gem. § 7 Abs. 4 Satz 1 Nr. 1 EStG i. V. m. § 52 Abs. 21 b EStG. Der bisherige Prozentsatz von 4 % ist weiter anzuwenden, da E vor dem 01.01.2001 mit der Herstellung des Gebäudes begonnen hat. Im Jahr 1990 war nur eine zeitanteilige AfA von 2/12 = 667 € möglich. Im Jahre 2017 beträgt die AfA also 4 000 €;
- oder 10 % von 100 000 € = 10 000 € jährlich gem. § 7 Abs. 5 Satz 1 Nr. 1 EStG für vier Jahre beginnend im Jahre 1990. Danach ermäßigte sich der Prozentsatz auf 5 % bzw. 2,5 %. Die Herstellungskosten sind hiernach nach 25 Jahren abgeschrieben (letztes AfA-Jahr war hier der VZ 2014). Für den VZ 2017 gibt es keine degressive AfA mehr. .

Das 1. OG ist vermietet. Ob E es zum Betriebsvermögen zählt (gewillkürtes Betriebsvermögen) oder ob er es im Privatvermögen belässt, spielt keine Rolle. E kann als AfA alternativ ansetzen:

- entweder 2 % von 100 000 € = 2 000 € jährlich gem. § 7 Abs. 4 Satz 1 Nr. 2 Buchst. a EStG bis zur vollen Abschreibung. Im Jahr 1990 war nur eine zeitanteilige AfA von 2/12 = 334 € möglich. Im VZ 2017 ergibt sich also eine AfA i. H. v. 2 000 €;
- oder 5 % von 100 000 € = 5 000 € jährlich gem. § 7 Abs. 5 Satz 1 Nr. 2 EStG für acht Jahre, beginnend im Jahr 1990. Danach ermäßigte sich der Prozentsatz auf 2,5 % bzw. 1,25 %. Die AfA im VZ 2017 beträgt somit 1,25 % = 1 250 €;
- oder 7 % von 100 000 € = 7 000 € jährlich gem. § 7 Abs. 5 Satz 1 Nr. 3 Buchst. a EStG für vier Jahre, beginnend im Jahre 1990. Danach ermäßigte sich der Prozentsatz auf 5 %, 2 % und 1,25 %. § 7 Abs. 5 Satz 1 Nr. 3 Buchst. a EStG ist anwendbar, weil der Bauantrag nach dem 28.02.1989 gestellt worden ist. Im Jahr 2017 beträgt die AfA somit 1,25 % = 1 250 €.

Das 2. OG ist Konsumgut. Da keine Einnahmen angesetzt werden, entfällt auch die AfA.

6 Erhaltungsaufwand/Herstellungsaufwand und Absetzung für Abnutzung

BEISPIEL

S lässt auf einem fünfstöckigen Mietshaus zusätzlich zwei weitere Stockwerke errichten. Gleichzeitig wird die alte Hauseingangstür durch eine neue ersetzt. Wie werden diese Aufwendungen behandelt?

LÖSUNG Bei der Errichtung der zwei weiteren Stockwerke handelt es sich um Herstellungskosten, da die Erweiterung eine Substanzvermehrung bedeutet. Der Einbau der neuen Haustür stellt hingegen Erhaltungsaufwand dar.

Die Abgrenzung von Erhaltungsaufwand gegenüber Herstellungsaufwand ist bedeutsam in Bezug auf die Abzugsfähigkeit der Aufwendungen. Sind sie als **Erhaltungsaufwand** anzusehen, sind es im Jahr der Zahlung grundsätzlich Werbungskosten (§ 11 Abs. 2 EStG; Ausnahme: Der Steuerpflichtige wählt die Verteilung nach § 82 b EStDV). Sind die Aufwendungen als **Herstellungsaufwand einzustufen**, liegen (nachträgliche) Herstellungskosten vor: Sie sind nur im Wege der AfA (§ 7 Abs. 4 EStG; in Altfällen ggf. nach § 7 Abs. 5 EStG) als Werbungskosten (bei Gebäuden im Betriebsvermögen als Betriebsausgaben) abziehbar. Vgl. zu diesen Fragen im Einzelnen H 21.1 EStH und BMF vom 18.07.2003 BStBl I 2003, 386.

Bei der Prüfung, ob Herstellungsaufwand vorliegt, darf nicht auf das gesamte Gebäude abgestellt werden, sondern nur auf den entsprechenden Gebäudeteil, wenn das Gebäude in unterschiedlicher Weise genutzt wird und deshalb mehrere Wirtschaftsgüter umfasst (BFH vom 25.09.2007 BStBl II 2008, 218).

Die vorstehenden Grundsätze gelten auch für Gebäude im Betriebsvermögen.

Rechtsprechung und Verwaltung gehen von folgenden Kriterien aus:

1. Liegt eine **Substanzvermehrung** vor, d. h. etwas bisher nicht Vorhandenes wird geschaffen, z. B. eine Erweiterung, ein Anbau oder ein Umbau nach § 255 HGB oder der Einbau eines Fahrstuhls in ein bestehendes Treppenhaus, sind Herstellungskosten gegeben. Hingegen ist der (erstmalige) Einbau einer Sprechanlage in eine vorhandene Elektroinstallation (BFH vom 20. 08. 2002 BStBl II 2003, 604) oder der nachträgliche Einbau einer Solaranlage zur Brauchwassererwärmung (BFH vom 14. 07. 2004 BStBl II 2004, 949) als Erhaltungsaufwand anzusehen.
2. Liegt nur eine **Umnutzung** vor, kommt es entscheidend darauf an, ob man von einer Wesensveränderung im Sinne einer Gebrauchs- oder Verwendungsmöglichkeit sprechen kann, z. B. Umbau von Wohnungen zu betrieblich genutzten Räumen und umgekehrt oder der Umbau einer Mühle zu einem Wohnhaus (BFH vom 31. 03. 1992 BStBl II 1992, 806). Die Aufwendungen für die Umnutzung sind als Herstellungskosten zu beurteilen. Allerdings stellen Aufwendungen für den Umbau eines Großraumbüros in vier Einzelbüros unter Verwendung von Rigips-Ständerwänden sowie für die Anpassung der Elektroinstallation im hierdurch notwendigen Umfang sofort abziehbare Erhaltungsaufwendungen dar (vgl. BFH vom 16. 01. 2007 BStBl II 2007, 922).
3. Liegt eine **Verbesserung** vor, ist es entscheidend, ob man von einer »wesentlichen« Verbesserung (§ 255 Abs. 2 Satz 1 HGB) sprechen kann. Eine wesentliche Verbesserung und in der Folge Herstellungskosten liegen vor, wenn die Maßnahmen zur Instandsetzung oder Modernisierung eines Gebäudes (bzw. Gebäudeteils) in ihrer Gesamtheit über eine zeitgemäße substanzerhaltende Erneuerung hinausgehen, den Gebrauchswert des Gebäudes (bzw. Gebäudeteils) deutlich erhöhen und damit für die Zukunft eine erweitere Nutzungsmöglichkeit schaffen (vgl. R 21.1 Abs. 2 EStR sowie BMF vom 18. 07. 2003 BStBl I 2003, 386, z. B. eine Eigentumswohnung einfachen Standards wird zu einer Luxuswohnung umgebaut, sog. **Standardhebung**).
4. Zu den Herstellungskosten eines Gebäudes gehören auch Aufwendungen für die Instandsetzung und Modernisierung, wenn und soweit die Maßnahmen innerhalb von drei Jahren nach der Anschaffung durchgeführt werden (sog. anschaffungsnaher Herstellungsaufwand, § 6 Abs. 1 Nr. 1 a EStG). Nähere Erläuterungen hierzu sind unter M 7 dargestellt.
5. Betragen die Aufwendungen für die einzelne Baumaßnahme nach Fertigstellung des Gebäudes allerdings nicht mehr als 4 000 € netto, ist auf Antrag dieser Aufwand als Erhaltungsaufwand zu behandeln und sofort als Werbungskosten abzugsfähig (Vereinfachungsregelung des R 21.1 Abs. 2 Satz 2 EStR). Diese Vereinfachungsregelung greift freilich nicht für Aufwendungen, die im Zusammenhang mit der Fertigstellung eines neu errichteten Gebäudes stehen (das sind stets Herstellungskosten).

In Bezug auf die Frage nach einer wesentlichen Verbesserung bei einem Gebäudeteil unterscheidet man zwischen sehr einfachem, mittlerem oder sehr anspruchsvollem Standard. Aufwendungen für Baumaßnahmen zur Standarderhöhung sind Anschaffungs- bzw. Herstellungskosten. Bei einem Wohngebäude kommt es bei der Prüfung einer Standarderhöhung (nur) auf den Umfang und die Qualität der **Heizungs-**, **Sanitär**-und **Elektroinstallationen** sowie der **Fenster** (zentrale Ausstattungsmerkmale) an.

Ein **einfacher Standard** liegt vor, wenn die zentralen Ausstattungsmerkmale im Zeitpunkt der Anschaffung nur im nötigen Umfang oder in einem technisch überholten Zustand vorhanden sind (z. B. einfach verglaste Fenster, technisch überholte Heizungsanlage (z. B. Kohleöfen), nicht beheizbares Bad, Bad ohne Handwaschbecken, unzureichende Elektroversorgung).

Ein **mittlerer Standard** liegt vor, wenn die zentralen Ausstattungsmerkmale durchschnittlichen und selbst höheren Ansprüchen genügen (z. B. Isolierglasfenster).

Ein **sehr anspruchsvoller Standard** (Luxussanierung) liegt vor, wenn bei dem Einbau der zentralen Ausstattungsmerkmale nicht nur das Zweckmäßige, sondern das Mögliche, vor allem durch den Einbau außergewöhnlich hochwertiger Materialien, verwendet wurde.

Führen Baumaßnahmen bei einem Wohngebäude bei **mindestens drei der vier** zentralen Ausstattungsmerkmale, die für sich betrachtet als Erhaltungsmaßnahmen zu beurteilen wären, zu einer Erhöhung des Gebrauchswertes, liegt eine Standarderhöhung des Gebäudes vor. Die nämlichen Aufwendungen sind dann Anschaffungs- bzw. Herstellungskosten.

Treffen Baumaßnahmen, die ihrer Art nach stets zu Herstellungskosten führen (z. B. Ausbauten und Erweiterungen) und einen den Nutzungswert eines Gebäudes bestimmenden Bereich der zentralen Ausstattungsmerkmale betreffen, mit der Verbesserung von mindestens zwei weiteren Bereichen der zentralen Ausstattungsmerkmale zusammen, ist ebenfalls eine Erhöhung des Standards anzunehmen, die Aufwendungen hierzu sind Anschaffungskosten (vgl. BMF-Schreiben zur Abgrenzung von Anschaffungs-, Herstellungskosten und Erhaltungsaufwendungen vom 18. 07. 2003 BStBl I 2003, 386).

Bei der Prüfung, ob eine Standardhebung vorliegt, ist der »ursprüngliche Zustand« des Gebäudes mit seinem Zustand nach Beendigung der Baumaßnahmen zu vergleichen. Ursprünglicher Zustand ist

- **bei entgeltlichem Erwerb** (Anschaffungsfall):
  der Zeitpunkt des Erwerbs durch den Steuerpflichtigen (Übergang von Nutzen und Lasten) bzw.
- **bei unentgeltlichem Erwerb**:
  der Zeitpunkt der Anschaffung oder Herstellung durch den oder die Rechtsvorgänger.

BEISPIEL

Im Rahmen der vorweggenommenen Erbfolge erwarb Sohn S im Jahr 2014 von seinem Vater ein Mehrfamilienhaus (Fertigstellung 1963, damals mittlerer Standard). S übernahm noch bestehende Darlehen i. H. v. 50 000 € (Verkehrswert des Grundstücks 250 000 €). 2014 befand sich das Gebäude nur noch in einem einfachen Standard. S führte 2017 umfangreiche Modernisierungsarbeiten in den Bereichen Heizung-, Sanitär-, Elektroinstallation und Fenster durch, um wieder einen mittleren Standard zu erreichen.

LÖSUNG

Die Aufwendungen für die Modernisierung sind aufzuteilen, weil S das Objekt teilweise entgeltlich (Schuldübernahme = Entgelt, also 50 000 €/250 000 € = 20 %) und im Übrigen unentgeltlich (80 %) von seinem Vater erworben hat

Für den entgeltlichen Teil entstehen Herstellungskosten aufgrund einer wesentlichen Verbesserung. Hier liegt eine Standardhebung vor (Standardvergleich: 2014 einfacher zu 2017 mittlerer Standard). Die Aufwendungen für die Baumaßnahmen in den Kernbereichen sind zu **20 % Herstellungskosten**.

Für den unentgeltlichen Teil (200 000/250 000 € = 80 %) ist ein Standardvergleich nicht mit 2014, sondern mit 1963 erforderlich (maßgeblicher Zeitpunkt des Rechtsvorgängers, Herstellungszeitpunkt). Das Gebäude hat vor und nach Durchführung der Maßnahmen einen mittleren Standard. Eine wesentliche Verbesserung i. S. d. § 255 HGB liegt somit nicht vor. Die Aufwendungen sind deshalb zu **80 % sofort abziehbare Erhaltungsaufwendungen** und keine Herstellungskosten (vgl. BMF vom 18. 07. 2003 BStBl I 2003, 386).

Die Beurteilung, ob durch die Modernisierung eine wesentliche Verbesserung erreicht wird, ist **nicht** auf einen Veranlagungszeitraum beschränkt. Auch wenn die Baumaßnahmen in einem Veranlagungszeitraum für sich betrachtet noch nicht zu einer wesentlichen Verbesserung führen, sind sie Herstellungskosten, wenn sie Teil einer Gesamtbaumaßnahme sind, die sich **planmäßig** über mehrere Veranlagungszeiträume erstreckt und die insgesamt zu einer Hebung des Standards führt. Von einer **Sanierung in Raten** ist grundsätzlich auszugehen, wenn die Baumaßnahmen innerhalb eines **Fünfjahreszeitraumes** durchgeführt worden sind. Das bedeutet, dass auch Aufwendungen für Baumaßnahmen, die erst nach Ablauf des Dreijahreszeitraums des § 6 Abs. 1 Nr. 1 Buchst. a EStG die 15 %-Grenze überschreiten (Näheres hierzu unter M 6), steuerlich als Herstellungskosten i. S. v. § 255 Abs. 2 Satz 1 HGB zu behandeln sind, vgl. hierzu Rz 31 des BMF-Schreibens vom 18.07.2003, BStBl I 2003, 386.

BEISPIEL

E erwarb 2010 ein vermietetes Gebäude (mittlerer Standard). E plant das Gebäude umfassend zu modernisieren. Dazu ließ er im Jahr 2014 umfangreiche Arbeiten an der Elektroinstallation, im Jahr 2015 umfangreiche Baumaßnahmen an den Fenstern und Anfang 2017 umfangreiche Arbeiten an der Heizungsinstallation durchführen. Nach Abschluss der Baumaßnahmen hat das Gebäude einen sehr anspruchsvollen Standard (Luxussanierung).

LÖSUNG Obwohl die einzelnen Baumaßnahmen 2014, 2015 und 2017 für sich betrachtet nicht zu einer wesentlichen Verbesserung geführt haben, sie aber Teil einer Gesamtbaumaßnahme sind, die sich planmäßig in zeitlichem Zusammenhang über mehrere Veranlagungszeiträume erstreckt und zu einer Standardhebung geführt hat, gehören die Aufwendungen zu den Herstellungskosten.

Bei einer einheitlich durchgeführten Modernisierungsmaßnahme sind die einzelnen Baumaßnahmen getrennt zu beurteilen und die hierauf entfallenden Aufwendungen grundsätzlich – ggf. im Schätzungswege – in Anschaffungskosten, Herstellungskosten und Erhaltungsaufwendungen aufzuteilen. Stehen die Modernisierungsaufwendungen allerdings in sachlichem Zusammenhang, sind sie insgesamt als Anschaffungskosten oder Herstellungskosten zu beurteilen. Ein sachlicher Zusammenhang liegt vor, wenn die Baumaßnahmen bautechnisch ineinandergreifen. Dies ist gegeben, wenn die Erhaltungsarbeiten

- Vorbedingung für die Schaffung des betriebsbereiten Zustands oder für die Herstellungsarbeiten sind oder
- durch Maßnahmen, welche den betriebsbereiten Zustand schaffen, oder durch Herstellungsarbeiten veranlasst/verursacht worden sind.

BEISPIELE

a) A erbte im Januar 2017 ein 50 Jahre altes Reihenhaus, das sein Opa im Jahr 1950 errichtete (damals mittlerer Standard). Er baute im Dachgeschoss ein zusätzliches Bad ein, erneuerte die alten Fliesen in der bisherigen Toilette, verlegte einen neuen Teppich, modernisierte die Elektroinstallation, tauschte die einfach verglasten Fenster gegen Isolierglasfenster und ersetzte die alte Ölzentralheizung durch eine moderne Gasheizung. Das Reihenhaus ist nach Abschluss der Baumaßnahmen dem mittleren Standard zuzurechnen. A hat einen Architekten mit der Bauüberwachung beauftragt.

LÖSUNG Der Neueinbau des Badezimmers führt zu Herstellungskosten, weil etwas Neues, bisher nicht Vorhandenes geschaffen wurde. Die Kosten in den zentralen Ausstattungsmerkmalen Elektro- und Heizungsinstallation und Fenster, haben zu keiner Standardhebung geführt. Sie sind somit Erhaltungsaufwendungen. Auch die Kosten für den neuen Teppich und die Erneuerung der Fliesen sind sofort abziehbare Erhaltungsaufwendungen. Das Architektenhonorar ist in Herstellungskosten und Erhaltungsaufwendungen aufzuteilen.

b) B erwarb im Januar 2017 ein leerstehendes Einfamilienhaus mittleren Standards von X für 300.000 €. Er ersetzte sogleich die doppelverglasten Holzfenster durch doppelverglaste Kunststofffenster, die Ölzentralheizung durch eine moderne neue Erdgasheizung und ließ das Bad neu fliesen sowie die vorhandenen Badarmaturen austauschen. Das Gebäude ist nach Abschluss der Baumaßnahmen weiterhin dem mittleren Standard zuzurechnen.

LÖSUNG Der Erwerb des Hauses führt zu Anschaffungskosten (§ 255 Abs. 1 HGB). Die Baumaßnahmen in drei der vier zentralen Ausstattungsmerkmalen haben nicht zu einer funktionserweiternden Ergänzung und somit zu keiner Standarderhöhung geführt. Die Aufwendungen sind daher grundsätzlich Erhaltungsaufwendungen. Allerdings sind sie nach § 6 Abs. 1 Nr. 1 a EStG in anschaffungsnahen Herstellungsaufwand (vgl. M 7) umzuqualifizieren.

c) Im Dachgeschoss eines Mietshauses werden erstmals Bäder eingebaut. Aus diesem Grund war es erforderlich, die alten Fallrohre durch neue und größere Fallrohre zu ersetzen.

LÖSUNG Der Einbau der Bäder stellt Herstellungskosten dar (§ 255 Abs. 2 HGB). Der Austausch der Fallrohre kann separat betrachtet zwar als Erhaltungsmaßnahme angesehen werden. Da die Maßnahme aber in sachlichem Zusammenhang mit der Herstellungsmaßnahme der neuen Bäder steht, ist auch dieser Aufwand als Herstellungskosten einzustufen.

Aufwendungen zur Herstellung der Betriebsbereitschaft sind ebenfalls als Anschaffungskosten (§ 255 Abs. 1 zweiter HS HGB) zu beurteilen. Ein solcher Fall liegt vor, wenn der Steuerpflichtige ein nicht funktionstüchtiges Wirtschaftsgut erwirbt (z. B. bei der Anschaffung eines Mietshauses ist die Heizung defekt). Die Reparatur- bzw. Instandsetzungskosten sind hier als Anschaffungskosten zu behandeln.

In allen anderen Fällen, insbesondere wenn das Wirtschaftsgut nur in ordnungsgemäßem Zustand erhalten werden soll oder wenn es sich um Aufwendungen handelt, die regelmäßig in ungefähr gleicher Höhe wiederkehren, liegt **Erhaltungsaufwand** vor.

Erhaltungsaufwendungen sind z. B.

- Aufwendungen für Schönheitsreparaturen (z. B. Erneuerung von Fliesen, Tapezierarbeiten) sowie
- Aufwendungen für Reparaturmaßnahmen an vorhandenen Gegenständen und Einrichtungen (z. B. Instandsetzen oder Austausch der Rollläden).

Gem. § 82 b EStDV kann – für **nach dem 31. 12. 2003** entstehenden – größerer Erhaltungsaufwand an Gebäuden, die nicht zu einem Betriebsvermögen gehören und überwiegend Wohnzwecken (zu mehr als 50 %) dienen, **auf zwei bis fünf Jahre** gleichmäßig verteilt werden (abweichend von § 11 Abs. 2 EStG). Der Stpfl kann dadurch einen »legalen« steuerlichen Vorteil erreichen.

7 Anschaffungsnahe Aufwendungen

Werden an einem neu erworbenen Gebäude umfangreiche Instandsetzungs- und Modernisierungsmaßnahmen vorgenommen, sind diese Aufwendungen entweder als Erhaltungsaufwendungen (= Werbungskosten im Zeitpunkt der Zahlung) oder als **Anschaffungskosten** bzw. Herstellungskosten nach § 255 HBG (= Werbungskosten nur über die Abschreibung) einzustufen. In Bezug auf die Erhaltungsaufwendungen ist zusätzlich zu prüfen, ob sie als sog. anschaffungsnahe Herstellungskosten (§ 6 Abs. 1 Nr. 1a EStG) umzuqualifizieren sind. § 6 Abs. 1 Nr. 1a EStG ist zwar eine steuerliche Bilanzierungsvorschrift. Sie ist indessen auch bei den Überschusseinkünften (§ 2 Abs. 2 Nr. 2 i. V. m. § 9 Abs. 5 Satz 2 EStG) anwendbar. Hauptanwendungsfall sind dabei die Einkünfte nach § 21 Abs. 1 Nr. 1 EStG.

Nach § 6 Abs. 1 Nr. 1 a Satz 1 EStG sind Instandsetzungs- und Modernisierungsaufwendungen immer dann als Herstellungskosten zu beurteilen, wenn sie (ohne Umsatzsteuer) innerhalb von **drei Jahren** nach der Anschaffung des Gebäudes entstehen (durchgeführt werden) und **15 %** der Gebäudeanschaffungskosten übersteigen.

Sinn dieser Regelung ist folgender: Erwirbt der Käufer ein renoviertes bzw. modernisiertes Gebäudegrundstück, sind der Kaufpreis sowie die Erwerbsnebenkosten als Anschaffungskosten (§ 255 Abs. 1 HGB) zu behandeln. Die Gebäudeanschaffungskosten können sich in diesem Fall nur über die Abschreibung (§ 7 Abs. 4 EStG) als Werbungskosten auswirken. Erwirbt er hingegen ein renovierungsbedürftiges Objekt, zahlt er nur einen entsprechend niedrigeren Kaufpreis (der zu Anschaffungskosten führt). Ohne die Regelung des § 6 Abs. 1 Nr. 1a EStG könnte er hingegen die Aufwendungen für die anschließende Instandsetzung und Modernisierung im Jahr der Zahlung sofort als Werbungskosten abziehen. Darin sieht der Gesetzgeber eine Art Ungleichbehandlung, der er mit der Regelung des § 6 Abs. 1 Nr. 1a EStG begegnen will. Die Vorschrift erscheint m. E. nicht zwingend. Denn hätte der Verkäufer diese Aufwendungen noch getragen, wären sie bei ihm grundsätzlich Erhaltungsaufwand und daher als Werbungskosten abziehbar gewesen.

Die 15 %-Grenze ist eine sog. Freigrenze. Wird sie überschritten, sind die betreffenden Aufwendungen insgesamt umzuqualifizieren. Die in Rechnung gestellte USt bleibt zwar bei der Prüfung der 15 %-Grenze außer Ansatz. Die USt teilt aber das Schicksal der Aufwendungen, bei denen sie angefallen ist. Gehören deshalb die Aufwendungen (netto) zu den anschaffungsnahen Herstellungsaufwendungen, gehört auch die USt zu den anschaffungsnahen Herstellungsaufwendungen **und damit zu den Herstellungskosten** des Gebäudes, wenn der Steuerpflichtige nicht vorsteuerabzugsberechtigt ist. Ist er hingegen zum Vorsteuerabzug berechtigt, weil er umsatzsteuerpflichtige Vermietungsumsätze hat, gehört die USt nicht zu den anschaffungsnahen Herstellungskosten (§ 9b Abs. 1 EStG).

In die 15 %-Grenze sind alle Aufwendungen für die Instandsetzung und Modernisierung einzubeziehen, sofern sie nicht ausdrücklich nach § 6 Abs. 1 Nr. 1a Satz 2 EStG ausgenommen sind. Einzubeziehen sind auch Aufwendungen für Schönheitsreparaturen (z. B. Malerarbeiten, Dachreparatur). Dies hat der BFH in mehreren Urteilen vom 14.06.2016 (– IX R 25/14, BStBl II 2016, 992,– IX R 22/15, BStBl II 2016, 999, – IX R 15/15, BStBl II 2016, 996) bestätigt. Einzubeziehen sind hiernach auch Aufwendungen für die Herstellung der Betriebsbereitschaft bzw. Funktionstüchtigkeit (z. B. Ersatz der bei Kauf defekten Heizung). Bei diesen Aufwendungen handelt es sich zwar um originäre Anschaffungskosten (§ 255 Abs. 1 Satz 1 HGB). Sie sind indessen als »Zählaufwendungen« im »Topf« der 15 %-Grenze zu erfassen. Auf die Art der Baumaßnahmen kommt es grundsätzlich nicht an. Auch die Beseitigung verstecker Mängel gehört dazu (R 6.4 Abs. 1 Satz 1 EStR). Erstattete Aufwendungen durch Mieter oder durch Verkäufer im Zusammenhang mit versteckten Mängeln, sind gegen zu rechnen (BFH vom 20.08.2013, BFH/NV 2014, 312).

In die 15 %-Grenze sind folgende Aufwendungen nicht einzubeziehen (§ 6 Abs. 1 Nr. 1a Satz 2 EStG):

- Aufwendungen für Erweiterungen im Sinne des § 255 Abs. 2 Satz 1 HGB (z. B. Anbau, Aufstockung)

sowie

- Aufwendungen für Erhaltungsarbeiten, die jährlich üblicherweise anfallen. Hierzu rechnen z. B. Aufwendungen für die jährliche Heizungs- bzw. Aufzugswartung, Ablesekosten sowie Aufwendungen für die Beseitigung einer Rohrverstopfung (hingegen nicht Schönheitsreparaturen, weil sie nicht »jährlich« anfallen).

Streitig ist, ob Aufwendungen für die Beseitigung von Schäden, die erst nach der Anschaffung eingetreten sind (z. B. Dachreparatur, weil nach dem Erwerb ein Orkan das funktionierende Dach abgedeckt hat), in die 15 %-Grenze einzubeziehen sind. Das FG Düsseldorf hat im Urteil vom

21.01.2016 – 11 K 4274/13 E, EFG 2016, 630, diese Frage verneint. Es bleibt abzuwarten, wie der BFH diese Rechtsfrage im anhängigen Revisionsverfahren (– IX R 6/16) beurteilen wird.

Hiernach ergibt sich folgende Übersicht:

Aufwendungen	**Einbeziehen in die 15 %-Grenze?**	**Rechtsfolge**
Gebäude-AK	Nein	Originäre AK
HK wegen Erweiterung	Nein	Originäre HK
Jährlich üblicherweise anfallende Erhaltungsaufwendungen	Nein	WK im Jahr des Abflusses
Aufwendungen zur Herstellung der Betriebsbereitschaft	Ja (als Zählaufwendungen)	Originäre AK
Aufwendungen für eine wesentliche Verbesserung (Standardhebung)	Ja (als Zählaufwendungen)	Originäre HK
Schönheitsreparaturen	Ja	§ 6 Abs. 1 Nr. 1a EStG*
Modernisierungskosten	Ja	§ 6 Abs. 1 Nr. 1a EStG*
Instandsetzungskosten	Ja	§ 6 Abs. 1 Nr. 1a EStG*

(*sofern die 15 %-Grenze überschritten ist; ansonsten liegen Erhaltungsaufwendungen vor.)

Im Ergebnis vergleicht man sodann die Aufwendungen (ohne USt), die im »Topf« der 15 %-Grenze einbezogen sind, mit den originären Anschaffungskosten des Gebäudes bzw. Gebäudeteils. Ist die 15 %-Grenze überschritten, sind die betreffenden Aufwendungen (ggf. dann mit USt) in anschaffungsnahe AK umzuqualifizieren. Die AfA-Bemessungsgrundlage des Gebäudes (§ 7 Abs. 4 EStG) berechnet sich wie folgt:

	Gebäude-Kaufpreis
+	anteilige Anschaffungsnebenkosten (§ 255 Abs. 1 Satz 2 HGB).
+	originäre Herstellungskosten für Erweiterung (§ 255 Abs. 2 HGB).
+	Aufwendungen zur Herstellung der Funktionstüchtigkeit (= AK nach § 255 Abs. 1 Satz 1 HGB).
+	Aufwendungen für eine wesentliche Verbesserung (= HK nach § 255 Abs. 2 Satz 1 HGB).
+	anschaffungsnahe Herstellungskosten (§ 6 Abs. 1 Nr. 1a EStG).
=	AfA-Bemessungsgrundlage des Gebäudes

In die 15 %-Grenze sind nur Aufwendungen einzubeziehen, die innerhalb von drei Jahren seit der Anschaffung durchgeführt wurden. Der Drei-Jahreszeitraum ist ab dem Eigentumswechsel (i. d. R. ab dem Übergang des wirtschaftlichen Eigentums, § 39 Abs. 2 Nr. 1 AO) tagegenau zu ermitteln. Oft werden im ersten oder zweiten Jahr nach Erwerb die Aufwendungen für die Instandsetzung bzw. Modernisierung noch nicht 15 % der Gebäude-Anschaffungskosten erreichen. Daher kann hier noch nicht abschließend beurteilt werden, ob die Gesamtaufwendungen, die im zeitlichen Zusammenhang (drei Jahre) mit der Anschaffung stehen, im Verhältnis zum Kaufpreis hoch sind. Das kann erst nach Ablauf dieser drei Jahre aus der Rückschau beurteilt werden. Wird nachträglich die 15 %-Grenze nach § 6 Abs. 1 Nr. 1a EStG überschritten, stellt dies ein rückwirkendes Ereignis dar (AEAO zu § 175 Abs. 1 Satz 1 Nr. 2, Nr. 2.4). Eine Bescheidkorrektur kann im Einzelfall auch auf §§ 164 bzw. 165 AO gestützt werden.

BEISPIEL

Stpfl A erwarb Anfang Januar 2015 ein vermietetes Zweifamilienhaus, Baujahr 1984 (AK des Gebäudes 300 000 €). Er ließ im Jahr 2015 im Gebäude teilweise frischen Innenputz anbringen (20 000 €), Maler- und Tapezierarbeiten durchführen (6 000 €) und fünf defekte Fenster mit kaputten Scheiben ersetzen (8.000 €). Im Jahr 2017 tauschte er die veraltete Heizungsanlage aus (25 000 €) und erneuerte die alten Wasserrohre (10 000 €). Außerdem ließ er ein zusätzliches Bad einbauen (15 000 €). Wegen eines Unwetters musste auch das Dach teilweise neu gedeckt werden (8 000 €). Alle Aufwendungen sind hier Nettobeträge. Die Handwerker haben zusätzlich 19 % USt berechnet.

LÖSUNG Der Badeinbau führt zu nachträglichen Herstellungskosten wegen Erweiterung. Der Ersatz der defekten Fenster führt zu nachträglichen Anschaffungskosten des Gebäudes (Herstellung der Betriebsbereitschaft). Ansonsten liegt Erhaltungsaufwand vor. Da die Erhaltungsaufwendungen und die Aufwendungen für die Herstellung der Betriebsbereitschaft innerhalb von drei Jahren seit der Anschaffung des Zweifamilienhauses durchgeführt wurden, ist hier «anschaffungsnaher Herstellungsaufwand" (§ 6 Abs. 1 Nr. 1a EStG) zu prüfen.

Im vorliegenden Fall gilt: Die Kosten des neuen Bades (15 000 € plus USt) sind **Herstellungskosten (§ 255 Abs. 2 HGB)**. Sie sind daher bei der 15 %-Berechnung auszuscheiden.

Im Jahr 2015 sind die Aufwendungen für den Innenputz, die Maler- und Tapezierarbeiten sowie für die neuen Fenster (20 000 € + 6 000 € + 8 000 €) = 34 000 € angefallen. Die 15 %-Grenze (15 % von 300 000 € = 45 000 €) war noch nicht überschritten. Daher kann für den VZ 2015 eine Veranlagung durchgeführt werden. Die Aufwendungen (inklusive USt) sind Erhaltungsaufwendungen.

Der Aufwand für das Jahr 2017 (Heizung und Wasserrohre) beträgt 35 000 €. Ob auch die Aufwendungen für die unvorhergesehene Dachreparatur (8.000 €) einzubeziehen sind, ist derzeit unklar (siehe Revisionsverfahren vor dem BFH). Da der Aufwand aus dem Jahr 2015 mit 34 000 € zusammen mit dem Aufwand aus dem Jahr 2017 i. H. v. 35 000 € (streitig 43 000 €) in jedem Fall mehr als 15 % der Anschaffungskosten (= 45 000 €) ausmachen, sind diese Aufwendungen als anschaffungsnahe Herstellungskosten nach § 6 Abs. 1 Nr. 1 a EStG umzuqualifizieren. Die Aufwendungen (allerdings die Bruttobeträge, sofern der Steuerpflichtige nicht vorsteuerabzugsberechtigt ist, § 9 b EStG) erhöhen die Bemessungsgrundlage für die AfA. Der Einkommensteuerbescheid für das Jahr 2015 ist rückwirkend entsprechend zu korrigieren (§ 175 Abs. 1 Nr. 2 AO).

Nach dem BFH-Urteil vom 14. 06. 2016 – IX R 22/15, BStBl II 2016, 999 ist die 15 %-Grenze wirtschaftsgutbezogen zu prüfen. Einkommensteuerlich kann ein Gebäude, das nicht in Wohn- bzw. Teileigentum aufgeteilt ist, entsprechend dem Nutzungs- und Funktionszusammenhang mehrere Wirtschaftsgüter darstellen (R 4.2 Abs. 4 EStR).

BEISPIEL

Stpfl B erwarb Anfang Januar 2017 ein Zweifamilienhaus, Baujahr 2000 (AK des Gebäudes 400.000 €). Das Gebäude enthält zwei gleichgroße Wohnungen. Im Jahr 2017 ließ er das Dach neu eindecken (30.000 €) und eine veraltete Heizung erneuern (20.000 €). Ferner ließ er die Wohnung im Obergeschoss umfassend modernisieren (50.000 Euro). In der Wohnung im Erdgeschoss ließ er Schönheitsreparaturen (5 000 €) durchführen. Alle Aufwendungen sind hier Nettobeträge. Die Wohnung im OG nutzt B selbst. Die Wohnung im Erdgeschoss vermietet er seit Oktober 2017 an einen Finanzbeamten.

LÖSUNG Die erwähnten Aufwendungen sind grundsätzlich als Erhaltungsaufwendungen einzustufen. Indessen ist § 6 Abs. 1 Nr. 1a EStG wirtschaftsgutbezogen zu prüfen. Das Zweifamilienhaus stellt einkommensteuerlich zwei Wirtschaftsgüter dar (WG 1: Nutzung zu eigenen Wohnzwecken; WG 2: Nutzung zu fremden Wohnzwecken). Steuerlich relevant ist nur das WG 2 (die vermietete EG-Wohnung). Für die Prüfung der 15 %-Grenze sind einzubeziehen: Aufwendungen für das Dach und die Heizung (50 000 € x ½ =) 25 000 € sowie die Schönheitsreparaturen mit 5.000 €. Im Ergebnis ist damit die 15 %-Grenze noch nicht überschritten (400 000 € x ½ = 200 000 € x 15 % = 30 000). Die Aufwendungen (inklusive USt), soweit sie auf die EG-Wohnung entfallen, stellen somit Erhaltungsaufwendungen dar. Sie sind im Jahr der Zahlung als Werbungskosten bei den Einkünften aus Vermietung und Verpachtung abziehbar.

Hinweis: Lässt B innerhalb des Dreijahreszeitraums noch weitere Instandsetzungen und Modernisierungen durchführen und entfallen diese Arbeiten ganz oder teilweise auf die EG-Wohnung, kann dies rückwirkend zu anschaffungsnahen Aufwendungen (auch für das Jahr 2017) führen.

8 Vermietung und Selbstnutzung von Ferienwohnungen

8.1 Allgemeines

Ein Stpfl besitzt zwei oder mehrere Eigentumswohnungen, von denen er eine zu eigenen Wohnzwecken nutzt. Eine zweite – voll möblierte – Wohnung vermietet er insbesondere während der Feriensaison für kürzere oder längere Zeit an Feriengäste (**Ferienwohnung**). Aus der Vermietung der Ferienwohnung kann der Steuerpflichtige Einkünfte aus Vermietung und Verpachtung gem. § 21 Abs. 1 Nr. 1 EStG erzielen. Unerheblich ist, ob sich die Ferienwohnung in einer Stadt oder einem typischen Feriengebiet (z. B. Nord- und Ostsee, Mittelgebirge oder Voralpengebiet) befindet. Der Steuerpflichtige kann dabei die Vermietung in Eigenregie durchführen oder mit der Vermietung eine Vermietungsagentur beauftragen. Da die Vermietung meist nicht ganzjährig möglich ist, kann es zu Zeiten der Nichtnutzung kommen (sog. **Leerstandszeiten**). Es ist daher erforderlich, dass der Stpfl die Zeiten der Nichtnutzung im Einzelnen nachweist.

Hat der Eigentümer seine Ferienwohnung nicht nachweislich ständig zur Vermietung angeboten, ist anzunehmen, dass er die Ferienwohnung zur privaten Selbstnutzung zur Verfügung hatte (sog. **Feststellungslast** des Stpfl). Diese Grundsätze sind im Schreiben des BMF vom 08.10.2004 BStBl I 2004, 933 dargestellt. S. hierzu auch BFH vom 26.10.2004 BStBl II 2005, 388.

8.2 Einkunftsart

Grundsätzlich ist die Vermietung einer Ferienwohnung den Einkünften aus Vermietung und Verpachtung gem. § 21 EStG zuzuordnen. Ausnahmsweise können Einkünfte aus Gewerbebetrieb (§ 15 Abs. 1 Nr. 1 EStG) vorliegen. Dies ist der Fall, wenn die Ferienwohnung in einem geschlossenen und einheitlichen Feriengebiet liegt und die Anlage hotelmäßig betrieben wird. Hier liegt eine gewerbliche Vermietung vor (H 15.7 Abs. 2 EStH).

8.3 Liebhaberei

Häufig ist in den Fällen, in denen eine Ferienwohnung nur gelegentlich vermietet wird, unklar, ob eine Überschusserzielungsabsicht besteht. Nach dem o. g. BMF-Schreiben vom 08.10.2004, a. a. O. muss ein Totalüberschuss innerhalb von 30 Jahren erwirtschaftet werden. Es muss also eine Einkunftsprognose bezogen auf 30 Jahre erstellt werden (alle Einnahmen minus alle Werbungskosten bezogen jeweils auf den Zeitraum von 30 Jahren). Ergibt sich ein Überschuss der Einnahmen über die Werbungskosten liegt die erforderliche Einkünfteerzielungsabsicht vor. Im Falle eines Werbungskostenüberschusses ist die Vermietungstätigkeit mangels Einkünfteerzielungsabsicht einkommensteuerlich irrelevant. Wegen weiterer Einzelheiten zur Prüfung der Einkünfteerzielungsabsicht wird auf das BMF-Schreiben vom 08.10.2004 (a. a. O. Rz 34) hingewiesen.

Bei einer ausschließlich an wechselnde Feriengäste vermieteten und in der übrigen Zeit hierfür bereit gehaltenen Ferienwohnung ist grundsätzlich ohne weitere Prüfung von der Einkunftserzielungsabsicht des Stpfl auszugehen. Dies setzt voraus, dass eine tatsächliche Selbstnutzung zu keinem Zeitpunkt gegeben ist. Diese Grundsätze gelten unabhängig davon, ob der Stpfl die Ferienwohnung in Eigenregie oder durch Einschalten eines fremden Dritten vermietet (BMF vom 08. 10. 2004, a. a. O. Rz 16–19). Ausnahmsweise ist allerdings anhand einer Prognose die Einkunftserzielungsabsicht zu überprüfen, wenn die tatsächlichen Vermietungstage die ortsüblichen Vermietungstage von Ferienwohnungen – ohne dass Vermietungshindernisse gegeben sind – erheblich unterschreitet. Hiervon ist bei einem Unterschreiten von mindestens 25 % auszugehen (BFH vom 26. 10. 2004 BStBl II 2005, 388; siehe auch FG Nürnberg vom 26. 04. 2016 – 1 K 852/15, EFG 2016, 1944, Revision unter – IX R 23/16 anhängig).

Wird eine Wohnung zeitweise vermietet und zeitweise selbst genutzt, ist die Einkunftserzielungsabsicht stets zu prüfen. Der Stpfl muss im Rahmen der ihm obliegenden Feststellungslast für die Anerkennung dieser Absicht eine Totalüberschussprognose vorlegen (BMF vom 08. 10. 2004, a. a. O. Rz 21). In die Prognose sind nur solche Aufwendungen als Werbungskosten einzubeziehen, die auf Zeiträume entfallen, in denen die Ferienwohnung tatsächlich vermietet oder zur Vermietung angeboten und bereitgehalten worden ist. Kosten, die sowohl durch die Vermietung als auch durch die Selbstnutzung entstanden sind (z. B. Schuldzinsen, Erhaltungsaufwendungen, Gebäudeabschreibungen, Versicherungsbeiträge, Grundsteuer), sind im Verhältnis der Zeiträume der jeweiligen Nutzung zueinander aufzuteilen (BMF vom 08. 10. 2004, a. a. O. Rz 39, 40).

8.4 Werbungskosten

Werbungskosten können grundsätzlich nur insoweit geltend gemacht werden, als sie auf die Zeit der Vermietung entfallen.

Die Nutzung einer Ferienwohnung gilt gem. R 7.2 Abs. 1 Satz 3 EStR nicht als »Wohnzwecke«. Die AfA kann somit nach § 7 Abs. 4 Satz 1 Nr. 1 EStG, aber nur wenn die Ferienwohnung im Betriebsvermögen geführt wird. Der Regelfall ist indessen, dass die Ferienwohnung sich im Privatvermögen des Steuerpflichtigen befindet und die AfA sich somit nach § 7 Abs. 4 Nr. 2 EStG richtet. Ausnahmsweise kann die AfA nach § 7 Abs. 4 Satz 2 EStG ermittelt werden, wenn die tatsächliche Nutzungsdauer objektiv niedriger ist als die den Prozentsätzen zugrundeliegende typisierende Nutzungsdauer (33 1/3, 40 oder 50 Jahre).

Die **Leerstandszeiten** werden wie folgt behandelt:

- Leerstandszeiten sind der Vermietungszeit zuzurechnen, wenn eine jederzeitige Selbstnutzung (z. B. durch Vertrag mit einem Ferienhausvermittler) ausgeschlossen ist.
- Hat der Stpfl die Selbstnutzung zeitlich beschränkt (z. B. bei der Vermietung durch einen Dritten), ist nur die vorbehaltene Zeit der Selbstnutzung zuzurechnen; im Übrigen ist die Leerstandszeit der Vermietung zuzuordnen.
- Ist die Selbstnutzung dagegen jederzeit möglich (bei Eigenvermietung immer gegeben), sind die Leerstandszeiten im Wege der Schätzung entsprechend dem Verhältnis der tatsächlichen Selbstnutzung zur tatsächlichen Vermietung aufzuteilen. Lässt sich der Umfang der Selbstnutzung nicht aufklären, ist davon auszugehen, dass die Leerstandszeiten der Ferienwohnung zu gleichen Teilen durch das Vorhalten zur Selbstnutzung und das Bereithalten zur Vermietung entstanden sind und damit die hierauf entfallenden Aufwendungen zu je 50 % der Selbstnutzung und der Vermietung zuzuordnen sind (BMF vom 08. 10. 2004, a. a. O. Rz 22, 23).

BEISPIELE

a) G aus Hamburg ist Eigentümer einer Ferienwohnung auf der Insel Hiddensee. Er hat eine ortsansässige Agentur mit der ganzjährigen Vermietung und Betreuung der Wohnung (Werbung, Reinigung, Veranlassen der Beseitigung von durch Mieter verursachte Schäden usw.) beauftragt. Im Monat August nutzt G die Wohnung regelmäßig für eigene Wohnzwecke. Die Mieteinnahmen im Jahr 2017 betrugen 10 000 €. Als Werbungskosten sind (einschließlich AfA und Provisionen des Maklers sowie Reparaturkosten) 14 000 € (inkl. USt) nachgewiesen.
Wie hoch sind die Einkünfte des G aus der Ferienwohnung?

LÖSUNG G erzielt aus der Vermietung der Ferienwohnung grundsätzlich Einkünfte nach § 21 Abs. 1 Nr. 1 EStG. Aufgrund der Selbstnutzung ist die Einkünfteerzielungsabsicht zu prüfen (Stichwort: Totalüberschussprognose).

Einnahmen	10 000 €
./. Werbungskosten: Vermietungstage + Leerstandstage abzüglich private Selbstnutzung des G 31 Tage (365 ./. 31) 334 Tage anteilige Werbungskosten 334/365 × 14 000 € =	./. 12 810 €
Verlust des G aus Vermietung der teilweise selbstgenutzten Ferienwohnung	./. 2 810 €

Folge: Bei dieser Sachlage ist bei G, sofern man das Ergebnis auf 30 Jahre projiziert, mit keinem Totalüberschuss (positives Ergebnis) zu rechnen (vgl. BMF vom 08. 10. 2004, BStBl I 2004, 933, Rz 21 und 22). Der Verlust ist steuerlich irrelevant.

b) B wohnt in Freiburg/Breisgau und ist Eigentümer einer Eigentumswohnung an der Seepromenade in Langenargen/Bodensee. Im Jahr 2017 hat er die Ferienwohnung nach seinen vollständigen Aufzeichnungen an insgesamt 165 Tagen an Dritte, Freunde und Bekannte zu ortsüblichen Mietpreisen vermietet. Seine Mieteinnahmen im Jahr 2017 betrugen 8 400 €. B konnte nicht glaubhaft nachweisen, in welchem Umfang er die Ferienwohnung selbst genutzt oder nahen Verwandten unentgeltlich überlassen hat. An Aufwendungen einschl. AfA, Verwalterkosten (ohne Rücklage), Grundsteuer, Schuldzinsen usw. hat B im Jahr 2017 6 900 € bezahlt.
Wie hoch sind die Einkünfte des B aus der Vermietung?

LÖSUNG B erzielt aus der Vermietung Einkünfte nach § 21 Abs. 1 Nr. 1 EStG nur dann, wenn er die Vermietungstätigkeit mit Einkünfteerzielungsabsicht ausübt (Stichwort: Totalüberschussprognose). Nach dem BMF-Schreiben vom 08. 10. 2004, a. a. O. Rz 23 sind die Leerstandszeiten im Umfang von (365 Tage ./. 165 Tage) 200 Tagen **je zur Hälfte** der Vermietung und der Selbstnutzung zuzurechnen:

Vermietung (165 Tage + 100 Tage)	265 Tage
Selbstnutzung (100 Tage)	100 Tage

Die abzugsfähigen Werbungskosten betragen 265/365 × 6 900 € = 5 010 €.
Die Einkünfte des B aus der Vermietung betragen im Jahr 2017 (8 400 € ./. 5 010 € =) 3 390 €.
Folge: Die Einkünfteerzielungsabsicht liegt vor. Die Einkünfte (3 390 €) sind steuerlich anzusetzen.

c) Wie Beispiel b). Nur erbrachte B den Nachweis, dass er die Wohnung an insgesamt 55 Tagen zu eigenen Wohnzwecken genutzt hat.

LÖSUNG Die Leerstandszeiten im Umfang von (365 Tage ./. 165 Tage ./. 55 Tage =) 145 Tagen sind im Verhältnis der tatsächlichen Selbstnutzung zur tatsächlichen Vermietung aufzuteilen (Rz 22 des BMF-Schreibens vom 08. 10. 2004, a. a. O.). Damit ergibt sich folgende Aufteilung:

Vermietung (165 Tage + 145 Tage x 165/220)	274 Tage
Selbstnutzung (55 Tage + 145 Tage x 55/220)	91 Tage

Die abzugsfähigen Werbungskosten betragen somit 274/365 × 6 900 € = 5 180 €.
Die Einkünfte des B aus der Vermietung betragen hiernach im Jahr 2015 (8 400 € ./. 5 180 € =) 3 220 €.
Folge: Die Einkünfteerzielungsabsicht liegt auch in diesem Fall vor. Die Einkünfte sind steuerlich anzusetzen.

9 Verbilligte Vermietung (§ 21 Abs. 2 EStG)

Beträgt die tatsächlich vereinbarte Miete für die Überlassung einer Wohnung zu Wohnzwecken seit dem VZ 2012 weniger als 66 % der ortsüblichen Miete, ist die Überlassung der Räumlichkeiten in einen entgeltlichen und einen unentgeltlichen Teil aufzuteilen (ortsübliche Kaltmiete zuzüglich umlagefähiger Nebenkosten, s. R 21.3 EStR).

Beträgt die Miete mindestens 66 % der ortsüblichen Marktmiete, liegt kraft gesetzlicher Fiktion eine vollentgeltliche Vermietung vor. Die Aufwendungen sind nicht aufzuteilen, sondern in voller Höhe abzugsfähig (§ 21 Abs. 2 Satz 2 EStG).

Im Rahmen des § 21 Abs. 2 EStG sind die Warmmieten zu vergleichen. Das ist zum einen die tatsächliche Kaltmiete plus tatsächliche Nebenkosten sowie zum anderen die ortsübliche Kaltmiete plus die umlagefähigen Nebenkosten nach der Betriebskostenverordnung (R 21.3 EStR; siehe auch BFH vom 10.05.2016 – IX R 44/15, BStBl II 2016, 835). Die ortsübliche Kaltmiete kann aus Vergleichsmieten, aus dem Mietspiegel, aus einer Mietendatenbank oder anhand eines Mietgutachtens dargelegt werden. Dabei können nur Mieten für Wohnungen herangezogen werden, die nach Art, Lage und Ausstattung mit der betreffenden Mietwohnung vergleichbar sind.

BEISPIELE

a) A ist Eigentümerin einer Eigentumswohnung in Ludwigsburg. Diese Wohnung vermietet sie an ihre Tochter T. T zahlte im Jahr 2017 eine monatliche Kaltmiete i. H. v. 800 € sowie 100 € Nebenkosten. Die ortsübliche Vergleichsmiete (ortsübliche Kaltmiete zuzüglich der nach der Betriebskostenverordnung umlagefähigen Nebenkosten) lag bei 1 200 € pro Monat. A hatte im VZ 2017 insgesamt Werbungskosten für die Wohnung i. H. v. 10 000 € (einschließlich AfA). Fragen: Liegt eine verbilligte Vermietung vor? Wie hoch sind die Einkünfte der A aus der Vermietung?

LÖSUNG Es liegt keine verbilligte Vermietung (§ 21 Abs. 2 EstG) vor. A hatte die Wohnung im Jahr 2017 zu mindestens 66 %, nämlich zu (900 € : 1 200 € =) 75 % der ortsüblichen Miete vermietet. Es ist somit eine vollentgeltliche Vermietung anzunehmen. Die Werbungskosten i. H. v. 10 000 € sind in voller Höhe abzugsfähig. Die Einkünfte der A aus der Vermietung betragen im Jahr 2017:

Mieteinnahmen (900 € x 12)	10 800 €
Werbungskosten	./. 10 000 €
Einkünfte § 21 EStG	800 €

b) Abwandlung zu a): T bezahlte im Jahr 2017 eine monatliche Kaltmiete i. H. v. 500 € sowie 100 € Nebenkosten.

Fragen: Liegt eine verbilligte Vermietung vor? Wie hoch sind die Einkünfte der A aus der Vermietung?

LÖSUNG A hatte die Wohnung im Jahr 2017 zu weniger als 66 %, nämlich zu (600 € : 1 200 € =) 50 % der ortsüblichen Miete vermietet. Es liegt somit eine verbilligte Vermietung vor. Folge: Die Werbungskosten sind anteilig zu kürzen (§ 21 Abs. 2 EStG). Die Werbungskosten i. H. v. 10 000 € sind nur zu 50 % abzugsfähig. Die Einkünfte der A aus der Vermietung betragen im Jahr 2017 somit:

Mieteinnahmen (600 € x 12)	7 200 €
Werbungskosten (10.000 € x 50 %)	./. 5 000 €
Einkünfte § 21 EStG	2 200 €

10 Steuerabzug bei Bauleistungen

10.1 Allgemeines

Mit dem Gesetz zur Eindämmung der illegalen Betätigung im Baugewerbe vom 30. 08. 2001 (BGBl I 2001, 2267) wurde zur Sicherung von Steueransprüchen bei Bauleistungen ein Steuerabzug eingeführt. Die Regelungen hierzu enthält der Abschnitt VII des Einkommensteuergesetzes (§§ 48 bis 48 d EStG).

Seit 01. 01. 2002 haben danach unternehmerisch tätige Auftraggeber von Bauleistungen (Leistungsempfänger) im Inland einen Steuerabzug von 15 % der Gegenleistung für Rechnung des Unternehmers, der die Bauleistung erbringt (Leistender), vorzunehmen, wenn nicht eine gültige, vom zuständigen Finanzamt des Leistenden ausgestellte Freistellungsbescheinigung vorliegt oder bestimmte Freigrenzen nicht überschritten werden.

Für Zweifelsfragen ist das **BMF-Schreiben vom 27. 12. 2002 BStBl I 2002, 1399** mit Änderungen vom **04. 09. 2003 BStBl I 2003, 431** ergangen **(BMF-Schreiben BauabSt).**

10.2 Bauleistungen

Unter Bauleistungen sind alle Leistungen zu verstehen, die der Herstellung, Instandsetzung und -haltung, Änderung oder Beseitigung von Bauwerken dienen (§ 48 Abs. 1 Satz 3 EStG). Unter einem Bauwerk sind Gebäude, aber auch sämtliche mit dem Erdboden verbundenen oder auf ihm ruhenden, aus Baustoffen oder -teilen mit baulichem Gerät hergestellten Anlagen, zu verstehen. Dazu zählen z. B. Fenster, Türen, Bodenbeläge, Heizungsanlagen, Einbauküchen, Ladeneinbauten oder Gaststätteneinrichtungen.

Die Annahme einer Bauleistung setzt voraus, dass sie sich unmittelbar auf die Substanz des Bauwerks auswirkt; hierzu zählen auch Erhaltungsaufwendungen.

Werden im Rahmen eines Vertragsverhältnisses mehrere Leistungen erbracht, bei denen es sich teilweise um Bauleistungen handelt, kommt es darauf an, welche Leistung im Vordergrund steht. Nur wenn die Bauleistung als Hauptleistung anzusehen ist, besteht insgesamt eine Abzugsverpflichtung, da die Nebenleistungen das Schicksal der Hauptleistung teilen.

Keine Bauleistungen sind dagegen z. B. ausschließlich planerische Leistungen von einem Architekten oder Statiker, Materiallieferungen durch Baustoffhändler, bloße Reinigung von Fenstern oder reine Wartungsarbeiten an Bauwerken, solange nicht Teile verändert, bearbeitet oder ausgetauscht werden. Genauso stellt die Arbeitnehmerüberlassung keine Bauleistung dar, auch wenn die überlassenen Arbeitnehmer für den Entleiher Bauleistungen erbringen.

BEISPIEL

Einem Handwerksbetrieb wurde eine Maschine geliefert, zu deren Inbetriebnahme der Lieferant eine Steckdose versetzen muss. Liegt eine Bauleistung vor?

LÖSUNG Die Maschinenlieferung stellt keine Bauleistung dar, im Gegensatz zum Versetzen der Steckdose, die jedoch als Nebenleistung hinter die Lieferung der Maschine zurücktritt. Ein Steuerabzug ist somit nicht vorzunehmen.

Vgl. Rz 5–14 BMF-Schreiben BauabSt.

10.3 Abzugsverpflichteter – Leistungsempfänger

Abzugsverpflichteter ist der Leistungsempfänger, wenn es sich um einen Unternehmer i. S. d. § 2 UStG oder um eine juristische Person des öffentlichen Rechts handelt. Dabei umfasst das Unternehmen die gesamte berufliche oder gewerbliche Tätigkeit. Die Abzugsverpflichtung besteht somit auch für Kleinunternehmer (§ 19 UStG), pauschalversteuernde Land- und Forstwirte (§ 24 UStG) und ausschließlich steuerfreie Umsätze tätigende Unternehmer wie z. B. private Vermieter, deren Vermietungsumsätze von der Umsatzsteuer nach § 4 Nr. 12 Satz 1 UStG befreit sind. Allerdings besteht für die Vermieter, die nicht mehr als zwei Wohnungen vermieten, eine Sonderregelung. Diese sind von der Steuerabzugsverpflichtung für diese Wohnungen entbunden (§ 48 Abs. 1 Satz 2 EStG, vgl. auch Rz 54–63 BMF-Schreiben BauabSt). Allerdings besteht die Verpflichtung zum Steuerabzug für **alle Wohnungen**, wenn von einem Vermieter **mehr als zwei** Wohnungen vermietet werden. Wird eine Bauleistung ausschließlich für den nichtunternehmerischen Bereich eines Unternehmers erbracht, findet der Steuerabzug nicht statt. Dies bedeutet, dass Bauleistungen, die an einer zu eigenen Wohnzwecken genutzten Wohnung erbracht werden, keinen Steuerabzug begründen. Dies gilt auch für Bauleistungen, die an einem gemischt genutzten Gebäude erbracht werden, soweit sie den nicht unternehmerischen Bereich betreffen. In diesem Fall sind die einzelnen Bauleistungen, soweit möglich, dem unternehmerischen oder nicht unternehmerischen Bereich konkret zuzuordnen. Anderenfalls werden sie dem überwiegenden Zweck zugeordnet.

BEISPIELE

a) Der Inhaber eines Gewerbebetriebes ließ seine Badewanne im selbst genutzten Einfamilienhaus erneuern. Ist ein Steuerabzug vorzunehmen?

LÖSUNG Der Leistungsempfänger ist zwar Unternehmer im Sinne des Umsatzsteuerrechts, gleichwohl ist ein Steuerabzug nicht vorzunehmen, denn die Bauleistung wurde für dessen nichtunternehmerischen Bereich erbracht.

b) Ein Vermieter ließ in einem Mehrfamilienhaus, in dem er eine Wohnung selbst bewohnt und die übrigen Wohnungen vermietet, neue Fenster für 50.000 € (Anteil eigene Wohnung 5.000 €) einbauen. Ist ein Steuerabzug vorzunehmen?

LÖSUNG Da es sich bei dem Vermieter wegen seiner Vermietungstätigkeit um einen Unternehmer handelt, unterliegt die Vergütung insoweit dem Steuerabzug, als sie sich auf den Einbau von Fenstern in den vermieteten Wohnungen bezieht. Soweit Fenster in Gemeinschaftsräumen (z. B. im Treppenhaus) ausgetauscht werden, sind die darauf entfallenden Aufwendungen dem überwiegenden Zweck nach Maßgabe der Nutzung zuzuordnen. Dies ist hier die Vermietung, da die größere Zahl der Wohnungen vermietet wird und nur eine selbst genutzt ist, so dass auch insoweit der Steuerabzug vorzunehmen ist. Bemessungsgrundlage ist somit: 45 000 €.

Werden bei einer Wohnungseigentümergemeinschaft Bauleistungen am Gemeinschaftseigentum erbracht, handelt es sich immer um Leistungen innerhalb des unternehmerischen Bereichs, denn die Wohnungseigentümergemeinschaft ist Unternehmer im Sinne des Umsatzsteuerrechts.

Leistungsempfänger und damit zum Steuerabzug verpflichtet ist auch ein Generalunternehmer im Verhältnis zum Subunternehmer.

Vgl. Rz 15–23 BMF-Schreiben BauabSt.

10.4 Leistender – Auftragnehmer

Der Steuerabzug ist vom Leistungsempfänger unabhängig davon durchzuführen, ob der Leistende im Inland oder Ausland ansässig ist (§§ 8–11 AO). Unbedeutend ist auch, ob die Erbringung von Bauleistungen zum Unternehmenszweck des Leistenden gehört oder ob er mit seinem Unternehmen überwiegend oder nur ausnahmsweise Bauleistungen erbringt.

Leistender kann z. B. auch eine Personengesellschaft oder Arbeitsgemeinschaft sein. Als Leistender gilt auch ein Generalunternehmer, der mit dem Leistungsempfänger nur die Leistung des beauftragten Subunternehmers abrechnet, ohne sie selbst erbracht zu haben.

Vgl. Rz 24–27 BMF-Schreiben BauabSt.

10.5 Bemessungsgrundlage und Höhe des Steuerabzugs

Dem Steuerabzug unterliegt der volle Betrag der Gegenleistung; d. h. das Entgelt für die Bauleistung zuzüglich Umsatzsteuer (§ 48 Abs. 3 EStG). Der Steuerabzug beträgt **15 %** der Gegenleistung. Ein Solidaritätszuschlag wird auf den Abzugsbetrag nicht erhoben. Der Steuerabzug ist auch bei Aufrechnung und beim Tausch vorzunehmen.

Vgl. Rz 81–86 BMF-Schreiben BauabSt.

10.6 Befreiung vom Steuerabzug

Der Steuerabzug muss nicht vorgenommen werden, wenn der Leistende (in- oder ausländische Auftragnehmer) dem Leistungsempfänger eine im Zeitpunkt der Gegenleistung gültige Freistellungsbescheinigung nach § 48 b EStG vorgelegt hat oder die Gegenleistung im laufenden Kalenderjahr insgesamt die Freigrenze von 5 000 € bzw. 15 000 € voraussichtlich nicht übersteigen wird (§ 48 Abs. 2 Satz 1 EStG) oder der Leistungsempfänger nicht mehr als zwei Wohnungen vermietet (§ 48 Abs. 1 Satz 2 EStG).

10.6.1 Freistellungsbescheinigung

Die Freistellungsbescheinigung wird dem Leistenden auf formlosen Antrag von dem für ihn zuständigen Finanzamt ausgestellt, soweit die in § 48 b EStG geregelten Voraussetzungen erfüllt sind. Eine Freistellungsbescheinigung ist zu erteilen, wenn ein inländischer Empfangsbevollmächtigter (Person, die gegenüber dem FA benannt wurde, um Schreiben des FA an einen Steuerpflichtigen zu empfangen) bestellt ist und der zu sichernde Steueranspruch nicht gefährdet erscheint, also sichergestellt ist, dass der Leistende seine steuerlichen Pflichten im Inland ordnungsgemäß erfüllt. Eine Gefährdung des Steueranspruchs liegt gem. § 48 b Abs. 1 Satz 2 EStG insbesondere dann vor, wenn

- der Leistende seine Anzeigepflicht über die Aufnahme, Verlegung oder Aufgabe einer Erwerbstätigkeit nach § 138 AO nicht erfüllt,
- der Leistende seiner Auskunfts- und Mitwirkungspflicht bei der Ermittlung steuerlich relevanter Sachverhalte nach § 90 AO nicht nachkommt,
- der im Ausland ansässige Leistende den Nachweis der steuerlichen Ansässigkeit nicht durch eine Bescheinigung der zuständigen ausländischen Steuerbehörde erbringt.

Darüber hinaus kann auch dann eine Gefährdung des zu sichernden Steueranspruchs vorliegen, wenn z. B. nachhaltig Steuerrückstände bestehen oder unzutreffende Angaben in Steueranmeldungen bzw. Steuererklärungen festgestellt werden oder der Leistende diese wiederholt nicht oder nicht rechtzeitig abgibt. In diesen Fällen könnte ggf. eine Freistellungsbescheinigung auf einen bestimmten Auftrag beschränkt oder mit einer kurzen Geltungsdauer erteilt werden.

Liegen keine Versagungsgründe vor, kann eine Freistellungsbescheinigung auf bestimmte Zeit, längstens jedoch für einen Zeitraum von drei Jahren oder auftragsbezogen erteilt werden. Sie gilt ab dem Tag der Ausstellung. Auf Antrag des Leistenden kann sechs Monate vor Ablauf einer Freistellungsbescheinigung nach § 48 b EStG eine **Folgebescheinigung** erstellt werden, deren Geltungsdauer an die Geltungsdauer der bereits erstellten Freistellungsbescheinigung anknüpft (vgl. BMF vom 20. 09. 2004 BStBl I 2004, 862).

Liegt die Freistellungsbescheinigung dem Leistungsempfänger nicht spätestens bei Zahlung der Gegenleistung vor, ist er zum Steuerabzug auch dann verpflichtet, wenn ihm die Freistellungsbescheinigung später vorgelegt wird. Wird dem Antrag auf Erteilung einer Freistellungsbescheinigung nicht entsprochen, erlässt das FA einen Ablehnungsbescheid, gegen den Einspruch erhoben werden kann.

Vgl. Rz 29–47 BMF-Schreiben BauabSt.

10.6.2 Freigrenzen

Ohne Freistellungsbescheinigung kann vom Steuerabzug abgesehen werden, wenn die in einem Kalenderjahr an ein und denselben Bauleistenden erbrachten Gegenleistungen die Freigrenze von **5 000 €** voraussichtlich nicht übersteigen werden. Erzielt der Leistungsempfänger ausschließlich umsatzsteuerfreie Vermietungsumsätze, erhöht sich die Freigrenze auf **15 000 €**. Erbringt er aber neben den steuerfreien Umsätzen nach § 4 Nr. 12 Satz 1 UStG weitere, ggf. nur geringfügige umsatzsteuerpflichtige Umsätze, dann gilt insgesamt die Freigrenze von 5 000 € (§ 48 Abs. 2 Satz 1 Nr. 1 und 2 EStG).

Die Pflicht zum Steuerabzug lebt allerdings vollumfänglich auf, wenn die Freigrenzen überschritten werden, da es sich nicht um Freibeträge handelt.

Eine Abstandnahme vom Steuerabzug ist nur zulässig, wenn im laufenden Kalenderjahr nicht mit weiteren Zahlungen für Bauleistungen an denselben Auftragnehmer zu rechnen ist. Verzichtet der Leistungsempfänger zunächst auf den Steuerabzug, weil die maßgebliche Freigrenze nicht überschritten wurde und kommt es im Nachhinein doch noch zu einer Überschreitung der Freigrenze, ist der unterlassene Steuerabzug nachzuholen. Reicht der Betrag der Gegenleistung, die im Laufe des Jahres nachträglich zum Überschreiten der Freigrenze führt, für die Erfüllung der Abzugsverpflichtung nicht aus und war zum Zeitpunkt der ohne Einbehalt eines Steuerabzugs erbrachten Gegenleistung auch nicht vorhersehbar, dass im Laufe des Kalenderjahrs die Freigrenze überschritten werden würde, so entfällt nach Verwaltungsauffassung die Abzugsverpflichtung in der Höhe, in der sie die Gegenleistung übersteigt. Vgl. Rz 48–53 BMF-Schreiben BauabSt.

BEISPIELE

a) An einem dem A gehörenden Mietwohngebäude wurde im Frühjahr 2017 das Dach mit einem Kostenaufwand von 19 040 € brutto erneuert sowie das Treppenhaus und die Kellerräume für 5 950 € brutto neu gestrichen. Weder der Dachdecker noch der Maler legen eine Freistellungsbescheinigung vor. Ist ein Steuerabzug vorzunehmen?

LÖSUNG A muss von der an den Dachdecker zu zahlenden Rechnung 15 % (2 856 €) einbehalten und abführen. Bei der Rechnung des Malers ist kein Steuerabzug vorzunehmen, da die maßgebliche Freigrenze von 15 000 € (bei ausschließlich umsatzsteuerfreier Vermietung) hier nicht überschritten ist.

b) A ließ vom gleichen Maler im Herbst 2017 die Fassade des Hauses für 9 520 € brutto neu streichen. Ist ein Steuerabzug vorzunehmen?

LÖSUNG Da mit der zweiten Bauleistung im Herbst 2017 die Freigrenze von 15 000 € überschritten wird, muss A nunmehr den Steuerabzug aus der Gesamtvergütung von 15 470 € i. H. v. 2 320 € (15 % von 15 470 €) vornehmen und diesen Betrag von der Rechnung über 9 520 € einbehalten. Der Maler erhält damit im Herbst 2017 lediglich eine Vergütung von 7 200 €.

c) Ein Vermieter ließ im April 2017 Reparaturarbeiten an seinem vermieteten Dreifamilienhaus für 14 280 € brutto durchführen. Im November 2017 ließ er durch denselben Handwerker an dem Gebäude zwei neue Türen für 1 785 € brutto einbauen. Wie hoch ist die Bauabzugsteuer?

LÖSUNG Im April wird kein Steuerabzug vorgenommen, da die Freigrenze noch nicht erreicht wurde. Im November wird die Freigrenze überschritten, der Steuerabzugsbetrag beträgt insgesamt (14 280 € + 1 785 € = 16 065 € × 15 %) 2 410 €. Dieser kann aus der letzten Gegenleistung von 1 785 € nicht erbracht werden. Es ist nur ein Steuerabzug von 1 785 € vorzunehmen.

10.7 Einbehaltung, Abführung und Anmeldung des Abzugsbetrags

10.7.1 Zeitpunkt des Steuerabzugs

Der Steuerabzug ist vorzunehmen, sobald der Leistungsempfänger (Auftraggeber und Schuldner der Gegenleistung) die Gegenleistung für eine Bauleistung in seinem unternehmerischen Bereich erbringt. Er ist also bei Bezahlung von der Gegenleistung einzubehalten. Bei Vorschüssen und Abschlagszahlungen gilt dasselbe, d. h. bei jeder Teilzahlung ist der Abzug bereits vorzunehmen.

Vgl. Rz 64 BMF-Schreiben BauabSt.

10.7.2 Anmeldung und Abführung

Der Leistungsempfänger hat den innerhalb eines Kalendermonats einbehaltenen Steuerabzugsbetrag unter Angabe des Verwendungszwecks bis zum 10. des Folgemonats nach amtlich vorgeschriebenem Vordruck an das für die Besteuerung des Einkommens des Leistenden zuständigem Finanzamt anzumelden und abzuführen. Die Anmeldung des Steuerabzugs muss für jeden Leistenden gesondert erfolgen, denn der abgeführte Betrag wird für Rechnung des Leistenden einbehalten und beim Finanzamt auf die vom Leistenden zu entrichtenden Steuern angerechnet oder erstattet. Nach § 222 AO ist eine Stundung des Steuerabzugsbetrags ausgeschlossen (§ 48 a Abs. 1 EStG und § 48 c Abs. 1 und 2 EStG, Rz 65–69 BMF-Schreiben BauabSt).

10.8 Abrechnung mit dem Leistenden

Der Leistungsempfänger ist verpflichtet, mit dem Leistenden über den einbehaltenen Steuerabzug abzurechnen (§ 48 a Abs. 2 EStG). Der Abrechnungsbeleg muss folgende Angaben enthalten:

- Name und Anschrift des Leistenden,
- Rechnungsbetrag, Rechnungsdatum und Zahlungstag,
- Höhe des Steuerabzugs,
- Finanzamt, bei dem der Abzugsbetrag angemeldet worden ist.

Aus Vereinfachungsgründen kann hierzu ein Durchschlag der Steueranmeldung verwendet werden.

10.9 Haftung

Ist der Steuerabzug nicht ordnungsgemäß durchgeführt worden, so haftet der Leistungsempfänger für den nicht oder zu niedrig abgeführten Abzugsbetrag (§ 48 a Abs. 3 Satz 1 EStG). Über die Inanspruchnahme des Leistungsempfängers als Haftungsschuldner entscheidet das FA im Rahmen seines pflichtgemäßen Ermessens. Das für den Leistenden zuständige FA erlässt den Haftungsbescheid. Der Leistungsempfänger wird von dieser Haftung nur dann befreit, wenn ihm im Zeitpunkt der Gegenleistung eine gültige Freistellungsbescheinigung vorgelegen hat, auf deren Richtigkeit er vertrauen durfte. Um sicher zu gehen, kann der Leistungsempfänger durch eine elektronische Abfrage beim Bundeszentralamt für Steuern eine Bestätigung der Gültigkeit der Freistellungsbescheinigung erlangen (§ 48 b Abs. 6 Satz 1 EStG). Vgl. Rz 72–78 BMF-Schreiben BauabSt.

10.10 Anrechnung und Erstattung des Steuerabzugsbetrags

Wurde der Abzugsbetrag vom Leistungsempfänger einbehalten und beim zuständigen Finanzamt angemeldet, wird der Abzugsbetrag auf die vom Leistenden zu entrichtenden Steuern in folgender Reihenfolge angerechnet (§ 48 c EStG):

- auf die vom Leistenden einbehaltene und angemeldete Lohnsteuer,
- auf die Einkommen- oder Körperschaftsteuer-Vorauszahlungen,
- auf die Einkommen- oder Körperschaftsteuer des Besteuerungs- oder Veranlagungszeitraumes, in dem die Bauleistung erbracht worden ist und
- auf die vom Leistenden selbst nach dem Steuerabzugsverfahren bei Bauleistungen anzumeldenden und abzuführenden Abzugsbeträge.

Neben einer Anrechnung des Abzugsbetrags kann es auch in bestimmten Fällen auf Antrag zu einer Erstattung kommen. Die Erstattung setzt aber voraus, dass der Leistende nicht zur Abgabe von Lohnsteueranmeldungen verpflichtet ist und eine Veranlagung zur Einkommen- oder Körperschaftsteuer nicht in Betracht kommt oder der Leistende glaubhaft macht, dass im Veranlagungszeitraum keine zu sichernden Steueransprüche entstehen werden. Der Antrag auf Erstattung ist nach amtlich vorgeschriebenem Muster bis zum Ablauf des zweiten Kalenderjahres zu stellen, das auf das Jahr folgt, in dem der Abzugsbetrag angemeldet worden ist. Ist in einem Doppelbesteuerungsabkommen eine längere Frist eingeräumt, ist diese maßgebend (§ 48 c Abs. 2 EStG). Vgl. Rz 88–95 BMF-Schreiben BauabSt.

10.11 Besonderheiten im Fall von Doppelbesteuerungsabkommen

Auch in Fällen, in denen die Bauleistung von einem nicht unbeschränkt steuerpflichtigen Leistenden erbracht wird, unterliegt die Gegenleistung dem Steuerabzug. Dies gilt selbst dann, wenn die im Inland erzielten Einkünfte des Leistenden nach einem Doppelbesteuerungsabkommen nicht besteuert werden dürfen (§ 48 d Abs. 1 Satz 1 EStG). Unberührt bleibt jedoch der Anspruch des Leistenden auf teilweise oder völlige Erstattung des Abzugsbetrags.

10.12 Zuständiges Finanzamt

Sowohl für die Erteilung der Freistellungsbescheinigung als auch für die Anmeldung und Abführung des Steuerabzugs ist das Finanzamt zuständig, in dessen Bezirk sich der inländische Wohnsitz des Leistenden befindet. An die Stelle des Wohnsitzes tritt der inländische gewöhnliche Aufenthalt, wenn der leistende Auftragnehmer über keinen Wohnsitz verfügt. Ist das leistende Unternehmen eine Personengesellschaft mit Geschäftsleitung bzw. eine Körperschaft oder Personenvereinigung mit Sitz und Geschäftsleitung im Inland, so ist das Finanzamt zuständig, in dessen Bezirk sich die Geschäftsleitung befindet. Hat der Leistende seinen Wohnsitz im Ausland bzw. das leistende Unternehmen den Sitz oder die Geschäftsleitung im Ausland, besteht eine zentrale Zuständigkeit im Bundesgebiet (nach der Umsatzsteuerzuständigkeitsverordnung). Vgl. Rz 99–100 BMF-Schreiben BauabSt.

11 Übungsaufgaben zu Einkünften aus Vermietung und Verpachtung

FÄLLE 59–69

FALL 59 – Gebäude-AfA:
Welche Art von AfA sind bei im Jahr 2017 angeschafften oder fertig gestellten Gebäuden im Privatvermögen zulässig und wodurch unterscheiden sie sich?
Vgl. Übersicht vor 5. 5. 2.

FALL 60 – Gebäude-AfA:
A erwarb mit notariellem Kaufvertrag vom 01. 11. 2017 ein privates Grundstück mit einem Dreifamilienhaus (Baujahr 1968) in Ludwigsburg, das zu Wohnzwecken vermietet ist. Nutzen und Lasten gingen am gleichen Tag auf A über. Der Kaufpreis betrug insgesamt 306 000 €, davon entfallen auf den Grund und Boden 102 000 €. Bei Erwerb bezahlte A 15 300 € Grunderwerbsteuer, 9 670 € Maklergebühren und 1 820 € Notariatsgebühren für die Beurkundung des Kaufvertrags und Eintragung ins Grundbuch. Berechnen Sie die höchstmögliche AfA in den Jahren 2017 und 2018.

FALL 61 – Gebäude-AfA:
B erbte am 01. 01. 2017 von seiner Tante T ein zu Wohnzwecken vermietetes Vierfamilienhaus in Stuttgart. T hatte dieses Haus im Jahre 2009 für insgesamt 420 000 € (nur Gebäudewert) erworben. Das Gebäude ist im Jahr 1921 als Dreifamilienhaus erbaut worden. Im Jahr 2010 hatte T den Dachstock des Gebäudes zu einer weiteren Wohnung für insgesamt 60 000 € ausbauen lassen. Berechnen Sie die höchstmögliche AfA für B für das Jahr 2017 und später.

FALL 62 – Gebäude-AfA:
Für ein privates Gebäude, das C für 300 000 € Herstellungskosten errichtet hat (Fertigstellung 01. 10. 2010) und das bisher nach § 7 Abs. 4 Satz 1 Nr. 2 Buchst. a EStG abgeschrieben worden ist, entstanden 2017 nachträgliche Herstellungskosten i. H. v. 100 000 €. Die Bauarbeiten wurden am 30. 11. 2017 abgeschlossen. Wie hoch ist die AfA nach § 7 Abs. 4 Satz 1 Nr. 2 Buchst. a EStG für die Jahre 2010 bis 2017?

FALL 63 – Gebäude-AfA:
Der Steuerpflichtige D vermietet die Wohnungen in seinem Sechsfamilienhaus im Inland (Privatvermögen). Der Antrag auf Baugenehmigung wurde am 30. 01. 1989 gestellt. Das Gebäude wurde am 01. 12. 1990 bezugsfertig. Die Herstellungskosten beliefen sich auf umgerechnet 500 000 €.
Berechnen Sie die höchstmögliche AfA von Beginn bis 2017!

FALL 64 – Einkünfte gem. § 21 EStG:
E erstellte auf eigenem Grund und Boden (im Jahr 2000 für 200 000 € angeschafft) ein Gebäude für 870 000 €. Das Gebäude wurde am 14. 10. 2005 bezugsfertig. Der Bauantrag war am 10. 02. 2004 eingereicht worden. Das Objekt ist bei E Privatvermögen. .
Das EG und ein Teil des 1. OG (insgesamt 160 m²) vermietet E an den Apotheker A, der im Jahr 2017 eine monatliche Miete i. H. v. 3 000 € zahlte.

Die Wohnung im 1. OG ist im Jahr 2017 an R, eine alleinstehende Rentnerin, für monatlich 400 € vermietet (40 m^2). Das 2. OG vermietete E an das Ehepaar Z im Jahr 2017 für monatlich 1 500 € (100 m^2). Die Mieten sind am Ende des Monats zu zahlen. Sie wurden auch so bezahlt bis auf die Dezembermiete 2017 der Rentnerin, die auf dem Bankkonto des E erst am 08.01.2018 einging.
Für Nebenkosten (Hausbeleuchtung, Grundsteuer, Hausversicherungen, Öllieferung) fielen noch 10 000 € an, die E im Jahr 2017 bezahlte. Für die Anbringung eines Apothekenreklameschildes am Haus erhielt E von A im Jahr 2017 noch 1 200 €.
Wie hoch sind die Einkünfte des B im Jahr 2017?

FALL 65 – Herstellungsaufwand, Erhaltungsaufwand:
M ist Eigentümer eines Mehrfamilienhauses im Fachwerkbaustil, das er vermietet. Im Jahr 2017 ließ er mehrere brüchig gewordene Holzbalkendecken durch neue Stahlbetondecken ersetzen. Die Kosten betrugen 80 000 €.
Liegt Herstellungs- oder Erhaltungsaufwand vor?

FALL 66 – Herstellungsaufwand:
Privatmann S erwarb im Juli 2006 das Teileigentum an einem Bürogeschoss (Baujahr 2000, Anschaffungskosten insgesamt 1 000 000 €, davon Anteil Grund und Boden 20 %) und vermietete anschließend die Büros. Nach dem der letzte Mieter Ende 2016 ausgezogen ist, ließ S Anfang 2017 die Büros zu Wohnungen umbauen (Kosten 300 000 €, Fertigstellung im Oktober 2017). Die Wohnungen konnte er ab 01.12.2017 insgesamt vermieten.
Berechnen Sie die AfA für die VZ 2006 bis 2017.

FALL 67 – Herstellungsaufwand:
Vermieter V hat 1987 ein Dreifamilienhaus (Herstellungskosten 400 000 €) errichtet und zu Wohnzwecken vermietet. 1990 baute er das Dachgeschoss zu einer weiteren Wohnung aus (Aufwendungen 80 000 €). Die Wohnung vermietet er ebenfalls zu Wohnzwecken.
Berechnen Sie die höchst mögliche AfA ab dem VZ 1987.

FALL 68 – Herstellungsaufwand:
Eigentümer W hat im Jahr der Fertigstellung (2002) ein Einfamilienhaus (Wohnfläche 200 m^2; Anschaffungskosten 500 000 €, davon Grund- und Bodenanteil 150 000 €) gekauft und zu eigenen Wohnzwecken genutzt. Im Jahr 2005 baute er das Dachgeschoss zu einer weiteren Wohnung aus (weitere Wohnfläche 50 m^2; Aufwendungen 50 000 €). Die Wohnung vermietet er zu Wohnzwecken.
Berechnen Sie die AfA ab dem VZ 2005 für die vermietete Wohnung.

FALL 69 – Herstellungsaufwand:
Wie Fall 68; W baute das Dachgeschoss aber erst im Jahr 2017 zu einer weiteren Wohnung aus (Fertigstellung 01.10.2017). Der Bauantrag war 2016 eingereicht worden.
Berechnen Sie die AfA ab dem VZ 2017.

Teil N Sonstige Einkünfte (§ 22 EStG)

Gem. § 22 EStG liegen mehrere Arten von sonstigen Einkünften vor, von denen im Rahmen des Grundkurses folgende vier Arten dargestellt werden:

- § 22 Nr. 1 EStG: Einkünfte aus wiederkehrenden Bezügen.
- § 22 Nr. 1 a EStG: Einkünfte aus Unterhaltsleistungen i. V. m. § 10 Abs. 1 a Nr. 1 EStG.
- § 22 Nr. 2 EStG: Einkünfte aus privaten Veräußerungsgeschäften i. S. d. § 23 EStG.
- § 22 Nr. 3 EStG: Einkünfte aus sonstigen Leistungen.

1 Einkünfte aus wiederkehrenden Bezügen (§ 22 Nr. 1 EStG)

1.1 Wiederkehrende Bezüge

Wiederkehrende Bezüge sind Bezüge, die mit einer gewissen Regelmäßigkeit wiederkehren und die von vornherein auf einem einheitlichen Entschluss des Gebers oder einem einheitlichen Rechtsgrund beruhen (R 22.1 Abs. 1 EStR).

BEISPIEL

A verspricht B, fünf Jahre lang, jeweils monatlich, 10 % seiner Einnahmen aus einem Mietshaus an ihn abzuführen. B hat A auf einer Bergtour das Leben gerettet. Beim Notar waren A und B nicht. Wie erfolgt die Besteuerung bei B?

LÖSUNG Die Leistungen der A beruhen auf einem einheitlichen Entschluss, d. h. ein einheitlicher Rechtsgrund ist gegeben für alle einzelnen Leistungen. Sie fließen auch in einer gewissen Regelmäßigkeit, nämlich monatlich zu. Wiederkehrende Bezüge liegen vor. B hätte diese Einnahmen daher gem. § 22 Nr. 1 Satz 1 EStG zu versteuern, wenn nicht § 22 Nr. 1 Satz 2 EStG entgegenstünde. Die Bezüge werden freiwillig bezahlt. Auch ein schriftlich abgeschlossener Vertrag zwischen A und B hätte daran nichts geändert, denn die durch den Vertrag entstandene Rechtspflicht wäre freiwillig begründet worden. Selbst die notarielle Beurkundung dieses Vertrags, die bei diesem hier vorliegenden Schenkungsversprechen nach § 518 BGB erforderlich gewesen wäre, hätte am Ergebnis nichts geändert, auch dann wäre A die Rechtspflicht freiwillig eingegangen. B hat daher nichts zu versteuern und A kann gem. § 12 Nr. 2 EStG die Zahlungen an B nicht absetzen.

Die Einkünfte gem. § 22 Nr. 1 EStG sind gegenüber den übrigen Einkünften (§ 2 Abs. 1 Nr. 1–6 EStG) subsidiär (vgl. § 22 Nr. 1 Satz 1 EStG), d. h., die anderen Einkünfte gehen vor. So werden z. B. die Beamtenpensionen gem. § 19 EStG versteuert. Werden wiederkehrende Bezüge, also insbesondere Renten, z. B. aus betrieblichen Gründen bezahlt oder eingenommen, müssen sie im Rahmen der Gewinneinkünfte abgezogen oder erfasst werden.

BEISPIEL

U erwirbt von V gegen eine monatliche Rente ein Grundstück, das er für seinen Betrieb benötigt. Bei V gehört das Grundstück zum Betriebsvermögen. Grundsätzliche Behandlung?

LÖSUNG U muss das Grundstück mit dem Wert der Rente, dem sog. Rentenbarwert, aktivieren. Rentenbarwert ist die Summe aller Rentenzahlungen, bei Leibrenten bezogen auf die voraussichtliche Lebenserwartung einer Person und abgezinst mit 5,5 %. U kann die in den Zahlungen enthaltenen Zinsen als Betriebsausgaben geltend machen. V muss zum einen die stillen Reserven i. H. d. Differenz zwischen dem Buchwert des Grundstücks und dem Rentenbarwert und zum anderen die in den Rentenzahlungen enthaltenen Zinsen versteuern. Im betrieblichen Bereich sind die Zinsen nach der versicherungsmathematischen Methode aus den Zahlungen heraus zu rechnen.

1.2 Renten

Renten sind wiederkehrende Bezüge, die aufgrund eines einheitlichen Stammrechts geleistet werden, in gleichmäßigen Abständen und in gleicher Höhe wiederkehren und die mindestens zehn Jahre oder auf Lebenszeit einer Person geleistet werden.

Gleiche Höhe liegt noch vor bei Wertsicherungs- und Anpassungsklauseln an Beamtengehälter, Sozialversicherungsrenten und Lebenshaltungsindices, dagegen nicht mehr bei schwankenden Bezugsgrößen wie Gewinn oder Umsatz (H 22.3 [Begriff der Leibrente] EStH).

Unter einem **Stammrecht** versteht man ein **originäres Recht** auf die Rente, d. h., es liegt daher entweder ein bürgerlich-rechtlicher Vertrag vor (man spricht dann von einem Dauerschuldverhältnis), eine einseitige bürgerlich-rechtliche Verpflichtung (z. B. ein Testament), oder es ist eine gesetzliche Vorschrift gegeben oder ein Verwaltungsakt ergangen.

BEISPIEL

Der 18-jährige N erhält kraft Testaments seines verstorbenen Onkels 20 Jahre lang monatlich 600 € vom Erben E, einem Bruder des Onkels. Wie erfolgt die Besteuerung bei N?

LÖSUNG Eine Rente liegt vor – gleichbleibende regelmäßige Bezüge, länger als 10 Jahre zu gewähren, und zwar aufgrund eines Stammrechts, dem Testament. N muss diese Beträge gem. § 22 Nr. 1 Satz 1 EStG auch versteuern, denn der Bruder des Onkels zahlt nicht freiwillig, sondern aufgrund der Verpflichtung im Testament; außerdem ist er diese Rechtspflicht nicht freiwillig eingegangen und N ist ihm gegenüber nicht unterhaltsberechtigt (§ 22 Nr. 1 Satz 2 EStG).

1.3 Leibrenten

Der Begriff der Leibrente i. S. d. § 22 Nr. 1 Satz 3 Buchst. a EStG ist ein vom bürgerlichen Recht (§§ 759 ff. BGB) abweichender steuerrechtlicher Begriff. Nach der steuerrechtlichen Definition sind Leibrenten Renten, die an die Lebensdauer einer Person geknüpft sind (H 22.3 [Begriff der Leibrente] EStH). Sie sind stets mit einem Wagnis verbunden, weil die Beteiligten nicht wissen, wie hoch die Gesamthöhe der zu erbringenden Leistungen ist. Dabei ist nicht erforderlich, dass die Rente an die Lebensdauer des Berechtigten geknüpft ist, es kann auch eine andere Person sein, z. B. der Verpflichtete.

1.4 Einnahmen

Die Einnahmen werden der Höhe nach verschieden erfasst, je nachdem, ob es sich um Leibrenten oder sonstige wiederkehrende Bezüge handelt. Liegen keine Leibrenten vor, hat der Empfänger die Bezüge voll zu versteuern (§ 22 Nr. 1 Satz 1 EStG). Bei Leibrenten gibt es zwei Arten, die Altersrenten (§ 22 Nr. 1 Satz 3 Buchst. a Doppelbuchst. aa EStG) und die anderen Renten (§ 22 Nr. 1 Satz 3 Buchst. a Doppelbuchst. bb EStG). Bei diesen ist nur ein Anteil zu erfassen (§ 22 Nr. 1 Satz 3 Buchst. a EStG).

In Leibrentenzahlungen sind i. d. R. ein Kapital- und ein Zinsanteil enthalten. Der Erwerber eines Grundstücks auf Leibrentenbasis bezahlt mit dem Rentenbetrag einerseits den Kaufpreis für das Grundstück (Tilgung), andererseits die Zinsen für die Überlassung des in dem Grundstück verkörperten Kapitals. Nur die in den Rentenzahlungen enthaltenen Zinsen unterliegen der Besteuerung nach § 22 EStG.

Zum Vergleich: Hätte der Erwerber den Kaufpreis für das Grundstück sofort bezahlt, hätte der Veräußerer grundsätzlich nichts zu versteuern (Ausnahme § 23 EStG). Denn die ESt erfasst nicht die Vermögensumschichtungen, sondern nur die Erträge des Vermögens. Der Veräußerer des Grundstücks würde jedoch beim Barverkauf den Kaufpreis investieren und würde dafür Zinsen gutgeschrieben bekommen. Nur diese Zinsen müsste er als Einnahmen aus Kapitalvermögen gem. § 20 EStG versteuern.

1.4.1 Einnahmen bei gesetzlicher Altersvorsorge

Hierunter fallen nach § 22 Nr. 1 Satz 3 Buchst. a Doppelbuchst. aa EStG Einnahmen aus den gesetzlichen Rentenversicherungen, den landwirtschaftlichen Alterskassen, den berufsständigen Versorgungseinrichtungen und aus Leibrentenversicherungen i. S. d. § 10 Abs. 1 Nr. 2 Buchst. b EStG. Einzelheiten sind im BMF-Schreiben vom 19. 08. 2013 BStBl I 2013, 1087 unter Berücksichtigung der Änderungen durch BMF vom 10. 01. 2014 BStBl I 2014, 70, vom 10. 04. 2015 BStBl I 2015, 256 und vom 01. 06. 2015 BStBl I 2015, 475, Rz 190 ff nachzulesen. Mit dem Alterseinkünftegesetz vom 05. 07. 2004 BStBl I 2004, 554 hat der Gesetzgeber die Besteuerung der gesetzlichen Altersvorsorge neu geregelt. Bis einschließlich 2004 wurde bei diesen Renten der Zinsanteil pauschal als Ertragsanteil erfasst, wie es jetzt noch bei den anderen Renten i. S. d. § 22 Nr. 1 Satz 3 Buchst. a Doppelbuchst. bb EStG – allerdings mit anderen Werten – der Fall ist. Seit dem Jahr 2005 erfolgt ein schrittweiser Übergang zur sogenannten **nachgelagerten Besteuerung**. Die Beiträge zur Altersvorsorge werden sukzessive steuerlich stärker entlastet und die entsprechenden Renten nach und nach stärker besteuert.

Der Systemwechsel wird in einem Zeitraum von 35 Jahren, beginnend ab dem Jahr 2005 vollzogen. Ab 2005 werden die schon bisher bezahlten Renten mit 50 % besteuert. Der nicht der Besteuerung unterliegende Rentenanteil wird als **Rentenfreibetrag** für die gesamte Laufzeit der Rente festgeschrieben (§ 22 Nr. 1 Satz 3 Buchst. a Doppelbuchst. aa Sätze 4 und 5 EStG). Für neu hinzukommende Rentenjahrgänge wird der Besteuerungsanteil von 2006 bis 2020 jährlich um jeweils zwei Prozentpunkte angehoben. Von 2021 bis 2040 steigt der Besteuerungsanteil jährlich um einen Prozentpunkt, vgl. Tabelle in § 22 Nr. 1 Satz 3 Buchst. a Doppelbuchst. aa EStG.

Bemessungsgrundlage für die Ermittlung des der Besteuerung unterliegenden Anteils der Rente ist der Jahresbetrag der Rente. Jahresbetrag der Rente ist die Summe der im Kj zugeflossenen Rentenbeträge einschließlich der bei Auszahlung einbehaltenen eigenen Beitragsanteile zur Kranken- und Pflegeversicherung. Steuerfreie Zuschüsse zu den Krankenversicherungsbeiträgen sind nicht Bestandteil des Jahresbetrags der Rente (BMF vom 19. 08. 2013, a. a. O., Rz 218).

In der Übergangszeit bis zur vollständigen nachgelagerten Besteuerung unterliegt nur ein Teil der Leibrenten der Besteuerung. In Abhängigkeit vom Jahresbetrag der Rente und dem Jahr des Rentenbeginns wird der steuerfreie Teil der Rente ermittelt, der grundsätzlich für die gesamte Laufzeit der Rente gilt. Diese Regelung bewirkt, dass Rentenerhöhungen, die auf einer regelmäßigen Rentenanpassung beruhen, vollständig nachgelagert besteuert werden.

Dabei wird der steuerfreie Teil der Rente in dem Jahr ermittelt, das dem Jahr des Rentenbeginns folgt. Bemessungsgrundlage für die Ermittlung des steuerfreien Teils der Rente ist der Jahresbetrag der Rente in dem Jahr, das dem Jahr des Rentenbeginns folgt. Bei Renten, die vor dem 01. 01. 2005 begonnen haben, ist der steuerfreie Teil der Rente des Jahres 2005 maßgebend.

BEISPIELE

a) R, nicht verheiratet, bezieht seit 2003 eine Regelaltersrente von 2 000 €. Wie sieht die Besteuerung in den Jahren 2005 ff aus?

LÖSUNG

Einnahmen 2005: 12 × 2 000 €	24 000 €
davon steuerpflichtig 50 %	12 000 €
Verbleiben	12 000 €
./. Werbungskosten-Pauschbetrag	102 €
Sonstige Einkünfte 2005	11 898 €

Wenn die Rente nicht erhöht wird, bleiben die Einkünfte in den folgenden Jahren gleich hoch. Insbesondere gilt der steuerfreie Teil der Rente, hier 12 000 €, für die gesamte Laufzeit des Rentenbezugs, § 22 Nr. 1 Satz 3 Buchst. a Doppelbuchst. aa Satz 5 EStG.

b) Wie Beispiel a), R bezieht die Rente erstmals ab 01.07.2015. Zum 01.01.2016 wird die Rente auf 2 100 € und zum 01.01.2017 auf 2 200 € erhöht. Im Jahr 2018 wird die Rente nicht erhöht. Wie sieht die Besteuerung der Rente in den Jahren 2015 ff aus?

LÖSUNG Jahr des Rentenbeginns ist das Jahr 2015, das Jahr, das dem Rentenbeginn folgt, ist das Jahr 2016. Der steuerfreie Teil der Rente wird somit nach den Einnahmen des Jahres 2016 ermittelt. Bemessungsgrundlage für die Ermittlung des steuerfreien Teils der Rente ist der Jahresbetrag der Rente des Jahres 2016, im vorliegenden Fall somit 25 200 €. Für die gesamte Dauer des Rentenbezugs (bis zum Tode des R) bleiben somit 30 % von 25 200 € = 7 560 € steuerfrei. Rentenerhöhungen in den folgenden Jahren sind folglich in voller Höhe steuerpflichtig (BMF vom 19.08.2013, a. a. O., Rz 231 – 234).

Einnahmen 2015: 6 × 2 000 €	12 000 €
davon steuerpflichtig: 70 %	8 400 €
./. Werbungskosten-Pauschbetrag (§ 9 a Satz 1 Nr. 3 EStG)	102 €
Sonstige Einkünfte 2015	8 298 €
Einnahmen 2016: 12 × 2 100 €	25 200 €
davon steuerpflichtig: 70 %	17 640 €
./. Werbungskosten-Pauschbetrag	102 €
Sonstige Einkünfte 2016	17 538 €
Einnahmen 2016: 12 × 2 200 €	26 400 €
./. steuerfreier Teil (= Betrag aus 2016, § 22 Nr. 1 Satz 3 Buchst. a Doppelbuchst. aa Satz 5 EStG)	7 560 €
verbleiben	18 840 €
./. Werbungskosten-Pauschbetrag	102 €
Sonstige Einkünfte 2017	18 738 €
Im Jahr 2018 ändert sich gegenüber dem Jahr 2017 nichts, die sonstigen Einkünfte betragen folglich	18 738 €

1.4.2 Einnahmen bei anderen Renten

Renten, die nicht der abzugsbegünstigten Altersvorsorge (s. 1.4.1) zuzuordnen sind, werden nach § 22 Nr. 1 Satz 3 Buchst. a Doppelbuchst. bb EStG wie bisher nur mit dem Zinsanteil, dem sog. Ertragsanteil, besteuert. Bei diesen Renten werden die Beiträge voll aus versteuertem Einkommen geleistet. Bei den Altersrenten (s. 1.4.1) zahlt der Arbeitgeber einen Teil der Beiträge (sog. Arbeitgeberanteil).

Hierunter fallen z. B. Renten aus vor 2005 abgeschlossenen privaten Verträgen, Lebensversicherungsrenten, die nicht unter § 10 Abs. 1 Nr. 2 Buchst. b EStG fallen, Veräußerungsleibrenten, Vermögensübergaberenten usw. Der Ertragsanteil wird einmalig zum Zeitpunkt des Rentenbeginns ermittelt und in den Folgejahren unverändert weitergeführt.

BEISPIEL

V veräußert ein privates Grundstück, das er vor 15 Jahren erworben hatte, an K gegen eine monatliche Rente von 2 000 € auf Lebenszeit. Bei Beginn der Rente hat V sein 57. Lebensjahr vollendet. Die beiden sind nicht miteinander verwandt. Wie erfolgt die Besteuerung bei V?

LÖSUNG Die Rente ist bei V zu erfassen, weil K nicht freiwillig oder aufgrund einer freiwillig begründeten Rechtspflicht bezahlt, sondern weil er aufgrund des Kaufvertrags hierzu verpflichtet ist. V ist auch nicht unterhaltsberechtigt (§ 22 Nr. 1 Satz 2 EStG). Zu versteuern hat V jährlich aber nicht 24 000 € (12 × 2 000 €), sondern nur den Ertragsanteil, d. h. die Zinsen in Höhe von 6 000 €, denn der Ertragsanteil beträgt gem. § 22 Nr. 1 Satz 3 Buchst. a Doppelbuchst. bb Satz 1 EStG 25 % (25 % von 24 000 € = 6 000 €), weil der Rentenberechtigte bei Beginn der Rente das 57. Lebensjahr vollendet hat.

1.5 Werbungskosten und Werbungskosten-Pauschbetrag

Bei wiederkehrenden Bezügen i. S. d. § 22 Nr. 1 EStG ist ein Werbungskosten-Pauschbetrag von 102 € abzuziehen (§ 9 a Satz 1 Nr. 3 EStG). Daraus folgt, dass die tatsächlichen Werbungskosten abzuziehen sind, wenn sie höher sind als der Pauschbetrag oder wenn sie zu einem Verlust führen.

BEISPIEL

R erhält eine monatliche Rente auf Lebenszeit von einer privaten Versicherung von monatlich 2 000 €. Bei Beginn der Rente hat er das 54. Lebensjahr vollendet. Er hat Rentenberatungskosten zur Durchsetzung seiner Rentenzahlungsansprüche in einem VZ von a) 80 €; b) 370 € gehabt. Berechnen Sie die Höhe seiner Einkünfte.

LÖSUNG Die Rente fällt nicht unter § 22 Nr. 1 Satz 3 Buchst. a Doppelbuchst. aa EStG, sondern unter § 22 Nr. 1 Satz 3 Buchst. a Doppelbuchst. bb EStG, weil die Rente vor dem 62. Lebensjahr bezahlt wird, § 10 Abs. 1 Nr. 2 Buchst. b Doppelbuchst. aa EStG.

	a)		b)	
Ertragsanteil 27 %:	6 480 €		6 480 €	
./. Werbungskosten	./. 102 €	(Pauschbetrag)	./. 370 €	(tatsächliche Kosten)
Einkünfte	6 378 €		6 110 €	

Der Pauschbetrag wird jedem Ehegatten gesondert zugerechnet. Daraus folgt, dass z. B. ein Ehegatte den Pauschbetrag, der andere die tatsächlichen Werbungskosten abziehen kann.

BEISPIEL

	Ehemann		Ehefrau	
Einnahmen	960 €		1 920 €	
./. Werbungskosten	./. 102 €	(Pauschbetrag)	./. 320 €	(tatsächliche Kosten)
Einkünfte aus § 22 EStG	858 €		1 600 €	

2 Einkünfte aus Unterhaltsleistungen i. V. m. § 10 Abs. 1 Nr. 1 EStG (§ 22 Nr. 1a EStG)

Diese Unterhaltsleistungen sind unter Q 2.6.1 bei den Sonderausgaben ausführlich dargestellt. Wenn ein geschiedener oder dauernd getrennt lebender Ehegatte dem anderen Ehepartner Unterhalt bezahlt, dann kann der Zahlende mit Zustimmung des Empfängers bis zu 13 805 € im Kalenderjahr gem. § 10 Abs. 1a EStG als Sonderausgaben geltend machen. In diesem Fall hat der Empfänger diese Zahlungen gem. § 22 Nr. 1a EStG zu versteuern.

BEISPIEL

M und F sind verheiratet und haben drei Kinder. M arbeitet und verdient den Lebensunterhalt für die Familie. F führt den Haushalt und versorgt die Kinder. Warum kann M seine Unterhaltszahlungen nicht als Sonderausgaben abziehen? Warum haben F und die Kinder nichts zu versteuern?

LÖSUNG M kann seine Unterhaltszahlungen nicht als Sonderausgaben abziehen, weil in § 10 Abs. 1a Nr. 1 EStG nur Leistungen an geschiedene oder dauernd getrennt lebende Ehegatten in Betracht kommen. Folglich haben F und die Kinder gem. § 22 Nr. 1a EStG auch nichts zu versteuern. Eine Besteuerung gem. § 22 Nr. 1 EStG ist auch nicht möglich, weil die Bezüge unterhaltsberechtigten Personen gewährt werden (§ 22 Nr. 1 Satz 2 und § 12 Nr. 2 EStG).

3 Einkünfte aus privaten Veräußerungsgeschäften (§ 22 Nr. 2, § 23 EStG)

Veräußerungsgeschäfte sind ertragsteuerlich grundsätzlich nur dann von Bedeutung, wenn sie im Rahmen von Gewinneinkünften anfallen.

BEISPIEL

A veräußert ein Grundstück für 200 000 €, das er 14 Jahre zuvor für 160 000 € erworben hatte. Ist die Differenz zwischen Anschaffungskosten und Veräußerungspreis steuerpflichtig?

LÖSUNG Gehört das Grundstück zum Betriebsvermögen bei den Einkünften aus Gewerbebetrieb, Land- und Forstwirtschaft oder selbstständiger Tätigkeit, wird der Gewinn erfasst. Gehört das Grundstück dagegen zum Privatvermögen, ist der Gewinn nicht steuerpflichtig.

Von diesem Grundsatz gibt es einige Ausnahmen (z. B. §§ 17, 20 Abs. 2 und 21 Abs. 1 Nr. 4 EStG), zu denen auch § 23 EStG gehört. Danach sollen sog. **private Veräußerungsgeschäfte** steuerlich erfasst werden. Unter einem privaten Veräußerungsgeschäft versteht man ein Geschäft, bei dem der Steuerpflichtige ein privates Wirtschaftsgut innerhalb einer bestimmten Frist nach der Anschaffung veräußert, bei Grundstücken innerhalb von 10 Jahren, bei anderen Wirtschaftsgütern innerhalb von einem Jahr (§ 23 Abs. 1 Satz 1 Nr. 1 und 2 EStG). Gesetzgeberischer Zweck ist die Gleichstellung von Privatpersonen mit Gewerbetreibenden für den Fall, dass sie spekulativ tätig werden. Die Spekulationsabsicht wird in diesen Fällen vom Gesetz unwiderleglich vermutet, d. h. sie braucht nicht vorzuliegen.

Ausgenommen von der Versteuerung nach § 23 EStG sind Wirtschaftsgüter, die im Zeitraum zwischen Anschaffung oder Fertigstellung und Veräußerung ausschließlich zu **eigenen Wohnzwecken** oder im Jahr der Veräußerung und in den beiden vorangegangenen Jahren zu eigenen Wohnzwecken genutzt wurden (§ 23 Abs. 1 Satz 1 Nr. 1 Satz 3 EStG).

3.1 Anschaffung und Veräußerung

Das private Veräußerungsgeschäft setzt ein Anschaffungs- und ein Veräußerungsgeschäft desselben Wirtschaftsguts voraus. Beides sind entgeltliche Rechtsgeschäfte unter Lebenden, d. h. sowohl Schenkungen als auch Erbschaften scheiden als Anschaffung oder Veräußerung aus. Entnahmen von Wirtschaftsgütern aus dem Betriebsvermögens ins Privatvermögen des Stpfl gelten als Anschaffungen (§ 23 Abs. 1 Satz 2 EStG).

Für die Fristberechnung i. S. d. § 23 EStG ist der Zeitpunkt des **Abschlusses der schuldrechtlichen Verträge** maßgebend, d. h. das Verpflichtungsgeschäft des bürgerlichen Rechts, nicht das Verfügungsgeschäft. Daher kommt es auch nicht auf die Verschaffung der Verfügungsmacht i. S. d. UStG an.

BEISPIEL

V veräußert ein privates Grundstück an K. Folgende Daten sind gegeben:
a) 01. 08. 2007 notarieller Kaufvertrag (Erwerb durch V),

b) 01. 09. 2007 Grundbucheintragung (Erwerb durch V),

c) 01. 07. 2017 notarieller Kaufvertrag (Erwerb durch K),

d) 01. 10. 2017 Grundbucheintragung (Erwerb durch K).
Liegt ein privates Veräußerungsgeschäft vor?

LÖSUNG Da die schuldrechtlichen Vertragsabschlüsse, also die notariellen Kaufverträge entscheidend sind, liegt ein privates Veräußerungsgeschäft vor, weil die Zehnjahresfrist erst mit Ablauf des 01. 08. 2017 endet.

3.2 Ermittlung des Veräußerungsgewinns oder -verlusts

Obwohl § 23 Abs. 3 EStG von Gewinn oder Verlust spricht, stellen die Einkünfte keine Gewinn- sondern Überschusseinkünfte dar. Daraus folgt, dass § 11 EStG anwendbar und ein Überschuss zu ermitteln ist. Der Veräußerungspreis ist die eine Rechnungsgröße , die andere sind die Anschaffungskosten, eventuell zuzüglich Herstellungskosten, abzüglich AfA und die Werbungskosten. Dabei sind die Anschaffungskosten und Herstellungskosten nur dann um die AfA, erhöhte Absetzungen und Sonderabschreibungen zu mindern, soweit diese bei der Ermittlung der Einkünfte i. S. d. § 2 Abs. 1 Satz 1 Nr. 4 bis 7 EStG (= Überschusseinkünfte) abgezogen worden sind. Unter Veräußerungspreis sind alle Güter zu verstehen, die dem Verkäufer aufgrund des Verkaufs zufließen. Werbungskosten sind die Kosten, die er dabei aufwenden muss (z. B. Gerichtsgebühren, Maklerprovisionen, Reklamekosten usw.).

Bei **unentgeltlichem** Erwerb (Erbschaft, Schenkung) ist dem Einzelrechtsnachfolger für Zwecke dieser Vorschrift die Anschaffung oder die Überführung des Wirtschaftsguts in das Privatvermögen durch den Rechtsvorgänger zuzurechnen (§ 23 Abs. 1 Satz 3 EStG).

BEISPIEL

M erwirbt am 02. 03. 2015 ein Gebäudegrundstück für 200 000 € und vermietet es an einen fremden Dritten zu Wohnzwecken. Am 15. 08. 2015 baut er es für 100 000 € aus. Am 20. 02. 2017 verkauft er es an N für 350 000 €, wobei er an Notariatsgebühren, Maklerprovisionen usw. noch in 2017 i. H. v. 10 000 € aufzubringen hat. Die AfA hat er nach § 7 Abs. 4 EStG in Anspruch genommen (12 000 € insgesamt).
Wie hoch ist der Veräußerungsgewinn im Jahre 2017?

LÖSUNG Der Veräußerungsgewinn errechnet sich wie folgt:

Veräußerungspreis		350 000 €
./. Anschaffungskosten (./. 12 000 € AfA)	188 000 €	
./. Herstellungskosten	100 000 €	
./. Werbungskosten (Kosten des Verkaufs)	10 000 €	./. 298 000 €
Veräußerungsgewinn		52 000 €

Die Anschaffungs- bzw. Herstellungskosten sind um die AfA aus der Nutzung des Grundstücks zu kürzen (§ 23 Abs. 3 Satz 4 EStG).

3.3 Verlustausgleichsverbot

Entstehen aus einem Veräußerungsgeschäft Verluste, dürfen diese nur bis zur Höhe der im gleichen Kj erzielten Veräußerungsgewinne aus privaten Veräußerungsgeschäften, also nur innerhalb von § 23 EStG, ausgeglichen werden; sie dürfen nicht nach § 10 d EStG abgezogen werden (§ 23 Abs. 3 Satz 7 EStG). Die Verluste mindern jedoch nach Maßgabe des § 10 d EStG die Einkünfte, die der Stpfl in dem unmittelbar vorangegangenen VZ oder in den folgenden Veranlagungszeiträumen aus privaten Veräußerungsgeschäften nach § 23 Abs. 1 EStG erzielt hat oder erzielt (§ 23 Abs. 3 Satz 8 EStG). Die noch nicht ausgeglichenen Verluste sind nach Maßgabe des § 10 d Abs. 4 EStG gesondert festzustellen.

BEISPIELE

a) Angenommen der Veräußerungspreis im o. g. Beispiel zu 3.2 beträgt nicht 350 000 €, sondern nur 270 000 €. Wie hoch ist der Veräußerungsgewinn?

Veräußerungspreis		270 000 €
./. Anschaffungskosten (./. AfA)	188 000 €	
./. Herstellungskosten	100 000 €	
./. Werbungskosten	10 000 €	./. 298 000 €
Veräußerungsverlust		./. 28 000 €

Dieser Verlust kann nicht mit anderen Einkünften ausgeglichen werden (§ 23 Abs. 3 Satz 7 EStG). Er kann nur ausgeglichen werden, wenn im gleichen Kj aus einem oder mehreren anderen privaten Veräußerungsgeschäften ein Veräußerungsgewinn entstanden ist. Ist dies nicht der Fall, kann der Verlust eingeschränkt in anderen Jahren ausgeglichen werden (§ 23 Abs. 3 Satz 8 EStG).

b) Die Werbungskosten i. H. v. 10 000 € im Beispiel unter 3.2 werden erst im Jahr 2018 bezahlt. Ändert sich etwas?

LÖSUNG Im Ergebnis ändert sich nichts. Der BFH hat in zwei Urteilen entschieden, dass die Werbungskosten – abweichend vom Abflussprinzip des § 11 Abs. 2 EStG – in dem VZ zu berücksichtigen sind, in dem der Verkaufserlös zufließt; vgl. im Einzelnen H 23 [Werbungskosten] EStH.

Der BFH meint im Urteil vom 03.06.1992 BStBl II 1992, 1017 wörtlich (etwas gekürzt): »Die einmalige (sonstige) Leistung ist dadurch gekennzeichnet, dass sie nicht auf Wiederholung angelegt ist. Es soll nur ein positiver Überschuss von einigem Gewicht erfasst werden. Dem dienen die Freigrenze und das Verlustausgleichs- und Verlustabzugsverbot. Die Einkünfteermittlung muss dem Charakter dieser Einkünfte als einmalige Einkünfte folgen und zeitraumübergreifend alle Werbungskosten im **Zeitpunkt der Vereinnahmung des Erlöses aus der einmaligen Leistung bündeln**, mögen sie im Jahr der Vereinnahmung oder vorher angefallen sein oder mit Sicherheit in künftigen Jahren anfallen.«

c) Z tätigt zwei Veräußerungsgeschäfte im Jahr 2017. Diese ergeben einen Verlust i. H. v. 500 € und einen Gewinn i. H. v. 300 €.

LÖSUNG Die Einkünfte im Jahre 2017 aus § 23 EStG betragen 0 €. Der höhere Verlust von 200 € kann nur eingeschränkt in anderen Jahren ausgeglichen werden (§ 23 Abs. 3 Satz 8 EStG).

3.4 Freigrenze

Gewinne aus Veräußerungsgeschäften bleiben steuerfrei, wenn sie weniger als 600 € im Kalenderjahr betragen (§ 23 Abs. 3 Satz 5 EStG). Es handelt sich dabei um eine Freigrenze (wie bei § 4 Abs. 5 Nr. 1 EStG), nicht um einen Freibetrag (wie bei § 20 Abs. 9 EStG).

BEISPIEL

Der Veräußerungsgewinn beträgt:
a) 500 €,
b) 1 300 €.
Ist er zu erfassen, gegebenenfalls in welcher Höhe?

LÖSUNG

a) Die 500 € liegen unter der Freigrenze, der Betrag wird nicht angesetzt.
b) Die 1 300 € liegen über der Freigrenze, der Betrag wird voll angesetzt (nicht nur der Differenzbetrag von 700 €).

4 Einkünfte aus sonstigen Leistungen (§ 22 Nr. 3 EStG)

4.1 Allgemeines

Auch diese Vorschrift ist subsidiär, denn nach § 22 Nr. 3 Satz 1 EStG werden nur solche Einkünfte aus Leistungen erfasst, die weder zu den anderen Einkunftsarten (§ 2 Abs. 1 Satz 1 Nr. 1 bis 6 EStG) noch zu den Einkünften i. S. v. § 22 Nr. 1, 1 a, 2 oder 4 EStG gehören. Da wiederkehrende Leistungen grundsätzlich bei den anderen Einkunftsarten erfasst werden, stehen gelegentliche Leistungen, wie im Gesetzestext als Beispiel erwähnt, im Vordergrund und solche Leistungen, die nicht zu den anderen Einkünften passen. So sind z. B. Zahlungen bei regelmäßiger Mitnahme im Pkw zur Arbeitsstätte (BFH vom 15. 03. 1994 BStBl II 1994, 516), öfter vereinnahmte Schmier- und Bestechungsgelder (BFH vom 26. 01. 2000 BStBl II 2000, 396; vom 20. 03. 2001 BStBl II 2001, 482 und vom 16. 06. 2015 BStBl II 2015, 1019) oder die ständige Weitergabe von Informationen (BFH vom 21. 09. 1982 BStBl II 1983, 201) zwar nicht gelegentlich, sie passen aber nicht zu anderen Einkunftsarten. Sie sind daher Leistungen i. S. d. § 22 Nr. 3 EStG. Vgl. im Einzelnen die Auflistung der Einnahmen in H 22.8 (Einnahmen aus Leistungen und Keine Einnahmen aus Leistungen) EStH.

Unter den Begriff der Leistung i. S. d. § 22 Nr. 3 EStG fällt jedes Tun, Dulden oder Unterlassen, das Gegenstand eines entgeltlichen Vertrags sein kann und das um des Entgelts willen erbracht wird (BFH vom 26. 01. 2000 BStBl II 2000, 396; vom 21. 09. 2004 BStBl II 2005, 44 und vom 08. 05. 2008 BStBl II 2008, 868).

4.2 Tätigkeitsbereich

§ 22 Nr. 3 EStG erfasst Entgelte für das Tätigsein, z. B. für Privatinterviews, für das Einsammeln und Zurückgeben von Pfandflaschen, für Werbetätigkeiten, für Auftritte als Amateurmusiker, für Veröffentlichungen eines Reiseberichts oder von Memoiren. Auch Schiedsrichterspesen oder Testhonorare fallen unter § 22 Nr. 3 EStG. Insbesondere gehören Vermittlungsprovisionen dazu, z. B. für die gelegentliche Vermittlung einer Wohnung, eines Auftrags, einer Mitgliedschaft, einer Firma (BFH vom 21. 09. 2004 BStBl II 2005, 44), eines Darlehens oder eines Grundstückskaufs.

4.3 Vermögensbereich

Unter § 22 Nr. 3 EStG fallen auch Nutzungsüberlassungen von Vermögen bzw. einzelnen beweglichen Gegenständen. Dabei ist entscheidend, dass das Entgelt für die Gebrauchsüberlassung zur Nutzung, für den Verzicht auf eine Nutzungsmöglichkeit oder für deren Beschränkung gezahlt wird; d. h. die Substanz muss erhalten bleiben. Wird das Vermögen oder ein einzelnes Wirtschaftsgut entgeltlich auf eine andere Person übertragen, z. B. veräußert, ist § 23 EStG einschlägig, nicht § 22 Nr. 3 EStG (BFH vom 21. 11. 1997 BStBl II 1998, 133).

Als Beispiele zur Anwendung des § 22 Nr. 3 EStG seien erwähnt: Patentüberlassung, Bestellung eines Vorkaufsrechts oder eines Wegerechts , Eintragung einer Grunddienstbarkeit im Grundbuch zur Verlegung von Rohr- oder Hochspannungsleitungen.

Das Gesetz selbst erwähnt die **Vermietung beweglicher Gegenstände**.

4.4 Entgelt

Das Entgelt kann in Geld- oder Sachwerten bestehen. Es kann einmalig oder wiederkehrend bezahlt werden (BFH vom 03. 06. 1992 BStBl II 1992, 1017). Das Entgelt muss wirtschaftlich eine Gegenleistung für die Leistung sein, d. h. es muss ein unmittelbarer Zusammenhang vorliegen. So fallen z. B. Streikunterstützungen der Gewerkschaft nicht unter § 22 Nr. 3 EStG, weil sie nicht als Gegenleistungen für die Teilnahme am Streik gewährt werden (BFH vom 24. 10. 1990 BStBl II 1991, 337, 340). Leistungen, die nicht aus wirtschaftlichen Gründen erbracht werden, werden auch nicht besteuert, z. B. gelegentliche Pflegeleistungen im familiären Bereich , die aus sittlichen Gründen erbracht werden (BFH vom 14. 09. 1999 BStBl II 1999, 776).

Dagegen fallen unter § 22 Nr. 3 EStG folgende Entgelte, weil sie einen wirtschaftlichen Hintergrund haben und eine Gegenleistung für eine Leistung darstellen: Abfindungen für die Aufgabe einer Wohnung als Mieter (BFH vom 05. 08. 1976 BStBl II 1977, 27), Zahlungen für die Einhaltung eines umfassenden Wettbewerbsverbots (BFH vom 12. 06. 1996 BStBl II 1996, 516), Zahlungen für den Verzicht eines Grundstückseigentümers auf die Einhaltung des gesetzlich vorgeschriebenen Abstands zugunsten eines Nachbarn (BFH vom 05. 08. 1976 BStBl II 1977, 26), Zahlungen, um ein Bauvorhaben zu dulden (BFH vom 26. 10. 1982 BStBl II 1983, 404) oder einmalige Bürgschaftsprovisionen (BFH vom 22. 01. 1965 BStBl III 1965, 313). Weitere Beispiele sind in H 22.8 EStH zu finden.

4.5 Freigrenze

Sonstige Einkünfte sind nach § 22 Nr. 3 Satz 2 EStG nicht steuerpflichtig, wenn sie weniger als 256 € im Kalenderjahr betragen haben. Übersteigen die Einkünfte diesen Betrag, sind sie in voller Höhe zu versteuern. Einkünfte aus mehreren Leistungen sind zunächst zu addieren bzw. zu saldieren. Anschließend ist deren Ergebnis der Freigrenze gegenüberzustellen. Bei Eheleuten, die zusammen veranlagt werden, ist die Freigrenze bei jedem Ehegatten – höchstens jedoch bis zur Höhe seiner Einkünfte i. S. d. § 22 Nr. 3 EStG – zu berücksichtigen (R 22.8 EStR).

BEISPIEL

M und F sind verheiratet und werden zusammen veranlagt. Beide erhalten aus mehreren Geschäften Vermittlungsprovisionen, M 200 € und 130 €, F 180 €. Besteuerung?

LÖSUNG M hat gem. § 22 Nr. 3 EStG 330 € zu versteuern. Der Gesamtbetrag liegt über der Freigrenze. F kann die 180 € steuerfrei vereinnahmen. Insgesamt werden also 330 € erfasst.

4.6 Werbungskosten und Verlustausschluss

Wie bei den Einnahmen gilt auch bei den Werbungskosten § 11 EStG. Maßgebend ist der Abflusszeitpunkt. Nach der Rechtsprechung sind Werbungskosten aber dann im Jahr des Zuflusses der Einnahme abziehbar, wenn sie vor diesem Jahr angefallen sind oder nach diesem Jahr mit Sicherheit anfallen werden. Entstehen in späteren Jahren Werbungskosten, die im Jahr des Zuflusses noch nicht vorhersehbar waren, ist die Veranlagung des Zuflussjahres gem. § 175 Abs. 1 Satz 1 Nr. 2 AO zu ändern (BFH vom 03.06.1992 BStBl II 1992, 1017 und H 22.8 [Zeitpunkt des Werbungskostenabzugs] EStH).

Übersteigen die Werbungskosten die Einnahmen in einem Kalenderjahr, entsteht also ein Verlust, dann darf gem. § 22 Nr. 3 Satz 3 EStG der Verlust bei Ermittlung des Einkommens nicht ausgeglichen oder nach § 10 d EStG abgezogen werden.

Die Verluste mindern jedoch nach Maßgabe des § 10 d EStG die Einkünfte, die der Stpfl in dem unmittelbar vorangegangenen VZ oder in den folgenden VZ aus Leistungen i. S. d. § 22 Nr. 3 Satz 1 EStG erzielt hat oder erzielt (§ 22 Nr. 3 Satz 4 EStG). Die noch nicht ausgeglichenen Verluste sind nach Maßgabe des § 10 d Abs. 4 EStG gesondert festzustellen.

BEISPIEL

K, ledig, erzielt im Jahr 2017 aus einem Provisionsgeschäft einen Verlust i. H. v. 300 € gem. § 22 Nr. 3 EStG. Wie wird der Verlust steuerlich behandelt?

LÖSUNG Hätte K im Jahre 2017 positive Einkünfte aus einem anderen Geschäft i. S. d. § 22 Nr. 3 EStG erzielt, könnte er saldieren. Obwohl er keine weiteren Einkünfte aus § 22 Nr. 3 EStG erzielt hat, kann er den Verlust nicht mit anderen Einkünften aus dem Jahr 04 ausgleichen. § 10 d EStG ist auch nicht anwendbar, d. h. er kann den Verlust aus § 22 Nr. 3 EStG des Jahres 2017 nicht mit anderen Einkünften im Jahre 2016 oder den Jahren 2018 ff ausgleichen. Seine einzige Möglichkeit ist, den Verlust des Jahres 2017 mit Einkünften aus § 22 Nr. 3 EStG des Jahres 2017, 2016 bzw. der Jahre 2018 ff auszugleichen. Hat er keine weiteren Einkünfte aus sonstigen Leistungen in den Jahren 2017, 2016 oder 2018 ff, geht der Verlust verloren.

5 Übungsaufgaben zu den sonstigen Einkünften

FÄLLE 70–72

FALL 70 M veräußert am 01.01.2017 ein privates vor 30 Jahren angeschafftes Grundstück an K gegen eine monatliche Rente von 1 000 € auf Lebenszeit. Bei Beginn der Rente hat M sein 67. Lebensjahr vollendet. Die beiden sind nicht miteinander verwandt. Unstreitig sind bei M bei dem Verkauf 2 250 € an Kosten entstanden. Die 65 Jahre alte Ehefrau von M bezieht eine Sozialversicherungsrente von monatlich 800 € ab 01.01.2017. Ab 01.01.2018 wird die Rente auf 820 € erhöht.
Berechnen Sie die Höhe der sonstigen Einkünfte gem. § 22 Nr. 1 EStG für die Jahre 2017 und 2018.

FALL 71 X veräußert an Y am 02.02.2017 ein unbebautes Grundstück für 400 000 €. Er hatte es am 02.01.2005 für 300 000 € angeschafft.

a) X ist Gewerbetreibender, das Grundstück gehört zum Betriebsvermögen.

b) X ist Gewerbetreibender, das Grundstück gehört zum Privatvermögen.

c) X ist Privatmann, das Grundstück gehört zum Privatvermögen.

Ist dieser Verkauf steuerpflichtig? Wie wäre die Lösung, wenn X das Grundstück erst am 05.03.2009 angeschafft hätte?

FALL 72 Sind in folgenden Alternativen sonstige Einkünfte gem. § 22 Nr. 3 EStG gegeben?
a) A erzwingt durch eine Entführung ein Lösegeld von 300 000 €.

b) B vermietet seinen Pkw, seine Segeljacht und sein Kleinflugzeug für jeweils vier Wochen an verschiedene Freunde. Er geht in dieser Zeit in Urlaub auf einem Kreuzfahrtschiff.

c) C macht bei einem Preisausschreiben mit. Er füllt ein Kreuzworträtsel aus, benötigt mehrere Tage dazu und erhält einen Preis von 400 €.

d) D räumt seinem Nachbarn N an seinem Grundstück für 20 000 € ein Vorkaufsrecht ein. Das Vorkaufsrecht wird als Belastung im Grundbuch des Grundstücks des D zugunsten des N eingetragen. Für den Fall, dass D sein Grundstück an einen Dritten veräußert, ist N aufgrund des Vorkaufsrechts berechtigt, als Käufer in den Vertrag mit allen ausgehandelten Bedingungen einzutreten (§§ 1094 ff BGB).

Teil O Altersentlastungsbetrag gemäß § 24 a EStG

1 Besteuerung der Alterseinkünfte

1.1 Grundsätze

Von der Summe der Einkünfte wird bei Stpfl, die das 64. Lebensjahr vor Beginn des Kalenderjahres, in dem sie ihr Einkommen bezogen haben, vollendet haben, für bestimmte Einkünfte von Amts wegen neben der steuerlichen Begünstigung der sog. typischen **Alterseinkünfte** der **Altersentlastungsbetrag** abgezogen. **Typische Alterseinkünfte** sind (in vereinfachter Form dargestellt):

- Versorgungsbezüge gem. § 19 Abs. 2 EStG,
- Renteneinkünfte gem. § 22 Nr. 1 Satz 3 Buchst. a EStG,
- Versorgungsbezüge der Abgeordneten gem. § 22 Nr. 4 Satz 4 Buchst. b EStG,
- Leistungen aus Altersvorsorgeverträgen, Pensionsfonds, Pensionskassen und Direktversicherungen gem. § 22 Nr. 5 Satz 1 EStG, soweit § 22 Nr. 5 Satz 11 EStG anzuwenden ist, und
- lebenslange Renten, Berufsunfähigkeitsrenten, Erwerbsminderungsrenten und Hinterbliebenenrenten gem. § 22 Nr. 5 Satz 2 Buchst. a EStG.

1.2 Versorgungsbezüge gemäß § 19 Abs. 2 EStG

Versorgungsbezüge gem. § 19 Abs. 2 Satz 2 EStG sind Einkünfte aus nichtselbstständiger Arbeit aus einem früheren Dienstverhältnis, die als **Ruhegehälter** usw. vom früheren privaten oder öffentlichen Arbeitgeber an den ehemaligen Arbeitnehmer oder dessen Witwe oder Waisen gezahlt werden. Solche Versorgungsbezüge werden gem. § 19 Abs. 2 Satz 1 EStG bei der Berechnung der Einkünfte aus nichtselbstständiger Arbeit um den Versorgungsfreibetrag und einen Zuschlag zum Versorgungsfreibetrag von Amts wegen gekürzt.

BEISPIELE

a) Der 75jährige Max Breiter, Beamter im Ruhestand, erhält seit seinem Eintritt in den Ruhestand im Jahre 2007 von seinem früheren Arbeitgeber (z. B. dem Land Baden-Württemberg) eine jährliche Pension von 30 000 €.

LÖSUNG Bei der Berechnung der Einkünfte aus nichtselbstständiger Arbeit des Max Breiter (B) im VZ 2017 werden zuerst der Versorgungsfreibetrag von (36,8 % von 30 000 € = 11 040 €, höchstens jedoch) 2.760 € und der Zuschlag zum Versorgungsfreibetrag von 828 € gem. § 19 Abs. 2 EStG abgesetzt. Nach Abzug des Werbungskosten-Pauschbetrags von 102 € nach § 9 a Satz 1 Nr. 1 b EStG betragen die Einkünfte des B aus nichtselbstständiger Arbeit 26 310 €.

b) Walter Wachter (W), 68 Jahre alt, erhält seit VZ 2014 von seinem früheren privaten Arbeitgeber ein jährliches Ruhegehalt von 12 000 €, bezeichnet als »Betriebsrente«.

LÖSUNG Bei der Berechnung der Einkünfte aus nichtselbstständiger Arbeit des W im VZ 2017 werden zuerst der Versorgungsfreibetrag von (25,6 % von 12 000 €) 3 072 €, höchstens 1 920 € sowie ein Zuschlag zum Versorgungsfreibetrag von 576 € als steuerfrei gem. § 19 Abs. 2 EStG abgesetzt, weil der Versorgungsbeginn im VZ 2014 war. Nach Abzug des Werbungskosten-Pauschbetrags von 102 € nach § 9a Satz 1 Nr. 1b EStG betragen die Einkünfte des W aus nichtselbständiger Arbeit 9 402 €.

1.3 Renteneinkünfte gemäß § 22 Nr. 1 Satz 3 Buchst. a EStG

Dies sind solche laufenden (wiederkehrenden) Einnahmen, die nicht zu den übrigen sechs Einkunftsarten rechnen, z. B. Renten aus der gesetzlichen Rentenversicherung (vgl. H 22.3 [Begriff der Leibrente] EStH). Bei lebenslang gezahlten Renten (sog. Leibrenten) ist zu prüfen, ob die Besteuerung mit dem Besteuerungsanteil nach der Tabelle in § 22 Nr. 1 Satz 3 Buchst. a Doppelbuchst. aa oder mit dem Ertragsanteil nach der Tabelle in § 22 Nr. 1 Satz 3 Buchst. a Doppelbuchst. bb EStG erfolgt. Vgl. dazu im Einzelnen N 1. 2.

BEISPIEL

Walter Wachter, 68 Jahre alt, erhält seit Vollendung seines 65. Lebensjahres im VZ 2014 von seinem früheren privaten Arbeitgeber ein jährliches Ruhegehalt von 12 000 €, bezeichnet als »Betriebsrente« und zusätzlich zu dieser Betriebsrente ebenfalls seit VZ 2014 von der Bundesversicherungsanstalt für Angestellte eine Altersrente von 18 000 €. Der Besteuerungsanteil dieser Rente beträgt nach der Tabelle in § 22 Nr. 1 Satz 3 Buchst. a Doppelbuchst. aa EStG 68 % von 18 000 € = 12 240 €.

LÖSUNG

Die Einkünfte des W im VZ 2017 berechnen sich wie folgt:

Versorgungsbezüge = Arbeitslohn	12 000 €	
./. Versorgungsfreibetrag gem. § 19 Abs. 2 EStG (25,6 % von 12 000 €, höchstens 1 920 €)	./. 1 920 €	
./. Zuschlag zum Versorgungsfreibetrag gem. § 19 Abs. 2 Satz 3 EStG	./. 576 €	
./. Werbungskosten-Pauschbetrag (§ 9 a Satz 1 Nr. 1 b EStG)	./. 102 €	
= Einkünfte des W aus nichtselbstständiger Arbeit	9 402 €	9 402 €
Leibrente des W gem. § 22 Nr. 1 Satz 3 Buchst. a Doppelbuchst. aa EStG	18 000 €	
davon steuerpflichtig (68 % von 18 000 €)	12 240 €	
./. Werbungskosten-Pauschbetrag (§ 9 a Satz 1 Nr. 3 EStG)	./. 102 €	
= steuerpflichtige sonstige Einkünfte gem. § 22 Nr. 1 EStG	+ 12 138 €	+ 12 138 €
Summe der steuerpflichtigen Einkünfte des W		21 540 €

2 Voraussetzungen für den Altersentlastungsbetrag

Der Stpfl muss gem. § 24 a Satz 3 EStG vor Beginn des Kalenderjahres, für das die ESt zu berechnen ist, das 64. Lebensjahr vollendet haben. Der Stpfl vollendet ein Lebensjahr mit Ablauf des Tages vor seinem jährlichen Geburtstag (§§ 187 Abs. 2 Satz 2, 188 Abs. 2 BGB).

BEISPIELE

a) M ist am 01. 01. 1954 geboren. Er vollendet das 64. Lebensjahr mit Ablauf des 31. 12. 2017.
LÖSUNG W erhält den Altersentlastungsbetrag ab dem Jahr 2018.

b) F ist am 02. 01. 1954 geboren. F vollendet das 64. Lebensjahr mit Ablauf des 01. 01. 2018.
LÖSUNG F erhält den Altersentlastungsbetrag erst ab dem Jahr 2019.

3 Bemessungsgrundlage und Höhe des Altersentlastungsbetrags

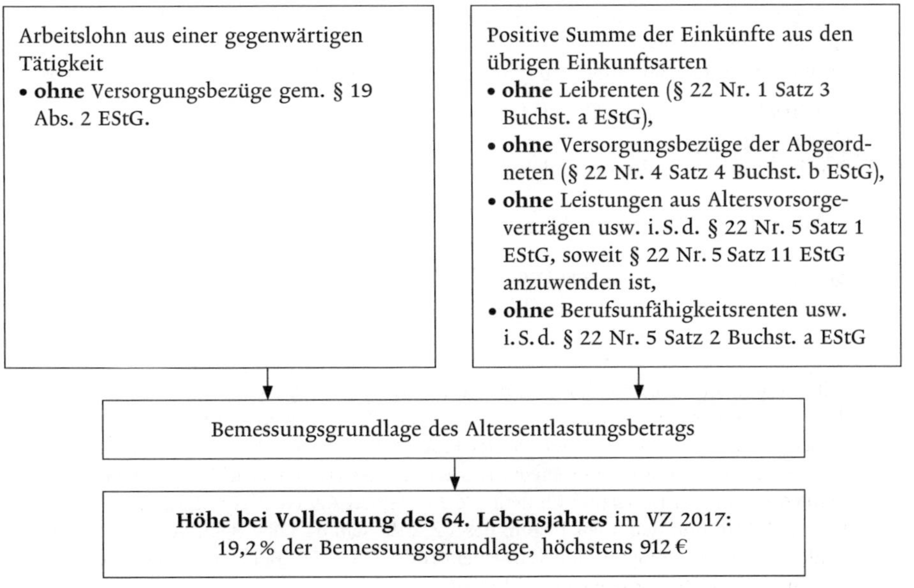

Die Bemessungsgrundlage setzt sich folglich aus zwei Teilbeträgen zusammen. Im Einzelnen

1. **Arbeitslohn** (d. h. **Einnahmen**!) aus einer gegenwärtig ausgeübten nichtselbstständigen Tätigkeit **ohne** Versorgungsbezüge i. S. d. § 19 Abs. 2 EStG (vgl. 1.2), soweit er steuerpflichtig ist **und**
2. die **positive Summe der Einkünfte** aus den Einkunftsarten 1–3 und 5–7 ohne Renteneinkünfte gem. § 22 Nr. 1 Satz 3 Buchst. a EStG, ohne die Versorgungsbezüge nach Abgeordnetengesetzen gem. § 22 Nr. 4 Satz 4 Buchst. b EStG, ohne bestimmte Leistungen aus Altersvorsorgeverträgen, Pensionsfonds, Pensionskassen und Direktversicherungen gem. § 22 Nr. 5 Satz 1 EStG und ohne lebenslange Renten, Berufsunfähigkeits-, Erwerbsminderungs- und Hinterbliebenenrenten gem. § 22 Nr. 5 Satz 2 Buchst. a EStG. **Die rechnerische Summe dieser Einkünfte muss – nach Verlustausgleich** (vgl. C 1.2.1 und P 1) – **noch positiv sein.** Es ist nicht zulässig, nur die positiven Einkünfte zu addieren.
   Kapitalerträge, die nach § 32 d Abs. 1 EStG der Abgeltungsteuer von 25 % unterliegen und damit nach § 43 Abs. 5 EStG nicht in die Veranlagung mit einbezogen werden, bleiben bei der Ermittlung der positiven Summe der Einkünfte außer Betracht (§ 2 Abs. 5 b EStG; R 24 a Abs. 1 Satz 2 EStR).

Der Altersentlastungsbetrag beträgt bei Vollendung des 64. Lebensjahres im VZ 2017 ab dem VZ 2018 19,2 % der Summe der beiden Teilbeträge, höchstens 912 € im Kj und ist gem. § 2 Abs. 3 EStG von der Summe der Einkünfte abzuziehen. Vgl. auch H 24 a [Berechnung des Altersentlastungsbetrages] EStH mit Beispiel.

BEISPIELE

a) G, der im VZ 2016 sein 64. Lebensjahr vollendet hat, ist bei einem Verlag als Lektor für wissenschaftliche Literatur angestellt und erhält im VZ 2017 ein Jahresgehalt von 7 000 €. Außerdem hat G im VZ 2017 noch folgende Einkünfte: Gewinn aus Gewerbebetrieb 6 000 €, Verlust aus Vermietung und Verpachtung 3 000 €.

LÖSUNG Der Altersentlastungsbetrag gem. § 24 a EStG wird für den VZ 2017 wie folgt berechnet:

Arbeitslohn (gegenwärtige Tätigkeit) ohne Abzüge		7 000 €
Positive Summe der übrigen Einkünfte:		
Einkünfte aus Gewerbebetrieb	+ 6 000 €	
Einkünfte aus Vermietung und Verpachtung	./. 3 000 €	
Positive Summe	+ 3 000 €	+ 3 000 €
Bemessungsgrundlage gem. § 24 a EStG		10 000 €
Höhe des Altersentlastungsbetrags des G (20,8 % = 2 080 €) maximal		988 €

b) R, geboren am 01. 01. 1953, macht in seiner ESt-Erklärung 2017 folgende Angaben: Arbeitslohn als Hausverwalter einer Wohnungsbaugesellschaft 4 200 €. Pension als früherer Beamter des Landes Hessen 12 000 €. Verlust aus seiner in der Freizeit betriebenen Bienenzucht 800 €. Überschuss der Werbungskosten (Verlust) aus seinem Mehrfamilienhaus (durch erhebliche Reparaturen) 6 000 €.

LÖSUNG R erhält grundsätzlich ab dem VZ 2017 einen Altersentlastungsbetrag, weil er mit Ablauf des 31. 12. 2016 und damit vor Beginn des VZ 2017 sein 64. Lebensjahr vollendet hat. Der maßgebende Prozentsatz beträgt für R bis zu seinem Tode 20,8 %. Die Berechnung des Altersentlastungsbetrags für den VZ 2017 erfolgt gem. § 24 a EStG.

Arbeitslohn (gegenwärtige Tätigkeit ohne Versorgungsbezüge)	4 200 €
Positive Summe der übrigen Einkünfte:	
Die Bienenzucht gehört nicht zur Einkunftsart Landwirtschaft, da sie in der Freizeit ohne Gewinnabsicht betrieben wird (s. D 1.2).	
Aus Vermietung und Verpachtung entstehen **negative Einkünfte von**	./. 6 000 €
Dieser Betrag wird nicht verrechnet mit dem Arbeitslohn, da die Summe der übrigen Einkünfte negativ ist.	
Der Arbeitslohn bleibt somit ungekürzt als Bemessungsgrundlage erhalten (vgl. Beispiel in H 24 a [Berechnung des Altersentlastungsbetrags] EStH).	
Die Bemessungsgrundlage gem. § 24 a EStG beträgt folglich	4 200 €
R erhält einen Altersentlastungsbetrag i. H. v. (20,8 % von 4 200 €)	874 €

Der Höchstbetrag von 988 € wird nicht überschritten.

Voraussetzung, Bemessungsgrundlage und Höhe des Altersentlastungsbetrags sind bei **Ehegatten** stets **getrennt** zu prüfen (§ 24 a Satz 4 EStG). Die Einkünfte der Ehegatten werden bei der Zusammenveranlagung nach § 26 b EStG erst als getrennt berechneter Gesamtbetrag der Einkünfte (vgl. C 3.3) zusammengerechnet und den Ehegatten gemeinsam zugerechnet.

BEISPIEL

G, geboren 1945, und seine Ehefrau H, geboren 1947, beziehen im VZ 2017 folgende Einkünfte (vor Berücksichtigung der Werbungskosten-Pauschbeträge):

Gewinn aus Gewerbebetrieb des G	10 000 €
Gewinn aus selbstständiger Arbeit der H	+ 4 500 €
Verlust aus Vermietung und Verpachtung der H	./. 4 000 €
Sonstige Einkünfte (Rente mit Besteuerungsanteil erfasst) des G	+ 4 000 €
Sonstige Einkünfte (Rente mit Besteuerungsanteil erfasst) der H	+ 2 200 €

LÖSUNG

		G		H
Gewinn aus Gewerbebetrieb		10 000 €		–
Gewinn aus selbstständiger Arbeit				+ 4 500 €
Verlust aus Vermietung und Verpachtung		–		./. 4 000 €
Private Rente (Ertragsanteil gem. § 22 Nr. 1 Satz 3 Buchst. a EStG)	4 000 €		2 200 €	
./. Werbungskosten-Pauschbetrag gem. § 9 a Satz 1 Nr. 3 EStG	./. 102 €	3 898 €	./. 102 €	2 098 €
Summe der Einkünfte		13 898 €		2 598 €
Berechnung der Altersentlastungsbeträge:				
G: (32,0 % von 10 000 € = 3 200 €, max.)		./. 1 520 €		–
H: (28,8 % von [./. 4 000 € + 4 500 € =]) 500 € =		–		144 €
Gesamtbetrag der Einkünfte		12 378 €		2 454 €
Gemeinsamer Gesamtbetrag der Einkünfte der Eheleute G und H				14 832 €

Teil P Verlustausgleich und Verlustabzug

1 Verlustausgleich gemäß § 2 Abs. 3 EStG

Nach der Systematik der Berechnung des zu versteuernden Einkommens eines Stpfl ist gem. § 2 Abs. 3 EStG für jeden VZ die **Summe der Einkünfte** aus den sieben Einkunftsarten durch Ausgleich von positiven und negativen Einkünften zu bilden (**Verlustausgleich**). Dieser Verlustausgleich findet regelmäßig im Jahr der Entstehung der Verluste statt (**Verlustentstehungsjahr**). Da bei der ESt der VZ stets das Kj ist, ergibt sich hieraus die besondere Bedeutung der zeitlichen Zuordnung von Verlusten. Ist die gesamte Summe der Einkünfte aus allen Einkunftsarten eines Stpfl negativ, d. h. übersteigt die Summe der negativen Einkünfte (Verluste) die Summe der positiven Einkünfte (Gewinne und Überschüsse der Einnahmen über die Werbungskosten), so können sich alle von der Summe der Einkünfte abzugsfähigen Beträge (z. B. Sonderausgaben, außergewöhnliche Belastungen oder Tariffreibeträge, vgl. § 2 Abs. 4 und Abs. 5 EStG) in diesem Jahr **nicht steuermindernd** auswirken. Wegen Einzelheiten zum Verlustausgleich s. C 1. 2.

Bei gem. § 26 b EStG zusammenveranlagten Ehegatten (vgl. C 3.3) werden wie bei einzeln veranlagten Stpfl zunächst die Einkünfte aus jeder einzelnen Einkunftsart gesondert ermittelt. Auch der Verlustausgleich ist für jeden Ehegatten gesondert durchzuführen. Verbleibt bei einem Ehegatten eine negative Summe der Einkünfte, so kann dieser Verlust mit einer positiven Summe der Einkünfte des anderen Ehegatten verrechnet werden (gemeinsamer Verlustausgleich).

2 Verlustabzug gemäß § 10 d EStG

2.1 Grundsätze

Ist das zu versteuernde Einkommen eines Stpfl durch Verluste negativ geworden, beträgt die ESt im laufenden VZ 0 €, denn sie kann nicht negativ sein. Das bedeutet, Verluste wirken sich in dem betreffenden VZ nicht auf die Höhe der ESt aus, sie bleiben steuerlich unberücksichtigt. Wäre dies das endgültige Ergebnis, läge ein Verstoß gegen das objektive Nettoprinzip und damit gegen das Gebot der Besteuerung nach der Leistungsfähigkeit vor. Der Gesetzgeber hat durch § 10 d EStG Abhilfe geschaffen. Nach dieser Vorschrift sind nicht ausgeglichene Verluste in anderen VZ im Wege des **Verlustabzugs** zu berücksichtigen.

Dies geschieht durch

- **Verlustrücktrag** in den vorangegangenen VZ und/oder
- **Verlustvortrag** in die folgenden VZ.

Sinn des Verlustabzugs ist es, einen negativen Gesamtbetrag der Einkünfte steuerlich in einem anderen VZ als dem VZ der Entstehung der Verluste zu berücksichtigen. Dadurch wird die Abschnittsbesteuerung des § 25 EStG zugunsten des Stpfl durchbrochen.

2.2 Übersicht

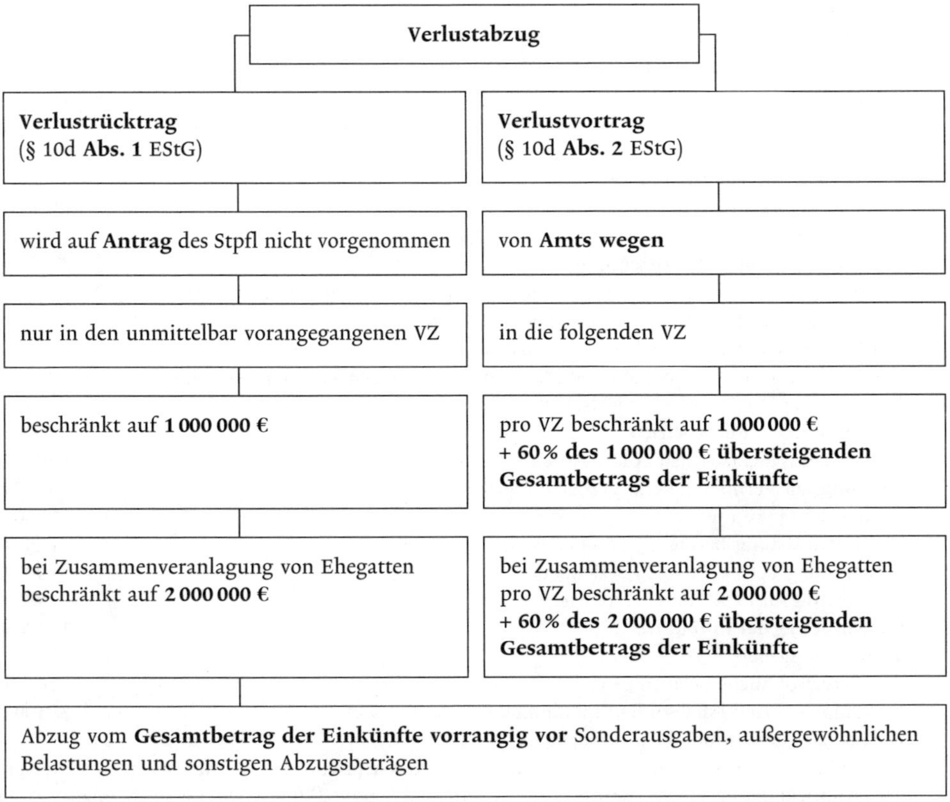

Es ergibt sich damit folgende Reihenfolge für die Berücksichtigung eines Verlusts aus einer Einkunftsart:

1. **Verlustausgleich** im Verlustentstehungsjahr,
2. **Verlustrücktrag** in den vorangegangenen VZ (sofern kein Antrag des Stpfl),
3. **Verlustvortrag** in die auf das Verlustentstehungsjahr folgenden VZ.

2.3 Nicht ausgeglichener Verlust

Beim nicht ausgeglichenen Verlust, der im Wege des Verlustabzugs zu berücksichtigen ist, handelt es sich nach § 10 d Abs. 1 Satz 1 und Abs. 2 Satz 1 EStG um die **negativen Einkünfte**, die bei der Ermittlung des Gesamtbetrags der Einkünfte nicht ausgeglichen werden können.

Maßgebend ist also die negative Summe der Einkünfte (R 10 d Abs. 1 EStR). Damit sind alle Beträge, die bei der Ermittlung des Gesamtbetrags der Einkünfte von der Summe der Einkünfte abgezogen werden, bei der Ermittlung des nicht ausgeglichenen Verlustes nicht zu berücksichtigen.

Auf die Höhe des nicht ausgeglichenen Verlusts wirken sich folglich nicht aus

- der Altersentlastungbetrag (§ 24 a EStG),
- der Entlastungsbetrag für Alleinerziehende (§ 24 b EStG),

- der Freibetrag für Land- und Forstwirte (§ 13 Abs. 3 EStG),
- die Sonderausgaben (§§ 10–10 c EStG) und
- die außergewöhnlichen Belastungen (§§ 33–33 b EStG).

BEISPIEL

Der verwitwete Udo Hurtig hat in seiner ESt-Erklärung für den VZ 2017 folgende zutreffende Angaben gemacht:
H hat im VZ 2012 sein 64. Lebensjahr vollendet. Zu seinem Haushalt gehört auch sein 16-jähriger ehelicher Sohn, für den ihm Kindergeld zusteht. Seine Einkünfte betragen

• aus Land- und Forstwirtschaft		15 000 €
• aus Gewerbebetrieb	./.	80 000 €
• aus nichtselbstständiger Arbeit (keine Versorgungsbezüge)		60 000 €
• aus Vermietung und Verpachtung	./.	20 000 €

Die abzugsfähigen Sonderausgaben betragen 5 000 €. Als außergewöhnliche Belastungen nach § 33 a Abs. 1 EStG sind 2 000 € zu berücksichtigen.
Wie hoch ist der nicht ausgeglichene Verlust?

LÖSUNG Das zu versteuernde Einkommen von Udo Hurtig ist wie folgt zu ermitteln:

Einkünfte aus Land- und Forstwirtschaft		15 000 €
Einkünfte aus Gewerbebetrieb	./.	80 000 €
Einkünfte aus nichtselbstständiger Arbeit		60 000 €
Einkünfte aus Vermietung und Verpachtung	./.	20 000 €
Summe der Einkünfte	./.	25 000 €
./. Altersentlastungsbetrag (27,2 %, höchstens)	./.	1 292 €
./. Entlastungsbetrag für Alleinerziehende	./.	1 908 €
./. Freibetrag für Land- und Forstwirte	./.	900 €
Gesamtbetrag der Einkünfte	**./.**	**29 100 €**
./. Sonderausgaben	./.	5 000 €
./. außergewöhnliche Belastungen	./.	2 000 €
Einkommen = zu versteuerndes Einkommen	./.	36 100 €

Die ESt nach der Grundtabelle beträgt 0 €.
Der im Wege des Verlustabzugs nach § 10 d EStG berücksichtigungsfähige nicht ausgeglichene Verlust entspricht der negativen Summe der Einkünfte und beträgt 25 000 €. Die Abzugsbeträge und die übrigen Aufwendungen von 11 100 € wirken sich damit weder im Verlustentstehungsjahr 2017 noch in anderen VZ auf die Höhe der ESt aus.

2.4 Rechtsfolge beim Verlustabzug

Der Verlustabzug erfolgt beim Verlustrücktrag gem. § 10 d Abs. 1 Satz 1 EStG bzw. beim Verlustvortrag nach § 10 d Abs. 2 Satz 2 EStG vorrangig vor Sonderausgaben, außergewöhnlichen Belastungen und sonstigen Abzugsbeträgen.

Damit ergibt sich im Verlustabzugsjahr folgende Reihenfolge bei der Ermittlung des Einkommens (vgl. R 2 Abs. 1 EStR):

	Gesamtbetrag der Einkünfte
./.	**Verlustabzug**
./.	Sonderausgaben
./.	außergewöhnliche Belastungen
./.	sonstige Abzugsbeträge
=	Einkommen

Das bedeutet, dass sich u. U. auch im Verlustabzugsjahr Sonderausgaben, außergewöhnliche Belastungen und die sonstigen Abzugsbeträge nicht auf die ESt auswirken.

BEISPIELE

Berechnen Sie jeweils den verbleibenden Verlustabzug.

a) Der Gesamtbetrag der Einkünfte des A beträgt im VZ 2017 100 000 €, die abzugsfähigen Sonderausgaben 8 000 € und der Verlustabzug 60 000 €.

LÖSUNG Das Einkommen ist wie folgt zu ermitteln:

Gesamtbetrag der Einkünfte	100 000 €
./. Verlustabzug	./. 60 000 €
./. Sonderausgaben	./. 8 000 €
Einkommen (= zu versteuerndes Einkommen)	32 000 €

Der verbleibende Verlustabzug beträgt 0 €.

b) Sachverhalt wie in Beispiel a), der Gesamtbetrag der Einkünfte beträgt aber nur 40 000 €.

LÖSUNG Das Einkommen ist wie folgt zu ermitteln:

Gesamtbetrag der Einkünfte	40 000 €
./. Verlustabzug	./. 40 000 €
./. Sonderausgaben	./. 8 000 €
Einkommen (= zu versteuerndes Einkommen)	./. 8 000 €

Der verbleibende Verlustabzug beträgt 20 000 € (und nicht 28 000 €!).

2.5 Ausschluss vom Verlustabzug

Wie beim Verlustausgleich (vgl. C 1.2.2 mit Beispiel) ist auch der Verlustabzug gem. § 10 d EStG in folgenden Fällen eingeschränkt:

1. Verluste aus privaten Veräußerungsgeschäften (§ 22 Nr. 2, § 23 Abs. 3 EStG),
2. Verluste aus Leistungen (§ 22 Nr. 3 EStG),
3. Verluste aus gewerblicher Tierzucht (§ 15 Abs. 4 EStG),
4. Verluste aus Kapitalvermögen (§ 20 Abs. 6 EStG),
5. Negative Einkünfte mit Auslandsbezug (§ 2 a EStG),
6. Verluste im Zusammenhang mit Steuerstundungsmodellen (§ 15 b EStG),
7. Verluste bei beschränkter Haftung (§ 15 a EStG),
8. Verluste bei beschränkter Steuerpflicht (§ 50 Abs. 2 Satz 1 EStG).

Dabei gilt:

- Nicht ausgeglichene Verluste können nach Maßgabe des § 10 d EStG – nur – mit Einkünften **derselben Art**
  - in den **Fällen 1–3** im vorangegangenen VZ oder in den folgenden VZ (§ 23 Abs. 3 Satz 8 EStG, § 22 Nr. 3 Satz 4 EStG, § 15 Abs. 4 Satz 2 EStG),
  - in den **Fällen 4–6** nur in den folgenden VZ (§ 20 Abs. 6 Satz 3 EStG, § 2 a Abs. 1 Satz 3 EStG, § 15 b Abs. 1 Satz 2 EStG)

  verrechnet werden;
- Verluste gem. § 15 a EStG können nur mit künftigen Einkünften dieser Personengesellschaft verrechnet werden (§ 15 a Abs. 2 EStG);
- Verluste gem. § 50 Abs. 2 Satz 1 EStG können niemals verrechnet werden.

BEISPIEL

A hat ein im Jahre 2012 für 100 000 € erworbenes unbebautes Grundstück seines Privatvermögens im Jahre 2017 für 60 000 € veräußert. Weitere Veräußerungen von Wirtschaftsgütern des Privatvermögens hat er in diesen Jahren nicht getätigt. Wie ist der Veräußerungsverlust zu behandeln?

LÖSUNG Da die Veräußerung des Grundstücks innerhalb von zehn Jahren seit der Anschaffung erfolgt, liegt ein privates Veräußerungsgeschäft i. S. v. § 23 EStG vor. A erzielt einen Veräußerungsverlust von 40 000 €. Dieser Verlust könnte im VZ 2017 i. R. d. horizontalen Verlustausgleichs mit Gewinnen aus anderen privaten Veräußerungsgeschäften verrechnet werden (§ 23 Abs. 3 Satz 7 EStG). Ein vertikaler Verlustausgleich mit positiven Einkünften anderer Einkunftsarten des Verlustentstehungsjahres ist nicht zulässig. Der Verlust von 40 000 € könnte nach § 23 Abs. 3 Satz 8 EStG im vorangegangenen VZ 2016 mit Gewinnen aus privaten Veräußerungsgeschäften verrechnet werden. Da keine derartigen Einkünfte vorliegen, ist nur eine Verrechnung nach Maßgabe des § 10 d EStG mit künftigen Gewinnen aus privaten Veräußerungsgeschäften der Jahre 2018 ff möglich.

2.6 Verlustabzug bei Ehegatten

Der Verlustabzug ist **personenbezogen**. D. h., er kann grundsätzlich nur von dem Stpfl geltend gemacht werden, der die negativen Einkünfte erzielt hat. Deshalb kann die Verlustabzugsberechtigung nicht durch Rechtsgeschäft übertragen werden. Dieser Grundsatz gilt **auch** bei **Ehegatten**. Jeder Ehegatte zieht den Verlust ab, den er erzielt hat. Dies gilt uneingeschränkt allerdings nur bei der **Einzelveranlagung** von Ehegatten.

Eine **Besonderheit** ergibt sich dagegen bei der **Zusammenveranlagung** von Ehegatten. Zwar sind auch bei einer Zusammenveranlagung von Ehegatten die Einkünfte für jeden Ehegatten getrennt zu ermitteln, der Gesamtbetrag der Einkünfte wird jedoch gemeinsam ermittelt. Folglich findet bei Ehegatten bei der Ermittlung des Gesamtbetrags der Einkünfte ein Ausgleich zwischen positiven und negativen Einkünften statt, unabhängig davon, wer den Verlust erzielt hat. Die vortragsfähigen Verluste sind jedoch für jeden Ehegatten einzeln zu ermitteln und gesondert festzustellen.

Nach R 10 d Abs. 6 EStR ist wie folgt vorzugehen:

1. Verlustausgleich beim betroffenen Ehegatten.
2. Der übersteigende Verlust ist mit dem positiven Betrag des anderen Ehegatten auszugleichen.
3. Verbleibt ein (gemeinsamer) negativer Gesamtbetrag der Einkünfte, wird der nicht ausgeglichene Verlust ins Vorjahr zurückgetragen bis zur Höhe des Gesamtbetrags der Einkünfte, höchstens bis zu einem Betrag von 2 000 000 €, sofern kein Antrag nach § 10 Abs. 1 Satz 5 und 6 EStG gestellt wird.
4. Verbleibt ein Verlustvortrag, so ist er bei dem verlusterzielenden Ehegatten gesondert festzustellen.
5. Wird für beide Ehegatten ein verbleibender Verlustabzug festgestellt und kann dieser im Folgejahr nur teilweise abgezogen werden, ist der für diesen VZ gesondert festzustellende verbleibende Verlustabzug im Verhältnis zu dem zuletzt für jeden Ehegatten gesondert festgestellten verbleibenden Verlustabzug aufzuteilen und gesondert festzustellen.

BEISPIELE

Berechnen Sie jeweils den Verlustabzug.

a) Die Ehegatten Marc (M) und Christine (C) Killer erzielen im VZ 2017 und 2018 folgende Einkünfte:

	VZ 2017		VZ 2018	
	EM	EF	EM	EF
	€	€	€	€
• aus Gewerbebetrieb	90 000	–	./. 80 000	–
• aus selbstständiger Arbeit		./. 70 000		30 000
• aus Vermietung und Verpachtung		30 000		./. 10 000
• sonstige Einkünfte	20 000		10 000	
Summe der Einkünfte	110 000	./. 40 000	./. 70 000	20 000

Die abzugsfähigen Sonderausgaben betragen in beiden Jahren für jeden Ehegatten jeweils 2 000 €. Die Ehegatten beantragen in beiden Jahren die Zusammenveranlagung. Einen Antrag nach § 10 d Abs. 1 Satz 5 EStG haben sie nicht gestellt.

LÖSUNG Der Verlustausgleich zwischen den Ehegatten ist bei einer Zusammenveranlagung zwingend. Mangels abweichendem Antrag der Ehegatten findet ein Verlustrücktrag aus VZ 2018 in den VZ 2017 statt.

Das Einkommen der Ehegatten berechnet sich wie folgt:

	VZ 2017			VZ 2018		
	EM		EF	EM		EF
	€		€	€		€
Summe der Einkünfte	110 000		./. 40 000	./. 70 000		20 000
Gemeinsamer Gesamtbetrag der Einkünfte		70 000			./. 50 000	
./. Verlustrücktrag		./. 50 000				
./. Verlustvortrag					0	
./. Sonderausgaben		./. 4 000			./. 4 000	
Einkommen		16 000			./. 54 000	

Die verbleibenden Verlustabzüge der Ehegatten betragen jeweils 0 €.

b) Sachverhalt wie Beispiel a), aber die Ehegatten beantragen in beiden Jahren die Einzelveranlagung.

LÖSUNG Bei der Einzelveranlagung können Verluste eines Ehegatten nur bei seiner Veranlagung berücksichtigt werden. Zum 31. 12. 2017 ist deshalb für C ein verbleibender Verlust von 40 000 € festzustellen, der zwingend bei ihrer Einzelveranlagung 2018 vom Gesamtbetrag der Einkünfte bis zur Höhe von 0 € abgezogen werden muss. Für C verbleibt somit ein Verlustabzug von 20 000 €. Der Verlust von M im VZ 2018 von 70 000 € wird im Wege des Verlustrücktrags bei seiner Einzelveranlagung des Jahres 2017 oder – falls ein Antrag nach § 10 d Abs. 1 Satz 5 EStG gestellt wird – im Wege des Verlustvortrags bei seinen Einzelveranlagungen der Jahre 2019 ff abgezogen.

Das Einkommen der Ehegatten berechnet sich wie folgt:

	VZ 2017		VZ 2018	
	EM	EF	EM	EF
	€	€	€	€
Summe der Einkünfte	110 000	./. 40 000	./. 70 000	20 000
Gesamtbetrag der Einkünfte	110 000	./. 40 000	./. 70 000	20 000
./. Verlustrücktrag	./. 70 000			
./. Verlustvortrag				./. 20 000
./. Sonderausgaben	./. 2 000	./. 2 000	./. 2 000	./. 2 000
Einkommen	38 000	./. 42 000	./. 72 000	./. 2 000

c) Der Sachverhalt entspricht Beispiel a), aber die Ehegatten haben im VZ 2017 die Zusammenveranlagung und im VZ 2018 die Einzelveranlagung beantragt.

LÖSUNG Bei der Zusammenveranlagung können Verluste aus Jahren der Einzelveranlagung im Wege des Verlustrücktrags oder Verlustvortrags uneingeschränkt berücksichtigt werden (§ 62 d Abs. 2 Satz 1 EStDV). Der Verlust von M i. H. v. 70 000 € ist deshalb im Wege des Verlustrücktrags in voller Höhe bei der Zusammenveranlagung des Jahres 2017 abzuziehen, weil der gemeinsame Gesamtbetrag der Einkünfte im VZ 2017 bei der Zusammenveranlagung 70 000 € betragen hat. Allerdings ist hier eine Beschränkung des Antrags empfehlenswert (s. 2.7). Ein Verlustausgleich im VZ 2018 bei den Einzelveranlagungen der Ehegatten ist dagegen nicht möglich. Die verbleibenden Verlustabzüge betragen jeweils 0 €.

Das Einkommen der Ehegatten berechnet sich wie folgt:

	VZ 2017		VZ 2018	
	EM	EF	EM	EF
	€	€	€	€
Summe der Einkünfte	110 000	./. 40 000	./. 70 000	20 000
(Gemeinsamer) Gesamtbetrag der Einkünfte	70 000		./. 70 000	20 000
./. Verlustrücktrag	./. 70 000			
./. Verlustvortrag				0
./. Sonderausgaben	./. 4 000		./. 2 000	./. 2 000
Einkommen	./. 4 000		./. 72 000	18 000

d) Der Sachverhalt entspricht Beispiel a), aber die Ehegatten haben im VZ 2017 die Einzelveranlagung und im VZ 2018 die Zusammenveranlagung beantragt.

LÖSUNG Bei der Einzelveranlagung können Verluste aus Jahren der Zusammenveranlagung nur bei dem Ehegatten berücksichtigt werden, in dessen Person der Verlust entstanden und als verbleibender Verlustabzug festgestellt worden ist (§ 62 d Abs. 1 EStDV).

In diesem Fall wird im VZ 2017 der Gesamtbetrag der Einkünfte einzeln und im VZ 2018 gemeinsam ermittelt. Der verbleibende Verlustabzug im VZ 2018 von 50 000 € ist in voller Höhe M zuzurechnen. Mangels abweichendem Antrag ist dieser Verlust im Wege des Verlustrücktrags bei der Einzelveranlagung des M im Jahre 2017 vom Gesamtbetrag der Einkünfte von 110 000 € abzuziehen. Ein Verlustvortrag der C ins Jahr 2018 ist nicht möglich, weil der gemeinsame Gesamtbetrag der Einkünfte negativ ist. Der verbleibende Verlustabzug der C beträgt 40 000 €.

Das Einkommen der Ehegatten berechnet sich wie folgt:

	VZ 2017		VZ 2018	
	EM	EF	EM	EF
	€	€	€	€
Summe der Einkünfte	110 000	./. 40 000	./. 70 000	20 000
(Gemeinsamer) Gesamtbetrag der Einkünfte	110 000	./. 40 000	./. 50 000	
Verlustrücktrag	./. 50 000			
./. Verlustvortrag			0	
./. Sonderausgaben	./. 2 000	./. 2 000	./. 4 000	
Einkommen	58 000	./. 42 000	./. 54 000	

e) Der Sachverhalt entspricht Beispiel a), aber die Ehegatten haben sich im Laufe des Jahres 2018 dauernd getrennt. Im Jahr 2017 haben sie die Zusammenveranlagung beantragt.

LÖSUNG Im Jahre 2018 liegen noch die Voraussetzungen der Ehegattenveranlagung (§ 26 EStG) vor. Wählen die Ehegatten im Jahre 2018 die Zusammenveranlagung, ergibt sich ein gemeinsamer Gesamtbetrag der Einkünfte von ./. 50 000 €. Dieser Verlust ist allein M zuzurechnen und wird bei der Zusammenveranlagung des Jahres 2017 abgezogen. Wird ein Antrag nach § 10 d Abs. 1 Satz 5 EStG gestellt, erfolgt der Abzug dieses Verlustes im Wege des Verlustvortrags bei den Einzelveranlagungen von M in den Jahren 2019 ff. Für die Jahre 2017 und 2018 ergibt sich somit dieselbe Ermittlung des Einkommens wie im Beispiel a).

Wählen die Ehegatten im Jahre 2018 dagegen die Einzelveranlagung, so wird der Verlust von M i. H. v. 70 000 € ebenfalls im Wege des Verlustrücktrags bei der Zusammenveranlagung des Jahres 2017 abgezogen. Wird ein Antrag nach § 10 d Abs. 1 Satz 5 EStG gestellt, kann M den Verlust des Jahres 2018 von 70 000 € im Wege des Verlustvortrags bei seinen Einzelveranlagungen der Jahre 2019 ff abziehen. Für die Jahre 2017 und 2018 ergibt sich somit dieselbe Ermittlung des Einkommens wie im Beispiel c).

2.7 Besonderheiten beim Verlustrücktrag

Verluste, die im Verlustentstehungsjahr nicht ausgeglichen werden können, sind innerhalb derselben Einkunftsart **uneingeschränkt bis zur Höhe von 1 000 000 €** in den unmittelbar vorangegangenen VZ **rücktragsfähig**. Der Verlustrücktrag wird von Amts wegen berücksichtigt. Wünscht jedoch der Stpfl keinen Verlustrücktrag oder möchte er den Verlustrücktrag auf einen bestimmten Betrag begrenzen, wird auf seinen Antrag hin ganz oder teilweise von der Inanspruchnahme des Verlustrücktrags abgesehen (§ 10 d Abs. 1 Satz 5 EStG). Dieser Antrag kann bis zur Bestandskraft des auf Grund des Verlustrücktrags geänderten Steuerbescheids gestellt werden (R 10 d Abs. 3 Satz 1 EStR). Der Stpfl kann seine Entscheidung korrigieren, denn er hat die Möglichkeit, den gestellten Antrag auf vollständige oder teilweise Abstandnahme vom Verlustrücktrag bis zur Bestandskraft des den verbleibenden Verlustvortrag feststellenden Bescheids i. S. d. § 10 d Abs. 4 EStG zu widerrufen (R 10 d Abs. 3 Satz 3 EStR). Wird der ESt-Bescheid des Rücktragsjahres gem. § 10 d Abs. 1 Satz 3 EStG geändert, weil sich die Höhe des Verlusts im Entstehungsjahr ändert, kann das Wahlrecht nur im Umfang des Erhöhungsbetrags neu ausgeübt werden (R 10 d Abs. 3 Satz 2 EStR).

Durch die Beschränkung des Antrags auf einen bestimmten Betrag kann der Abzug des Verlusts bis zu einem Einkommen von 0 € vermieden werden und der Verlust bleibt für den Verlustvortrag erhalten.

Folge: Der Verlustrücktrag kann so begrenzt werden, dass sich im Verlustrücktragsjahr eine festzusetzende ESt von 0 € ergibt.

BEISPIEL

Bei dem alleinstehenden Klaus Schilling ergeben sich im VZ 2018 negative Einkünfte von ./. 60 000 €. Bei der ESt-Veranlagung für 2017 ergab sich folgende Ermittlung des zu versteuernden Einkommens:

Gesamtbetrag der Einkünfte	40 000 €
./. Sonderausgaben	./. 6 000 €
./. außergewöhnliche Belastungen	./. 3 000 €
Einkommen (= zu versteuerndes Einkommen)	31 000 €

Die ESt wurde für 2017 nach der Grundtabelle festgesetzt.
Wie ist der Verlustrücktrag sinnvoll zu behandeln?

LÖSUNG Stellt Klaus Schilling keinen Antrag auf Abstandnahme vom Verlustrücktrag, ergibt sich zwingend für den VZ 2017 folgende berichtigte Ermittlung des zu versteuernden Einkommens:

Gesamtbetrag der Einkünfte	40 000 €
./. Verlustabzug	./. 40 000 €
./. Sonderausgaben	./. 6 000 €
./. außergewöhnliche Belastungen	./. 3 000 €
Einkommen (= zu versteuerndes Einkommen)	./. 9 000 €

Die ESt ist für 2017 nach der Grundtabelle mit 0 € festzusetzen. Es verbleibt ein Verlustabzug für die Jahre 2018 ff von 20 000 €.

In diesem Fall ist aber eine Begrenzung des Verlustabzugs auf 22 180 € zu empfehlen. Klaus Schilling sollte einen Antrag gem. § 10 d Abs. 1 Satz 5 EStG stellen und den Verlustrücktrag auf 22 180 € beschränken. Danach ergibt sich folgendes berichtigte zu versteuernde Einkommen:

Gesamtbetrag der Einkünfte	40 000 €
./. Verlustabzug	./. 22 180 €
./. Sonderausgaben	./. 6 000 €
./. außergewöhnliche Belastungen	./. 3 000 €
Einkommen (= zu versteuerndes Einkommen)	8 820 €

Die ESt für 2017 ist nach der Grundtabelle ebenfalls mit 0 € festzusetzen. Es verbleibt ein Verlustabzug für die Jahre 2018 ff von 37 820 €.
Um die niedrige ESt-Progression auszuschöpfen, ist auch überlegenswert, den Verlustrücktrag auf einen noch niedrigeren Betrag zu begrenzen.

Durch den Verlustrücktrag ist der ESt-Bescheid für dieses Verlustrücktragsjahr nach § 10 d Abs. 1 Satz 3 EStG insoweit zu ändern, als der Verlustrücktrag zu gewähren oder zu berichtigen ist. Das gilt nach § 10 d Abs. 1 Satz 4 EStG auch dann, wenn der ESt-Bescheid des Verlustrücktragsjahrs unanfechtbar geworden ist; die Festsetzungsfrist endet insoweit nicht, bevor die Festsetzungsfrist für den VZ abgelaufen ist, in dem die negativen Einkünfte nicht ausgeglichen werden.

Der ESt-Bescheid für den dem Verlustentstehungsjahr vorangehenden VZ ist vorbehaltlich eines Antrags nach § 10 d Abs. 1 Satz 5 EStG nach § 10 d Abs. 1 Satz 3 EStG zu ändern, wenn sich bei der Ermittlung der abziehbaren negativen Einkünfte für das Verlustentstehungsjahr Änderungen ergeben, die zu einem höheren oder niedrigeren Verlustrücktrag führen. Auch in diesen Fällen gilt die Festsetzungsfrist des § 10 d Abs. 1 Satz 4 2. HS EStG.

Bei dieser eigenen Korrekturvorschrift nach § 10 d Abs. 1 Sätze 3 und 4 EStG handelt es sich um eine Punktberichtigung, in deren Grenzen Rechtsfehler (§ 177 AO) zugunsten und zuungunsten des Stpfl zu berichtigen sind. Wahlrechte können neu ausgeübt und Anträge neu gestellt werden.

2.8 Besonderheiten beim Verlustvortrag

Soweit ein Verlustrücktrag nicht möglich bzw. auf Antrag nicht vorgenommen worden ist (z. B. Verluste sind nicht voll rücktragsfähig), hat der Stpfl Anspruch auf den Verlustvortrag in die auf das Verlustentstehungsjahr folgenden VZ **ohne** zeitliche Begrenzung. Der Verlustvortrag ist von Amts wegen in den Vortragsjahren so früh wie möglich vorzunehmen (§ 10 d Abs. 2 Satz 1 EStG). Der Stpfl kann keinen Antrag auf Hinausschieben des Abzugs in einem der nachfolgenden Jahre stellen.

Der Verlustabzug als Verlustvortrag ist – soweit ausreichend – **stets** bis zur Höhe eines Gesamtbetrags der Einkünfte von 0 € vorzunehmen. Es ist nicht zulässig, wegen der Sonderausgaben, der anderen Abzugsbeträge und tariflichen Freibeträge (z. B. § 32 Abs. 6 EStG) oder dem Grundfreibetrag gem. § 32 a Abs. 1 Satz 2 Nr. 1 EStG, den Verlustvortrag niedriger anzusetzen.

Beim Zusammentreffen in einem VZ sind Verlustvorträge aus vorangegangenen VZ vor Verlustrückträgen aus den nachfolgenden VZ zu berücksichtigen (H 10 d [Verlustvortragsbegrenzung – Beispiel] EStH).

Die Beschränkung des Verlustvortrags gem. § 10 d Abs. 2 Satz 1 EStG auf 1 000 000 € + 60 % des übersteigenden Gesamtbetrags der Einkünfte führt zu einer Mindestbesteuerung, die vor allem große Kapitalgesellschaften treffen wird, bei natürlichen Personen dagegen eher selten anzutreffen sein wird. Es liegt aber nur eine zeitliche Streckung der Berücksichtigung der Verluste vor. Die Mindestbesteuerung führt nicht zu einem Wegfall des Verlustabzugs.

BEISPIEL

Der Gesamtbetrag der Einkünfte eines Alleinstehenden beträgt

- im VZ 2013 ./. 2 500 000 €
- im VZ 2014 ./. 5 000 000 €
- im VZ 2015 2 000 000 €
- im VZ 2016 3 500 000 €
- im VZ 2017 6 000 000 €

Der Verlust aus dem Jahre 2013 wurde i. H. v. 500 000 € im Wege des Verlustrücktrags im VZ 2012 abgezogen.

Wie ist der verbleibende Verlust in den VZ 2015 ff zu behandeln?

LÖSUNG Der verbleibende nicht ausgeglichene Verlust am Ende des VZ 2014 beträgt 7 000 000 €. Dieser Verlust wird in den folgenden VZ wie folgt abgezogen:

	2015 €	2016 €	2017 €
Gesamtbetrag der Einkünfte	2 000 000	3 500 000	6 000 000
./. Sockelbetrag	./. 1 000 000	./. 1 000 000	./. 1 000 000
verbleiben	1 000 000	2 500 000	5 000 000
davon 60 % bzw. Restbetrag	./. 600 000	./. 1 500 000	./. 1 900 000
zu versteuern	400 000	1 000 000	3 100 000
verbleibender Verlustvortrag	5 400 000	2 900 000	0

Zum Schluss des **VZ** ist der am Ende dieses VZ verbleibende Verlustabzug gesondert durch Bescheid festzustellen (§ 10 d Abs. 4 Satz 1 EStG). **Verbleibender Verlustabzug i. S. d.** § 10 d Abs. 4 EStG sind die bei Ermittlung des Gesamtbetrags der Einkünfte nicht ausgeglichenen negativen Einkünfte, vermindert um die Abzüge durch Rücktrag und Vortrag und vermehrt um den auf den Schluss des vorangegangenen Veranlagungszeitraums festgestellten verbleibenden Verlustvortrag (§ 10 d Abs. 4 Satz 2 EStG). Die Feststellungsfrist endet nicht, bevor die Festsetzungsfrist für den VZ abgelaufen ist, auf dessen Schluss der verbleibende Verlustvortrag gesondert festzustellen ist; § 181 Abs. 5 AO ist nur anzuwenden, wenn die zuständige Finanzbehörde die Feststellung des Verlustvortrags pflichtwidrig unterlassen hat.

BEISPIEL

Bei der ESt-Veranlagung von Lars Schlüter für den VZ 2014 ergaben sich negative Einkünfte von ./. 240 000 €. Davon wurden im Wege des Verlustrücktrags auf den VZ 2013 40 000 € zurückgetragen.

Wie ist der verbleibende Verlust in den VZ 2015 ff zu behandeln?

Der Gesamtbetrag der Einkünfte betrug in den folgenden Jahren:

- im VZ 2015 90 000 €,
- im VZ 2016 80 000 € und
- im VZ 2017 60 000 €.

LÖSUNG Der verbleibende Verlust entwickelt sich wie folgt:

Verlust aus VZ 2014	240 000 €
./. Verlustrücktrag in 2013	./. 40 000 €
Verbleiben	200 000 €
./. Verlustvortrag in 2015	./. 90 000 €
Verbleiben	110 000 €
./. Verlustvortrag in 2016	./. 80 000 €
verbleiben	30 000 €
./. Verlustvortrag in 2017	./. 30 000 €
Verbleiben	0 €

Das für die Besteuerung zuständige Finanzamt (§ 10 d Abs. 4 Satz 3 EStG) muss folgende Feststellungsbescheide über den verbleibenden Verlustvortrag erlassen:

Feststellungsbescheid zum 31. 12. 2014	200 000 €
Feststellungsbescheid zum 31. 12. 2015	110 000 €
Feststellungsbescheid zum 31. 12. 2016	30 000 €
Feststellungsbescheid zum 31. 12. 2017	0 €

Hinweis: Soll bei einem Arbeitnehmer ein Verlustabzug berücksichtigt werden, muss er dies beantragen, es sei denn, dass er bereits aus anderen Gründen zur ESt veranlagt wird (R 10 d Abs. 4 Satz 1 EStR). Ein nicht geltend gemachter Verlustvortrag kann nicht in einem späteren VZ nachgeholt werden, weil er jährlich vorgenommen werden muss. Für den VZ der Verlustentstehung erfolgt jedoch keine Minderung des verbleibenden Verlustvortrags, soweit der Arbeitnehmer nach § 10 d Abs. 1 Satz 5 EStG auf den Verlustrücktrag verzichtet hat (R 10 d Abs. 4 Satz 4 EStR).

2.9 Verlustabzug in Erbfällen

Der Erbe kann einen vom Erblasser nicht genutzten Verlust nach § 10 d EStG bei seiner eigenen Veranlagung weder im Rahmen des Verlustausgleichs nach § 2 Abs. 3 EStG noch des Verlustabzugs nach § 10 d EStG geltend machen (BFH vom 17. 12. 2007 BStBl II 2008, 608).

Für **Ehegatten** gilt nach R 10 d Abs. 9 EStR folgende Besonderheit:

Werden Ehegatten im Todesjahr nach § 26 b EStG zusammen veranlagt, sind Verluste des verstorbenen Ehegatten aus dem Todesjahr im Wege des **Verlustausgleichs** mit den Einkünften des überlebenden Ehegatten zu verrechnen und Verlustvorträge des verstorbenen Ehegatten aus den Vorjahren vom gemeinsamen Gesamtbetrag der Einkünfte abzuziehen.

Im Falle der **Zusammenveranlagung im Todesjahr** kommt ein Verlustrücktrag nach § 10 d Abs. 1 EStG ohne weiteres in Betracht, wenn die Ehegatten auch im **Vorjahr die Zusammenveranlagung** gewählt haben.

Im Falle der **Zusammenveranlagung im Todesjahr** und einer **Einzelveranlagung der Ehegatten nach § 26 a EStG im Vorjahr** ist ein Rücktrag für Verluste des Erblassers im Todesjahr lediglich für Verluste des Erblassers nach § 10 d Abs. 1 EStG i. V. m. § 62 d Abs. 1 EStDV bei seiner Vorjahresveranlagung durchzuführen.

Im Fall der **Einzelveranlagung** der Ehegatten nach § 26 a EStG **im Todesjahr** und einer **Zusammenveranlagung** im **Vorjahr** ist der Verlust aus dem Todesjahr des Erblassers nach § 10 d Abs. 1 EStG i. V. m. § 62 d Abs. 2 Satz 1 EStDV zurückzutragen.

Im Fall der **Einzelveranlagung** der Ehegatten nach § 26 a EStG im **Todesjahr** und im **Vorjahr** ist ein Rücktrag des noch nicht ausgeglichenen Verlusts des Erblassers nur bei der Veranlagung des Erblassers zu berücksichtigen (R 10 d Abs. 9 Satz 7 EStR).

Für den überlebenden Ehegatten sind für den Verlustvortrag und die Anwendung der sog. Mindestbesteuerung nach § 10 d Abs. 2 EStG allein die auf ihn entfallenden nicht ausgeglichenen negativen Einkünfte maßgeblich (R 10 d Abs. 9 Satz 8 EStR).

Teil Q Die Sonderausgaben (§§ 10, 10 a, 10 b, 10 c EStG)

ÜBERSICHT **Abzugsfähige Sonderausgaben**

Tatsächlich aufgewendete Sonderausgaben nach der Aufzählung in § 10, § 10a und § 10b EStG		
a) **Unbeschränkt** abzugsfähige Sonderausgaben **§ 10 Abs. 1** Nr. 4 Kirchensteuer **§ 10 Abs. 1a** Nr. 2 Versorgungsleistungen Nr. 3 Ausgleichszahlungen i. R. d. Versorgungsausgleichs	b) **Beschränkt** abzugsfähige Sonderausgaben **§ 10 Abs. 1** Nr. 5 Kinderbetreuungskosten Nr. 7 Ausbildungskosten Nr. 9 Schulgeldzahlungen an Privatschulen **§ 10 Abs. 1a** Nr. 1 Unterhalt an Ehegatten **§ 10b** Spenden und Mitgliedsbeiträge	c) **Vorsorgeaufwendungen** mit Höchstbeträgen **§ 10 Abs. 1** Nr. 2 Altersvorsorgeaufwendungen Nr. 3 und Nr. 3a Sonstige Vorsorgeaufwendungen **§ 10a Abs. 1** Zusätzliche Altersvorsorge
Sonderausgaben-Pauschbetrag § 10c EStG (36 €/72 €) **für die §§ 10 Abs. 1 Nr. 4, 5, 7, 9 sowie Abs. 1a EStG und nach § 10b EStG**		

1 Begriff und systematische Abgrenzung der Sonderausgaben

Im Rahmen der Ermittlung des zu versteuernden Einkommens (vgl. C 1 und C 2) ist nach der Ermittlung des Gesamtbetrags der Einkünfte zunächst das sog. Einkommen zu berechnen. Das Einkommen berechnet sich **insbesondere** wie folgt (§ 2 Abs. 4 EStG, R 2 EStR):

	Gesamtbetrag der Einkünfte
./.	Sonderausgaben
./.	außergewöhnliche Belastungen
=	Einkommen

Die **Sonderausgaben** werden vom Gesamtbetrag der Einkünfte abgezogen. Sie haben also mit der Ermittlung der Einkünfte nichts zu tun. § 10 Abs. 1 Satz 1 EStG betont dies durch die Feststellung:

Sonderausgaben sind nur **Aufwendungen**, die weder **Betriebsausgaben** noch **Werbungskosten** sind. Die abzugsfähigen Sonderausgaben sind vor allem aus sozial-, wirtschafts- und gesellschaftspolitischen Gründen in das EStG aufgenommen worden. Sie stellen **Verwendungsbeträge von Einkünften** dar, die nach dem Grundsatz der Berücksichtigung der Leistungsfähigkeit des Stpfl bei der ESt (vgl. A, C) ausdrücklich bei der Berechnung des Einkommens abzuziehen sind.

BEISPIELE

a) **Versicherungen** aller Art dienen der Vorsorge des einzelnen Bürgers im Krankheitsfall, Pflegefall oder bei Unfallschäden. Prämien und Beiträge zu bestimmten Versicherungen sind deshalb als Sonderausgaben dem Grunde nach berücksichtigungsfähig (vgl. § 10 Abs. 1 Nr. 2, Nr. 3 sowie Nr. 3 a EStG).

b) Kosten für die **eigene Berufsausbildung** sind bis zum Höchstbetrag i. H. v. 6 000 € als Sonderausgaben gem. § 10 Abs. 1 Nr. 7 EStG berücksichtigungsfähig. Die gesellschaftspolitisch erwünschte Ausweitung der beruflichen Ausbildung (Umschulung in einen anderen Beruf mit besserer Ausübungsmöglichkeit) soll angeregt und unterstützt werden.

Sonderausgaben sind stets **Kosten der Lebensführung** (vgl. E 3, § 12 EStG), die aufgrund der spezialgesetzlichen Regelungen in den §§ 10 bis 10c EStG abziehbar sind. Nur die in den §§ 10, 10 a, 10 b und 10 c EStG ausdrücklich als abzugsfähig bezeichneten Aufwendungen sind als Sonderausgaben abzugsfähig (vgl. 2.1). Vom allgemeinen Abzugsverbot des § 12 EStG sind die Sonderausgaben ausdrücklich ausgenommen. § 10 EStG geht § 12 EStG vor. Insoweit besteht ein systematischer Zusammenhang, der in § 12 EStG hervorgehoben wird: »Soweit in § 10 (EStG) … nichts anderes bestimmt ist …«. Es gibt Ausnahmen von dieser Regel, die wir aber in diesem Grundkurs nicht vertiefen wollen.

BEISPIEL

Sohn S hat sich verpflichtet, seinem Vater V eine monatliche Rente i. H. v. 750 € auf Lebenszeit zu zahlen (Leibrente, vgl. N 1.3). Steht die Rentenzahlung nicht in Zusammenhang mit einer unentgeltlichen Vermögensübergabe (z. B. V schenkte dem S sein Einzelunternehmen), dann kann S diese Rentenzahlung nicht als Sonderausgaben abziehen, weil bloße Rentenzahlungen in § 10 EStG nicht ausdrücklich genannt sind (vgl. R 10.3 Abs. 2 EStR).

Von solchen Sonderfällen abgesehen, gilt für die **Reihenfolge der Prüfung**, ob Aufwendungen bei der Ermittlung des Einkommens abzugsfähig sind, das Folgende:

- Liegen Ausgaben vor (vgl. F)? Wenn ja …
- Sind Betriebsausgaben, Werbungskosten oder Aufwendungen für den Erwerb oder die Veräußerung einer Einkunftsquelle selbst gegeben? Wenn nein …
- Prüfung, ob abzugsfähige Sonderausgaben (§§ 10, 10 a und 10 b EStG) oder andere nicht abzugsfähige Kosten (§ 12 Nr. 1 bis 5 EStG) anzunehmen sind.

BEISPIELE

a) C ist Eigentümer eines Mehrfamilienwohnhauses. Für eine neu zu vermietende Wohnung gibt er im Jahr 01 15 Zeitungsannoncen für dieses Angebot auf, Ausgaben 1 125 €. Liegen Sonderausgaben vor?

LÖSUNG Nein. Es handelt sich um Werbungskosten bei den Einkünften aus Vermietung und Verpachtung des C (§§ 9, 21 EStG). Damit sind Sonderausgaben ausgeschlossen (§ 10 EStG). Im Übrigen sind die Kosten für Zeitungsanzeigen nicht in § 10 EStG genannt (abschließende Aufzählung).

b) D bezog im Jahr 01 nur Einkünfte aus Kapitalvermögen i. H. v. 100 000 €. Aus Dividendeneinnahmen kaufte er im Jahr 02 Aktien der X-AG für 30 000 €. Liegen Sonderausgaben vor?

LÖSUNG Nein. D hat Aufwendungen für den Erwerb einer Einkunftsquelle aufgewendet. Das sind Anschaffungskosten und keine Werbungskosten bei den Einkünften aus Kapitalvermögen. Auch liegen keine Sonderausgaben vor (vgl. 2.1).

c) B hat für das Jahr 01 einen Gesamtbetrag der Einkünfte i. H. v. 48 000 €. Im Jahr 01 hat er 1 100 € Kirchensteuer bezahlt. Liegen Sonderausgaben vor?

LÖSUNG Ja. Die Kirchensteuer ist zwar eine Personensteuer (wie die ESt). Sie ist daher nach § 12 Nr. 3 EStG weder als Betriebsausgabe (§ 4 Abs. 4 EStG) noch als Werbungskosten (§ 9 EStG) berücksichtigungsfähig. Allerdings sind die 1 100 € Kirchensteuer im Jahr 01 als Sonderausgaben abzugsfähig, weil sie konkret in § 10 Abs. 1 Nr. 4 EStG als Sonderausgabe angeführt ist.

2 Rechtliche Grundsätze für den Abzug der Sonderausgaben

2.1 Abschließende Aufzählung (Enumerationsprinzip)

Anders als bei den Werbungskosten, für die in § 9 EStG einige typische Beispiele genannt sind, ergibt sich aus §§ 10, 10 a und 10 b EStG eine **abschließende Aufzählung** der Sonderausgaben. Ähnliche Aufwendungen sind nicht als Sonderausgaben abzugsfähig, auch wenn sie begrifflich zu den in §§ 10, 10 a und 10 b EStG erfassten Arten von Aufwendungen gehören könnten.

BEISPIELE

a) Die Beiträge zu einer **Haftpflichtversicherung** für einen privaten Pkw oder für ein privat gehaltenes Haustier gehören gem. § 10 Abs. 1 Nr. 3 a EStG zu den Sonderausgaben.

b) Die Beiträge zu einer **kombinierten Familienversicherung** (Haftpflichtversicherung für Schäden, verursacht durch bestimmte Familienangehörige und Hausratversicherung für die zur Wohnung dieser Familie gehörenden Gegenstände des Hausrats) sind nur hinsichtlich der Haftpflichtversicherung Sonderausgaben. Die Hausratversicherung ist als Sachversicherung nicht in § 10 Abs. 1 Nr. 3 a EStG aufgeführt und somit nicht als Sonderausgabe berücksichtigungsfähig. Vgl. H 10.5 [Hausratversicherung] EStH.

c) Arbeitnehmer A fährt täglich mit seinem eigenen Pkw von seiner Wohnung zum Betrieb (einfache Entfernung 16 km). Er hat eine kombinierte **Haftpflicht-, Insassenunfall-, Reisegepäck- und Fahrzeugvollversicherung** abgeschlossen.

LÖSUNG Als Sonderausgaben abzugsfähig sind die Beiträge zur Haftpflicht- und Insassenunfallversicherung des A, weil sie in § 10 Abs. 1 Nr. 3 a EStG aufgeführt sind (vgl. R 10.5 Satz 2 EStR). **Nicht** als Sonderausgaben abzugsfähig sind dagegen die übrigen Versicherungsbeiträge des A. Vgl. H 10.5 [Keine Sonderausgaben] EStH.

Die in §§ 10, 10 a und 10 b EStG aufgezählten Sonderausgaben sind abzugsfähig, wenn der Stpfl ihre Zahlung dem Finanzamt in seiner ESt–Erklärung nachweist. Bestimmte Sonderausgaben (z. B. Beiträge zur Basis–Krankenversicherung) berücksichtigt das Finanzamt **von Amts wegen** (insoweit bekommt es die Daten vom Versicherungsunternehmen elektronisch übermittelt). **Andere Sonderausgaben (z. B.** Unterhaltszahlungen an den geschiedenen oder getrennt lebenden Ehegatten gem. § 10 Abs. 1 a Nr. 1 EStG) sind nur berücksichtigungsfähig, wenn der Geber dies in der Einkommensteuererklärung beantragt (vgl. 2.6).

2.2 Aufwendungen des Steuerpflichtigen

Sonderausgaben i. S. d. §§ 10 und 10 a EStG (**ohne** § 10 b EStG) sind grundsätzlich nur die **Aufwendungen,** die der **Stpfl**

- **selbst schuldet und**
- **selbst leistet** (zahlt).

Der Stpfl schuldet aufgrund eigener vertraglicher oder gesetzlicher Verpflichtung. Er ist der Vertragspartner. Bei Versicherungen i. S. d. § 10 Abs. 1 Nr. 2 und 3 EStG nennt man ihn **Versicherungsnehmer** (H 10.1 [Abzugsberechtigte Person] EStH). Bei Versicherungen ist unerheblich, wer versicherte Person ist oder wem die Versicherungssumme oder eine andere Versicherungsleistung (z. B. Sterbegeld aus einer Sterbekasse) zufließt (BMF vom 22. 12. 2005 BStBl I 2006, 92). Bei den übrigen Sonderausgaben ist es derjenige, von dem die Zahlung verlangt wird. Sonderregelungen gibt es für Beiträge zur Basis-Krankenversicherung und gesetzlichen Pflegeversicherung von Kindern (§ 10 Abs. 1 Nr. 3 Satz 2 EStG), im Falle des Realsplittings (§ 10 Abs. 1 Nr. 3 Satz 3 EStG) sowie im Falle der Vorauszahlung (§ 10 Abs. 1 Nr. 3 Satz 4 EStG).

BEISPIELE

a) A hat einen Vertrag über eine private Krankenversicherung (Basistarif und Wahlleistungen) abgeschlossen, die seine Kosten im Krankheitsfall (Arzt, Medikamente, Krankenhausaufenthalt) voll erstattet. Liegen Sonderausgaben vor?

LÖSUNG Ja. A ist Versicherungsnehmer. Die von ihm bezahlten Beiträge sind aufzuteilen. Sie sind Sonderausgaben nach § 10 Abs. 1 Nr. 3 Buchst. a EStG, soweit sie auf den Basistarif entfallen. Soweit sie auf die Wahlleistungen entfallen, sind sie Sonderausgaben nach § 10 Abs. 1 Nr. 3 a EStG.

b) B ist Arbeitnehmer des Z. B muss Beiträge zur gesetzlichen **Sozialversicherung** leisten: **Arbeitnehmeranteil** für seine gesetzliche Pflichtkrankenversicherung, gesetzliche Pflegepflichtversicherung, gesetzliche Rentenversicherung und gesetzliche Arbeitslosenversicherung. Diesen Arbeitnehmeranteil zur gesetzlichen Sozialversicherung muss Z bei der Lohn- und Gehaltsauszahlung an B (genau wie die Lohnsteuer) einbehalten und an den Sozialversicherungsträger unmittelbar abführen. Der volle Arbeitslohn des B vor Abzug der Sozialversicherung und der Lohnsteuer (samt Annexsteuern) sind die steuerlichen Bruttoeinnahmen des B aus nichtselbstständiger Arbeit (§ 8 Abs. 1 und § 19 EStG). B ist der Versicherungsnehmer. Wie sind die Ausgaben zu behandeln?

LÖSUNG Die von Z einbehaltenen und abgeführten Arbeitnehmeranteile des B an den Sozialversicherungsbeiträgen stellen grundsätzlich **Sonderausgaben** dar: nach § 10 Abs. 1 Nr. 2 Buchst. a (gesetzliche Rentenversicherung), nach § 10 Abs. 1 Nr. 3 Buchst. a (Basis-Krankenversicherung und gesetzliche Pflegeversicherung) sowie § 10 Abs. 1 Nr. 3 a EStG (z. B. Arbeitslosenversicherung).
Der daneben von Z in gleicher Höhe zu leistende **Arbeitgeberanteil** ist bei diesem **Betriebsausgabe**. Bei B ist der Arbeitgeberanteil steuerfrei (vgl. § 3 Nr. 62 EStG und R 3.62 LStR). Der Arbeitgeberanteil wird nicht von B als Versicherungsnehmer geschuldet, es liegen also insoweit grundsätzlich keine Sonderausgaben des B vor. Zu berücksichtigen ist aber, dass der Arbeitgeberanteil zur gesetzlichen Rentenversicherung kraft gesetzlicher Fiktion bei B als Sonderausgabe anzusetzen ist (§ 10 Abs. 1 Nr. 2 Satz 6 EStG).

c) C hat im VZ 2004 mit der W-Versicherungs-AG einen Lebensversicherungsvertrag über 30 000 € Versicherungssumme zugunsten seiner 6-jährigen Tochter T abgeschlossen. Die Versicherungssumme und die angesammelten Gewinnanteile erhält T mit Vollendung des 20. Lebensjahres ausbezahlt. Stirbt C vorher, wird die Versicherung beitragsfrei bis zur Fälligkeit, sonst bleibt alles gleich (volle Auszahlung der Versicherungssumme).

LÖSUNG C schuldet die Prämien für diese Form der Lebensversicherung und hat Sonderausgaben nach § 10 Abs. 1 Nr. 3 a EStG (sog. Altfall, vgl. BMF vom 22. 08. 2002 BStBl I 2002, 827 Rz 2). In sog. Neufällen (Abschluss einer entsprechenden Lebensversicherung nach dem 31. 12. 2004) scheidet der Abzug der Versicherungsbeiträge als Sonderausgaben aus, weil solche Aufwendungen in § 10 EStG nicht mehr ausdrücklich als Sonderausgaben angeführt sind.

d) A schließt eine reine Risikolebensversicherung ab, die eine Zahlung nur für den Fall des Todes des A an dessen Erben vorsieht. Wie sind die Versicherungsbeiträge des A zu behandeln?

LÖSUNG Versicherungsnehmer und versicherte Person ist A. Die Versicherungssumme fließt in diesem Fall stets den Erben zu. Die Beiträge zur Risikolebensversicherung sind in § 10 Abs. 1 Nr. 3 a EStG als Sonderausgaben aufgeführt und bei A als Sonderausgaben berücksichtigungsfähig.

Bei **Ehegatten**, die zusammen zur ESt veranlagt werden, ist es für den Sonderausgabenabzug ohne Bedeutung, welcher Ehegatte die Aufwendungen geleistet hat. Zusammenveranlagte Ehegatten werden insoweit (also nach dem Gesamtbetrag der Einkünfte) gemeinsam als Stpfl (bzw. anders ausgedrückt nur noch als »ein« Steuerpflichtiger) behandelt (vgl. R 10.1 EStR).

Leistet der Stpfl eine Zahlung, die ein Dritter schuldet, so liegen grundsätzlich keine Sonderausgaben des Stpfl vor (Ausnahme: Fälle des § 10 Abs. 1 Nr. 3 Sätze 2 und 3 EStG). Bei der Zahlung kann es sich aber um Sonderausgaben des Dritten handeln, weil man dann davon ausgehen kann, dass der Stpfl dem Dritten den Betrag geschenkt hat (sog. abgekürzter Zahlungsweg; vgl. A. BMF vom 14.03.2012 BStBl I 2012, 307, Rz 24, zu den Kinderbetreuungskosten nach § 10 Abs. 1 Nr. 5 EStG).

BEISPIEL

D übernimmt für seine studierende Freundin S deren Beiträge für die studentische Pflichtkrankenversicherung und die Haftpflichtversicherung.

LÖSUNG Die von D bezahlten Prämien werden von ihm nicht als Versicherungsnehmer geschuldet und sind keine Sonderausgaben des D (BFH vom 09.05.1974 BStBl II 1974, 545, 546 und vom 19.04.1989 BStBl II 1989, 862). Nach dem Grundsatz des abgekürzten Zahlungswegs ist bei S der Sonderausgabenabzug zu prüfen, da sie die Versicherungsbeiträge dem Grunde nach schuldet (BFH vom 25.11.2010 – III R 79/09, BStBl II 2011, 450 und vom 07.02.2008 – VI R 41/05, BFH/NV 2008, 1136; a. A. wohl BFH vom 19.04.1989 – X R 2/84, BStBl II 1989, 683; zu Drittaufwand siehe auch BFH vom 19.04.1989 – X R 28/86, BStBl II 1989, 862).

2.3 Zeitraum des steuerlichen Abzugs der Sonderausgaben

Sonderausgaben werden **für das Kalenderjahr** (VZ, vgl. D 3.1) bei der Berechnung des Einkommens abgesetzt, **in dem sie geleistet wurden bzw. abgeflossen sind**. § 11 Abs. 2 EStG gilt in vollem Umfang, (vgl. F 1 und H 11 [Allgemeines, Scheck, Überweisung] EStH, H 10.1 [Abzugszeitpunkt] EStH). Es kommt also auf den Geldabfluss im VZ (durch Barzahlung, Überweisung, Scheck usw.) an. Die Sonderregelung des § 11 Abs. 2 Satz 2 (Zuordnung dem Jahr der wirtschaftlichen Zugehörigkeit) ist bei regelmäßig wiederkehrenden Ausgaben (z. B. monatlich, vierteljährlich oder im Einzelfall jährlich wiederkehrenden Versicherungsbeiträgen) zu beachten (vgl. F 3.1 und H 10.1 [Abzugszeitpunkt] EStH).

BEISPIEL

B zahlt lt. Scheidungsvereinbarung seine Unterhaltszahlungen an die geschiedene Ehefrau i. H. v. 700 € durch Banküberweisung stets pünktlich am 1. eines Monats. Wegen seines Skiurlaubs erledigt B die für den 01.01.2018 vorgesehene Überweisung bereits am 27.12.2017. In welchem VZ liegen Sonderausgaben vor?

LÖSUNG Die Zahlung am 27.12.2017 ist erst im VZ 2018 als Sonderausgabe gem. § 10 Abs. 1 a Nr. 1 EStG (vgl. 2.6.1) berücksichtigungsfähig (Fälligkeit 01.01.2018 und Zahlung am 27.12.2017 liegen innerhalb des 10–Tagezeitraums). Wirtschaftlich ist die Unterhaltszahlung dem Januar 2018 und damit dem VZ 2018 zuzurechnen (vgl. H 11 [Allgemeines] EStH und F 3.1.3).

2.4 Nachzahlungen, Vorauszahlungen, Erstattungen und Verrechnungen

Werden Sonderausgaben

- vor oder nach ihrer Fälligkeit bezahlt oder
- bereits geleistete Sonderausgaben zurückerstattet oder
- werden Sonderausgaben ohne Geldbewegung nur umgebucht,

so wird der VZ des Abzugs der Sonderausgaben grundsätzlich ohne Rücksicht auf die wirtschaftliche Zugehörigkeit nur nach dem Geld- oder Güterabfluss bestimmt. Da der Stpfl sein Einkommen mindern will, muss er den Zeitpunkt der Leistung im Einzelfall durch geeignete Unterlagen festhalten.

Für nicht verlangte, willkürlich geleistete Sonderausgabenzahlungen (z. B. nicht festgesetzte KiSt-Vorauszahlung) vgl. R 10.7 EStR und H 10.7 (Willkürliche Zahlungen) EStH, ist der Sonderausgabenabzug nicht zulässig. Davon abzugrenzen sind vorausbezahlte Beiträge zur Basis-Krankenversicherung oder zur gesetzlichen Pflegeversicherung, die bis zu einer bestimmten Höhe berücksichtigungsfähig sind (§ 10 Abs. 1 Nr. 3 Satz 4 EStG).

Allgemein sind bei **Erstattungen** die in einem VZ gezahlten Sonderausgaben entsprechend **zu kürzen**,

- wenn die Rückleistung auf einem Anspruch des Stpfl beruht und
- nur, soweit Sonderausgaben **gleicher Art** zurückgezahlt werden (vgl. H 10.1 [Abzugshöhe] EStH).

In der Regel findet eine Verrechnung erstatteter Beträge mit Sonderausgaben einer anderen Art nicht statt. Soweit der Erstattung im VZ keine Zahlung gleicher Sonderausgaben gegenübersteht, erfolgt keine Kürzungen der anderen Sonderausgaben. Gem. § 10 Abs. 4b Satz 2 EStG ist seit dem VZ 2012 (Steuervereinfachungsgesetz 2011 vom 01. 11. 2011, BGB I, 2131) ein Erstattungsüberhang bei den Vorsorgeaufwendungen i. S. d. § 10 Abs. 1 Nr. 2 bis 3 a EStG mit anderen i. R. der jeweiligen Nummer in § 10 EStG anzusetzenden Aufwendungen des Erstattungsjahres zu verrechnen (z. B. Erstattungen bei der Haftpflichtversicherung mit Beiträgen zur Unfallversicherung).

Ein verbleibender Betrag des sich bei Aufwendungen nach § 10 Abs. 1 Nr. 3 (Basiskranken- und Pflegeversicherung) und Nr. 4 (Kirchensteuer) ergebenden Erstattungsüberhangs ist dem Gesamtbetrag der Einkünfte hinzuzurechnen (§ 10 Abs. 4b Satz 2 EStG). Hierdurch wird in diesen Fällen vermieden, dass die ESt-Veranlagung in dem Jahr der ursprünglichen Zahlung der Sonderausgabe geändert werden muss (siehe auch BFH vom 06. 07. 2016 – X R 6/14, BStBl II 2016, 933).

Bei Sonderausgaben gem. § 10 Abs. 1 Nr. 2 und 3 a EStG ist der Erstattungsüberhang allerdings weiterhin mit den entsprechenden Sonderausgaben im Zahlungsjahr zu verrechnen. Ein bereits bestandskräftiger ESt-Bescheid ist nach § 175 Abs. 1 Satz 1 Nr. 2 AO (rückwirkendes Ereignis) zu ändern.

BEISPIELE

a) K zahlte die am 05. 01. 2018 fällige KiSt-**Nachzahlung** für 2014 i. H. v. 500 € am 28. 12. 2017 durch Übersendung eines Verrechnungsschecks an das Finanzamt (Finanzkasse).
In welchem VZ sind die Zahlungen als Sonderausgaben abziehbar?

LÖSUNG Mit Hingabe des Schecks, also am 28. 12. 2017, ist die Sonderausgabe (vgl. 2.6.2) geleistet und im VZ 2017 anzusetzen. Vgl. H 11 (Scheck, Scheckkarte) EStH. Die Kirchensteuer ist keine regelmäßig wiederkehrende Ausgabe (§ 10 Abs. 2 Satz 2 EStG).

b) R hat mit seiner Krankenversicherungsgesellschaft eine Sondervereinbarung getroffen: Die Basis-Krankenversicherungsbeiträge für 2018 und 2019 (eigentlich je 100 € fällig am 1. eines Monats) **zahlte** R in voller Höhe am 28. 12. 2017 in einer Summe vom Postbankkonto (24 × 100 € = 2 400 €) im **Voraus**.
In welchem VZ sind die Zahlungen als Sonderausgaben abziehbar?

LÖSUNG Die Vorauszahlung von Beiträgen zur Basis-Krankenversicherung und zur gesetzlichen Pflegeversicherung ist grundsätzlich bis zum zweieinhalbfachen Jahresbeitrag steuerlich im Zahlungsjahr berücksichtigungsfähig (§ 10 Abs. 1 Nr. 3 Satz 4 EStG). Hier gilt: Die Beiträge für Februar 2018 bis Dezember 2019 sind (23 × 100 € = 2 300 €) im VZ 2017, und der Beitrag für Januar 2018 (100 €) ist als wiederkehrende Ausgabe erst im VZ 2018 abzugsfähig (Fälligkeit 01. 01. 2018, Zahlung am 28. 12. 2017).

c) A hat im VZ 2016 und 2017 je 180 € Haftpflichtversicherungsbeiträge und im VZ 2016 einen Krankenversicherungsbeitrag (Wahlleistungen) i. H. v. 600 € geleistet (s. § 10 Abs. 1 Nr. 3 a EStG).

Im VZ 2017 erhielt A eine Beitragsrückerstattung von der Krankenversicherung (Wahlleistungen) für das Jahr 2016 i. H. v. 200 €.
Welche Auswirkung hat die Beitragsrückerstattung auf die Berechnung der abzugsfähigen Vorsorgeaufwendungen?
LÖSUNG Gem. § 10 Abs. 4 b Satz 2 EStG ist die Beitragsrückerstattung der Krankenversicherung im VZ 2017 mit dem ebenfalls unter § 10 Abs. 1 Nr. 3 a EStG fallenden Haftpflichtversicherungsbeitrag i. H. v. 180 € zu verrechnen. Der verbleibende Erstattungsüberhang i. H. v. 20 € mindert den entsprechenden Beitrag im VZ 2016 (Zahlungsjahr). Soweit er sich dort im VZ 2016 tatsächlich als Sonderausgabe ausgewirkt hat, ist der bestandskräftige ESt-Bescheid 2016 gem. § 175 Abs. 1 Satz 1 Nr. 2 AO zu ändern. Anderenfalls ist der Erstattungsüberhang (20 €) unerheblich.

d) A hat im Jahr 2017 an das Finanzamt KiSt-Vorauszahlungen i. H. v. 2 500 € geleistet. Aus der Veranlagung des Jahres 2016 erhielt A im September 2017 eine KiSt-Erstattung i. H. v. 2 800 €.
In welchem VZ sind die Zahlungen als Sonderausgaben abziehbar?
LÖSUNG Die KiSt-Erstattung (2 800 €) mindert im VZ 2017 die dort gezahlte KiSt (2 500 €) auf 0 €. Ein Sonderausgabenabzug gem. § 10 Abs. 1 Nr. 4 EStG scheidet im VZ 2017 daher aus. Der verbleibende Erstattungsüberhang i. H. v. (2 800 € ./. 2 500 € =) 300 € wird im VZ 2017 dem Gesamtbetrag der Einkünfte hinzugerechnet (§ 10 Abs. 4 b Satz 3 EStG, R 2 Abs. 1 Nr. 12 EStR).

e) Z zahlte im VZ 2017 2 400 € Krankenversicherungsbeiträge (nur Basistarif) und 600 € Unfallversicherungsbeiträge. Im Jahr 2017 stellte sich heraus, dass der Versicherungsgesellschaft ein Eingabefehler bei der Ausfertigung der Unfallversicherungspolice unterlaufen ist. Z erhielt im Jahr 2017 für die Jahre 2013 bis 2 016 400 € erstattet.
In welchem VZ sind die Zahlungen als Sonderausgaben abziehbar?
LÖSUNG Als Sonderausgaben sind bei Z im VZ 2017 berücksichtigungsfähig:
2 400 € Krankenversicherungsbeiträge (§ 10 Abs. 1 Nr. 3 Buchst. a EStG) und (600 € ./. Erstattung 400 € =) 200 € Unfallversicherungsbeiträge (§ 10 Abs. 1 Nr. 3 a EStG).

f) H hatte am 10. 12. 2017 1 000 € KiSt-Vorauszahlungen zu leisten. Das Finanzamt hat die Zahlung gestundet, weil H für den VZ 2017 eine ESt-Rückzahlung zu erwarten hatte (§ 222 AO). Am 20. 12. 2017 teilte das Finanzamt mit, die ESt-Erstattung für den VZ 2016 betrage 5 000 €, davon werden 1 000 € auf das Bankkonto des H überwiesen, 3 000 € mit der gestundeten ESt 2016 und 1 000 € mit den gestundeten KiSt-Vorauszahlungen (fällig 10. 12. 2017) verrechnet.
In welchem VZ kann H KiSt-Zahlungen als Sonderausgaben abziehen?
LÖSUNG H kann 1 000 € KiSt-Zahlung im VZ 2017 als am 20. 12. 2017 geleistete Sonderausgaben (§ 10 Abs. 1 Nr. 4 EStG) absetzen. Die Aufrechnung durch das FA ist ein Abfluss.

2.5 Einteilung der Sonderausgaben in unbeschränkt und beschränkt abzugsfähige Sonderausgaben und Vorsorgeaufwendungen

Die hier zu behandelnden Sonderausgaben (vgl. 2.1) sind in den §§ 10, 10 a und 10 b EStG aufgezählt. Dabei empfiehlt es sich – ergänzend zum Wortlaut des EStG – Gruppen von Sonderausgabenarten zu bilden.

Bei der folgenden Darstellung trennen wir wegen des in § 10 c EStG festgelegten Sonderausgaben-Pauschbetrags in

- unbeschränkt und beschränkt abzugsfähige Sonderausgaben (vgl. 2.6) und
- Vorsorgeaufwendungen (vgl. 2.7 und 2.8).

Sonderausgabenarten

unbeschränkt abzugsfähige Sonderausgaben	**beschränkt** abzugsfähige Sonderausgaben einschl. Vorsorgeaufwendungen
hierzu gehören: • gezahlte Kirchensteuer (§ 10 Abs. 1 Nr. 4 EStG), • Versorgungsleistungen (§ 10 Abs. 1a Nr. 2 EStG). • Ausgleichsleistungen zur Vermeidung des Versorgungsausgleichs (§ 10 Abs. 1a Nr. 3 EStG) • Ausgleichsleistungen im Rahmen des Versorgungsausgleichs (§ 10 Abs. 1a Nr. 4 EStG)	**hierzu gehören:** • Versicherungsbeiträge (§ 10 Abs. 1 Nr. 2, 3 und 3a, § 10a EStG), • Kinderbetreuungskosten (§ 10 Abs. 1 Nr. 5 EStG), • Berufsausbildungskosten des Stpfl (§ 10 Abs. 1 Nr. 7 EStG), • Schulgeldzahlungen an bestimmte Privatschulen (§ 10 Abs. 1 Nr. 9 EStG), • Unterhaltsleistungen an geschiedene Ehegatten, die der Empfänger versteuert (§ 10 Abs. 1a Nr. 1 EStG), • Spenden (§ 10b Abs. 1 EStG), • Parteispenden (§ 34g EStG, § 10b Abs. 2 EStG).

2.6 Unbeschränkt und beschränkt abzugsfähige Sonderausgaben

Es sei nochmals darauf hingewiesen, dass wir bei der Darstellung der Grundzüge des EStG die Versorgungsleistungen des § 10 Abs. 1 a Nr. 2 EStG sowie die Ausgleichsleistungen nach § 10 Abs. 1a Nr. 3 und Nr. 4 EStG weglassen. Für bestimmte Sonderausgaben ist mindestens der **Sonderausgabenpauschbetrag gem. § 10 c Abs. 1 EStG** abzuziehen (vgl. 2.11).

2.6.1 Unterhaltsleistungen an Ehegatten – Realsplitting

Geschiedene (§ 1564 BGB) oder dauernd getrennt lebende (§ 1567 BGB) Ehegatten sind gegenüber dem anderen Ehegatten nach bürgerlichem Recht unterhaltsberechtigt bzw. -verpflichtet. Entsprechendes gilt für Lebenspartner einer eingetragenen Lebenspartnerschaft. Die Unterhaltsleistungen des verpflichteten Ehegatten bzw. Lebenspartners (Geber) sind grundsätzlich gem. § 12 Nr. 2 EStG als Einkommensverwendung bei der Berechnung der Einkünfte und auch bei der Ermittlung des Einkommens nicht abzugsfähig. Der berechtigte Ehegatte bzw. Lebenspartner (Empfänger) muss die erhaltenen Unterhaltszahlungen grundsätzlich nicht versteuern, da sie ohne irgendwelche Leistungen zu keiner der sieben Einkunftsarten gehören. Dies gilt auch, wenn die Unterhaltszahlungen in der Form einer lebenslangen Rente auf einer besonderen Vereinbarung beruhen (vgl. R 10.3 Abs. 2 EStR und H 12.6 [Unterhaltsleistungen] EStH). Die sog. Unterhaltsrenten sind also beim Geber nicht abziehbar und vom Empfänger nicht zu versteuern, wenn der Geber unbeschränkt einkommensteuerpflichtig ist (vgl. § 22 Nr. 1 Satz 2 EStG).

Diese Grundsätze wurden vom Gesetzgeber bei Unterhaltsleistungen an geschiedene oder dauernd getrennt lebende Ehegatten/Lebenspartner durchbrochen: Gem. § 10 Abs. 1 a Nr. 1 EStG kann der Geber – mit ausdrücklicher schriftlicher und bis auf Widerruf der wirksamen Zustimmung des Empfängers (für die Zukunft) – für jeden VZ neu beantragen, dass Unterhaltszahlungen bis zum Höchstbetrag von jährlich grundsätzlich **13 805 €** als Sonderausgaben abgezogen werden. Nach § 10 Abs. 1 a Nr. 1 Satz 6 EStG gilt dies entsprechend für Fälle der Nichtigkeit oder der Aufhebung der Ehe.

Gem. § 10 Abs. 1 a Nr. 1 Satz 2 EStG sind im Rahmen des Realsplittings noch die Basis-Kranken- und gesetzlichen Pflegeversicherungsbeiträge gem. § 10 Abs. 1 Nr. 3 EStG des Empfängers, soweit sie vom Geber übernommen wurden, zusätzlich zum Höchstbetrag von 13 805 € als Sonderausgaben abzugsfähig (vgl. 2.7).

Leistet jemand Unterhalt an mehrere Empfänger, sind die Unterhaltsleistungen an jeden beim Geber bis zum Höchstbetrag von 13 805 € (ggf. erhöht um die übernommenen Basis-Kranken- und gesetzlichen Pflegeversicherungsbeiträge) als Sonderausgabe abziehbar (R 10.2 Abs. 3 EStR).

In **R 10.2 EStR und H 10.2 EStH** sind die Voraussetzungen im Einzelnen sinngemäß wie folgt zusammengefasst:

a) Der unbeschränkt steuerpflichtige Geber beantragt den Abzug (i. d. R. mit der Einkommensteuererklärung) der von ihm regelmäßig oder in wechselnder Höhe geleisteten Unterhaltszahlungen als Sonderausgaben bis zum Höchstbetrag oder für einen Teilbetrag (R 10.2 Abs. 1 EStR).

b) Der Sonderausgabenabzug des Gebers hängt jedoch dem Grunde und der Höhe nach von der Zustimmung des unbeschränkt steuerpflichtigen Empfängers ab. Stimmt der Empfänger in vollem Umfang oder betragsmäßig begrenzt dem Sonderausgabenabzug beim Geber zu, hat er die Unterhaltsleistungen bis zu 13 805 € (ggf. erhöht um die übernommenen Basis-Krankenversicherungs- und gesetzliche Pflegeversicherungsbeiträge) als sonstige Einkünfte gem. § 22 Nr. 1 a EStG zu versteuern (sog. Korrespondenzprinzip, siehe auch BFH vom 09. 12. 2009 – X R 49/07, BFH/NV 2010, 1790). Die Zustimmung ist schriftlich zu erteilen (in der Praxis durch die Anlage U). Der Antrag und die Zustimmung zum begrenzten Realsplitting (§ 10 Abs. 1a Nr. 1 EStG) können nicht – auch nicht übereinstimmend – zurückgenommen oder nachträglich beschränkt werden (vgl. BFH vom 22. 09. 1999 BStBl II 2000, 218). Mit Wirkung für die Zukunft kann der Unterhaltsempfänger seine Zustimmung zur Besteuerung der Unterhaltszahlungen als wiederkehrende Einkünfte i. S. d. § 22 Nr. 1 a EStG widerrufen. Der Widerruf ist vor Beginn des Kj, für das die Zustimmung erstmals nicht mehr gelten soll, gegenüber dem Wohnsitzfinanzamt des Gebers oder des Empfängers zu erklären (vgl. BFH vom 02. 07. 2003 BStBl II 2003, 803 und H 10.2 [Zustimmung] EStH). Ob die Zustimmung des Empfängers missbräuchlich verweigert wird und deshalb erzwingbar ist, haben gegebenenfalls Zivilgerichte (Familiengerichte) zu entscheiden. Stimmt der Empfänger von Unterhaltszahlungen dem **der Höhe nach beschränkten Antrag** auf Abzug der Zahlungen als Sonderausgaben i. S. d. § 10 Abs. 1 a Nr. 1 EStG zu, so beinhaltet dies **keine der Höhe nach** unbeschränkte Zustimmung für die Folgejahre (vgl. BFH vom 14. 04. 2005 BStBl II 2005, 825). Die nachträgliche Zustimmung des Empfängers zur Erweiterung des Sonderausgabenabzugs (bis zum Höchstbetrag) ist zulässig (BFH vom 28. 06. 2006 – XI R 32/05, BStBl II 2007, 5, mit Hinweis auf ein rückwirkendes Ereignis, § 175 Abs. 1 Satz 1 Nr. 2 AO). Ein rückwirkendes Ereignis liegt nicht vor, wenn der Antrag auf Realsplitting nach der Bestandskraft des nämlichen Einkommensteuerbescheids des Gebers gestellt wird, obgleich ihm die Zustimmung zum Realsplitting vom Empfänger bereits vor der Bestandskraft vorlag (BFH vom 20.08.2014 – X R 33/12, BStBl II 2015, 138).

c) Der Empfänger ist unbeschränkt einkommensteuerpflichtig oder es besteht eine Abzugsmöglichkeit nach Doppelbesteuerungsabkommen (z. B. mit Kanada oder USA). Vgl. hierzu auch § 1 a Abs. 1 Satz 1 Nr. 1 EStG. Ist der Empfänger nicht unbeschränkt einkommensteuerpflichtig und § 1 a Abs. 1 Satz 1 Nr. 1 EStG nicht anwendbar, können die Unterhaltsleistungen als außergewöhnliche Belastung gem. § 33 a Abs. 1 EStG geltend gemacht werden (vgl. R 2.1).

d) Auch Sachleistungen, z. B. der Nutzungswert einer unentgeltlich überlassenen Wohnung, sind zu berücksichtigen. Vgl. H 10.2 [Unterhaltsleistungen und Wohnungsüberlassung] EStH.

e) Der Abzug der Unterhaltsleistungen bis zu 13 805 € kann auch beantragt werden, wenn die dauernde Trennung der Ehegatten erst im Laufe des VZ eingetreten ist (also noch eine Ehegattenveranlagung durchzuführen ist) oder die Ehe erst im Laufe des VZ geschieden wurde. Die Unterhaltsleistungen sind aber nur dann als Sonderausgaben abzugsfähig, wenn die Ehegatten im Jahr der dauernden Trennung oder Scheidung nicht zusammenveranlagt (§ 26 b EstG) werden.

f) Wird für Unterhaltszahlungen der Abzug als Sonderausgaben beantragt, so kann der nicht als Sonderausgaben abziehbare – 13 805 € übersteigende – Teil der Unterhaltsleistungen nicht (zusätzlich) als außergewöhnliche Belastung gem. § 33 a Abs. 1 EStG abgezogen werden. Der Geber hat also ein Wahlrecht, ob er nur Sonderausgaben oder nur außergewöhnliche Belastungen geltend machen will. Dieses Wahlrecht kann für jeden VZ vom Geber neu ausgeübt werden. Entscheidet sich der Geber für die Berücksichtigung der Unterhaltsleistungen als außergewöhnliche Belastung nach § 33 a Abs. 1 EStG, bleiben die Unterhaltsleistungen beim Empfänger steuerfrei, da sie dann bei ihm zu keiner der sieben Einkunftsarten gehören (vgl. BFH vom 07.11.2000 BStBl II 2001, 338).

BEISPIELE

a) P ist seit Anfang 2016 von seiner früheren Ehefrau M geschieden. M ist seit dem Jahr 2017 mit dem neuen Ehemann S verheiratet und lebt seither in Frankfurt/M. Bei der Scheidung haben P und M in einer notariellen Vereinbarung geregelt, dass P ohne Rücksicht auf eine neue Ehe der M ab dem Jahr 2016 zwanzig Jahre monatlich 1 500 € Unterhalt zu zahlen hat. M stimmte dem Sonderausgabenabzug ab dem VZ 2016 unbegrenzt zu (Anlage U).
Kommt das Realsplitting in Betracht?

LÖSUNG Mit bis auf Widerruf wirksamer Zustimmung der M kann P von den geleisteten 18 000 € jährlich bis zu 13 805 € gem. § 10 Abs. 1 Nr. 1 EStG als Sonderausgaben abziehen. M hat von den erhaltenen 18 000 € bis zu 13 805 € als sonstige Einkünfte gem. § 22 Nr. 1 Buchst. a EStG zu versteuern. Dabei kommt es auf die Veranlagungsform für die Eheleute M und S nicht an. Sofern P mit den 18 000 € auch die Beiträge der M zur Basis–Krankenversicherung und zur gesetzlichen Pflegeversicherung (§ 10 Abs. 1 Nr. 3 EstG) übernommen hat, ist ein entsprechend höherer Sonderausgabenabzug bei P möglich. M hat dann aber auch den höheren Betrag an Unterhaltsleistungen nach § 22 Nr. 1 a EStG bei den sonstigen Einkünften anzusetzen.

b) Wie Beispiel a). M lebt jedoch mit ihrem Ehemann S in Dänemark.

LÖSUNG Obwohl M nicht unbeschränkt einkommensteuerpflichtig ist, kommt beim Geber P und der Empfängerin M das Realsplitting in Betracht, da im Doppelbesteuerungsabkommen mit Dänemark eine Abzugsmöglichkeit (Art. 18 Abs. 6 DBA-Dänemark) vorgesehen ist. Vgl. H 10.2 [Nicht unbeschränkt einkommensteuerpflichtiger Empfänger] EStH. Falls im Doppelbesteuerungsabkommen keine Abzugsmöglichkeit vorgesehen wäre, müssten die Voraussetzungen des § 1 a Abs. 1 Satz 1 Nr. 1 EStG geprüft werden.

c) Die seit 14.06.2015 geschiedenen Eheleute R und S vereinbarten vor dem Familiengericht eine monatliche Unterhaltszahlung des R i. H. v. 1 000 € an S bis zu deren Wiederverheiratung. Mit Wirkung ab VZ 2015 gab S ihre schriftliche Zustimmung, dass R die geleisteten Unterhaltszahlungen als Sonderausgaben gem. § 10 Abs. 1 Nr. 1 EStG i. H. v. 12 000 € jährlich abziehen kann. S versteuerte ab dem VZ 2015 die Unterhaltszahlungen als sonstige Einkünfte gem. § 22 Nr. 1 a EStG. Am 28.12.2017 teilte S **ihrem Wohnsitzfinanzamt** mit, dass sie ihre Zustimmung zum Abzug der Unterhaltszahlungen des R als Sonderausgaben mit Wirkung ab 01.01.2015 widerrufe. Kann R den Widerruf der Zustimmung durch S bei seinem Wohnsitzfinanzamt für ungültig erklären?

LÖSUNG Der Widerruf der Zustimmung der S am 28.12.2017 führt zum Wegfall der Besteuerung der Unterhaltseinkünfte gem. § 22 Nr. 1 a EStG erst ab dem VZ 2018. Damit entfällt auch bei R erst ab dem VZ 2018 der Abzug der Unterhaltszahlungen gem. § 10 Abs. 1 a Nr. 1 EStG. Vgl. H 10.2 [Zustimmung] EStH. R kann die erneute Zustimmung der S nur beim Familiengericht, nicht aber beim FA erstreiten.

2.6.2 Kirchensteuer

Die gezahlte **KiSt** ist nach § 10 Abs. 1 Nr. 4 EStG als Sonderausgabe im Jahr der Verausgabung abzugsfähig. Die KiSt wird als **Geldleistung an Religionsgemeinschaften**, die als Körperschaften des öffentlichen Rechts anerkannt sind, von ihren Mitgliedern erbracht. Dazu sind in allen Bundesländern KiSt-Gesetze erlassen worden. Der KiSt-Satz beträgt z. B. in Baden-Württemberg und Bayern aktuell 8 %, in anderen Bundesländern 9 % der Bemessungsgrundlage (i. d. R. die Einkommensteuer, Lohnsteuer oder Kapitalertragsteuer). Daneben gibt es Religionsgemeinschaften, die mindestens in einem Bundesland als Körperschaften des öffentlichen Rechts anerkannt sind. Die an diese von ihren Mitgliedern geleisteten Kirchenbeiträge werden bis zur Höhe der allgemeinen KiSt-Sätze als KiSt behandelt (vgl. R 10.7 EStR und H 10.7 [Beiträge an Religionsgemeinschaften] EStH). Über die KiSt hinaus bezahlte Kirchenbeiträge sind als Spenden zu behandeln und gem. § 10 b Abs. 1 EStG als Sonderausgaben berücksichtigungsfähig (vgl. 2.6.4). Die Zahlungen muss der Stpfl auf Anforderung des Finanzamts nachweisen (§ 160 AO). Die Regelung des R 10.7 EStR ist eine Billigkeitsmaßnahme, die zwingend anzuwenden ist. Vgl. BFH vom 10.10.2001 BStBl II 2002, 201 und vom 12.06.2002 BStBl II 2003, 281 sowie H 10.7 (Beiträge an Religionsgemeinschaften) EStH. Die KiSt ist im VZ in der tatsächlich entrichteten Höhe (abzüglich etwaiger im selben VZ erstatteter oder gutgeschriebener Beträge) als Sonderausgabe abzugsfähig. Ergibt sich bei der KiSt ein Erstattungsüberhang, wird dieser bei der Ermittlung des Gesamtbetrags der Einkünfte hinzugerechnet (§ 10 Abs. 4 b Satz 3 EStG, s. hierzu 2.4 Beispiel d)).

Gezahlte Kirchensteuer, die als Zuschlag zur Kapitalertragsteuer mit abgeltender Wirkung einbehalten oder als Zuschlag auf die nach dem gesonderten Tarif nach § 32 d Abs. 1 EStG ermittelte ESt gezahlt wurde, darf nicht als Sonderausgabe abgezogen werden (§ 10 Abs. 1 Nr. 4 2. HS EStG). Eine Übernahme aus der betreffenden Steuerbescheinigung ist daher grundsätzlich nicht zulässig. Die Berücksichtigung der Kirchensteuer auf die Kapitalertragsteuer oder als Zuschlag auf die nach dem gesonderten Tarif nach § 32 d Abs. 1 EStG ermittelte ESt erfolgt über die Tarifformel in § 32 d Abs. 1 EStG. Die gezahlte Kirchensteuer kann nur dann als Sonderausgabe gem. § 10 Abs. 1 Nr. 4 EStG berücksichtigt werden, wenn die Kapitaleinkünfte nach § 32 d Abs. 2 oder Abs. 6 EStG in die Summe der Einkünfte einbezogen und mit dem persönlichen Steuertarif (§ 32a EStG) versteuert werden.

BEISPIELE

a) O ist Arbeitnehmer, der mit seinen Einkünften für das Jahr 2017 zur ESt veranlagt wird (vgl. dazu § 46 EStG und Teil K). Vom Arbeitslohn des Jahres 2017 hat der Arbeitgeber mit der Lohnsteuer auch zusätzlich 600 € Kirchenlohnsteuer einbehalten und an das zuständige Finanzamt abgeführt. Außerdem hat O im Jahr 2017 KiSt-Vorauszahlungen i. H. v. 400 € an die Finanzkasse des Finanzamts geleistet. Für den VZ 2016 hat O im Mai 2017 200 € KiSt erstattet bekommen. Wie hoch ist die abzugsfähige Kirchensteuer?

LÖSUNG Die im VZ 2017 als Sonderausgaben abzugsfähige KiSt des O beträgt (600 € + 400 € ./. 200 € =) 800 €.

b) S, ledig, kein Arbeitnehmer, wohnt in Heidelberg. Er ist Mitglied der Evangelisch-methodistischen Kirche (Religionsgemeinschaft und Körperschaft des öffentlichen Rechts) und zahlte im Jahr 2017 einen Kirchenbeitrag i. H. v. 4 000 €. Der Gesamtbetrag der Einkünfte im Jahr 2017 beträgt 50 000 €. S hat abzugsfähige Vorsorgeaufwendungen i. H. v. 7 000 € geleistet. Die geschätzte KiSt bei einem zu versteuernden Einkommen i. H. v. 39 000 € beträgt 672,88 €. Maximal abzugsfähige Spenden des S gem. § 10 b Abs. 1 Satz 1 EStG für kirchliche Zwecke (20 % × 50 000 €) wären 10 000 €, vgl. 2. 6. 4.

Wie hoch ist der abzugsfähige Kirchenbeitrag des S im Jahr 2017?

LÖSUNG

Gesamtbetrag der Einkünfte		50 000 €
./. Vorsorgeaufwendungen abzugsfähig lt. Sachverhalt	7 000 €	
./. fiktive Kirchensteuer	673 €	
./. Spenden für kirchliche Zwecke 4 000 €, max. 3 327 € (4 000 € ./. 673 €)	3 327 €	
Max. 2 %/GdE = 10 000 €		
Sonderausgaben		./. 11 000 €
Einkommen = zu versteuerndes Einkommen		39 000 €
ESt 2017 (Grundtarif)		8 411 €
8 % **fiktive** KiSt		672,88 €
Von den geleisteten Kirchenbeiträgen i. H. v. 4 000 € kann S im Jahr 2017 als Sonderausgaben abziehen:		
fiktive KiSt gem. § 10 Abs. 1 Nr. 4 EStG i. V. m. R 10.7 EStR		673 €
Spenden für kirchliche Zwecke gem. § 10 b Abs. 1 Satz 1 EStG		3 327 €
abzugsfähige Sonderausgaben für Kirchenbeiträge des S		4 000 €
Unberücksichtigt bleiben		0 €

KiSt, die der **Erbe** für den verstorbenen Erblasser zahlt oder erstattet erhält, wird wie eigene KiSt des Erben behandelt, da der Erbe diese schuldet (vgl. BFH vom 05. 02. 1960 BStBl III 1960, 140, sowie BFH vom 21. 07. 2016 – X R 43/13, DStR 2016, 2695).

Erstattete Kirchensteuer ist mit gezahlter Kirchensteuer im betreffenden VZ zu verrechnen. Ergibt sich ein Erstattungsüberhang, ist dieser dem Gesamtbetrag der Einkünfte hinzuzurechnen (§ 10 Abs. 4 b EStG).

2.6.3 Kinderbetreuungskosten (§ 10 Abs. 1 Nr. 5 EStG)

Durch das Steuervereinfachungsgesetz 2011 wurde die frühere Regelung des § 9 c EStG ab dem VZ 2012 aufgehoben. Seit dem VZ 2012 gibt es keine Unterscheidung mehr zwischen erwerbsbedingten und nicht erwerbsbedingten Kinderbetreuungskosten.

Kinderbetreuungskosten sind seit dem VZ 2012 nur noch einheitlich als **Sonderausgaben** abziehbar (§ 10 Abs. 1 Nr. 5 EStG). Vgl. hierzu BMF vom 14. 03. 2012 BStBl I 2012, 307.

Kinder § 32 Abs. 1 EStG	**unter 14 Jahre** alt oder **vor** dem 25. Lebensjahr Eintritt einer körperlichen, geistigen oder seelischen Behinderung	im Haushalt der Eltern oder im Haushalt eines Elternteils
Eltern oder Elternteil	unbeschränkt steuerpflichtig	**Alleinerziehende:** Die Voraussetzungen werden für jeden Elternteil unabhängig von der Person des anderen Elternteils geprüft (Einzelveranlagung gem. § 25 EStG).
Höchstbeträge für jedes Kind § 10 Abs. 1 Nr. 5 EStG	2/3 der Aufwendungen, max. 4 000 € jährlich je Kind (Höchstbetrag wird nicht gezwölftelt) als Sonderausgaben	Abzug bei dem Elternteil, der die Aufwendungen getragen hat. Werden sie gemeinsam getragen, erfolgt i. d. R. hälftige Aufteilung.
Nachweise § 10 Abs. 1 Nr. 5 EStG	Rechnung und unbare Zahlung	

2.6.3.1 Voraussetzungen für Kinder

Der besondere Betreuungsaufwand i. S. d. § 10 Abs. 1 Nr. 5 EStG wird nur für Kinder des Stpfl berücksichtigt, die

- das **14.** Lebensjahr **noch nicht** vollendet haben oder
- die körperlich, geistig oder seelisch behindert sind und bei denen die Behinderung vor Vollendung des 25. Lebensjahrs eingetreten ist;
- behinderte Kinder müssen außer Stande sein, sich selbst zu unterhalten (vgl. § 32 Abs. 4 Satz 1 Nr. 3 und Sätze 2 und 3 EStG);
- das Kind muss im Haushalt der Eltern oder im Haushalt eines Elternteils leben.

BEISPIEL

Im VZ 2017 zahlten die zusammen zu veranlagenden Ehegatten V und M insgesamt monatlich 600 € für eine Tagesmutter zur Betreuung ihres am 12. 07. 2003 geborenen Sohnes S.

LÖSUNG Es sind nur die Kinderbetreuungskosten bis vor Vollendung des 14. Lebensjahres berücksichtigungsfähig. Da S im Juli 2017 sein 14. Lebensjahr vollendet hat, sind dies im VZ 2017 insgesamt nur (600 € x 7 =) 4 200 €. Im Ergebnis sind (4 200 € × ⅔ =) 2 800 € abziehbar.

2.6.3.2 Voraussetzungen für Eltern

Der Abzug von Kinderbetreuungskosten als Sonderausgaben findet nur bei unbeschränkt Steuerpflichtigen Anwendung (s. hierzu § 50 Abs. 1 Satz 3 EStG sowie BMF vom 14. 03. 2012 BStBl I 2012, 307 Rz 11).

2.6.3.3 Begünstigte Kosten der Kinderbetreuung

Aufwendungen für die Kinderbetreuung sind bei den Eltern/Lebenspartnern grundsätzlich mit der Zahlung des Kindergelds gem. § 66 EStG oder durch den Abzug des Freibetrags für Betreuungs- und Erziehungs- oder Ausbildungsbedarf gem. § 32 Abs. 6 Satz 1 EStG bei der ESt-Festsetzung berücksichtigt. Gleichwohl gewährt der Gesetzgeber einen zusätzlichen Abzug als

Sonderausgaben gem. § 10 Abs. 1 Nr. 5 EStG für die Aufwendungen zur Kinderbetreuung. Deshalb besteht ein **Abzugsverbot** gem. § 10 Abs. 1 Nr. 5 Satz 2 EStG für

- die Kosten für Unterricht (z. B. Schulgeld, Nachhilfeunterricht),
- die Vermittlung besonderer Fähigkeiten (z. B. Musikunterricht, Computerkurs) und
- sportliche und andere Freizeitbetätigungen (z. B. Mitgliedschaft in einem Sportverein, Tennis- oder Reitunterricht).

Berücksichtigungsfähig sind insbesondere Aufwendungen für noch nicht 14 Jahre alte oder behinderte Kinder für:

- die Betreuung der Kinder in Kindergärten, Kindertagesstätten, Kinderhorten, Kinderheimen und Kinderkrippen;
- die Betreuung durch Tagesmütter und in Ganztagespflegestellen;
- die Beschäftigung von Kinderpflegerinnen, Erzieherinnen und Kinderschwestern;
- die Beschäftigung von Hausgehilfen oder Haushaltshilfen, soweit sie das Kind betreuen;
- die Beaufsichtigung bei Schularbeiten der Kinder.

Nicht berücksichtigungsfähig sind

- Aufwendungen für Sachleistungen (z. B. Verpflegungskosten),
- Nebenkosten (z. B. Fahrtkosten des Kindes zur Betreuungsperson).

S. hierzu auch BMF vom 14. 03. 2012 BStBl I 2012, 307.

Bei Aufnahme eines Au-pairs können 50 % der Gesamtaufwendungen als Kinderbetreuungskosten berücksichtigt werden, wenn keine andere Aufteilung (z. B. durch Festlegung der Tätigkeit im Vertrag und entsprechende Aufteilung des Entgelts) nachgewiesen wird (die übrigen 50 % können bei § 35a Abs. 2 Satz 1 EStG berücksichtigt werden, siehe BMF vom 09. 11. 2016, BStBl I 2016, 1213, Rz 35).

2.6.3.4 Höchstbetrag der Kinderbetreuungskosten

Aufwendungen für die Kinderbetreuung eines Kindes sind bis zu **4 000 €** (Höchstbetrag) jährlich je Kind als Sonderausgaben abziehbar. Allerdings sind die Aufwendungen nur i. H. v. **zwei Dritteln** berücksichtigungsfähig. Es sind also Aufwendungen i. H. v. 6 000 € notwendig, um den Höchstbetrag von 4 000 € auszuschöpfen.

Der Höchstbetrag ist ein kindbezogener Jahreshöchstbetrag, der nicht gezwölftelt wird.

Die Zuordnung von Kinderbetreuungskosten zu einem VZ richtet sich nach § 11 EStG.

Bei nicht unbeschränkt einkommensteuerpflichtigen Kindern ist der Höchstbetrag zu kürzen, soweit es nach den Verhältnissen des Wohnsitzstaates des Kindes notwendig und angemessen ist (§ 10 Abs. 1 Nr. 5 Satz 3 EStG). Die für die einzelnen Staaten in Betracht kommenden Kürzungen ergeben sich aus der Ländergruppeneinteilung, die durch BMF-Schreiben bekannt gemacht wird (BMF 20. 10. 2016, BStBl I 2016, 1183 ab 01. 01. 2017).

Erfüllen Kinderbetreuungskosten grundsätzlich die Voraussetzung für einen Abzug als Sonderausgabe, ist eine Steuerermäßigung nach § 35 a EStG (§ 35 a Abs. 5 Satz 1 2. HS EStG) ausgeschlossen. Dabei kommt es auf den tatsächlichen Abzug als Sonderausgabe nicht an. Dies gilt auch für das nichtabziehbare Drittel der Aufwendungen und für die Aufwendungen, die den Höchstbetrag von 4 000 €/Kind übersteigen.

BEISPIEL

Die Eheleute M und F haben im Jahr 2017 für die Unterbringung ihrer 7-jährigen Tochter im Schülerhort 2 600 € bezahlt. Davon entfällt für die Verpflegung ein Betrag i. H. v. 500 €.
Wie hoch sind Kinderbetreuungskosten im VZ 2017 abziehbar?

LÖSUNG Es sind 2/3 von 2 100 € (2 600 € ./. 500 €) = 1 400 € als Sonderausgaben gem. § 10 Abs. 1 Nr. 5 EStG abzugsfähig. Bei den Verpflegungskosten handelt es sich um nichtabziehbare Aufwendungen (§ 12 EStG). Da die Aufwendungen nach § 10 Abs. 1 Nr. 5 EStG Sonderausgaben sind, scheidet eine Steuerermäßigung nach § 35 a EStG generell aus (§ 35a Abs. 5 EStG).

Bei Zusammenveranlagung der Eltern bzw. Lebenspartner eingetragener Lebenspartnerschaften kommt es nicht darauf an, wer die Aufwendungen getragen hat. Sind die Eltern bzw. Lebenspartner einzeln zu veranlagen, werden die Aufwendungen demjenigen zugerechnet, der die Aufwendungen wirtschaftlich getragen hat (§ 25 bzw. § 26 a EStG).

2.6.3.5 Nachweis der Kinderbetreuungskosten

Der Abzug von Kinderbetreuungskosten nach § 10 Abs. 1 Nr. 5 EStG setzt voraus, dass der Steuerpflichtige für die Aufwendungen eine Rechnung erhalten hat und die Zahlung auf das Konto des Empfängers der Leistung erfolgt ist. Damit sind nur »unbare« Zahlungen begünstigt. Werden Kinderbetreuungskosten bar bezahlt (z. B. Bargeld oder Barscheck), sind sie insoweit nicht berücksichtigungsfähig. Die Rechnung und die Zahlungsnachweise sind auf Verlangen des Finanzamts vorzulegen. Bezüglich Sonderfällen siehe Rz 21 des BMF-Schreiben vom 14.03.2012 BStBl I 2012, 307.

2.6.4 Schulgeldzahlungen an Privatschulen (§ 10 Abs. 1 Nr. 9 EStG)

Schulgeldzahlungen an Privatschulen für Kinder i. S. v. § 32 EStG, für die dem Stpfl Kinderfreibeträge nach § 32 Abs. 6 EStG oder Kindergeld zustehen (vgl. S), sind i. H. v. 30 %, höchstens 5 000 €, als Sonderausgaben abzugsfähig. Es kommt hierbei auf den erreichten oder beabsichtigten Schul-, Jahrgangs- oder Berufsabschluss an. Führt eine in der Europäischen Union bzw. im Europäischen Wirtschaftsraum gelegene Privatschule oder eine deutsche Schule im Ausland zu solch einem Abschluss oder bereitet sie darauf vor, kommt ein Sonderausgabenabzug der Schulgeldzahlung in Betracht (siehe auch R 10.10 und H 10.10 EStR/EStH). Schulgeld, das an eine schweizerische Privatschule gezahlt wird, ist nicht berücksichtigungsfähig (BFH vom 09.05.2012 - X R 43/10, BStBl II 2012, 585).

Damit sind nicht nur Schulgeldzahlungen an anerkannte allgemein- und berufsbildende Ersatzschulen sowie allgemeinbildende Ergänzungsschulen, sondern auch Schulgeldzahlungen an andere Schulen (z. B. berufsbildende Ergänzungsschulen einschließlich der Schulen des Gesundheitswesens) und an solche Einrichtungen, die auf einen Beruf oder einen allgemeinbildenden Abschluss vorbereiten, abzugsfähig.

Besuche von Nachhilfeeinrichtungen, Sportvereinen, Musikschulen u. ä. sind allerdings nicht berücksichtigungsfähig. Hoch- und Fachhochschulen und die ihnen im EU/EWR-Ausland gleichstehenden Einrichtungen stellen keine Schulen i. S. d. § 10 Abs. 1 Nr. 9 EStG dar. Entgelte für den Besuch dieser Einrichtungen (Studiengebühren) sind somit nicht berücksichtigungsfähig.

Aus dem geschuldeten Schulgeldbetrag ist das Entgelt für Beherbergung, Betreuung und Verpflegung herauszurechnen. Der Nachweis erfolgt durch eine materiell überprüfbare Schulbestätigung. **30 %** des Restbetrages, höchstens 5 000 €, sind als Sonderausgaben abziehbar.

Der Höchstbetrag wird je Elternpaar bzw. Lebenspartnerpaar nur einmal gewährt, auch wenn sie nicht zusammenveranlagt werden, aber die Voraussetzungen für eine Zusammenveranlagung (§ 26 b EStG) erfüllen. Die Schulgeldzahlungen sind dabei grundsätzlich bei dem

Elternteil bzw. Lebenspartnerteil zu berücksichtigen, der sie getragen hat, es sei denn, die Eltern bzw. Lebenspartner beantragen gemeinsam eine andere Aufteilung. Der Abzug von Schulgeldzahlungen setzt nicht voraus, dass die Eltern selbst Vertragspartner des mit der Privatschule abgeschlossenen Vertrages sind (BFH vom 09.11.2011 – X R 24/09, BStBl II 2012, 321).

Unter § 10b EStG (Spendenabzug) können freiwillige Mehrzahlungen fallen. Vgl. 2.6.4 und H 10.10 (Spendenabzug) EStH.

Eigene Zahlungen des Kindes sind bei diesem ggf. Ausbildungskosten gem. § 10 Abs. 1 Nr. 7 EStG (vgl. K 8.5.2).

BEISPIEL

M hat seine Tochter T in einem Stuttgarter Internat untergebracht. Ihm entstanden hierdurch Aufwendungen in Höhe von 10 700 €. Ein Teilbetrag von 7 500 € entfiel auf Unterkunft, Verpflegung und Betreuung. In welcher Höhe sind Sonderausgaben abziehbar?

LÖSUNG 30 % von 3 200 € (10 700 € ./. 7 500 € = 3 200 €) = 960 € sind nach § 10 Abs. 1 Nr. 9 EStG als Sonderausgaben abzugsfähig.

2.6.5 Zuwendungen für steuerbegünstigte Zwecke (§ 10 b, § 34 g EStG)

2.6.5.1 Allgemeine Grundsätze zu steuerbegünstigten Zuwendungen

Zu den Sonderausgaben gehören auch Ausgaben des Stpfl in Geld oder in Geldeswert, die an bestimmte juristische Personen des öffentlichen oder privaten Rechts, die in Deutschland oder einem anderen EU-Staat oder einem EWR-Staat belegen sind, (also z. B. nicht für Spenden an eine Organisation in der Schweiz) gezahlt werden und die zur Förderung der in § 10b EStG genannten steuerbegünstigten Zwecke bestimmt und geeignet sind.

Das Gesetz zur Umsetzung steuerlicher EU-Vorgaben sowie zur Änderung steuerlicher Vorschriften hat den **bisherigen begünstigten inländischen Empfängerkreis** auf juristische Personen des öffentlichen Rechts sowie öffentliche Dienststellen, die in einem Mitgliedstaat der EU/des EWR ihren Sitz haben, erweitert. Dadurch wurde der § 10b EStG an das Europarecht angepasst. Der § 10b Abs. 1 Satz 1 bis 5 EStG ist bei allen Veranlagungen, bei denen noch keine formelle Bestandskraft eingetreten ist, anzuwenden (§ 52 Abs. 24e Satz 5 EStG). S. hierzu das Urteil vom 27.01.2009 des EuGH in der Rechtssache C-318/707 »Hein Persche«, das Urteil des BFH vom 27.05.2009 BFH/NV 2009, 1633 und das BMF-Schreiben vom 06.04.2010 IV C 4.

Allerdings ist weitere Voraussetzung zum Spendenabzug, dass die Mitgliedstaaten der EU und die EWR-Staaten gegenseitig zwischenstaatliche Amtshilfe im Bereich der Steuerfestsetzung und gegenseitige Unterstützung bei der zwischenstaatlichen Beitreibung von Steuerforderungen leisten (§ 10b Abs. 1 Satz 3–5 EStG).

Darüberhinaus muss, falls der gemeinnützige Zweck im Ausland verwirklicht wird, ein Inlandsbezug hergestellt werden. Dies geschieht dadurch, dass Personen im Inland gefördert werden müssen oder die Tätigkeit neben der Verwirklichung der steuerbegünstigten Zwecke auch zum Ansehen der Bundesrepublik Deutschland beitragen (§ 10b Abs. 1 Satz 6 EStG)

Für den Abzug als Sonderausgaben vom Einkommen nach § 2 Abs. 4 EStG muss der Stpfl Zuwendungen leisten, die bestimmte Voraussetzungen erfüllen:

a) Leistung von Ausgaben in Geld (Bargeld, Scheck, Überweisung) oder Geldeswert als Sachen (z. B. neue oder gebrauchte Kleidungsstücke, Möbel u. a. Hausrat); keine Ausgaben sind Nutzungen und Leistungen (vgl. § 10b Abs. 3 EStG).

b) Empfänger des Bargelds oder der Sachen dürfen nur folgende Körperschaften sein (§ 10 Abs. 1 Satz 2 Nr. 1–3 EStG):
- juristische Personen des **öffentlichen Rechts** im Inland (z. B. Land Baden-Württemberg, Stadt Kassel), EU-Ausland oder EWR-Staat, oder
- eine öffentliche Dienststelle (z. B. Schule), die in einem EU/EWR-Staat belegen ist oder
- juristische Personen des **privaten Rechts im Inland,** die von der KSt befreit sind (z. B. Deutsches Rotes Kreuz, Ortsverband Hamburg (DRK) e. V.; Bund für Umwelt und Naturschutz Deutschland e. V. (BUND), Bonn; Greenpeace e. V., Hamburg, bzw. juristische Personen des privaten Rechts **im EU-Ausland oder EWR-Staat**, die steuerbefreit wären, wenn sie inländische Einkünfte erzielen würden.

c) Sind die Empfänger des Geldes oder der Sachen juristische Personen des privaten Rechts, so müssen sie auf Grund ihrer Satzung und ihrer tatsächlichen Geschäftsführung nach §§ 52 bis 54 AO mildtätige, kirchliche oder gemeinnützige Zwecke erfüllen. Die Einnahmen in Geld oder Sachen sind dann bei diesen Empfängern gemäß § 5 Abs. 1 Nr. 9 KStG von der KSt befreit (Zuwendungsempfänger).

d) Steuerbegünstigte Ausgaben sind nur gegeben, wenn sie vom Stpfl **ohne Gegenleistung** erfolgen. Zu unterscheiden sind:
- **Mitgliedsbeiträge**: Das sind Beiträge, die nach der Satzung des Empfängers in regelmäßigen Zeitabständen (z. B. jährlich) zur Erfüllung der satzungsmäßigen Zwecke von allen Mitgliedern zu leisten sind (s. hierzu 2.6.4.2)
  und
- **Spenden**: Das sind freiwillige Zuwendungen von Mitgliedern zur Förderung des Zwecks des Empfängers. Eine Spende ist also eine zweckgebundene Zuwendung des Gebers (Stpfl). Im Gegensatz dazu ist ein **Geschenk** eine zweckfreie und unentgeltliche Leistung (vgl. H 4.10 [Geschenk] EStH).

e) Die Ausgaben des Stpfl in Form von Mitgliedsbeiträgen oder Spenden werden in § 10b Abs. 1 EStG als **Zuwendungen** bezeichnet. Für die geleisteten Zuwendungen (Geld- oder Sachzuwendungen) hat der Stpfl als Nachweis der Sonderausgaben einen in § 50 EStDV geregelten **Zuwendungsnachweis** zu erbringen. Der Zuwendungsnachweis ist vom Empfänger der steuerbegünstigten Zuwendung mit einer **schriftlichen Empfangsbestätigung** nach amtlichem Muster zu bescheinigen (§ 50 Abs. 1 und Abs. 5 EStDV). Damit ist der Zuwendungsnachweis auf der Seite des Gebers (Stpfl) die Voraussetzung für den Abzug als Sonderausgaben nach Art und Höhe in Euro. Zugleich hat der steuerbegünstigte **Empfänger** im **Inland** die empfangenen Zuwendungen nach Art und Höhe nachprüfbar aufzuzeichnen und ein **Doppel** des Zuwendungsnachweises **aufzubewahren** (vgl. § 50 Abs. 7 EStDV). Die Zuwendungsbestätigung kann mit Zustimmung des Spenders auch auf elektronischem Wege dem zuständigen Finanzamt übermittelt werden (§ 50 Abs. 2 EStDV). Zum gesamten Verfahren des Zahlungsnachweises auf der Seite des Gebers und des Empfängers vgl. BMF vom 07. 11. 2013 BStBl I 2013, 1333 (ergänzt durch BMF vom 26. 03. 2014, BStBl I 2014, 791), mit den vorgeschriebenen amtlichen Musterbestätigungen für Geld- und/oder Sachzuwendungen des Stpfl sowie § 84 Abs. 2c EStDV. **Hinweis:** In Katastrophenfällen und für geringfügige Barspenden bis zu 200 € ist in § 50 Abs. 4 EStDV ein erleichterter Zuwendungsnachweis vorgesehen. Bezüglich des Zuwendungsnachweises bei begünstigten **Auslandsspenden** wird auf das BFH-Urteil vom 21. 01. 2015 – X R 7/13, BStBl II 2015, 588 (zu einer Spende an eine Stiftung spanischen Rechts mit Sitz auf Mallorca) verwiesen.

f) Ein **Sonderfall** der Zuwendungen ergibt sich in der Form der sog. **Aufwandsspenden** nach § 10 b Abs. 3 Sätze 5 und 6 EStG. Eine Aufwandsspende liegt vor, wenn nach Satzung eines Vereins oder durch Vertrag ein Geldanspruch (Forderung) entstanden ist und der Anspruchsberechtigte (Gläubiger) **freiwillig** auf die Leistung des Geldbetrages verzichtet. Die Aufwandsspende wird also wie eine Geldspende behandelt, denn anstelle des Verzichts könnte zunächst die vertragliche Leistung in Geld bezahlt werden und danach dieses Geld an den steuerbegünstigten Empfänger als Spende zurückfließen. Vgl. hierzu im Einzelnen BMF vom 25. 11. 2014 BStBl I 2014, 1584.

2.6.5.2 Begriff der steuerbegünstigten Zuwendungen

Als Sonderausgaben **begünstigt** sind grundsätzlich **Mitgliedsbeiträge und Spenden** an Körperschaften, die mildtätige, kirchliche oder gemeinnützige Zwecke erfüllen. Durch das Gesetz zur weiteren Stärkung des bürgerschaftlichen Engagements vom 10. 10. 2007 BStBl I 2007, 815 wurde die Spendenberücksichtigung erweitert. Unter anderem sind Spenden nunmehr für **alle** gemeinnützigen Zwecke gem. § 52 Abs. 2 Satz 1 AO steuerlich abzugsfähig. Fällt der Zweck nicht unter § 52 Abs. 2 Satz 1 AO, kann er gem. § 52 Abs. 2 Satz 2 AO für gemeinnützig erklärt werden, wenn die Allgemeinheit auf materiellem, geistigem oder sittlichem Gebiet entsprechend selbstlos gefördert wird. Gem. § 52 Abs. 2 Satz 3 AO ist für die Erklärung als gemeinnützig in jedem Land zentral eine Behörde zuständig. Es wurde auch ein Spendenvortrag geschaffen (s. 2.6.4.6).

Allerdings sind Mitgliedsbeiträge an Körperschaften ausgeschlossen, die gem. § 10 b Abs. 1 Satz 8 EStG

- den Sport,
- kulturelle Betätigungen, die in erster Linie der Freizeitgestaltung dienen,
- die Heimatpflege und Heimatkunde oder
- sog. Freizeitzwecke (§ 52 Abs. 2 Satz 1 Nr. 23 AO)

fördern.

Mitgliedsbeiträge an z. B. Musik- und Gesangvereine oder an Theaterspielvereine, bei denen die Mitglieder selber mitspielen (Laientheater), sind nicht abzugsfähig (§ 10 b Abs. 1 Satz 8 EStG). Dagegen sind Mitgliedsbeiträge an Kulturvereine und kulturelle Fördervereine (z. B. Kunstverein, Förderverein für ein staatliches Museum, Theaterhaus) oder an Fördervereine von Musikschulen abzugsfähig, auch wenn den Mitgliedern Vergünstigungen (z. B. freier Eintritt zu einem Konzert) gewährt werden (§ 10 b Abs. 1 Satz 7 EStG).

BEISPIELE

Sind in den folgenden Beispielen a) bis f) Zuwendungen gem. § 10 b EStG gegeben?

a) A überweist dem Deutschen Roten Kreuz Kreisverband Stuttgart e. V. – DRK – eine Spende i. H. v. 300 €.

LÖSUNG Das Deutsche Rote Kreuz Kreisverband Stuttgart e. V. ist als gemeinnützig anerkannt. Die Spende des A in Geld ist Sonderausgabe gem. § 10 b Abs. 1 Satz 1 EStG.

b) In einem Strafverfahren gegen B wegen unterlassener Hilfeleistung bei einem Straßenverkehrsunfall wurde die Strafe zur Bewährung ausgesetzt. B muss wegen einer Auflage des Gerichts 1 500 € an das DRK bezahlen.

LÖSUNG Die Geldleistung des B ist keine Spende, da sie den Charakter einer Geldstrafe hat und damit nicht »freiwillig« geleistet wurde (vgl. H 10b.1 [Auflagen] EStH).

c) C ist Mitglied des Tierschutzvereins Karlsruhe e. V. In seiner Freizeit füttert und betreut C die im Tierheim untergebrachten Tiere und reinigt Käfige und Boxen.

LÖSUNG Da C keine Geld-, sondern eine Arbeitsleistung erbracht hat, liegt insoweit keine Spende vor (§ 10 b Abs. 3 Satz 3 EStG). Anders ist zu entscheiden, wenn C gemäß Satzung seinen Aufwand **in Geld** berechnet und danach ausdrücklich freiwillig auf die Auszahlung verzichtet (BFH vom 28.04.1978 BStBl II 1979, 297). Es handelt sich dann um eine sog. **Aufwandsspende** (§ 10 b Abs. 3 Sätze 5 und 6 EStG und BMF vom 25.11.2014 BStBl I 2014, 1584). Die Förderung des Tierschutzes ist in § 52 Abs. 2 Satz 1 Nr. 14 AO aufgeführt. Damit sind Mitgliedsbeiträge und Spenden des C an den Verein gem. § 10 b EStG begünstigt.

d) D ist beim Segeln in der Deutschen Bucht vor Helgoland aus Seenot gerettet worden. Aus Dankbarkeit überweist D der Deutschen Gesellschaft zur Rettung Schiffbrüchiger, Bremen jährlich 2 000 €.
LÖSUNG Es liegt eine Spende vor, da das Motiv des D für die Geldleistung unerheblich ist (vgl. § 52 Abs. 2 Satz 1 Nr. 11 AO).

e) E ist Mitglied des Vereins Freie Waldorfschule e. V. Sein Sohn F besucht die vom Verein getragene Schule.
LÖSUNG Die Zahlungen des E an den Verein sind zu trennen in Schuldgeld i. S. d. § 10 Abs. 1 Nr. 9 EStG – vgl. 2.6.3 – (als Gegenleistung für die Kosten des Schulunterrichts und andere Zuwendungen) und in eine wegen Förderung der Erziehung nicht zweckgebundene Spende mit einem besonderen Zuwendungsnachweis, die E als Sonderausgabe abziehen kann. Vgl. BFH vom 25.08.1987 BStBl II 1987, 850 und H 10 b.1 (Elternleistungen an gemeinnützige Schulvereine und entsprechende Fördervereine) EStH sowie § 52 Abs. 2 Satz 1 Nr. 7 AO.

f) F ist Mitglied eines Fördervereins eines staatlichen Museums in Stuttgart. Für seinen Jahresbeitrag i. H. v. 75 € erhält F verbilligten Eintritt in das Museum.
LÖSUNG Der Jahresbeitrag von 75 € ist trotz des geldwerten Vorteils als Zuwendung i. S. d. § 10 b Abs. 1 Satz 2 i. V. m. Satz 7 EStG abzugsfähig (vgl. § 52 Abs. 2 Satz 1 Nr. 5 AO i. V. m. dem Schreiben des BMF vom 13.12.2006 BStBl I 2007, 75).

Steuerbegünstigte Empfänger gem. § 10 b Abs. 1 EStG		
Begünstigte Empfänger im Inland, EU-Ausland oder EWR-Staat (Körperschaft)	Juristische Person des öffentlichen Rechts oder öffentliche Dienststelle Beispiele: • Evangelische Kirche • Universität Konstanz	Juristische Person des privaten Rechts mit Steuerbefreiung gem. § 5 Abs. 1 Nr. 9 KStG, Beispiele: • Deutsche Olympische Gesellschaft e. V. • Naturschutzbund Deutschland (NABU) e. V. • Turn- und Sportverein (TSV) Bochum e. V.
Begünstigte Zwecke gem. § 10 b Abs. 1 Satz 1 EStG	• Mildtätige Zwecke • Kirchliche Zwecke • Gemeinnützige Zwecke wie z. B. wissenschaftliche, religiöse Zwecke, Zwecke zur Förderung der Jugend- und Altenhilfe, der Förderung von Kunst und Kultur	• § 53 AO • § 54 AO • § 52 Abs. 2 Satz 1 AO • BMF vom 18.02.1998 BStBl I 1998, 212

Zu weiteren Einzelheiten bei der Abgrenzung und Auslegung der steuerbegünstigten Zwecke vgl. AEAO zu §§ 52 bis 54.

2.6.5.3 Einzelne steuerbegünstigte Zwecke

Aus der Zweckbestimmung für die geleisteten Ausgaben des Stpfl ergibt sich, ob ein Abzug als Sonderausgaben zulässig ist. Die Körperschaft muss also die in der AO genannten Zwecke tatsächlich erfüllen und dem Stpfl die **Höhe,** die **Art** und die **Verwendung** der ihr zugewendeten Geldmittel und Sachleistungen im Einzelnen bestätigen. Dies dient insbesondere dazu, einen eigenen Vorteil für den Stpfl auszuschließen. Ein wichtiges Merkmal einer begünstigten Zuwendung ist die so genannte Selbstlosigkeit i. S. d. § 55 AO, die irgendwelche geldwerten Vorteile aus einer Zuwendung für den Stpfl ausschließt.

Ein typischer Anwendungsfall für die Abgrenzung geldwerter wirtschaftlicher Vorteile im betrieblichen Bereich des Stpfl ist das so genannte **Sponsoring** (H 10 b.1 [Sponsoring] EStH). In einem Sponsorvertrag verpflichtet sich die Körperschaft, bei von ihr durchgeführten Veranstaltungen auf Plakaten, in Vereinsprogrammen oder Katalogen einer Kunstausstellung oder auf ähnliche Weise dem Stpfl (Sponsor) Gelegenheit zum Hinweis auf sein Unternehmen und seine Produkte zu geben. Eine Spende i. S. d. § 10 b EStG liegt jedoch nur vor, wenn der Stpfl von der Körperschaft **keine Gegenleistung** erhält (vgl. H 10 b.1 [Gegenleistung] EStH). Beim Sponsoring ist indessen ein Betriebsausgabenabzug beim Stpfl zu prüfen (BMF vom 18. 02. 1998, BStBl I 1998, 212).

BEISPIELE

In welchem der folgenden Beispiele liegen Zuwendungen gem. § 10 b EStG vor?

a) F spendet an den Obst- und Gartenbauverein e. V., Heilbronn 300 € in bar. Der Verein ist gemeinnützig wegen Förderung der Landschaftspflege, da die Mitglieder ihnen gehörende Wiesen mit traditionellen Obstbäumen bepflanzen (Streuobstwiesen).

LÖSUNG Die Förderung der Landschaftspflege ist nach § 52 Abs. 2 Satz 1 Nr. 8 AO als gemeinnütziger Zweck steuerbegünstigt. Die Zuwendung (Spende)des F ist gem. § 10 b Abs. 1 Satz 1 EStG als Sonderausgaben abzugsfähig.

Erhält F vom Verein zehn Apfelbaumsetzlinge ohne Bezahlung, so erfolgt seine Zuwendung nicht selbstlos und ist somit nicht steuerbegünstigt (vgl. § 55 Abs. 1 Nr. 1 AO).

b) G ist Mitglied des Vereins für Modellflugzeugbau e. V., Kirchheim/Teck. Im Jahr 2017 leistete G einen Mitgliedsbeitrag i. H. v. 250 € und einen freiwilligen Zuschuss (200 €) zum Erwerb eines Werkzeugschranks mit hochwertigen feinmechanischen Werkzeugen. G hat in der Freizeit in den Räumen des Vereins ein motorgetriebenes Modellflugzeug hergestellt.

LÖSUNG Die Förderung des Modellflugsports ist nach § 52 Abs. 2 Satz 1 Nr. 23 AO als gemeinnütziger Zweck steuerbegünstigt. G kann gem. § 10 b Abs. 1 Satz 1 und Satz 8 Nr. 4 EStG die freiwillige Zuwendung (200 € = Spende), nicht dagegen den Mitgliedsbeitrag (250 €, § 10 Abs. 1 Satz 8 Nr. 4 EStG) als Sonderausgaben im Jahr 2017 absetzen. Die Benutzung der Räume und Einrichtungsgegenstände des Vereins verstößt nicht gegen den Grundsatz der Selbstlosigkeit nach § 55 AO.

c) H wendet der Technischen Universität Darmstadt Fachbereich Materialprüfung den Betrag von 5 000 € zu, den diese zur Anschaffung eines Geräts zur Messung von Hochspannung in der Lasertechnik verwendet. H erwartet von den Messergebnissen langfristig neue Forschungsergebnisse im Bereich der Feinblechverwendung.

LÖSUNG Die Förderung der Wissenschaft ist gem. § 52 Abs. 2 Satz 1 Nr. 1 AO als gemeinnütziger Zweck steuerbegünstigt. H kann die Zuwendung (Spende) als Sonderausgaben abziehen, da eine besondere Gegenleistung z. B. für den Gewerbebetrieb des H nicht vorliegt, vgl. H 10 b.1 (Gegenleistung) EStH.

d) K gibt der Stadt Düsseldorf für das von ihr geführte Schauspielhaus eine Zuwendung i. H. v. 10 000 € in bar anlässlich seines 50. Geburtstages. Der Betrag wird zur Renovierung einer Drehbühne verwendet.

LÖSUNG K leistet eine Zuwendung zur Förderung kultureller Zwecke an eine juristische Person des öffentlichen Rechts gem. § 52 Abs. 2 Satz 1 Nr. 5 AO. K kann i. H. v. 10 000 € Sonderausgaben gem. § 10 b Abs. 1 Satz 1 EStG absetzen.

e) Der Musikverein Konkordia e. V. in Malsch erhält von dem Buch- und Notenhändler H eine Zuwendung i. H. v. 3 000 € in bar. Eine Leistung des Vereins ist damit nicht verbunden. In der Jahresfestschrift des Vereins wird der Hinweis abgedruckt: »Wir danken den Gönnern und Förderern des Vereins für ihre Unterstützung.«

LÖSUNG Da der Verein keine Werbeleistung erbringt, liegt bei H eine Spende gem. § 10 b Abs. 1 EStG für kulturelle Zwecke vor (vgl. § 52 Abs. 2 Satz 1 Nr. 5 AO). Ein Betriebsausgabenabzug (§ 4 Abs. 4 EStG) ist bei H mangels betrieblicher Veranlassung nicht gegeben.

Hinweis: Anders ist zu entscheiden, wenn der Musikverein in die Jahresfestschrift den Namen der Firma mit dem Firmenlogo aufnimmt und als Gegenleistung für die Geldzuwendung formuliert: »Wir danken unserem Sponsor H (Buch- und Notenhändler in Wiesloch) für die Unterstützung unseres Vereins.«

Die Werbeleistung des Vereins schließt eine Spende i. S. d. § 10 b EStG aus. Die Zahlung kann dann aber als Betriebsausgabe gem. § 4 Abs. 4 EStG bei der Gewinnermittlung des Sponsors abgezogen werden (vgl. BMF vom 18. 02. 1998 BStBl I1998, 212).

2.6.5.4 Zuwendungsbestätigung

Für den Abzug von Zuwendungen für begünstigte Zwecke als Mitgliedsbeiträge und/oder Spenden ist in § 50 Abs. 1 EStDV ein vom Stpfl zu erbringender **Zuwendungsnachweis** vorgeschrieben. Insbesondere muss die begünstigte Körperschaft eine ordnungsgemäß ausgefüllte **schriftliche** Bestätigung mit dem Wortlaut der amtlich vorgeschriebenen Muster erteilen. Der Zuwendungsnachweis muss nachprüfbare Angaben über die Höhe des Werts enthalten (Barleistung oder Sachzuwendung, vgl. H 10 b.1 [Sachspenden] EStH). Die begünstigte Körperschaft muss dazu eine Durchschrift der Zuwendungsbestätigung in ihrer Buchführung aufbewahren (vgl. im Einzelnen BMF vom 07. 11. 2013 BStBl I 2013, 1333, ergänzt durch BMF vom 26. 03. 2014 BStBl I 2014, 791 sowie www.formulare-bfinv.de). Zum Nachweis der Zuwendungen an politische Parteien und unabhängige Wählervereinigungen gem. § 50 Abs. 6 EStDV ist im v. g. BMF-Schreiben ebenfalls ein amtlicher Vordruck vorgeschrieben. Vgl. H 34 g EStH. Für Zuwendungen zur Hilfe in Katastrophenfällen sowie für Zuwendungen bis 200 € gibt es Nachweiserleichterungen (§ 50 Abs. 4 EStDV).

Die ordnungsgemäße Zuwendungsbestätigung ist gem. § 10 b Abs. 4 EStG eine wichtige Voraussetzung für die Inanspruchnahme der Steuervergünstigung durch Abzug von Sonderausgaben oder die Steuerermäßigung nach § 34 g EStG. Der Stpfl und das FA müssen daher darauf vertrauen können, dass der Inhalt der Zuwendungsbestätigung zutrifft und von befugten Vertretern des Empfängers (juristische Person) eigenhändig ausgefertigt ist. Sowohl der Stpfl als auch der Unterzeichner der Zuwendungsbestätigung sind also in besonderem Maß verpflichtet, die einzelnen Angaben vor der Weitergabe der Zuwendungsbestätigung an das FA zu überprüfen. Beide **haften** deshalb in den Fällen, in denen **fehlerhafte Angaben** offensichtlich waren oder in Täuschungsabsicht falsch eingesetzt wurden. Gem. **§ 10 b Abs. 4 Satz 3 EStG** wird die entgangene ESt mit 30 % der Zuwendungen vom FA nachgefordert. Ein Strafverfahren nach der AO kann vom FA eingeleitet werden (vgl. H 10 b.1 [Spendenhaftung] EStH m. w. H.).

2.6.5.5 Berechnung des abziehbaren Betrages der Zuwendungen

Zuwendungen (Spenden und Mitgliedsbeiträge) sind nur begrenzt als Sonderausgaben abzugsfähig. Die in § 10 b Abs. 1 Sätze 1 und 2 EStG bezeichneten Ausgaben sind bis zur Höhe von 20 % **des Gesamtbetrags der Einkünfte** als Sonderausgaben abzugsfähig. Ist es für den Stpfl günstiger, so kann stattdessen der abzugsfähige Betrag mit **4 ‰ der Summe der gesamten** (steuerbaren und nicht steuerbaren) **Umsätze** und der im Kalenderjahr insgesamt vom Stpfl aufgewendeten **Löhne und Gehälter** angesetzt werden (vgl. R 10 b.3 Abs. 1 EStR). Bei zusammenveranlagten Ehegatten ist die Berechnungsgrundlage gemeinsam zu ermitteln.

BEISPIELE

a) O, ledig, hat im VZ 2017 einen Gesamtbetrag der Einkünfte i. H. v. 60 000 €. Folgende Ausgaben für Spenden sind nachgewiesen:

gemeinnützige Zwecke	1 600 €
mildtätige Zwecke	4 000 €
kirchliche Zwecke	3 800 €

LÖSUNG
Spenden gem. § 10 b Abs. 1 EStG i. V. m. §§ 52 bis 54 AO insgesamt 9 400 €
20 % von 60 000 € = 12 000 €
9 400 €< 12 000 € abzugsfähige Spenden im VZ 2017 9 400 €

b) O hat im Beispiel a) im VZ 2017 insgesamt 1 000 000 € Umsätze erzielt und 600 000 € Löhne und Gehälter aufgewendet. Wie hoch ist der abzugsfähige Spendenbetrag?
LÖSUNG Der abzugsfähige Spendenbetrag (4 ‰ von 1 600 000 €) beträgt 6 400 €, ist also niedriger als im Beispiel a). Der höhere der zu vergleichenden Abzugsbeträge ist bei der Berechnung des Einkommens des O als Sonderausgaben abzuziehen. Also wie bei a) 9 400 €.

2.6.5.6 Spendenvortrag (§ 10 b Abs. 1 Satz 9 und Satz 10 EStG)

Abziehbare Zuwendungen, die die Höchstbeträge des § 10 b Abs. 1 Satz 1 EStG überschreiten oder die den um die Beträge nach § 10 Abs. 3 und 4 EStG (Vorsorgeaufwendungen), § 10 c EStG (Sonderausgaben-Pauschbetrag, Vorsorgepauschale) und § 10 d EStG (Verlustabzug) verminderten Gesamtbetrag der Einkünfte übersteigen, sind im Rahmen der Höchstbeträge in den folgenden Veranlagungszeiträumen als Sonderausgaben abziehbar (§ 10b Abs. 1 Satz 9 EStG, sog. Spendenvortrag). Ein »Spendenrücktrag« ist nicht vorgesehen.

Der Spendenvortrag ist nach Maßgabe des § 10 d Abs. 4 EStG gesondert festzustellen und in dem bzw. den Folge-VZ abzuziehen, bis er verbraucht ist (§ 10b Abs. 1 Satz 10 EStG).

Zur Ermittlung der vortragsfähigen Zuwendungen muss zwischen einem Betrag oberhalb und innerhalb der Höchstsätze unterschieden werden.

Liegen die abziehbaren Zuwendungen über den Höchstsätzen, geht der übersteigende Betrag in den Spendenvortrag ein.

Übersteigen die abziehbaren Zuwendungen die Höchstsätze nicht, muss der Gesamtbetrag der Einkünfte um einen evtl. Verlustabzug nach § 10 d EStG, den Sonderausgaben-Pauschbetrag nach § 10 c EStG und den Vorsorgeaufwendungen nach § 10 Abs. 3 und 4 EStG vermindert werden. Die Zuwendungen, die diesen verminderten Gesamtbetrag der Einkünfte übersteigen, gehen in den Spendenvortrag ein. Der Spendenvortrag wird gesondert festgestellt.

1. Abzugsfähigkeit steuerbegünstigter Zwecke (§ 10b Abs. 1 EStG)

max. 20 % vom Gesamtbetrag der Einkünfte	oder	max. 4 ‰ der Summe der gesamten Umsätze und aufgewendeten Löhne und Gehälter
wenn Ausgaben zur Förderung • gemeinnütziger Zwecke, • mildtätiger Zwecke und • kirchlicher Zwecke vorliegen		wenn Ausgaben zur Förderung • gemeinnütziger Zwecke, • mildtätiger Zwecke und • kirchlicher Zwecke vorliegen
= Summe abzugsfähig		= Summe abzugsfähig
über 20 % vom Gesamtbetrag der Einkünfte hinausgehende Ausgaben sind nicht als Sonderausgaben gem. § 10b EStG für diesen VZ abzugsfähig, aber im Rahmen der Höchstbeträge in den folgenden VZ		über max. 4 ‰ der Summe der gesamten Umsätze und aufgewendeten Löhne und Gehälter hinausgehende Ausgaben sind nicht als Sonderausgaben gem. § 10b EStG für diesen VZ abzugsfähig, aber im Rahmen der Höchstbeträge in den folgenden VZ

höherer Betrag als Sonderausgaben
gem. § 10b EStG abzugsfähig

2. Spendenvortrag gem. § 10b Abs. 1 Sätze 9 und 10 EStG

a) Spendenbetrag oberhalb der Höchstsätze (§ 10b Abs. 1 Satz 9 1. HS EStG).
Falls die abziehbaren Zuwendungen die Höchstsätze nach § 10b Abs. 1 Satz 1 EStG übersteigen, geht der übersteigende Betrag in den Spendenvortrag ein.

b) Spendenbetrag innerhalb der Höchstsätze (§ 10b Abs. 1 Satz 9 2. HS EStG) soweit die abziehbaren Zuwendungen, die Höchstsätze nach § 10b Abs. 1 Satz 1 EStG **nicht** übersteigen, ergibt sich die Höhe der vortragsfähigen Zuwendungen folgendermaßen:

Gesamtbetrag der Einkünfte
./. Verlustabzug nach § 10d EStG
./. Sonderausgaben-Pauschbetrag nach § 10c EStG
./. Vorsorgeaufwendungen nach § 10 Abs. 3 und 4 EStG

= verminderter Gesamtbetrag der Einkünfte
./. Zuwendungen gem. § 10b Abs. 1 Satz 1 EStG innerhalb der Höchstsätze

= der übersteigende Betrag der Zuwendungen geht auch in den Spendenvortrag ein

BEISPIEL

B, ledig und konfessionslos, hat im VZ 2017 einen Gesamtbetrag der Einkünfte i. H. v. 100 000 €. Im VZ 2017 zahlte er folgende Spenden:

- 10 000 € an das DRK,
- 10 000 € an die ortsansässige Feuerwehr und
- 5 000 € an den ortsansässigen Musikverein.

Die abzugsfähigen Vorsorgeaufwendungen nach § 10 Abs. 3 und 4 EStG betragen insgesamt 9 000 €. Zum 31. 12. 2016 wurde für B ein Verlustabzug nach § 10 d EStG i. H. v. 75 000 € festgestellt.
Wie ist der Spendenabzug im VZ 2017 zu berechnen?
Wie hoch ist der Spendenvortrag zum 31. 12. 2017?

LÖSUNG B hat insgesamt begünstigte Spenden (§ 10b Abs. 1 EStG) i. H. v. 25.000 € im VZ 2017 gezahlt.

1. Spendenbetrag oberhalb der Höchstsätze	25 000 €	
Zuwendungen		
./. im VZ 2017 maximal ansetzbarer Betrag (100 000 € × 20 % =)	./. 20 000 €	
Vortragsfähige Spenden	5 000 €	5 000 €
2. Spendenbetrag innerhalb der Höchstsätze		
Gesamtbetrag der Einkünfte	100 000 €	
./. Verlustabzug gem. § 10 d EStG	./. 75 000 €	
./. Vorsorgeaufwendungen (§ 10 Abs. 3 und Abs. 4 EStG)	./. 9 000 €	
./. Sonderausgaben-PB (§ 10c EStG)	./. 36 €	
Verminderter Gesamtbetrag der Einkünfte	15 964 €	
./. Zuwendungen innerhalb der Höchstsätze	20 000 €	
Übersteigender Betrag	4 036 €	4 036 €

3. Zum 31. 12. 2017 gesondert festzustellender Spendenvortrag: 9 036 € (5 000 € + 4 036 €)
Abzugsfähige Zuwendungen nach § 10 b EStG im VZ 2017: 15 964 €

2.6.5.7 Spenden in den Vermögensstock einer Stiftung (§ 10 b Abs. 1 a EStG)

Spenden in Geld oder Sachwerten bis zu einem Gesamtbetrag von 1 Mio. € können auf Antrag des Stpfl im VZ der Zuwendung und in den folgenden neun VZ **zusätzlich** zu den Höchstbeträgen nach § 10 b Abs. 1 Satz 1 EStG abgezogen werden. Bei Ehegatten verdoppelt sich dieser Höchstbetrag, wenn formal beide spenden (BFH vom 03. 08. 2005 BStBl II 2006, 121). Vermögensstockspenden an eine rechtsfähige Stiftung zu einem Zeitpunkt, in dem sie noch nicht als begünstigt anerkannt ist (sog. Vorstiftung), sind nicht berücksichtigungsfähig (BFH vom 11. 02. 2015 – X R 36/11, BStBl II 2015, 545).

Voraussetzung der zusätzlichen Steuerbefreiung ist die Zuwendung in den Vermögensstock

- einer in einem EU/EWR-Staat belegenen Stiftung des öffentlichen Rechts oder
- einer inländischen Stiftung des privaten Rechts, die nach § 5 Abs. 1 Nr. 9 KStG wegen Gemeinnützigkeit steuerbefreit ist, bzw. einer Stiftung des privaten Rechts im EU-Ausland oder EWR-Staat, die steuerbefreit wäre, wenn sie inländische Einkünfte erzielen würde.

Abzugsvoraussetzung ist auch hier der sog. Inlandsbezug. S. hierzu 2.6.4.1 und § 10 b Abs. 1 a Satz 1 i. V. m. Abs. 1 Sätze 2 bis 6 EStG. Im Übrigen siehe auch BMF vom 15. 09. 2014, BStBl I 2014, 1278.

Der Höchstbetrag wird innerhalb des Zehn-Jahres-Zeitraums personenbezogen nur einmal gewährt. Der Stpfl kann jedoch seine Zuwendung auf einzelne VZ innerhalb des Zehn-Jahres-Zeitraums verteilen.

BEISPIEL

A erzielte im VZ 2017 einen Gesamtbetrag der Einkünfte i. H. v. 350 000 €. Er tätigte im Jahr 2017 insgesamt Zuwendungen i. H. v. 40 000 € gem. § 10 b Abs. 1 Satz 1 EStG sowie Spenden in den Vermögensstock einer gemeinnützigen Stiftung gem. § 10 b Abs. 1 a EStG i. H. v. 80 000 €.
Wie werden die Spenden berücksichtigt?

LÖSUNG

Gesamtbetrag der Einkünfte		350 000 €
Spenden gem. § 10 b Abs. 1 Satz 1 EStG	40 000 €	
max. 20 % von 350 000 = 70 000 €		./. 40 000 €
Spenden nach § 10 b Abs. 1 a EStG		./. 80 000 €
zu versteuerndes Einkommen		230 000 €

2.6.5.8 Zuwendungen an politische Parteien und unabhängige Wählervereinigungen

2.6.5.8.1 Zuwendungen an politische Parteien

Mitgliedsbeiträge und Spenden an politische Parteien i. S. d. Parteiengesetzes vom 24. 07. 1967 BGBl I 1967, 773 (zuletzt geändert durch Gesetz vom 23. 08. 2011 BGBl I 2011, 3141), werden nach § 34 g und § 10 b Abs. 2 EStG in **zwei Stufen** berücksichtigt:

1. Stufe: § 34 g EStG	**Steuerermäßigung gem. § 34 g Satz 2 EStG**
• bei Einzelveranlagung des Stpfl Ausgaben bis zu 1 650 € • bei Zusammenveranlagung von Ehegatten gem. § 26 b EStG Ausgaben der Stpfl bis zu 3 300 €	• 50 % der Ausgaben, höchstens 825 € • 50 % der Ausgaben, höchstens 1 650 €
2. Stufe: § 10 b Abs. 2 EStG	
Soweit die Zuwendungen an politische Parteien die Höchstbeträge nach § 34 g EStG i. H. v. 1 650 €/3 300 € übersteigen, wird gem. § 10 b Abs. 2 Satz 2 EStG der übersteigende Betrag als Sonderausgaben mit einem weiteren Höchstbetrag nach § 10 b Abs. 2 Satz 1 EStG bei der Ermittlung des Einkommens abgezogen: • bei Einzelveranlagung bis zu 1 650 € • bei Zusammenveranlagung von Ehegatten bis zu 3 300 €	

BEISPIELE

a) M, ledig, erzielte im Jahr 2017 einen Gesamtbetrag der Einkünfte i. H. v. 55 000 €. M überwies am 11. 04. 2017 an die X-Partei (i. S. d. § 2 Parteiengesetz) 150 € Mitgliedsbeitrag und eine freiwillige Spende i. H. v. 2 300 €.

LÖSUNG

1. Stufe: Bei der Einzelveranlagung des M für den VZ 2017 wird (vorrangig) eine Steuerermäßigung nach § 34 g EStG i. H. v. (50 % von 2 450 € = 1 225 €, max.) 825 € von der tariflichen ESt abgezogen (§ 2 Abs. 6 Satz 1 EStG).

2. Stufe: Von den gesamten Zuwendungen (Mitgliedsbeitrag und Spende) i. H. v. 2 450 € sind durch die Steuerermäßigung gem. § 34 g Satz 1 Nr. 1 EStG 1 650 € verbraucht. Die übersteigenden 800 € werden als Sonderausgaben gem. § 10 b Abs. 2 Satz 1 EStG bei der Ermittlung des Einkommens für M für den VZ 2017 abgezogen. Der dortige Höchstbetrag (1 650 €) ist nicht erreicht.

b) Die gem. § 26 b EStG zusammenveranlagten Ehegatten S und T haben an die Y-Partei (i. S. d. § 2 Parteiengesetz) im Jahr 2017 8 750 € gespendet.

LÖSUNG

1. Stufe: Bei der Zusammenveranlagung von S und T zur ESt für den VZ 2017 wird von der tariflichen ESt eine Steuerermäßigung nach § 34 g Satz 1 Nr. 1 EStG i. H. v. (50 % von 8 750 € = 4 375 €, max.) 1 650 € abgezogen (vgl. § 2 Abs. 6 Satz 1 EStG).

2. Stufe: Bei der Ermittlung des Einkommens für den VZ 2017 der Ehegatten S und T wird von der gesamten Zuwendung i. H. v. 8 750 € der übersteigende Betrag von (8 750 € ./. 3 300 €) 5 450 € gem. § 10 b Abs. 2 Satz 1 EStG mit dem Höchstbetrag i. H. v. 3 300 € als Sonderausgaben nach § 10 b Abs. 2 EStG abgezogen. Der darüber hinausgehende Betrag i. H. v. (5 450 € ./. 3 300 €) 2 150 € ist nicht einkommensteuermindernd zu berücksichtigen. § 10 b Abs. 2 EStG kennt keinen »Spendenvortrag«.

2.6.5.8.2 Zuwendungen an unabhängige Wählervereinigungen

Zuwendungen (Mitgliedsbeiträge und Spenden) an politische Vereine ohne Parteicharakter werden nach § 34 g Satz 1 Nr. 2 EStG durch Abzug einer (weiteren) Steuerermäßigung von der tariflichen ESt-Schuld gem. § 2 Abs. 6 Satz 1 EStG begünstigt. Ein **Abzug als Sonderausgaben** ist nach dem klaren Wortlaut des § 10 b Abs. 2 EStG hierfür **nicht vorgesehen**. Die Voraussetzungen für die Steuerermäßigung sind nach Vorgaben des BVerfG im Einzelnen aufgeführt. Zu beachten ist insbesondere, dass die Zuwendungen nur begünstigt sind, wenn der Verein sich hauptsächlich an Wahlen auf Gemeinde- oder Kreisebene beteiligt (Wahlvorschläge). Die Steuerermäßigung für die Freien Wählervereinigungen wird **zusätzlich** zu der Steuerermäßigung für Zuwendungen an politische Parteien i. S. d. Parteiengesetzes gem. § 34 g Satz 1 Nr. 1 EStG gewährt (vgl. § 34 g **Satz 2** EStG). Der Stpfl kann also im gleichen VZ sowohl für Zuwendungen an politische Parteien i. S. d. Parteiengesetzes als auch an Freie Wählervereinigungen jeweils bis zum Höchstbetrag die Steuerermäßigung in Anspruch nehmen. Zum Nachweis der Zuwendungen vgl. H 34 g [Zuwendungen an unabhängige Wählervereinigungen] EStH.

BEISPIEL

Die zur ESt zusammenveranlagten Ehegatten M und F haben im VZ 2017 ein zu versteuerndes Einkommen i. H. v. 350 000 € erzielt. Im VZ 2017 wurden folgende Zuwendungen geleistet:
a) Mitgliedsbeitrag und Spende des M an die Z-Partei (Partei i. S. d. Parteiengesetzes) 5 400 €

b) Mitgliedsbeitrag und Spende der F an die Freie Wählervereinigung Heidelberg 4 500 €
Wie sind die Zuwendungen zu behandeln?

LÖSUNG

a) Zuwendung des M an die Z-Partei 5 400 €
1. Stufe: Steuerermäßigung gem. § 34 g Satz 1 Nr. 1 EStG
(50 % × 5 400 € = 2 700 €, max.) 1 650 €
2. Stufe: Sonderausgaben gem. § 10 b Abs. 2 Satz 1 EStG
(5 400 € ./. 3 300 €) 2 100 €
der dortige Höchstbetrag (3 300 €) ist nicht erreicht.

b) Zuwendung an die Freie Wählervereinigung Heidelberg 4 500 €
Nur Steuerermäßigung gem. § 34 g Satz 1 Nr. 2 EStG (50 % von 4 500 € = 2 250 €, max.) 1 650 €
Der übersteigende Betrag von (4 500 € ./. 3 300 €) 1 200 € der Zuwendung der F kann einkommensteuerlich nicht als Sonderausgaben berücksichtigt werden, weil Wählervereinigungen nicht nach § 10 b Abs. 2 EStG begünstigt sind.
Bei der Zusammenveranlagung gem. § 26 b EStG der Eheleute M und F werden somit von den gesamten Aufwendungen i. H. v. 9 900 € (5 400 € + 4 500 €) berücksichtigt:
Steuerermäßigungen gem. § 34 g EStG (2 × 1 650 € =) 3 300 € und
Sonderausgaben gem. § 10 b Abs. 2 EStG = 2 100 €.

ÜBERSICHT 1 Zuwendungen zu gemeinnützigen Zwecken gem. § 10 b Abs. 1 EStG i. V. m. § 52 Abs. 2 AO

§ 52 Abs. 2 Satz 1 Nr. 1 bis 20, 24 und 25	**§ 52 Abs. 2 Satz 1 Nr. 21 bis 23 AO, § 10 b Abs. 1 Satz 8 Nr. 1, 3 und 4 EStG**	**§ 10 b Abs. 1 Satz 8 Nr. 2 EStG**
Abzugsfähig sind: **Mitgliedsbeiträge und Spenden** mit Zuwendungsbestätigung nach amtlichem Muster § 50 EStDV	Abzugsfähig sind: **nur Spenden** (nicht Mitgliedsbeiträge) mit Zuwendungsbestätigung nach amtlichem Muster § 50 EStDV	Abzugsfähig sind: **nur Spenden** (nicht Mitgliedsbeiträge) mit Zuwendungsbestätigung nach amtlichem Muster § 50 EStDV
Beispiele: • Arbeiterwohlfahrt-Bundesverband e. V. § 52 Abs. 2 Satz 1 Nr. 9 AO • Deutscher Caritasverband e. V. § 52 Abs. 2 Satz 1 Nr. 9 AO i. V. m. § 23 UStDV • Freiwillige Feuerwehr § 52 Abs. 2 Satz 1 Nr. 12 AO • Verein zur Förderung der Erhaltung des Doms zu Köln e. V. § 52 Abs. 2 Satz 1 Nr. 6 AO	**Beispiele:** • Gemeinnützige Sportvereine § 52 Abs. 2 Satz 1 Nr. 21 AO • Verein der Amateurfunker § 52 Abs. 2 Satz 1 Nr. 23 AO • Verein der Kleintierzüchter § 52 Abs. 2 Satz 1 Nr. 23 AO	**Beispiele:** • Musikvereine • Gesangvereine • Laientheaterspielvereine

ÜBERSICHT 2 Arten von Zuwendungen an Körperschaften im Inland, die Zwecke i. S. d. § 10 b Abs. 1 EStG erfüllen

Mildtätige Zwecke	**Kirchliche Zwecke**	**Gemeinnützige Zwecke zur Förderung der Religion**	**Gemeinnützige Zwecke zur Förderung von Wissenschaft und Forschung**	**Gemeinnützige Zwecke zur Förderung von Kunst und Kultur**
§ 53 AO und AEAO zu § 53	**§ 54 AO und AEAO zu § 54**	**§ 52 Abs. 2 Satz 1 Nr. 2 AO**	**§ 52 Abs. 2 Satz 1 Nr. 1 AO**	**§ 52 Abs. 2 Satz 1 Nr. 5 AO**
Die Körperschaft erfüllt mildtätige Zwecke, wenn sie hilfsbedürftige natürliche Personen selbstlos unterstützt (§ 55 AO). **Beispiele:** • Tagheim für Kleinkinder • Essen auf Rädern • Telefonseelsorge • Katastrophenhilfe **Hinweis:** Träger mildtätiger Einrichtungen sind vor allem Religionsgemeinschaften **und andere Körperschaften des öffentlichen Rechts.**	Eine Religionsgemeinschaft erfüllt kirchliche Zwecke, wenn sie Körperschaft des öffentlichen Rechts ist, insbesondere durch Bau und Unterhaltung von Kirchen, Abhaltung von Gottesdiensten und Erfüllung seelsorgerischer Tätigkeiten. **Beispiele:** • Kindergärten und Schulen • Jugendbetreuung, Krankenhäuser	Eine Religionsgemeinschaft, die nicht Körperschaft des öffentlichen Rechts ist, erfüllt religiöse Zwecke, wenn sie gemeinnützig tätig ist. **Beispiel:** Eine Glaubensgemeinschaft verfolgt religiöse Zwecke, wenn sie sich mit Fragen nach Gott, dem Sinn der Welt und Normen sittlichen Handelns beschäftigt. Die Abgrenzung erfolgt im Einzelfall. Vgl. H 10.7 (Kirchensteuern) EStH.	Eine Körperschaft erfüllt wissenschaftliche Zwecke insbesondere, wenn sie sich in Forschung und Lehre mit Geistes- und Naturwissenschaften mit wissenschaftlichen Methoden befasst (sog. Grundlagenforschung und Methodenlehre). **Beispiele:** • Universitäten • Fachhochschulen • Stiftung Volkswagenwerk durch Vergabe von Forschungsaufträgen	Öffentlich–rechtliche und private Körperschaften erfüllen kulturelle Zwecke, wenn sie • Musik, bildende und darstellende Kunst (Theater und Museen) sowie kulturelle Veranstaltungen fördern; • Kulturwerte und Gegenstände sonstiger kultureller Bedeutung fördern.

2.7 Vorsorgeaufwendungen

2.7.1 Begriff

In § 10 Abs. 1 Nr. 2, Nr. 3 und Nr. 3 a EStG sind im Einzelnen die für die soziale Sicherung des Stpfl wichtigsten **Versicherungen** als Sonderausgaben aufgeführt.

In § 10 Abs. 2 und Abs. 3 EStG wird nur für diese Sonderausgaben der Begriff **Vorsorgeaufwendungen** verwendet. Diese Bezeichnung hat systematische **Gründe:**

1. Vorsorgeaufwendungen sind mit bestimmten **Höchstbeträgen gem. § 10 Abs. 3 und 4 EStG**, also beschränkt, als Sonderausgaben abzugsfähig;
2. es gibt (nur) bei der Vornahme des Lohnsteuerabzugs eigene **pauschale Abzugsbeträge** für Vorsorgeaufwendungen der Arbeitnehmer gem. § 39 b Abs. 2 Satz 5 Nr. 3 EStG;
3. Vorsorgeaufwendungen dürfen **gem. § 10 Abs. 2 EStG** nicht im Zusammenhang mit steuerfreien Einnahmen geleistet werden (z. B. bei Rentnern abzüglich des steuerfreien Zuschusses zur Krankenversicherung, vgl. H 3.14 EStH und H 10.4 [Nichtabziehbare Vorsorgeaufwendungen] EStH).

Zu den Vorsorgeaufwendungen gehören dem Grunde nach auch die **Altersvorsorgebeiträge** gem. § 10 a EStG i. V. m. dem XI. Abschnitt des EStG (§§ 79 bis 99 EStG). Da die Altersvorsorgebeiträge entweder durch eine Zulage aus öffentlichen Mitteln (§ 84 EStG) oder durch **Steuerermäßigung** gem. § 10 a Abs. 1 EStG mit einer **Günstigerprüfung** (§ 10 a Abs. 2 EStG) berücksichtigt werden, sind sie gesondert unter **2.12** dargestellt.

2.7.2 Arten von Vorsorgeaufwendungen

Der Gesetzgeber hat die Vorsorgeaufwendungen in drei Kategorien unterteilt:

1. Altersvorsorgeaufwendungen – sog. Basisversorgung – (§ 10 Abs. 1 Nr. 2 EStG);
2. Krankenversicherungsbeiträge – soweit Basisversorgung – und gesetzliche Pflegeversicherung (§ 10 Abs. 1 Nr. 3 EStG);
3. Sonstige Vorsorgeaufwendungen (§ 10 Abs. 1 Nr. 3 a EStG).

Wichtig: Für jede dieser drei Kategorien gibt es einen eigenen Höchstbetrag.

Die Finanzverwaltung hat in einem ausführlichen Schreiben (BMF vom 19. 08. 2013 BStBl I 2013, 1087 unter Berücksichtigung der Änderungen durch BMF vom 10. 01. 2014 BStBl I 2014, 70 vom 10. 04. 2015 BStBl I 2015, 256 und vom 01. 06. 2015 BStBl I 2015, 475) zum Sonderausgabenabzug dieser Aufwendungen Stellung bezogen.

2.7.3 Altersvorsorgeaufwendungen (Basisversorgung)

Altersvorsorgeaufwendungen sind Beiträge

- nach § 10 Abs. 1 Nr. 2 Buchst. a EStG:
- zur gesetzlichen Rentenversicherung,
- zur landwirtschaftlichen Alterskasse,
- zu berufsständischen Versorgungseinrichtungen, die den gesetzlichen Rentenversicherungen vergleichbare Leistungen erbringen, und
- nach § 10 Abs. 1 Nr. 2 Buchst. b EStG:

zum Aufbau einer eigenen kapitalgedeckten Altersversorgung (»Rürup-Rente«).

2.7.3.1 Beiträge zu den gesetzlichen Rentenversicherungen

Die Beiträge können erbracht werden als

- **Pflichtbeiträge** aufgrund einer abhängigen oder einer selbstständigen Tätigkeit,
- **freiwillige** Beiträge und Nachzahlung von freiwilligen Beiträgen,
- **freiwillige** Zahlung von Beiträgen zum **Ausgleich** einer Rentenminderung,
- freiwillige Zahlung von Beiträgen zum Auffüllen von Rentenanwartschaften, die durch einen Versorgungsausgleich gemindert worden sind, und als
- **Abfindung** von Anwartschaften auf betriebliche Altersversorgung.

Zu den Altersvorsorgeaufwendungen gehören neben den Arbeitnehmerbeiträgen auch die nach § 3 Nr. 62 EStG steuerfreien Arbeitgeberleistungen zur gesetzlichen Rentenversicherung (§ 10 Abs. 1 Nr. 2 Buchst. b Satz 4 EStG). Die steuerfreien Arbeitgeberbeiträge wirken sich allerdings nur bei der Berechnung des Höchstbetrags aus; sie sind im Ergebnis nicht abzugsfähig.

Berücksichtigungsfähig sind auch Beiträge zur Rentenversicherung von vergleichbaren ausländischen Versorgungssystemen (§ 10 Abs. 2 Nr. 2 Buchst. a EStG).

2.7.3.2 Beiträge zur landwirtschaftlichen Alterskasse

In der Alterssicherung der Landwirte können der Landwirt, sein Ehegatte oder in bestimmten Fällen mitarbeitende Familienangehörige versichert sein.

2.7.3.3 Beiträge zu berufsständischen Versorgungseinrichtungen

Einige Berufsgruppen, z. B. Ärzte, Steuerberater und Rechtsanwälte, haben berufsständische Versorgungswerke gegründet. Mitglieder der Versorgungswerke sind in erster Linie die selbstständig Tätigen dieser Berufsgruppen. Der Abzug im Rahmen der Basisversorgung setzt voraus, dass das Versorgungswerk ein der gesetzlichen Rentenversicherung vergleichbares Leistungsspektrum hat. Diese Versorgungswerke sind aufgeführt im BMF-Schreiben vom 08. 07. 2014 BStBl I 2014, 1098 (s. Anhang 1 a III ESt-Handbuch).

2.7.3.4 Kapitalbildende Rentenversicherungen

Voraussetzungen für den Abzug von eigenen Beiträgen des Stpfl zu kapitalbildenden Rentenversicherungen sind nach § 10 Abs. 1 Nr. 2 Buchst. b Doppelbuchst. aa EStG (**Basisrente-Alter**):

- Die Beiträge dienen dem Aufbau einer eigenen kapitalgedeckten Altersversorgung.
- Der Vertrag sieht die Zahlung einer monatlichen, auf das Leben des Stpfl bezogenen lebenslangen Leibrente vor.
- Die Leistungen dürfen nicht vor Vollendung des 62. Lebensjahrs des Stpfl erbracht werden.
- Die Ansprüche dürfen nicht vererblich, nicht übertragbar, nicht beleihbar, nicht veräußerbar und nicht kapitalisierbar sein.
- Über den Anspruch auf Leibrente hinaus darf grundsätzlich kein Anspruch auf Auszahlung bestehen.
- Beginn der Laufzeit der Versicherung **nach dem 31. 12. 2004.**

Ergänzend können der Eintritt der **Berufsunfähigkeit**, der verminderten **Erwerbsfähigkeit** oder auch **Hinterbliebene** abgesichert werden. Darüber hinaus können auch Beiträge zur **Basisrente-Erwerbsminderung** (§ 10 Abs. 1 Nr. 2 Satz 1 Buchst. b Doppelbuchst. bb EStG

i. V. m. § 2 Abs. 1 a AltZertG) als Sonderausgaben abgezogen werden, wenn diese auf einen nach § 5 a AltZertG zertifizierten Vertrag eingezahlt werden. Der Vertrag darf nur die Zahlung einer monatlichen, auf das Leben des Stpfl bezogenen lebenslangen Leibrente für einen Versicherungsfall vorsehen, der bis zur Vollendung des 67. Lebensjahres eingetreten ist. Wegen Einzelheiten s. BMF vom 19.08.2013, a. a. O., Rz. 34 – 44.

Voraussetzungen für die Unschädlichkeit der beiden Zusatzversicherungen sind:

- Die Leistungen aus der Zusatzversicherung werden nur in Form einer Leibrente erbracht.
- Als Hinterbliebene begünstigt sind der Ehegatte oder Lebenspartner des Stpfl und die Kinder, für die er Anspruch auf Kindergeld oder auf einen Freibetrag nach § 32 Abs. 6 EStG hat. Der Anspruch auf Waisenrente darf längstens für den Zeitraum bestehen, in dem der Rentenberechtigte die Voraussetzungen für die Berücksichtigung als Kind i. S. d. § 32 EStG erfüllt. Es reicht aus, dass das Kind die Voraussetzungen des § 32 Abs. 4 Satz 1 EStG erfüllt. Auf die Höhe seiner Einkünfte und Bezüge kommt es nicht an.

Eine laufende Beitragszahlung ist nicht erforderlich. Auch Einmalzahlungen sind als Altersvorsorgeaufwendungen im Rahmen der Basisversorgung begünstigt.

Die Beiträge (Vorsorgeaufwendungen) an diese kapitalbildenden Rentenversicherungen sind nur dann als Sonderausgaben abzugsfähig, wenn sie geleistet werden an

- Versicherungsunternehmen, die ihren Sitz oder ihre Geschäftsleitung in einem Mitgliedstaat der EU oder einem Vertragsstaat des Abkommens über den Europäischen Wirtschaftsraum haben und das Versicherungsgeschäft im Inland betreiben dürfen oder denen die Erlaubnis zum Geschäftsbetrieb im Inland erteilt ist (§ 10 Abs. 2 Nr. 2 Buchst. a EStG),
- berufsständische Versorgungseinrichtungen (§ 10 Abs. 2 Nr. 2 Buchst. b EStG),
- einen Sozialversicherungsträger (§ 10 Abs. 2 Nr. 2 Buchst. c EStG) oder
- einen Anbieter i. S. d. § 80 EStG (§ 10 Abs. 2 Nr. 2 Buchst. d EStG), dies sind Anbieter von sog. »Riester-Renten«.

Für den Sonderausgabenabzug ist nach § 10 Abs. 2 Satz 2 EStG für Vorsorgeaufwendungen an berufsständische Versorgungseinrichtungen weiterhin erforderlich,

- dass der Versicherungsvertrag einem zertifizierten Vertragsmuster entspricht. Zertifizierungsbehörde ist das BZSt. Die Zertifizierung ist Grundlagenbescheid nach § 171 Abs. 10 AO. Das bedeutet, dass das Finanzamt weder prüfen muss noch prüfen darf, ob die zertifizierten Verträge die Voraussetzungen erfüllen, und
- der Stpfl gegenüber dem Anbieter in die Datenübermittlung eingewilligt hat, damit dieser die nach § 10 Abs. 2 a Satz 4 EStG vorgeschriebene elektronische Datenübermittlung vornehmen kann.

2.7.4 Krankenversicherungsbeiträge – soweit Basisversorgung – und gesetzliche Pflegeversicherung

2.7.4.1 Krankenversicherungsbeiträge

Diese unter § 10 Abs. 1 Nr. 3 Satz 1 Buchst. a und b EStG fallenden Beiträge werden in **voller Höhe** steuerlich berücksichtigt, weil der Kranken- und Pflegeversicherungsschutz nach der Entscheidung des BVerfG insoweit Teil des steuerfrei zu belassenden Existenzminimums ist, wie er für ein sozialhilfegleiches Versorgungsniveau erforderlich ist.

Für Beiträge zur **gesetzlichen** Krankenversicherung sind dies die nach dem SGB V festgesetzten Beiträge für eine **Basis**krankenversicherung. Beiträge für eine darüber hinausgehende Versorgung, z. B. Chefarztbehandlung, Einbettzimmer, sowie zur Finanzierung eines Krankengelds gehören nicht zur Basiskrankenversorgung und fallen damit nicht unter § 10 Abs. 1 Nr. 3 Satz 1 Buchst. a EStG.

Nicht der Basisabsicherung zuzurechnen ist der Beitragsanteil, der der Finanzierung des Krankengeldes dient. Dieser Anteil wird mit einem **pauschalen** Abschlag von **4 %** bemessen und von der Finanzverwaltung von den übermittelten Beträgen abgezogen, allerdings nur dann, wenn sich für den Stpfl im Krankheitsfall ein Anspruch auf Krankengeldzahlung oder ein Anspruch auf eine Leistung ergeben kann, die anstelle von Krankengeld gewährt wird.

BEISPIELE

a) Der vom Arbeitgeber einbehaltene monatliche Beitrag zur gesetzlichen Krankenversicherung (nur Basisversorgung) einer Arbeitnehmerin beträgt 400 €. In gleicher Höhe überweist der Arbeitgeber seinen Arbeitgeberanteil an die gesetzliche Krankenversicherung. Mit diesen Beiträgen erwirbt die Arbeitnehmerin auch einen Anspruch auf Krankengeld.

LÖSUNG Unter die nach § 10 Abs. 1 Nr. 3 Satz 1 Buchst. a EStG in vollem Umfang abzugsfähigen Beiträgen gehören nur 96 % von 400 € = 384 €. Die restlichen 4 % = 16 € fallen unter § 10 Abs. 1 Nr. 3 a EStG. Diese Kürzung erfolgt von der Finanzverwaltung im Rahmen der Veranlagung.

b) Der Stpfl ist Rentner und erhält eine Rente von der gesetzlichen Rentenversicherung. Seine monatlichen Krankenversicherungsbeiträge an die gesetzliche Krankenversicherung betragen 200 €. Er erhält einen nach § 3 Nr. 14 EStG steuerfreien monatlichen Zuschuss zu dieser Krankenversicherung von 100 €.

LÖSUNG Unter § 10 Abs. 1 Nr. 3 Satz 1 Buchst. a EStG fallen nur die selbst gezahlten Beiträge von 100 € (§ 10 Abs. 2 Nr. 1 EStG). Diese sind nicht um 4 % zu kürzen, weil ein Rentner mit seinen Krankenversicherungsbeiträgen keinen Anspruch auf Krankengeld erwirbt.

Zu den Basiskrankenversicherungsbeiträgen bei einer **privaten** Krankenversicherung gehören die Beitragsanteile, die auf Vertragsleistungen entfallen, die, mit Ausnahme der auf das Krankengeld entfallenen Beitragsanteile, in Art, Umfang und Höhe den Leistungen nach dem Dritten Kapitel des SGB V vergleichbar sind, auf die ein Anspruch besteht.

Nicht darunter fallen – wie bei der gesetzlichen Versicherung – alle Wahlleistungen. Sind in einem Versicherungstarif begünstigte und nicht begünstigte Versicherungsleistungen abgesichert, muss der vom Versicherungsnehmer geleistete Beitrag durch das Krankenversicherungsunternehmen aufgeteilt werden. Soweit der Basistarif einen Anspruch auf Krankengeld gewährt, ist vom Beitrag wie bei der gesetzlichen Krankenversicherung ein Abschlag von 4 % vorzunehmen.

Nicht unter § 10 Abs. 1 Nr. 3 Satz 1 Buchst. a EStG fallen Beiträge zu einer Auslandskrankenversicherung (Reisekrankenversicherung), die zusätzlich zu einem bestehenden Versicherungsschutz ohne eingehende persönliche Risikoprüfung abgeschlossen wird.

Beitragsrückerstattungen mindern die abziehbaren Krankenversicherungsbeiträge in dem Jahr, in dem sie zufließen.

Abgrenzung: Werden von der gesetzlichen Krankenversicherung im Rahmen eines Bonusprogramms zur Förderung gesundheitsbewussten Verhaltens (nach § 65 a SGB V) Kosten für Gesundheitsmaßnahmen erstattet, die nicht im regulären Versicherungsumfang enthalten und damit von den Versicherten vorab privat finanziert worden sind, handelt es sich bei dieser Kostenerstattung um eine Leistung der Krankenkasse und nicht um eine Beitragsrückerstattung. Die als Sonderausgaben abziehbaren Krankenversicherungsbeiträge sind daher nicht um den Betrag der Kostenerstattung zu mindern (BFH vom 01.06.2016 BStBl II 2016, 989).

2.7.4.2 Gesetzliche Pflegeversicherung

Nach § 10 Abs. 1 Nr. 3 Satz 1 Buchst. b EStG sind Beiträge zur gesetzlichen Pflegeversicherung, d. h. zur sozialen Pflegeversicherung und zur privaten Pflege-Pflichtversicherung begünstigt. Die Beiträge sind nach Abzug des steuerfreien Arbeitgeberzuschusses (§ 3 Nr. 62 EStG) **ungekürzt** anzusetzen (BFH vom 02. 09. 2014 BStBl II 2015, 257).

2.7.4.3 Eigene Beiträge

Wie unter 2.2 bereits dargestellt, sind als Sonderausgaben nur die Aufwendungen abzugsfähig, die der Stpfl selbst schuldet und selbst leistet; dies ist bei Versicherungen der Versicherungsnehmer. Dieser Grundsatz wird in § 10 Abs. 1 Nr. 3 Satz 2 EStG (nur) für die Beiträge zur Basiskrankenversicherung und zur gesetzlichen Pflegeversicherung durchbrochen. Nach dieser Ausnahmeregelung gelten als **eigene** Beiträge auch die Beiträge, die der Stpfl leistet für

- seinen **Ehepartner** bzw. seinen eingetragenen Lebenspartner,
- für ein Kind, für das er einen **Anspruch** auf Kindergeld oder Kinderfreibetrag hat,

unabhängig davon, ob der Stpfl oder die versicherte Person Versicherungsnehmer ist. Die Beiträge können zwischen den Eltern und dem Kind aufgeteilt werden, im Ergebnis aber nur einmal – entweder bei den Eltern oder beim Kind – als Vorsorgeaufwendungen berücksichtigt werden (BMF vom 19. 08. 2013 BStBl I 2013, 1087 unter Berücksichtigung der Änderungen durch BMF vom 10. 01. 2014 BStBl I 2014, 70, Rz. 68).

Davon **abzugrenzen** sind die Beiträge, die der Stpfl leistet für

- seinen **dauernd getrennt** lebenden oder **geschiedenen** Ehepartner,
- ein Kind, für das er **keinen Anspruch** auf Kindergeld oder Kinderfreibetrag hat,
- einen gesetzlich unterhaltsberechtigten **Angehörigen**, für den Aufwendungen nach § 33 a Abs. 1 EStG geltend gemacht werden (s. R 2.1).

Diese Beiträge können – wiederum unabhängig davon, wer Versicherungsnehmer ist – grundsätzlich nur die unterstützten Personen als Sonderausgaben abziehen.

Aber: Der Stpfl kann diese eigenen Beiträge zusätzlich zu den Höchstbeträgen von 13 805 € beim Realsplitting (s. 2.6.1) sowie 8 652 € (im VZ 2016), 8 820 € (im VZ 2017) und 9 000 € (im VZ 2018) bei § 33 a Abs. 1 EStG (s. R 2.1.1) abziehen.

BEISPIELE

a) M (Arbeitnehmer), seine nicht berufstätige Ehefrau und deren 10 Jahre altes bei ihnen zu berücksichtigende Kind sind in der gesetzlichen Krankenversicherung (z. B. bei der AOK) familienversichert. Lt. elektronischer Lohnsteuerbescheinigung beträgt der Arbeitnehmeranteil zur gesetzlichen Krankenversicherung 4 600 € und zur gesetzlichen Pflegeversicherung 300 €.

LÖSUNG Bei der Zusammenveranlagung der Ehegatten sind die Basiskrankenversicherungsbeiträge des M und seiner Ehefrau nach § 10 Abs. 1 Satz 1 Nr. 3 Buchst. a Satz 1 und 2 EStG sowie die Beiträge zur gesetzlichen Pflegeversicherung nach § 10 Abs. 1 Satz 1 Nr. 3 Buchst. b EStG in voller Höhe als Sonderausgaben abzugsfähig. Darüber hinaus gelten auch die Basiskrankenversicherungsbeiträge für das bei M und seiner Ehefrau zu berücksichtigende Kind nach § 10 Abs. 1 Satz 1 Nr. 3 Satz 2 EStG als eigene Beiträge des M und können (nur) von ihm als Sonderausgaben abgezogen werden. Weil M auch einen Krankengeldanspruch erwirbt, sind die gesamten Krankenversicherungsbeiträge von 4 600 € um 4 % = 184 € zu kürzen. Der Differenzbetrag von 4 416 € + 300 € = 4 716 € ist bei der Zusammenveranlagung von M und seiner Ehefrau als Sonderausgaben abzugsfähig.

b) Wie a), M ist Beamter und hat folgende Jahresbeiträge an die privaten Krankenversicherung überwiesen: für sich 2 400 €, für seine Ehefrau 3 000 € und für sein Kind 400 €. Die Krankenkasse hat Beiträge von jeweils 90 % als Basisversorgungsbeiträge bescheinigt. Die Beiträge zur gesetzlichen Pflegeversicherung wurden von der Krankenkasse mit insgesamt 300 € bescheinigt. Der Anteil der Eltern beträgt jeweils 135 €, der Anteil des Kindes 30 €.

LÖSUNG Die Beiträge zur gesetzlichen und zu einer privaten Krankenversicherung werden gleich behandelt. Bei der Zusammenveranlagung von M und seiner Ehefrau sind deshalb die Basiskrankenversicherungsbeiträge von 90 % von (2.400 € + 3 000 € + 400 € =) 5 800 € = 5 220 € und die Beiträge zur gesetzlichen Pflegeversicherung von 300 €, zusammen 5 520 € nach § 10 Abs. 1 Satz 1 Nr. 3 Satz 2 EStG als eigene Beiträge des M in voller Höhe abzugsfähig.

c) Wie b), aber das Kind ist 22 Jahre alt und studiert Elektrotechnik. Die eigenen Einkünfte und Bezüge des Kindes betragen 3 000 €.

LÖSUNG Das Kind ist nach § 32 Abs. 4 Satz 1 Nr. 2 Buchst. a EStG bei M und seiner Ehefrau zu berücksichtigen, weil es für einen Beruf ausgebildet wird. Es spielt keine Rolle, wer Versicherungsnehmer ist. Somit ergibt sich dieselbe Lösung wie bei b).

d) Wie c), aber das Kind ist 28 Jahre alt.

LÖSUNG Weil das Kind die Altersgrenze in § 32 Abs. 4 Satz 1 Nr. 2 Buchst. a EStG überschreitet, kann es nicht mehr bei seinen Eltern berücksichtigt werden. Die Beiträge können deshalb nicht mehr von M als Sonderausgaben abgezogen werden. Bei der Zusammenveranlagung von M und seiner Ehefrau können jedoch die Unterhaltsleistungen der Eltern bis zum Betrag von höchstens 8 820 € (im VZ 2017) als außergewöhnliche Belastung nach § 33 a Abs. 1 EStG abgezogen werden. Der Betrag von 8 820 € erhöht sich – unabhängig davon, wer Versicherungsnehmer ist – um die Basiskrankenversicherungsbeiträge von (90 % von 400 € =) 360 € + 30 € auf 9 210 €.

e) Wie b), aber M ist geschieden und zahlt Unterhalt an seine geschiedene Ehefrau. Darin enthalten sind auch alle Versicherungsbeiträge. Diese hat dem Realsplitting (§ 10 Abs. 1 a Nr. 1 EStG) zugestimmt.

LÖSUNG M kann die von ihm getragenen Beiträge für seine Ehefrau unabhängig davon, wer Versicherungsnehmer ist, nicht als Sonderausgaben i. S. v. § 10 Abs. 1 Nr. 3 EStG abziehen. Er kann jedoch die Beiträge für die Basisversorgung (90 % von 3 000 € =) 2 700 € + 135 € = 2 835 € zusätzlich zum Höchstbetrag nach § 10 Abs. 1 Nr. 1 EStG von 13 805 € im Rahmen des Realsplittings als Sonderausgaben abziehen. Die Ehefrau erzielt dafür sonstige Einkünfte nach § 22 EStG von höchstens (13 805 € + 2 835 € =) 16 640 € und kann die von M bezahlten Beiträge für die Basisversorgung von 2 835 € – unabhängig davon, wer Versicherungsnehmer ist – als eigene Vorsorgeaufwendungen abziehen.

f) Wie e), aber die geschiedene Ehefrau hat dem Realsplitting nicht zugestimmt.

LÖSUNG Die Unterhaltsleistungen des M an seine geschiedene Ehefrau können wegen der fehlenden Zustimmung nur als außergewöhnliche Belastung nach § 33 a Abs. 1 EStG abgezogen werden. Der Höchstbetrag beträgt 8 820 € (im VZ 2017) zuzüglich der Beiträge für die Basisversorgung von 2 835 €, insgesamt folglich 11 189 €. Die geschiedene Ehefrau muss zwar nichts versteuern, kann aber die Versicherungsbeiträge auch nicht als Sonderausgaben abziehen.

Zu den abziehbaren Beiträgen gehören nach dem Grundsatz des § 11 Abs. 2 Satz 1 EStG auch Beiträge, die für nach Ablauf des VZ beginnende Beitragsjahre geleistet werden.

Aber: Überschreiten diese Beiträge in der Summe das **2,5-Fache** der auf den VZ der Zahlung entfallenden Beiträge, sind sie in dem VZ anzusetzen, **für den sie geleistet** wurden; dies gilt nicht für Beiträge, soweit sie der unbefristeten Beitragsminderung nach Vollendung des 62. Lebensjahres dienen (§ 10 Abs. 1 Nr. 3 Satz 4 EStG).

BEISPIELE

a) A überweist im VZ 2017 die Versicherungsbeiträge i. S. v. § 10 Abs. 1 Nr. 3 EStG für die Jahre 2017 bis 2020 i. H. v. 4 × 6 000 € = 24 000 €.

LÖSUNG Die im VZ 2017 vorausgezahlten Beiträge des A von 3 × 6 000 € = 18 000 € übersteigen den Jahresbetrag 2017 von 6 000 € um mehr als das 2,5fache. Folglich sind die vorausgezahlten Beiträge von 18 000 € trotz Zahlung im VZ 2017 erst in den Jahren 2018 bis 2020 mit jährlich jeweils 6 000 €

abzugsfähig. Im VZ 2017 können nur die auf das Kalenderjahr 2017 entfallenden Beiträge von 6 000 € als Sonderausgaben abgezogen werden.

b) Wie a), aber A überweist im VZ 2017 nur 18 000 € für die Jahre 2017 bis 2019.

LÖSUNG Da A im VZ 2017 nur 2 × 6 000 € = 12 000 € und damit nicht mehr als das 2,5fache der Jahresbeiträge vorausbezahlt hat, sind die gesamten geleisteten Beiträge von 18 000 € im VZ 2017 als Sonderausgaben abzugsfähig.

2.7.5 Sonstige Vorsorgeaufwendungen

2.7.5.1 Arten von sonstigen Vorsorgeaufwendungen

Zu den sonstigen Vorsorgeaufwendungen gehören nach § 10 Abs. 1 **Nr. 3 a** EStG die Beiträge

- zu Versicherungen gegen **Arbeitslosigkeit** (Arbeitnehmerbeiträge an die Bundesagentur für Arbeit und zu privaten Versicherungen),
- zu **Erwerbs- und Berufsunfähigkeitsversicherungen**, die nicht unter § 10 Abs. 1 Nr. 2 Satz 1 Buchst. b EStG fallen (also keine Zusatzversicherungen im Rahmen der Basisversorgung sind),
- zu gesetzlichen oder privaten **Krankenversicherungen** und **Pflegeversicherungen**, soweit diese nicht unter § 10 Abs. 1 Nr. 3 Satz 1 Buchst. a EStG fallen. Hierzu zählen z. B.

– Beitragsanteile, die auf Wahlleistungen entfallen,
– Beiträge zur freiwilligen Pflegeversicherung oder
– Basiskrankenversicherungsbeiträge und Beiträge zur gesetzlichen Pflegeversicherung bei fehlender Einwilligung zur Datenübertragung nach § 10 Abs. 2 a EStG.
– Beiträge an Krankentagegeld- und Krankenhaustagegeldversicherungen (vgl. H 10.5 [Krankentagegeldversicherung] EStH).

Bei Beiträgen an die gesetzlichen Versicherungen sind nur die Arbeitnehmeranteile abzugsfähig; die Arbeitgeberanteile sind nach § 10 Abs. 2 Nr. 1 i. V. m. § 3 Nr. 62 Satz 1 EStG vom Abzug als Sonderausgaben ausgeschlossen (s. im Einzelnen R 3.62 LStR),

- zu **Unfallversicherungen**,
- zu **Haftpflichtversicherungen** und
- zu **Risikolebensversicherungen**, die nur im Todesfall eine Leistung vorsehen, sowie
- zu Versicherungen auf den **Erlebens- oder Todesfall** i. S. d. § 10 Abs. 1 Nr. 2 Buchst. b Doppelbuchst. bb–dd EStG in der am **31. 12. 2004 geltenden** Fassung, wenn die Laufzeit dieser Versicherung **vor dem 01. 01. 2005 begonnen** hat und (mindestens) ein Versicherungsbeitrag bis zum 31. 12. 2004 entrichtet wurde. Das bedeutet, für **nach dem 31. 12. 2004 abgeschlossene** kapitalbildende Lebensversicherungsverträge ist ein Sonderausgabenabzug ausgeschlossen.

Wegen der abschließenden Aufzählung in § 10 EStG (vgl. 2.1) gehören alle anderen Versicherungen nicht zu den Sonderausgaben. Aus diesem Grund sind Beiträge an **Sachversicherungen** (z. B. Hausratversicherungen, Rechtsschutzversicherungen, Glasversicherungen, Leitungswasserversicherungen, Gebäudebrandversicherungen) **nicht** als Sonderausgaben abzugsfähig (H 10.5 [Keine Sonderausgaben] EStH).

Aber: Beiträge zu Sachversicherungen können als Betriebsausgaben oder Werbungskosten abzugsfähig sein, wenn sie mit Einnahmen in einem wirtschaftlichen Zusammenhang stehen!

BEISPIEL

A ist Eigentümerin von zwei Einfamilienhäusern. Eines nutzt sie zusammen mit ihrer Familie für eigene private Wohnzwecke, das andere Einfamilienhaus hat sie für monatlich 1 500 € vermietet. Für beide Gebäude hat sie jeweils eine Leitungswasserversicherung und eine Gebäudebrandversicherung abgeschlossen.
Außerdem hat sie für ihren privaten Pkw eine Haftpflichtversicherung, eine Vollkaskoversicherung und eine Rechtsschutzversicherung abgeschlossen.

LÖSUNG Die Beiträge an die Leitungswasserversicherung und die Gebäudebrandversicherung sind Sachversicherungen. Soweit sie im Zusammenhang stehen mit dem vermieteten Gebäude, sind die Beiträge als Werbungskosten bei den Einkünften aus Vermietung und Verpachtung abzugsfähig. Soweit die Beiträge mit dem selbst genutzten Einfamilienhaus im Zusammenhang stehen, sind sie weder als Betriebsausgaben, Werbungskosten noch als Sonderausgaben abzugsfähig.
Die Beiträge an die Kfz-Haftpflichtversicherung sind nach § 10 Abs. 1 Nr. 3 a EStG als Sonderausgaben abzugsfähig. Dagegen können weder die Beiträge an die Kaskoversicherung noch an die Rechtsschutzversicherung als Sonderausgaben abgezogen werden, weil es sich insoweit um Sachversicherungen handelt (H 10.5 [Keine Sonderausgaben] EStH).

2.7.5.2 Beiträge

Beiträge zu Versicherungen sind im Einzelnen:

- **laufende** (regelmäßige) **Prämien**,
- **Einmalprämien** (bei Abschluss des Versicherungsvertrags für die gesamte Versicherungsvertragsdauer in einer Summe zu zahlen),
- **Ausfertigungsgebühr** und **Versicherungssteuer**,
- sonstige **Gebühren und Umlagen**, die der Versicherungsnehmer zu leisten hat.

Die Versicherungsbeiträge des VZ sind um Rückvergütungen von Beiträgen, die dem Stpfl zufließen, zu kürzen.

BEISPIEL

B hat eine Lebensversicherung mit Beitragsminderung durch Gewinnanteile abgeschlossen. Im VZ 2017 hat B 1 200 € laufende Prämien geleistet und die Versicherungsgesellschaft hat für das Jahr 2 016 300 € Überschussbeteiligung an B vergütet. In welcher Höhe liegen Sonderausgaben vor?

LÖSUNG B hat im VZ 2017 Sonderausgaben von 900 € aufgewendet.

2.7.5.3 Unfallversicherungen

Im privaten Bereich des Stpfl sind Beiträge hierzu Sonderausgaben. Auch Insassenunfallversicherungen, die der Halter eines Pkw abschließt oder die Unfallversicherung des Stpfl für seine Kinder zur Absicherung von Unfallfolgen auf dem Schulweg oder in der Freizeit zählen dazu. Davon abzugrenzen sind solche Unfallversicherungen, die nur wegen erheblicher Unfallgefahr im betrieblichen Bereich abgeschlossen werden. Hier können Betriebsausgaben gem. § 4 Abs. 4 EStG vorliegen (BMF vom 28. 10. 2009 BStBl I 2009, 1275, Tz. 4). Die Versicherungsleistungen sind dann jedoch Betriebseinnahmen des Stpfl (BFH vom 15. 12. 1977 BStBl II 1978, 212).

BEISPIEL

Der selbstständige Handelsvertreter D fährt im Kj durchschnittlich rd. 70 000 km betrieblich mit dem eigenen Pkw. Liegen Betriebsausgaben vor?

LÖSUNG Wegen des hohen Unfallrisikos kann die Unfallversicherung betrieblich bedingt sein. Die Prämien sind dann Betriebsausgaben. Das Gleiche gilt für Dachdecker, Schornsteinfeger, Handwerker bei Hochhausbauten usw. Wegen bestimmter gesetzlicher Versorgungsbeiträge Selbstständiger vgl. H 10.5 [Versorgungsbeiträge Selbstständiger] EStH.

2.7.5.4 Haftpflichtversicherungen

Im **privaten** Bereich führen alle Arten von Haftpflichtversicherungen zu Sonderausgaben. Es ist **unerheblich, ob** mit der Versicherung **Personen oder Sachen** gegen Schäden **versichert** sind. Hauptfälle sind deshalb Familien-, Kraftfahrzeug- sowie Tierhaftpflichtversicherungen. Wird eine versicherte Sache, z. B. ein Kraftfahrzeug vom Stpfl sowohl betrieblich als auch privat genutzt, so sind die Beiträge in einen betrieblichen Kostenanteil (Betriebsausgaben) und anteilige Sonderausgaben aufzuteilen (vgl. R 10.5 Satz 1 EstR). Bei Arbeitnehmern gilt eine **Vereinfachungsregelung**: Setzt der Arbeitnehmer für Wege zwischen Wohnung und Arbeitsstätte mit eigenem Pkw die Werbungskosten mit den pauschalierten Werten des § 9 Abs. 2 Satz 2 EStG ab, so kann er die Aufwendungen für die Pkw-Haftpflichtversicherung in voller Höhe als Sonderausgaben absetzen (allerdings im Rahmen der Höchstbeträge des § 10 Abs. 4 und 4 a EStG, vgl. R 10.5 Satz 2 EstR). Beitragsermäßigungen durch Schadensfreiheitsrabatte und Auszahlungen aus dem technischen Überschuss vermindern die abzugsfähigen Prämien.

BEISPIELE

Liegen in den Beispielen a) und b) Betriebsausgaben/Sonderausgaben vor?

a) Lebensmitteleinzelhändler E fährt mit seinem Pkw nachweislich zu 80 % betrieblich und zu 20 % privat.

LÖSUNG Die Aufwendungen für die Pkw-Haftpflichtversicherung von 600 € im VZ 01 einschließlich Versicherungssteuer, abzüglich Beitragsermäßigung für Schadensfreiheitsrabatt sind aufzuteilen in 480 € Betriebsausgaben und 120 € Sonderausgaben (R 10.5 Satz 1 EStR).

b) Arbeitnehmer F fährt mit seinem Pkw pro Jahr 20 000 km. Davon entfallen 5 000 km auf die Fahrten zwischen zwischen Wohnung und Arbeitsstätte.

LÖSUNG F kann die Haftpflichtversicherungsprämie in voller Höhe als Sonderausgaben absetzen (R 10.5 Satz 2 EStR).

2.7.5.5 Beiträge zu Versicherungen i. S. d. § 10 Abs. 1 Nr. 2 Buchst. b Doppelbuchst. bb bis dd EStG 2004

Bei diesen – unter § 10 Abs. 1 Nr. 3 a EStG fallenden – Versicherungen handelt es sich um Versicherungen auf den Erlebens- oder Todesfall, die **vor dem 01. 01. 2005** abgeschlossen worden sind, wenn (mindestens) ein Versicherungsbeitrag bis zum 31. 12. 2004 entrichtet wurde. Zu den begünstigten Versicherungen zählen auch Witwen-, Waisen-, Versorgungs- und Sterbekassen sowie Berufsunfähigkeits-, Aussteuer-, Ausbildungs- und Erbschaftsteuerversicherungen (zum Begriff der Erbschaftsteuerversicherung s. BMF vom 01. 10. 2009 BStBl I 2009, 1172 Rz 30). Die Beiträge sind nur dann als Vorsorgeaufwendungen abzugsfähig, **wenn** es sich um **eine der folgenden Versicherungen** handelt:

a) **Rentenversicherungen** gegen einmalige oder laufende Beitragsleistung **ohne Kapitalwahlrecht**, bei denen eine Mindestvertragsdauer nicht vorgeschrieben ist (§ 10 Abs. 1 Nr. 2 Buchst. b Doppelbuchst. bb EStG 2004);
b) **Rentenversicherung mit Kapitalwahlrecht** gegen laufende Beitragsleistung, wenn das Kapitalwahlrecht nicht vor Ablauf von 12 Jahren seit Vertragsabschluss ausgeübt werden kann (§ 10 Abs. 1 Nr. 2 Buchst. b Doppelbuchst. cc EStG 2004);
c) Kapitalversicherungen gegen laufende Beitragsleistung mit Sparanteil, wenn der Vertrag auf die Dauer von mindestens zwölf Jahren abgeschlossen worden ist (§ 10 Abs. 1 Nr. 2 Buchst. b Doppelbuchst. dd EStG 2004).

Eine laufende Beitragszahlung setzt nicht voraus, dass die Dauer der Beitragsleistung der Vertragsdauer entspricht. Laufende Beitragsleistungen liegen bereits dann für die **gesamte** Vertragsdauer vor, wenn nach dem Vertrag eine laufende Beitragsleistung für mindestens fünf Jahre vorgesehen ist.

Keine Sonderausgaben sind insbesondere die Beiträge zu den folgenden Versicherungen:
a) Kapitalversicherungen und Rentenversicherungen mit Kapitalwahlrecht gegen Einmalbeitrag.
b) Kapitalversicherungen und Rentenversicherungen mit Kapitalwahlrecht gegen laufende Beitragsleistung mit einer Vertragsdauer von weniger als zwölf Jahren.

Nach § 10 Abs. 1 Nr. 2 Buchst. b **Satz 2** EStG 2004 sind die Beiträge zu diesen Versicherungen **nur i. H. v. 88 %** als Vorsorgeaufwendungen abziehbar. Die Höhe der Beiträge ergibt sich für die gesamte Laufzeit des Versicherungsvertrags aus dem Versicherungsschein. Der **Endbeitrag** führt zu Aufwendungen des Stpfl. Davon sind **88 %** als Sonderausgaben zu berücksichtigen.

Bei Änderung eines Lebensversicherungsvertrags in einzelnen oder mehreren Bestandteilen (Vertragsdauer, Vertragssumme oder Beitragszahlungsdauer) ist zu prüfen, ob die Vertragsänderung zu einem neuen Lebensversicherungsvertrag führt. Vgl. BMF vom 22.08.2002 BStBl I 2002, 827 Rz 39 ff mit Beispielen (s. Anhang 22 I ESt-Handbuch).

BEISPIEL

Die 42-jährige U schließt im VZ 2004 zur Altersvorsorge mit der A-Versicherung einen Versicherungsvertrag auf den Erlebens- oder Todesfall gem. § 10 Abs. 1 Nr. 2 Buchst. b Doppelbuchst. dd EStG 2004 ab, fällig bei Alter 60 Jahre oder bei Tod; Versicherungsbeitrag monatlich 200 €. Die vertragsmäßigen Zinsen und die Gewinnbeteiligung sind fällig bei Vertragsende (Ablaufleistung).
Wie hoch sind die Vorsorgeaufwendungen der U ab VZ 2004?

LÖSUNG Die Kapitallebensversicherung mit einer Laufzeit von 18 Jahren ist steuerbegünstigt. Die geleisteten Jahresbeiträge i. H. v. (12 × 200 €) 2 400 € sind gem. § 10 Abs. 1 Nr. 2 Buchst. b Satz 2 EStG 2004 i. H. v. 88 % von 2 400 € = 2 112 € anzusetzen und im Rahmen des Höchstbetrags nach § 10 Abs. 1 Nr. 3 a EStG abzugsfähig.

2.8 Ermittlung des Abzugsbetrags nach § 10 Abs. 3 EStG

2.8.1 Höchstbetrag

Die begünstigten Altersvorsorgeaufwendungen i. S. v. § 10 Abs. 1 **Nr. 2** EStG sind bis einschließlich VZ 2014 nach § 10 Abs. 3 EStG bis zu **20 000 €** als Sonderausgaben abziehbar. Im Fall der Zusammenveranlagung von Ehegatten/Lebenspartnern verdoppelt sich dieser Betrag auf **40 000 €**, unabhängig davon, wer von den Ehegatten/Lebenspartnern die begünstigten Beträge entrichtet hat. Ab VZ 2015 sind diese Aufwendungen bis zum Höchstbetrag zur knappschaftlichen Rentenversicherung, aufgerundet auf volle Euro (**2017: 23 362 €**), bei Ehegatten/Lebenspartnern **46 724 €**) als Sonderausgaben abzugsfähig.

2.8.2 Kürzung des Höchstbetrags nach § 10 Abs. 3 Satz 3 EStG

Der Höchstbetrag lt. 2.8.1 ist bei Stpfl, die

- Arbeitnehmer sind und die während eines ganzen oder eines Teils des Kj
  - in der gesetzlichen Rentenversicherung versicherungsfrei oder auf Antrag des Arbeitgebers von der Versicherungspflicht befreit waren und denen für den Fall ihres Ausscheidens aus der Beschäftigung auf Grund des Beschäftigungsverhältnisses eine lebenslängliche Versorgung oder an deren Stelle eine Abfindung zusteht oder in der gesetzlichen Rentenversicherung nachzuversichern sind (Beamte, Richter, Soldaten auf Zeit) oder
  - nicht der gesetzlichen Rentenversicherungspflicht unterliegen, eine Berufstätigkeit ausgeübt und im Zusammenhang damit auf Grund vertraglicher Vereinbarungen Anwartschaftsrechte auf eine Altersversorgung erworben haben (beherrschende Gesellschafter-Geschäftsführer einer GmbH mit Pensionszusage), oder
- Einkünfte i. S. d. § 22 Nr. 4 EStG erzielen und die ganz oder teilweise ohne eigene Beitragsleistung einen Anspruch auf Altersversorgung erwerben (Europaabgeordnete, Bundestagsabgeordnete und Landtagsabgeordnete),

um den Betrag zu kürzen, der, bezogen auf die Einnahmen aus der Tätigkeit, die die Zugehörigkeit zum genannten Personenkreis begründen, dem Gesamtbeitrag (Arbeitgeber- und Arbeitnehmeranteil) zur allgemeinen Rentenversicherung entspricht, **höchstens** aber die Beitragsbemessungsgrenze (Ost) in der gesetzlichen Rentenversicherung (BMF vom 19. 08. 2013 BStBl I 2013, 1087, Rz 51 und 58). Diese Grenze beträgt 68 400 € im Jahr 2017.

Bei Ehegatten/Lebenspartnern ist für jeden Ehegatten/Lebenspartner **gesondert** zu prüfen, **ob** und ggf. in welcher Höhe der gemeinsame Höchstbetrag von 46 724 € (im VZ 2017) zu kürzen ist.

2.8.3 Übergangsregelung von 2005 bis 2024

Die zu berücksichtigenden Aufwendungen, höchstens aber der Höchstbetrag, sind für den Übergangszeitraum von 2005 bis 2024 mit dem sich aus § 10 Abs. 3 Sätze 4 und 6 EStG ergebenden Prozentsatz anzusetzen:

Jahr	Prozentsatz	Jahr	Prozentsatz
2012	74	2019	88
2013	76	2020	90
2014	78	2021	92
2015	80	2022	94
2016	82	2023	96
2017	84	2024	98
2018	86	ab 2025	100

Nach Ablauf der Übergangsregelung sind die Aufwendungen bis zum Höchstbetrag in voller Höhe als Sonderausgaben abzugsfähig, dafür sind die späteren Rentenbezüge in voller Höhe zu versteuern (sog. **nachgelagerte Besteuerung**).

2.8.4 Kürzung des Abzugsbetrags bei Arbeitnehmern

Bei Arbeitnehmern, die steuerfreie Arbeitgeberleistungen zur gesetzlichen Rentenversicherung nach § 3 Nr. 62 EStG oder diesen gleichgestellte steuerfreie Zuschüsse des Arbeitgebers erhalten haben, ist der sich ergebende Abzugsbetrag nach § 10 Abs. 3 Satz 5 EStG um diese Beträge zu kürzen (nicht jedoch unter 0 €). Haben beide Ehegatten/Lebenspartner steuerfreie Arbeitgeberleistungen erhalten, ist der Abzugsbetrag um beide Beträge zu kürzen.

2.8.5 Beispiele

BEISPIELE

a) Der ledige Arbeitnehmer H zahlt im Jahr 2017 einen Arbeitnehmeranteil zur gesetzlichen Rentenversicherung i. H. v. 5 000 €. Zusätzlich wird ein Arbeitgeberanteil in gleicher Höhe gezahlt. Daneben hat H in 2017 eine Rentenversicherung (»Rürup-Rente«) i. S. d. § 10 Abs. 1 Nr. 2 Buchst. b EStG abgeschlossen und dort Beiträge i. H. v. 4 000 € eingezahlt.

LÖSUNG Die im Jahr 2017 als Sonderausgaben abzugsfähigen Altersvorsorgeaufwendungen des H berechnen sich nach § 10 Abs. 3 EStG wie folgt:

Arbeitnehmerbeitrag	5 000 €	
Arbeitgeberbeitrag	5 000 €	
Rentenversicherung	4 000 €	
Summe	14 000 €	
Höchstbetrag	23 362 €	
84 % des geringeren Betrags		11 760 €
abzüglich steuerfreier Arbeitgeberanteil		5 000 €
abzugsfähiger Betrag		6 760 €

Zusammen mit dem nach § 3 Nr. 62 EStG steuerfreien Arbeitgeberanteil zur gesetzlichen Rentenversicherung i. H. v. 5 000 € werden damit Altersvorsorgeaufwendungen i. H. v. 11 760 € von der Besteuerung freigestellt. Dies entspricht 84 % der insgesamt geleisteten Beiträge.

b) Die ledige Beamtin K zahlt im Jahr 2017 6 000 € in eine begünstigte Leibrentenversicherung i. S. d. § 10 Abs. 1 Nr. 2 Buchst. b EStG. Ihr Arbeitslohn aus dem Beamtenverhältnis beträgt 40 000 €.

LÖSUNG Die im Jahr 2017 als Sonderausgaben abzugsfähigen Altersvorsorgeaufwendungen der K berechnen sich nach § 10 Abs. 3 EStG wie folgt:

Rentenversicherungsbeiträge	6 000 €	
Höchstbetrag	23 362 €	
abzüglich fiktiver Gesamtbeitrag (18,7 %)		
Rentenversicherung	7 480 €	
gekürzter Höchstbetrag	15 882 €	15 882 €
84 % des geringeren Betrags		5 040 €

c) Die Eheleute M und F sind beide berufstätig. M ist selbstständiger Steuerberater und zahlt im Jahre 2017 16 000 € an das Versorgungswerk der Steuerberater. F ist Angestellte. Ihr Gesamtbeitrag zur gesetzlichen Rentenversicherung beträgt 6 000 € (Arbeitnehmeranteil und Arbeitgeberanteil je 1/2). M zahlt noch 10 000 € in einen begünstigten »Rürup-Vertrag« i. S. d. § 10 Abs. 1 Nr. 2 Buchst. b EStG.

LÖSUNG Die im Jahr 2017 als Sonderausgaben abzugsfähigen Altersvorsorgeaufwendungen der Eheleute M und F berechnen sich nach § 10 Abs. 3 EStG wie folgt:

Berufsständische Versorgungseinrichtung	16 000 €	
Arbeitnehmerbeitrag	3 000 €	
Arbeitgeberbeitrag	3 000 €	
Rentenversicherung	10 000 €	
Summe	32 000 €	
Höchstbetrag	46 724€	
84 % des geringeren Betrags		26 880 €
abzüglich steuerfreier Arbeitgeberanteil		3 000 €
abzugsfähiger Betrag		23 880 €

2.9 Ermittlung des Abzugsbetrags nach § 10 Abs. 4 EStG

2.9.1 Grundsatz

Die Basiskrankenversicherungsbeiträge sowie die Beiträge zur gesetzlichen Pflegeversicherung i. S. v. § 10 Abs. 1 **Nr. 3** EStG und die sonstigen Vorsorgeaufwendungen i. S. v. § 10 Abs. 1 **Nr. 3 a** EStG können nach § 10 Abs. 4 EStG grundsätzlich bis zu einem Betrag von **2 800 €** je Kj abgezogen werden.

2.9.2 Kürzung des Höchstbetrags bei Arbeitnehmern

Bei einem Stpfl, der ganz oder teilweise ohne eigene Aufwendungen einen eigenen Anspruch auf vollständige oder teilweise Erstattung oder Übernahme von Krankheitskosten hat oder für dessen Krankenversicherung Leistungen i. S. d. § 3 Nr. 9, 14, 57 oder 62 EStG erbracht werden, vermindert sich der Höchstbetrag auf **1 900 €**. Dies gilt auch, wenn die Voraussetzungen nur in einem Teil des Kj vorliegen.

Der Höchstbetrag von 1 900 € gilt z. B. für

- sozialversicherungspflichtige Arbeitnehmer,
- Beamte, Richter, Soldaten auf Zeit,
- Rentner, die aus der gesetzlichen Rentenversicherung nach § 3 Nr. 14 EStG steuerfreie Zuschüsse zu den Krankenversicherungsbeiträgen erhalten,
- Versorgungsempfänger im öffentlichen Dienst mit Beihilfeanspruch,
- in der gesetzlichen Krankenversicherung ohne eigene Beiträge familienversicherte Angehörige,
- im VZ beihilferechtlich berücksichtigungsfähige Ehegatten/Lebenspartner (BFH vom 23.01.2013 BStBl II 2013, 608).

Bei zusammenveranlagten Ehegatten/Lebenspartnern ist zunächst für jeden Ehegatten/Lebenspartner nach dessen persönlichen Verhältnissen der ihm zustehende Höchstbetrag zu bestimmen. Die Summe der beiden Höchstbeträge ist der gemeinsame Höchstbetrag, bis zu dessen Höhe die Aufwendungen beider Ehegatten/Lebenspartner insgesamt abzuziehen sind.

Aber:

Ein vom Arbeitgeber im Rahmen einer geringfügigen Beschäftigung erbrachter pauschaler Beitrag zur gesetzlichen Krankenversicherung führt nicht zum Ansatz des verminderten Höchstbetrags.

2.9.3 Mindestbetrag

Übersteigen die Vorsorgeaufwendungen i. S. d. § 10 Abs. 1 Nr. 3 EStG (Basiskrankenversicherungsbeiträge und Beiträge zur gesetzlichen Pflegeversicherung) die Höchstbeträge von 2 800 € bzw. 1 900 €, sind diese Vorsorgeaufwendungen in **voller Höhe** abzugsfähig. Ein zusätzlicher Abzug der sonstigen Vorsorgeaufwendungen nach § 10 Abs. 1 Nr. 3 a EStG scheidet aus (§ 10 Abs. 4 Satz 4 EStG).

BEISPIELE

a) M ist selbstständig und erzielt Einkünfte aus Gewerbebetrieb. Er zahlt für seine private Krankenversicherung 2 600 € (davon Basisversorgung 2 100 €) und 300 € für die gesetzliche Pflegeversicherung. Seine Ehefrau F ist Beamtin. Sie zahlt für ihre private Krankenversicherung 3 200 € (davon Basisversorgung 2 400 €) und 300 € für die gesetzliche Pflegeversicherung. Für zwei Kfz-Haftpflichtversicherungen zahlen die Ehegatten 800 €.

LÖSUNG Der Höchstbetrag der abzugsfähigen Vorsorgeaufwendungen i. S. d. § 10 Abs. 1 Nr. 3 und Nr. 3 a EStG beträgt nach § 10 Abs. 4 EStG für M 2 800 € und für F 1 900 €, insgesamt 4 700 €. Da die Beiträge für die Basisversorgung jedoch insgesamt (2 100 € + 300 € + 2 400 € + 300 € =) 5 100 € betragen, können M und F bei ihrer Zusammenveranlagung den Mindestbetrag von 5 100 € als Vorsorgeaufwendungen abziehen. Die übrigen unter § 10 Abs. 1 Nr. 3 a EStG fallenden Aufwendungen können nicht berücksichtigt werden.

b) Wie a), aber die Beiträge zur Krankenversicherung betragen bei M nur 2 000 € (davon Basisversorgung 1 500 €) und bei F nur 2 500 € (davon Basisversorgung 2 100 €).

LÖSUNG Da die Beiträge für die Basisversorgung von (1 500 € + 300 € + 2 100 € + 300 € =) 4 200 € den Höchstbetrag von 4 700 € nicht übersteigen, können von den sonstigen Vorsorgeaufwendungen i. S. d. § 10 Abs. 1 Nr. 3 a EStG (500 € + 400 € + 800 € =) 1 700 € noch 500 € und damit insgesamt 4 700 € als Sonderausgaben abgezogen werden.

2.10 Günstigerprüfung für Vorsorgeaufwendungen nach § 10 Abs. 4 a EStG

In bestimmten Fällen sind die nach § 10 Abs. 3 und 4 EStG ermittelten abzugsfähigen Vorsorgeaufwendungen niedriger als nach der für das Kj 2004 geltenden Fassung des § 10 Abs. 3 EStG. Zur Vermeidung einer Schlechterstellung wird in diesen Fällen von Amts wegen in den Jahren **2005 bis 2019** der höhere Betrag berücksichtigt. Einbezogen in die Günstigerprüfung werden nur Vorsorgeaufwendungen, die nach dem ab 2005 geltenden Recht abziehbar sind. Nicht einbezogen werden die Beiträge zu einer eigenen kapitalgedeckten Altersversorgung i. S. d. § 10 Abs. 1 Nr. 2 Satz 1 Buchst. b EStG (sog. Rürup-Versicherung). Diese werden nach § 10 Abs. 4 a Satz 2 EStG bei der Günstigerprüfung gesondert, und zwar stets mit dem sich aus § 10 Abs. 3 Satz 4 und 6 EStG ergebenden Prozentsatz, berücksichtigt (s. im Einzelnen BMF vom 19. 08. 2013 BStBl I 2013, 1087 Rz 164–167 mit ausführlichem Beispiel).

Bei der Anwendung des § 10 Abs. 3 EStG 2004 wird der Höchstbetrag für den Vorwegabzug seit dem VZ 2011 nicht mehr in der damaligen Höhe von 3 068 €, bei Ehegatten/Lebenspartnern von 6 136 € gewährt, sondern nur noch in Höhe der nach § 10 Abs. 4 a EStG bis zum VZ 2019 schrittweise gekürzten Beträge:

Kalenderjahr	**Vorwegabzug für den Stpfl**	**Vorwegabzug im Falle der Zusammenveranlagung von Ehegatten/Lebenspartner**
bis 2010	3 068 €	6 136 €
2011	2 700 €	5 400 €
2012	2 400 €	4 800 €
2013	2 100 €	4 200 €
2014	1 800 €	3 600 €
2015	1 500 €	3 000 €
2016	1 200 €	2 400 €
2017	900 €	1 800 €
2018	600 €	1 200 €
2019	300 €	600 €

Um die Günstigerprüfung vornehmen zu können, erfolgt an dieser Stelle in Kurzform die Darstellung der bis zum VZ 2004 nach § 10 Abs. 3 EStG 2004 geltenden **Höchstbetragsberechnung**.

Zunächst ist von den Vorsorgeaufwendungen ein **Vorwegabzug gem. § 10 Abs. 3 Nr. 2 EStG** i. H. v. **3 068 €** zulässig. Vom Restbetrag wird der **Grundhöchstbetrag gem. § 10 Abs. 3 Nr. 1 EStG** mit **1 334 €** berücksichtigt. Von dem verbleibenden Restbetrag ist der **hälftige Höchstbetrag gem. § 10 Abs. 3 Nr. 4 EStG** abzuziehen, der höchstens 50 % des Grundhöchstbetrags, also **667 €**, betragen darf. Bei zusammenveranlagten Ehegatten/Lebenspartnern verdoppeln sich diese drei Beträge. Der erhöhte Vorwegabzug von 6 136 € steht den Ehegatten/Lebenspartnern gemeinsam zu.

Zu beachten ist, dass der **Vorwegabzug** von 3 068 €/6 136 € insbesondere gem. § 10 Abs. 3 Nr. 2 Buchst. a und b EStG **zu kürzen** ist um 16 % der Summe der **Einnahmen**

a) aus nichtselbstständiger Arbeit i. S. d. § 19 EStG ohne Versorgungsbezüge i. S. d. § 19 Abs. 2 EStG, wenn für die Zukunftssicherung des Stpfl Leistungen i. S. d. § 3 Nr. 62 EStG erbracht werden, oder der Stpfl zum Personenkreis des § 10 c Abs. 3 Nr. 1 EStG gehört,
b) aus der Ausübung eines Mandats i. S. d. § 22 Nr. 4 EStG.

Für den fiktiven Arbeitgeberanteil zur Rentenversicherung ist eine **ganzjährig** oder während eines Teils des Jahres ausgeübte Tätigkeit der betreffenden Art erforderlich. Bei Ehegatten/Lebenspartnern ist unerheblich, welcher Ehegatte/Lebenspartner Anspruch auf Zuschüsse zur Renten- und Krankenversicherung oder vergleichbare Leistungen hat.

Leistet ein Stpfl, der **nach dem 31. 12. 1957** geboren ist, Beiträge für eine zusätzliche freiwillige Pflegeversicherung an eine **private** Versicherungsgesellschaft, so erhält er einen **zusätzlichen Höchstbetrag** i. H. v. 184 € gem. **§ 10 Abs. 3 Nr. 3 EStG**. Bei zusammenveranlagten Ehegatten/Lebenspartnern erhält **jeder der Ehegatten/Lebenspartner**, der nach dem 31. 12. 1957 geboren ist, den zusätzlichen Höchstbetrag von 184 €.

Die Höchstbetragsrechnung im VZ 2017 kann nach folgendem Schema durchgeführt werden:

Schema (§§ = EStG 2004)

Tatsächliche Vorsorgeaufwendungen Unter Berücksichtigung der Höchstbeträge abziehbar gem. § 10 Abs. 3	Stpfl/ Ehemann €	Ehefrau €	Summe €
aufgewendete Beiträge zur zusätzlichen **freiwilligen** Pflegeversicherung (§ 10 Abs. 1 Nr. 2 Buchst. c)	....	....	....
Höchstbetrag 184 € gem. § 10 Abs. 3 Nr. 3 (für nach dem 31. 12. 1957 Geborene)	184	184	
Übersteigender Betrag der Beiträge zur freiwilligen Pflegeversicherung			
+ Versicherungsbeiträge gem. § 10 Abs. 1 Nr. 2 Buchst. a und b......................... (Beiträge zu Kapital-Lebensversicherungen nur mit **88 %** ansetzen)	+	+	
= Vorsorgeaufwendungen für Höchstbeträge nach § 10 Abs. 3 Nr. 1 und 2			

	€	€	**abzugsfähige Sonderausgaben** €
Übertrag: Summe Vorsorgeaufwendungen	....		
Vorwegabzug gem. § 10 Abs. 3 Nr. 2 900 €/1 800 €	....		
Zu kürzen gem. § 10 Abs. 3 Nr. 2 Buchst. a und b (16 % des Arbeitslohns)	./.	./.	....
Verbleibender Restbetrag (nicht negativ)		....	
davon abzugsfähig:			
Grundhöchstbetrag gem. § 10 Abs. 3 Nr. 1 (1 334 €/2 668 €)		./.	+ ....
Verbleibender Betrag		....	
Hälftiger Höchstbetrag gem. § 10 Abs. 3 Nr. 4 (höchstens 667 €/1 334 €)			+
Summe der abzugsfähigen Vorsorgeaufwendungen			

2.11 Sonderausgaben-Pauschbetrag gemäß § 10 c EStG

Für unbeschränkt und beschränkt abzugsfähige Sonderausgaben i. S. d. § 10 Abs. 1 Nr. 4, 5, 7 und 9 sowie Abs. 1 a und nach § 10 b EStG wird bei der ESt-Veranlagung ein Pauschbetrag von **36 €** abgezogen (§ 10 c Satz 1 EStG). Bei der Zusammenveranlagung von Ehegatten/ Lebenspartnern verdoppelt sich dieser Pauschbetrag auf **72 €** (§ 10 c Satz 2 EStG). Bei der Berechnung des Einkommens werden **mindestens** diese Sonderausgaben-Pauschbeträge von Amts wegen abgezogen.

BEISPIELE

Ist der Sonderausgaben-Pauschbetrag jeweils zu gewähren?

a) A, ledig, hat im Jahr 2017 KiSt gem. § 10 Abs. 1 Nr. 4 EStG von 25 € bezahlt. Weitere Sonderausgaben sind nicht entstanden.

LÖSUNG A erhält den Sonderausgaben-Pauschbetrag von 36 € gem. § 10 c Satz 1 EStG.
Wäre die KiSt mit 140 € von A bezahlt worden, so würde bei der Veranlagung des A dieser tatsächlich gezahlte – höhere – Betrag i. H. v. 140 € als Sonderausgaben abgezogen.

b) B und C werden zur ESt zusammenveranlagt. B zahlt 28 € KiSt und C zahlt 40 € KiSt im Jahr 2017.

LÖSUNG Da die gemeinsamen Sonderausgaben (28 € + 40 € = 68 €) niedriger sind als 72 €, erhalten B und C den Sonderausgaben-Pauschbetrag von 72 € gem. § 10 c Satz 2 EStG.

c) D und E werden zur ESt zusammenveranlagt. D, konfessionslos, zahlte im Jahr 2 017 700 € Spenden gem. § 10 b EStG (voll abzugsfähig); E zahlte 900 € KiSt im Jahr 2017, erhielt aber 1 200 € KiSt für das Jahr 2016 zurückerstattet.

LÖSUNG Da die Sonderausgaben getrennt nach Art und Höhe zu ermitteln sind, haben die Eheleute 700 € tatsächlich nachgewiesen. Die Mehrerstattung der KiSt für das Jahr 2016 i. H. v. (1 200 € ./. 900 €) 300 € ist gem. § 10 Abs. 4 b Satz 3 EStG dem Gesamtbetrag der Einkünfte des VZ 2017 hinzuzurechnen (s. R 2 Abs. 1 Nr. 12 EStR). Bei der Veranlagung des Jahres 2017 werden folglich die tatsächlichen Sonderausgaben von 700 € abgezogen und nicht der Sonderausgaben-Pauschbetrag von 72 €.

Hinweise:

1. Bei der Durchführung des LSt-Abzugs für unbeschränkt steuerpflichtige Arbeitnehmer muss der Arbeitgeber eine Vorsorgepauschale für alle Sonderausgaben vom Arbeitslohn abziehen (§ 39 b Abs. 2 Satz 5 Nr. 3 EStG).
2. Bei der ESt-Veranlagung ist dagegen keine Vorsorgepauschale mehr zu berücksichtigen.
3. Im Rahmen der Günstigerprüfung ist die Vorsorgepauschale nach der früheren Rechtslage (§ 10 c Abs. 2 und 4 EStG 2004) den tatsächlichen Aufwendungen gegenüberzustellen.

2.12 Private Altersvorsorge nach dem Altersvermögensgesetz

2.12.1 Grundsätze

Der Gesetzgeber fördert die Bildung von kapitalgedecktem Altersvorsorgevermögen . Mit einem Altersvorsorgevertrag können **Arbeitnehmer** im öffentlichen und privaten Dienst sowie Beamte, Richter und Berufssoldaten eine zusätzliche Altersleibrente erhalten (sog. Riester-Rente). Der mit einer privaten Versicherungsgesellschaft als Anbieter abgeschlossene Vertrag wird zum Teil mit Zuschüssen aus öffentlichen Mitteln (Zulage nach dem XI. Abschnitt des EStG) und im Übrigen aus eigenen Barleistungen des Versicherungsnehmers finanziert. Mit Erreichen der Altersgrenze steht dem Versicherungsnehmer das kapitalgedeckte Altersvorsorgevermögen für seine zusätzlichen Rentenbezüge zur Verfügung. Diese Leibrente ist gem. § 22 Nr. 5 EStG im Jahr des Zuflusses **voll steuerpflichtig** (sog. nachgelagerte Besteuerung), da der

Rentenempfänger das Altersvorsorgevermögen aus den Zulagen nach dem XI. Abschnitt des EStG oder aus gem. § 10 a EStG als Sonderausgaben abzugsfähigen Barleistungen gebildet hat (s. im Einzelnen BMF vom 24.07.2013 BStBl I 2013, 1022 unter Berücksichtigung der Änderungen durch BMF vom 13.01.2014 BStBl I 2014, 97 und BMF vom 13.03.2014 BStBl I 2014, 554).

Die Regelung des AVmG soll künftige Minderungen der gesetzlichen Rentenbezüge und Versorgungsbezüge durch zusätzliche persönliche Leibrentenansprüche des Versicherungsnehmers ausgleichen.

2.12.2 Begünstigte Personen nach § 10 a Abs. 1 EStG

Steuerlich geförderte Altersvorsorgeverträge können insbesondere von folgenden in § 10 a Abs. 1 EStG aufgeführten **unmittelbar** begünstigten natürlichen Personen als Versicherungsnehmer abgeschlossen werden:

- In der gesetzlichen Rentenversicherung Pflichtversicherte im öffentlichen und privaten Dienst (vgl. § 10 a Abs. 1 Satz 1 1. HS EStG) sowie
- Beamte, Richter und Berufssoldaten, die Dienstbezüge nach Besoldungsgesetzen erhalten (vgl. § 10 a Abs. 1 Satz 1 2. HS Nr. 1 EStG).
- Daneben sind weitere Personengruppen in § 10 a Abs. 1 EStG aufgeführt, darunter auch Selbstständige nach dem SGB VI.

Bei Ehegatten oder Lebenspartnern einer Lebenspartnerschaft nach dem Lebenspartnerschaftsgesetz, die die Voraussetzungen des § 26 Abs. 1 EStG erfüllen, d. h. nicht dauernd getrennt leben, ist wie folgt zu unterscheiden:

1. Gehören beide Ehegatten/Lebenspartner zum Personenkreis des § 10 a Abs. 1 EStG, ist jeder Ehegatte/Lebenspartner **unmittelbar** zulagebegünstigt.
2. Gehört nur ein Ehegatte/Lebenspartner zum Personenkreis des § 10 a Abs. 1 EStG, ist nur dieser Ehegatte/Lebenspartner unmittelbar zulagebegünstigt. Der andere Ehegatte/ Lebenspartner ist mittelbar zulagebegünstigt.

In beiden Fällen müssen **beide** Ehegatten/Lebenspartner einen eigenen zertifizierten Vertrag abgeschlossen haben.

Aber: Eigene Altersvorsorgebeiträge müssen nur von dem unmittelbar zulageberechtigten Ehegatten/Lebenspartner erbracht werden (s. 2.12.6).

2.12.3 Anbieter von Altersvorsorgeverträgen

Altersvorsorgeverträge können die zum begünstigten Personenkreis gehörenden Stpfl mit verschiedenartigen Unternehmen abschließen, die Finanzdienstleistungen anbieten, z. B. mit

- Lebensversicherungsunternehmen,
- Bausparkassen,
- Kreditinstitute im Inland und im EWR und
- Kapitalanlagegesellschaften z. B. Investmentfonds .

Zusätzlich zur hier beschriebenen privaten Altersvorsorge besteht die Möglichkeit der betrieblichen Altersversorgung.

Die als **Anbieter** (§ 80 EStG) zugelassenen Unternehmen sind im AltZertG genau bezeichnet. Der Inhalt jedes Altersvorsorgevertrags wird nach diesem Gesetz amtlich geprüft und seine Übereinstimmung mit den gesetzlichen Zulassungsvoraussetzungen bestätigt (zertifiziert, vgl. §§ 2, 5 AltZertG). Der Stpfl kann sich auf die zutreffende amtliche Bestätigung der Richtigkeit des Altersvorsorgevertrags verlassen, die bei Anwendung des EStG vorausgesetzt wird.

2.12.4 Altersvorsorgebeiträge

Mit dem Abschluss des Altersvorsorgevertrags verpflichtet sich der Stpfl, je nach Anlageform Vermögenseinlagen zu leisten, die am Ende das kapitalgedeckte Altersvorsorgevermögen bilden. Auch die aus öffentlichen Mitteln gezahlten **Altersvorsorgezulagen** gem. §§ 84 und 85 EStG werden in das Altersvorsorgevermögen einbezogen. **Altersvorsorgebeiträge** i. S. d. § 82 EStG sind der **Eigenbeitrag** und die Tilgungsleistungen, die der Zulageberechtigte aus eigenen Mitteln aufbringt. Dieser Eigenbeitrag des Stpfl ist Teil des Mindesteigenbeitrags i. S. d. § 86 Abs. 1 Satz 2 EStG (vgl. 2.12.6) und ergibt sich nach Abzug der gezahlten Altersvorsorgezulagen.

BEISPIEL

Der sozialversicherungspflichtige ledige Arbeitnehmer A (35 Jahre alt) schließt mit der W-Versicherungs-AG einen zertifizierten Rentenversicherungsvertrag ab. Ab Vollendung des 65. Lebensjahrs erhält A eine gem. § 22 Nr. 5 EStG voll steuerpflichtige Leibrente. A zahlt 1 800 € im Jahr 2017 selbst und erhält eine Grundzulage gem. § 84 EStG i. H. v. 154 €. Wie hoch ist das Altersvorsorgevermögen?

LÖSUNG Die von A an die W-Versicherungs-AG geleisteten Versicherungsbeiträge i. H. v. 1 800 € (Eigenbeitrag des A) und die A jährlich gewährte Altersvorsorgezulage i. H. v. 154 € (§ 84 EStG) bilden zusammen das Altersvorsorgevermögen des A am 31. 12. 2017 i. H. v. 1 954 €. Vgl. hierzu 2.12.6.

2.12.5 Altersvorsorgezulage

Die Altersvorsorgezulage setzt sich nach § 83 EStG aus der **Grundzulage** und einer **Kinderzulage** zusammen. Diese Zulagen betragen jährlich

- Grundzulage 154 €,
- Kinderzulage je Kind 185 €,
- Kinderzulage je Kind – geboren nach dem 31. 12. 2007 – 300 €.

Die **Grundzulage** (§ 84 EStG) erhält der Zulageberechtigte gem. § 79 **Satz 1** EStG für **einen** Altersvorsorgevertrag. Ehegatten/Lebenspartner, die die Voraussetzungen für eine Ehegattenveranlagung nach § 26 Abs. 1 EStG erfüllen, können die Altersvorsorgezulage dann zweimal erhalten, wenn jeder der Ehegatten/Lebenspartner einen eigenen auf seinen Namen lautenden Altersvorsorgevertrag abgeschlossen hat (§ 79 Abs. 2 EStG). Altersvorsorgezulage wird auch dann gewährt, wenn nur einer der Ehegatten/Lebenspartner zum Personenkreis des § 10 a Abs. 1 EStG gehört.

Für unmittelbar Zulageberechtigte, die zu Beginn des Beitragsjahres das 25. Lebensjahr noch nicht vollendet haben, erhöht sich die Grundzulage nach § 84 Satz 2 EStG **einmalig** um einen Betrag von **200 €** (sog. Berufseinsteiger-Bonus).

Die **Kinderzulage** (§ 85 EStG) erhält der Elternteil, der **kindergeldberechtigt** ist und dem für mindestens einen Monat des Beitragsjahres Kindergeld ausgezahlt wird. Auf den Zeitpunkt der Auszahlung kommt es nicht an. Anspruch auf Kinderzulage besteht für ein Beitragsjahr auch dann, wenn das Kindergeld erst in einem späteren Jahr rückwirkend gezahlt wird (z. B. Geburt des Kindes im Dezember 2017 – Auszahlung Kindergeld für Dezember 2017 erst im Januar 2018).

Erhalten mehrere Zulageberechtigte für dasselbe Kind Kindergeld, steht die Kinderzulage demjenigen zu, dem für den ersten Anspruchszeitraum (§ 66 Abs. 2 EStG) im Kj Kindergeld ausgezahlt worden ist (§ 85 Abs. 1 Satz 4 EStG)

Aber: Sind die Eltern Ehegatten/Lebenspartner i. S. d. § 26 Abs. 1 EStG, wird die Kinderzulage gem. § 85 Abs. 2 Satz 1 1. HS EStG der **Mutter** zugeordnet. Dies gilt unabhängig davon, ob beide oder nur ein Ehegatte/Lebenspartner unmittelbar zulageberechtigt ist. Nur wenn beide

Eltern dies gemeinsam beantragen, wird die Kinderzulage gem. § 85 Abs. 2 Satz 1 2. HS EStG dem Vater zugeordnet. Der Antrag kann nach § 85 Abs. 2 Satz 2 EStG für ein abgelaufenes Jahr nicht zurückgenommen werden.

Der Anspruch auf Kinderzulage entfällt für den VZ, für den das Kindergeld insgesamt zurückgefordert wird (§ 85 Abs. 1 Satz 3 EStG).

BEISPIELE

Werden jeweils Zulagen gewährt?

a) Der ledige W ist pflichtversicherter Arbeitnehmer. W hat mit der G-Versicherungs-AG einen zertifizierten Altersvorsorgevertrag abgeschlossen.

LÖSUNG W erhält im Jahr 2017 eine Grundzulage gem. § 84 EStG i. H. v. 154 €, wenn er den Mindesteigenbeitrag nach § 86 EStG leistet.

b) Die zusammenveranlagten Eheleute M und F haben zwei Kinder im Alter von acht und vier Jahren. M ist Beamter. Seine Ehefrau F ist nicht erwerbstätig. Die Ehegatten haben jeweils im Jahre 2017 auf ihren Namen einen zertifizierten Altersvorsorgevertrag abgeschlossen. Nur der unmittelbar begünstigte M hat den erforderlichen Mindestbetrag zugunsten seines Altersvorsorgevertrags erbracht.

LÖSUNG Für das Jahr 2017 erhalten M und F jeweils eine Grundzulage gem. § 84 EStG i. H. v. 154 €, obwohl F keine eigenen Beiträge entrichtet hat. (Nur) F erhält darüber hinaus Kinderzulagen gem. § 85 Abs. 2 EStG i. H. v. 185 € und 300 € = 485 €. Der Erhöhungsbetrag von 300 € wird nur für das jüngere Kind gewährt, weil nur dieses nach dem 31. 12. 2007 geboren ist. Die Altersvorsorgezulage beträgt folglich für M 154 € und für F 639 €.

c) Die allein erziehende Mutter B mit einem in ihrem Haushalt lebenden zehn Jahre alten Kind schließt einen zertifizierten Altersvorsorgevertrag ab und leistet den Mindesteigenbeitrag gem. § 86 EStG.

LÖSUNG B ist gem. § 79 Satz 1 EStG anspruchsberechtigt für die Grundzulage gem. § 84 EStG i. H. v. 154 €. B ist gem. § 64 Abs. 2 EStG kindergeldberechtigt, da das Kind in ihrem Haushalt lebt. B erhält eine Kinderzulage gem. § 85 Abs. 1 EStG i. H. v. 185 €, zusammen also (Grund- und Kinderzulage) 339 €.

2.12.6 Mindesteigenbeitrag

Der Stpfl muss eine jährliche Ansparleistung (bestehend aus Eigenbeitrag und Zulagen gem. §§ 84 und 85 EStG) auf seinen Altersvorsorgevertrag unabhängig von der gewählten Anlageform erbringen. Die Ansparleistung entspricht dem **Mindesteigenbeitrag** gem. § 86 Abs. 1 Satz 2 EStG i. H. v. jährlich 4 % der beitragspflichtigen **Einnahmen des Vorjahres** i. S. d. **SGB VI** oder der **Besoldung**. Damit ist die Gewährung der Altersvorsorgezulage nach § 83 EStG oder die Steuerermäßigung nach § 10 a EStG von dem **Eigenbeitrag** des Stpfl abhängig. Der Gesetzgeber hat mit dem Mindesteigenbeitrag in § 86 EStG drei verschiedene Wirkungen verbunden:

- Der Mindesteigenbeitrag setzt sich zusammen aus der **Altersvorsorgezulage** (Grund- und Kinderzulage) und dem **Eigenbeitrag** (Altersvorsorgebeiträge gem. § 82 EStG) des Stpfl. Der Stpfl muss den Mindesteigenbeitrag abzüglich der Altersvorsorgezulage selbst aufbringen.
- Wird der Mindesteigenbeitrag nicht in voller Höhe als Ansparleistung vom Stpfl erbracht, so werden die Grundzulage und die Kinderzulage im Verhältnis der tatsächlichen Ansparleistung zum gesetzlich geforderten Mindesteigenbeitrag gekürzt (vgl. § 86 Abs. 1 Satz 1 EStG). Dies erledigt die zentrale Stelle im Rahmen des Zulagefestsetzungsverfahrens (§§ 88 bis 90 EStG).

- Für Zulageberechtigte mit geringem Einkommen oder ohne Einkommen ist ein Sockelbetrag festgelegt (§ 86 Abs. 1 Satz 4 und Satz 5 EStG), ausgenommen Ehegatten i. S. d. § 86 Abs. 2 Satz 1 EStG.

Bei Ehegatten/Lebenspartnern, die die Voraussetzungen des § 26 Abs. 1 EStG erfüllen, ist zu unterscheiden:

1. Gehören beide Ehegatten/Lebenspartner zum unmittelbar begünstigten Personenkreis, ist für jeden Ehegatten/Lebenspartner anhand seiner jeweiligen maßgebenden Einnahmen ein eigener Mindesteigenbeitrag zu berechnen.
2. Ist nur ein Ehegatte/Lebenspartner unmittelbar und der andere mittelbar begünstigt, ist die Mindesteigenbeitragsberechnung nur für den unmittelbar begünstigten Ehegatten/Lebenspartner durchzuführen. Berechnungsgrundlage sind nur seine maßgebenden Einnahmen. Der sich nach Anwendung des Prozentsatzes von 4 % ergebende Betrag ist um die den Ehegatten/Lebenspartnern insgesamt zustehenden Zulagen zu vermindern.

Die Grundsätze zur Zuordnung der Kinderzulage gelten auch für die Ermittlung des Mindesteigenbeitrags.

BEISPIELE

Wie hoch ist jeweils der Mindesteigenbeitrag?

a) Der ledige pflichtversicherte Arbeitnehmer A hat im Kj 2017 einen zertifizierten Altersvorsorgevertrag abgeschlossen. Die beitragspflichtigen Einnahmen i. S. d. SGB VI betrugen im Kj 2016 33 500 €.

LÖSUNG Der Mindesteigenbeitrag des A gem. § 86 Abs. 1 EStG beträgt für das Jahr 2017 4 % von 33 500 € = 1 340 €. Seine Grundzulage nach § 84 EStG beträgt 154 €, sein Eigenbeitrag aus eigenen Mitteln beträgt (1 340 € ./. 154 €) 1 186 €. Zur Günstigerprüfung gem. § 10 a EStG vgl. 2.12.9.

b) Die zur ESt zusammen veranlagten S und T haben drei minderjährige Kinder im Alter von 14, 12 und 10 Jahren. S ist Beamter. S und T haben jeweils eigene auf ihren Namen lautende Altersvorsorgeverträge im Kj 2017 abgeschlossen. S hat im Jahr 2016 eine Besoldung i. H. v. 53 000 € erhalten. T ist nicht erwerbstätig und deshalb nur mittelbar zulageberechtigt.

LÖSUNG Der Mindesteigenbeitrag des S beträgt gem. § 86 Abs. 1 EStG 4 % von 53 000 € = 2 120 €, höchstens aber 2 100 €. S erhält gem. § 84 EStG eine Grundzulage von 154 €. T erhält eine Grundzulage i. H. v. ebenfalls 154 € sowie für die ihr gem. § 85 Abs. 2 Satz 1 EStG zugeordneten Kinder eine Kinderzulage i. H. v. 3 × 185 € = 555 €, zusammen also 709 €. S hat aus eigenen Mitteln im Kj 2017 einen Eigenbeitrag i. H. v. (2 100 € ./. 154 € ./. 709 €) 1 237 € zu leisten. Zur Günstigerprüfung gem. § 10 a EStG vgl. 2.12.9.

c) Wie Beispiel b), jedoch hat S nur eigene Beiträge i. H. v. 618,50 € geleistet.

LÖSUNG Weil S nur 50 % des Mindesteigenbeitrags von 1 237 € geleistet hat, erhalten T und S gem. § 86 Abs. 1 EStG nur eine Zulage von 50 % von 863 € = 431,50 €. Diese ist auf T mit 50 % von 709 € = 354,50 € und auf S mit 50 % von 154 € = 77 € zu verteilen.

2.12.7 Sockelbetrag

Für Stpfl mit geringem Einkommen oder kinderreiche Familien können die Altersvorsorgezulagen gleich hoch oder höher als der Mindesteigenbeitrag i. S. d. § 86 Abs. 1 Satz 2 EStG sein. Der Gesetzgeber hat für diese Fallgruppe den mindestens zu leistenden **Sockelbetrag** gem. § 86 Abs. 1 Satz 4 EStG i. H. v. 60 € als **Jahresbetrag** festgelegt. Jeder Zulageberechtigte i. S. d. § 79 Satz 1 EStG muss also abhängig vom Familienstand und Kj der Leistung mindestens den gesetzlich festgelegten Sockelbetrag als Eigenbeitrag aus eigenen Mitteln leisten. Dies gilt auch für Zulageberechtigte, die vorübergehend ohne eigene Erwerbseinkünfte auskommen müssen, also z. B. Entgeltersatzleistungen beziehen (vgl. § 32 b Nr. 1 EStG).

Bei Ehegatten/Lebenspartnern, bei denen die Voraussetzungen gem. § 26 Abs. 1 EStG vorliegen, ist der nicht erwerbstätige Ehegatte/Lebenspartner nach § 79 Satz 2 EStG zulageberechtigt, wenn er einen **eigenen** auf seinen Namen lautenden Altersvorsorgevertrag abgeschlossen hat. Der mittelbar zulageberechtigte Ehegatte/Lebenspartner muss auch dann **einen Sockelbetrag** von mindestens 60 € leisten, wenn der unmittelbar zulageberechtigte Ehegatte/Lebenspartner seinen geförderten Mindesteigenbeitrag voll leistet (vgl. §§ 86 Abs. 2 Satz 1 i. V. m. 79 Satz 2 EStG).

BEISPIEL

Die zusammenveranlagten Ehegatten B und P haben vier gemeinsame minderjährige Kinder im Alter von 16, 14, 12 und 10 Jahren. P erzielte im Kj 2016 beitragspflichtige Einnahmen nach SGB VI i. H. v. 24 000 €. B und P haben jeweils auf ihren eigenen Namen einen Altersvorsorgevertrag abgeschlossen. B ist nicht erwerbstätig und deshalb mittelbar zulageberechtigt. Berechnen Sie den Sockelbetrag!

LÖSUNG Der Mindesteigenbeitrag des P beträgt gem. § 86 Abs. 1 Satz 2 EStG 4 % von 24 000 € = 960 € für das Kj 2017. Die Grundzulage für P als Zulageberechtigter gem. § 79 Satz 1 EStG beträgt 154 € (vgl. § 84 EStG). B erhält als Zulageberechtigte gem. § 79 Satz 2 EStG eine Grundzulage von ebenfalls 154 € sowie gem. § 85 EStG Kinderzulage i. H. v. 4 × 185 € = 740 €.
Berechnung des Sockelbetrags des P:

Mindesteigenbeitrag	960 €
./. Zulagen gem. §§ 84 und 85 EStG für B und P (154 € + 154 € + 740 €)	./. 1 048 €
Eigenbeitrag des P	./. 88 €
Mindestens aber Sockelbetrag	60 €

Obwohl die Zulagebeträge höher sind als der Mindesteigenbeitrag, müssen P und B aus eigenen Mitteln einen Eigenbeitrag von je 60 € für das Kj 2017 leisten.

2.12.8 Sonderausgabenabzug gemäß § 10 a EStG

Neben den Vorsorgeaufwendungen gem. § 10 Abs. 1 Nr. 2 EStG ist ein weiterer Abzug als Sonderausgaben für die Altersvorsorgebeiträge des Stpfl gem. § 82 EStG zuzüglich der Altersvorsorgezulage festgelegt worden (vgl. § 10 a Abs. 1 EStG). Der **Sonderausgabenabzug** für die Altersvorsorgebeiträge gem. § 10 a Abs. 1 Satz 1 1. HS EStG ist vom FA **nur dann** durchzuführen, wenn die ESt-Ermäßigung **günstiger** ist als die Summe der dem Stpfl zustehenden Altersvorsorgezulage (Grund- und Kinderzulage gem. §§ 84 und 85 EStG; sog. **Günstigerprüfung** gem. § 10 a Abs. 2 EStG). Die Günstigerprüfung wird vom Finanzamt von Amts wegen vorgenommen. Voraussetzung hierfür ist allerdings, dass der Stpfl (bzw. bei einer Zusammenveranlagung die Ehegatten/Lebenspartner) den Sonderausgabenabzug nach § 10 a Abs. 1 EStG im Rahmen der Einkommensteuererklärung beantragt hat. Hierzu ist die **Anlage AV** zur ESt-Erklärung auszufüllen, aus der Angaben zur Art des zertifizierten Altersvorsorgevertrags, die Höhe der geleisteten Eigenbeiträge und die zustehende Summe der Altersvorsorgezulage ersichtlich sind.

Die Höhe der vom Stpfl geleisteten Altersvorsorgebeiträge ist durch einen entsprechenden Datensatz des Anbieters nachzuweisen. Hierzu hat der Stpfl gegenüber dem Anbieter als mitteilungspflichtige Stelle schriftlich einzuwilligen (§ 10 a Abs. 2 a Satz 1 EStG), dass dieser die im jeweiligen Beitragsjahr zu berücksichtigenden Altersvorsorgebeiträge unter Angabe der steuerlichen Identifikationsnummer an die zentrale Stelle bis zum 28. Februar des dem Beitragsjahr folgenden Kalenderjahrs übermittelt (§ 10 a Abs. 5 Satz 1 EStG). Diese Einwilligung gilt auch für die folgenden Beitragsjahre, wenn der Stpfl sie nicht gegenüber dem Anbieter schriftlich widerruft. Mit dem Steuerbescheid teilt das FA das Ergebnis der Günstigerprüfung gem. § 10 a Abs. 2 EStG dem Stpfl mit.

Der Sonderausgabenabzug ist nach den Angaben im Antrag auf Altersvorsorgezulage (auf amtlichem Vordruck gem. § 89 EStG) zulässig aus

- dem Eigenbeitrag des Stpfl aus eigenen Mitteln zuzüglich
- der Altersvorsorgezulage gem. §§ 83 bis 85 EStG,

höchstens bis zu 2 100 € pro VZ.

Es gelten somit die für die Altersvorsorgezulage dargestellten Voraussetzungen in vollem Umfang auch für den Sonderausgabenabzug gem. § 10 a EStG. Dies gilt für die Begriffe

- abzugsberechtigte Personen,
- Altersvorsorgebeiträge,
- Anbieter und Altersvorsorgeverträge,
- Zulagen nach §§ 83 bis 85 EStG.

Bei der Veranlagung von Ehegatten/Lebenspartnern, die die Voraussetzungen des § 26 Abs. 1 EStG erfüllen, gilt für den Umfang des Sonderausgabenabzugs nach § 10 a Abs. 3 EStG Folgendes:

a) Sind beide Ehegatten/Lebenspartner nach § 10 a Abs. 1 EStG unmittelbar begünstigt, ist die Begünstigung auf den Höchstbetrag nach § 10 a Abs. 1 EStG von 2 100 € jeweils gesondert vorzunehmen. Ein nicht ausgeschöpfter Höchstbetrag eines Ehegatten/Lebenspartners kann dabei nicht auf den anderen Ehegatten/Lebenspartner übertragen werden.
b) Ist nur ein Ehegatte/Lebenspartner nach § 10 a Abs. 1 EStG unmittelbar und der andere mittelbar begünstigt, kommt ein Sonderausgabenabzug bis zu der in § 10 a Abs. 1 EStG genannten Höhe grundsätzlich nur für seine Altersvorsorgebeiträge sowie die ihm und dem mittelbar zulageberechtigten Ehegatten/Lebenspartner zustehenden Zulagen in Betracht. Der Höchstbetrag verdoppelt sich in diesem Fall nicht. Hat der mittelbar zulageberechtigte Ehegatte/Lebenspartnern einen eigenen Altersvorsorgevertrag abgeschlossen, können die zugunsten dieses Vertrags geleisteten Altersvorsorgebeiträge (mindestens 60 €) beim Sonderausgabenabzug des unmittelbar zulageberechtigten Ehegatten/Lebenspartners nach § 10 a Abs. 1 EStG berücksichtigt werden, wenn der Höchstbetrag durch die vom unmittelbar Zulageberechtigten geleisteten Altersvorsorgebeiträge sowie die zu berücksichtigenden Zulagen nicht ausgeschöpft wird. Der Höchstbetrag von 2 100 € erhöht sich in diesem Fall nach § 10 a Abs. 3 Satz 3 EStG um 60 € auf 2 160 €. Ab dem VZ 2010 hat der mittelbar Begünstigte gegenüber seinem Anbieter in die Datenübermittlung nach § 10 Abs. 2 a Satz 1 EStG einzuwilligen (§ 10 a Abs. 2 a Satz 3 EStG).

BEISPIELE

Berechnen Sie den Sonderausgabenabzug gem. § 10 a EStG.

a) Der ledige Stpfl U erzielte im Jahr 2016 beitragspflichtige Einnahmen gem. SGB VI i. H. v. 50 000 €. Im Jahr 2017 schloss er einen zertifizierten Altersvorsorgevertrag mit der V-Versicherungs-AG über eine Rentenversicherung nach dem AVmG ab. U leistete im Jahr 2017 einen Eigenbeitrag i. H. v. 1 846 €.

LÖSUNG U erhält gem. § 84 EStG eine Grundzulage i. H. v. 154 € und erfüllt zusammen mit dem Eigenbeitrag i. H. v. 1 846 € den Mindesteigenbeitrag gem. § 86 Abs. 1 Satz 2 EStG i. H. v. 4 % von 50 000 € = 2 000 €. Bei der ESt-Veranlagung für den VZ 2017 des U ist gem. § 10 a Abs. 2 EStG zu prüfen, ob der zusätzliche Abzug von Sonderausgaben i. H. v. 2 000 € zu einer höheren Steuerermäßigung führt als der Betrag der Grundzulage gem. § 84 EStG (Günstigerprüfung von Amts wegen). Der Höchstbetrag für den Sonderausgabenabzug gem. § 10 a Abs. 1 Satz 1 1. HS i. H. v. 2 100 € ist nicht überschritten.

b) Die zur ESt zusammen veranlagten Ehegatten D und S haben ein zwölfjähriges Kind im gemeinsamen Haushalt. S bezieht als Beamter eine Besoldung i. H. v. 60 000 € im Jahr 2017, im Vorjahr betrug die Besoldung 58 000 €. Beide Ehegatten haben jeweils auf ihren eigenen Namen im Jahr 2017 einen zertifizierten Altersvorsorgevertrag abgeschlossen. S hat auf seinen Altersvorsorgevertrag eine Barleistung i. H. v. 1 827 € eingezahlt. D ist nicht erwerbstätig und deshalb mittelbar zulageberechtigt. Sie hat den Sockelbetrag von 60 € geleistet.

LÖSUNG S erhält gem. § 84 EStG eine Grundzulage i. H. v. 154 €. D erhält als Anspruchsberechtigte gem. § 79 Satz 2 EStG eine Grundzulage i. H. v. 154 € und gem. § 85 EStG eine Kinderzulage i. H. v. 185 €, insgesamt erhalten D und S Zulagen i. H. v. (154 € + 154 € + 185 €) 493 €. S erfüllt mit dem Eigenbeitrag i. H. v. 1 827 € und den Altersvorsorgezulagen i. H. v. 493 € den Mindesteigenbeitrag gem. § 86 Abs. 1 Satz 2 EStG von 2 320 €. Bei der ESt-Veranlagung der Ehegatten D und S für den VZ 2017 ist gem. § 10 a Abs. 2 EStG zu prüfen, ob der zusätzliche Sonderausgabenabzug i. H. v. 2 320 € zu einer höheren Steuerermäßigung führt als der Betrag der Grund- und Kinderzulage i. H. v. 493 €.
Der Sonderausgabenbetrag gem. § 10 a Abs. 1 Satz 1 1. HS EStG i. V. m. § 10 Abs. 3 Satz 2 EStG beträgt (Eigenbeitrag 1 827 € + Grundzulage 2 × 154 € = 308 € + Kinderzulage 185 € =) 2 320 €, höchstens aber 2 100 € + 60 € = 2 160 €.

2.12.9 Günstigerprüfung nach § 10 a Abs. 2 EStG i. V. m. § 2 Abs. 6 Satz 2 EStG

Bei der Günstigerprüfung ist es für die Höhe des im Rahmen des Sonderausgabenabzugs zu berücksichtigenden Zulagenanspruchs unerheblich, ob ein Zulageantrag gestellt worden ist oder nicht. Erfolgt aufgrund der Günstigerprüfung ein Sonderausgabenabzug, erhöht sich die unter Berücksichtigung des Sonderausgabenabzugs ermittelte tarifliche ESt um den Anspruch auf Zulage (§ 10 a Abs. 2 EStG i. V. m. § 2 Abs. 6 Satz 2 EStG, R 2 Abs. 2 EStR). Der Erhöhungsbetrag nach § 84 Satz 2 und 3 EStG bleibt bei der Ermittlung der dem Stpfl zustehenden Zulage außer Betracht.

Tarifliche Einkommensteuer
\+ Anspruch auf Zulage für Altersvorsorge nach § 10 a Abs. 2 EStG
= Festzusetzende Einkommensteuer

Durch diese Hinzurechnung wird erreicht, dass dem Stpfl im Rahmen der ESt-Veranlagung nur die über den Zulageanspruch hinausgehende Steuerermäßigung gewährt wird.

Wichtig: Über die **zusätzliche** Steuerermäßigung kann der Stpfl verfügen; sie wird nicht Bestandteil des Altersvorsorgevermögens. D. h., die Zulage verbleibt auch dann auf dem Altersvorsorgevertrag, wenn die Günstigerprüfung ergibt, dass der Sonderausgabenabzug für den Stpfl günstiger ist.

Wird bei einer **Zusammenveranlagung** von Ehegatten/Lebenspartnern nach § 26 b EStG der Sonderausgabenabzug beantragt, gilt für die **Günstigerprüfung** Folgendes:

a) Ist **nur ein** Ehegatte/Lebenspartner **unmittelbar** begünstigt und hat der andere Ehegatte/Lebenspartner keinen Altersvorsorgevertrag abgeschlossen, wird die Steuerermäßigung für die Aufwendungen nach § 10 a Abs. 1 EStG des berechtigten Ehegatten/Lebenspartners mit seinem Zulageanspruch verglichen.
b) Ist **nur ein** Ehegatte/Lebenspartner **unmittelbar** begünstigt und hat der **andere** Ehegatte/Lebenspartner einen Anspruch auf Altersvorsorgezulage aufgrund seiner **mittelbaren** Zulageberechtigung nach § 79 Satz 2 EStG, wird die Steuerermäßigung für die im Rahmen des § 10 a Abs. 1 EStG berücksichtigten Aufwendungen beider Ehegatten/Lebenspartner einschließlich der hierfür zustehenden Zulagen mit dem den Ehegatten/Lebenspartnern insgesamt zustehenden Zulageanspruch verglichen (§ 10 a Abs. 3 Satz 2 i. V. m. Abs. 2 EStG).

c) Sind **beide** Ehegatten/Lebenspartner **unmittelbar** begünstigt, wird die Steuerermäßigung für die Summe der für jeden Ehegatten/Lebenspartner nach § 10 a Abs. 1 EStG anzusetzenden Aufwendungen mit dem den Ehegatten/Lebenspartnern insgesamt zustehenden Zulageanspruch verglichen (§ 10 a Abs. 3 Satz 1 i. V. m. Abs. 2 EStG).

Im Fall der **Einzelveranlagung** nach § 26 a EStG sind diese Grundsätze entsprechend anzuwenden; sind beide Ehegatten/Lebenspartner unmittelbar begünstigt, erfolgt die Günstigerprüfung für jeden Ehegatten/Lebenspartner wie bei einer Einzelveranlagung.

		ESt lt. Grundtarif/ Splittingtarif
Vorläufiges zu versteuerndes Einkommen nach Kinderberücksichtigung	.... €	.... €
./. Geleistete Altersvorsorgebeiträge höchstens 2 100 €, bei Ehegatten u. U. **je** 2 100 € gem. § 10a Abs. 1 und 3 EStG	./. .... €	
Endgültiges zu versteuerndes Einkommen	.... €	./. .... €
ESt-Ersparnis durch Altersvorsorgebeiträge		.... €
./. Zustehende Grundzulage und Kinderzulage nach §§ 84 und 85 EStG		./. .... €
= Entstehende ESt-Ermäßigung gem. 10a Abs. 4 i. V. m. § 10d Abs. 4 Satz 3 bis 5 EStG, gesondert festzustellen und der zentralen Stelle mitzuteilen (§ 81 EStG)		.... €

Vgl. BMF vom 24. 07. 2013 BStBl I 2013, 1022 Rz 100–106.

Ergibt die Günstigerprüfung einen **Mehrbetrag** der ESt-Ermäßigung gegenüber der Summe aus Grundzulagen und Kinderzulagen, so werden die bereits ausgezahlten Zulagenbeträge (Verfahren vgl. §§ 88 bis 90 EStG) mit der festzusetzenden ESt vom FA zurückgefordert (vgl. § 2 Abs. 6 Satz 2 EStG, R 2 Abs. 2 EStR).

BEISPIELE

a) Der ledige Stpfl A erzielte im VZ 2017 ein zu versteuerndes Einkommen vor Abzug der Altersvorsorgebeiträge i. H. v. 14 000 €. Die als Sonderausgaben abziehbaren Altersvorsorgebeiträge i. S. d. § 10 a Abs. 1 Satz 1 1. HS EStG betragen: Barleistung 366 € zuzüglich Grundzulage gem. § 84 EStG 154 € = 520 €. Dies entspricht dem Mindesteigenbeitrag gem. § 86 Abs. 1 Satz 2 EStG (4 % von 13 000 € beitragspflichtige Einnahmen des A im Vorjahr). Wie hoch ist die gesondert festzustellende Steuerermäßigung gem. § 10 a Abs. 2, Abs. 4 EStG?

LÖSUNG

		ESt lt. Grundtarif
Vorläufiges zu versteuerndes Einkommen des A im Jahr 2017	14 000 €	995 €
./. geleistete Altersvorsorgebeiträge	./. 520 €	
zu versteuerndes Einkommen 2017	13 480 €	./. 871 €
ESt-Ersparnis durch Altersvorsorgebeiträge		124 €

Die zustehende Zulage gem. § 84 EStG i. H. v. 154 € ist **höher** als die erreichbare ESt-Ersparnis. Es verbleibt für A bei der Grundzulage gem. § 10 a Abs. 2 Satz 2 EStG. A erhält **keine** ESt-Ermäßigung gem. § 10 a Abs. 4 EStG.
Hinweis: Die festzusetzende ESt 2017 des A beträgt gem. § 2 Abs. 6 EStG 995 €, da die Günstigerprüfung keine höhere ESt-Ersparnis als die Grundzulage gem. § 84 EStG ergibt.

b) Der ledige Stpfl G erzielte im VZ 2017 ein zu versteuerndes Einkommen vor Abzug der Altersvorsorgebeiträge i. H. v. 45 000 €. Die als Sonderausgaben abziehbaren Altersvorsorgebeiträge i. S. d. § 10 a Abs. 1 Satz 1 1. HS EStG betragen: Barleistung 1 446 € zuzüglich Grundzulage gem. § 84 EStG 154 € = 1 600 €. Dies entspricht dem Mindesteigenbeitrag gem. § 86 Abs. 1 Satz 2 EStG (4 % von 40 000 € beitragspflichtige Einnahmen des G im Vorjahr). Wie hoch ist die gesondert festzustellende Steuerermäßigung gem. § 10 a Abs. 2, Abs. 4 EStG?

LÖSUNG

		ESt lt. Grundtarif
Vorläufiges zu versteuerndes Einkommen des G im Jahr 2017	45 000 €	10 608 €
./. geleistete Altersvorsorgebeiträge		./. 1 600 €
zu versteuerndes Einkommen 2017	43 400 €	./. 10 006 €
ESt-Ersparnis durch Altersvorsorge- beiträge		602 €
./. zustehende Grundzulage gem. § 84 EStG		./. 154 €
= ESt-Ermäßigung 2017		448 €

Hinweis: Die festzusetzende ESt 2017 des G beträgt gem. § 2 Abs. 6 Satz 2 EStG (10 006 € + 154 €) 10 160 €. Die ESt-Ermäßigung i. H. v. 448 € ist gem. § 10 a Abs. 4 i. V. m. § 10 d Abs. 4 Satz 3 bis 5 EStG der zentralen Stelle (§ 81 EStG) mitzuteilen.

c) Die zur ESt zusammen veranlagten Ehegatten M und F erzielten im VZ 2017 ein gemeinsames zu versteuerndes Einkommen vor Abzug der Altersvorsorgebeiträge i. H. v. 65 000 €. Jeder der Ehegatten hat das Einkommen zu 1/2 = 32 500 € bezogen. Sie haben ein gemeinsames Kind im Alter von 10 Jahren. Die als Sonderausgaben abziehbaren Altersvorsorgebeiträge i. S. d. § 10 a Abs. 1 Satz 1 1. HS und Abs. 3 EStG betragen: Mindesteigenbeitrag bei M: Barleistung 1 046 € + Grundzulage 154 € = 1 200 €. Mindesteigenbeitrag bei F: Barleistung 861 € + Grundzulage 154 € + Kinderzulage gem. § 85 EStG 185 € = 1 200 €. Dies entspricht dem Mindesteigenbeitrag gem. § 86 Abs. 1 Satz 2 EStG (4 % von 2 × 30 000 € beitragspflichtige Einnahmen gem. SGB VI der Ehegatten im Vorjahr). Bei beiden Ehegatten ist der Höchstbetrag gem. § 10 a Abs. 1 Satz 1 1. HS EStG i. H. v. 2 100 € nicht überschritten. Als Sonderausgaben gem. § 10 a EStG sind (2 × 1 200 €) 2 400 € vom Einkommen abzuziehen (Günstigerprüfung). Wie hoch ist die gesondert festzustellende Steuerermäßigung gem. § 10 a Abs. 2, Abs. 4 EStG?

LÖSUNG

		ESt lt. Splittingtarif
Vorläufiges zu versteuerndes Einkommen der Ehegatten im Jahr 2017	65 000 €	12 428 €
./. geleistete Vorsorgebeiträge	./. 2 400 €	
zu versteuerndes Einkommen 2017	62 600 €	./. 11 658 €
ESt-Ersparnis durch Altersvorsorge- beiträge		770 €
./. zustehende Grund- und Kinderzulagen gem. §§ 84 und 85 EStG (308 € + 185 €)		./. 493 €
ESt-Ermäßigung 2017		277 €

Hinweis: Die festzusetzende ESt 2017 der Eheleute beträgt gem. § 2 Abs. 6 Satz 2 EStG (11 658 € + 493 €) 12 151 €. Die ESt-Ermäßigung i. H. v. 277 € ist gem. § 10 a Abs. 4 i. V. m. § 10 d Abs. 4 Satz 3 bis 5 EStG der zentralen Stelle (§ 81 EStG) mitzuteilen.

3 Übungsaufgaben zu den Sonderausgaben

FÄLLE 73–77

Liegen in den folgenden Fällen Sonderausgaben vor?

FALL 73 Gebäudereiniger D ist selbstständig. Er arbeitet vor allem an den Glasfassaden von Verwaltungshochhäusern. Das Unfallrisiko ist erfahrungsgemäß erheblich. D schließt eine Berufsunfallversicherung ab, die das Unfallrisiko sowohl im beruflichen als auch im außerberuflichen Bereich abdeckt. Die Beiträge zahlt er monatlich.

FALL 74 Die kaufmännische Angestellte G besucht mit Erfolg eine Akademie für angewandte Betriebswirtschaft. Die Akademie ist eine private Einrichtung. Hinsichtlich ihres Lehrprogramms baut sie auf bereits vorhandenen praktischen Kenntnissen der Teilnehmer auf. Diese Kenntnisse sollen theoretisch vertieft und ergänzt werden. G hat nach bestandenem Abschluss möglicherweise bessere berufliche Entwicklungsmöglichkeiten. Die Aufwendungen betragen: 2 000 € Kursgebühren, 400 € Fahrtkosten und 200 € Fachbücher. G macht diese Aufwendungen als Werbungskosten bei den Einkünften aus nichtselbstständiger Arbeit geltend.

FALL 75 Assistenzarzt Dr. H nimmt während der Assistentenzeit in der Abteilung für Innere Medizin am Krankenhaus in S an der örtlichen Universität das Studium der Psychologie auf. Er hat die Absicht, die vorgesehenen Prüfungen abzulegen und sich als Facharzt für Innere Medizin und Psychotherapeut niederzulassen.

FALL 76 Der Gewerbetreibende M wird mit seiner nicht berufstätigen Ehefrau zusammenveranlagt. Einkünfte aus nichtselbstständiger Tätigkeit sind nicht vorhanden.

Der Gesamtbetrag der Einkünfte im Jahr 2017 beträgt 50 000 €.
M hat im Jahr 2017 folgende Aufwendungen geleistet, die er voll als Sonderausgaben angesetzt haben möchte:

1.	6 750 €	Basiskrankenversicherung, davon 750 € Beiträge für seinen 24-jährigen Sohn zur studentischen Krankenversicherung
2.	150 €	Hausratversicherung
3.	450 €	Haftpflichtversicherung für den privaten Pkw der Ehefrau
4.	110 €	Privathaftpflichtversicherung
5.	150 €	Haftpflichtversicherung für den Hund von M
6.	4 800 €	Risikolebensversicherung
7.	800 €	Spende an das Kinderhilfswerk »Terre des Hommes« als Sühnezahlung im Rahmen eines Verfahrens wegen Fahrerflucht
8.	700 €	Zuwendung an den Handballclub, der als besonders förderungswürdig anerkannte gemeinnützige Zwecke verfolgt
9.	800 €	Zuwendung an die P-Partei, eine politische Partei i. S. d. Parteiengesetzes
10.	1 200 €	KiSt. Für 2016 erhielt M im Jahr 2017 eine KiSt-Erstattung von 1 300 €.

Alle erforderlichen Bescheinigungen liegen vor.
Hinweis: Auf die Günstigerprüfung ist nicht einzugehen.

FALL 77 Der selbstständige Gewerbetreibende L ist mit M verheiratet, die in einer GmbH als Geschäftsführerin tätig ist (Bruttoverdienst monatlich 5 000 €, Arbeitgeberanteile und Arbeitnehmeranteile zur Sozialversicherung werden zutreffend nicht abgeführt). M hat von der GmbH auf Grund vertraglicher Vereinbarungen Anwartschaftsrechte auf eine Altersversorgung (Pensionszusage) ganz ohne eigene Beitragsleistungen erworben. Im Haushalt von L und M lebt auch die 73-jährige Tante T. Die Ehegatten werden zusammenveranlagt (§§ 26, 26 b EStG).

L und M machen für das Jahr 2017 folgende Sonderausgaben geltend:

1. Beiträge zu einer Lebensversicherung (Rentenversicherung mit Kapitalwahlrecht, das frühestens am 01. 04. 2019 ausgeübt werden darf).
   Abschluss des Versicherungsvertrags am 01. 04. 2004 — 4 800 €

2. Unfallversicherung 300 €
3. Beiträge für eine private Rechtsschutzversicherung (140 €) und eine Hausratversicherung (170 €), insgesamt 310 €
4. Kfz-Haftpflichtversicherung des L i. H. v. 600 €. Der versicherte Pkw wird zu 70 % betrieblich, zu 30 % privat genutzt.
5. Beiträge zur Basiskrankenversicherung für L und M (7 200 €), zur gesetzlichen Pflegeversicherung 600 €, sowie für eine Krankentagegeldversicherung (1 500 €). Außerdem werden Krankenversicherungsbeiträge von 150 € monatlich an die DAK für Tante T bezahlt, die bei dieser Kasse freiwillig versichert ist. Die Beiträge zahlt L.

Wie hoch sind die abzugsfähigen Sonderausgaben im VZ 2017?

Teil R Außergewöhnliche Belastungen (§§ 33–33 b EStG)

1 Begriff und Einzelmerkmale

Lebenshaltungskosten i. S. d. § 12 EStG, d. h. Aufwendungen, die weder zu den Betriebsausgaben, Werbungskosten oder Sonderausgaben gehören, können auf Antrag als außergewöhnliche Belastungen bei der Ermittlung des Einkommens berücksichtigt werden, wenn außergewöhnliche Ereignisse mit finanziellen Folgen eintreten, die den Stpfl belasten und damit seine steuerliche Leistungsfähigkeit beeinträchtigen. In Einzelfällen soll **§ 33 EStG** durch Steuerermäßigung der steuerlichen Gleichmäßigkeit und der sozialen Gerechtigkeit dienen, Härten mildern und ggf. beseitigen: Ergebnis ist ein Rechtsanspruch des Stpfl auf Minderung des Einkommens in den im EStG näher bezeichneten Fällen.

Das EStG unterscheidet **zwei Gruppen:**

1. **§ 33 EStG:** allgemeine, vom Gesetzgeber nicht im Einzelnen abschließend geregelte individuelle Einzelfälle mit Abzug einer zumutbaren Belastung gem. § 33 Abs. 3 EStG.
2. **§§ 33 a bis 33 b EStG:** typisierte Einzelfälle, die weitgehend schematisch geregelt sind, ohne Abzug der zumutbaren Belastung.

Die in § 33 EStG enthaltenen **Tatbestandsmerkmale** der außergewöhnlichen Belastung lassen sich **wie folgt gliedern** (alle folgenden Voraussetzungen müssen erfüllt sein):

- **Aufwendungen des Stpfl**, ggf. einschließlich Umsatzsteuer,
- **keine Werbungskosten /Betriebsausgaben oder Sonderausgaben** (die gem. § 10 Abs. 1 Nr. 7 und 9 EStG wegen des Höchstbetrags nicht abzugsfähigen Ausbildungskosten und Schulgeldzahlungen kommen nach § 33 Abs. 2 Satz 2 EStG als außergewöhnliche Belastung in Betracht),
- **Belastung des Einkommens** im Jahr der Zahlung (kein Gegenwert),
- Belastung **außergewöhnlich**,
- Belastung **zwangsläufig** dem Grunde und der Höhe nach (§ 33 Abs. 2 EStG),
- Belastung **höher als die zumutbare Belastung** (§ 33 Abs. 3 EStG),
- Abzug nur auf **Antrag des Stpfl** (§ 33 Abs. 1 EStG; mit der ESt-Erklärung),
- **keine Diätverpflegung** (§ 33 Abs. 2 Satz 3 EStG) und
- **(grundsätzlich) keine Prozesskosten** (§ 33 Abs. 2 Satz 4 EStG).

1.1 Aufwendungen des Steuerpflichtigen

Der Begriff Aufwendungen in § 33 EStG ist der gleiche wie bei Werbungskosten (vgl. E 2.1). Vermögensverluste, Wertminderungen des Vermögens oder Vermögensumschichtungen sind keine Aufwendungen. Geldabflüsse sind nach **§ 11 Abs. 2 EStG** im VZ der Verfügung zu erfassen, soweit der Stpfl **eigene oder fremde Mittel** einsetzt. Werden **fremde Mittel** zur Zahlung von außergewöhnlichen Belastungen verwendet, so liegt eine Aufwendung bereits im VZ der Zahlung vor (BFH vom 10.06.1988 BStBl II 1988, 814 und H 33.1 bis 33.4 [Darlehen] EStH).

BEISPIELE

Liegen jeweils Aufwendungen vor?

a) A muss sich längere Zeit im Krankenhaus aufhalten. Am 25.11.2017 leistet er eine angeforderte Anzahlung von 5 000 €, nach Abschluss der Behandlung am 20.01.2018 den Rest von 3 000 €.

LÖSUNG Ja. Die Zahlungen sind in den VZ 2017 und 2018 zu berücksichtigen.

b) Wie Beispiel a), jedoch hat A 8 000 € im Jahr 2016 angespart und für diesen Zweck auf ein Sparbuch eingezahlt.

LÖSUNG Im VZ 2016 liegen noch keine Aufwendungen vor, da das Geld noch nicht für den vorgesehenen Zweck abgeflossen ist (vgl. BFH vom 30. 07. 1982 BStBl II 1982, 744 und H 33.1 bis 33.4 [Verausgabung] EStH).

c) Wie Beispiel a), jedoch hat A im Jahr 2017 einen Bankkredit aufgenommen, um die gesamten Krankenhauskosten sofort bezahlen zu können.

LÖSUNG Aufwendungen liegen bereits m VZ 2017 vor und nicht erst in den Jahren der Schuldentilgung (vgl. R 33.1 Satz 3 EStR und H 33.1 bis 33.4 [Darlehen] EStH).

1.2 Belastung des Einkommens

Aufwendungen, die als außergewöhnliche Belastungen in Betracht kommen, müssen den Stpfl belasten, d. h. es muss ein Ereignis in seiner privaten Lebenssphäre eintreten, das ihn zu selbst zu tragenden Ausgaben zwingt. Deshalb sind **Erstattungsbeträge**, die der Stpfl von dritter Seite erhält, **voll abzuziehen**. Dies gilt auch dann, wenn die Erstattung erst aufgrund eines Rechtsstreits und u. U. erst in einem späteren VZ eingeht; § 11 EStG gilt insoweit nicht. Im Ergebnis liegen belastende Aufwendungen nur für den selbst zu tragenden Kostenanteil des Stpfl vor. Erstattungen sind möglich von **Versicherungen** aller Art (z. B. Kranken-, Krankenhaustagegeld-, Pflegepflichtversicherung, private Pflegezusatzversicherung (BFH vom 14. 04. 2011 BStBl II 2011, 701), Unfall-, Hausrat-, Wasserschaden-, Rechtsschutzversicherung). Auch Beihilfen des Arbeitgebers (z. B. im öffentlichen Dienst) gehören dazu. Werden Ersatzansprüche gegen Dritte nicht geltend gemacht, entfällt die Zwangsläufigkeit (BFH vom 20. 09. 1991 BStBl II 1992, 137 und vom 18. 06. 1997 BStBl II 1997, 805). Die Geltendmachung der Aufwendungen nach § 33 EStG ist ferner ausgeschlossen, wenn der Stpfl eine allgemein zugängliche und übliche Versicherungsmöglichkeit nicht wahrgenommen hat (BFH vom 06. 05. 1994 BStBl II 1995, 104). Dagegen steht der Verzicht auf die Inanspruchnahme von staatlichen Transferleistungen (z. B. Eingliederungshilfe nach § 35 a SGB VIII) dem Abzug von Krankheitskosten als außergewöhnliche Belastungen nicht entgegen (BFH vom 11. 11. 2010 BStBl II 2011, 969). Vgl. im Einzelnen H 33.1 bis 33.4 (Ersatz von dritter Seite) EStH.

Erhält der Stpfl für seine Aufwendungen einen **Gegenwert**, so lehnt der BFH eine Belastung des Einkommens ab (z. B. bei einer krankheitsbedingten Anschaffung einer Geschirrspülmaschine, BFH vom 21. 08. 1974 BStBl II 1974, 745, sog. **Gegenwerttheorie**, vgl. H 33.1 bis 33.4 [Gegenwert] EStH). Ein Gegenwert liegt jedoch nicht vor, wenn es sich bei dem erworbenen Gegenstand um ein medizinisches Hilfsmittel im engeren Sinne handelt (z. B. Brillen, Kontaktlinsen, künstliche Gelenke, Treppenschräglift (BFH vom 10. 10. 1996 BStBl II 1997, 491 und vom 06. 02. 1997 BStBl II 1997, 607, Rollstuhl). Dasselbe gilt bei Mehraufwendungen für die notwendige behindertengerechte Gestaltung des individuellen Wohnumfelds. Es ist nicht erforderlich, dass die Behinderung auf einem nicht vorhersehbaren Ereignis beruht und deshalb ein schnelles Handeln des Stpfl oder seiner Angehörigen geboten ist (BFH vom 24. 02. 2011 BStBl II 2011, 1012); s. auch H 33.1–33.4 [Behindertengerechte Ausstattung] EStH). Dagegen sind Mehrkosten für die Anschaffung eines größeren unbebauten Grundstücks zum Bau eines behindertengerechten Bungalows keine außergewöhnliche Belastung i. S. v. § 33 EStG (BFH vom 17. 07. 2014 BStBl II 2014, 931).

BEISPIELE

Liegt jeweils eine Belastung des Einkommens vor?

a) B parkt seinen privaten Pkw auf der Straße. Das Fahrzeug wird nachts von einem Unbekannten stark beschädigt. Die Reparaturkosten betragen 4 000 € und werden nicht ersetzt (keine Vollkaskoversicherung).

LÖSUNG B kann diese Aufwendungen nicht als Belastung des Einkommens geltend machen. Er hat zwar keinen Gegenwert erhalten, weil der Pkw in seinem Wert nicht verbessert, sondern nur der ursprüngliche Zustand wieder hergestellt wurde. Er hätte sich aber gegen diese Schäden durch Abschluss einer allgemein üblichen und zumutbaren Vollkaskoversicherung versichern lassen können (BFH vom 06. 05. 1994 BStBl II 1995, 104 und vom 26. 06. 2003 BStBl II 2004, 47).

b) C und D, zusammenveranlagte Ehegatten, schaffen nach der Geburt von Zwillingen die erforderliche Ausstattung an (Kinderbetten, Kinderwagen, Kleidung).

LÖSUNG Wegen des erhaltenen Gegenwerts liegt keine Belastung des Einkommens vor (BFH vom 19. 12. 1969 BStBl II 1970, 242).

Bei Wiederbeschaffung oder Schadensbeseitigung von existenziell notwendigen Gegenständen, dies sind Wohnung, Hausrat und Kleidung, die durch ein **unabwendbares Ereignis** verloren gingen oder beschädigt wurden, wird die Gegenwerttheorie nicht angewendet, soweit die Wiederbeschaffung oder Schadensbeseitigung zwangsläufig (vgl. 1.4) und angemessen ist (BFH vom 08. 08. 1958 BStBl III 1958, 378). Solche unabwendbaren Ereignisse sind Brand, Diebstahl, Unwetter, Hochwasser, Kriegseinwirkung, Vertreibung, politische Verfolgung. Wegen Einzelheiten s. R 33.2 EStR. Nur solche Gegenstände werden als notwendig angesehen, die zum **üblichen** Hausrat gehören, also Wohn- und Schlafzimmermöbel, Kücheneinrichtung. Auch ein zeitlicher Zusammenhang (3 Jahre) zwischen dem Schadensereignis und der Wiederbeschaffung muss vorliegen.

Geht von einem Gegenstand des existenznotwendigen Bedarfs eine konkrete **Gesundheitsgefährdung** aus, die beseitigt werden muss (z. B. Asbestbelastung, Formaldehydemissionen), sind die Sanierungskosten und die Kosten für eine ordnungsgemäße Entsorgung des Schadstoffs aus tatsächlichen Gründen zwangsläufig entstanden (BFH vom 09. 08. 2001 BStBl II 2002, 240 und vom 23. 05. 2002 BStBl II 2002, 595). Der Stpfl ist verpflichtet, die medizinische Indikation der Maßnahmen nachzuweisen (BFH vom 11. 11. 2010 BStBl II 2011, 966).

Bei der Beseitigung eingetretener Schäden an einem Vermögensgegenstand, der für den Stpfl von existenziell wichtiger Bedeutung ist, ergibt sich ein Gegenwert nur hinsichtlich von Wertverbesserungen, nicht jedoch hinsichtlich des verlorenen Aufwandes (BFH vom 06. 05. 1994 BStBl II 1994, 104 und vom 11. 11. 2010 BStBl II 2011, 966).

Bei örtlichen Naturkatastrophen wird häufig durch Erlasse der Finanzministerien der Länder die Abzugsfähigkeit von Wiederbeschaffungsaufwendungen als unabwendbares Ereignis anerkannt.

BEISPIELE

Liegen jeweils außergewöhnliche Belastungen vor?

a) E muss nach einem selbstverschuldeten Zimmerbrand (ohne Versicherungsleistung) den Wohnzimmerschrank und eine Polstermöbelgruppe für insgesamt 5 000 € wiederbeschaffen.

LÖSUNG Die Kosten von 5 000 € stellen zwar eine Belastung des Einkommens des E dar, können jedoch nicht als außergewöhnliche Belastung abgezogen werden, weil E keine Hausratversicherung abgeschlossen hat (H 33.1–33.4 [Ersatz von dritter Seite] EStH).

b) Sohn Siegfried (S) ist seit seiner Geburt schwerstbehindert und bedarf infolge seiner Hilflosigkeit dauernd fremder Hilfe. Im Jahr 2017 haben die Eltern von S in seinem Einfamilienhaus folgende Arbeiten durchführen lassen:

Einbau eines Treppenlifts (kein Personenaufzug) vom Erdgeschoss ins Obergeschoss: 25 000 € + 4 750 € USt. Der Rechnungsbetrag wurde von den Eltern im Jahr 2017 bezahlt. Mit Hilfe dieses Lifts kann S im Rollstuhl vom Erdgeschoss in sein Zimmer im Obergeschoss gelangen.

LÖSUNG Die Kosten für den Einbau des Treppenlifts gehören zwar zu den nachträglichen Herstellungskosten des Gebäudes. Grund für den Einbau ist aber nur die Behinderung von S. Damit handelt es sich nicht um typische Gegenstände der Lebensführung, die für jeden Steuerpflichtigen einen marktfähigen Gegenwert darstellen. Der Lift ist nur auf die Bedürfnisse des behinderten Kindes zugeschnitten, damit fehlt es an einem Gegenwert. Es ergibt sich eine Belastung für die Eltern, deren Zwangsläufigkeit und Außergewöhnlichkeit zu bejahen ist (BFH vom 10. 10. 1996 BStBl II 1997, 491). Der Abzug erfolgt im Jahr der Zahlung, obwohl die Aufwendungen (nachträgliche) Anschaffungskosten eines mehrjährig nutzbaren Wirtschaftsguts darstellen (BFH vom 22. 10. 2009 BStBl II 2010, 280). Die außergewöhnliche Belastung beträgt im Jahr 2017 29 750 € (vgl. H 33.1 bis 33.4 [Gegenwert] EStH).

c) Die Eheleute M und F ließen im Jahr 2015 von einem Bauunternehmer ein für eigene Wohnzwecke selbst genutztes Einfamilienhaus errichten. Im Jahr 2017 wurde bekannt, dass die Außenfassade Asbest enthalte. Nach Einholung eines technischen Gutachtens (Kosten 1 000 €) durch einen Sachverständigen, das die Asbestverwendung bestätigte, wurde die Außenfassade im Jahr 2018 mit einem Aufwand von 20 000 € + 3 800 € USt in vollem Umfang erneuert. Die fachgerechte Entsorgung der asbesthaltigen abgetragenen alten Fassade kostete 3 000 € + 570 € USt. Der Ehemann M legte zusätzlich ein amtsärztliches Gutachten vor, nach dem er seit dem Jahr 2017 chronische Asthmaerkrankungen habe.

LÖSUNG Erhaltungsaufwendungen an einem selbst genutzten Wohnhaus sind Kosten der Lebensführung gem. § 12 Nr. 1 EStG. Durch das eingeholte technische Gutachten und das amtsärztliche Zeugnis hat der Stpfl nachgewiesen, dass eine konkrete Gesundheitsgefährdung das Erneuern der Hausaußenfassade zwangsläufig verursacht hat. Ein damit verbundener Gegenwert für das Haus muss dabei außer Betracht bleiben. Die gesamten Aufwendungen einschließlich USt für Gutachten, Abfallentsorgung und Reparaturaufwendungen i. H. v. (1 000 € + 3 570 € + 23 800 €) 28 370 € sind als außergewöhnliche Belastung gem. § 33 EStG abzugsfähig (BFH vom 09. 08. 2001 BStBl II 2002, 240, vom 23. 05. 2002 BStBl II 2002, 592 und vom 22. 10. 2009 BStBl II 2010, 280).

1.3 Außergewöhnlichkeit

Aufwendungen eines Stpfl sind außergewöhnlich, wenn sie

- den Stpfl **allein** oder
- den Stpfl zusammen mit einer **kleinen Minderheit** vergleichbarer Personen

betreffen. Vgl. H 33.1 bis 33.4 (Außergewöhnlich) EStH.

Im Einzelfall ist die Prüfung, ob gleichartige Aufwendungen die überwiegende Mehrzahl der Stpfl gleicher Einkommens- und Vermögensverhältnisse und gleichen Familienstands betreffen, nach einer Würdigung aller Umstände vorzunehmen. So sind **Krankheitskosten** aller Art, die zum Zwecke der Heilung einer Krankheit (z. B. Medikamente, Operationen) oder mit dem Ziel getätigt werden, die Krankheit erträglich zu machen (z. B. Aufwendungen bei einer unheilbaren Erkrankung), auch wenn die Krankheit selbstverschuldet ist, stets außergewöhnlich (BFH vom 30. 11. 1966 BStBl III 1967, 459). Dagegen zählen vorbeugende Aufwendungen, die der Gesundheit allgemein dienen, und solche, die auf einer medizinisch nicht indizierten Behandlung beruhen, nicht zu den Krankheitskosten.

Aber: Krankheitskosten, denen es objektiv an der Eignung zur Heilung oder Linderung mangelt, können zwangsläufig erwachsen, wenn der Stpfl an einer Erkrankung mit einer nur noch begrenzten Lebenserwartung leidet, die nicht mehr auf eine kurative Behandlung anspricht. Dies gilt selbst dann, wenn sich der Stpfl für eine aus schulmedizinischer oder naturheilkundlicher Sicht nicht anerkannte Heilmethode entscheidet. Ihre Grenze findet die Abzugsfähigkeit von Aufwendungen für Außenseitermethoden nach § 33 EStG allerdings, wenn die Behandlung von einer Person vorgenommen wird, die nicht zur Ausübung der Heilkunde zugelassen ist (BFH vom 02.09.2010 BStBl II 2011, 119).

Aufwendungen eines Ehepaares für eine medizinisch angezeigte künstliche Befruchtung können außergewöhnliche Belastungen sein (BFH vom 18.06.1997 BStBl II 1997, 805 und vom 16.12.2010 BStBl II 2011, 414). Dagegen sind die Aufwendungen für eine künstliche Befruchtung nach vorangegangener freiwilliger Sterilisation keine außergewöhnlichen Belastungen (BFH vom 03.03.2005 BStBl II 2005, 566); s. H 33.1 bis 33.4 (Künstliche Befruchtung) EStH und BFH vom 28.07.2005 BStBl II 2006, 495.

Aufwendungen für **Diätverpflegung** sind in § 33 Abs. 2 Satz 3 EStG ausdrücklich nicht als außergewöhnliche Belastung anerkannt worden. Vgl. H 33.1 bis 33.4 EStH mit weiteren Einzelfällen. Das gilt auch dann, wenn die Diätverpflegung an die Stelle einer sonst erforderlichen medikamentösen Behandlung tritt (BFH vom 21.06.2007 BStBl II 2007, 880).

Zu den außergewöhnlichen Aufwendungen gehören auch die Aufwendungen wegen **Pflegebedürftigkeit** und erheblich eingeschränkter Alltagskompetenz (R 33.3 EStR). Zu den berücksichtigungsfähigen Aufwendungen zählen sowohl Kosten für die Beschäftigung einer ambulanten Pflegekraft und/oder die Inanspruchnahme von Pflegediensten als auch Aufwendungen zur Unterbringung in einem Heim. Wird bei einer Unterbringung wegen Pflegebedürftigkeit der private Haushalt aufgelöst, ist die Haushaltsersparnis mit dem in § 33a Abs. 1 Satz 1 EStG genannten Höchstbetrag der abziehbaren Aufwendungen anzusetzen. Dieser beträgt im VZ 2016 8 652 €, im VZ 2017 8 820 € und im VZ 2018 9 000 €.

Aufwendungen für die Führung eines Rechtsstreits (Zivil-, Straf-, Verwaltungs-, Sozial- und Finanzgerichtsverfahren) sind nach § 33 Abs. 2 Satz 4 EStG vom Abzug als außergewöhnliche Belastung ausgeschlossen. Eine Ausnahme lässt das Gesetz nur für Prozesskosten zu, ohne die der Stpfl Gefahr liefe, seine Existenzgrundlage zu verlieren und seine lebensnotwendigen Bedürfnisse in dem üblichen Rahmen nicht mehr befriedigen zu können. Kosten eines Scheidungsprozesses fallen nach Auffassung der Finanzverwaltung nicht unter die Ausnahmeregelung und sind deshalb nicht als außergewöhnliche Belastung abzugsfähig.

1.4 Zwangsläufigkeit

Zwangsläufig sind gem. § 33 Abs. 2 EStG solche außergewöhnlichen Aufwendungen, denen sich der Stpfl **aus rechtlichen, tatsächlichen oder sittlichen Gründen nicht entziehen** kann und soweit die Aufwendungen **notwendig und angemessen** sind. Zwangsläufigkeit dem Grunde nach wird i. d. R. auf Aufwendungen

- des **Stpfl für sich selbst** oder
- für **Angehörige i. S. d. § 15 AO**

beschränkt sein.

Den Nachweis der Zwangsläufigkeit von Aufwendungen im Krankheitsfall hat der Stpfl nach § 64 Abs. 1 EStDV grundsätzlich durch eine Verordnung eines Arztes oder Heilpraktikers zu erbringen, in Ausnahmefällen (z. B. bei einer Kur) durch ein amtsärztliches Gutachten oder eine ärztliche Bescheinigung eines Medizinischen Dienstes der Krankenversicherung. Ist dieser Nachweis erbracht, ist die Zwangsläufigkeit der Aufwendungen nicht dadurch ausgeschlossen, dass der Stpfl seiner Krankenversicherungspflicht nicht nachkommt.

Aufwendungen für andere Personen können diese Voraussetzungen nur ausnahmsweise erfüllen (sittliche Pflicht; s. R 33.1 EStR und H 33.1 bis 33.4 [Sittliche Pflicht] EStH). So sind z. B. **nicht** als zwangsläufig anzusehen Aufwendungen

- im Zusammenhang mit einer Adoption (BFH vom 20. 03. 1987 BStBl II 1987, 596),
- für die Aussteuer einer Tochter (BFH vom 03. 06. 1987 BStBl II 1987, 779),
- wegen Erpressung, wenn der Erpressungsgrund selbst und ohne Zwang geschaffen worden ist (BFH vom 18. 03. 2004 BStBl II 2004, 867),
- für die Behandlung eines an Legasthenie leidenden Kindes, wenn die Lese- und Rechtschreibeschwäche **keinen** Krankheitswert hat (BFH vom 07. 06. 2000 BStBl II 2001, 94),
- für eine Ergänzungspflegeschaft im Zusammenhang mit einer Erbauseinandersetzung (BFH vom 14. 09. 1999 BStBl II 2000, 69).

BEISPIELE

Liegen jeweils zwangsläufige Anwendungen und damit außergewöhnliche Belastungen vor?

a) F unterstützt seinen mittellosen Vater durch regelmäßige Geldzahlungen. Er erhält einen Freibetrag nach § 33 a Abs. 1 EStG (vgl. 2.1). Daneben finanziert F einen Krankenhausaufenthalt mit anschließender Genesungskur mit 3 000 €.

LÖSUNG F ist gegenüber seinem Vater unterhaltspflichtig (§ 1601 BGB), sie sind Angehörige i. S. d. § 15 AO. Die Aufwendungen sind zwangsläufig aus **rechtlichen** Gründen und stellen bei F außergewöhnliche Belastungen dar. Vgl. H 33.1 bis 33.4 [Krankheitskosten für Unterhaltsberechtigte] EStH und BFH vom 24. 02. 2000 BStBl II 2000, 294.

b) G unternimmt mit dem geliehenen Pkw seines Freundes H eine Probefahrt. Ein fremder Verkehrsteilnehmer verursacht unerkannt bei dieser Fahrt einen Verkehrsunfall und begeht Unfallflucht. G übernimmt die Reparaturkosten des Pkw von 2 000 €.

LÖSUNG Da die Fahrt aus **tatsächlichen** Gründen nicht zwangsläufig war, sind diese Kosten keine außergewöhnlichen Belastungen (BFH vom 17. 10. 1973 BStBl II 1974, 105 und vom 03. 06. 1982 BStBl II 1982, 749).

c) H erhält die Nachricht vom plötzlichen Tod eines langjährigen Freundes in den USA. H reist nur zur Beerdigung und kehrt umgehend in die Bundesrepublik zurück.

LÖSUNG Da keine **sittliche** Verpflichtung zur Reise bestand, sind diese Kosten keine außergewöhnlichen Belastungen. Vgl. auch H 33.1 bis 33.4 [Bestattungskosten] EStH.

1.5 Höhe der abzugsfähigen Beträge (zumutbare Belastung)

Die berücksichtigungsfähigen außergewöhnlichen Belastungen gem. § 33 EStG sind nur dann bei der Berechnung des Einkommens abzuziehen, wenn sie die zumutbare Belastung übersteigen. Der Abzug der zumutbaren Belastung entspricht dem Grundgedanken, den Stpfl nach seiner Leistungsfähigkeit zu entlasten. Dabei sind die Höhe der Bemessungsgrundlage und die Kinderzahl zu berücksichtigen. Die Vorsorgeaufwendungen oder andere steuerfreie Beträge sind von der Bemessungsgrundlage nicht abzuziehen. Als Kinder des Stpfl zählen die, für die er Anspruch auf einen Freibetrag nach § 32 Abs. 6 EStG oder auf Kindergeld hat.

Gemäß **§ 33 Abs. 3 EStG** ist die zumutbare Belastung nach dem Familienstand und dem Gesamtbetrag der Einkünfte zu berechnen. Bei der Ermittlung des Gesamtbetrags der Einkünfte sind nach § 2 Abs. 5 b EStG die Einkünfte aus Kapitalvermögen, die nach § 32 d Abs. 1 EStG dem Abgeltungsteuersatz von 25 % unterliegen, nicht einzubeziehen, weil für diese Kapitalerträge nach § 43 Abs. 5 EStG die ESt mit dem Steuerabzug abgegolten ist.

Nach der bisherigen Auffassung der Finanzverwaltung richtet sich die Höhe der zumutbaren Belastung ausschließlich nach dem höheren Prozentsatz, sobald der Gesamtbetrag der Einkünfte eine der in § 33 Abs. 3 Satz 1 EStG genannten Grenzen überschreitet. Nach einer neuen Entscheidung des BFH (Urteil vom 19. 01. 2017 DStR 2017, 719) ist dagegen nur der Teil des Gesamtbetrags der Einkünfte, der den im EStG genannten Grenzbetrag übersteigt, mit dem jeweils höheren Prozentsatz zu belasten. Die neue BFH-Rechtsprechung wird von der Finanzverwaltung bereits angewendet, obwohl die Entscheidung noch nicht im BStBl veröffentlicht wurde.

Werden im Rahmen des § 33 EStG Aufwendungen geltend gemacht, die dem Grunde nach sowohl bei § 33 EStG als auch bei § 35a EStG berücksichtigt werden können, ist davon auszugehen, dass die zumutbare Belastung vorrangig auf die nach § 35a EStG begünstigten Aufwendungen entfällt (BMF vom 09. 11. 2016 BStBl I 2016, 1213, Rz. 32).

BEISPIEL

Die Ehegatten R und S werden zusammenveranlagt und haben zwei Kinder. Der Gesamtbetrag der Einkünfte beträgt 35 000 €. Die außerdem erzielten Einkünfte aus Kapitalvermögen in Höhe von 5 000 € unterlagen der Abgeltungsteuer von 25 %. Eine Einbeziehung in die Veranlagung wird von R und S nicht beantragt. R und S haben außergewöhnliche Belastungen gem. § 33 EStG von 6 000 € nachgewiesen.

LÖSUNG

Aufwendungen gem. § 33 EStG	6 000 €
Zumutbare Belastung gem. § 33 Abs. 3 EStG	
• 2 % von 15 340 € = 306,80 €	
• 3 % von 19 660 € = 589,80 €	896 €
als außergewöhnliche Belastung abzugsfähig	5 104 €

Anmerkung: Nach der bisherigen Auffassung hätte die zumutbare Belastung 3 % von 35 000 € = 1 050 € betragen. Folglich hätten nur 4 950 € als außergewöhnliche Belastung berücksichtigt werden können.

2 Außergewöhnliche Belastung in besonderen Fällen

In **§ 33 a EStG** sind einige außergewöhnliche Belastungen, die bei einer erheblichen Anzahl von Stpfl zwangsläufig auftreten, mit festgelegten Höchstsätzen geregelt. Gem. § 33 a Abs. 4 EStG ist in diesen Fällen § 33 EStG nicht anzuwenden. Wegen der anteiligen Gewährung von Freibeträgen für einen VZ vgl. § 33 a Abs. 3 EStG, R 33 a.3 EStR und im Einzelnen H 33 a.3 (Allgemeines) EStH mit Beispiel.

2.1 Aufwendungen für den Unterhalt und eine etwaige Berufsausbildung Dritter (§ 33 a Abs. 1 EStG)

2.1.1 Grundsätze

Aufwendungen für den Unterhalt und eine etwaige Berufsausbildung Dritter werden auf **Antrag** des Stpfl unter folgenden Voraussetzungen vom Gesamtbetrag der Einkünfte abgezogen:

- Die unterstützte Person ist gegenüber dem Stpfl oder seinem Ehegatten/Lebenspartner **gesetzlich unterhaltsberechtigt**.
- Weder der Stpfl noch eine andere Person darf **Anspruch** auf einen **Freibetrag** nach § 32 Abs. 6 EStG (Kinderfreibetrag und Freibetrag für den Betreuungs- und Erziehungs- oder Ausbildungsbedarf) oder auf **Kindergeld** für die unterhaltene Person haben.
- Die unterhaltene Person darf kein oder nur ein **geringes Vermögen** besitzen.
- Die unterhaltene Person darf nur **geringe eigene Einkünfte und Bezüge** beziehen.

- Die Unterhaltsleistungen müssen in einem angemessenen Verhältnis zum Nettoeinkommen des Leistenden stehen **(Opfergrenze)**.

Sind diese Voraussetzungen erfüllt, können die nachgewiesenen **tatsächlichen Aufwendungen** des Stpfl bis zu einem Höchstbetrag von

- **8 472 €** im VZ 2015,
- **8 652 €** im VZ 2016,
- **8.820 €** im VZ 2017 und
- **9 000 €** im VZ 2018

als außergewöhnliche Belastung abgezogen werden. Dieser Höchstbetrag erhöht sich nach § 33 a Abs. 1 Satz 2 EStG um den Betrag der im jeweiligen VZ nach § 10 Abs. 1 Nr. 3 EStG für die Absicherung der unterhaltsberechtigten Person aufgewandten Beiträge; dies gilt nicht für Kranken- und Pflegeversicherungsbeiträge, die beim Unterhalt leistenden Stpfl bereits nach § 10 Abs. 1 Nr. 3 Satz 1 EStG anzusetzen sind (s. im Einzelnen Q 2.7.4.3 mit Beispielen).

Dabei gilt folgende Vereinfachungsregelung: Gehört die unterhaltsberechtigte Person zum Haushalt des Stpfl, kann regelmäßig davon ausgegangen werden, dass ihm dafür Unterhaltsaufwendungen i. H. des maßgeblichen Höchstbetrags erwachsen (R 33 a.1 Abs. 1 Satz 5 EStR).

Liegen die o. g. Voraussetzungen **nicht für das ganze Kj vor**, ermäßigt sich der Betrag von 8 652 € / 8 820 € / 9 000 € für jeden vollen Kalendermonat, in dem die Voraussetzungen nicht vorgelegen haben, um je 1/12 (§ 33a Abs. 3 Satz 1 EStG) . Anders formuliert, für jeden angefangenen Monat, in dem die Voraussetzungen vorgelegen haben, kann der Stpfl einen Betrag von höchstens 721 € / 735 € / 750 € abziehen.

Tragen **mehrere Personen zu dem Unterhalt derselben Person** bei und erfüllen sie jeder in ihrer Person die Voraussetzungen, so ermäßigt sich für jeden von ihnen der Höchstbetrag von 8 652 € / 8 820 € / 9 000 € auf den Betrag, der seinem Anteil am Gesamtbetrag der Leistungen entspricht (§ 33a Abs. 1 Satz 8 EStG).

Unterhält der Stpfl mehrere Personen, die einen **gemeinsamen Haushalt** führen, so ist der zu gewährende Freibetrag grundsätzlich für jede unterhaltene Person getrennt zu ermitteln. Dabei sind die Unterstützungsleistungen unterschiedslos nach Köpfen aufzuteilen (BFH vom 12. 11. 1993 BStBl II 1994, 731 und BMF vom 07. 06. 2010 BStBl I 2010, 588, Rz 19). Handelt es sich bei den unterhaltenen Personen jedoch um in Haushaltsgemeinschaft lebende Ehegatten, z. B. Eltern, so sind die Einkünfte und Bezüge zunächst für jeden Ehegatten gesondert festzustellen und sodann zusammenzurechnen. Die zusammengerechneten Einkünfte und Bezüge sind um 1 248 € zu kürzen. Der verbleibende Betrag ist von der Summe der beiden Höchstbeträge abzuziehen (H 33 a.1 [Unterhalt für mehrere Personen] EStH sowie BFH vom 15. 11. 1991 BStBl II 1992, 245).

2.1.2 Die Voraussetzungen im Einzelnen

2.1.2.1 Gesetzlich unterhaltsberechtigte Personen

Gesetzlich unterhaltsberechtigt sind Personen, denen gegenüber der Stpfl nach dem BGB oder dem LPartG unterhaltsverpflichtet ist. Dies sind Verwandte in **gerader Linie** (Ehegatte, Kinder, Eltern, Großeltern, geschiedener Ehegatte, dauernd getrennt lebender Ehegatte, Partner einer eingetragenen Lebenspartnerschaft). Für den Abzug reicht es aus, dass die unterhaltsberechtigte Person dem Grunde nach gesetzlich unterhaltsberechtigt ist.

Der gesetzlich unterhaltsberechtigten Person gleichgestellt ist nach § 33 a Abs. 1 Satz 3 EStG eine Person, wenn bei ihr zum Unterhalt bestimmte inländische öffentliche Mittel mit

Rücksicht auf die Unterhaltsleistungen des Stpfl gekürzt werden. Zu diesen Personen gehören nur Partner einer eheähnlichen Gemeinschaft bzw. einer lebenspartnerschaftsähnlichen Gemeinschaft oder in Haushaltsgemeinschaft mit dem Stpfl lebende Verwandte und Verschwägerte (BFH vom 23. 10. 2002 BStBl II 2003, 187).

Eine Prüfung, ob im Einzelfall tatsächlich ein Unterhaltsanspruch besteht, ist aus Gründen der Verwaltungsvereinfachung nicht erforderlich, wenn die unterstützte Person unbeschränkt steuerpflichtig sowie dem Grunde nach (potenziell) unterhaltsberechtigt ist, tatsächlich Unterhalt erhält und alle übrigen Voraussetzungen des § 33 a Abs. 1 EStG vorliegen. Insoweit wird die Bedürftigkeit der unterstützten Person typisierend unterstellt (R 33 a.1 Abs. 1 Satz 4 EStR).

Dagegen muss als Voraussetzung für die Annahme einer gesetzlichen Unterhaltsberechtigung i. S. d. § 33 a Abs. 1 EStG bei **nicht unbeschränkt** steuerpflichtigen unterstützten Personen die tatsächliche Bedürftigkeit des Unterhaltsempfängers i. S. d. § 1602 BGB vorliegen. Nach der sog. konkreten Betrachtungsweise kann die Bedürftigkeit nicht typisierend unterstellt werden. Dies führt dazu, dass die zivilrechtlichen Voraussetzungen eines Unterhaltsanspruchs vorliegen müssen und die Unterhaltskonkurrenzen zu beachten sind (BMF vom 07. 06. 2010 BStBl I 2010, 588, Rz 8 und BFH vom 05. 05. 2010 BStBl II 2011, 116; s. auch H 33 a.1 [Unterhaltsberechtigung] EStH).

2.1.2.2 Aufwendungen für Unterhalt und Berufsausbildung

Zu den **Unterhaltsaufwendungen** gehören insbesondere die Aufwendungen für Ernährung, Kleidung, Wohnung (auch Unterbringung in einem Altenheim oder Altenwohnheim – BFH vom 13. 10. 2010 BStBl II 2011, 1010), sonstige Gegenstände des täglichen Bedarfs, sowie für eine Berufsausbildung und Krankenversicherungsbeiträge, deren Zahlung der Stpfl übernommen hat (H 33 a.1 [Allgemeines zum Abzug von Unterhaltsaufwendungen] EStH).

Aber: Aufwendungen eines nichtpflegebedürftigen Stpfl, der mit seinem pflegebedürftigen Ehegatten in ein Wohnstift übersiedelt, erwachsen nicht zwangsläufig und sind deshalb nicht abzugsfähig (BFH vom 15. 04. 2010 BStBl II 2010, 794).

Erwachsen dem Stpfl darüber hinaus Aufwendungen für einen besonderen Unterhaltsbedarf der unterhaltenen Person, z. B.

- Aufwendungen wegen Pflegebedürftigkeit (R 33.3 EStR),
- Aufwendungen wegen Krankheit und Behinderung (R 33.4 EStR) und
- Aufwendungen für existenziell notwendige Gegenstände – Wohnung, Hausrat und Kleidung – (R 33.2 EStR),

so kommt dafür eine Steuerermäßigung nach § 33 EStG in Betracht (BFH vom 22. 07. 1988 BStBl II 1988, 830; BMF vom 02. 12. 2002 BStBl I 2002, 1389).

2.1.2.3 Geringes Vermögen

Als geringfügig kann nach R 33 a.1 Abs. 2 EStR in der Regel ein Vermögen bis zu einem gemeinen Wert (Verkehrswert) von **15 500 €** angesehen werden.

Bei der Ermittlung dieses Betrags bleiben jedoch außer Betracht:

- Vermögensgegenstände, deren Veräußerung offensichtlich eine Verschleuderung bedeuten würde,
- Vermögensgegenstände, die einen besonderen persönlichen Wert (Erinnerungswert) für den Unterhaltsempfänger haben,

- Hausratsgegenstände und
- ein angemessenes Hausgrundstück i. S. v. § 90 Abs. 2 Nr. 8 SGB XII, wenn der Unterhaltsempfänger das Hausgrundstück allein oder zusammen mit Angehörigen bewohnt, denen es nach seinem Tode weiter als Wohnung dienen soll (H 33 a.1 [Geringes Vermögen] EStH).

2.1.2.4 Geringe eigene Einkünfte und Bezüge

Der Höchstbetrag von 8 652 € / 8 820 € / 9 000 € jährlich bzw. 721 € / 735 € / 750 € monatlich ist gem. § 33 a Abs. 1 Satz 5 EStG zu kürzen um die eigenen Einkünfte und Bezüge der unterstützten Person, soweit diese den Betrag von **624 €** im Kj übersteigen, sowie um die von der unterhaltenen Person als Ausbildungshilfe aus öffentlichen Mitteln oder von Förderungseinrichtungen, die hierfür öffentliche Mittel erhalten, bezogenen Zuschüsse.

Bei der Feststellung der anrechenbaren Bezüge sind aus Vereinfachungsgründen **180 €** als Kostenpauschale im Kj abzuziehen, wenn nicht höhere Aufwendungen nachgewiesen oder glaubhaft gemacht werden.

Wegen der Ermittlung der eigenen Einkünfte und Bezüge und der Zuordnung der Ausbildungshilfen s. im Einzelnen R 33 a.1 Abs. 3 EStR.

2.1.2.5 Opfergrenze

Unterhaltsleistungen dürfen im Allgemeinen nur insoweit als außergewöhnliche Belastung anerkannt werden, als sie in einem angemessenen Verhältnis zum **Nettoeinkommen** des Leistenden stehen und diesem nach Abzug der Unterhaltsleistungen noch die angemessenen Mittel zur Bestreitung des Lebensbedarfs für sich sowie für seine Ehefrau/Lebenspartner und seine Kinder verbleiben – sog. **Opfergrenze** (BFH vom 27.09.1991 BStBl II 1992, 35).

Das Nettoeinkommen ist wie folgt zu ermitteln:

	Steuerpflichtige Gewinneinkünfte i. S. d. §§ 13–18 EStG
+	steuerpflichtige Überschusseinkünfte i. S. d. §§ 19–23 EStG[1]
+	steuerfreie Einnahmen (z. B. Kindergeld, Leistungen nach dem SGB II und III und Elterngeld nach dem BEEG, ausgezahlte Arbeitnehmer-Sparzulagen nach dem 5. VermBG, steuerfreier Teil der Rente)
+	etwaige Steuererstattungen (Einkommensteuer, Kirchensteuer, Solidaritätszuschlag)
./.	Steuervorauszahlungen (Einkommensteuer, Kirchensteuer, Solidaritätszuschlag)
./.	Steuernachzahlungen (Einkommensteuer, Kirchensteuer, Solidaritätszuschlag)
./.	Steuerabzugsbeträge (Lohnsteuer, Kapitalertragsteuer, Kirchensteuer, Solidaritätszuschlag)
./.	unvermeidbare Versicherungsbeiträge (= gesetzliche Sozialabgaben bei Arbeitnehmern, gesetzliche Kranken- und Pflegeversicherungsbeiträge bei Rentnern, für alle Übrigen die Beiträge zu einer Basiskranken- und Pflegepflichtversicherung)
	Nettoeinkommen

Die Ermittlung des abziehbaren Betrags der Unterhaltsaufwendungen erfolgt nach zwei unterschiedlichen Methoden:

1 Der Arbeitnehmer-Pauschbetrag ist auch dann abzuziehen, wenn der Stpfl keine Werbungskosten hatte (BFH vom 11.12.1997 BStBl II 1998, 292). Entsprechendes gilt für den Abzug anderer Werbungskosten-Pauschbeträge nach § 9 a EStG und des Sparer-Pauschbetrags nach § 20 Abs. 9 EStG (BMF vom 07.06.2010 BStBl I 2010, 582, Rz 10).

1. Besteht zwischen dem Unterhaltsleistenden und der bzw. den unterhaltenen Person(en) **keine Haushaltsgemeinschaft**, sind Aufwendungen für den Unterhalt im Allgemeinen höchstens insoweit als außergewöhnliche Belastung anzuerkennen, als sie einen bestimmten Prozentsatz des verfügbaren Nettoeinkommens nicht übersteigen. Dieser Satz beträgt 1 % je volle 500 € des Nettoeinkommens, höchstens 50 %, und ist um je 5 Prozentpunkte für den (ggf. auch geschiedenen) Ehegatten und für jedes Kind, für das der Stpfl Freibeträge für Kinder nach § 32 Abs. 6 EStG, Kindergeld oder eine andere Leistung für Kinder erhält, zu kürzen, höchstens um 25 Prozentpunkte.
2. Beachte: Die Opfergrenzenregelung gilt nicht bei Aufwendungen für den Unterhalt an den (ggf. auch geschiedenen) Ehegatten!
3. Besteht zwischen dem Unterhaltsleistenden und der bzw. den unterhaltenen Person(en) eine **Haushaltsgemeinschaft**, ist die Opfergrenze nicht anzuwenden (BFH vom 29.05.2008 BStBl II 2009, 363). Stattdessen sind die verfügbaren Nettoeinkommen des Unterhaltsleistenden und der unterhaltenen Person(en) zusammenzurechnen und dann nach Köpfen auf diese Personen zu verteilen (BFH vom 17.12.2009 BStBl II 2010, 343). Gehören zur Haushaltsgemeinschaft nach § 32 EStG steuerlich anzuerkennende

- **gemeinsame** Kinder des **Stpfl und der unterhaltenen Person**, so ist das Kindergeld jeweils hälftig dem Nettoeinkommen des Stpfl und der unterhaltenen Person zuzurechnen. Bei der Ermittlung der maximal abziehbaren Unterhaltsaufwendungen sind die den Eltern gemeinsam zur Verfügung stehenden Mittel um den nach § 1612 a BGB zu ermittelnden Mindestunterhalt der Kinder zu kürzen,
- Kinder des **Stpfl**, die zu der **unterhaltenen Person in keinem Kindschaftsverhältnis** stehen, wird bei der Berechnung des verfügbaren Nettoeinkommens das hälftige Kindergeld hinzugerechnet. Bei der Ermittlung der maximal abziehbaren Unterhaltsaufwendungen ist das gemeinsame verfügbare Nettoeinkommen um die Hälfte des nach § 1612 a BGB zu ermittelnden Mindestunterhalts für diese Kinder bzw. dieses Kind zu kürzen und der verbleibende Betrag nach Köpfen zu verteilen,
- Kinder des **Lebensgefährten**, die zum **Stpfl in keinem Kindschaftsverhältnis** stehen und denen gegenüber der Stpfl nicht unterhaltsverpflichtet ist, ist aus Vereinfachungsgründen typisierend zu unterstellen, dass deren Unterhaltsbedarf in vollem Umfang durch das Kindergeld und die Unterhaltszahlungen des anderen Elternteils abgedeckt wird und sie damit nicht der sozialrechtlichen Bedarfsgemeinschaft angehören. Dies hat zur Folge, dass diese Kinder bei der Ermittlung und Verteilung des verfügbaren Nettoeinkommens nicht berücksichtigt werden. Kindergeld, das der unterhaltenen Person für ein solches Kind zufließt, ist demnach bei der Ermittlung des verfügbaren Nettoeinkommens nicht zu berücksichtigen.

Der Mindestunterhalt nach § 1612 a BGB bemisst sich nach dem doppelten Kinderfreibetrag. Dieser beträgt im VZ 2017 2 358 € und im VZ 2018 2 394 €. Je nach Alter des Kindes wird dieser Betrag durch eine prozentuale Staffelung wie folgt erhöht oder gemindert:

- bis Vollendung des 6. Lebensjahres 87 %,
- vom 7. bis zur Vollendung des 12. Lebensjahres 100 %,
- vom 13. Lebensjahr an 117 %.

BEISPIELE

Berechnen Sie jeweils den Freibetrag gem. § 33 a Abs. 1 EStG.

a) Der alleinstehende Sohn S bezahlt für seine Mutter M den Aufenthalt in einem Altersheim. M hat eigene Einkünfte und Bezüge von 4 200 € aus einer Rente. S muss für die Unterbringung und angemessenes Taschengeld zusätzlich 12 000 € im VZ 2017 aufbringen. Das Nettoeinkommen des S beträgt 30 400 €.

LÖSUNG Der Freibetrag gem. § 33 a Abs. 1 EStG ist wie folgt zu berechnen (R 33 a.1 EStR):
Tatsächliche Aufwendungen des S i. H. v. 12 000 €.

Höchstbetrag		8 820 €
Eigene Einkünfte und Bezüge der M	4 200 €	
unschädlicher Betrag	./. 624 €	
Kürzung um	3 576 €	./. 3 576 €
Abzugsfähige Aufwendungen des S gem. § 33 a Abs. 1 EStG		5 244 €

Die Opfergrenze beträgt 1 % je volle 500 € des Nettoeinkommens von 30 400 € = 60 %, höchstens jedoch 50 % = 15 000 €. Somit erfolgt keine Kürzung der abzugsfähigen Aufwendungen von 5 244 €.

b) Die ledige Tochter T unterstützt ihre im gemeinsamen Haushalt zusammenlebenden leiblichen Eltern H und R während des gesamten VZ 2017. T bezahlt für Miete, Kleidung und Lebensmittel der Eltern monatlich 1 350 € (notwendige Ausgaben für eine behindertengerechte Wohnung). Vater H hat eigene Einkünfte und Bezüge im VZ 2017 i. H. v. 5 200 €, Mutter R bezieht eigene Einkünfte und Bezüge i. H. v. 3 800 €. Andere Personen tragen nicht zum Unterhalt von H und R bei. Das Nettoeinkommen von T beträgt 43 800 €.

LÖSUNG Für die gemeinsam unterstützten Eltern erhält T einen Höchstbetrag von (2 × 8 820 €) 17 640 € gem. § 33 a Abs. 1 EStG. Für die in Haushaltsgemeinschaft lebenden Eltern H und R ist die Summe der getrennt ermittelten Einkünfte und Bezüge der Eltern zu berücksichtigen. Diese Einkünfte und Bezüge sind von dem Höchstbetrag abzuziehen, soweit sie (2 × 624 €) 1 248 € übersteigen (H 33 a.1 [Unterhalt für mehrere Personen] EStH).

Berechnung

Tatsächliche Aufwendungen der T i. H. v. 16 200 €.

Summe der Höchstbeträge		17 640 €
eigene Einkünfte und Bezüge von H und R (5 200 € + 3 800 €)	9 000 €	
unschädlicher Betrag	./. 1 248 €	
Kürzung um	7 752 €	./. 7 752 €
Abzugsfähige Aufwendungen der T gem. § 33 a Abs. 1 EStG		9 888 €

Die Opfergrenze beträgt 1 % je volle 500 € von 43 500 € = 87 %, höchstens jedoch 50 % = 21 750 €. Somit erfolgt keine Kürzung der abzugsfähigen Aufwendungen von 8 256 €.

c) Die Geschwister G und U unterstützen im gesamten VZ 2017 ihre im gemeinsamen Haushalt lebenden Großeltern B und P mit monatlich 1 000 € für die Ausgaben des notwendigen, angemessenen Lebensunterhalts. Die Eltern von G und U sind vor Jahren verstorben. Von den gezahlten 1 000 € bezahlt G 600 € und U 400 € monatlich. P hat eigene Einkünfte und Bezüge i. H. v. 8 400 €, B hat keine eigenen Einkünfte und Bezüge im VZ 2017. Die Opfergrenzen von G und U liegen über den Unterhaltsleistungen.

LÖSUNG

Tatsächliche Aufwendungen von G und U 12 000 €.

Höchstbetrag (2 × 8 820 €)		17 640 €
Eigene Einkünfte und Bezüge des P	8 400 €	
./. unschädlicher Betrag für B und P	./. 1 248 €	
Kürzung um	7 152 €	./. 7 152 €
Gekürzter Höchstbetrag		10 488 €

Da die tatsächlichen Aufwendungen 12 000 € betragen, können G und U nur den gekürzten Höchstbetrag von 10 488 € nach § 33 a Abs. 1 EStG abziehen. Dieser Betrag ist nach § 33 a Abs. 1 Satz 7 EStG wie folgt auf G und U zu verteilen:

Freibetrag für G 3/5 von 10 488 €	6 293 €
Freibetrag für U 2/5 von 10 488 €	4 195 €

Vgl. H 33 a.1 (Unterhalt für mehrere Personen) EStH.

2.2 Ausbildungsfreibetrag für volljährige Kinder (§ 33 a Abs. 2 EStG)

2.2.1 Allgemeines

Die Eltern eines in Berufsausbildung befindlichen Kindes erhalten entweder

- Kindergeld gem. § 66 EStG oder
- einen Freibetrag für das sächliche Existenzminimum (Kinderfreibetrag) gem. § 32 Abs. 6 Satz 1 EStG i. H. v. (2 × 2 304 €) 4 608 € im VZ 2016, (2 × 2 358 €) 2 716 € im VZ 2017 bzw. (2 × 2 394 €) 2 788 € im VZ 2018 und zusätzlich
- einen Freibetrag für den Betreuungs- und Erziehungs- oder Ausbildungsbedarf gem. § 32 Abs. 6 Satz 1 EStG von (2 × 1 320 €) 2 640 €.

Der Freibetrag für Ausbildungsbedarf eines Kindes wird über die Vollendung des 18. Lebensjahres hinaus bis zum Ende der Berufsausbildung oder bis zur Vollendung des 25. Lebensjahres gewährt. Der Gesetzgeber berücksichtigt damit die unterschiedlichen Arten von Aufwendungen der Eltern durch Betreuung, Erziehung und Ausbildung je nach Alter des Kindes. Auf die tatsächlich von den Eltern aufgewendeten Beträge kommt es dabei nicht an.

Darüber hinaus werden die Aufwendungen der Eltern für die **auswärtige Unterbringung** ihres **volljährigen Kindes außerhalb** des Haushalts der Eltern unabhängig von ihrer Höhe mit einem pauschalen Freibetrag i. H. v. **924 €** gem. § 33 a Abs. 2 Satz 1 EStG vom Einkommen abgezogen. Nur insoweit wird die Zwangsläufigkeit von Ausbildungskosten angenommen (R 33 a.2 Abs. 1 EStR). Der Ausbildungsfreibetrag wird unabhängig von der Höhe der eigenen Einkünfte und Bezüge des Kindes sowie von Zuschüssen aus öffentlichen Mitteln (z. B. BAFöG) in voller Höhe von 924 € gewährt.

Ein Ausbildungsfreibetrag gem. § 33 a Abs. 2 EStG ist **nicht** vorgesehen

- für Kinder, die das 18. Lebensjahr noch nicht vollendet haben – auch wenn sie außerhalb des Haushalts der Eltern untergebracht sind – sowie
- für über 18 Jahre alte Kinder, die im Haushalt der Eltern wohnen.

Gem. § 33 a Abs. 3 EStG gilt das Monatsprinzip bis einschließlich dem Monat, in dem die Ausbildung beendet wird.

2.2.2 Berufsausbildung

Als Berufsausbildung ist die Ausbildung für einen künftigen Beruf zu verstehen. Dazu gehört auch der Besuch von Allgemeinwissen vermittelnden Schulen wie Grund-, Haupt- und Oberschulen sowie von Fach- und Hochschulen. In der Berufsausbildung befindet sich, wer sein Berufsziel noch nicht erreicht hat, sich aber ernstlich darauf vorbereitet (BFH vom 09. 06. 1999 BStBl II 1999, 706). Dem steht nicht entgegen, dass das Kind auf Grund der Art der jeweiligen Ausbildungsmaßnahme die Möglichkeit der Erzielung eigener Einkünfte erlangt (BFH vom 16. 04. 2002 BStBl II 2002, 523). Ein behindertes Kind befindet sich auch dann in der Berufsausbildung, wenn es durch gezielte Maßnahmen auf eine – wenn auch einfache – Erwerbstätigkeit vorbereitet wird, die nicht spezifische Fähigkeiten oder Fertigkeiten erfordert, z. B. auch der Besuch einer Behindertenschule oder einer Werkstatt für behinderte Menschen (A 15.4 DA-KG 2016; H 32.5 [Beginn und Ende der Berufsausbildung] EStH).

Zur Berufsausbildung gehört auch das Anwaltspraktikum eines Jurastudenten, auch wenn es weder gesetzlich noch durch die Studienordnung vorgeschrieben ist (BFH vom 09. 06. 1999 BStBl II 1999, 713), das Referendariat im Anschluss an die erste juristische Staatsprüfung (BFH vom 10. 02. 2000 BStBl II 2000, 398) sowie die Vorbereitung auf eine Promotion, wenn diese im

Anschluss an das Studium ernsthaft und nachhaltig durchgeführt wird (BFH vom 09.06.1999 BStBl II 1999, 708, A 20.2.4 DA-KG 2016). Auch eine Volontärtätigkeit ist grundsätzlich als Berufsausbildung anzuerkennen, wenn das Volontariat der Erlangung der angestrebten beruflichen Qualifikation dient und somit der Ausbildungscharakter im Vordergrund steht (BFH vom 09.06.1999 BStBl II 1999, 706, A 15.6 Abs. 3 DA-KG 2016).

Im Rahmen der Altersgrenze des § 32 Abs. 4 Satz 1 i. V. m. Abs. 5 EStG ist eine Berufsausbildung ungeachtet dessen zu berücksichtigen, ob es sich um die erste oder eine weitere Ausbildung handelt bzw. ob eine zusätzliche Ausbildungsmaßnahme einer beruflichen Qualifizierung oder einem anderen Beruf dient (BFH vom 20.07.2000 BStBl II 2001, 107).

Ein Sprachaufenthalt im Ausland, der in einer Ausbildungs- oder Studienordnung vorgeschrieben oder empfohlen ist, ist in der Regel Berufsausbildung (BFH vom 09.05.1999 BStBl II 1999, 710). Dagegen ist der Erwerb von Sprachkenntnissen ohne theoretisch-systematischen Sprachunterricht keine Berufsausbildung (BFH vom 15.07.2003 BStBl II 2003, 843). Wegen weiterer Einzelheiten s. A 15.9 DA-KG 2016.

Wegen weiterer Einzelheiten s. A 15 DA-KG 2016 vom 22.08.2016 BStBl I 2016, 826.

2.2.3 Auswärtige Unterbringung

Eine auswärtige Unterbringung i. S. d. § 33 a Abs. 2 Satz 1 EStG liegt nach R 33 a.2 Abs. 2 EStR vor, wenn ein Kind auf eine **gewisse Dauer** außerhalb des Haushalts der Eltern bzw. beider Elternteile wohnt. Dazu gehört, dass für das Kind außerhalb des Haushalts der Eltern eine Wohnung ständig bereitgehalten und das Kind auch außerhalb des elterlichen Haushalts verpflegt wird. Diese Wohnung kann sich auch im Eigentum der Eltern befinden (BFH vom 25.01.1995 BStBl II 1995, 378). Folglich sind vorübergehende auswärtige Unterbringungen, z. B. bei einer Klassenfahrt oder bei einem dreiwöchigen Sprachkurs keine auswärtige Unterbringung (BFH vom 05.11.1982 BStBl II 1983, 109 und vom 29.09.1989 BStBl II 1990, 62).

Auf die Gründe für die auswärtige Unterbringung kommt es nicht an. Aus diesem Grund liegt eine auswärtige Unterbringung auch dann vor, wenn ein verheiratetes Kind mit seinem Ehegatten eine eigene Wohnung bezogen hat (BFH vom 08.02.1974 BStBl II 1974, 299). Wegen weiterer Einzelheiten s. H 33 a.2 EStH.

2.3 Behinderte Menschen (§ 33 b EStG)

Auf Antrag erhalten behinderte Menschen wegen der Aufwendungen für die Hilfe bei den gewöhnlichen und regelmäßig wiederkehrenden Verpflichtungen des täglichen Lebens, für die Pflege sowie für einen erhöhten Wäschebedarf ohne Kürzung um die zumutbare Belastung Pauschbeträge. Es handelt sich um Aufwendungen, die behinderten Menschen erfahrungsgemäß durch ihre Krankheit bzw. Behinderung entstehen und deren alleinige behinderungsbedingte Veranlassung nur schwer nachzuweisen ist. Die Pauschbeträge erhalten (vgl. im Einzelnen § 33 b Abs. 2 EStG und R 33 b EStR):

a) behinderte Menschen, deren Grad der Behinderung auf **mindestens 50** festgestellt ist;
b) behinderte Menschen, deren Grad der Behinderung auf **weniger als 50, aber mindestens 25** festgestellt ist, wenn dem behinderten Menschen wegen seiner Behinderung nach gesetzlichen Vorschriften Renten oder andere laufende Bezüge zustehen oder wenn die Behinderung zu einer äußerlich erkennbaren dauernden Einbuße der körperlichen Beweglichkeit geführt hat oder auf einer typischen Berufskrankheit beruht.

Als steuerfreie Pauschbeträge werden gem. § 33 b Abs. 3 EStG gewährt:

Stufe	bei einem Grad der Behinderung von	Jahresbetrag
1	25 und 30	310 €
2	35 und 40	430 €
3	45 und 50	570 €
4	55 und 60	720 €
5	65 und 70	890 €
6	75 und 80	1 060 €
7	85 und 90	1 230 €
8	95 und 100	1 420 €

Für Blinde und für behinderte Menschen, die so hilflos sind, dass sie für die gewöhnlichen und regelmäßig wiederkehrenden Verrichtungen im Ablauf des täglichen Lebens in erheblichem Umfang fremder Hilfe dauernd bedürfen, erhöht sich der Pauschbetrag auf 3 700 €. Der Jahresbetrag wird auch dann in vollem Umfang gewährt, wenn die Körperbehinderung erst im Laufe des Jahres eingetreten ist. Bei einer Änderung des Grads der Minderung der Erwerbsfähigkeit im Laufe des Kalenderjahres wird der höhere Pauschbetrag angesetzt (R 33 b Abs. 8 EStR).

Aber: Beruht die Behinderung auf typischen Alterserscheinungen, kommt ein Pauschbetrag nicht in Betracht (vgl. § 3 Schwerbehindertengesetz und BFH vom 30. 11. 1966 BStBl III 1967, 457).

Durch die Pauschbeträge werden die außergewöhnlichen Belastungen abgegolten, die dem behinderten Menschen laufend unmittelbar infolge der Behinderung als typische Aufwendungen für die Hilfe bei den gewöhnlichen und regelmäßig wiederkehrenden Verrichtungen des täglichen Lebens, für die Pflege sowie für einen erhöhten Wäschebedarf erwachsen. Neben den Pauschbeträgen sind nur folgende private Aufwendungen (Lebenshaltungskosten) als außergewöhnliche Belastungen nach **§ 33 EStG** abzugsfähig (BMF vom 29. 04. 1996 BStBl I 1996, 446 und vom 21. 11. 2001 BStBl I 2001, 868, s. auch H 33 b EStH):

1. Operationskosten, Kosten fürHeilbehandlungen, Kosten für eine Heilkur, Arznei- und Arztkosten; s. R 33 b Abs. 1 EStR);
2. bei einem **Grad der Behinderung** von **mindestens 80** oder von **mindestens 70 und Merkzeichen G**, die durch die Behinderung veranlassten unvermeidbaren Privatfahrten (aus Vereinfachungsgründen) bis zu **3 000 Kilometer**. Abzugsfähig sind die nachgewiesenen oder glaubhaft gemachten angemessenen Kosten für ein Taxi oder für ein eigenes Kraftfahrzeug. Bei **außergewöhnlich gehbehinderten (Merkzeichen aG), blinden (Merkzeichen Bl) und hilflosen (Merkzeichen H) Menschen** dürfen zusätzlich die Fahrtkosten für Freizeit-, Erholungs- und Besuchsfahrten abgezogen werden. Als angemessen gilt dabei eine Fahrleistung aller privaten Fahrten bis zu **15 000 km.** Bei Fahrten mit dem eigenen Pkw ist ein höherer Aufwand als 0,30 €/km unangemessen und darf selbst dann nicht angesetzt werden, wenn sich der höhere Aufwand wegen einer nur geringen Jahresfahrleistung ergibt (BFH vom 01. 08. 1975 BStBl II 1975, 825, im Einzelnen R 33.4 Abs. 4 EStR und H 33.1 bis 33.4 [Fahrtkosten behinderter Menschen] EStH);
3. angemessene Kosten eines auf ständige Begleitung angewiesenen behinderten Stpfl anlässlich einer Urlaubsreise für Fahrten, Unterbringung und Verpflegung der Begleitperson (BFH vom 04. 07. 2002 BStBl II 2002, 765);

4. Führerscheinkosten für ein schwer geh- und stehbehindertes Kind (BFH vom 26.03.1993 BStBl II 1993, 749);
5. Schulgeld für den Privatschulbesuch des behinderten Kindes (BFH vom 17.04.1997 BStBl II 1997, 752);
6. Kosten für die behindertengerechte Ausgestaltung des eigenen Wohnhauses (BFH vom 22.10.2009 BStBl II 2010, 280);
7. Maßnahmen der häuslichen Intensiv- und Behandlungspflege. Dies gilt, soweit die Leistungen nicht deckungsgleich sind mit den Grundpflegeleistungen i. S. d. § 14 SGB XI.

Der **Nachweis der Behinderung** und der festgelegten Merkzeichen ist grundsätzlich durch eine Bescheinigung bzw. Ausweis des Versorgungsamtes zu erbringen. Vgl. § 65 EStDV und H 33b [Allgemeines und Nachweis] EStH. Er gilt als geführt, wenn die dort genannten Bescheinigungen behinderten Menschen nur noch in elektronischer Form übermittelt werden und der Ausdruck einer solchen elektronisch übermittelten Bescheinigung von Stpfl vorgelegt wird (R 33 b Abs. 9 EStR).

Steht der Pauschbetrag einem Kind zu, für das die Eltern Anspruch auf einen Freibetrag gem. § 32 Abs. 6 EStG oder auf Kindergeld haben, so kann nach § 33b Abs. 5 EStG auf Antrag der Pauschbetrag auf die Eltern übertragen werden, wenn er vom Kind nicht in Anspruch genommen wird bzw. sich bei dessen Besteuerung nicht auswirkt. Mit dem Behinderten-Pauschbetrag werden nur die Aufwendungen des behinderten Kindes abgegolten. Die eigenen zwangsläufigen Aufwendungen für ein behindertes Kind können die Eltern auch dann nach § 33 EStG geltend machen, wenn der Behinderten-Pauschbetrag nicht auf sie übertragen wird.

2.4 Hinterbliebene (§ 33 b Abs. 4 EStG)

Einen **Pauschbetrag von 370 €** im Kalenderjahr erhalten Stpfl, denen laufende Hinterbliebenenbezüge bewilligt worden sind. Die Hinterbliebenenbezüge müssen geleistet werden

- nach dem Bundesversorgungsgesetz oder
- nach den Vorschriften über die gesetzliche Unfallversicherung oder
- nach den beamtenrechtlichen Vorschriften an Hinterbliebene eines an den Folgen eines Dienstunfalls verstorbenen Beamten oder
- nach den Vorschriften des Bundesentschädigungsgesetzes über die Entschädigung für Schäden an Leben, Körper oder Gesundheit

und durch die entsprechenden amtlichen Unterlagen nachgewiesen werden (R 33b Abs. 1 EStR und H 33b [Hinterbliebenen-Pauschbetrag] EStH).

Der Pauschbetrag wird auch dann in vollem Umfang gewährt, wenn die Voraussetzungen nicht das ganze Jahr vorgelegen haben (R 33b Abs. 8 EStR).

Steht der Pauschbetrag einem Kind zu, für das der Stpfl Anspruch auf einen Freibetrag gem. § 32 Abs. 6 EStG oder auf Kindergeld hat, so kann auf Antrag der Pauschbetrag auf den Stpfl übertragen werden, wenn er vom Kind nicht in Anspruch genommen wird bzw. sich bei dessen Besteuerung nicht auswirkt (§ 33b Abs. 5 EStG).

2.5 Pflege hilfloser Personen (§ 33 b Abs. 6 EStG)

Wegen der außergewöhnlichen Belastungen, die einem Stpfl durch die persönliche **unentgeltliche** (BFH vom 21.03.2002 BStBl II 2002, 417) Pflege einer Person, die nicht nur vorübergehend **hilflos** ist, in seiner oder dessen Wohnung im Inland erwachsen, kann er anstelle einer Steuerermäßigung nach § 33 EStG einen **Pflege-Pauschbetrag von 924 €** im Kj geltend machen.

Die Pflegebedürftigkeit der gepflegten Person ist durch einen Schwerbehindertenausweis mit dem Merkzeichen »H« oder durch einen Bescheid über die Einstufung als Schwerstpflegebedürftiger (Pflegestufe III; künftig Pflegegrade 4 und 5) nachzuweisen (§ 33b Abs. 6 Sätze 3 und 4 EStG).

Beachte: Das von den Eltern eines behinderten Kindes für dieses Kind empfangene Pflegegeld stellt unabhängig von der Verwendung keine Einnahmen in diesem Sinne dar.

Hilflos ist eine Person, wenn sie für eine Reihe von häufig und regelmäßig wiederkehrenden Verrichtungen zur Sicherung ihrer persönlichen Existenz im Ablauf eines jeden Tages fremder Hilfe dauernd bedarf. Diese Voraussetzungen sind auch erfüllt, wenn die Hilfe in Form einer Überwachung oder einer Anleitung zu diesen Verrichtungen erforderlich ist oder wenn die Hilfe zwar nicht dauernd geleistet werden muss, jedoch eine ständige Bereitschaft zur Hilfeleistung erforderlich ist.

Der Pflege-Pauschbetrag wird einer Person bereits dann gewährt, wenn (nur) eine sittliche Verpflichtung vorliegt. Dies ist der Fall, wenn eine enge persönliche Beziehung zu der gepflegten Person besteht (BFH vom 29.08.1996 BStBl II 1997, 199).

Wird ein Pflegebedürftiger von mehreren Stpfl im VZ gepflegt, wird der Pflege-Pauschbetrag nach der Zahl der Pflegepersonen, bei denen die o. g. Voraussetzungen vorliegen, geteilt. Das gilt auch dann, wenn nur ein Stpfl den Pflege-Pauschbetrag tatsächlich in Anspruch nimmt (BFH vom 14.10.1997 BStBl II 1998, 20, R 33 b Abs. 5 EStR).

Beachte: Die Pflege wird auch dann noch persönlich durchgeführt, wenn sich der Stpfl zur Unterstützung zeitweise einer ambulanten Pflegekraft bedient (R 33 b Abs. 4 EStR).

Der Pauschbetrag wird nicht zeitanteilig gewährt, auch wenn die Voraussetzungen nicht das ganze Jahr vorgelegen haben (R 33 b Abs. 8 EStR).

Der Pflege-Pauschbetrag kann neben dem nach § 33 b Abs. 5 EStG vom Kind auf die Eltern übertragenen Pauschbetrag für behinderte Menschen in Anspruch genommen werden.

Der Stpfl hat ein **Wahlrecht**, seine behinderungsbedingten Aufwendungen als außergewöhnliche Belastung nach § 33 EStG abzuziehen oder den Behinderten-Pauschbetrag nach § 33 b EStG geltend zu machen. Wählt er den Behinderten-Pauschbetrag, sind nach § 35 a Abs. 5 Satz 1 EStG alle durch den Pauschbetrag abgegoltenen Aufwendungen von einer Berücksichtigung als pflegebedingte Dienstleistungen nach § 35 a Abs. 2 Satz 2 EStG ausgeschlossen (bestätigt durch BFH vom 05.05.2014 BStBl II 2014, 970).Wählt der Stpfl jedoch den Abzug seiner pflegebedingten Aufwendungen nach § 33 EStG, sind die wegen Ansatzes der zumutbaren Belastung nicht berücksichtigten Aufwendungen nach § 35 a EStG zu berücksichtigen.

3 Übungsaufgaben zu den außergewöhnlichen Belastungen

FÄLLE 78–84

FALL 78 A erleidet im Jahr 2016 einen Herzanfall. Im Krankenhaus wird ihm ein Herzschrittmacher eingesetzt. Die Krankenhauskosten betrugen 5 000 €, die Arztkosten 3 700 €; die Rechnungen wurden A im Jahr 2016 zugestellt. A überwies von seinem laufenden Konto die gestundeten Beträge in den VZ 2017 und 2018 mit jeweils 4 350 € aus eigenen Mitteln. A erhielt für diese Kosten im Jahr 2017 Ersatz von seiner Krankenhaustagegeldversicherung i. H. v. 3 000 € und von seiner Krankentagegeldversicherung i. H. v. 1 200 €. Die zumutbare Belastung des A betrug 1 100 € im VZ 2016, 1 500 € im VZ 2017 und 1 800 € im VZ 2018.

Wie wirken sich diese Krankheitskosten auf das zu versteuernde Einkommen des A in den VZ 2016 bis 2018 aus?

FALL 79 Wie Fall 78, A ist Beamter und hat die Aufwendungen bereits in 2016 bezahlt; er erhält im VZ 2017 von seiner Krankenkasse 3 900 € ersetzt. Ebenfalls im VZ 2017 erhält er eine steuerfreie Beihilfe von 4 100 € ausgezahlt.
Wie hoch sind die berücksichtigungsfähigen Aufwendungen des A im VZ 2016?

FALL 80 Wie wäre Fall 78 zu entscheiden, wenn Krankheitskosten in dieser Höhe wegen Trunksucht des A angefallen wären?

FALL 81 B muss im VZ 2017 eine ärztlich verordnete Diät einhalten. Er fährt deshalb in seiner Mittagspause zu diesem Zweck nach Hause. B macht die tatsächlichen Fahrtkosten von 2 000 € als außergewöhnliche Belastungen geltend.
Wie sind die Aufwendungen zu beurteilen?

FALL 82 Der im Jahre 2017 verstorbene Vater des B hat nur ein Vermögen von 2 000 € hinterlassen. B musste für die Bestattungskosten i. H. v. 5 000 € aufkommen. Für die Trauerkleidung fielen 500 € und für die Bewirtung der Trauergäste 400 € an. Von einer Sterbegeldversicherung erhielt er 1 200 €. Stellen die Aufwendungen außergewöhnliche Belastungen dar?

FALL 83 Im Anschluss an einen Krankenhausaufenthalt muss der Beamte C eine dreiwöchige Kur antreten. Dabei sind ihm folgende Aufwendungen entstanden:

Übernachtungskosten (21 Tage × 80 € =)	1 680 €
Verpflegungskosten (21 Tage × 30 € =)	630 €
Arztkosten 1 000 €	
Fahrtkosten mit öffentlichen Verkehrsmitteln (Hin- und Rückfahrt)	250 €
Trinkgelder für Personal	100 €
Summe	3 660 €

Außerdem hat ihn seine Ehefrau mehrmals besucht. Sie ist mit dem eigenen Pkw insgesamt 2000 km gefahren. C erhielt von seinem Arbeitgeber eine Beihilfe i. H. v. 1 780 € und von seiner Krankenversicherung eine Entschädigung von 1 200 €. Den Nachweis über die Notwendigkeit der Kur hat C vor Beginn der Kur erbracht.
Stellen die Aufwendungen außergewöhnliche Belastungen dar?

FALL 84 E und H leben zusammen mit dem leiblichen 10-jährigen Kind von B in eheähnlicher Gemeinschaft und bilden eine Haushaltsgemeinschaft. E ist nicht der leibliche Vater des Kindes.
Im VZ 2017 erzielt E Einnahmen aus nichtselbstständiger Arbeit von 38 000 € und einen Verlust aus privaten Veräußerungsgeschäften von 13 000 €. Hierauf entfallen Steuern von 7 000 € und Sozialversicherungsbeiträge von 7 800 €. Außerdem erhält E im April 2017 eine ESt-Erstattung für den VZ 2016 i. H. v. 1 000 €. H erhält Kindergeld und hat darüber hinaus keine eigenen Einkünfte und Bezüge.
In welcher Höhe erhält E einen Freibetrag gem. § 33 a Abs. 1 EStG?

Teil S Familienleistungsausgleich

1 Voraussetzungen für die steuerliche Berücksichtigung von Kindern

Kindschaftsverhältnis i. S. d. § 32 Abs. 1 Nr. 1 EStG oder Pflegekind i. S. d. § 32 Abs. 1 Nr. 2 EStG

Lebend geboren

I.	II.	III.	IV.
bis zur Vollendung des 18. Lebensjahres (§ 32 Abs. 3 EStG	ab Vollendung des 18. und vor Vollendung des 21. Lebensjahres	ab Vollendung des 18. und vor Vollendung des 25. Lebensjahres (bis VZ 2006 26. bzw. 27. Lebensjahr), s. hierzu § 52 Abs. 40 Satz 7 EStG)	vor Vollendung des 25. Lebensjahres Behinderung eingetreten (bis VZ 2006 27. Lebensjahr)
	Arbeitslosigkeit und Verfügbarkeit am Arbeitsmarkt[1] (§ 32 Abs. 4 Satz 1 Nr. 1 EStG)	• Berufsausbildung[1] (§ 32 Abs. 4 Satz 1 Nr. 2a EStG) • zwischen zwei Ausbildungsabschnitten bis zu 4 Monaten[1] (§ 32 Abs. 4 Satz 1 Nr. 2 Buchst. b EStG) • zwischen einem Ausbildungsabschnitt und Ableistung des gesetzlichen Wehr- oder Zivildienstes, einer davon befreienden Tätigkeit als Entwicklungshelfer oder als Dienstleistender im Ausland oder der Ableistung des freiwilligen Wehrdienstes nach § 58 b SG oder eines freiwilligen Dienstes i. S. d. § 32 Abs. 4 Satz 1 Nr. 2d EStG bis zu 4 Monaten (§ 32 Abs. 4 Satz 1 Nr. 2 Buchst. b EStG) • kein Beginn/Fortsetzung der Ausbildung mangels Ausbildungsplatzes (§ 32 Abs. 4 Satz 1 Nr. 2 Buchst. c EStG) • freiwilliges soziales/ökologisches Jahr oder Freiwilligendienst im Rahmen der Europäischen Union oder anderen Dienst im Ausland (§ 32 Abs. 4 Satz 1 Nr. 2 Buchst. d EStG)	wegen körperlicher, geistiger oder seelischer Behinderung nicht selbst unterhaltsfähig (§ 32 Abs. 4 Satz 1 Nr. 3 EStG)

1 Besonderheit: Verlängerung der Altersgrenze bei Leistung von Grundwehr-, Zivil- oder Entwicklungshelferdienst i. S. v. § 32 Abs. 5 Satz 1 Nr. 1 bis 3 EStG um die Zeit der Dienstleistung.

bis VZ 2011: eigene Einkünfte und Bezüge des Kindes zur Bestreitung des Unterhalts
≤ 8 004 €/Jahr
≤ 667 €/Monat

seit VZ 2012: keine Einkünfte- und Bezügegrenze.
Eine Erwerbstätigkeit bleibt bis zum Abschluss der ersten Berufsausbildung oder eines Erststudiums eines Kindes außer Betracht. Nach Abschluss einer erstmaligen Berufsausbildung oder eines Erststudiums ist eine Erwerbstätigkeit mit bis zu 20 Stunden regelmäßiger wöchentlicher Arbeitszeit, ein Ausbildungsdienstverhältnis oder ein geringfügiges Beschäftigungsverhältnis i. S. d. §§ 8 und 8a SGB IV unschädlich. Die Begriffe »erste Berufsausbildung« bzw. »Erststudium« sind im Rahmen des § 32 Abs. 6 EStG weiter auszulegen (vgl. BMF vom 08. 02. 2016, BStBl I, 226), als bei § 9 Abs. 6 EStG

2 Begriff und Zielsetzung

Der Stpfl kann die für den Unterhalt der Familienangehörigen aufgewendeten Beträge weder bei den einzelnen Einkunftsarten noch vom Gesamtbetrag der Einkünfte abziehen (§ 12 Nr. 1 EStG). Hierzu gehören auch die Unterhaltskosten für Kinder des Stpfl. Ein Einkommensbetrag i. H. des Existenzminimums eines Kindes einschließlich der Bedarfe für Betreuung und Erziehung oder Ausbildung ist von der ESt freizustellen (vgl. § 31 Satz 1 EStG). Die Beschlüsse des BVerfG vom 20. 05. 1990 und vom 12. 06. 1990 BStBl II 1990, 653 bzw. 664 sowie vom 10. 11. 1998 BStBl II 1999, 182 führen zu folgender finanzieller Entlastung der Familien als **Familienleistungsausgleich**:

- **Zahlung des Kindergelds** von einer Familienkasse nach dem X. Abschnitt des EStG (§§ 62 bis 78 EStG) oder
- **Abzug der Freibeträge für Kinder nach § 32 Abs. 6 EStG** bei der Berechnung des zu versteuernden Einkommens (§ 2 Abs. 5, § 31 Satz 4 EStG, sog. Günstigerprüfung).

2.1 Übersicht zu Kindergeld oder Freibeträgen nach § 32 Abs. 6 EStG (Kinderfreibetrag und Freibetrag für den Betreuungs- und Erziehungs- oder Ausbildungsbedarf)

Anspruchsberechtigte (Zahlung an einen Elternteil)		**Kindergeld nach dem X. Abschnitt des EStG (§§ 62 bis 78 EStG)**					
		1. und 2. Kind		**3. Kind**		**4. Kind und weitere Kinder**	
		monatlich	jährlich	monatlich	jährlich	monatlich	jährlich
Ledige, geschiedene oder dauernd getrennt lebende Eltern (Alleinerziehende), zusammen veranlagte Eltern/ Lebenspartner oder verwitweter Elternteil	2017	**192 €**	**2 304 €**	**198 €**	**2 376 €**	**223 €**	**2 676 €**
	2018	**194 €**	**2 328 €**	**200 €**	**2 400 €**	**225 €**	**2 700 €**

oder

Anspruchsberechtigte		**Kinderfreibeträge nach § 32 Abs. 6 EStG**					
		Kinderfreibetrag		Freibetrag für den Betreuungs- und Erziehungs- oder Ausbildungsbedarf (seit 2010)			
		monatlich	jährlich	monatlich	jährlich	Gesamt monatlich	Gesamt jährlich
Alleinerziehende (je Elternteil)	**2017** ab 2018	**196,50 €** 199,50 €	**2 358 €** **2 394 €**	**110 €** 110 €	**1 320 €** 1 320 €	**306,50 €** **309,50 €**	**3 678 €** 3 714 €
Zusammen veranlagte Eltern/ Lebenspartner oder verwitweter Elternteil oder s. u.*	**2017** **ab 2018**	**393 €** 399 €	**4 716 €** **4 788 €**	**220 €** 220 €	**2 640 €** 2 640 €	**613 €** 619 €	**7 356€** **7 428 €**

* wenn der andere Elternteil nicht unbeschränkt einkommensteuerpflichtig ist oder der Stpfl allein das Kind angenommen hat oder das Kind nur zu ihm in einem Pflegekindschaftsverhältnis steht.

2.2 Kindergeld

Das Kindergeld beträgt gem. § 66 Abs. 1 EStG 2015 im Kalenderjahr 2017 für das erste und zweite Kind je 192 € (ab 2018: 194 €), für das dritte Kind 198 € (ab 2018: 200 €) und für das vierte und jedes weitere Kind je 223 € (ab 2018: 225 €) pro Monat.

Das Kindergeld ist eine Steuervergütung für die Freistellung eines Einkommensbetrags in Höhe des Existenzminimums des Kindes einschließlich des Betreuungs- und Erziehungs- oder Ausbildungsbedarfs. Das Kindergeld wird von der Familienkasse auf Antrag monatlich an den Anspruchsberechtigten (z. B. die Eltern) ausgezahlt.

Welches Kind bei einem Berechtigten erstes, zweites, drittes oder weiteres Kind ist, richtet sich nach der Geburtsreihenfolge. Das älteste Kind ist immer das erste Kind. Kinder, für die überhaupt kein Kindergeldanspruch mehr besteht, zählen in der Reihenfolge nicht mehr mit.

BEISPIEL

Ein Berechtigter erhält für seine vier Kinder von Januar bis September 2017 Kindergeld. Ab Oktober 2017 besteht kein Anspruch mehr auf Kindergeld für das älteste Kind. Wie hoch ist das Kindergeld insgesamt im Jahr 2017?

LÖSUNG Das Kindergeld beträgt:

1. Kind: 9 × 192 € =	1 728 €
2. Kind: 12 × 192 € =	2 304 €
3. Kind: 9 × 198 € + 3 × 192 € =	2 358 €
4. Kind: 9 × 223 € + 3 × 198 € =	2 601 €
Insgesamt:	8 991 €

Das Kindergeld beträgt im Jahr 2017 insgesamt 8 991 €.

2.3 Freibeträge nach § 32 Abs. 6 EStG (Kinderfreibeträge)

Wird die gebotene Freistellung eines Einkommensbetrages in Höhe des Existenzminimums eines Kindes einschließlich des Betreuungs- und Erziehungs- oder Ausbildungsbedarfs durch das Kindergeld nicht in vollem Umfang bewirkt, sind bei der Veranlagung zur ESt des Anspruchsberechtigten (z. B. der Eltern) die Freibeträge nach § 32 Abs. 6 EStG für Kinder abzuziehen. DiePrüfung, ob das gewährte Kindergeld oder die Freibeträge für Kinder günstiger sind, erfolgt **von Amts wegen** durch das FA im Rahmen der Einkommensteuerveranlagung (sog. **Günstigerprüfung**). Dem FA muss die Zahl der zu berücksichtigenden Kinder und die Höhe des Anspruchs auf Kindergeld bei der Veranlagung zur ESt bekannt sein. Hierzu ist der ESt–Erklärung für jedes Kind eine Anlage Kind (für die Kinderberücksichtigung) beizufügen.

Die Höhe der Freibeträge nach § 32 Abs. 6 EStG richtet sich nach dem Existenzminimum, das die Eltern für den gesamten Lebensunterhalt einschließlich des Betreuungs- und Erziehungs- oder Ausbildungsbedarfs eines Kindes aufzuwenden haben. Nach den Beschlüssen des BVerfG vom 10. 11. 1998 BStBl II 1999, 174 ff bildet das sozialversicherungsrechtliche Existenzminimum eines Kindes die Grenze für dieses einkommensteuerliche Existenzminimum eines Kindes, das über-, aber nicht unterschritten werden darf. Für das sächliche Existenzminimum des Kindes wird ein Freibetrag i. H. v. 2 358 € (ab VZ 2018: 2 394 €) je Elternteil gewährt. Außerdem ist der Betreuungs- und Erziehungs- oder Ausbildungsbedarf für das Kind sowohl bei Betreuung des Kindes durch die Eltern persönlich als auch bei Fremdbetreuung (z. B. in einem Kindergarten) oder bei Erwerbstätigkeit beider Eltern (z. B. Kindertagesstätte mit Ganztags- oder Teilzeitbetreuung) durch Abzug eines weiteren Freibetrags i. H. v. 1 320 € je Elternteil für jedes Kind zu berücksichtigen. Der Freibetrag für Betreuungs- und Erziehungs- oder Ausbildungsbedarf wird stets zusammen mit dem Kinderfreibetrag gewährt. Auf tatsächliche Aufwendungen der Eltern für die Betreuung des Kindes kommt es somit **nicht** an. Ob die folgenden (monatlichen und jährlichen) Beträge hierfür ausreichen, ist vom Gesetzgeber künftig zu prüfen und bei Änderung der Lebensverhältnisse der Kinder der Höhe nach anzupassen.

Wie das Kindergeld werden die **Freibeträge nach § 32 Abs. 6 EStG** für jedes Kind **monatlich** gewährt (§ 32 Abs. 6 Satz 5 EStG und 3.2). Bei der Günstigerprüfung gem. § 31 Satz 4 EStG wird für ein berücksichtigungsfähiges Kind nach § 32 Abs. 6 Satz 1 EStG ein Freibetrag zur Steuerfreistellung des sächlichen Existenzminimums des Kindes als allgemeiner Kinderfreibetrag abgezogen. Ebenfalls wird für jedes berücksichtigungsfähige Kind ein – pauschaler – Freibetrag für den Betreuungs- und Erziehungs- oder Ausbildungsbedarf abgezogen. Eine besondere Altersvoraussetzung für das Kind ergibt sich aus § 32 Abs. 3 und 4 EStG (vgl. R 32.3 bis R 32.12 EStR und 3.2 bis 3.5). Für jedes zu berücksichtigende Kind des Stpfl werden folgende Freibeträge nach § 32 Abs. 6 EStG vom (zu versteuernden) Einkommen abgezogen:

Freibeträge nach § 32 Abs. 6 EStG für Kinder			
Art der Aufwendungen	**Kinderfreibetrag** (sächliches Existenzminimum des Kindes)		**Betreuungsfreibetrag** (Betreuungs- und Erziehungs- oder Ausbildungsbedarf für Kinder)
Abzug der Freibeträge	**ab Monat der Geburt bis zum Monat der Vollendung des 18., 21. oder 25. Lebensjahres oder behindert i. S. d. § 32 Abs. 4 Satz 1 Nr. 3 EStG** (Eintritt der Behinderung vor Vollendung des 25. Lebensjahres, § 32 Abs. 6 Satz 1 EStG)		**für jedes berücksichtigungsfähige Kind wie beim Kinderfreibetrag**
für einen Elternteil je Kind (§ 32 Abs. 6 Satz 1 EStG) **monatlich** **jährlich**	2017 199,50 € 2 358 €	ab 2018 199,50 € 2 394 €	seit 2010 110 € 1 320 €
bei zusammenveranlagten Ehegatten/Lebenspartner je gemeinsames Kind (§ 32 Abs. 6 Satz 2 EStG) **monatlich** **jährlich**	2017 393 € 4 716 €	ab 2018 399 € 4 788 €	seit 2010 220 € 2 640 €

Besonderheiten bei allein erziehenden Elternteilen: Der verdoppelte Freibetrag nach § 32 Abs. 6 Satz 3 EStG wird auch abgezogen, wenn ein Elternteil bereits verstorben oder nicht unbeschränkt einkommensteuerpflichtig ist oder der Stpfl allein das Kind angenommen hat oder das Kind nur zu ihm in einem Pflegekindschaftsverhältnis steht (vgl. § 32 Abs. 6 Satz 3 EStG, R 32.12 EStR).

Bezüglich Lebenspartner eingetragener Lebenspartnerschaften wird auf das BMF-Schreiben vom 17. 01. 2014 BStBl I 2014, 109 hingewiesen.

Die tatsächliche ESt-Ersparnis durch den Abzug der Freibeträge nach § 32 Abs. 6 EStG vom zu versteuernden Einkommen (§ 2 Abs. 5 EStG) ergibt sich durch eine **Vergleichsberechnung** (sog. Günstigerprüfung gem. § 31 Satz 4 EStG). Zunächst wird die ESt aus dem zu versteuernden Einkommen **vor Abzug** der Freibeträge nach § 32 Abs. 6 EStG nach dem Grundtarif oder Splittingtarif ermittelt. Anschließend wird die ESt aus dem zu versteuernden Einkommen **nach Abzug** der Freibeträge nach § 32 Abs. 6 EStG in gleicher Weise ermittelt.

Ist die ESt-Ersparnis nach dieser Vergleichsberechnung im Einzelfall höher als das gezahlte Kindergeld, so wird das gezahlte Kindergeld der tariflichen ESt wieder hinzugerechnet, also durch das FA zurückgefordert (§ 2 Abs. 6 Satz 3, § 31 Satz 4; vgl. hierzu auch R 2 Abs. 2 EStR). Dies ergibt sich aus dem Charakter des Kindergelds als Steuervergütung für die Freistellung des Einkommensbetrags in Höhe des Existenzminimums des Kindes/der Kinder.

MERKSATZ

Dem Anspruchsberechtigten verbleibt in jedem Fall das gezahlte **Kindergeld.** Falls die **Freibeträge für Kinder** im Rahmen der Günstigerprüfung zu einer höheren steuerlichen Entlastung (als das Kindergeld) führt, erhält der Steuerpflichtige bei der **ESt-Veranlagung** lediglich den Differenzbetrag zusätzlich anerkannt.

BEISPIELE

a) **Höhe des Kindergeldes**

Die zur ESt zusammenveranlagten Ehegatten M und F haben zwei gemeinsame Kinder unter 18 Jahren. Das gemeinsame Einkommen im Jahr 2017 von M und F beträgt 49 200 €.

LÖSUNG M und F haben im Jahr 2017 für das 1. und das 2. Kind Anspruch auf Kindergeld gem. § 66 Abs. 1 EStG an die Familienkasse (2 × 192 €)

384 € × 12 = jährlich **4 608 €**

In dieser Höhe besteht die gebotene Freistellung des Einkommensbetrags in Höhe des Existenzminimums der zwei Kinder (Steuervergütung, § 31 Satz 3 EStG).

b) **Freibeträge nach § 32 Abs. 6 EStG für zwei Kinder**

Die zur ESt zusammenveranlagten Ehegatten M und F haben zwei gemeinsame Kinder unter 18 Jahren. Das gemeinsame Einkommen im Jahr 2017von M und F beträgt 49 200 €.

LÖSUNG Bei der Einkommensteuerveranlagung für den VZ 2017 der zusammenveranlagten Ehegatten M und F wird im Rahmen der Günstigerprüfung (§ 31 EStG) geprüft, ob der Ansatz von **zwei** Freibeträgen nach § 32 Abs. 6 EStG in Höhe von (2 × 4 716 € + 2 × 2 640 €) [9 432 € + 5 280 €] 14 712 € zu einer höheren steuerlichen Entlastung als das Kindergeld führt.

Einkommen **vor** Abzug der Freibeträge nach § 32 Abs. 6 EStG			49 200 €
ESt lt. Splittingtarif für M und F aus 49 200 €		7 596 €	
Einkommen für M und F	49 200 €		
./. zwei Freibeträge nach § 32 Abs. 6 EStG (2 × 4 716 € + 2 × 2 640 €)	./. 14 712 €		
Zu versteuerndes Einkommen für M und F	34 488 €		
ESt lt. Splittingtarif für M und F		3 598 €	
ESt-Ersparnis durch Freibeträge nach § 32 Abs. 6 EStG		3 998 €	

Der Vergleich zum Beispiel a) zeigt, dass die ESt-Ersparnis (3 998 €) **geringer** ist als das gezahlte Kindergeld (4 608). Im ESt-Bescheid 2017 der Ehegatten M und F werden daher **keine** Freibeträge nach § 32 Abs. 6 EStG bei der Ermittlung des zu versteuernden Einkommens abgezogen. Nach der Günstigerprüfung ist das Kindergeld höher als die ESt-Ersparnis durch den Abzug der Freibeträge nach § 32 Abs. 6 EStG (vgl. § 31 Satz 4 EStG).

c) **Freibeträge nach § 32 Abs. 6 EStG für zwei Kinder**

Wie Beispiel b). Das Einkommen der Ehegatten M und F im Jahr 2017 beträgt 100 000 €.
Zu welchem Ergebnis führt die Günstigerprüfung gem. § 31 Satz 4 EStG?

LÖSUNG

Einkommen **vor** Abzug der Freibeträge nach § 32 Abs. 6 EStG			100 000 €
ESt lt. Splittingtarif für M und F		25 122 €	
Einkommen von M und F	100 000 €		
./. zwei Freibeträge nach § 32 Abs. 6 EStG (2 × 4 716 € + 2 × 2 640 €)	./. 14 712 €		
zu versteuerndes Einkommen	85 288 €		
ESt lt. Splittingtarif für M und F		19 452 €	
ESt-Ersparnis durch Freibeträge nach § 32 Abs. 6 EStG		5 670 €	

Die ESt-Ersparnis unter Ansatz der Freibeträge nach § 32 Abs. 6 EStG (5 670 €) ist **höher** als das gezahlte Kindergeld (4 608 €). Im ESt-Bescheid 2017 werden also zwei Freibeträge nach § 32 Abs. 6 EStG bei der Ermittlung des zu versteuernden Einkommens abgezogen. Die festzusetzende ESt 2017 für die Ehegatten M und F beträgt:

ESt 2017 lt. Splittingtarif für M und F		19 452 €
+ zurückgefordertes Kindergeld gem. § 31 Satz 4, § 2 Abs. 6 Satz 3 EStG		4 608 €
festzusetzende ESt 2017 (R 2 EStR und Schema B 6)		24 060 €
Probe:		
ESt-Ersparnis bei Abzug der Freibeträge nach § 32 Abs. 6 EStG	5 670 €	
gezahltes Kindergeld für zwei Kinder	4 608 €	
ergibt Mehr-ESt-Ersparnis		1 062 €
ESt lt. Splittingtarif ohne Freibeträge nach § 32 Abs. 6 EStG	25 122 €	
./. festzusetzende ESt 2017 lt. Steuerbescheid	24 060 €	
Mehr-ESt-Ersparnis wie oben		1 062 €

d) **Freibeträge nach § 32 Abs. 6 EStG für zwei Kinder**

Die Eheleute J und T haben zwei berücksichtigungsfähige Kinder unter 18 Jahren. Das zu versteuernde Einkommen im Jahr 2017 beträgt 70 000 €.

Zu welchem Ergebnis führt die Günstigerprüfung gem. § 31 Satz 4 EStG?

LÖSUNG

Einkommen **vor** Abzug der Freibeträge nach § 32 Abs. 6 EStG			70 000 €
ESt lt. Splittingtarif für J und T		14 074 €	
Einkommen von J und T	70 000 €		
./. Freibeträge nach § 32 Abs. 6 EStG (4 716 € + 2 640 €) für das 1. Kind	./. 7 356 €		
zu versteuerndes Einkommen für J und T	62 644 €		
ESt lt. Splittingtarif für J und T		./. 11 672 €	
ESt-Ersparnis für das 1. Kind		2 402 €	

Die ESt-Ersparnis für das 1. Kind (2 402 €) ist **höher** als das gezahlte Kindergeld (192 € x 12 = 2 304 €).

Berücksichtigung des 2. Kindes:

Einkommen im Jahr **nach** Abzug der Freibeträge nach § 32 Abs. 6 EStG für das erste Kind	62 644 €	
ESt lt. Splittingtarif für J und T		11 672 €
./. Freibeträge nach § 32 Abs. 6 EStG für das 2. Kind	./. 7 356 €	
zu versteuerndes Einkommen für J und T	55 288 €	
ESt lt. Splittingtarif für J und T		9 392 €
Die ESt-Ersparnis für das 2. Kind beträgt		2 280 €

Folglich: Die ESt–Ersparnis für das erste Kind (2 402 €) ist höher als das Kindergeld (2 304 €). Hingegen ist für das zweite Kind das Kindergeld (2 304 €) höher als die Steuerersparnis bei Ansatz der Kinderfreibeträge (2 280 €).

Im ESt–Bescheid 2017 werden daher die Freibeträge nach § 32 Abs. 6 EStG nur für das erste Kind gewährt (Steuerersparnis 2 402 €). Das zvE 2017 beträgt somit 62 644 € und führt bei Zusammenveranlagung der Ehegatten zu einer tariflichen ESt (§ 32a EStG) i. H. v. 11.672 € unter Anrechnung des bereits ausbezahlten Kindergelds für das erste Kind (2 304 €) ergibt sich im ESt-Bescheid 2017 eine zusätzliche Entlastung i. H. v. (2 402 € - 2 304 € =) 98 €. .

MERKSATZ

Hieraus ergibt sich, dass für Familien bzw. Anspruchsberechtigte mit **geringem Einkommen** das gezahlte **Kindergeld günstiger** ist, als die ESt–Ersparnis durch Abzug der Freibeträge für Kinder vom Einkommen.

Familien bzw. Anspruchsberechtigte mit **hohem Einkommen** erhalten dagegen durch Abzug der Freibeträge für Kinder vom Einkommen eine höhere **Entlastung bei der ESt**. Das Kindergeld ist in diesem Fall anzurechnen, um eine doppelte Vergünstigung zu vermeiden (§ 2 Abs. 6 Satz 3, § 31 Satz 4 EStG).

2.4 Kindergeld oder Freibeträge nach § 32 Abs. 6 EStG (Kinderfreibetrag und Freibetrag für Betreuungs- und Erziehungs- oder Ausbildungsbedarf)

Wie bereits ausgeführt ist bei der Veranlagung zur ESt von Amts wegen zu prüfen (sog. Günstigerprüfung vgl. § 31 Satz 4 EStG), ob die Freibeträge nach § 32 Abs. 6 EStG abzuziehen sind, weil die ESt–Ersparnis höher ist als der Anspruch an die Familienkasse auf Kindergeld. Das FA hat daher bei der Veranlagung die **Prüfung,** ob die Steuerersparnis durch die Freibeträge nach § 32 Abs. 6 EStG höher ist als das gezahlte Kindergeld, **auf das einzelne Kind zu beziehen** (s. BMF vom 18. 12. 1995 BStBl I 1995, 805, Rz 7). In die Günstigerprüfung nach § 31 Satz 4 EStG werden die Zeiträume eines Kj einbezogen, in denen der Stpfl sowohl Anspruch auf die Freibeträge gem. § 32 Abs. 6 EStG als auch Anspruch auf Kindergeld nach § 66 EStG hat. Damit ist die Jahresbetrachtung vorgegeben. Die Prüfung ist für den gesamten Zeitraum vorzunehmen, in dem das Kind im VZ steuerlich zu berücksichtigen ist (vgl. BMF vom 16. 07. 2003 BStBl I 2003, 385 und 3.2.2).

Aus der Tabelle in 2.3 ergeben sich die im Einzelfall zu gewährenden Freibeträge nach § 32 Abs. 6 Satz 1 EStG.

BEISPIELE

a) **Kindergeld und Freibeträge nach § 32 Abs. 6 EStG**

Die Ehegatten R und S haben vier zu berücksichtigende Kinder unter 18 Jahren. Bei der Zusammenveranlagung für das Jahr 2017 wird ein Einkommen von 150 000 € errechnet.

LÖSUNG Die Ehegatten R und S haben für das Jahr 2017 an die Familienkasse einen Anspruch auf Kindergeld i. H. v. (2 × 192 € + 198 € + 223 € = 805 € × 12 =) 9 660 €. Die Freibeträge nach § 32 Abs. 6 Satz 1 und Satz 2 EStG (Kinderfreibetrag und Freibetrag für Betreuungs- und Erziehungs- oder Ausbildungsbedarf) können i. H. v. (4 × 7 356 € =) 29 424 € vom Einkommen der Ehegatten R und S abgezogen werden.

zvE **vor** Abzug der Kinderfreibeträge	150 000 €		
ESt lt. Splittingtarif für R und S		46 048 € €	
Freibeträge nach § 32 Abs. 6 EStG: für Kind 1:	./. 7 356 €		
zvE (1)	142 644 €		
ESt lt. Splittingtarif		42 958 €	
ESt–Ersparnis			3 090 €
Freibeträge § 32 Abs. 6 EStG für Kind 2	./. 7 356 €		
zvE (2)	135 288 €		
ESt lt. Splittingtarif		39 870 €	
ESt-Ersparnis			3 088 €
Freibeträge § 32 Abs. 6 EStG für Kind 3	./. 7 356 €		
zvE (3)	127 932		
ESt lt. Splittingtarif		36 780 €	
ESt-Ersparnis			3 090 €
Freibeträge § 32 Abs. 6 EStG für Kind 4	./. 7 356 €		
zvE (4)	120 576 €		
ESt lt. Splittingtarif		33 690 €	
ESt-Ersparnis			3.090 €

Die ESt–Ersparnis ist unter Ansatz der Freibeträge nach § 32 Abs. 6 EStG jeweils höher als das gezahlte Kindergeld (Kind 1 und Kind 2 je 2 304 €, Kind 3 2 376 € und Kind 4 2 676 €).
Im Rahmen der Günstigerprüfung werden bei der Zusammenveranlagung von R und S viermal die Freibeträge für Kinder (§ 32 Abs. 6 EStG) angesetzt. Hieraus ergibt sich eine ESt-Ersparnis von insgesamt 12 358 €. Unter Anrechnung des erhaltenen Kindergelds (9 660 €) verbleibt eine ESt-Ersparnis von letztlich 2 698 €. Der Ansatz der Freibeträge nach § 32 Abs. 6 EStG ist daher »günstiger«.

b) Wie Beispiel a) nur beträgt das zvE (vor Ansatz von Freibeträgen nach § 32 Abs. 6 EStG) 75 000 €.
LÖSUNG Auch in diesem Fall haben die Ehegatten für das Jahr 2017 einen Anspruch auf Kindergeld i. H. v. (Kind 1 und 2 je 2 304, Kind 3 2 376 € und Kind 4 2 676 € =) 9 660 € €.

zvE **vor** Abzug der Kinderfreibeträge	75 000 €		
ESt lt. Splittingtarif für R und S		15 776 € €	
Freibeträge nach § 32 Abs. 6 EStG: für Kind 1:	./. 7 356 €		
zvE (1)	67 644 €		
ESt lt. Splittingtarif		13 292 €	
ESt–Ersparnis			2 484 €
Freibeträge § 32 Abs. 6 EStG für Kind 2	./. 7 356 €		
zvE (2)	60 288 €		
ESt lt. Splittingtarif		10 928 €	
ESt-Ersparnis			2 364 €
Freibeträge § 32 Abs. 6 EStG für Kind 3	./. 7 356 €		
zvE (3)	52 932		
ESt lt. Splittingtarif		8 686 €	
ESt-Ersparnis			2 242 €
Freibeträge § 32 Abs. 6 EStG für Kind 4	./. 7 356 €		
zvE (4)	45 576 €		
ESt lt. Splittingtarif		6 566 €	
ESt-Ersparnis			2 120 €

Im Rahmen der Günstigerprüfung werden bei der Zusammenveranlagung von R und S im VZ 2017 die Freibeträge für Kinder (§ 32 Abs. 6 EStG) nur für das Kind 1 und das Kind 2 angesetzt. Hiernach beträgt das zvE 2017 60 288 €. Daraus resultiert eine ESt-Ersparnis von 4 848 €. Unter Anrechnung des erhaltenen Kindergelds (2 × 2 304 € = 4 608 €) verbleibt eine ESt-Ersparnis von letztlich 244 €. Der Ansatz der Freibeträge nach § 32 Abs. 6 EStG ist daher für das Kind 1 und das Kind 2 »günstiger«. Hingegen ist für die Kinder 3 und 4 das Kindergeld (2 376 € + 2 676 € = 5 052 €) gegenüber der ESt-Ersparnis bei Ansatz der Freibeträge nach § 32 Abs. 6 EStG (2 242 € + 2 120 € = 4 362 €) »günstiger«.

2.5 Weitere Freibeträge für Kinder nach dem Einkommensteuergesetz

Sind bei dem einzelveranlagten Stpfl oder bei zusammenveranlagten Ehegatten bzw. Lebenspartner eingetragener Lebenspartnerschaften **Kinder** zu berücksichtigen, so wirkt sich dies bei der Berechnung des zu versteuernden Einkommens in **folgenden Fällen** aus:

- Freibeträge gem. § 32 Abs. 6 EStG (vgl. 5.1);
- Entlastungsbetrag für Alleinerziehende (§ 24 b EStG; vgl. 5.7);
- 30 % des Schulgeldes gem. § 10 Abs. 1 Nr. 9 EStG (vgl. N 2.6.3);
- zumutbare Belastung (§ 33 Abs. 3 EStG; vgl. O 1.5);
- Ausbildungsfreibetrag für volljährige Kinder gem. § 33 a Abs. 2 EStG (vgl. O 2.2);
- Behinderten-Pauschbetrag, übertragbar vom Kind auf die Eltern gem. § 33 b Abs. 5 EStG (vgl. O 2.3);
- 2/3 der Kinderbetreuungskosten (§ 10 Abs. 1 Nr. 5 EStG; vgl. Q 2.6.3);
- Berechnung der Kirchensteuer (§ 51 a EStG).

3 Voraussetzungen für Freibeträge nach § 32 Abs. 6 EStG und Kindergeld

Die Voraussetzungen für den Abzug der Freibeträge für Kinder nach § 32 Abs. 6 EStG vom zu versteuernden Einkommen und die Gewährung des Kindergelds nach dem X. Abschnitt des EStG (§ 62 bis 78 EStG) sind im Regelfall gleich. In diesem Grundkurs sind allgemeine Begriffsbestimmungen und Erläuterungen zur Anwendung des EStG in ausgewählten Fällen dargestellt. Wenn Sie in besonderen Einzelfällen weitere Erklärungen benötigen, finden Sie diese in der DA-KG 2016 vom 22.08.2016, BStBl I 2014, 826, sowie in den R 31 bis R 32.13 EStR mit Hinweisen hierzu (EStH). Die Familienkassen und die Arbeitgeber des öffentlichen Dienstes (siehe auch BZSt vom 14.12.2016 BStBl I 2016, 1429) halten für Anspruchsberechtigte die erforderlichen Vordrucke zum Antrag auf Kindergeld bereit. Im Folgenden sind deshalb Ausführungen zur Kinderberücksichtigung für beide Formen des Familienleistungsausgleichs (Freibeträge nach § 32 Abs. 6 EStG oder Kindergeld) enthalten.

3.1 Anspruchsberechtigter

Anspruch auf Kindergeld oder Freibeträge nach § 32 Abs. 6 EStG für seine Kinder hat, wer unbeschränkt einkommensteuerpflichtig ist bzw. als unbeschränkt steuerpflichtig behandelt wird (§ 1 Abs. 2 und 3 EStG). Ausländer haben nur dann Anspruch auf Kindergeld, wenn sie im Besitz einer Niederlassungserlaubnis oder einer Aufenthaltserlaubnis zum Zwecke der Erwerbstätigkeit oder des Familiennachzugs sind, vgl. § 62 Abs. 2 EStG und DA-KG 2016 A 1 bis A 5 mit weiteren Einzelfällen.

Anspruchsberechtigte sind damit

- ein Elternteil, bei verheirateten oder unverheirateten Eltern oder Adoptiveltern; unverheiratete Eltern sind: Ledige, Geschiedene oder dauernd getrennt Lebende (vgl. § 32 Abs. 6 Satz 6 EStG);
- älterer Geschwisterteil (s. H 32.2 EStH);
- die Stiefeltern oder Großeltern;
- die Pflegeeltern.

Dies ergibt sich aus dem Kindbegriff gem. § 32 Abs. 1 EStG. Das Kind ist daher nicht selbst Anspruchsberechtigter. Der Kindergeldanspruch der Eltern oder anderer Personen beruht auf deren Unterhaltsverpflichtung gegenüber dem Kind oder Geschwister oder Enkel.

Anspruchsberechtigter für die Auszahlung des Kindergelds ist stets nur eine Person. Das Kindergeld kann also nicht auf mehrere Berechtigte aufgeteilt werden. Zu Einzelheiten vgl. DA-KG A 24 bis A 27.

BEISPIELE

a) Die verheirateten Eltern S und W haben im Jahr 2017 ein gemeinsames 14 Jahre altes Kind K. Wer hat Anspruch auf Kindergeld?

LÖSUNG Anspruchsberechtigter für das Kindergeld i. H. v. (12 × 192 € =) 2 304 € bei der Familienkasse ist Elternteil S oder Elternteil W, nicht das Kind K selbst.

Bei der Zusammenveranlagung gem. § 26b EStG für S und W ist im Rahmen der Günstigerprüfung (§ 31 EStG) zu prüfen, ob der Ansatz der Freibeträge gem. § 32 Abs. 6 Satz 1 und Satz 2 EStG i. H. v. 7 356 € »günstiger« ist.

b) Die geschiedene Mutter G lebt im Jahr 2017 mit ihrem 14 Jahre alten Kind K in einem gemeinsamen Haushalt. Der geschiedene Vater A lebt in einem eigenen Haushalt und erfüllt seine hälftige Unterhaltsverpflichtung für das Kind K.

Wer hat Anspruch auf Kindergeld?

LÖSUNG Für das in ihrer Wohnung gemeldete Kind K erhält G als Anspruchsberechtigte das Kindergeld i. H. v. (12 × 192€) 2 302 € von der Familienkasse (sog. Obhutsprinzip, vgl. § 64 Abs. 2 Satz 1 EStG). G kann bei der Günstigerprüfung gem. § 31 Satz 4 EStG Freibeträge gem. § 32 Abs. 6 Satz 1 EStG i. H. v. (2 358 € + 1 320 €) 3 678 € in Anspruch nehmen, sofern die ESt-Ersparnis unter Anrechnung des »halben« Kindergelds »»günstiger« ist. Bei A können bei der ESt-Veranlagung ebenfalls i. R. d. Günstigerprüfung Freibeträge nach § 32 Abs. 6 EStG i. H. v. 3 678 € abgesetzt werden, sofern die ESt-Ersparnis unter Anrechnung des »halben« Kindergelds »günstiger« ist. Auch bei A erfolgt die Anrechnung des »halben« Kindergelds, weil insoweit seine Unterhaltsverpflichtung gekürzt wurde (vgl. R 31 Abs. 3 EStR).

c) Vater R und Mutter S leben in nicht ehelicher Lebensgemeinschaft mit den beiden gemeinsamen minderjährigen Kindern F und H in einer Wohnung. Vater R erfüllt 2017 seine hälftigen Unterhaltsverpflichtungen in vollem Umfang. Mutter S ist nicht erwerbstätig und mit der Kindergeldzahlung an Vater R einverstanden. Mutter S erfüllt ihre hälftige Unterhaltsverpflichtung durch die tägliche ständige persönliche Obhut für die Kinder.

Wer hat Anspruch auf Kindergeld?

LÖSUNG Durch die Einverständniserklärung der S ist R Anspruchsberechtigter für das **Kindergeld** i. H. v. (2 × 192 € x 12 €) 4 608 €.

Bei der **Günstigerprüfung** im Rahmen der Einzelveranlagung des R zur ESt können gem. § 32 Abs. 6 Satz 1 EStG die Freibeträge nach § 32 Abs. 6 EStG i. H. v. (2 358 € + 1 320 € = 3 678 € × 2 Kinder) 7 356 € abgesetzt werden, sofern die ESt-Ersparnis unter Anrechnung des »halben«Kindergelds »günstiger« ist. Die der Mutter S zustehenden Kinderfreibeträge gem. § 32 Abs. 6 Satz 1 EStG (2 × 2 358 €) können nicht auf den Vater R übertragen werden, da S ihre Unterhaltsverpflichtung erfüllt hat (vgl. § 32 Abs. 6 Satz 6 **1. HS** EStG). Ebenso können die Freibeträge für Betreuung und Erziehung oder Ausbildung gem. § 32 Abs. 6 Satz 1 EStG (2 × 1 320 €) nicht auf den Vater R übertragen werden, da die beiden minderjährigen Kinder bei beiden Eltern in der gemeinsamen Wohnung gemeldet sind (vgl. § 32 Abs. 6 Satz 6 **2. HS** EStG).

d) Die zusammenveranlagten Eltern H und T haben im Jahr 2017 eine gemeinsame 23 Jahre alte Tochter C, die sich in Berufsausbildung befindet. Im Mai 2017 heiratet C den voll erwerbstätigen P. Können die Eltern H und T im Jahr 2017 das Kind C berücksichtigen?

LÖSUNG Ja, die Eltern H und T erhalten für das gesamte Jahr 2017 Kindergeld (192 €x 12 = 2 304 €) sowie ggf. die Freibeträge nach § 32 Abs. 6 EStG im Rahmen der Günstigerprüfung (§ 31 EStG). Es ist unbeachtlich, dass die Tochter verheiratet ist. Seit dem VZ 2012 kommt es auf die Höhe der Einkünfte und Bezüge des Kindes nicht mehr an (BFH vom 17. 10. 2013, III R 22/13, BStBl I 2014, 257).

Gem. § 32 Abs. 6 Satz 6 EStG kann auf Antrag eines Elternteils der dem anderen Elternteil zustehende **Kinderfreibetrag** auf ihn **übertragen** werden, wenn der andere Elternteil entweder seiner Unterhaltsverpflichtung nicht im Wesentlichen nachkommt oder der andere Elternteil mangels Leistungsfähigkeit nicht unterhaltspflichtig ist (Mangelunterhaltsfall, s. hierzu auch R 32.13 EStR).

Eine Barunterhaltsverpflichtung gegenüber dem Kind erfüllt ein Elternteil bei Zahlung von mindestens 75 % der Verpflichtung.

Wird der Kinderfreibetrag aus o. g. Gründen übertragen, überträgt sich der Freibetrag für den Betreuungs- und Erziehungs- oder Ausbildungsbedarf gleich mit.

3.2 Monatsprinzip

Das Kindergeld wird gem. § 66 Abs. 2 EStG grundsätzlich als **Monatsbetrag** gewährt für den Monat, in dem der Anspruch auf Kindergeld erstmals entsteht, bis zum Ende des Monats, in dem die Anspruchsvoraussetzungen wegfallen. Die Freibeträge nach § 32 Abs. 6 Satz 1 und Satz 2 EStG werden grundsätzlich als Jahresbeträge abgezogen (Günstigerprüfung vgl. 2.3). Ist das Kind nicht während des ganzen Kalenderjahres zu berücksichtigen, ermäßigen sich die Freibeträge nach § 32 Abs. 6 Satz 1 und Satz 2 EStG um ein Zwölftel für jeden Monat, in dem die Voraussetzungen nicht vorgelegen haben (vgl. § 32 Abs. 6 **Satz 5** EStG und R 32.3 EStR).

3.2.1 Monatsprinzip bei Geburt eines Kindes

Die Freibeträge nach § 32 Abs. 6 EStG werden ab dem Monat der Geburt gewährt. Angefangene Monate werden zugunsten des Steuerpflichtigen berücksichtigt. Das Entsprechende gilt, wenn das Kindschaftsverhältnis durch Adoption begonnen hat (vgl. § 1752 BGB) oder durch den Beginn des Obhuts- und Pflegeverhältnisses zu den Pflegeeltern als Pflegekind (vgl. R 32.2 und 32.3 EStR). Gleiches gilt für das Kindergeld.

BEISPIELE

a) Den verheirateten Eheleuten wurde das erste Kind am 17.03.2017 geboren.

LÖSUNG Die zusammenveranlagten Eltern erhalten für das Jahr 2017 Kindergeld i. H. v. (10 × 192 €) 1 920 € sowie im Rahmen der Günstigerprüfung (§ 31 EStG) Freibeträge nach § 32 Abs. 6 EStG (4 716 € + 2 640 € = 7 356 € × 10/12) 6 130 €.

b) Die Eheleute haben im Jahr 2017 zwei Kinder im Alter von 6 und 4 Jahren. Am 17.11.2017 wurden Zwillinge geboren.
Wie hoch ist das im Jahr 2017 gezahlte Kindergeld bzw. sind die Freibeträge gem. § 32 Abs. 6 EStG?

LÖSUNG Für das Jahr 2017 erhalten die Eheleute

	Freibeträge nach § 32 Abs. 6 EStG*	**oder**	**Kindergeld**	
für das 1. Kind (6 Jahre alt)	7 356 €		2 304 €	(192 € × 12)
für das 2. Kind (4 Jahre alt)	7 356 €		2 304 €	
für das 3. Kind (7 356 € × 2/12)	1 226 €		396 €	(198 € × 2)
für das 4. Kind	1 226 €		446 €	(223 € × 2)

(* nur im Rahmen der Günstigerprüfung, § 31 EStG)

3.2.2 Monatsprinzip im Jahr der Vollendung des 18. Lebensjahres

Ab dem auf den Tag der Vollendung des 18. Lebensjahres folgenden Monat wird kein Kindergeld (§ 63 Abs. 1 Satz 2 EStG) oder werden keine Freibeträge nach § 32 Abs. 6 EStG mehr gewährt, falls das Kind nicht aus anderen Gründen nach § 32 Abs. 4 EStG (z. B. wegen Berufsausbildung oder Behinderung) berücksichtigt wird.

BEISPIEL

Die zusammenveranlagten Eltern haben ein am 05. 10. 1999 geborenes Kind, dessen Berufsausbildung mit der Abschlussprüfung im November **2016** beendet wurde.

LÖSUNG Im Jahr 2017 ist das Kind nicht mehr in Berufsausbildung. Es vollendet aber das 18. Lebensjahr erst mit Ablauf des 04. 10. 2017. Die Eltern erhalten somit im VZ 2017 Kindergeld i. H. v. (10 × 192 € =) 1 920 € sowie im Rahmen der Günstigerprüfung (§ 31 EStG) die Freibeträge nach § 32 Abs. 6 EStG i. H. v. (7 356 € × 10/12 =) 6 130 €.

3.2.3 Monatsprinzip bei Kindern über 18 Jahre

Wird die Berufsausbildung eines Kindes über 18 Jahre im Laufe des Kalenderjahres **begonnen oder abgeschlossen** (§ 32 Abs. 4 Satz 1 Nr. 2 EStG), so **beginnt** oder **entfällt** ab diesem Monat die Berücksichtigung des Kindes und damit das Kindergeld oder die Freibeträge nach § 32 Abs. 6 EStG (§ 32 Abs. 6 Satz 5, § 63 Abs. 1 Satz 2 EStG).

BEISPIEL

Die zusammenveranlagten Eltern haben im Jahr 2017 einen 23 Jahre alten studierenden Sohn. Der Sohn beendete am 20. 09. 2017 das Studium mit seiner Bachelorprüfung und begann ab 01. 10. 2017 eine Vollzeiterwerbstätigkeit. Außerdem ist eine 21 Jahre alte ganzjährig studierende Tochter und eine 14 Jahre alte Tochter bei den Eltern zu berücksichtigen.

Wie hoch sind der Anspruch auf Kindergeld und die zu berücksichtigenden Freibeträge nach § 32 Abs. 6 EStG?

LÖSUNG Die Eltern erhalten Kindergeld bzw. bzw. Freibeträge nach § 32 Abs. 6 EStG für den Sohn bis zum Abschluss der Berufsausbildung (für 9 Monate bzw. 9/12) sowie ganzjährig für die 21-jährige Tochter, da sie ganzjährig in Berufsausbildung ist, und für die minderjährige Tochter. Hiernach ergeben sich folgende Beträge:

	Freibeträge nach § 32 Abs. 6 EStG	**oder**	**Kindergeld**
Sohn (1. Kind) (7 356 € × 9/12)	5 517 €		(9 × 192 €) 1 728 €
Tochter (2. Kind)	7 356 €		(12 × 192 €) 2 304 €
Tochter (3. Kind)	7 356 €		(9 × 198 € + 3 × 192 €) 2 358 €

3.3 Berücksichtigung von Kindern

3.3.1 Allgemeine Hinweise

Der Familienleistungsausgleich für das sächliche Existenzminimum eines Kindes einschließlich der Bedarf für Betreuung und Erziehung oder Ausbildung (§ 31 Satz 1 EStG) erfolgt beim Anspruchsberechtigten entweder durch die Zahlung von Kindergeld nach dem X. Abschnitt des EStG (§§ 62 bis 78 EStG) **oder** durch den Abzug der Freibeträge nach § 32 Abs. 6

EStG bei der Berechnung des zu versteuernden Einkommens nach § 2 Abs. 5 EStG (vgl. 5.1). Für beide Anwendungsfälle bestehen im Allgemeinen (d. h. von Ausnahmen abgesehen) die gleichen Voraussetzungen für die Berücksichtigung von Kindern. Nach § 70 Abs. 1 Satz 1 EStG wird das **Kindergeld** grundsätzlich von der **Familienkasse** festgesetzt und ausgezahlt (vgl. im Einzelnen DA-KG 2014 Kapitel V, a. a. O.). Zum Verfahren bei Angehörigen des öffentlichen Dienstes vgl. § 72 EStG (siehe auch BZSt vom 14. 12. 2016, BStBl I 2016, 1429).

Das **FA** hat bei der ESt-Veranlagung für **jedes Kalenderjahr** und für **jedes Kind** gesondert zu prüfen, ob die Freistellung eines Einkommensbetrages in Höhe des Existenzminimums einschließlich der Bedarfe für Betreuung und Erziehung oder Ausbildung durch die **Freibeträge nach § 32 Abs. 6 EStG** höher ist, als die Steuervergütung durch das Kindergeld (vgl. 5.1). Deshalb ordnet § 63 EStG an, dass die Berücksichtigung von Kindern nach den Regelungen des § 32 EStG erfolgen muss.

3.3.2 Kindbegriff

Kinder i. S. d. § 32 Abs. 1 EStG sind:

- **Kinder, die im ersten Grad mit dem Stpfl verwandt sind (§ 32 Abs. 1 Nr. 1 EStG).** Dies sind leibliche Kinder und Adoptivkinder .
- **Leibliche Kinder** sind eheliche Kinder, für ehelich erklärte Kinder und nichteheliche Kinder. Das Kindschaftsverhältnis wird durch Geburt begründet. Lebende Kinder werden von dem Kalendermonat der Geburt an bei den Eltern oder einem Elternteil berücksichtigt. Dabei ist das Kindschaftsverhältnis nach Zivilrecht maßgebend (vgl. H 32.1 EStH und 5.2.2 Monatsprinzip [R 32.3 EStR]).
- **Adoptivkinder** sind Kinder, für die das Kindschaftsverhältnis durch die Adoption begründet wird. Das Kindschaftsverhältnis zu den leiblichen Eltern des Adoptivkindes endet mit dem Adoptionsbeschluss vgl. hierzu H 32.1 (Verwandtschaft im ersten Grad) EStH. Vgl. auch § 32 Abs. 2 Satz 1 EStG.

Durch die Kinderzuordnung zu einem bestimmten Stpfl wird eine Doppel- oder Mehrfacherfassung von Kindern ausgeschlossen.

BEISPIELE

Erhalten die Eltern in den folgenden Beispielen a) bis d) Kindergeld oder Freibeträge nach § 32 Abs. 6 EStG?

a) Den Eltern wird am 31. 12. 2017 gegen 23.50 Uhr das eheliche Kind M geboren.

LÖSUNG Die zusammenveranlagten Eltern erhalten für das Jahr 2017 für einen Monat Kindergeld i. H. v. 192 € sowie im Rahmen der Günstigerprüfung Freibeträge nach § 32 Abs. 6 EStG i. H. v. (4 716 € + 2 640 € = 7 356 € × 1/12 =) 613 €.

b) Das eheliche Kind G ist am 02. 01. 1999 geboren.

LÖSUNG Es wird noch für den Kalendermonat Januar 2017 gem. § 32 Abs. 3 EStG berücksichtigt, weil es erst mit Ablauf des 01. 01. 2017 das 18. Lebensjahr vollendet hat (Kindergeld i. H. v. 192 € sowie im Rahmen der Günstigerprüfung, § 31 EStG, 613 € Freibeträge nach § 32 Abs. 6 EStG).

c) Das Kind C ist am 01. 01. 1999 geboren und besucht während des ganzen Jahres 2017 das Technische Gymnasium.

LÖSUNG Das Kind C wird im gesamten Jahr 2017 noch berücksichtigt. Es hat zwar das 18. Lebensjahr mit Ablauf des 31. 12. 2016 vollendet, aber es wird für einen Beruf ausgebildet, vgl. § 32 Abs. 4 Satz 1 Nr. 2 Buchst. a EStG, H 32.5 (Schulbesuch) EStH sowie DA-KG 2016 A 15.5 (BStBl I 2016, 826.). Die zusammenveranlagten Eltern erhalten somit 2017 Kindergeld i. H. v. (192 € x 12 =) 2 304 € sowie im Rahmen der Günstigerprüfung (§ 31 EStG) 7 356 € Freibeträge nach § 32 Abs. 6 EStG.

d) Die **nicht** verheirateten Eltern S und V haben ein gemeinsames Kind J, geboren am 13.06.2017. Vater V zahlt für J **keinen** Unterhalt.

LÖSUNG Das Kind J ist leibliches Kind zu jedem Elternteil. S erhält das Kindergeld (192 € x 7 = 1 344 €). Beiden Elternteilen stehen ab dem Kalendermonat Juni 2017 grundsätzlich jeweils Freibeträge nach § 32 Abs. 6 EStG i. H. v. (2 358 € + 1 320 € = 3 678 € × 7/12 =) 2 145,50 € zu. Auf Antrag kann S den gesamten Kinderfreibetrag (hier also 2 × 2 358 € = 4 716 € × 7/12) 2 751 € erhalten, vgl. § 32 Abs. 6 Satz 6 1. HS EStG und R 32.13 Abs. 4 EStR. Den Freibetrag für Betreuung und Erziehung oder Ausbildung i. H. v. (2 × 1 320 € × 7/12 =) 1 540 € erhält Mutter S automatisch in vollem Umfang mit.

- **Pflegekinder (§ 32 Abs. 1 Nr. 2 EStG)** Ein Pflegekindschaftsverhältnis setzt voraus, dass das Kind im Haushalt der Pflegeeltern sein Zuhause hat und diese zu dem Kind in einer familienähnlichen, auf längere Dauer angelegten Beziehung wie zu einem eigenen Kind stehen. Der Lebensunterhalt des Pflegekinds und dessen Betreuungs-, Erziehungs- oder Ausbildungsbedarf müssen von den Pflegeeltern in einem erheblichen Umfang getragen werden. Die Pflegeeltern brauchen ihre tatsächlichen Unterhaltskosten nicht nachzuweisen (vgl. BFH vom 29.01.2003 BStBl II 2003, 469). Ein Pflegekindschaftsverhältnis ist gem. § 32 Abs. 1 Nr. 2 EStG nicht anzunehmen, wenn die Pflegeeltern das Kind zu Erwerbszwecken – also gegen Kostenerstattung – in den Haushalt aufnehmen (sog. Kostkinder). Einzelheiten s. R 32.2 EStR und DA-KG 2016 A 11 (a. a. O.). Eine Berücksichtigung bei den leiblichen Eltern scheidet aus, da zu ihnen kein Obhuts- und Pflegeverhältnis mehr besteht (vgl. § 32 Abs. 2 Satz 2 EStG).

4 Berücksichtigung von Kindern

4.1 Kinderfreibetrag für Kinder unter 18 Jahren

Diese Kinder werden gem. § 32 Abs. 3 EStG bei der Berechnung des zu versteuernden Einkommens mit Freibeträgen nach § 32 Abs. 6 EStG ab dem Kalendermonat der Geburt und bis einschließlich dem Kalendermonat, in dem sie das 18. Lebensjahr vollendet haben, berücksichtigt (Monatsprinzip, vgl. 3.2.2).

BEISPIELE

a) Das eheliche Kind U, 17 Jahre alt, hat das ganze Jahr 2017 über in einem Internat am Genfer See (Schweiz) die Schule besucht. Die Schulferien verlebt das Kind bei seinen Eltern in Karlsruhe.
Erhalten die Eltern für U Kindergeld oder Freibeträge nach § 32 Abs. 6 EStG?

LÖSUNG Das Kind U wird bei den Eltern berücksichtigt, da es sich lediglich zum Zweck einer zeitlich begrenzten Schulausbildung im Ausland aufhält. U behält seinen Wohnsitz im Inland bei (vgl. DA-KG 2016 A 9 Abs. 2 (a. a. O.), § 32 Abs. 6 Satz 4 und § 63 Satz 3 EStG).

b) G hat am 15.06.2017 die H geheiratet. G und H beantragen für das Jahr 2017 Zusammenveranlagung nach § 26b EStG. H ist Mutter eines 17-jährigen nichtehelichen Kindes T. T hat von seinem leiblichen Vater im Jahr 2016 ein Mietwohngebäude geerbt. Die Einkünfte des Kindes T betragen im VZ 2017 10 000 €.
Erhalten die Mutter H und Stiefvater G Kindergeld oder Freibeträge nach § 32 Abs. 6 EStG für das Kind T?

LÖSUNG T ist bei der ESt-Veranlagung (Zusammenveranlagung) der Eheleute G und H als leibliches Kind der H zu berücksichtigen. Die eigenen Einkünfte des Kindes T sind unbeachtlich (Einzelveranlagung des T, vgl. R 32.12 EStR). Gem. § 32 Abs. 6 Satz 3 Nr. 1 EStG betragen die Freibeträge nach § 32 Abs. 6 EStG 7 356 €, da der leibliche Vater des T verstorben ist.

4.2 Freibetrag für Betreuung und Erziehung oder Ausbildung für berücksichtigungsfähige Kinder bis 18/21/25 Jahre

In § 32 Abs. 6 Satz 1 EStG wurde der Freibetrag für Betreuung und Erziehung oder Ausbildung i. H. v. 1 320 € jährlich je Elternteil festgelegt, der für gemäß §§ 26, 26 b EStG zusammenveranlagte Ehegatten nach § 32 Abs. 6 Satz 2 EStG auf 2 640 € verdoppelt wird.

Dieser Freibetrag wird unabhängig von tatsächlichen Aufwendungen der Eltern für jedes berücksichtigungsfähige Kind gewährt. Dabei gilt das Monatsprinzip (vgl. § 32 Abs. 6 Satz 5 EStG und 3.2.2). Der Freibetrag für Betreuung und Erziehung oder Ausbildung wird in allen Altersstufen eines Kindes nach dessen jeweiligen Bedarfen berücksichtigt. Die **Betreuung** durch die Eltern ohne eigene Aufwendungen ebenso wie die Kosten einer Betreuung durch eine Tagesmutter oder in einer Kindertagesstätte oder in einem Kinderhort werden pauschal abgegolten.

Es können aber zusätzlich Kinderbetreuungskosten nach § 10 Abs. 1 Nr. 5 EStG abgezogen werden (vgl. Q 2.6.3). Für ältere Kinder ist der **Erziehungsbedarf** in den Freibetrag für Betreuung und Erziehung oder **Ausbildung** nur pauschal einbezogen. Ein besonderer Abzug ist daneben nicht zulässig.

Als **Erziehungsbedarf** bezeichnet das BVerfG die Aufwendungen der Eltern, die dem Kind die persönliche Entfaltung, seine Entwicklung zur Eigenständigkeit und Eigenverantwortlichkeit ermöglichen. Damit sind insbesondere gemeint die Aufwendungen der Eltern zur Förderung ihrer Kinder außerhalb des häuslichen Bereichs, z. B.

- durch Mitgliedschaft in Vereinen und sozialen Gemeinschaften,
- für das Erlernen und Erproben moderner Kommunikationstechniken,
- Beteiligung an kulturellen und sprachfördernden Projekten,
- eigenverantwortliche Nutzung der Freizeit (etwa durch Sport, Musik und kirchliche Veranstaltungen etc.) und
- die Gestaltung der Ferien.

BEISPIEL

Die zusammenveranlagten Ehegatten U und J haben drei Kinder im Alter von 9, 14 und 17 Jahren. Ihnen sind im Jahr 2017 Aufwendungen für den Erziehungsbedarf wie folgt entstanden: Kosten für Musikschule, Ballettunterricht und künstlerische Kinderwerkstatt, Ausgaben für die Familienmitgliedschaft in Sportvereinen und Zusatzausgaben in Fachabteilungen einschließlich Trainingslager und Fahrtkosten, Einrichtung einer Computeranlage mit Internetanschluss, Aufenthaltskosten bei einer ausländischen Gastfamilie zur Erweiterung der Sprachkenntnisse und Reisen mit Jugendgruppen in den Schulferien. Durchschnittlicher monatlicher Aufwand 400 €.
In welchem Umfang können die Eltern die Aufwendungen bei der Ermittlung des zvE abziehen?

LÖSUNG Die von den Eltern geleisteten Aufwendungen für den Erziehungsbedarf sind gem. § 32 Abs. 6 Satz 1 und Satz 2 EStG durch den pauschalen Abzug i. H. v. (2 × 1 320 €) 2 640 € je Kind zu berücksichtigen. Über die pauschalen Abzugsbeträge i. H. v. (3 × 2 640 €) 7 920 € hinausgehende Aufwendungen für Erziehungsbedarf sind bei der Berechnung des zu versteuernden Einkommens nicht abzugsfähig. Daneben erhalten die Eltern für das sächliche Existenzminimum der drei Kinder gem. § 32 Abs. 6 Sätze 1 und 2 EStG Kinderfreibeträge i. H. v. (4 716 € × 3) 14 148 € im Rahmen der Günstigerprüfung (§ 31 EStG).
Insgesamt erhalten die Eltern also Freibeträge gem. § 32 Abs. 6 Sätze 1 und 2 EStG i. H. v. (7 356 € × 3 =) 22 068 €.
Im Rahmen der Günstigerprüfung (§ 31 EStG) ist zu prüfen, ob für die Kinder das Kindergeld (2 × 192 € + 1 × 198 € = 582 € × 12 Monate =) 6 984 € oder die ESt-Ersparnis aus Ansatz der Freibeträge gem. § 32 Abs. 6 EStG (21 456 €) günstiger sind (vgl. 2.2 und 2.3).

Schließlich enthält der Freibetrag für Betreuung und Erziehung oder Ausbildung auch den pauschalen Abzug für zusätzliche Ausbildungskosten eines Kindes des Steuerpflichtigen bzw. der Eltern. **Ausbildungsbedarf** entsteht insbesondere bei/beim:

- Schulbesuch (vgl. DA-KG 2016 A 15.5);
- berufsbezogenen Ausbildungsverhältnissen (vgl. DA-KG 2016 A 15.6); Besuch einer Hochschule (vgl. DA-KG 2016 A 15.7);
- Praktika und Aufenthalten im Ausland (vgl. DA-KG 2016 A 15.8).

Ein zusätzlicher Abzug von Ausbildungskosten als außergewöhnliche Belastung ist gem. § 33 a Abs. 2 EStG nur zulässig bei auswärtig untergebrachten über 18 Jahre alten Kindern (vgl. R 2.2 mit Beispiel).

Neben dem Freibetrag für Betreuung und Erziehung oder Ausbildung gem. § 32 Abs. 6 Satz 1 EStG sieht das EStG noch vor:

- Abzug von Kinderbetreuungskosten gem. § 10 Abs. 1 Nr. 5 EStG (vgl. Q 2.6.3);
- Abzug von Schulgeldzahlungen an Privatschulen gem. § 10 Abs. 1 Nr. 9 EStG (vgl. Q 2.6.4);
- Entlastungsbetrag für Alleinerziehende gem. § 24 b EStG (vgl. 6.6).

5 Berücksichtigung von Kindern nach Vollendung des 18. Lebensjahres

5.1 Kinder, die das 18., aber noch nicht das 21. Lebensjahr vollendet haben

Ein Kind wird nach § 32 Abs. 4 Satz 1 Nr. 1 EStG berücksichtigt, wenn es nicht in einem Beschäftigungsverhältnis steht und bei einer Agentur für Arbeit im Inland als Arbeitsuchender gemeldet ist. Vgl. hierzu H 32.4 (Kinder, die Arbeit suchen) EStH sowie DA-KG 2014 A 13 (a. a. O.).

5.2 Kinder, die das 18., aber noch nicht das 25. Lebensjahr vollendet haben

Ein Kind wird nach § 32 Abs. 4 Satz 1 Nr. **2** EStG in den folgenden **vier Fallgruppen** berücksichtigt:

1. **Ein Kind wird für einen Beruf ausgebildet (§ 32 Abs. 4 Satz 1 Nr. 2 Buchst. a EStG). Der Begriff der Berufsausbildung i. S. d. § 32 Abs. 4 Satz 1 Nr. 2 Buchst. a EStG ist weit zu fassen.** Hierzu gehört der Besuch allgemeinbildender Schulen, Fachschulen, Berufsakademien, Fachhochschulen und Hochschulen. Zur Berufsausbildung gehören auch die Ausbildung für einen handwerklichen, kaufmännischen oder technischen Beruf sowie eine hauswirtschaftliche Ausbildung, die die Zeit oder Arbeitskraft des Kindes überwiegend in Anspruch nimmt.

   Die Berufsausbildung ist abgeschlossen, wenn das Kind einen Ausbildungsstand erreicht hat, der es zur Berufsausübung befähigt (z. B. Gesellenprüfung im Handwerksberuf oder Gehilfenprüfung in einem kaufmännischen Beruf). Findet die Berufsausbildung durch Studium an einer Fachhochschule oder Hochschule statt, so endet diese mit dem erfolgreichen Ablegen der Diplomprüfung, der Prüfung des Bachelor- oder Masterstudiengangs sowie der ersten Staatsprüfung. Das Erststudium an einer Fachhochschule oder Hochschule unmittelbar im Anschluss an das Abitur gehört in vollem Umfang zur **Ausbildung**

i. S. d. § 32 Abs. 4 Satz 1 Nr. 2 Buchst. a EStG. Danach kann die Erwerbstätigkeit sofort beginnen oder sich ein Vorbereitungsdienst und/oder ein Praktikum mit einem zweiten Staatsexamen anschließen.

Im Rahmen der Altergrenze des § 32 Abs. 4 Satz 1 i. V. m. Abs. 5 EStG ist eine Berufsausbildung i. S. d. § 32 Abs. 4 Satz 1 Nr. 2 Buchst. a EStG auch dann gegeben, wenn nach einer abgeschlossenen Berufsausbildung eine weitere Ausbildung folgt oder wenn eine zusätzliche Ausbildungsmaßnahme einer beruflichen Qualifikation im erlernten oder einem anderen Beruf dient (BFH vom 24.02.2010, III R 3/08, BFH/NV 2010, 1262, Fortbildung zur Handelsfachwirtin; vom 16.03.2004, VIII R 65/03, BFH/NV 2004, 1522, Promotionsstudium und vom 20.07.2000 BStBl II 2001, 107, Zweitausbildung zum staatlich geprüften Medizintechniker).

Darüber hinaus liegt im Rahmen des § 32 Abs. 4 Nr. 2 Buchst. a EStG noch eine »erste Berufsausbildung« vor, solange der angestrebte Abschluss noch nicht gegeben ist (BMF vom 08.02.2016 BStBl I 2016, 226 sowie DA-KG A 20.2.4, a. a. O.). Voraussetzung ist, dass die weiterführende Ausbildung in einem engen sachlichen und zeitlichen Zusammenhang steht (z. B. konsekutives Masterstudium). In diesen Fällen kommt es auf das Merkmal der Erwerbstätigkeit (§ 32 Abs. 4 Satz 2 EStG) nicht an, weil ja noch eine »erste Berufsausbildung« gegeben ist.

BEISPIELE

a) B (geboren 05.05.1993) hat nach dem Abitur ein Architekturstudium mit dem Bachelor im Juni 2017 abgeschlossen. Seit Oktober 2017 studiert er an der Universität im Fachbereich Architektur mit dem Ziel des Masterabschlusses.
Befindet sich B in der ersten Berufsausbildung?
LÖSUNG Ja, B befindet sich auch mit dem Masterstudium noch in der ersten Berufsausbildung i. S. d. § 32 Abs. 4 Satz 1 Nr. 2 Buchst. a EStG.

b) S hat an der Universität in Mannheim ein wirtschaftswissenschaftliches Studium mit der Bachelor- und Masterprüfung abgeschlossen. Er ist im Jahr 2017 nunmehr 24 Jahre alt und befindet sich in der Vorbereitung auf die Promotion.
Befindet sich S im Jahr 2017 noch in erster Berufsausbildung?
LÖSUNG Ja, S befindet sich im Jahr 2017 noch in erster Berufsausbildung i. S. d. § 32 Abs. 4 Satz 1 Nr. 2 Buchst. a EStG. Ein Promotionsstudium rechnet zur Berufsausbildung i. S. d. § 32 Abs. 4 Satz 1 Nr. 2 Buchst. a EStG (BFH vom 09.06.1999, BStBl II 1999, 708).

Zu **eigenen Ausbildungskosten** des Steuerpflichtigen vgl. außerdem Teil K.

2. **Ein Kind befindet sich in einer Übergangszeit zwischen zwei Ausbildungsabschnitten oder zwischen einem Ausbildungsabschnitt und der Ableistung des gesetzlichen Wehr- oder Zivildienstes, einer davon befreienden Tätigkeit als Entwicklungshelfer oder als Dienstleistender im Ausland oder der Ableistung des freiwilligen Wehrdienstes nach § 58 b des Soldatengesetzes (SG) oder eines freiwilligen Dienstes i. S. d. § 32 Abs. 4 Satz 1 Nr. 2 d EStG von höchstens vier Monaten (§ 32 Abs. 4 Satz 1 Nr. 2 Buchst. b EStG).** In dieser Zeit wird das Kind berücksichtigt (Monatsprinzip), wenn der folgende Ausbildungsabschnitt im 5. Monat, der auf das Ende des letzten Ausbildungsabschnitts folgt, weitergeführt wird (H 32.6 EStH). Endet z. B. ein Ausbildungsabschnitt im Mai, muss der nächste spätestens im Oktober beginnen. Die Übergangszeit ist somit nicht taggenau zu berechnen, sondern umfasst vier volle Kalendermonate. Die Berufsausbildung eines Kindes endet mit dem Ablegen der vorgesehenen Abschlussprüfung und dem nachfolgenden Beginn einer Vollerwerbstätigkeit (vgl. Nr. 1). Beginnt das Kind danach inner-

halb kurzer Zeit eine weitere Ausbildung (z. B. ein Studium), so liegt keine Übergangszeit zwischen zwei Ausbildungsabschnitten vor (vgl. BFH vom 19.10.2001 BFH/NV 2002, 260). Bemüht sich das Kind nach Abschluss der Ausbildung wegen Betreuung seines eigenen Kindes nicht um einen Anschluss-Ausbildungsplatz, entfällt die Berücksichtigung des Kindes. Vgl. DA-KG 2016 A 16.

BEISPIEL

A, 23 Jahre alt, hat ihr Studium der Pharmazie vor Ablegung der Staatlichen Abschlussprüfung am 03.10.2017 abgebrochen. Von Oktober 2017 an lebt sie im Haushalt ihrer Eltern und betreut ihr zweijähriges Kind. Im März 2018 wird sie an der Universität ein Studium der Chemie beginnen.

LÖSUNG A wird auch für die Monate November 2017 bis Februar 2018 bei ihren Eltern als Kind berücksichtigt (Monatsprinzip), da sie sich um einen Anschluss-Ausbildungsplatz bemüht hat und der Unterbrechungszeitraum zwischen den beiden Ausbildungsabschnitten höchstens vier Monate beträgt.

3. **Ein Kind kann eine Berufsausbildung mangels Ausbildungsplatzes nicht beginnen oder fortsetzen (§ 32 Abs. 4 Satz 1 Nr. 2 Buchst. c EStG).**
   Vgl. hierzu im Einzelnen R 32.7 EStR und H 32.7 EStH sowie DA-KG 2016 A 17 (BStBl I 2016 826) zum Nachweis der einzelnen Tatbestandsmerkmale.

BEISPIELE

Kind A, 18 Jahre alt, hat im Juli 2017 an der Realschule die 10. Klasse mit der vorgeschriebenen Abschlussprüfung erfolgreich beendet. Bereits seit März 2017 versuchte A in einem Elektro-Installationsbetrieb einen Ausbildungsplatz ab September 2017 zu erhalten. Mit mehreren Bewerbungsschreiben an verschiedene Elektro-Installationsbetriebe hat sich A ab August 2017 um einen Ausbildungsplatz beworben. Es gelang ihm erst zum 15.03.2018, einen dreijährigen Ausbildungsvertrag mit üblicher Ausbildungsvergütung abzuschließen.
Haben die Eltern des Kindes A für die Monate August 2017 bis Februar 2018 Anspruch auf Kindergeld oder Freibeträge nach § 32 Abs. 6 EStG?

LÖSUNG

a) Der Zeitraum zwischen dem Schulabschluss und dem Beginn der Ausbildung in dem Elektro-Installationsbetrieb umfasst 7,5 Monate und übersteigt damit den 4-Monatszeitraum des § 32 Abs. 4 Satz 1 Nr. 2 **Buchst. b** EStG. Die Voraussetzungen des § 32 Abs. 4 Satz 1 Nr. 2 **Buchst. b** EStG liegen **nicht vor**.

b) Da sich das Kind A aber ernsthaft um einen Ausbildungsplatz bemüht hat, sind die Voraussetzungen des § 32 Abs. 4 Satz 1 Nr. 2 **Buchst. c** EStG **erfüllt.** Die Eltern erhalten Kindergeld bis Juli 2017 nach § 32 Abs. 4 Satz 1 Nr. 2 Buchst. a EStG (weil sich A in Berufsausbildung befand). In der Zeit von August 2017 bis Februar 2018 erhalten sie Kindergeld nach § 32 Abs. 4 Satz 1 Nr. 2 Buchst. c EStG (weil sich A um einen Ausbildungsplatz bemüht hat) und ab März 2018 nach § 32 Abs. 4 Satz 1 Nr. 2 Buchst. a EStG (weil sich A in Berufsausbildung befindet). Entsprechendes gilt für die Gewährung der Freibeträge nach § 32 Abs. 6 EStG.

4. **Ein Kind leistet ein freiwilliges soziales Jahr oder ein freiwilliges ökologisches Jahr ab oder erbringt einen Freiwilligendienst im Rahmen der Europäischen Union oder einen anderen Dienst im Ausland oder einen entwicklungspolitischen Freiwilligendienst »weltwärts« oder einen Freiwilligendienst aller Generationen oder einen Internationalen Jugendfreiwilligendienst oder einen Bundesfreiwilligendienst (§ 32 Abs. 4 Satz 1 Nr. 2 Buchst. d EStG und § 52 Abs. 40 Sätze 3 bis 6 EStG).**
   Vgl. hierzu im Einzelnen DA-KG 2016 A 18 (a. a. O.) zum Nachweis der einzelnen Tatbestandsmerkmale.

5.3 Kinder, die behindert und dauernd erwerbsunfähig sind

Ein Kind wird gem. § 32 Abs. 4 Satz 1 Nr. 3 EStG stets berücksichtigt, wenn es wegen körperlicher, geistiger oder seelischer Behinderung außerstande ist, sich selbst zu unterhalten. Für die Berücksichtigung dieses Kindes besteht **keine Altersgrenze**, allerdings muss die Behinderung vor Vollendung des 25. Lebensjahrs eingetreten sein. Es wird also über das 25. Lebensjahr hinaus ohne altersmäßige Begrenzung bei den Eltern oder anderen Anspruchsberechtigten berücksichtigt. Zu den einzelnen Tatbestandsmerkmalen des § 32 Abs. 4 Satz 1 Nr. 3 EStG, nämlich dem Nachweis der Behinderung und dem Außerstandesein, sich selbst zu unterhalten, vgl. R 32.9 EStR, H 32.9 EStH und DA-KG 2016 A 19 (a. a. O.). Ein behindertes Kind ist bei vollstationärer Unterbringung außerstande, sich selbst zu unterhalten, wenn die Sozialbehörden durch Zahlung von Eingliederungshilfe den gesamten Lebensunterhalt und ein geringes Taschengeld tragen. Ein behindertes Kind ist außerstande, sich selbst zu unterhalten, wenn es mit seinen eigenen Mitteln seinen gesamten notwendigen Lebensbedarf nicht bestreiten kann (siehe auch BFH-Urteil vom 13. 04. 2016 – III R 28/15, BStBl II, 648).

5.4 Eigene Einkünfte und Bezüge des Kindes

Durch das Steuervereinfachungsgesetz 2011 ist seit dem VZ 2012 die Einkünfte- und Bezügegrenze entfallen.

Eine Erwerbstätigkeit eines Kindes bleibt bis zum Abschluss einer erstmaligen Berufsausbildung oder eines Erststudiums seit dem VZ 2012 außer Betracht. Nach Abschluss einer erstmaligen Berufsausbildung oder eines Erststudiums ist eine Erwerbstätigkeit mit bis zu 20 Stunden regelmäßiger wöchentlicher Arbeitszeit, ein Ausbildungsdienstverhältnis oder ein geringfügiges Beschäftigungsverhältnis i. S. der §§ 8 und 8 a SGB IV unschädlich. In diesen Fällen kann ein Kind gem. § 32 Abs. 4 Satz 1 Nr. 2 EStG berücksichtigt werden.

Zu der Frage, ob das Kind eine erste Berufsausbildung bereits abgeschlossen hat, wird im Einzelnen auf das BMF-Schreiben vom 08. 02. 2016, BStBl I 2016, 226, sowie auf DA-KG 2016 A 20 (a. a. O.) verwiesen (siehe auch unter 5.2).

BEISPIELE

a) Die zur ESt gem. § 26 Abs. 1, § 26 b EStG zusammenveranlagten Eltern D und K haben im Jahr 2017 ein gemeinsames 19 Jahre altes Kind W, das sich in Berufsausbildung befindet. Aus dem Ausbildungsdienstverhältnis erhält W eine monatliche Vergütung i. H. v. 680 €. Ist W bei den Eltern als Kind zu berücksichtigen?

LÖSUNG Ja, die Eltern D und K erhalten im VZ 2017 Kindergeld i. H. v. 2 304 € sowie ggf. im Rahmen der Günstigerprüfung (§ 31 EStG) die Freibeträge gem. § 32 Abs. 4 Satz 1 Nr. 2 a i. V. m. § 32 Abs. 6 Sätze 1 und 2 EStG i. H. v. 7 356 €. Das Ausbildungsdienstverhältnis ist unschädlich, ungeachtet dessen, ob sich W in erstmaliger Berufsausbildung oder in einer zweiten Berufsausbildung befindet (§ 32 Abs. 4 Satz 2 EStG). Die Höhe der monatlichen Vergütung der W spielt keine Rolle.

b) Das 24-jährige Kind D hat am 16. 10. 2017 sein nach dem Abitur begonnenes Mathematikstudium mit der Abschlussprüfung beendet und ist seit dem 01. 11. 2017 bei einer Versicherungs-AG als Angestellter beschäftigt.
Kann D für das Jahr 2017 bei den Eltern berücksichtigt werden?

LÖSUNG D ist wegen Berufsausbildung bis einschließlich Oktober 2017 als Kind zu berücksichtigen (§ 32 Abs. 4 Satz 1 Nr. 2 Buchst. a EStG). Die eigenen Einkünfte und Bezüge des D spielen keine Rolle.

c) Das 21-jährige Kind T hat mit 19 Jahren das Abitur abgelegt. Nach zweijähriger Ausbildung im Kfz-Betrieb des Vaters E hat T im Juni 2017 die Gesellenprüfung bestanden. Von Januar – Juni 2017 erhielt T monatlich 600 € Ausbildungsvergütung. Von Juli bis September 2017 hat T für eine monatliche Vergütung von 1 800 € vorübergehend (40 Stunden die Woche) gearbeitet. Im Oktober 2017

begann T ein dreijähriges Studium im Fach Maschinen- und Fahrzeugbau an einer Fachhochschule mit dem Ziel des Masterabschlusses, den sie von Anfang an angestrebt hat.
Kann das Kind T im Jahr 2017 bei den Eltern berücksichtigt werden?

LÖSUNG

a) Bis 30.06.2017 ist T in Berufsausbildung.
T ist für die Monate Januar–Juni 2017 bei den Eltern als Kind zu berücksichtigen (§ 32 Abs. 4 Satz 1 Nr. 2 Buchst. a EStG). Die Höhe der monatlichen Ausbildungsvergütung spielt keine Rolle (§ 32 Abs. 4 Satz 2 EStG).

b) Das Studium des T an der Fachhochschule ab Oktober 2017 stellt immer noch die »erste« Berufsausbildung i. S. d. § 32 Abs. 4 Satz 1 Nr. 2 Buchst. a EStG dar (Rz 12b des BMF-Schreibens vom 08.02.2016, BStBl I 2016, 226). Auf eine Erwerbstätigkeit (§ 32 Abs. 4 Satz 2 EStG) kommt es nicht an.

c) In den Monaten Juli bis September 2017 befindet sich T zwischen zwei Ausbildungsabschnitten vgl. § 32 Abs. 4 Nr. 2 **Buchst. b** EStG. Da T die »erste« Berufsausbildung i. S. d. § 32 Abs. 4 EStG noch nicht abgeschlossen hat, kommt es auf eine Erwerbstätigkeit nicht an. Im Übrigen befand sie sich zwischen zwei Ausbildungsabschnitten (§ 32 Abs. 4 Nr. 2 Buchst. b EStG).
Insgesamt steht den Eltern im VZ 2017 das ganze Jahr Kindergeld i. H. v. (12 × 192 € =) 2 304 € sowie ggf. im Rahmen der Günstigerprüfung (§ 31 EStG) die Freibeträge nach § 32 Abs. 6 EStG von 7 356 € zu.

5.5 Kinder, deren Berufsausbildung unterbrochen ist

Während der Ableistung des Grundwehrdienstes, des Zivildienstes oder des freiwilligen Wehrdienstes werden die o. g. Kinder nicht berücksichtigt. Während dieser Zeit stehen dem Anspruchsberechtigten für das Kind also weder Freibeträge nach § 32 Abs. 6 EStG noch Kindergeld nach dem X. Abschnitt des EStG (§§ 62 bis 78 EStG) zu. In § 32 Abs. 5 EStG sind Verlängerungstatbestände aufgeführt, die bei Unterbrechung der Berufsausbildung über das 25. Lebensjahr hinaus die Kinderberücksichtigung bei tatsächlicher Berufsausbildung zulassen (vgl. hierzu R 32.11 EStR und DA-KG 2016 A 21, a. a. O.).

BEISPIEL

Der Sohn P hat im Juni 2017 das 25. Lebensjahr vollendet. Nach dem Abitur (im Alter von 18 Jahren) hat er für 10 Monate den gesetzlichen Zivildienst abgeleistet. Danach begann er bis heute Medizin zu studieren.

LÖSUNG P befindet sich das ganze Jahr 2017 in Berufsausbildung (§ 32 Abs. 4 Nr. 2 Buchst. a EStG). Nach Vollendung des 25. Lebensjahres ist P ab Juli 2017 noch für weitere 10 Monate als Kind zu berücksichtigen (Monatsprinzip). Es liegt insoweit ein Altfall vor, für den die Verlängerungstatbestände des § 32 Abs. 5 EStG noch greifen, weil der Zivildienst vor dem 01.07.2011 angetreten wurde (§ 52 Abs. 32 Satz 2 EStG)

6 Entlastungsbetrag für Alleinerziehende gemäß § 24 b EStG

Vgl. hierzu auch das BMF-Schreiben vom 29.10.2004 BStBl I 2004, 1042.

Der **Entlastungsbetrag für Alleinerziehende** beträgt seit dem VZ 2015 1 908 € (bis zum VZ 2014 1 308 €). Der Entlastungsbetrag erhöht sich ab dem zweiten Kind für jedes Kind um weitere 240 €. Bspw. wird bei einer alleinstehenden Mutter mit drei berücksichtigungsfähigen Kindern seit dem VZ 2015 ein Entlastungsbetrag i. H. v. (1 908 € + 2 × 240 € =) 2 388 €, jährlich berücksichtigt. Daraus, dass der anderen Elternteil seiner Barunterhaltsverpflichtung nicht nachkommt, kann kein höherer Anspruch auf einen Entlastungsbetrag hergeleitet werden (BFH vom 17.09.2015 – III R 36/14, BFH/NV 2016, 545). Alleinerziehenden steht der Splittingtarif (§ 32a Abs. 5 EStG) nicht zu (BFH vom 29.09.2016 – III R 62/13, BStBl II 2017, 259).

Der Entlastungsbetrag nach § 24b EstG wird gem. § 2 Abs. 3 EStG von der Summe der Einkünfte abgezogen, wenn der Stpfl folgende Voraussetzungen erfüllt:

- Der Stpfl ist **alleinstehend** (vgl. die Voraussetzungen zur Einzelveranlagung unter 3.2 und § 24 b Abs. 2 Satz 1 EStG). Als alleinstehend gilt ein Stpfl der nicht Ehegatte bzw. Lebenspartner einer eingetragenen Lebenspartnerschaft i. S. d. § 26 Abs. 1 EStG ist; zur Zusammenveranlagung (vgl. C 3.3).
- Zum **Haushalt** des Stpfl gehört mindestens ein Kind, für das er einen Freibetrag nach § 32 Abs. 6 EStG oder Kindergeld erhält. Die Zugehörigkeit zum Haushalt ist anzunehmen, wenn das Kind in der Wohnung des allein stehenden Stpfl gemeldet ist (BFH vom 05.02.2015 – III R 9/13, BStBl II 2015, 926). Ist das Kind bei mehreren Steuerpflichtigen gemeldet, steht der Entlastungsbetrag demjenigen Alleinstehenden zu, zu dessen Haushalt das Kind tatsächlich gehört. Dies ist im Regelfall derjenige, der das Kindergeld erhält. Ist ein Kind annähernd gleichwertig in die beiden Haushalte seiner allein stehenden Eltern aufgenommen, können die Eltern – unabhängig davon, an welchen Elternteil das Kindergeld ausbezahlt wird – untereinander bestimmen, wem der Entlastungsbetrag zustehen soll. Treffen die Eltern keine Bestimmung über die Zuordnung des Entlastungsbetrags, steht er demjenigen zu, an den das Kindergeld ausgezahlt wird (BFH vom 28.04.2010, BStBl II 2011, 30).
- Der Stpfl darf **keine Haushaltsgemeinschaft** in seiner Wohnung mit einer anderen volljährigen Person bilden, es sei denn, ihm steht für diese ein Freibetrag nach § 32 Abs. 6 EStG oder Kindergeld zu oder es handelt sich um ein Kind, das einen Dienst nach § 32 Abs. 5 Satz 1 Nr. 1 und 2 EStG leistet (gesetzlicher Grundwehr- oder Zivildienst oder stattdessen freiwillige Verpflichtung für nicht mehr als 3 Jahre zum Wehrdienst) oder eine Tätigkeit als Entwicklungshelfer ausübt. Leben also noch andere volljährige Personen, auf die die vorher genannten Punkte nicht zutreffen, mit dem Stpfl in der Wohnung in Haushaltsgemeinschaft, ist der Entlastungsbetrag für Alleinerziehende nicht abziehbar. Dies liegt z. B. vor, wenn der Stpfl in einer eheähnlichen Gemeinschaft oder in einer eingetragenen Lebenspartnerschaft lebt (vgl. § 24 b Abs. 2 Sätze 2 und 3 EStG). Eine Haushaltsgemeinschaft mit einer anderen Person liegt vor, wenn diese mit Haupt- oder Nebenwohnsitz in der Wohnung des Stpfl gemeldet ist (vgl. § 24 b Abs. 2 Satz 2 EStG).
- Es gilt ein **Monatsprinzip** für die Monate, in denen die Tatbestandsvoraussetzungen für den Abzug des Entlastungsbetrags für Alleinerziehende ohne Einschränkung vorliegen. Der Jahresbetrag von 1 908 € wird also für jeden Monat, in dem nicht die Voraussetzungen für mindestens einen Tag vorlagen, um **ein Zwölftel** gemindert (§ 24 b Abs. 3 EStG). Abweichend hiervon können verwitwete Steuerpflichtige nach § 24 b Abs. 3 EStG den Entlastungsbetrag für Alleinerziehende zeitanteilig für den Monat des Todes des Ehegatten beanspruchen. In den Fällen der getrennten oder der besonderen Veranlagung im Jahr der Eheschließung kommt eine zeitanteilige Berücksichtigung nicht in Betracht.

BEISPIELE

a) Die ledige Frau A ist mit ihrer zehnjährigen Tochter H in der gemeinsamen Wohnung mit Hauptwohnsitz gemeldet. Weitere Personen sind in dieser Wohnung nicht gemeldet.
Erhält die Stpfl A den Entlastungsbetrag für Alleinerziehende gem. § 24 b EStG?

LÖSUNG Ja. A ist alleinstehend gem. § 24 b Abs. 2 EStG, weil keine weitere Person in der Wohnung gemeldet ist. Sie erhält den Entlastungsbetrag für Alleinerziehende gem. § 24 b Abs. 1 EStG (seit VZ 2015 i. H. v. 1 908 €), da sie als Alleinstehende mit ihrem Kind in ihrer Wohnung eine Haushaltsgemeinschaft bildet und ihr für H ein Freibetrag nach § 32 Abs. 6 EStG oder Kindergeld zusteht.

b) Der verwitwete Stpfl F ist seit Jahren mit seinem Sohn P, der im Jahr 2017 12 Jahre alt geworden ist, in der gemeinsamen Wohnung mit Hauptwohnsitz gemeldet. Am 16.07.2017 zieht Frau E in die Wohnung ein und lebt mit F in nichtehelicher Lebensgemeinschaft. E meldet sich in der Wohnung des F mit Hauptwohnsitz bei der Gemeinde an.
Erhält F den Entlastungsbetrag für Alleinerziehende gem. § 24b EStG für das Jahr 2017?
LÖSUNG Bis zum 16.07.2017 ist F alleinstehend gem. § 24b Abs. 2 EStG. Ab 17.07.2017 ist eine andere Person (E), für die F keinen Freibetrag nach § 32 Abs. 6 EStG oder Kindergeld erhält (vgl. § 24b Abs. 2 EStG), in der Wohnung mit Hauptwohnsitz gemeldet. Seit 17.07.2017 ist F nicht mehr alleinstehend. F erhält den Entlastungsbetrag für Alleinerziehende gem. § 24b Abs. 3 EStG nur für die Monate Januar bis Juli 2017 i. H. v. (1 908 € × 7/12 =) 1 113 €.

c) Die Eheleute B und S haben eine gemeinsame sechsjährige Tochter. Aufgrund des Scheidungsantrags der S vom 10.04.2016 zog B sofort aus der gemeinsamen Wohnung aus. Das Familiengericht ordnete das Sorgerecht für die Tochter der Mutter S zu. Die Ehe wurde im Mai 2017 geschieden.
Kann die Stpfl S den Entlastungsbetrag für Alleinerziehende gem. § 24b EStG in Anspruch nehmen?
LÖSUNG Mit der Erhebung des Scheidungsantrags durch die Stpfl S und dem Auszug des B aus der gemeinsamen Wohnung ist dauerndes Getrenntleben der Ehegatten B und S ab 10.04.2016 anzunehmen. Für das Jahr 2016 ist eine Zusammenveranlagung gem. § 26 Abs. 1 Satz 1 EStG möglich, da B und S zu Beginn des Jahres 2016 noch nicht dauernd getrennt gelebt haben (vgl. C 3.3). Ab dem VZ 2017 sind S und B einzeln zu veranlagen, da sie dauernd getrennt leben (vgl. C 3.2). Ab Januar 2017 ist die Stpfl S alleinstehend gem. § 24b Abs. 2 EStG, da keine Zusammenveranlagung gem. § 26 Abs. 1 EStG möglich ist. Für das Jahr 2017erhält S den Entlastungsbetrag für Alleinerziehende gem. § 24b Abs. 1 EStG als Jahresbetrag i. H. v. 1 908 €.

FÄLLE 85–87

FALL 85 Die für das Jahr 2017 zusammenveranlagten Ehegatten R und U haben zwei gemeinsame Kinder. Sohn S ist am 29.01.1999 geboren und seit einem Jahr als angestellter Kfz–Mechaniker berufstätig. Die Einkünfte des S aus nichtselbstständiger Arbeit betragen jährlich 14 400 €. Tochter T, geboren am 10.04.2000, besucht das Gymnasium und erzielt aus einer von der Großmutter geschenkten Wohnung Mieteinkünfte i. H. v. 3 601 € im Jahr 2017.
In welcher Höhe werden bei R und U Freibeträge nach § 32 Abs. 6 EStG berücksichtigt?

FALL 86 Die für das Jahr 2017 zusammenveranlagten Ehegatten G und M haben einen gemeinsamen Sohn W, geboren am 16.12.1995. W hat von August 2013 bis Ende April 2014 einen freiwilligen Wehrdienst abgeleistet. W steht nicht in einem Beschäftigungsverhältnis und ist bei einer Agentur für Arbeit als Arbeitsuchender gemeldet. W hatte 2017 keine eigenen Einkünfte und Bezüge.
Können G und M für W für das Jahr 2017 Freibeträge nach § 32 Abs. 6 EStG erhalten?

FALL 87 Die für 2017 zur ESt zusammenveranlagten Eheleute D und E haben eine gemeinsame Tochter C, die am 11.03.1999 geboren ist. C war bis zum 17.11.2017 Auszubildende im steuerberatenden Beruf und legte am 30.11.2017 die Prüfung zur Steuerfachangestellten ab. Bis November 2017 bezog C als Auszubildende eine Vergütung von 900 € monatlich. Seit 01.12.2017 ist C als Steuerfachangestellte (40 Stunden die Woche) tätig und bezieht ein Anfangsmonatsgehalt von 1 800 €. C wohnte 2017 in der Wohnung im Haus der Eltern und erhielt zusätzlich ein Taschengeld i. H. v. 250 € monatlich bis November 2017.
Können D und E für C für das Jahr 2017 Freibeträge nach § 32 Abs. 6 EStG erhalten?

Teil T Steuerermäßigung bei Aufwendungen für haushaltsnahe Beschäftigungsverhältnisse und Dienstleistungen gemäß § 35 a EStG

1 Übersicht

Aufwendungen für haushaltsnahe **Beschäftigungsverhältnisse** in einem in der Europäischen Union oder dem Europäischen Wirtschaftsraum liegenden Haushalt des Stpfl (Beschäftigungsverhältnis mit **Arbeitnehmer**)		Aufwendungen für haushaltsnahe **Dienstleistungen** in einem in der Europäischen Union oder dem Europäischen Wirtschaftsraum liegenden Haushalt des Stpfl oder bei Pflege- und Betreuungsleistungen im Haushalt der gepflegten oder betreuten Person (Dienstleistung eines **selbstständigen** Unternehmers)		
§ 35 a Abs. 1 EStG	§ 35 a Abs. 2 Satz 1 EStG	§ 35 a Abs. 2 Satz 1 EStG	§ 35 a Abs. 2 Satz 2 EStG	§ 35 a Abs. 3 EStG
20 % der Aufwendungen höchstens 510 €/Jahr	**20 %** der Aufwendungen höchstens 4 000 €/Jahr	**20 %** der Aufwendungen, die nicht Dienstleistungen nach Abs. 3 (Handwerkerleistungen) sind, höchstens 4 000 €/Jahr	**20 %** der Aufwendungen für Inanspruchnahme von Pflege- und Betreuungsleistungen für pflegebedürftige Personen in einem in der Europäischen Union oder dem Europäischen Wirtschaftsraum liegenden Haushalt der gepflegten oder betreuten Person sowie 20 % der Aufwendungen, die einem Stpfl wegen der Unterbringung in einem Heim oder zur dauernden Pflege erwachsen, soweit darin Kosten für Dienstleistungen enthalten sind, die mit denen einer Hilfe im Haushalt vergleichbar sind, in einem in der Europäischen Union oder dem Europäischen Wirtschaftsraum liegenden Heim oder Ort der dauernden Pflege.	**20 %** der Aufwendungen für Inanspruchnahme von Handwerkerleistungen für Renovierungs-, Erhaltungs- und Modernisierungsmaßnahmen, höchstens 1 200 €/Jahr **Seit 2011**: Die Steuerermäßigung gilt nicht für öffentlich geförderte Maßnahmen, für die zinsverbilligte Darlehen oder steuerfreie Zuschüsse in Anspruch genommen werden.

Aufwendungen für haushaltsnahe **Beschäftigungsverhältnisse** in einem in der Europäischen Union oder dem Europäischen Wirtschaftsraum liegenden Haushalt des Stpfl (Beschäftigungsverhältnis mit **Arbeitnehmer**)		Aufwendungen für haushaltsnahe **Dienstleistungen** in einem in der Europäischen Union oder dem Europäischen Wirtschaftsraum liegenden Haushalt des Stpfl oder bei Pflege- und Betreuungsleistungen im Haushalt der gepflegten oder betreuten Person (Dienstleistung eines **selbstständigen** Unternehmers)		
§ 35 a Abs. 1 EStG	§ 35 a Abs. 2 Satz 1 EStG	§ 35 a Abs. 2 Satz 1 EStG	§ 35 a Abs. 2 Satz 2 EStG	§ 35 a Abs. 3 EStG
Abzug auf Antrag des Stpfl bei geringfügiger Beschäftigung i. S. d. § 8 a SGB IV, Arbeitslohn höchstens 450 € monatlich	Abzug auf Antrag des Stpfl bei einem sozialversicherungspflichtigem Arbeitsverhältnis	Abzug auf Antrag des Stpfl, der Stpfl muss für die Aufwendungen eine Rechnung erhalten haben und die Zahlung muss auf das Konto des Erbringers der Leistung erfolgt sein.	Abzug auf Antrag des Stpfl, der Stpfl muss für die Aufwendungen eine Rechnung erhalten haben und die Zahlung muss auf das Konto des Erbringers der Leistung erfolgt sein.	Abzug auf Antrag des Stpfl, der Stpfl muss für die Aufwendungen eine Rechnung erhalten haben und die Zahlung muss auf das Konto des Erbringers der Leistung erfolgt sein.
Aufwendungen dürfen keine Betriebsausgaben oder Werbungskosten darstellen und nicht als Sonderausgaben oder außergewöhnliche Belastungen berücksichtigt worden sein. Dies gilt auch für Aufwendungen, die dem Grunde nach unter § 10 Abs. 1 Nr. 5 EStG fallen (vgl. S 5, § 35 a Abs. 5 Satz 1 EStG).	Die Steuerermäßigung gilt nur für die Arbeitskosten (§ 35 a Abs. 5 Satz 2 EStG). Begünstigt sind nur Aufwendungen, soweit sie keine Betriebsausgaben oder Werbungskosten darstellen und soweit sie nicht als Sonderausgaben oder außergewöhnliche Belastungen berücksichtigt worden sind (§ 35 a Abs. 5 Satz 1 EStG). Kinderbetreuungskosten i. S. d. § 10 Abs. 1 Nr. 5 EStG sind generell nicht begünstigt.			

2 Allgemeines

Für Aufwendungen des Stpfl in einem in der Europäischen Union oder dem Europäischen Wirtschaftsraum liegenden Privathaushalt, die er als **Arbeitgeber**

a) in einem geringfügigen Beschäftigungsverhältnis i. S. d. § 8 a SGB IV leistet (§ 35 a Abs. 1 EStG) oder
b) in einem Beschäftigungsverhältnis mit entrichteten Pflichtbeiträgen zur gesetzlichen Sozialversicherung leistet (§ 35 a Abs. 2 Satz 1 EStG),

wird **auf Antrag** eine **ESt-Ermäßigung** mit Höchstbeträgen gewährt (vgl. Übersicht in 1).

Für Aufwendungen des Stpfl in seinem Privathaushalt, die er als Auftraggeber an einen selbstständigen Unternehmer für die Inanspruchnahme von haushaltsnahen Dienstleistungen, Handwerkerleistungen oder Pflege- oder Betreuungsleistungen bezahlt, wird auch auf Antrag eine ESt-Ermäßigung mit Höchstbeträgen gewährt (vgl. Übersicht in 1 und § 35 a Abs. 2 und 3 EStG). Bei Pflege- und Betreuungsleistungen kann die Steuerermäßigung auch in Anspruch genommen werden, wenn die Leistung im Haushalt der gepflegten oder betreuten Person ausgeübt oder erbracht wird. Voraussetzung hierfür ist, dass der Stpfl für die Aufwendungen eine Rechnung erhalten hat und die Zahlung auf das Konto des Erbringers der Leistung erfolgt ist.

Sinn und Zweck des § 35 a EStG ist zum einen die Förderung geringfügiger Beschäftigungsverhältnisse mit einem Arbeitsentgelt bis zu 450 € im Monat und sozialversicherungsrechtlich erfasste Arbeitsverhältnisse mit höherem Arbeitslohn im haushaltsnahen Beschäftigungsbereich des Privathaushalts eines Stpfl durch **Steuerermäßigung beim Arbeitgeber**. Zum anderen sollen auch Anreize zur Steuerehrlichkeit bei Beschäftigung selbstständiger Unternehmer im haushaltsnahen Bereich gegeben werden. Voraussetzung für die Steuerermäßigung nach § 35 a Abs. 2 und Abs. 3 EstG ist, dass der Stpfl für die Aufwendungen eine Rechnung erhalten hat und die Zahlung auf das Konto des Erbringers der Leistung erfolgt ist.

Die einzelnen Tatbestandsmerkmale des § 35 a EStG sind ausführlich im Anwendungsschreiben zu § 35 a EStG des BMF-Schreibens vom 09. 11. 2016, BStBl I 2016, 1213, dargestellt.

Von einem haushaltsnahen Beschäftigungsverhältnis zwischen nahen Angehörigen (z. B. zwischen Ehegatten, die in einem Haushalt zusammenleben, zwischen Eltern und in deren Haushalt lebenden Kindern, sowie zwischen in einem Haushalt lebenden Partner einer eingetragenen Lebenspartnerschaft), zusammenlebenden Partnern einer nicht ehelichen Lebensgemeinschaft oder einer nicht eingetragenen Lebenspartnerschaft i. S. d. § 35 a Abs. 1 Satz 1 Nr. 1 oder 2 EStG kann nicht ausgegangen werden. Falls die Angehörigen aber **nicht** im Haushalt des Stpfl leben (z. B. mit Kindern, die einen eigenen Haushalt haben) und die Verträge zivilrechtlich wirksam zustande gekommen sind, dem Fremdvergleich standhalten und die Beschäftigungsverhältnisse auch wirklich durchgeführt werden, dann können die Beschäftigungsverhältnisse steuerlich anerkannt werden (vgl. BMF vom 09. 11. 2016, a. a. O. Rz 9 und 10).

2.1 Haushaltsnahes Beschäftigungsverhältnis gemäß § 35 a Abs. 1 und Abs. 2 Satz 1 EStG

Der Begriff des haushaltsnahen Beschäftigungsverhältnisses ist gesetzlich nicht definiert. Er wird aber durch Aufzählung von Beispielen im BMF-Schreiben vom 09. 11. 2016, a. a. O. Rz 1 ff erläutert. Er verlangt eine Tätigkeit, die einen engen Bezug zum Haushalt hat.

Zu den haushaltsnahen Tätigkeiten gehören u. a.

- Zubereitung von Mahlzeiten im Haushalt,
- Reinigung der Wohnung des Stpfl,

- Gartenpflege,
- Betreuung, Pflege und Versorgung von Kindern – sofern nicht die Aufwendungen dem Grunde nach unter § 10 Abs. 1 Nr. 5 EStG fallen – und von kranken, alten oder pflegebedürftigen Personen.

Die Erteilung von Unterricht (z. B. Sprachunterricht), die Vermittlung besonderer Fähigkeiten, sportliche und andere Freizeitbetätigungen fallen nicht darunter.

2.2 Haushaltsnahe Dienstleistung gemäß § 35 a Abs. 2 Satz 1 EStG

Hierzu gehören nur Tätigkeiten, die nicht zu den handwerklichen Leistungen i. S. d. § 35 a Abs. 3 EStG gehören, gewöhnlich durch Mitglieder des privaten Haushalts erledigt werden und für die ein selbstständiger Dienstleister oder eine Dienstleistungsagentur in Anspruch genommen wird (vgl. BMF vom 09. 11. 2016, a. a. O. Rz 11 ff), wie z. B.:

- Reinigen der Wohnung (z. B. durch Angestellte einer Dienstleistungsagentur),
- Pflege von Angehörigen (z. B. durch Inanspruchnahme eines Pflegedienstes),
- Gartenpflegearbeiten (z. B. Rasenmähen, Heckenschneiden) sowie
- Umzugsdienstleistungen für Privatpersonen abzüglich Erstattungen Dritter
- Hausnotrufsystem (BFH vom 03. 09. 2015 – VI R 18/14, BStBl II 2016, 272). Der einschränkenden Anwendung der BFH-Grundsätze nur auf Hausnotrufsysteme in Pflegeheimen oder beim betreuten Wohnen ist nicht zu folgen (a. A. Rz 11 des BMF vom 09. 11. 2016, a. a. O.).

Personenbezogene Dienstleistungen (wie z. B. Frisör-, Kosmetiker- oder Fußpflegerleistungen), die im Haushalt des Stpfl durchgeführt werden, stellen **keine** haushaltsnahen Dienstleistungen dar. Falls diese Leistungen jedoch im Leistungskatalog der Pflegeversicherung aufgeführt sind, können sie zu den Pflege- und Betreuungsleistungen gehören (vgl. BMF vom 09. 11. 2016, a. a. O. Rz 12 und 13).

Auch Aufwendungen für haushaltsnahe Dienstleistungen jenseits der Grundstücksgrenze (z. B. Straßen- und Gehwegreinigung sowie Winterdienst) sind berücksichtigungsfähig (BFH vom 20. 03. 2014, VI R 55/12, BStBl II 2014, 880, betreffend Winterdienst auf öffentlichen Gehwegen als haushaltsnahe Dienstleistung; siehe auch Rz 2 des BMF–Schreibens vom 09. 11. 2016, a. a. O.).

Die Steuerermäßigung nach § 35 a Abs. 2 EStG (20 % der Aufwendungen, höchstens 4 000 €) kann auch für die Inanspruchnahme von **Pflege- und Betreuungsleistungen** genutzt werden. Die Feststellung und der Nachweis einer Pflegebedürftigkeit oder der Bezug von Leistungen der Pflegeversicherung sowie eine Unterscheidung nach Pflegestufen sind nicht erforderlich (BMF vom 09. 11. 2016, a. a. O. Rz 13). Begünstigt sind insbesondere Dienstleistungen zur Grundpflege (z. B. Körperpflege, Ernährung und Mobilität) oder zur Betreuung.

Werden im Haushalt des Stpfl bzw. im Haushalt der gepflegten oder betreuten Person Pflege- und Betreuungsleistungen durchgeführt und kommen dafür Angehörige der Personen mit Pflege- oder Betreuungsbedarf auf, steht diesen Angehörigen jeweils auch die Steuerermäßigung zu. Die Leistungen der Pflegeversicherung sind grundsätzlich anzurechnen, d. h., es führen nur diejenigen Aufwendungen zu einer Steuerermäßigung, die nicht durch die Verwendung der Leistungen der Pflegeversicherung mitfinanziert werden können (zu Ausnahmen siehe BMF vom 09. 11. 2016, a. a. O. Rz 43).

Die Steuerermäßigung ist haushaltsbezogen und kann auch dann nur einmal gewährt werden, wenn z. B. zwei pflegebedürftige Personen in einem Haushalt gepflegt werden. Die Steuerermäßigung nach § 35 a Abs. 2 EStG ist nicht anwendbar bei einer pflegebedürftigen Person, die den erhöhten Behinderten-Pauschbetrag nach § 33 b Abs. 1 Satz 1 i. V. m. Abs. 3 Satz 2 oder 3 EStG in Anspruch nimmt (BFH vom 05.06.2014, BStBl II 2014, 970). Das gilt nicht, wenn der einem Kind zustehende Behinderten-Pauschbetrag nach § 33 b Abs. 5 EStG auf den Steuerpflichtigen übertragen wurde und dieser Pflege- und Betreuungsaufwendungen des Kindes getragen hat (vgl. BMF vom 09.11.2016, a. a. O. Rz 53).

Für Kinderbetreuungskosten, die dem Grunde nach Sonderausgaben nach § 10 Abs. 1 Nr. 5 EStG sind, scheidet eine Steuerermäßigung nach § 35 a EStG generell aus. Dies gilt auch insoweit, als sich diese Kosten tatsächlich (wegen der Höchstbetragsregelung: 2/3 der Aufwendungen und maximal 4 000 € je Kind) nicht als Sonderausgaben ausgewirkt haben.

2.3 Geförderte Handwerkerleistungen gemäß § 35 a Abs. 3 EStG

Die Steuerermäßigung von Handwerkerleistungen wird gesondert geregelt und ist ebenfalls i. H. v. **20 %, maximal 1 200 €** jährlich, als Steuerabzugsbetrag abzugsfähig, sofern es sich um **Renovierungs-, Erhaltungs- oder Modernisierungsmaßnahmen in einem in der Europäischen Union oder im Europäischen Wirtschaftsraum liegenden Haushalt** handelt (z. B. tatsächlich eigengenutzte Ferienwohnung in Italien).

Darunter fallen folgende handwerkliche Tätigkeiten, die von Mietern oder Eigentümern für die zu eigenen Wohnzwecken genutzte Wohnung in Auftrag gegeben werden:

- Arbeiten an Innen- und Außenwänden (z. B. Streichen und Tapezieren von Innenwänden, Mauerwerksanierung),
- Arbeiten am Dach, an der Fassade, an Garagen o. Ä. (z. B. Dachrinnenreinigung, Graffitibeseitigung),
- Reparatur oder Austausch von Fenstern und Türen,
- Streichen/Lackieren von Türen, Fenstern (innen und außen), Wandschränken, Heizkörpern und -rohren,
- Beseitigung kleinerer Schäden (z. B. Auswechseln einzelner Fliesen oder Ausbessern von Löchern in Wänden und Fliesen),
- Reparatur und Wartung von Fahrstühlen,
- Reparatur oder Austausch von Bodenbelägen (Parkett, Fliesen oder Teppichboden),
- Reparatur, Wartung oder Austausch von Heizungsanlagen, Elektro-, Gas- und Wasserinstallationen. Eine Steuerermäßigung ist auch zu gewähren, wenn zusätzlich zu einer Gas-Zentralheizung erstmals ein Kachelofen und ein Edelstahlschornstein eingebaut wird (Urteil des Sächsischen Finanzgerichts vom 23.03.2012, 3 K 1388/10),
- Modernisierung oder Austausch der Einbauküche,
- Modernisierung des Badezimmers,
- Reparatur und Wartung von Gegenständen im Haushalt des Steuerpflichtigen (z. B. Waschmaschine, Geschirrspüler, Herd, Fernseher, Personalcomputer),
- Maßnahmen der Gartengestaltung,
- Pflasterarbeiten auf dem Wohngrundstück,

unabhängig davon, ob die Aufwendungen für die einzelne Maßnahme Erhaltungs- oder Herstellungsaufwand darstellen. Begünstigt sind aber nur die Arbeitskosten (nicht hingegen die Materialkosten).

Auch Arbeitskosten für **Kontrollleistungen** eines Handwerkers (z. B. Dichtheitsprüfung, Legionellenprüfung, TÜV-Prüfung des Aufzugs) sind begünstigt (BFH vom 06.11.2014, VI R 1/13, BStBl II 2015, 481). Entsprechend können die Aufwendungen für den Schornsteinfeger insgesamt als Handwerkerleistung eingestuft werden. Dies gilt zum einen für die originären handwerklichen Leistungen (z. B. Kaminkehren sowie Überprüfung der Heizungswerte) und zum anderen für die sonstigen Prüfarbeiten (z. B. Feuerstättenschau; siehe auch BMF vom 09. 11. 2016, a. a. O. Rz 19 und20). Nicht begünstigt sind Aufwendungen für die Wertermittlung, der Erstellung eines Energiepasses oder im Zusammenhang mit der Finanzierung (Rz 20 des BMF vom 09. 11. 2016, a. a. O.).

Aufwendungen für handwerkliche Leistungen für **Hausanschlüsse**, die die Zuleitungen zum Haus oder Wohnung betreffen (z. B. Kabel für Strom oder Fernsehen) sind begünstigt, soweit sie auf die Arbeitskosten entfallen. Dies gilt auch für diejenigen Aufwendungen, die jenseits der Grundstücksgrenze (beispielsweise auf öffentlichem Grund) erbracht werden (BFH vom 20. 03. 2014, VI R 56/12, BStBl II 2014, 882, betreffend die Aufwendungen für einen Hausanschluss als steuerbegünstigte Handwerkerleistung). Es muss sich dabei allerdings um Tätigkeiten handeln, die in unmittelbarem räumlichem Zusammenhang zum Haushalt durchgeführt werden und dem Haushalt dienen. Hiervon ist m. E. auch auszugehen, wenn der Haushalt des Steuerpflichtigen an das öffentliche Versorgungsnetz angeschlossen wird (a. A. BMF vom 09. 11. 2016, a. a. O., Rz 22).

Handwerkliche Tätigkeiten im Rahmen einer **Neubaumaßnahme** sind **nicht** begünstigt. Aufwendungen für eine Neubaumaßnahme liegen nur bis zur Bezugsfertigkeit des Gebäudes vor (BMF vom 09. 11. 2016, a. a. O. Rz 21). Nach Fertigstellung des Haushaltes anfallende Arbeitskosten für Handwerkerleistungen sind begünstigungsfähig (z. B. Aufwendungen für die Gartengestaltung, für den Dachgeschossausbau). Gem. BFH vom 13. 07. 2011, VI R 61/10, BStBl II 2012, 232, ist es ohne Belang, ob der Garten neu angelegt oder ein naturbelassener Garten umgestaltet wird.

Auf dem Grundstück durchgeführte **Reparaturen** an einem **Pkw** sind nicht begünstigt. Hierbei handelt es sich nicht um einen Haushaltsgegenstand (vgl. hierzu BMF vom 09. 11. 2016, a. a. O., Rz 20 und die dazugehörige Anlage 1).

Mit dem Jahressteuergesetz 2010 ist **seit dem VZ 2011** die Inanspruchnahme von Handwerkerleistungen dahingehend eingeschränkt, dass öffentlich geförderte Maßnahmen, für die zinsverbilligte Darlehen oder steuerfreie Zuschüsse in Anspruch genommen werden, nicht mehr begünstigt sind. Nähere Einzelheiten hierzu erläutert das BMF–Schreiben vom 09. 11. 2016 (a. a. O. Rz 23 f).

3 Anspruchsberechtigte

Das haushaltsnahe Beschäftigungsverhältnis bzw. die haushaltsnahen Dienstleistungen, Handwerker-, Pflege- oder Betreuungsleistungen müssen in einem in der Europäischen Union oder im Europäischen Wirtschaftsraum liegenden Haushalt des Stpfl ausgeübt oder erbracht werden. Die Inanspruchnahme von Pflege- und Betreuungsdiensten ist zusätzlich auch begünstigt, wenn sie im Haushalt der gepflegten oder betreuten Person durchgeführt wird (vgl. BMF vom 09. 11. 2016, a. a. O. Rz 25).

Anspruchsberechtigt ist der Stpfl, der in den Fällen des § 35 a Abs. 1 EStG Arbeitgeber oder in den Fällen des § 35 a Abs. 2 EStG Auftraggeber ist.

Dies gilt auch für einen Steuerpflichtigen, der in einem Alten(wohn)heim, einem Pflegeheim oder einem Wohnstift wohnt. Das Vorhandensein eines eigenen Haushalts ist für Dienstleistungen, wie Zimmerreinigung, Zubereitung und Servieren der Mahlzeiten sowie Wächeservice, nicht erforderlich (BMF vom 09. 11. 2016, a. a. O. Rz 17 und 28). Unterhält der Steuerpflichtige im Heim auch einen eigenständigen und abgeschlossenen Haushalt, kann er darüber hinaus weitere Aufwendungen geltend machen (BMF vom 09.11.2016, a.a.O., Rz 17: z.B. Handwerkerleistungen im eigenen Haushalt).

Die Steuerermäßigung ist nicht an das Wohnen im Haushalt im eigenen oder fremden Haus gebunden. Anspruchsberechtigt sind deshalb auch Mieter zum einen als Auftraggeber für ausgeführte Leistungen in ihrer gemieteten Wohnung (z.B. Schönheitsreparaturen) und zum anderen, wenn die vom Mieter bzw. Heimbewohner zu zahlenden Nebenkosten Beträge umfassen, die für ein haushaltsnahes Beschäftigungsverhältnis, für haushaltsnahe Dienstleistungen oder für handwerkliche Tätigkeiten geschuldet werden und sein Anteil an den vom Vermieter bzw. vom Träger des Heims unbar gezahlten Aufwendungen entweder aus der Jahresabrechnung hervorgeht oder durch eine Bescheinigung des Vermieters oder seines Verwalters bzw. des Trägers des Heims nachgewiesen wird (vgl. BMF vom 09.11.2016, a.a.O. Rz 17, 26, 27, 28, 47, 48).

Anspruchsberechtigt sind demnach:

- Ledige, geschiedene, verwitwete Stpfl, dauernd getrennt lebende Ehegatten bei Einzelveranlagung;
- Ehegatten bei Zusammenveranlagung gem. § 26b EStG, Partner einer nicht ehelichen Lebensgemeinschaft und Partner einer eingetragenen Lebenspartnerschaft sind nur einmal anspruchsberechtigt, da die Steuerermäßigung haushaltsbezogen gewährt wird (vgl. § 35a Abs. 5 Satz 4 EStG);
- Mieter oder unentgeltlich Nutzende (BMF vom 09.11.2016, a.a.O., Rz 27);
- Bewohner eines Altenheims, Pflegeheims oder Wohnstifts (BMF vom 09.11.2016, a.a.O., Rz 4, 28)
- Miteigentümer einer Wohnungseigentümergemeinschaft (vgl. BMF vom 09.11.2016, a.a.O. Rz 26, 47, 48), wenn

- in der Jahresabrechnung die im Kalenderjahr unbar gezahlten Beträge nach den begünstigten haushaltsnahen Beschäftigungsverhältnissen gem. § 35a Abs. 1 und 2 Satz 1 EStG und Dienstleistungen, Handwerker-, oder Pflege- oder Betreuungsleistungen gem. § 35a Abs. 2 und 3 EStG jeweils gesondert aufgeführt sind,
- der Anteil der steuerbegünstigten Kosten (Arbeits- und Fahrtkosten) ausgewiesen ist und
- der Anteil des jeweiligen Wohnungseigentümers anhand seines Beteiligungsverhältnisses individuell errechnet wurde.
- Dies gilt auch, wenn die Wohnungseigentümergemeinschaft einen Verwalter zur Wahrnehmung ihrer Interessen und Aufgaben bestellt hat. Dann ist der Nachweis durch eine Bescheinigung des Verwalters über den Anteil des jeweiligen Wohnungseigentümers zu führen.

Nicht anspruchsberechtigt sind Unternehmer mit land- und forstwirtschaftlichen, gewerblichen oder freiberuflichen Einkünften, da die zum Betriebsvermögen gehörenden Betriebswohnungen oder vermieteten Wohnungen keine Privathaushalte sind. Es können aber insoweit Betriebsausgaben gem. § 4 Abs. 4 EStG vorliegen.

Hat ein Stpfl mehrere Haushalte, die er nebeneinander führt, kann er trotzdem die Höchstbeträge nach § 35a EStG nur **einmal** anwenden. Es sind aber sämtliche Aufwendungen aus seinen Haushalten miteinzubeziehen (vgl. BMF vom 09.11.2016, a.a.O. Rz 1).

4 Begünstigte Aufwendungen gemäß § 35 a EStG

4.1 Ausschluss der Steuerermäßigung nach § 35 a EStG

Die Steuerermäßigung für Aufwendungen ist ausgeschlossen, soweit diese zu den Betriebsausgaben oder Werbungskosten gehören. Auch kommt eine Steuerermäßigung nur in Betracht, soweit die Aufwendungen nicht vorrangig als Sonderausgaben (z. B. Erhaltungsmaßnahme nach § 10f EStG) oder als außergewöhnliche Belastungen berücksichtigt werden. Allerdings kann der Steuerpflichtige für den Teil der Aufwendungen, der durch den Ansatz der zumutbaren Belastung nach § 33 Abs. 3 EStG nicht als außergewöhnliche Belastung berücksichtigt wird, die Steuerermäßigung nach § 35a EStG in Anspruch nehmen. Fallen Kinderbetreuungskosten unter die Regelung des § 10 Abs. 1 Nr. 5 EStG, ist ein Abzug nach § 35a EStG hingegen insgesamt ausgeschlossen (§ 35a Abs. 5 Satz 1 EStG).

4.2 Geleistete Ausgaben

Die Ausgaben für haushaltsnahe Beschäftigungsverhältnisse und Dienstleistungen werden gem. § 11 Abs. 2 EStG im VZ der Zahlung berücksichtigt. Generell sind nur das Arbeitsentgelt bzw. die Arbeitskosten berücksichtigungsfähig (siehe BMF vom 09.11.2016, a. a. O. Rz 36ff).

Bei regelmäßig wiederkehrenden Ausgaben (z. B. nachträglich monatliche Zahlung oder monatliche Vorauszahlung einer Pflegeleistung), die innerhalb eines Zeitraums von bis zu zehn Tagen nach Beendigung bzw. vor Beginn eines Kalenderjahrs fällig und geleistet worden sind, werden die Ausgaben dem Kalenderjahr zugerechnet, zu dem sie wirtschaftlich gehören, vgl. F und BMF vom 09.11.2016, a. a. O. Rz 44.

Dies sind:

- bei geringfügigen Beschäftigungsverhältnissen bis zu 450 € monatlich gem. § 35a Abs. 1 EStG i. V. m. § 8a SGB IV, die in der Bescheinigung nach § 28h Abs. 4 SGB IV von der Einzugstelle (Minijob–Zentrale) bestätigten Leistungen (Haushaltsscheckverfahren, vgl. BMF vom 09.11.2016, a. a. O. Rz 6 und 36, 37);
- bei sozialversicherungspflichtigen haushaltsnahen Beschäftigungsverhältnissen nach § 35a Abs. 2 Satz 1 EStG sind die Angaben aus der Lohnsteuerbescheinigung des Arbeitnehmers oder nach den Mitteilungen an das FA über pauschalierte Lohnsteuer ersichtlich, vgl. BMF vom 09.11.2016, a. a. O. Rz 38);
- bei den haushaltsnahen Dienstleistungen, Handwerker-, Pflege- oder Betreuungsleistungen ist Voraussetzung für die Steuerermäßigung, dass der Stpfl für die Aufwendungen (begünstigt sind nur die Arbeitskosten) eine Rechnung erhalten hat und die Zahlung auf das Konto des Erbringers der Leistung erfolgt ist. Es sind nur die Aufwendungen für die Inanspruchnahme der haushaltsnahen Tätigkeit selbst, für Pflege- und Betreuungsleistungen und Handwerkerleistungen einschließlich der in Rechnung gestellten Maschinen- und Fahrtkosten begünstigt. Materialkosten oder sonstige gelieferte Waren (z. B. Fliesen, Tapeten, Pflegebett) bleiben außer Ansatz. Der Anteil der Arbeitskosten muss grundsätzlich in der Rechnung gesondert ausgewiesen sein (BMF vom 09.11.2016, a. a. O., Rz 39, 49, 50).

Bei Wohnungseigentümern und Mietern ist erforderlich, dass in der Jahresabrechnung die auf die einzelnen Wohnungseigentümer oder Mieter entfallenden Aufwendungen für haushaltsnahe Beschäftigungsverhältnisse und Dienstleistungen sowie für Handwerkerleistungen gesondert aufgeführt sind oder durch eine Bescheinigung des Verwalters oder Vermieters nachgewiesen sind. Bei wiederkehrenden Dienstleistungen (z. B. Reinigung des Treppenhauses, Gartenpflege) sind die in der Jahresabrechnung ausgewiesenen, für den VZ geleisteten Vorauszahlungen maßgebend (BMF vom 09.11.2016, a. a. O., Rz 47, 48).

Zu beachten ist, dass die Arbeitsleistungen und die Dienstleistungen, Handwerker-, Pflege- oder Betreuungsleistungen wegen der Zielsetzung dieser Vorschrift hauptsächlich von fremden Personen erbracht werden sollen, um im Inland neue Arbeitsplätze im Haushaltsbereich zu schaffen. Im haushaltsnahen persönlichen Bereich, z. B. bei Reinigungsleistungen, Pflegeleistungen, Kinder- und Altenbetreuung einschließlich Nebenleistungen wie Besorgungen sind häufig nahe Angehörige (Eltern, Kinder usw.) beschäftigte Personen. Bei diesem Personenkreis sind die Einschränkungen für Verträge mit steuerlicher Wirkung zwischen Angehörigen zu beachten. So dürfen z. B. Kinder, die im Haushalt des Stpfl oder der Eltern wohnen, **nicht** mit Arbeitsverträgen oder Dienstverträgen »haushaltsnah beschäftigt« werden. Vgl. BMF vom BMF vom 09.11.2016, a. a. O., Rz, a. a. O. Rz 9 und 10.

Darüber hinaus sind dem BMF-Schreiben vom 09.11.2016, a. a. O., noch folgende wesentlichen Aspekte zu entnehmen:

- Aufwendungen für ein Au-Pair (Rz 35): Sofern in der Rechnung keine anderweitige Aufteilung vorgenommen wurde, kann ein Anteil von 50 % der Gesamtaufwendungen im Rahmen der Steuerermäßigung für haushaltsnahe Dienstleistungen nach § 35 a Abs. 2 Satz 1 EStG berücksichtigt werden, wenn die übrigen Voraussetzungen des § 35a EStG (insbesondere Rechnung und Zahlung auf ein Konto des Au-pairs) vorliegen.
- Trennung der Arbeitskosten (Rz 39): In Fällen, in denen die Leistung sowohl innerhalb als auch außerhalb des Haushalts erbracht wurde, ist die Trennung bereits in der Rechnung zu vollziehen (z. B. Schreinerleistung im Haushalt des Steurpflichtigen gegenüber der Schreinerleistung in der Werkstatt des Schreiners).
- Gegenrechnung von Versicherungsleistungen (Rz 41): Das FG Münster hat im Urteil vom 06.04.2016 – 13 K 136/15, juris, die Verwaltungsauffassung bestätigt. Die Entscheidung des BFH über die Nichtzulassungsbeschwerde (Az.: – VI B 53/16) bleibt abzuwarten.
- Vermittlung von Dienst- und Handwerkerleistungen (Rz 52): Dienst- und Handwerkerleistungen können auch über Agenturen (z. B. Online-Portale) gebucht werden. Auch dahingehende Leistungen sind im Rahmen des § 35a EStG begünstigt, sofern die übrigen Voraussetzungen erfüllt sind (insbesondere Rechnung und Überweisung). Hingegen sind die Gebühren, die die Agentur für die Vermittlung der Dienste erhebt, im Rahmen des § 35a EStG nicht begünstigt (vgl. FG Köln vom 21.10.2015 – 3 K 2253/13, EFG 2016, 621, rkr.).

5 Verfahren

Das Verfahren läuft wie folgt ab:

a) Die ESt-Ermäßigung des § 35 a EStG wird gewährt, wenn der Stpfl in der ESt-Erklärung zu § 35 a Abs. 1 EStG einen Antrag auf Berücksichtigung der geleisteten Aufwendungen stellt und entsprechende Nachweise erbringt. Bei den Dienstleistungen, Handwerker-, Pflege- oder Betreuungsleistungen des § 35 a Abs. 2 und 3 EStG entspricht die Angabe in der ESt-Erklärung dem Antrag des Stpfl zu § 35 a Abs. 1 EStG.

b) Leben zwei Alleinstehende in einem Haushalt zusammen, können sie die dargestellten Höchstbeträge des § 35 a EStG nur einmal in Anspruch nehmen (vgl. § 35 a Abs. 5 EStG). In der jeweiligen ESt-Erklärung der beiden Alleinstehenden (Einzelveranlagung) sind hierzu weitere Angaben über die Verteilung nach dem Verhältnis der geleisteten Aufwendungen erforderlich (vgl. BMF vom 09.11.2016, a.a.O. Rz 53 ff).

c) Bei allen Aufwendungen des Stpfl für ein haushaltsnahes Beschäftigungsverhältnis oder bei allen Arbeitskosten und Aufwendungen für eine haushaltsnahe Dienstleistung, Handwerker-, Pflege- oder Betreuungsleistung ist vorrangig auszuschließen, dass es sich um

- **Betriebsausgaben** gem. § 4 Abs. 4 EStG oder
- **Werbungskosten** gem. § 9 EStG handelt.
  Gemischte Aufwendungen (z. B. für eine Reinigungskraft, die auch das beruflich genutzte Arbeitszimmer reinigt) sind unter Berücksichtigung des zeitlichen Anteils der zu Betriebsausgaben oder Werbungskosten führenden Tätigkeiten an der Gesamtarbeitszeit aufzuteilen (vgl. BMF vom 09.11.2016, a.a.O. Rz 31);
- **Kinderbetreuungskosten** handelt, die unter die **Regelung des § 10 Abs. 1 Nr. 5 EStG** fallen (§ 35 a Abs. 5 EStG). Insoweit kommt die Steuerermäßigung nach § 35 a EStG nicht in Betracht (§ 35 a Abs. 5 Satz 1 2. HS EStG);
- **Sonderausgaben** handelt;
- **außergewöhnliche Belastungen** gem. § 33 bis 33 b EStG handelt. Für den Teil der Aufwendungen, der durch den Ansatz der zumutbaren Belastung nach § 33 Abs. 3 EStG nicht als außergewöhnliche Belastung berücksichtigt wird, kann jedoch der Stpfl die Steuerermäßigung nach § 35 a EStG insoweit in Anspruch nehmen.

d) Nach § 35 a Abs. 2 EStG können für andere als in Absatz 1 aufgeführte haushaltsnahe Beschäftigungsverhältnisse oder für die Inanspruchnahme von haushaltsnahen Dienstleistungen nur zusammengefasst und einheitlich auf Antrag 20 % der gesamten begünstigten Aufwendungen, höchstens insgesamt 4 000 € als Steuerermäßigung in Anspruch genommen werden. Dies gilt auch für die Inanspruchnahme von Pflege- und Betreuungsleistungen sowie für Aufwendungen wegen einer Heimunterbringung oder zur dauernden Pflege.

e) Entsteht bei einem Stpfl infolge der Inanspruchnahme der Steuerermäßigung nach § 35 a EStG ein Anrechnungsüberhang, kann der Stpfl weder die Festsetzung einer negativen ESt in Höhe dieses Anrechnungsüberhangs noch die Feststellung einer rück- oder vortragsfähigen Steuerermäßigung beanspruchen (BFH vom 29.01.2009 VI R 44/08, BMF vom 09.11.2016, a.a.O. Rz 56).

BEISPIELE

a) Die Eheleute R und H werden gem. § 26 b EStG zur ESt zusammen veranlagt. Sie haben im VZ 2017 folgende Aufwendungen für ihren Privathaushalt per Überweisung bezahlt:

- In einem sozialversicherungspflichtigen Beschäftigungsverhältnis ist die Haushälterin E angestellt. Sie erhält einen monatlichen Bar- und Sacharbeitslohn i. H. v. 1 200 € und führt den Haushalt von R und H.
- Für die wöchentlich zu erledigenden Putzarbeiten ist die Raumpflegerin P im Haushalt in einem geringfügigen Beschäftigungsverhältnis tätig. Sie erhält eine Monatsvergütung i. H. v. 350 €. Die vorgeschriebene Bescheinigung der Einzugstelle (Minijob–Zentrale) liegt vor.
- Der um das selbst genutzte Einfamilienhaus von R und H angelegte Ziergarten wird vierteljährlich von einem selbstständigen Gärtner gepflegt. Für die geleisteten Gartenarbeiten i. H. v. 4 × 150 € + 4 × 28,50 € USt haben die Eheleute R und H Rechnungen erhalten und die Zahlungen an den Gärtner per Überweisung geleistet.

Wie hoch ist die ESt–Ermäßigung nach § 35 a EStG?

LÖSUNG

- Die Aufwendungen für das geringfügige Beschäftigungsverhältnis mit der P i. H. v. (350 € × 12) 4 200 € sind gem. § 35 a Abs. 1 EStG zu berücksichtigen. Es handelt sich um typische haushaltsnahe

Tätigkeiten (vgl. BMF vom 09.11.2016, a.a.O. Rz 11). Die ESt-Ermäßigung beträgt grundsätzlich 20 % × 4200 € = 840 €, aber höchstens 510 €.

- Das sozialversicherungspflichtige Beschäftigungsverhältnis mit der Haushälterin E i. H. v. 14400 € (1200 € × 12) ist gem. § 35a Abs. 2 Satz 1 EStG zu berücksichtigen. Die hauswirtschaftlichen Tätigkeiten sind ohne Ausnahme als haushaltsnahe Tätigkeiten zu beurteilen (vgl. BMF vom 09.11.2016, a.a.O. Rz 5, 6). Die haushaltsnahen Dienstleistungen der Gartenpflege ist ebenfalls gem. § 35a Abs. 2 Satz 1 EStG i. V. m. BMF vom 10.01.2014, a.a.O. Rz 5, 11, mit 600 € + 114 € USt = 714 € zu berücksichtigen.

Die ESt-Ermäßigung beträgt:
20 % von (14400 € + 714 € =) 15114 € = **3023 €**
Der Höchstbetrag von 4000 € ist nicht überschritten.
Summe der Steuerermäßigungen gem. § 35a EStG im VZ 2017
(510 € + 3023 € =) **3533 €**

b) Der Stpfl S hat im Jahr 2017 für seinen Privathaushalt folgende Aufwendungen unbar geleistet:

- Pflegeleistungen für seinen Vater, der Leistungen aus der Pflegeversicherung erhält, i. H. v. 5000 €,
- Fensterputzarbeiten i. H. v. 2000 € sowie
- Tapezieren der Innenwände seiner Wohnung i. H. v. 2000 €.

Bei den Kosten handelt es sich um die Arbeitskosten und Rechnungen liegen vor. Wie hoch ist die ESt-Ermäßigung nach § 35a EStG?

LÖSUNG

- Die Aufwendungen für die Fensterputzarbeiten (Arbeitskosten 2000 €) sind als haushaltsnahe Dienstleistung gem. § 35a Abs. 2 Satz 1 EStG zu berücksichtigen.
- Die Aufwendungen für die Pflege- und Betreuungsleistung seines Vaters (Arbeitskosten 5000 €) sind gem. § 35a Abs. 2 Satz 2 EStG zu berücksichtigen.
- Die Aufwendungen für das Tapezieren (Arbeitskosten 2000 €) sind als Handwerkerleistungen nach § 35a Abs. 3 EStG zu berücksichtigen.

Die Steuerermäßigungen im VZ 2017 berechnen sich wie folgt: Nach § 35a Abs. 2 EStG ergibt sich eine Steuerermäßigung i. H. v. 20 % x (2000 € + 5000 € =) 1.400 €. Die Steuerermäßigung nach § 35a Abs. 3 EStG beträgt 20 % x 2000 € = 400 €. Die Steuerermäßigungen nach § 35a EStG belaufen sich somit im VZ 2017 auf insgesamt (1400 € + 400 € =) **1800 €**.

c) Die pflegebedürftige Mutter lebt in einer eigenen Wohnung in einem Seniorenheim, in dem sie betreut wird. Für die Pflege und Betreuung der Mutter werden nach Abzug der Leistungen der Pflegeversicherung sowie der Eigenmittel der Mutter noch 12000 € berechnet, die der Sohn S und die Tochter T je hälftig bezahlt haben.
Wie hoch ist die ESt-Ermäßigung nach § 35a EStG?

LÖSUNG Zunächst ist zu prüfen, inwieweit sich die Aufwendungen in den Einkommensteuerveranlagungen von S und T als außergewöhnliche Belastungen (§ 33 EStG) auswirken. Der Ansatz bei § 33 EStG hat sowohl bei S als auch bei T insoweit Vorrang (§ 35a Abs. 5 Satz 1 EStG). Eine Steuerermäßigung nach § 35a Abs. 2 EStG kann bei S und T in Höhe der zumutbaren Belastung (§ 33 Abs. 3 EStG) in Betracht kommen.

FALL 88 Die für das Jahr 2017 zur ESt zusammenveranlagten Eheleute A und S, beide berufstätig, haben eine gemeinsame zehnjährige Tochter und einen gemeinsamen siebenjährigen Sohn. A und S haben im Jahr 2017 in ihrem Haushalt eine Kinderfrau beschäftigt (Tätigkeit: 70 % Betreuung der Kinder, 30 % Haushalt z. B. Essenszubereitung). Die Lohnkosten für das Jahr 2017 beliefen sich auf 26000 €, die je hälftig von A und S getragen wurden.

In welcher Höhe sind die Aufwendungen für die Kinderfrau bei A und S berücksichtigungsfähig?

Teil U Formelles Lohnsteuerrecht

1 Lohnsteuerkarte und Einführung der elektronischen Lohnsteuerabzugsmerkmale (ELSTAM)

Von den Gemeinden wurden letztmalig für das Kalenderjahr 2010 Lohnsteuerkarten ausgestellt. Diese behielten bis 2012 mit allen Eintragungen weiterhin ihre Gültigkeit (Übergangszeitraum gem. § 52 b Abs. 1 EStG [ab 01. 01. 2013 aufgehoben]).

Seit dem Jahr 2013 wird die Lohnsteuerkarte durch die elektronischen Lohnsteuerabzugsmerkmale (ELSTAM) ersetzt. Der Arbeitgeber benötigt hierzu die IdNr. und das Geburtsdatum des Arbeitnehmers. Als Starttermin für das ELSTAM-Verfahren wurde der 01. 11. 2012 festgelegt. Ab diesem Zeitpunkt konnten die Arbeitgeber die ELSTAM der Arbeitnehmer mit Wirkung ab dem 01. 01. 2013 abrufen. Das ELSTAM-Verfahren dient dazu, dass der Arbeitgeber vom Arbeitslohn an den Arbeitnehmer zutreffend die Lohnsteuer einbehalten kann, die er später im Rahmen der Lohnsteueranmeldung an das Finanzamt abzuführen hat (§ 41 a EStG). Die ELSTAM werden vom BZST für jeden Arbeitnehmer gebildet (§ 39 e EStG). Der Arbeitgeber ist grundsätzlich nach § 41 b Abs. 1 EStG verpflichtet, dem Finanzamt bis zum 28. Februar des Folgejahres die Daten des Lohnkontos jedes Arbeitnehmers (Lohnsteuerbescheinigung) elektronisch zu übermitteln. Dabei ist die steuerliche IdNr. des Arbeitnehmers das Ordnungskriterium (§ 41 b Abs. 2 EStG). Gibt der betreffende Arbeitnehmer (Steuerpflichtige) eine Einkommensteuererklärung ab, kann das Finanzamt die Einnahmen aus nichtselbstständiger Arbeit (§ 19 EStG), weitere Einzelheiten sowie die Steuerabzugsbeträge (z. B. Lohnsteuer) anhand der elektronisch mitgeteilten Daten des Arbeitgebers überprüfen. Der Arbeitgeber hat auch dem Arbeitnehmer einen Ausdruck der elektronischen Lohnsteuerbescheinigung bereitzustellen (§ 41Abs. 1 Satz 3 EStG).

Nähere Erläuterungen zur Ausstellung von elektronischen Lohnsteuerbescheinigungen bzw. besonderen Lohnsteuerbescheinigungen für Kalenderjahre ab 2016 wird auf das BMF-Schreiben vom 30. 07. 2015 BStBl I 2015, 614, verwiesen.

2 Lohnsteuerklassen

Für die Durchführung des Lohnsteuerabzugs werden unbeschränkt einkommensteuerpflichtige Arbeitnehmer in sechs verschiedene Lohnsteuerklassen gem. § 38 b EStG eingereiht.

Arbeitnehmer, die beschränkt einkommensteuerpflichtig sind, gehören gem. § 38 b Abs. 1 Satz 2 Nr. 1 b EStG in die Steuerklasse I.

2.1 Steuerklasse I

In die Steuerklasse I gehören gem. § 38 b Satz 2 Nr. 1 a EStG ledige Arbeitnehmer sowie verheiratete, verwitwete oder geschiedene Arbeitnehmer, bei denen die Voraussetzungen für die Steuerklasse III oder IV nicht erfüllt sind.

2.2 Steuerklasse II

In die Steuerklasse II gehören gem. § 38b Satz 2 Nr. 2 EStG die unter 2.1 aufgeführten Arbeitnehmer, wenn ihnen der Entlastungsbetrag für Alleinerziehende gem. § 24b EStG zusteht.

2.3 Steuerklasse III

In die Steuerklasse III gehören gem. § 38 b Satz 2 Nr. 3 EStG

a) Verheiratete/verpartnerte Arbeitnehmer, wenn beide Ehegatten bzw. Lebenspartner eingetragener Lebenspartnerschaften unbeschränkt einkommensteuerpflichtig sind und nicht dauernd getrennt leben und der Ehegatte/ Lebenspartner des Arbeitnehmers entweder keinen Arbeitslohn bezieht oder der Ehegatte/Lebenspartner des Arbeitnehmers auf Antrag beider Eheleute/Lebenspartner in die Steuerklasse V eingereiht wird;
b) verwitwete Arbeitnehmer, wenn sie und ihr verstorbener Ehegatte/Lebenspartner im Zeitpunkt seines Todes unbeschränkt einkommensteuerpflichtig waren und in diesem Zeitpunkt nicht dauernd getrennt gelebt haben, **für das Kalenderjahr, das dem Kalenderjahr folgt, in dem der Ehegatte/Lebenspartner verstorben ist;**
c) Arbeitnehmer, deren Ehe bzw. Lebenspartnerschaft aufgelöst worden ist, wenn im Kalenderjahr der Auflösung der Ehe beide Eheleute bzw. bei Auflösung der Partnerschaft beide Lebenspartner unbeschränkt einkommensteuerpflichtig waren und nicht dauernd getrennt gelebt haben sowie, wenn der andere Ehegatte/Lebenspartner wieder geheiratet bzw. sich wieder verpartnert hat, von seinem neuen Ehegatten/Lebenspartner nicht dauernd getrennt lebt und er und sein neuer Ehegatte/Lebenspartner unbeschränkt einkommensteuerpflichtig sind, **für das Kalenderjahr, in dem die Ehe bzw. Lebenspartnerschaft aufgelöst worden ist.**

2.4 Steuerklasse IV

In die Steuerklasse IV gehören gem. § 38b Satz 2 Nr. 4 EStG verheiratete Arbeitnehmer, wenn beide Ehegatten/Lebenspartner unbeschränkt einkommensteuerpflichtig sind, nicht dauernd getrennt leben und der Ehegatte/Lebenspartner des Arbeitnehmers auch Arbeitslohn bezieht. Die Steuerklasse IV teilt jedem Ehegatten/Lebenspartner die ihm zustehenden Freibeträge zu. Jeder Ehegatte/Lebenspartner wird hier steuerlich wie ein Alleinstehender in Steuerklasse I behandelt. Daher ist die Steuerklasse IV für Eheleute/Lebenspartner vorgesehen, die etwa gleich viel Arbeitslohn beziehen.

2.5 Steuerklasse V

In die Steuerklasse V gehören gem. § 38b Satz 2 Nr. 5 EStG die unter 2.4 aufgeführten Arbeitnehmer, wenn der Ehegatte/Lebenspartner des Arbeitnehmers auf Antrag beider Ehegatten in die Steuerklasse III eingereiht wird. Die Steuerklasse V ist für den Ehegatten/Lebenspartner mit dem geringeren Arbeitslohn vorgesehen. Auf der Lohnsteuerkarte des höher verdienenden Ehegatten/Lebenspartner ist die Steuerklasse III einzutragen. Die Eheleute/Lebenspartner können aber selber wählen, bei wem die Steuerklasse III bzw. V einzutragen ist. Genauso können die Eheleute/Lebenspartner selber entscheiden, ob sie die Kombination IV/IV oder III/V wählen.

2.6 Steuerklasse VI

Die Steuerklasse VI gilt gem. § 38 b Satz 2 Nr. 6 EStG bei Arbeitnehmern, die nebeneinander von mehreren Arbeitgebern Arbeitslohn beziehen, für die Einbehaltung der Lohnsteuer vom Arbeitslohn aus dem zweiten und einem weiteren Dienstverhältnis sowie in den Fällen des § 39 c EStG (Einbehaltung der Lohnsteuer nach Steuerklasse VI, solange der Arbeitnehmer dem Arbeitgeber zum Zweck des Abrufs der elektronischen Lohnsteuerabzugsmerkmale die ihm zugeteilte IdNr sowie sein Geburtsdatum schuldhaft nicht mitteilt oder das BZSt die ELSTAM-Mitteilung ablehnt). Für das erste Dienstverhältnis können also die Steuerklassen I – V in Betracht kommen. Hier darf der Arbeitnehmer selbst entscheiden, welches Dienstverhältnis als erstes angesehen wird. In der Regel wird er sich für das Dienstverhältnis entscheiden, von dem er den höchsten Arbeitslohn bezieht, da dies am günstigsten für ihn ist.

3 Faktorverfahren anstelle Steuerklassenkombination III/V

Ehegatten/Lebenspartner, die in die Steuerklasse IV gehören, können auf gemeinsamen Antrag hin anstelle der Steuerklassenkombination III/V die Steuerklasse IV unter Anwendung des sog. Faktorverfahrens gem. § 39 f EStG wählen. Dabei wird als Lohnsteuerabzugsmerkmal jeweils die Steuerklasse IV in Verbindung mit einem Faktor zur Ermittlung der Lohnsteuer gebildet, wenn der Faktor kleiner als 1 ist. Der Faktor wird mit drei Nachkommastellen ohne Rundung vom Finanzamt berechnet. Durch die Wahl zum Faktorverfahren entsteht eine Pflicht zur Abgabe der Einkommensteuererklärung gem. § 46 Abs. 2 Nr. 3 a EStG.

Die Auswirkungen des Faktorverfahrens auf die Erhebung der Kirchensteuer und Solidaritätszuschlag (Zuschlagsteuern) sind in § 51 a Abs. 2 a Satz 3 EStG geregelt.

Mit dem Faktorverfahren besteht die Möglichkeit, dass sich die Lohnsteuerbelastung zwischen den Ehegatten/Lebenspartnern im Wesentlichen nach dem Verhältnis der Arbeitslöhne richtet. Hierbei werden bei jedem Ehegatten – wie bei Anwendung der Steuerklasse IV – die steuerentlastenden Vorschriften gem. § 39 b Abs. 2 EStG (wie z. B. Grundfreibetrag, Arbeitnehmer-Pauschbetrag u. s. w.) sowie die steuermindernde Wirkung des Ehegattensplittings bereits beim Lohnsteuerabzug berücksichtigt. Voraussetzung hierzu ist, dass beide Eheleute/Lebenspartner im Kalenderjahr Arbeitslohn beziehen oder bezogen haben. Der Arbeitslohn aus weiteren Dienstverhältnissen bleibt dabei unberücksichtigt.

Berechnung: Die voraussichtliche ESt für beide Ehegatten/Lebenspartner nach dem Splittingverfahren unter Berücksichtigung der in § 39 b Abs. 2 genannten Abzugsbeträge wird durch die Summe der voraussichtlichen LSt bei Anwendung der Steuerklasse IV für jeden Ehegatten/Lebenspartner dividiert (also vereinfacht ausgedrückt: Voraussichtliche ESt beider Ehegatten/Lebenspartner dividiert durch die voraussichtliche LSt des jeweiligen Ehegatten/Lebenspartners).

4 Lohnsteuertabellen

Gemäß § 39 b Abs. 6 EStG hat das Bundesministerium der Finanzen im Einvernehmen mit den obersten Finanzbehörden der Länder auf der Grundlage von § 39 b Abs. 2 und 3 EStG einen Programmablaufplan für die maschinelle Berechnung der Lohnsteuer aufzustellen und bekannt zu machen.

Hieraus können für die Praxis der Arbeitgeber Lohnsteuertabellen abgeleitet werden. Grundlage hierfür ist der Einkommensteuertarif. Vgl. A 2. 8. In die Lohnsteuertabellen sind zusätzlich noch Freibeträge und Pauschbeträge (z. B. tariflicher Grundfreibetrag, Arbeitnehmer–Pauschbetrag, Sonderausgabenpauschbetrag, Vorsorgepauschale, Entlastungsbetrag für Alleinerziehende ..., s. hierzu § 39 b Abs. 2 EStG) – je nach Steuerklasse (vgl. 2) unterschiedlich – mit eingearbeitet. Dadurch können die Arbeitgeber die Lohnsteuer vom Bruttoarbeitslohn ablesen. Falls einem Arbeitnehmer der Versorgungsfreibetrag bzw. Altersentlastungsbetrag zusteht, muss der Arbeitgeber diese allerdings noch selber mitberücksichtigen.

Da verschiedene Lohnzahlungszeiträume existieren, gibt es nicht nur Jahreslohnsteuertabellen, sondern auch Monats-, Wochen- und Tageslohnsteuertabellen (s. hierzu § 39 b Abs. 2 EStG). Die Lohnsteuertabellen gehen immer von gleich hohem Arbeitslohn in den einzelnen Lohnzahlungszeiträumen aus. Verändern sich die Löhne, wird bis zum Ende des Jahres zu viel Lohnsteuer einbehalten. Durch die Einkommensteuerveranlagung können diese Beträge wieder zurückerstattet werden.

5 Lohnsteuerermäßigungsverfahren

Auf Antrag des Arbeitnehmers ermittelt das Finanzamt die Höhe eines vom Arbeitslohn insgesamt abzuziehenden Freibetrages gem. § 39 a EStG (für unbeschränkt einkommensteuerpflichtige Arbeitnehmer nach § 39 a Abs. 1 und für beschränkt einkommensteuerpflichtige Arbeitnehmer nach § 39 a Abs. 4). Falls ein Arbeitnehmer z. B. höhere tatsächliche Werbungskosten als den Arbeitnehmer–Pauschbetrag hat, würde ohne den Freibetrag i. S. d. § 39 a EStG zu viel Lohnsteuer erhoben. Diese zu viel bezahlte Lohnsteuer könnte dem Steuerpflichtigen (Arbeitnehmer) erst im Wege der Einkommensteuerveranlagung nach Ablauf des Kalenderjahres erstattet werden. Stattdessen kann der Arbeitnehmer (Steuerpflichtige) sich für diese Werbungskosten im Rahmen des Lohnsteuerermäßigungsverfahrens vom Finanzamt einen Freibetrag ermitteln lassen. Dieser als Lohnsteuerabzugsmerkmal mitgeteilte Freibetrag ist vom Arbeitgeber bei der Lohnsteuerberechnung und -einbehaltung zu berücksichtigten (§ 39 b Abs. 1 Satz 4 EStG). Damit kann bereits während des Kalenderjahres die Lohnsteuer in der zutreffenden Höhe einbehalten werden.

Nach § 39 a Abs. 1 Satz 1Nr. 1–8 EStG können folgende Beträge in den Freibetrag einbezogen werden:

- Werbungskosten, soweit sie den Arbeitnehmer–Pauschbetrag von 1 000 € (§ 9 a Satz 1 Nr. 1 a ESG) oder bei Versorgungsbezügen den Pauschbetrag von 102 € (§ 9 a Satz 1 Nr. 1 b EStG) übersteigen (§ 39 a Abs. 1 Satz 1 Nr. 1 EStG);
- Sonderausgaben i. S. d. § 10 Abs. 1 Nr. 4, 5, 7 und 9 sowie Abs. 1 a und des § 10 b EStG, soweit sie den Sonderausgaben–Pauschbetrag von 36 € übersteigen (§ 39 a Abs. 1 Satz 1 Nr. 2 EStG);
- der Betrag, der nach den §§ 33 ,33 a und 33 b Abs. 6 EStG wegen außergewöhnlicher Belastungen zu gewähren ist (§ 39 a Abs. 1 Satz 1 Nr. 3 EStG);
- der Entlastungsbetrag für Alleinerziehende nach § 24 b EStG bei Verwitweten, die nicht in Steuerklasse II gehören (§ 39 a Abs. 1 Satz 1 Nr. 8 EStG)

sowie

- die Pauschbeträge für Behinderte und Hinterbliebene (§ 39 a Abs. 1 Satz 1 Nr. 4 EStG);
- die Beträge, die wie Sonderausgaben nach §§ 10 d Abs. 2 ,10 e, 10 f, 10 g, 10 h, 10 i EStG, nach § 15 b des Berlinfördergesetzes oder nach § 7 des Fördergebietsgesetzes abgezogen werden können (§ 39 a Abs. 1 Satz 1 Nr. 5 a EStG);

- die negative Summe der Einkünfte aus Einkunftsarten des § 2 Abs. 1 Satz 1 Nr. 1 bis 3, 6 und 7 EStG und der negativen Einkünfte i. S. d. § 2 Abs. 1 Satz 1 Nr. 5 EStG (§ 39 a Abs. 1 Satz 1 Nr. 5 b EStG);
- das Vierfache der Steuerermäßigung nach den §§ 34 f und 35 a EStG (§ 39 a Abs. 1 Satz 1 Nr. 5 c EStG);
- die Freibeträge nach § 32 Abs. 6 EStG für jedes Kind i. S. d. § 32 Abs. 1 bis 4 EStG, für das kein Anspruch auf Kindergeld besteht (§ 39 a Abs. 1 Satz 1 Nr. 6 EStG);
- der nicht ausgeschöpfte Eingangsfreibetrag eines ersten Dienstverhältnisses (§ 39 a Abs. 1 Satz 1 Nr. 7 EStG).

Die Beträge gem. **§ 39 a Abs. 1 Satz 1 Nr. 1 bis 3 und Nr. 8 EStG** können nur berücksichtigt werden, wenn sie gem. § 39 a Abs. 2 Satz 4 EStG insgesamt die **Antragsgrenze von 600 €** übersteigen.

Die Beträge gem. § 39 a Abs. 1 Satz 1 Nr. 4 bis 7 EStG sind in der jeweils beantragten Höhe zu gewähren.

Das Finanzamt kann gem. § 39 a Abs. 2 Satz 5 EStG auf nähere Angaben des Arbeitnehmers verzichten, wenn der Arbeitnehmer höchstens den für das Vorjahr ermittelten Freibetrag beantragt und versichert, dass sich die maßgebenden Verhältnisse nicht wesentlich geändert haben.

Das Finanzamt hat den Jahresfreibetrag durch Aufteilung in Monatsfreibeträge, erforderlichenfalls Wochen- und Tagesfreibeträge, jeweils auf die der Antragstellung folgenden Monate des Kalenderjahres gleichmäßig zu verteilen (§ 39 a Abs. 2 Satz 6 EStG). Wird der Antrag auf Eintragung eines Freibetrags im Januar gestellt, so ist der Freibetrag bereits mit Wirkung vom 1. Januar dieses Kalenderjahres an einzutragen (§ 39 a Abs. 2 Satz 7 EStG).

Der Antrag auf Berücksichtigung eines Freibetrags aufgrund des Lohnsteuerermäßigungsverfahrens ist nach amtlich vorgeschriebenem Vordruck zu stellen und vom Arbeitnehmer eigenhändig zu unterschreiben. Die Frist für die Antragstellung beginnt am 01.10. des Vorjahres, für das der Freibetrag gelten soll und endet am 30.11. des Kalenderjahres, in dem der Freibetrag gilt (§ 39 a Abs. 2 EStG).

6 Pauschalierung der Lohnsteuer (§§ 40, 40 a und 40 b EStG)

Bei der Ermittlung der Lohnsteuer werden im Regelfall die Besteuerungsgrundlagen durch die Einreihung der Arbeitnehmer in Steuerklassen (§ 38 b EStG), Feststellung von Freibeträgen und Hinzurechnungsbeträgen (§ 39 a EStG) sowie Bereitstellung von ELSTAM (§ 39 e EStG) oder Ausstellung von entsprechenden Bescheinigungen für den Lohnsteuerabzug (§ 39 Abs. 3 und § 39 e Abs. 7 und 8 EStG) berücksichtigt. Die einzubehaltende Lohnsteuer wird dann nach § 39 b Abs. 2 Satz 6 EStG unter Anwendung der entsprechenden Tarifformel ermittelt.

Für die in den §§ 40, 40 a und 40 b EStG gesetzlich geregelten Fälle kann die abzuführende Lohnsteuer allerdings pauschaliert berechnet werden. Die Lohnsteuer wird dann nicht wie oben genannt nach den ELSTAM ermittelt, sondern unter Anwendung von Pauschsteuersätzen, deren Höhe sich nach der jeweiligen Pauschalierungsvorschrift richtet.

Der Arbeitgeber muss die pauschale Lohnsteuer übernehmen und ist auch Schuldner der pauschalen Lohnsteuer. Der pauschal besteuerte Arbeitslohn und die pauschale Lohnsteuer bleiben bei einer Einkommensteuerveranlagung und beim Lohnsteuer-Jahresausgleich (durch den Arbeitgeber, § 42 b EStG) außer Betracht (§ 40 Abs. 3 EStG). Der Solidaritätszuschlag und die Kirchensteuer auf die pauschale LSt sind ebenfalls nicht anzurechnen.

6.1 Pauschalierung der Lohnsteuer in besonderen Fällen nach § 40 EStG

Auf Antrag des Arbeitgebers in einer größeren Zahl von Fällen (mind. 20 Arbeitnehmer, s. R 40.1 LStR)		Ohne Antrag für Zuwendungen des Arbeitgebers					
		Abgabe von verbilligten oder unentgeltlichen Mahlzeiten	Arbeitslohn aus Anlass von Betriebsveranstaltungen	Bei Gewährung von Erholungsbeihilfen	Vergütungen für Verpflegungsmehraufwendungen	Unentgeltliche oder verbilligte Übereignung von PC einschließlich Zubehör und Internetzugang und Zuschüsse zur Internetnutzung	Gewährte verbilligte Beförderung bzw. Fahrtkostenzuschüsse bzw. Kfz–Gestellung für Fahrten zwischen Wohnung und Arbeitsstätte bis zur Höhe der Km–Pauschalen
Bei Gewährung von sonstigen Bezügen bis zu 1 000 € im Kalenderjahr (§ 40 Abs. 1 Satz 3 EStG)	Bei Nacherhebung von LSt, weil der Arbeitgeber die LSt nicht vorschriftsmäßig einbehalten hat.			Pauschalierung nur möglich bis zu einem Betrag im Kalenderjahr a) Für den Arbeitnehmer 156 € b) Für seinen Ehegatten 104 € c) Für jedes Kind 52 €			
Der Pauschalsteuersatz ist vom Arbeitgeber individuell zu ermitteln (s. Beispiel in H 40.1 LStH).		Steuersatz LSt: **25 %**					Steuersatz LSt: **15 %**

6.2 Pauschalierung der Lohnsteuer für Teilzeitbeschäftigte und geringfügig Beschäftigte nach § 40 a EStG

Der Arbeitgeber kann unter Verzicht auf den Abruf von elektronischen LSt-Abzugsmerkmalen (§ 39 e Abs. 4 Satz 2 EStG) oder die Vorlage einer Bescheinigung für den LSt-Abzug (§ 39 Abs. 3 EStG oder § 39 e Abs. 7 oder Abs. 8 EStG) die Lohnsteuer mit einem festen Pauschsteuersatz bei kurzfristigen Beschäftigungen, bei geringfügigen Beschäftigungsverhältnissen und bei Aushilfskräften in der Land- und Forstwirtschaft unter besonderen Voraussetzungen erheben:

Pauschalierung der Lohnsteuer (ohne Antrag) gem. § 40 a EStG			
Kurzfristig Beschäftigte gem. § 40 a Abs. 1 EStG	Geringfügig entlohnte Beschäftigung gem. § 40 a Abs. 2 EStG	Geringfügig entlohnte Beschäftigung gem. § 40 a Abs. 2 a EStG	Aushilfskräfte in der Land- und Forstwirtschaft
Dauer der Beschäftigung max. 18 zusammenhängende Tage			Dauer der Beschäftigung < 180 Tage im VZ und keine Fachkraft (§ 40a Abs. 3 EStG)
Arbeitslohn max. 68 €/Arbeitstag oder Beschäftigung wird zu einem unvorhersehbaren Zeitpunkt sofort erforderlich	Arbeitslohn max. 450 €/ Monat	Arbeitslohn max. 450 €/Monat	
Stundenlohn max. 12 €, § 40 a Abs. 4 Nr. 1 EStG	Keine Stundenlohngrenze!	Keine Stundenlohngrenze!	Stundenlohn max. 12 €, § 40 a Abs. 4 Nr. 1 EStG
	Pauschale Rentenversicherungsbeiträge für geringfügige Beschäftigungen im Privathaushalt von 5 % bzw. für sonstige (gewerbliche) Beschäftigungen von 13 % des Arbeitsentgelts	Keine pauschalen Rentenversicherungsbeiträge	
Steuersatz LSt: **25 %**	Steuersatz LSt: **2 %**	Steuersatz LSt: **20 %**	Steuersatz LSt: **5 %**

6.3 Pauschalierung der Lohnsteuer bei bestimmten Zukunftssicherungsleistungen nach § 40 b EStG

Folgende Zukunftssicherungsleistungen kann der Arbeitgeber zum Pauschsteuersatz von **20 % bzw. 15 %** pauschal besteuern:

- Zuwendungen an eine Pensionskasse zum Aufbau einer nicht kapitalgedeckten betrieblichen Altersversorgung (Zuwendungen an eine umlagefinanzierte Pensionskasse) gem. § 40 b Abs. 1 und 2 Sätze 1 bis 2 EStG mit einem Pauschsteuersatz von **20 %** der Zuwendungen. Diese Pauschalbesteuerung kommt allerdings nur für die Zuwendungen in Betracht, die den steuerfreien Höchstbetrag nach § 3 Nr. 56 Satz 2 EStG übersteigen und nur für Zuwendungen, die aus einem ersten Dienstverhältnis bezogen werden. Der

Höchstbetrag der zu besteuernden Zuwendungen gem. § 40 b Abs. 2 Satz 1 EStG des Arbeitgebers pro Arbeitnehmer an die umlagefinanzierte Pensionskasse beträgt je Kalenderjahr i. d. R. **1 752 €** (Pauschalierungsgrenze). Der eventuell übersteigende Betrag der zu besteuernden Zuwendung ist dem individuellen Lohnsteuerabzug zu unterwerfen. Eine Pauschalierung gem. § 40 Abs. 1 Satz 1 Nr. 1 ist gem § 40 b Abs. 5 Satz 2 EStG ausgeschlossen. Sind allerdings mehrere Arbeitnehmer gemeinsam in der Pensionskasse versichert, wird gem. § 40 b Abs. 2 Satz 2 EStG für die Feststellung der Pauschalierungsgrenze für jeden einzelnen Arbeitnehmer eine Durchschnittsberechnung durchgeführt. In die Durchschnittsberechnung werden jedoch keine Arbeitnehmer miteinbezogen, für die Zuwendungen von mehr als 2 148 € im Kalenderjahr geleistet werden.

- Zuwendungen, die der Arbeitgeber für den Arbeitnehmer aus Anlass der Beendigung des Dienstverhältnisses erbringt gem. § 40 b Abs. 1 und 2 Sätze 3 bis 4 EStG mit einem Pauschsteuersatz von **20 %** der Zuwendungen. Die Pauschalierungsgrenze von 1 752 € vervielfältigt sich mit der Anzahl der Kalenderjahre, in denen das jeweilige Dienstverhältnis des Arbeitnehmers zum Arbeitgeber bestanden hat. Der vervielfältigte Betrag vermindert sich allerdings noch um die nach § 40 b Abs. 1 EStG pauschal besteuerten Zuwendungen im Jahr der Beendigung des Dienstverhältnisses und der vorangegangenen sechs Jahre.
- Beiträge für eine Unfallversicherung des Arbeitnehmers, wenn mehrere Arbeitnehmer gemeinsam in einem Unfallversicherungsvertrag versichert sind (Gruppenunfallversicherungen) gem. § 40 b Abs. 3 EStG mit einem Pauschsteuersatz von **20 %** der Beiträge. Weitere Voraussetzung ist, dass der Teilbetrag, der sich bei einer Aufteilung der gesamten Beiträge nach Abzug der Versicherungsteuer durch die Anzahl der begünstigten Arbeitnehmer ergibt, 62 € im Kalenderjahr nicht übersteigen darf. Hierbei handelt es sich um eine Freigrenze. Übersteigt der Teilbetrag den Betrag von 62 €, ist somit eine Pauschalierung insgesamt nicht möglich.
- In den Fällen von Sonderzahlungen i. S. d. § 19 Abs. 1 Satz 1 Nr. 3 Satz 2 EStG hat der Arbeitgeber die Lohnsteuer gem. § 40 b Abs. 4 EStG pauschal mit **15 %** der Sonderzahlungen – ohne betragsmäßige Begrenzung – zu besteuern.

7 Veranlagung von Arbeitnehmern

Hat der Steuerpflichtige Einkünfte aus nichtselbstständiger Arbeit erzielt, gilt die Einkommensteuer i. d. R. gem. § 46 Abs. 4 EStG durch den Lohnsteuerabzug als abgegolten. § 46 Abs. 2 EStG enthält allerdings hierzu einige Ausnahmen. Im Folgenden werden nicht alle Ausnahmen angesprochen.

Falls der Arbeitnehmer höhere Aufwendungen als den Werbungskostenpauschbetrag oder den Sonderausgabenpauschbetrag hat oder falls er außergewöhnliche Belastungen geltend machen will, kann er gem. § 46 Abs. 2 Nr. 8 EStG eine Einkommensteuerveranlagung beantragen, indem er eine Einkommensteuererklärung beim FA einreicht (sog. **Antragsveranlagung**). Diesen Antrag wird ein Arbeitnehmer (Steuerpflichtiger) i. d. R. nur stellen, wenn er Aufwendungen bezahlt hat, die sich bislang beim Lohnsteuereinbehalt nicht ausgewirkt haben (z. B. höhere Werbungskosten als den Pauschbetrag, Sonderausgaben oder außergewöhnliche Belastungen). Weitere Gründe wären, wenn er im Laufe des Kalenderjahres geheiratet hat oder nicht während des ganzen Kalenderjahres beschäftigt gewesen ist.

Neben der Antragsveranlagung (§ 46 Abs. 2 Nr. 8 EStG) hat ein Steuerpflichtiger mit nichtselbstständigen Einkünften, von denen ein Steuerabzug vorgenommen wurde, in den Fällen des

§ 46 Abs. 2 Nr. 1 bis 7 EStG pflichtgemäß eine Einkommensteuererklärung abzugeben, damit das Finanzamt die zutreffende Höhe der Einkommensteuer für den betreffenden VZ ermitteln kann. Betroffen sind folgende Fälle:

- Wenn die positive Summe der einkommensteuerpflichtigen anderen Einkünfte (also Einkünfte, die nicht dem Steuerabzug vom Arbeitslohn zu unterwerfen waren), vermindert um die darauf entfallenden Beträge nach § 13 Abs. 3 EStG und § 24 a EStG mehr als **410 €** (Freigrenze) beträgt, ist eine Veranlagung durchzuführen (§ 46 Abs. 2 Nr. 1 1. HS EStG).
- Wenn die positive Summe der Einkünfte und Leistungen, die dem Progressionsvorbehalt unterliegen, mehr als **410 €** (Freigrenze) beträgt, ist eine Veranlagung durchzuführen (§ 46 Abs. 2 Nr. 1 2. HS EStG).
- Wenn der Arbeitnehmer gleichzeitig von mehreren Arbeitgebern Arbeitslohn bezogen hat, ist eine Veranlagung durchzuführen (§ 46 Abs. 2 Nr. 2 EStG). Ausnahme: Der Arbeitslohn wurde für den Lohnsteuerabzug nach § 38 Abs. 3 a Satz 7 EStG zusammengerechnet.
- Wenn bei einem Arbeitnehmer die Summe der beim Steuerabzug vom Arbeitslohn nach § 39 b Abs. 2 Satz 5 Nr. 3 b bis d EStG berücksichtigten Teilbeträge der Vorsorgepauschale größer ist als die abziehbaren Vorsorgeaufwendungen nach § 10 Abs. 1 Nr. 3 und Nr. 3 a i. V. m. Abs. 4 EStG und der im VZ insgesamt erzielte Arbeitslohn **11 200 €** oder bei Ehegatten/Lebenspartnern der von den Ehegatten/Lebenspartnern insgesamt erzielte Arbeitslohn **21 250 €** übersteigt, ist eine Veranlagung durchzuführen (§ 46 Abs. 2 Nr. 3 EStG).
- Wenn von zusammenveranlagten Ehegatten/Lebenspartern, die beide Arbeitnehmer sind, einer für den Veranlagungszeitraum oder einen Teil davon nach der Steuerklasse V, VI oder bei IV mit Faktor besteuert worden ist, ist eine Veranlagung durchzuführen(§ 46 Abs. 2 Nr. 3 a EStG).
- Wenn für einen Arbeitnehmer ein Freibetrag i. S. d. § 39 a Abs. 1 Satz 1 Nr. 1 bis 3, 5 oder 6 EStG ermittelt worden ist und der im Kalenderjahr insgesamt erzielte Arbeitslohn **11 200 €** oder bei Ehegatten/Lebenspartnern der von den Ehegatten/Lebenspartnern insgesamt erzielte Arbeitslohn **21 250 €** übersteigt (§ 46 Abs. 2 Nr. 4 EStG), ist eine Veranlagung durchzuführen.
- Zur Abgrenzung: Wenn die Veranlagung beantragt wird, insbesondere zur Anrechnung von Lohnsteuer auf die Einkommensteuer, ist ebenfalls eine Einkommensteuerveranlagung durchzuführen (sog. **Antragsveranlagung** gem. § 46 Abs. 2 Nr. 8 EStG). Der Antrag ist durch Abgabe einer Einkommensteuererklärung zu stellen.

Betragen in den Fällen des § 46 Abs. 2 Nr. 1 EStG die anderen Einkünfte (mit Ausnahme der dem Steuerabzug unterlegenen nichtselbstständigen Einkünfte sowie der nach § 32 d Abs. 1 EStG mit dem Abgeltungsteuersatz besteuerten Kapitaleinkünfte) weniger als 410 € (§ 46 Abs. 3 EStG) oder mehr als 410 €, aber weniger als 820 € (§ 46 Abs. 5 EStG i. V. m. § 70 EStDV), wird ein **Härteausgleich** vorgenommen. Hierbei ist vom Einkommen der Betrag abzuziehen, um den die bezeichneten Einkünfte, vermindert um den auf sie entfallenden Altersentlastungsbetrag und den nach § 13 Abs. 3 EStG zu berücksichtigenden Betrag, niedriger als 410 € bzw. 820 €, sind.

Hinweis: Die Festsetzungsfrist bei einer Antragsveranlagung (§ 46 Abs. 2 Nr. 8 EStG) beträgt lediglich vier Jahre (§ 169 Abs. 2 Nr. 2 AO). Sie beginnt mit Ablauf des Kalenderjahres (§ 170 Abs. 1 AO). Beispielsweise kann ein Antrag nach § 46 Abs. 2 Nr. 8 EStG (durch Abgabe der Einkommensteuererklärung) für den VZ 2013 nur bis zum 31. 12. 2017 gestellt werden. Mit der rechtzeitigen Abgabe der Einkommensteuererklärung greift die Ablaufhemmung nach § 171 Abs. 1 AO ein. In den Fällen des § 46 Abs. 2 Nr. 8 EStG findet die Anlaufhemmung des § 170 Abs. 2 Satz 2 Nr. 1 AO keine Anwendung (vgl. BFH vom 14. 04. 2011, BStBl II 2011, 746).

Nach der Entscheidung des BVerfG vom 13.09.2013 – 1 BvR 924/12, BFH/NV 2014, 142, verstößt diese Gesetzesauslegung nicht gegen das Grundgesetz. Die Anlaufhemmung bezieht sich nur auf die Fälle, in denen der Steuerpflichtige pflichtgemäß eine Steuererklärung abzugeben hat.

Teil V Lösungshinweise zu den Übungsfällen

Lösung zu Fall 1

Ein lediger Stpfl versteuert sein zu versteuerndes Einkommen im Jahr 2017 nach dem Grundtarif des § 32a Abs. 1 EStG. Für zu versteuernde Einkommen ab 13 770 € ist die tarifliche ESt nach § 32a Abs. 1 Satz 2 Nr. 3 EStG bzw. für zu versteuernde Einkommen ab 54 058 € bis 256 303 € nach § 32a Abs. 1 Satz 2 Nr. 4 EStG zu berechnen.

zu versteuerndes Einkommen	ESt lt. Grundtarif	ESt-Belastung
37 400 €	7 853 €	21,00 %
105 800 €	0,42 × 105 800 € = 44 436 € ./. 8 475,44 € = 35 960 €	33,99 %

Lösung zu Fall 2

Die ESt ist eine Personensteuer, direkte Steuer, Gemeinschaftsteuer für Bund, Länder und Gemeinden, Steuer mit unterschiedlichen Steuersätzen und eine bedeutende Einnahmequelle des Staates.

Lösung zu Fall 3

Die ESt wird berechnet aus dem zu versteuernden Einkommen des Stpfl (§ 2 Abs. 5 EStG).

Lösung zu Fall 4

Unbeschränkte oder beschränkte ESt-Pflicht:

a) A ist unbeschränkt einkommensteuerpflichtig, da sein Wohnsitz im Inland ist.

b) B und L sind wie A unbeschränkt einkommensteuerpflichtig. Ein evtl. vorhandener weiterer Wohnsitz im Ausland ist ohne Bedeutung.

c) D ist unbeschränkt einkommensteuerpflichtig, da er seinen gewöhnlichen Aufenthalt im Inland hat.

d) E ist unbeschränkt einkommensteuerpflichtig, da er seinen Wohnsitz im Inland hat. Die unbeschränkte ESt-Pflicht umfasst alle Einkünfte (§ 2 Abs. 1 EStG). **Hinweis:** Zum Kapitalertragsteuerabzug bzw. zur Abgeltungsteuer bei Dividenden aus Aktien vgl. im Einzelnen L 11.

Lösung zu Fall 5

A. Die **Eheleute M und F** werden ohne besonderen Antrag zur ESt 2017 zusammenveranlagt, da sie unbeschränkt einkommensteuerpflichtig sind und nicht dauernd getrennt leben (vgl. §§ 26 Abs. 1 und Abs. 3 und 26b EStG). Die Kinder P und T sind unbeschränkt einkommensteuerpflichtig und werden einzeln veranlagt (§ 25 EStG).

Berechnung für M und F (§§ = EStG):

		M	F
Einkünfte:			
1.	Einkünfte aus Gewerbebetrieb (§ 15)	133 000 €	–
2.	Einkünfte aus selbstständiger Arbeit (§ 18)	–	8 130 €
3.	Einkünfte aus Kapitalvermögen (§ 20)		–*
4.	Einkünfte aus Vermietung und Verpachtung (§ 21) 11 000 € ./. 6 500 €	4 500 €	
5.	Summe der Einkünfte *Die Einkünfte aus Kapitalvermögen werden nicht in die Veranlagung einbezogen, weil die ESt mit dem Abzug der KapSt abgegolten ist (§ 43 Abs. 5 EStG). Gesamtbetrag der Einkünfte	137 500€	8 130 €
6.	Gemeinsamer Gesamtbetrag der Einkünfte		145 630 €
7.	Sonderausgaben 6 700 € + 3 100 € =		./. 9 800 €
8.	Außergewöhnliche Belastung		./. 3 600 €
9.	Einkommen der Eheleute M + F		132 230 €
10.	Freibeträge für zwei Kinder gem. § 31, § 32 Abs. 3 und Abs. 6 Sätze 1 und 2 EStG: Für beide Eltern für ein Kind: (2 358 € + 1 320 €) = 3 678 € × 2 = 7 356 € Für beide Eltern für zwei Kinder: (7 356 € × 2) =		./. 14 712 €
11.	Zu versteuerndes Einkommen 2017 Gegenrechnung des Kindergelds (vgl. § 2 Abs. 6 Satz 3 EStG und Teil S).		117 518 €

B. Die Tochter T wird einzeln zur ESt 2017 veranlagt. T bezieht nur:

1.	Einkünfte aus Vermietung und Verpachtung = Summe der Einkünfte	4 300 €	
	Gesamtbetrag der Einkünfte		4 300 €
2.	Sonderausgaben-Pauschbetrag (§ 10 c Abs. 1)		./. 36 €
3.	Einkommen = zu versteuerndes Einkommen		4 264 €

Hinweis: T hat für das Jahr 2017 keine ESt zu zahlen. Ihr zu versteuerndes Einkommen liegt unter dem Grundfreibetrag (§ 32 a Abs. 1 EStG).

C. Der Sohn P wird einzeln zur ESt 2017 veranlagt. P bezieht nur:

1.	Einkünfte aus Vermietung und Verpachtung = Summe der Einkünfte	9 508 €	
	Gesamtbetrag der Einkünfte		9 508 €
2.	Sonderausgaben-Pauschbetrag (§ 10 c Abs. 1)		./. 36 €
3.	Einkommen = zu versteuerndes Einkommen		9 472 €

Hinweis: P bezahlt 95 € ESt lt. Grundtarif für das Jahr 2017.

Lösung zu Fall 6

Der Stpfl H hat im VZ 2017 folgendes zu versteuerndes Einkommen bezogen (Einzelveranlagung nach § 25 EStG, da er verwitwet und nicht wieder verheiratet ist):

Einkünfte:	
Einkünfte aus Land- und Forstwirtschaft (§ 13 EStG)	3 200 €
Einkünfte aus Gewerbebetrieb (§ 15 EStG)	./. 12 000 €
Einkünfte aus selbstständiger Arbeit (§ 18 EStG)	+ 33 000 €
Einkünfte aus nichtselbstständiger Arbeit (§ 19 EStG: 7 000 € ./. 1 000 €)	+ 6 000 €
Einkünfte aus Vermietung und Verpachtung (§ 21 EStG: 5 000 € ./. 7 656 €)	./. 2 656 €
Sonstige Einkünfte (§ 22 EStG: 2 800 € ./. 102 €)	+ 2 698 €
Summe der Einkünfte (§ 2 Abs. 3 EStG)	30 242 €
Freibetrag für Land- und Forstwirte (§ 13 Abs. 3 EStG)	./. 900 €
Gesamtbetrag der Einkünfte (§ 2 Abs. 3 EStG)	29 342 €
Sonderausgaben (§ 10 EStG)	./. 2 500 €
Außergewöhnliche Belastungen (§ 33 EStG)	./. 1 500 €
Einkommen (§ 2 Abs. 4 EStG)	25 342 €
Zu versteuerndes Einkommen (§ 2 Abs. 5, § 32 a Abs. 1 Satz 1 EStG)	25 342 €

Da H seit drei Jahren verwitwet ist, wird die ESt für den VZ 2017 nach dem Grundtarif gem. § 32 a Abs. 1 EStG berechnet.

Lösung zu Fall 7

Die Eheleute Kurt und Lea können für den VZ 2017 zusammenveranlagt werden, da bei ihnen die Voraussetzungen des § 26 Abs. 1 Satz 1 EStG vorliegen. Kurt und Lea erhalten nach § 32 a Abs. 5 EStG den Splittingtarif.

Fanny ist für den VZ 2017 einzeln zu veranlagen (§ 25 EStG). Bei Fanny ist die ESt für den VZ 2017 nach dem Grundtarif (§ 32a Abs. 1 EStG) zu ermitteln, weil die Voraussetzungen des § 32 a Abs. 6 Satz 1 Nr. 2 EStG nicht erfüllt sind. Denn Fanny lebt bereits seit 2016 von Kurt getrennt.

Das zu versteuernde Einkommen von Fanny berechnet sich für den VZ 2017 wie folgt: Summe der Einkünfte = 14 000 € abzüglich Sonderausgaben 1 900 € = Einkommen = zu versteuerndes Einkommen 12 100 €.

Die Ermittlung des zu versteuernden Einkommens der Eheleute Kurt und Lea sieht wie folgt aus

Einkünfte aus Gewerbebetrieb (§ 15 EStG) des Kurt	75 000 €	
Einkünfte aus selbstständiger Arbeit (§ 18 EStG) der Lea (155 000 € ./. 90 000 €)		65 000 €
Einkünfte aus Vermietung und Verpachtung (§ 21 EStG) des Kurt (12 000 € ./. 5 000 €)	7 000 €	
Summe der Einkünfte (§ 2 Abs. 3 EStG)	82 000 €	65.000 €
Altersentlastungsbetrag für Lea, da sie das 64. Lebensjahr vor dem 01. 01. 2017 (genau am 31. 12. 2016 24 Uhr) vollendet hat. Die positive Summe der Einkünfte beträgt 65 000 € Davon 22,4 %, höchstens 1 064€		./. 1 064 €
=	82 000 €	63 936 €
Gesamtbetrag der Einkünfte (§ 2 Abs. 3 EStG)		145 936 €
Sonderausgaben (§§ 10, 10 b, 10 c EStG)		./. 5 730 €
Einkommen (§ 2 Abs. 4 EStG)		140 206 €
zu versteuerndes Einkommen (§ 2 Abs. 5 EStG)		140 206 €

Lösung zu Fall 8

a) Die in bar bezahlte Miete ist eine Einnahme, denn A sind Gelder im Rahmen der Einkunftsart Vermietung und Verpachtung zugeflossen.
b) A sind Mieteinnahmen zugeflossen, monatlich 700 € und das Heizöl als Gut in Geldeswert.
c) Auch hier sind monatlich 800 € als Einnahmen zu erfassen.
d) Da während des Leerstands der Wohnung kein Zufluss erfolgt ist, sind auch keine Einnahmen anzusetzen.
e) Die 300 € sind Einnahmen. Da nach Leistung durch die Mieter keine besondere Beziehung mehr zu den Einkünften aus Vermietung und Verpachtung besteht, sind es Einnahmen aus § 20 EStG.
f) Die ersparten Aufwendungen i. H. v. 800 € sind keine Einnahmen.
g) Es handelt sich um einen einmaligen Vermögensanfall wie bei einer Erbschaft. Kein Zusammenhang mit einer Einkunftsart, daher keine Einnahme.
h) Da es sich um eine Nebenleistung handelt, liegen Einnahmen aus Vermietung und Verpachtung vor. Ob ein Rechtsanspruch bestand, spielt keine Rolle.
i) Da Versicherungsleistungen nur Schäden ersetzen sollen, sind sie nur Einnahmen aus Vermietung und Verpachtung, soweit sie Werbungskosten ersetzen. Es liegen daher Werbungskosten i. H. v. 20 000 € und Einnahmen i. H. v. 20 000 € vor.

Lösung zu Fall 9

a) Es liegen zusätzliche Betriebseinnahmen (§ 18 EStG) vor. Auf den fehlenden Rechtsanspruch kommt es nicht an.
b) Auch hier liegen zusätzliche Betriebseinnahmen in Form eines Sachwertes vor. Im Fall des Ansatzes einer Betriebseinnahme kann der Rechtsanwalt auch Betriebsausgaben geltend machen.

Lösung zu Fall 10

a) Es handelt sich um zusätzliche Einnahmen aus nichtselbstständiger Arbeit, da ein beruflicher Anlass vorliegt. Ein Leistungsaustausch hat stattgefunden.
b) Es liegen keine Einnahmen aus nichtselbstständiger Arbeit vor, da ein privater Anlass besteht. Es hat kein Leistungsaustausch stattgefunden.

Lösung zu Fall 11

Es liegen keine Werbungskosten, sondern Betriebsausgaben vor. Ein Kaufmann erzielt Einkünfte aus Gewerbebetrieb (§ 15 EStG), welche zu den Gewinneinkünften und nicht zu den Überschusseinkünften zählen.

Lösung zu Fall 12

a) Die 800 € sind Werbungskosten. Der Anlass ist ohne Bedeutung, auf die Verursachung kommt es an.
b) Die Zinsen sind Werbungskosten, da sie durch das vermietete Haus veranlasst sind. Die Schuldzinsen fallen unter die Vorschrift des § 9 Abs. 1 Satz 3 Nr. 1 EStG.
c) Es liegen Werbungskosten vor, da sie durch die Einkunftsquelle »Mietshaus« veranlasst sind.
d) Eigene Arbeitsleistungen sind keine Werbungskosten. Es fließen keine Aufwendungen ab.
e) Es liegen in Form der aufgewendeten Materialkosten Werbungskosten vor, da insoweit ein Abfluss von Geld vorliegt.

f) Es liegen Werbungskosten vor; auch diese Kosten dienen der Erhaltung der Einnahmen (Reparatur).
g) Es liegen Werbungskosten vor. Die Grundsteuer entsteht laufend; nicht zu verwechseln mit der Grunderwerbsteuer, die beim Erwerb des Gebäudegrundstücks entsteht (vgl. § 9 Abs. 1 Satz 3 Nr. 2 EStG).
h) Es liegen Werbungskosten vor. B erhält Anregungen und Erkenntnisse, die für ihn für die Mietverhältnisse von Bedeutung sind (§ 9 Abs. 1 Satz 3 Nr. 3 EStG).
i) Es liegen Werbungskosten vor. Auch Fahrten sind erforderlich, um ein Gebäude zu erhalten (vgl. § 9 Abs. 3 EStG i. V. m. § 9 Abs. 1 Nr. 4 a EStG).
j) Es liegen Werbungskosten vor, da der Fahrradständer für die Mieter angeschafft wurde. Abzugsfähig ist die lineare AfA, d. h. 600 € pro Jahr (vgl. § 9 Abs. 1 Nr. 7 EStG). Läge ein GWG vor, wäre der Betrag sofort voll als Werbungskosten abziehbar (§ 9 Abs. 1 Satz 3 Nr. 7 Satz 2 EStG). Hinweis: Des Weiteren konnte früher alternativ auch die degressive AfA i. S. d. § 7 Abs. 2 EStG geltend gemacht werden, sofern die zeitlichen Voraussetzungen vorlagen (vgl § 7 Abs. 2 EStG).

Lösung zu Fall 13

a) Es liegen dem Grunde nach zwar Werbungskosten vor, da die Aufwendungen zur Erzielung der Einnahmen bezahlt wurden. Jedoch ist im Bereich der Einkünfte aus Kapitalvermögen eine Besonderheit zu beachten. Gem. § 2 Abs. 2 Satz 2 EStG i. V. m. § 20 Abs. 9 EStG ist der Abzug der tatsächlichen Werbungskosten grundsätzlich ausgeschlossen. Vielmehr kann nur der Sparer–Pauschbetrag abgezogen werden.
b) Es liegen keine Werbungskosten vor; kein Abfluss von Gütern.
c) Es liegen keine Werbungskosten vor, sondern Anschaffungskosten.
d) Es liegen keine Werbungskosten vor, sondern Anschaffungsnebenkosten.
e) Beim Verkauf ist § 20 Abs. 4 EStG zu beachten: Die Kosten für den Erwerb der festverzinslichen Papiere sind Anschaffungsnebenkosten.

Lösung zu Fall 14

a) Es liegen keine Werbungskosten, sondern Anschaffungskosten vor.
b) Es liegen keine Werbungskosten, sondern Anschaffungsnebenkosten vor.
c) Es liegen keine Werbungskosten, sondern Anschaffungsnebenkosten vor.
d) Wäre es zum Bau des Hauses gekommen, lägen abschreibungsfähige Herstellungskosten vor, also Kosten, die V langfristig über die AfA als Werbungskosten hätte abziehen können. Da nichts erstellt wurde, müssen diese Kosten sofort als Werbungskosten anerkannt werden, denn andernfalls könnte sie V überhaupt nicht geltend machen (vgl. BFH vom 14.02.1978 BStBl II 1978, 455). Den Entschluss, Mieteinkünfte zu erzielen, hatte er (vgl. BFH vom 09.09.1980 BStBl II 1981, 418). Wollte er eine oder mehrere Wohnungen selbst bewohnen, wäre das Haus insoweit Konsumgut. V könnte dann insoweit von vornherein keine Werbungskosten geltend machen, auch wenn der Bau verwirklicht würde. In solchen Fällen sind AfA und Werbungskosten aufzuteilen.
e) Der Verlust von 10 000 € durch den Verkauf des Grundstücks ist mangels eines einschlägigen Einkünftetatbestandes steuerlich nicht relevant (anders, wenn § 23 EStG vorläge oder das Grundstück sich im Betriebsvermögen befinden würde).
f) Es liegen keine Werbungskosten vor. Die Kosten stehen im Zusammenhang mit dem Verkauf.

Lösung zu Fall 15

Dies sind Lebenshaltungskosten, da kein unmittelbarer Zusammenhang mit den Einkünften aus nichtselbstständiger Tätigkeit vorliegt. Unter den Voraussetzungen des § 10 Abs. 1 Nr. 5 EStG können die Aufwendungen als Sonderausgaben abgezogen werden (vgl. hierzu auch den Einleitungssatz von § 12 EStG).

Lösung zu Fall 16

Es handelt sich um Anschaffungskosten für die Eigentumswohnung, die Konsumgut ist. Kein Bezug zu den Einkünften aus nichtselbstständiger Tätigkeit, unterstellt es liegt keine doppelte Haushaltsführung vor.

Lösung zu Fall 17

Die Kosten sind durch Schätzung leicht und einwandfrei trennbar und daher aufzuteilen. Es wäre ohne weiteres möglich, dass der Arzt die privaten und betrieblichen Waschgänge getrennt aufzeichnet. Also zum Teil Betriebsausgaben, zum Teil Lebenshaltungskosten.

Lösung zu Fall 18

Es handelt sich um Lebenshaltungskosten, da sie überwiegend privat verursacht wurden. Eine Aufteilung ist nicht möglich.

Lösung zu Fall 19

Es handelt sich um Betriebsausgaben (über die AfA), da sie ganz überwiegend betrieblich verursacht wurden.

Lösung zu Fall 20

Es handelt sich um Lebenshaltungskosten, da sie überwiegend privat verursacht wurden. Eine Aufteilung ist nicht möglich.

Lösung zu Fall 21

Bei der Gewerbesteuer handelt es sich auf Grund der Regelung des § 4 Abs. 5 b EStG nicht um abzugsfähige Betriebsausgaben.

Lösung zu Fall 22

Die Verspätungszuschläge werden getrennt festgesetzt. Soweit der Zuschlag für die ESt bezahlt wird, ist er privat veranlasst. Da der Verspätungszuschlag eine steuerliche Nebenleistung im Zusammenhang mit der Gewerbesteuer ist, greift insoweit auch die Regelung des § 4 Abs. 5 b EStG. Demnach stellt der Verspätungszuschlag zur Gewerbesteuer keine abzugsfähige Betriebsausgabe dar.

Lösung zu Fall 23

a) Die Einnahmen sind im VZ 02 zu erfassen; § 11 Abs. 1 Satz 2 EStG ist nicht anwendbar, da die Miete vor dem 22. 12. 01 fällig ist.
b) Die Einnahmen sind im VZ 02 zu erfassen; § 11 Abs. 1 Satz 2 EStG ist anwendbar. Es kommt auf die wirtschaftliche Zugehörigkeit im »Januar« an. »Kurze Zeit« ist erfüllt.
c) Zufluss bei E mit Übergabe des Schecks, daher wie d).

d) Die Einnahmen sind im VZ 01 für die **Februar**miete zu erfassen; Zufluss am 31.12.01, Normalfall; § 11 Abs. 1 Satz 2 EStG ist nicht anwendbar, da die Miete erst am 01.02.02 fällig ist.
   Die Einnahmen sind im VZ 02 für die **Januar**miete zu erfassen, § 11 Abs. 1 Satz 2 EStG ist anwendbar. Zahlung und Fälligkeit liegen im 10–Tages–Zeitraum.
e) Werbungskosten im VZ 02; keine regelmäßige Leistung. Normalfall. 1/4 davon ist nicht abzugsfähig, da die selbst bewohnte Wohnung ein Konsumgut (Kosten der privaten Lebensführung) ist.
f) Die Ausgaben sind im VZ 01 zu erfassen; Voraussetzung »kurze Zeit« nicht erfüllt. Auch hier Aufteilung wie bei e).
g) Die Ausgaben sind im VZ 02 zu erfassen; § 11 Abs. 2 Satz 2 ist anwendbar. Auch hier Aufteilung wie bei e).
h) Es liegen keine Einnahmen vor, da keine Vermietung vorliegt. Es handelt sich um ein Konsumgut.

Lösung zu Fall 24

a) Die Einnahmen werden im VZ 02 besteuert; Bruttoeinnahmen 1 000 €, Regelfall des § 11 Abs. 1 Satz 1 EStG. Da diese Einnahmen der Abgeltungsteuer unterliegen, hat K nichts zu veranlassen (§ 43 Abs. 1 Nr. 1, § 43 Abs. 5 EStG und § 32 d Abs. 1 EStG).
b) Keine Werbungskosten, sondern Anschaffungskosten; § 11 EStG ist nicht betroffen.
c) Die Monatsbeiträge Februar bis Dezember 02 = 2 200 € sind im VZ 01 als Sonderausgaben zu berücksichtigen (kein Fall des § 10 Abs. 1 Nr. 3 Satz 4 EStG).
   Der Monatsbeitrag Januar 02 ist im VZ 02 zu berücksichtigen. § 11 Abs. 2 Satz 2 EStG ist anwendbar.

Lösung zu Fall 25

Der Gewinn für das Wj 2017/2018 aus Land- und Forstwirtschaft ist nach Durchschnittssätzen gem. § 13 a EStG zu ermitteln, da die Ausschließungsgründe des § 13 a Abs. 1 Nr. 1 bis 5 EStG nicht erfüllt sind. Er berechnet sich wie folgt:

Grundbetrag (§ 13 a Abs. 4 Satz 1 und 2 EStG) 19 ha × 350 €	6 650 €
Ein Zuschlag für Tierzucht und Tierhaltung unterbleibt, da der Viehbestand nicht mehr als 25 Vieheinheitn beträgt (Anlage 1 a zu § 13 a EStG)	0 €
Gewinn aus Veräußerung des Grundstücks (§ 13 a Abs. 7 Nr. 1 Buchst. a EStG)	6 526 €
Pachteinnahmen gem. § 13 a Abs. 3 Nr. 5 EStG	500 €
Gewinn des Wj 2017/2018	13 676 €
Die gezahlte Pacht ist mit dem Grundbetrag abgegolten	./. 0 €

Einkünfte des R aus L + F im VZ 2017:

a) 1/2 des Gewinns des Wj 2016/2017	7 350 €
b) 1/2 des Gewinns des Wj 2017/2018	6 838 €
Summe	14 188 €
c) ./. Freibetrag gem. § 13 Abs. 3 EStG	./. 1 800 €
Gesamtbetrag der Einkünfte des R im VZ 2017	12 388 €

Lösung zu Fall 26

a) Die Tatsache, dass B Lohnsteuer und Sozialversicherungsbeiträge abführt, spricht als Indiz für ein Arbeitsverhältnis, zumal die Lohnzahlungen nicht regelmäßig gleich hoch zu sein brauchen. Für eine endgültige Entscheidung müssten allerdings noch weitere Merkmale überprüft werden, d. h. es müssten im Rahmen einer Gesamtwürdigung alle für und gegen die Selbstständigkeit sprechenden Umstände gegeneinander abgewogen werden (vgl. H 15.1 [Gesamtbeurteilung] EStH).

b) Da M die »schwarze« Tätigkeit nicht im Rahmen seines Arbeitsverhältnisses ausübt und die Tätigkeit sämtliche Merkmale eines Gewerbetriebs i. S. d. § 15 Abs. 2 EStG erfüllt, liegen insoweit Einkünfte aus Gewerbebetrieb vor. Sein Lohn bei Z gehört zu den Einkünften aus nichtselbstständiger Tätigkeit (§ 19 EStG).

c) Diese Tätigkeit ist grundsätzlich Vermögensverwaltung und kein Gewerbebetrieb, auch wenn An- und Verkäufe in größerem Umfang erfolgen und sich über einen längeren Zeitraum erstrecken (vgl. hierzu im Einzelnen H 15.7 Abs. 9 [An- und Verkauf von Wertpapieren] EStH). Die Gewinne und Verluste aus der Veräußerung der Wertpapiere sind aber trotzdem zu erfassen. Denn Y hat in jedem Falle den Tatbestand des § 17 oder den des § 20 Abs. 2 EStG erfüllt. Hinsichtlich des § 20 Abs. 2 EStG ist für den zeitlichen Anwendungsbereich § 52 Abs. 28 Satz 11 EStG zu beachten. Davon unabhängig ist, dass die laufenden Zinsen und Dividenden bei Y als Einkünfte aus § 20 EStG zu versteuern sind.

d) Die GmbH ist eine Kapitalgesellschaft mit eigener Rechtsfähigkeit und keine Personengesellschaft. Ob die von P erbrachte Tätigkeit als selbstständige oder unselbstständige Tätigkeit anzusehen ist, hängt von den Umständen des Einzelfalls ab (vgl. BFH vom 20. 10. 2010 BFH/NV 2011, 585–587).

e) Die Pachtzinsen sind Sondervergütungen bei der Z-OHG (§ 15 Abs. 1 Nr. 2 2. HS EStG), und damit Einkünfte aus Gewerbebetrieb des W.

Lösung zu Fall 27

Zivilrechtlich ist es sehr schwer zu entscheiden, ob eine Personengesellschaft zwischen V und S vereinbart wurde. Insoweit käme eine OHG oder eine GbR in Betracht. Da S nur im Namen des Vaters V nach außen auftreten darf, spricht viel dafür, dass hier nur eine stille Beteiligung vorliegt; die Einlage muss insoweit nicht in Geld bestehen.

Steuerrechtlich ist dies nicht so wichtig. Da S am Gewinn und den stillen Reserven beteiligt ist, trägt er ein hohes Unternehmerrisiko. Auch seine Unternehmerinitiative ist sehr gewichtig, vor allem dadurch, dass er für V Kredite aufnehmen darf. Es liegt daher eine Mitunternehmerschaft vor, entweder in Form einer OHG, einer GbR oder einer atypischen stillen Gesellschaft.

Lösung zu Fall 28

Zivilrechtlich liegt eine GbR vor. A und B haben ein gemeinsames Ziel, sie verfolgen einen gemeinsamen Zweck. Sie wollen die Kosten in ihrem jeweiligen Betrieb verringern.

Steuerrechtlich liegt aber keine Mitunternehmerschaft vor, weil diese voraussetzt, dass mehrere Personen gemeinsam einen Gewinn erzielen wollen. Eine einheitliche und gesonderte Feststellung für die Lkw-Kosten kommt daher nicht in Betracht.

Steuerrechtlich geht man in so einem Fall von einer **Interessengemeinschaft** aus. In der Praxis gibt es diese Fälle häufig bei Freiberuflern, wenn sie gemeinsam nur die Räume mieten, nur eine Sekretärin einstellen und nur einen Personalcomputer anschaffen, d. h. sie treten nach außen nicht mit einem gemeinsamen Briefkopf auf, haben ihre eigenen Mandanten und jeder schreibt seine Rechnungen selbst. An der Haustür stehen z. B. nur die einzelnen Namen mit dem Zusatz Rechtsanwälte.

Der Lkw ist daher bei A und B mit je 50 000 € zu aktivieren und zwar als Bruchteil zu 1/2. In der Bilanz steht bei A und B jeweils nur Lkw bzw. Fuhrpark. Bei Zurechnungsfragen ist in diesen Fällen immer eine Bruchteilsgemeinschaft anzunehmen (§ 39 Abs. 2 Nr. 2 AO), selbst wenn zivilrechtlich eine GbR vorliegt.

Bei der AfA haben A und B Wahlrechte. Sie können getrennt voneinander die AfA gem. § 7 Abs. 1 oder § 7 Abs. 2 EStG berechnen. Auch können sie die Nutzungsdauer verschieden schätzen (vgl. Schmidt/Kulosa, EStG, 36. Aufl., § 7 Rz 56 f.).

Lösung zu Fall 29

M erzielt Einkünfte nach § 18 Abs. 1 Nr. 1 EStG i. H. v. 140 000 € und nach § 20 EStG i. H. v. 50 000 € (Sparer-Pauschbetrag nach § 20 Abs. 9 EStG bereits berücksichtigt). F erzielt Einkünfte nach § 18 Abs. 1 Nr. 3 EStG i. H. v. 17 000 €. Sie ist Vermögensverwalterin (vgl. BFH vom 25. 11. 1970 BStBl II 1971, 239).

Lösung zu Fall 30

B erzielt aus seiner Tätigkeit als medizinscher Fußpfleger Einkünfte aus § 18 Abs. 1 Nr. 1 EStG (BMF vom 22. 10. 2004 BStBl I 2004, 1030). Er übt dann einen dem Krankengymnasten ähnlichen Beruf aus.

Lösung zu Fall 31

Nach BFH vom 19. 09. 2002 BStBl II 2003, 25 ist P kein beratender Volks- oder Betriebswirt. Seine Tätigkeit ist eine Vermittlungstätigkeit. Es liegt also ein Maklervertrag gem. § 652 BGB vor, der rein gewerblicher Natur ist. Auf das Studium kommt es dann nicht an.

Lösung zu Fall 32

Der Gewinn aus dem Klinikbetrieb ist gewerblich. Entscheidend ist nun, ob die ärztlichen Leistungen dazu gehören oder getrennt beurteilt werden können. Der BFH hat im Urteil vom 02. 10. 2003 BStBl II 2004, 363 getrennte Einkünfte angenommen, wenn die Leistungen der Klinik einerseits und die ärztlichen Leistungen andererseits gesondert abgerechnet werden.

Lösung zu Fall 33

Es werden Einkünfte aus freiberuflicher Tätigkeit gem. § 18 Abs. 1 Nr. 1 EStG erzielt (vgl. zu den Einzelheiten BFH vom 22. 09. 2009 BStBl II 2010, 467).

Lösung zu Fall 34

Der BFH hat im Urteil vom 20. 12. 2000 BStBl II 2002, 478 den selbstständigen Bildberichterstatter mit ausführlicher Begründung als Freiberufler gem. § 18 Abs. 1 Nr. 1 EStG angesehen, insbesondere weil das von ihm erstellte Bildmaterial auf der Erfassung des Bildmotivs und seines Nachrichtenwerts aufgrund eigener individueller Beobachtung beruht.

Weil K und T aber freie Mitarbeiter mit der Erstellung des Filmmaterials beauftragten und insoweit keinen Einfluss auf die Gestaltung des Filmmaterials nahmen, sind sie insoweit gewerblich tätig, da keine leitende und eigenverantwortliche Tätigkeit auf Grund eigener Fachkenntnisse mehr gegeben ist. Es liegt insgesamt eine gewerbliche Tätigkeit vor auf Grund der Abfärbetheorie i. S. d. § 15 Abs. 3 Nr. 1 EStG.

Lösung zu Fall 35

a) Beides ist falsch. Es liegen Einkünfte aus Vermietung und Verpachtung vor (§ 21 Abs. 1 Nr. 1 EStG); d. h. der Eigentümer muss den Überschuss der Einnahmen über die Werbungskosten ermitteln (vgl. § 2 Abs. 2 Nr. 2 EStG).
b) Ein Großhändler ist Kaufmann (§ 1 HGB). Daher hat er grundsätzlich seinen Gewinn durch Bestandsvergleich gem. 4 Abs. 1 EStG i. V. m. § 5 EStG zu ermitteln. Er ist nach § 238 ff HGB und somit auch gem. § 140 AO für steuerliche Zwecke buchführungspflichtig; diese Gewinnermittlungsart ist daher auch erzwingbar. Ein Anwendungsfall des § 241 a HGB dürfte hier nicht vorliegen, da die Grenzen bei einem Großhandel überschritten sein dürften. In den Fällen, in denen keine Buchführungspflicht vorliegt (Nichtkaufmann, Kleingewerbetreibender gem. § 1 Abs. 2 HGB oder eine Anwendungsfall des § 241 a HGB und die Grenzen des § 141 AO sind jeweils nicht überschritten), kann er eine Einnahme-Überschuss-Rechnung gem. § 4 Abs. 3 EStG abgeben. Diese ist aber nicht erzwingbar.
c) Der Freiberufler ist nicht buchführungspflichtig (nicht Kaufmann und in § 141 AO nicht erwähnt) und kann auch nicht zum Betriebsvermögensvergleich gezwungen werden.

Lösung zu Fall 36

a) Das Geschäft ist ein Hilfsgeschäft. Es liegen daher Betriebseinnahmen i. H. v. 600 € plus USt zum Zeitpunkt des Geldeingangs vor. Der Restbuchwert ist bei Veräußerung Betriebsausgabe. Vgl. J 3.1 und 4. 2.
b) Es handelt sich um Betriebseinnahmen, da die Zahlung im Zusammenhang steht mit der Praxis. Auf eine Rechtspflicht zur Zahlung kommt es nicht an. Ein Leistungsaustausch liegt vor.
c) Es handelt sich um Betriebseinnahmen; auch nichtige Rechtsgeschäfte (hier § 138 BGB) werden in der ESt erfasst (vgl. § 40 AO).

Lösung zu Fall 37

Auf § 11 EStG, und damit auf den Abfluss des Geldes, kommt es nur bei der Behandlung der USt sowie beim Umlaufvermögen an, d. h. beim Erwerb der 30 Zentner Kartoffeln. In allen anderen Fällen spielt die Zahlung keine Rolle.

Im Einzelnen:

a) S. o.
b) Die AfA ist ab Erwerb Betriebsausgabe. Die Umsatzsteuer ist bei Bezahlung (d. h. im Zeitpunkt des Abflusses) als Betriebsausgabe zu erfassen. Die vom Finanzamt erhaltene Vorsteuer ist bei Zufluss als Betriebseinnahme zu erfassen.

c) Im Anschaffungszeitpunkt können noch keine Betriebsausgaben geltend gemacht werden. Bei einer evtl. späteren Veräußerung sind die Anschaffungskosten Betriebsausgabe bei Zufluss des Veräußerungserlöses (nicht abnutzbares Anlagegut) bzw. bei einer späteren Entnahme im Zeitpunkt der Entnahme.
d) Die Anschaffungskosten sind als GWG sofort abziehbar. Zur USt s. Buchst. b.
e) Das Gebäude ist über die AfA und die Grundstücksanschaffungskosten sind erst in einem späteren Zeitpunkt bei Zufluss des Veräußerungserlöses oder Entnahme Betriebsausgabe.
f) Es liegt gewillkürtes Betriebsvermögen vor, sofern der Stpfl den Pkw in das Betriebsvermögen einlegt. Dieses gab es in der § 4 Abs. 3 EStG-Rechnung jahrzehntelang nicht. Mittlerweile ist jetzt Fall f) wie Fall g) zu lösen. Von den laufenden Kosten (einschließlich AfA) sind 30 % Betriebsausgaben.
g) Der Pkw gehört zum notwendigen Betriebsvermögen. Die Kosten (einschließlich AfA) sind Betriebsausgaben, der private Nutzungsanteil Betriebseinnahme.

Lösung zu Fall 38

a) Die Einnahme-Überschussrechnung ist zulässig gem. § 4 Abs. 3 EStG, da weder eine Buchführungspflicht nach § 140 AO bzw. § 141 AO besteht noch freiwillig Bücher geführt werden.

Betriebseinnahmen (BE)	500 000 €
./. Betriebsausgaben (BA)	./. 200 000 €
Gewinn aus selbstständiger Arbeit	300 000 €

b) Gem. H 4.5 Abs. 2 [Darlehen] EStH sind Darlehensaufnahmen und -tilgungen nicht anzusetzen.

BE	./. 100 000 €
BA	./. 100 000 €
Gewinn	± 0 €

Zinsen sind betrieblich veranlasst = BA (§ 4 Abs. 4 EStG), daher keine Gewinnauswirkung.

c) Der Arzt ist nicht zum Vorsteuerabzug berechtigt (§ 15 Abs. 2 Nr. 1 i. V. m. § 4 Nr. 14 UStG). Anschaffungskosten daher 476 € gem. § 9 b EStG und R 9 b Abs. 1 Satz 1 EStR.
Für die 410 €-Grenze des § 6 Abs. 2 EStG (GWG) gelten jedoch stets die Anschaffungskosten ohne USt (R 9 b Abs. 2 Sätze 1 und 2 EStR). Damit im Jahr 17 folgende Betriebsausgaben:
BA bisher: 75 € + 76 € = 151 €
BA neu: 476 €
Gewinnauswirkung: ./. 325 €.

d) (Arzneimittel = Umlaufvermögen =) BA bei Zahlung einschließlich der in den Anschaffungskosten enthaltenen USt, also im Jahr 2016.
Die verdorbenen Arzneimittel sind daher nicht nochmals abzugsfähige Aufwendungen, da sie bereits früher mit Geldabfluss als BA abgezogen wurden.
Gewinn + 1 000 €.

e) Eine während der Berufsausübung verursachte Krankheit führt zu betrieblich veranlassten Aufwendungen. Der Zusammenhang muss eindeutig feststehen.
2 000 € = BA (keine außergewöhnlichen Belastungen); hierzu BFH vom 23. 10. 1992 BStBl II 1993, 193 und Schmidt/Heinicke, EStG 36. Aufl., § 4 Rz 520, Stichwort »Krankheitskosten«. Gewinn ./. 2 000 €.

f) Das unbebaute Grundstück ist nicht ausschließlich für den Betrieb erworben und daher kein notwendiges Betriebsvermögen (R 4.2 Abs. 1 Satz 1 EStR). Gewillkürtes Betriebsvermögen kommt ebenfalls nicht in Betracht, weil das Grundstück später privat genutzt werden soll. Es liegt notwendiges Privatvermögen vor (R 4.2 Abs. 1 Satz 3 EStR).
Das Geld ist somit für private Zwecke bezahlt, und keine BA.
Wenn das Grundstück Betriebsvermögen wäre, könnten die Anschaffungskosten erst bei einer späteren Veräußerung im Zeitpunkt des Zuflusses des Veräußerungserlöses bzw. bei einer späteren Entnahme als BA abgezogen werden (§ 4 Abs. 3 Satz 4 EStG und R 4.5 Abs. 3 Satz 5 EStR).
Gewinn + 50 000 €.

g) Der Wäschetrockner wird zu mehr als 50 % betrieblich genutzt, daher notwendiges Betriebsvermögen.
Die Gesamtkosten im Jahr 17 betragen: lfd. Kosten 120 € + AfA 397 € (2 380 € : 6) = 517 € = BA. Volle Jahres-AfA, vgl. § 7 Abs. 1 Satz 4 EStG.
Die private Nutzung ist die Entnahme einer Nutzung i. H. v. 40 % von 517 € = BE = 207 €.
Gewinn (./. 517 € + 207 € + 72 €) ./. 238 €.
USt auf die Entnahme entsteht nicht (§ 4 Nr. 28 i. V. m. § 4 Nr. 14 UStG).

h) Die Behandlung des Gold durch Dr. M ist eine übliche betriebliche Leistung des Dr. M. Die Zuwendung des Gold ist Honorar (auch ohne Rechnung) i. H. d. Sachwerts = BE = 3 000 €.
Die Schenkung an die Ehefrau ist eine Entnahme = BE 3 000 €.
Da der Wert des Rings damit als Einnahme erfasst ist, sind bei Ausscheiden aus dem Betriebsvermögen die Anschaffungskosten BA (R 4.5 Abs. 3 Satz 5 EStR). Die Anschaffungskosten betragen gem. § 6 Abs. 4 EStG 3 000 €.
Gewinn (im Ergebnis) + 3 000 €.

i) Die Miete ist eine wiederkehrende BA (Voraussetzung für § 11 Abs. 2 Satz 2 EStG).
Die Zahlung ist aber außerhalb des Zehn-Tages-Zeitraums erfolgt.
Damit BA erst im Jahr 2018.
Gewinn + 1 000 €.

Zusammenfassung Gewinn Dr. M im Jahr 2017:

Änderung:	Buchst. c)	–	./.	325 €
	d)	1 000 €		–
	e)	–	./.	2 000 €
	f)	50 000 €		–
	g)	–	./.	238 €
	h)	3 000 €		–
	i)	1 000 €		–
		55 000 €	./.	2 563 €
Erklärter Gewinn				300 000 €
Erhöhung			+	55 000 €
Minderung			./.	2 563 €
Endgültig				352 437 €

Lösung zu Fall 39

F hat aus ihrer Arztpraxis Einkünfte aus freiberuflicher Tätigkeit. Ihr gem. § 4 Abs. 3 EStG erklärter Gewinn für das Jahr 2017 beträgt 120 000 €.

1. Gebäudegrundstück Fernerstraße 17

Das Gebäudegrundstück dient zu 40 % der Praxis von F. Folglich ist dieser eigenbetrieblich genutzte Teil notwendiges Betriebsvermögen. Der zu 60 % vermietete Teil ist notwendiges Privatvermögen, insoweit hat F Einkünfte aus Vermietung und Verpachtung.

1.1 Zu den Einkünften aus freiberuflicher Tätigkeit

1.1.1 Bis zur Veräußerung des Grundstücks

F kann als Betriebsausgaben im Einzelnen abziehen:

a) AfA

Das Gebäudegrundstück wurde 2006 erworben. Die Anschaffungskosten betrugen zu diesem Zeitpunkt 616 667 € zuzüglich der angefallenen Nebenkosten von 50 000 €, also insgesamt 666 667 €. Abzüglich des Grund- und Bodenanteils von 166 667 € (25 % von 666 667 €) verbleiben als Anschaffungskosten des Gebäudes noch 500 000 €. 40 % davon, nämlich 200 000 € entfallen auf den freiberuflich genutzten Teil. Die AfA-Vorschrift des § 7 Abs. 5 EStG ist nicht anwendbar (nicht im Jahr der Herstellung erworben). Die AfA ist daher mit 2 % gem. § 7 Abs. 4 Satz 1 Nr. 2 Buchst. a EStG zu ermitteln. Das Gebäude ist im Jahre 1984 mit Bauantrag aus dem Jahr 1983 erstellt worden, daher ist die AfA gem. § 7 Abs. 4 Satz 1 Nr. 1 EStG nicht zulässig. Sie beträgt für das 1. Halbjahr 2017 somit 2 000 € (2 % × 500 000 € × 40 % × 1/2) (Hinweis: Centbeträge wurden auf volle Eurobeträge auf bzw. abgerundet).

Gewinnauswirkung: ./. 2 000 €

b) Zinszahlungen

Hypothekenschuld und Zinszahlungen sind zunächst entsprechend der Nutzung des Gebäudes den beiden Einkunftsarten zuzuordnen; damit entfallen nur 40 % der Zinszahlungen auf den freiberuflichen Teil: 40 % von 26 560 € = 10 624 €.

Gewinnauswirkung ./. 10 624 €

c) Allgemeine, laufende Kosten

Die Renovierung des Wartezimmers entfällt unmittelbar auf den betrieblichen Bereich, also sind diese 8 000 € voll Betriebsausgaben (vgl. R 4.7 Abs. 2 Satz 3 EStR).

Die restlichen allgemeinen Kosten sind aufzuteilen, daher Betriebsausgaben 40 % von 22 000 € (30 000 € ./. 8 000 €) = 8 800 €.

Gewinnauswirkung ./. 16 800 €

1.1.2 Veräußerung des Grundstücks

Steuerlich als laufender Gewinn zu erfassen sind die stillen Reserven des freiberuflich genutzten Grundstücksteils. Der privat genutzte Grundstücksteil fällt nicht unter § 23 EStG.

Die Übernahme der Hypothekenverbindlichkeit durch K ist ebenso Zufluss im Rahmen der Gewinnermittlung gem. § 4 Abs. 3 EStG wie die Zuzahlung. Denn es ist wirtschaftlich gleich, ob K nur die Verbindlichkeit übernimmt, oder ob er den Betrag an F bezahlt und diese später die Verbindlichkeit begleicht.

An Betriebseinnahmen sind daher anzusetzen 40 % des Kaufpreises von 582 000 € (332 000 € + 250 000 €) = 232 800 €.

An Betriebsausgaben sind anzusetzen 40 % des Gebäuderestwerts (es kam insoweit nicht mehr zur AfA) und 40 % der Anschaffungskosten des Grund und Bodens (vgl. § 4 Abs. 3 Sätze 3 und 4 EStG; R 4.5 Abs. 3 EStR).

Anschaffungskosten Gebäudeteil	200 000 €
./. AfA 2006 bis 30. 06. 2017 = 23 %	./. 46 000 €
Restwert	154 000 €
Anschaffungskosten Grund und Boden 40 % von 166 667 €	66 667 €
Gesamtwert = Betriebsausgaben	220 667 €

Gewinnauswirkung: + 12 133 € (232 800 € ./. 220 667 €)

1.1.3 Nach Veräußerung des Grundstücks

F kann als Betriebsausgabe im Einzelnen abziehen:

a) Miete

Angefallen sind sechs Monatsmieten an K i. H. v. je 4 000 €. Probleme entstehen beim Abzug der November- und Dezembermiete 2017.

Die Novembermiete wurde erst am 05. 01. 2018 überwiesen. Damit ist sie erst 2018 abziehbar. Die Ausnahme des § 11 Abs. 2 Satz 2 EStG ist nicht anwendbar. Die Miete ist zwar im Zehn–Tages–Zeitraum nach dem 31. 12. 2017 bezahlt worden, war aber schon am 30. 11. 2017 fällig, also nicht innerhalb des Zehn–Tages–Zeitraums vor dem 31. 12. 2017 (vgl. F 3.1.3).

Die Dezembermiete ist dagegen in 2017 noch abziehbar. Sie ist am 31. 12. 2017 fällig gewesen und am 05. 01. 2018 bezahlt worden. Beide Stichtage liegen im Zehn–Tages–Zeitraum vor bzw. nach dem Stichtag 31. 12. 2017. Die wirtschaftliche Zugehörigkeit ist auch der Zeitraum Dezember 2017, BFH vom 24. 07. 1986 BStBl II 1987, 16 und vom 23. 09. 1999 BStBl II 2000, 121. Die Miete gehört auch zu den regelmäßig wiederkehrenden Ausgaben (= Dauerschuldverhältnis). Daher sind abzugsfähig: 5 × 4 000 € = 20 000 €.

Gewinnauswirkung: ./. 20 000 €

b) Allgemeine Kosten

M und F haben für das Gebäude insgesamt 20 000 € allgemeine Kosten aufgebracht. Diese sind aufzuteilen, d. h. F kann als Betriebsausgaben 40 % davon, das sind 8 000 € abziehen.

Gewinnauswirkung: ./. 8 000 €

1.1.4 Gesamtgewinnauswirkung

	Gewinn-erhöhung	Gewinn-minderung
Veräußerung		12 133 €
AfA		./. 2 000 €
Zinsen		./. 10 624 €
allgemeine Kosten		./. 16 800 €
Miete		./. 20 000 €
allgemeine Kosten		./. 8 000 €
	12 133 €	./. 57 424 €
		+ 12 133 €
		./. 45 291 €

1.2 Zu den Einkünften aus Vermietung und Verpachtung

Als Einnahmen sind die Mieten ihres Mannes bis zum Verkauf anzusetzen, also 6 × 6 000 € = 36 000 €.

An Werbungskosten fallen an:

a) AfA

60 % der Anschaffungskosten entfallen auf den vermieteten Teil, also 60 % von 500 000 € = 300 000 €. Die AfA beträgt daher für das erste Halbjahr 2017 somit 3 000 € (2 % von 300 000 €, davon 1/2).

b) Zinszahlungen

60 % der Zinszahlungen und 60 % der allgemeinen Kosten entfallen auf den vermieteten Teil.

Als Werbungskosten sind daher abzugsfähig:

60 % von 26 560 €		15 936 €
60 % von 22 000 €		13 200 €

Die Veräußerung selbst berührt die Einkünfte aus Vermietung und Verpachtung nicht.

Einkünfte aus Vermietung und Verpachtung daher:		36 000 €
./. AfA	./.	3 000 €
./. Zinsen und allgemeine Kosten	./.	29 136 €
		3 864 €

2. Schinken

Die Schinken erhält F aus betrieblichem Anlass. Daher liegen Betriebseinnahmen i. H. v. 200 € vor § 8 Abs. 2 EStG.

Den Schinken, der zu Hause verzehrt wird, entnimmt F. Die Entnahme ist eine Betriebseinnahme i. H. des Teilwerts von 50 €. Da aber bei Entnahmen die Anschaffungskosten als Betriebsausgaben zu berücksichtigen sind, sind 50 € abzuziehen.

Die Schenkung des anderen Schinkens an einen Patienten fällt unter § 4 Abs. 5 Satz 1 Nr. 1 EStG. Die Schenkung ist betrieblich veranlasst, weil A erreichen will, dass dieser Patient sein Kind weiter bei ihr behandeln lässt. Da die Anschaffungskosten über 35 € liegen, ist eine nicht abzugsfähige Betriebsausgabe gegeben.

Der Verzehr des dritten Schinkens bei einer Weihnachtsfeier bedeutet eine Betriebsausgabe i. H. v. 50 €. § 4 Abs. 5 Satz 1 Nr. 1 EStG ist nicht berührt, da der Wert aus betrieblichem Anlass an Arbeitnehmer gewährt wird. Auch § 4 Abs. 5 Satz 1 Nr. 2 EStG ist nicht berührt, da kein geschäftlicher, sondern ein betrieblicher Anlass gegeben ist (vgl. R 4.10 Abs. 7 EStR). Dass F sich beim Verzehr beteiligt, spielt bei beiden Vorschriften keine Rolle. Sie handelt aus betrieblichem Anlass und Geschäftspartner sind nicht zugegen.

Der verdorbene vierte Schinken ist als Betriebsausgabe abzusetzen. Analoge Entscheidung zum ausgefallenen betrieblich veranlassten Darlehen. Im Ergebnis muss sich der Vorgang wie bei einem Bilanzierenden auswirken.

Betriebseinnahmen:	
Zugang der vier Schinken	200 €
Entnahme Schinken 1	50 €
	250 €
Betriebsausgaben:	
Entnahme Schinken 1	50 €
Verzehr Schinken 3	50 €
verdorbener Schinken 4	50 €
	150 €
Gewinnerhöhung insgesamt	100 €

3. Faxgerät

Da F die Vorsteuer umsatzsteuerrechtlich nicht abziehen kann, gehört sie zu den Anschaffungskosten, § 9b Abs. 1 EStG. Die 410-€-Grenze beim GWG ist nicht überschritten, da § 6 Abs. 2 EStG eine Nettogrenze ausweist.

F konnte daher das Faxgerät als GWG mit dem Wert von 166,60 € zum Zeitpunkt der Anschaffung als Betriebsausgabe geltend machen. Keine Gewinnkorrektur.

4. Zusammenfassung

Einkünfte aus freiberuflicher Tätigkeit			
• erklärt		120 000 €	
• Fernerstr. 17	./.	45 291 €	
• Schinken	+	100 €	
• Faxgerät	±	0 €	74 809 €
Einkünfte aus Vermietung und Verpachtung			3 864 €
insgesamt			78 673 €

Lösung zu Fall 40

U erzielt Einkünfte gem. § 15 EStG.

1. Drehstuhl

Bei dem Drehstuhl handelt es sich um ein abnutzbares Wirtschaftsgut des Anlagevermögens. Im Jahr 2017 sind die Anschaffungskosten im Rahmen eines Sammelpostens zu aktivieren (§ 6 Abs. 2a EStG) und mit 1/5 abzuschreiben (420 € : 5 = 84 €). U kann die Vorsteuer als Betriebsausgabe geltend machen. Da diese aber erst im Jahr 2018 bezahlt wurde, ändert sich im Jahr 2017 nichts.

Gewinn: ./. 84 €

2. Goethestraße 10

Das Grundstück Goethestraße. 10 gehört zum notwendigen Betriebsvermögen des U. Er will sein Betriebsgelände damit erweitern. Um es zu erwerben, übergab U der DB sein Privatgrundstück, Schillerstr. 8, und zahlte 20 000 € zu. Genau feststellbare Anschaffungskosten liegen daher in Höhe der 20 000 € vor. Aber auch der Wert des hingegebenen Grundstücks ist bei der Ermittlung der Anschaffungskosten des erhaltenen Grundstücks mit zu berücksichtigen. Dabei ist der gemeine Wert anzusetzen (§ 6 Abs. 6 Satz 1 EStG). Hätte U das Privatgrundstück der DB nicht übergeben können, hätte er den zu dieser Zeit maßgebenden Verkehrswert des erworbenen Grundstücks in Form eines Geldbetrags bezahlen müssen.

Die Anschaffungskosten des Betriebsgrundstücks Goethestr. 10 betragen daher ohne die GrESt 140 000 € (120 000 € gemeiner Wert Privatgrundstück + 20 000 € Zuzahlung). Es liegt ein Tausch mit Baraufgabe vor.

Da die GrESt aus dem ganzen Wert zu zahlen ist, U sie auch vertraglich übernahm, gehört sie zu den Anschaffungskosten. Sie beträgt 5 % aus 140 000 € = 7 000 €.

Somit belaufen sich die gesamten Anschaffungskosten des Grundstücks Goethestr. 10 auf 147 000 €.

Die Anschaffung wirkt sich nicht auf den Gewinn aus. U kann nicht die Zuzahlung und die GrESt als Betriebsausgabe behandeln. Beides muss auch in der Gewinnermittlung gem. § 4 Abs. 3 EStG neutral behandelt werden.

Gewinn: + 27 000 €

U hat im Rahmen des Grundstückstausches einen privaten Veräußerungsgewinn im Sinne des § 22 Nr. 2 i. V. m. § 23 Abs. 1 Nr. 1 EStG gemacht. Er hat ein privates Grundstück innerhalb von 10 Jahren nach Erwerb veräußert. Maßgebend sind die notariellen Verträge.

Der Tausch steht einer Veräußerung gleich.

Anschaffungskosten 16. 10. 2013	81 600 €
Veräußerungspreis 15. 05. 2017	120 000 €
Privater Veräußerungsgewinn	38 400 €

3. Forderung

Der Forderungserlass ist aus privaten Gründen erfolgt. Daher liegt eine Entnahme der Forderung vor.

Es liegt eine Betriebseinnahme vor.

Gewinn: + 20 000 €

4. Einkünfte

Einkünfte aus § 15 EStG erklärt		100 000 €
Drehstuhl	./.	84 €
Goethestraße 10	+	27 000 €
Forderung	+	20 000 €
		146 916 €
Einkünfte aus § 23 EStG		38 400 €
Insgesamt		185 316 €

Lösung zu Fall 41

a) Der Finanzamtsvorsteher ist Arbeitnehmer, da er aus einem früheren Dienstverhältnis Arbeitslohn in Form von Versorgungsbezügen bezieht (§ 19 Abs. 1 Satz 1 Nr. 2 EStG i. V. m. § 19 Abs. 2 Satz 2 Nr. 1 Buchst. a EStG i. V. m. § 1 LStDV).

b) Obwohl die Witwe nie in einem Beamtenverhältnis gestanden hat, ist sie dennoch Arbeitnehmerin i. S. d. § 19 EStG. Sie ist die »Rechtsnachfolgerin« ihres verstorbenen Mannes, der seinerseits Arbeitnehmer gewesen ist. Ob die Einnahme dem ursprünglich Bezugsberechtigten oder dem Rechtsnachfolger zufließt, ist gem. § 1 Abs. 1 Satz 2 LStDV i. V. m. § 2 Abs. 2 Nr. 2 LStDV unerheblich (§ 19 Abs. 1 Satz 1 Nr. 2 EStG i. V. m. § 19 Abs. 2 Satz 2 Nr. 1 Buchst. a EStG).

c) Der Arzt A ist kein Arbeitnehmer, da er selbstständig ist. Er trägt Unternehmerinitiative und Unternehmerrisiko.
d) Der Student X ist ebenfalls kein Arbeitnehmer, da X keine Arbeitskraft schuldet.
e) Als studentische Hilfskraft ist X hingegen Arbeitnehmer, da er in einem Dienstverhältnis steht und somit seine Arbeitskraft schuldet.

Lösung zu Fall 42

Vorliegend ist ein Dienstverhältnis i. S. d. § 19 EStG anzunehmen. Ein solches liegt vor, wenn der Beschäftigte dem Arbeitgeber seine Arbeitskraft schuldet. Hierfür muss der Beschäftigte in der Betätigung seines geschäftlichen Willens unter der Leitung des Arbeitgebers stehen oder im geschäftlichen Organismus des Arbeitgebers dessen Weisungen zu folgen verpflichtet sein (vgl. § 1 Abs. 2 LStDV). Nach dem Gesamtbild der Verhältnisse ist von einer solchen Eingliederung auszugehen.

Zunächst spricht die Einbeziehung von B und C (vor dem Hintergrund der Einbeziehung weiterer Personen in die Dienstverrichtung) in die Arbeit des A nicht gegen eine Eingliederung in den geschäftlichen Organismus der F, da es sich lediglich um eine Vereinfachungsmaßnahme der F für die Verhandlungsführung handelt. Auch wird der Lohn sofort auf A, B und C verteilt, wobei F auch mitwirkt. Des Weiteren spricht auch die kurze zeitliche Berührung mit dem Betrieb der F (was für eine Selbstständigkeit sprechen könnte) nicht gegen das Vorliegen einer Weisungsgebundenheit. A ist hinsichtlich aller Einzelheiten gebunden, so z. B. hinsichtlich der Art der Verladung und der Stappelung des Ladegutes, so dass eine Vergleichbarkeit mit der Tätigkeit eines Selbstständigen nicht gegeben ist.

Nach dem Gesamtbild der Verhältnisse liegt vielmehr eine Eingliederung in den Betrieb der F vor. A führt lediglich einfache (Lade-)arbeiten aus, wobei er hinsichtlich des Ortes und der Zeit der Verrichtung gebunden ist. Dabei ist er der ständigen Kontrolle und Weisungen der F unterworfen. Dies spricht im Rahmen einer Gesamtschau für die Annahme einer Eingliederung und einer Weisungsgebundenheit (vgl. BFH vom 18. 01. 1974 BStBl II 1974, 301).

Lösung zu Fall 43

Die beiden Tätigkeiten sind unabhängig voneinander zu beurteilen (vgl. BFH vom 25. 11. 1971 BStBl II 1972, 212).

Lösung zu Fall 44

Die Einnahmen aus den freiwillig übernommenen Unterrichtsstunden sind den Einkünften aus nichtselbstständiger Arbeit zuzurechnen, da eine Trennung zwischen den Pflichtstunden und den freiwilligen Unterrichtsstunden nicht möglich ist (vgl. BFH vom 04. 12. 1975 BStBl II 1976, 291).

Lösung zu Fall 45

Frage 1: Aus der Apothekertätigkeit in Stuttgart werden Einkünfte aus Gewerbebetrieb erzielt.

Frage 2: Eine einheitliche Beurteilung ist nicht geboten, da kein unmittelbarer Zusammenhang zwischen beiden Tätigkeiten vorliegt. Die Tätigkeit als Urlaubsvertreter lässt sich einwandfrei von der gewerblichen Tätigkeit in Stuttgart – insbesondere aufgrund der örtlichen Entfernung – trennen. Zudem ist die eigene gewerbliche Tätigkeit des AP nicht zwingende Voraussetzung für die Ausübung der Nebentätigkeit.

Frage 3: Die Einkünfte aus der Urlaubsvertretung sind gesondert zu beurteilen. AP erzielt Einkünfte aus nichtselbstständiger Arbeit gemäß § 2 Abs. 1 Satz 1 Nr. 4 i. V. m. § 19 Abs. 1 Satz 1 Nr. 1 EStG, da AP als Arbeitnehmer aus einem Dienstverhältnis Arbeitslohn bezieht (vgl. § 1 LStDV). AP ist trotz des eigenverantwortlichen Auftretens nach außen hin im Innenverhältnis weisungsgebunden, da die wirtschaftlichen Belange und wirtschaftlichen Entscheidungen der Apotheke nach wie vor von dem Apothekeninhaber B getroffen werden. Daher ist der AP im Innenverhältnis zu B diesem weisungsgebunden. Im Übrigen spricht auch das Fehlen eines Unternehmerrisikos für das Vorliegen einer nichtselbstständigen Arbeit. Selbst wenn der AP seine Arbeitsleistung gesteigert oder einen besonderen Erfolg herbeigeführt hätte, hätte er unabhängig von seinem Arbeitsumfang und Arbeitsergebnis keine Erhöhung seiner Vergütung erreichen können, da eine Festvergütung vereinbart war (BFH vom 20. 02. 1979 BStBl II 1979, 414).

Lösung zu Fall 46

Bei dem Rohr-, Blatt- und Saitengeld handelt es sich um Auslagenersatz i. S. d. § 3 Nr. 50 EStG, da im Interesse des Arbeitgebers Aufwendungen getätigt werden, die der Arbeitsführung dienen und die nicht zu einer Bereicherung des Arbeitnehmers führen. Insbesondere umfasst der Begriff des Auslagenersatzes auch Aufwendungen für Hilfs- und Betriebsstoffe, die für die Arbeitsausführung erforderlich sind, sofern keine anderweitige Vereinbarung getroffen wird. Die Aufwendungen für den regelmäßigen Bedarf an Saiten, Rohren und Blättern sind mit den zuvor genannten Hilfs- und Betriebsstoffen vergleichbar. Nur wegen der angestellten Tätigkeit verschleißt das Musikinstrument des M1 und ist somit eine notwendige Folge der Arbeitsausführung. Zudem liegt wegen der Kurzlebigkeit der Saiten, Blätter etc. auch keine Bereicherung vor (vgl. BFH vom 21. 08. 1995 BStBl II 1995, 906).

Lösung zu Fall 47

Das Instrumentengeld stellt steuerbaren Arbeitslohn i. S. d. § 2 Abs. 1 Satz 1 Nr. 4 EStG i. V. m. § 19 Abs. 1 Satz 1 Nr. 1 EStG dar. Insbesondere liegt auch kein Auslagenersatz vor, da eine Bereicherung seitens des M2 gegeben ist. Es liegt eine Leistung des Arbeitgebers auf einen wertvollen Gegenstand des Arbeitnehmers vor, welcher eine mehrjährige Nutzungsdauer hat, wodurch eine Bereicherung auf Seiten des Arbeitnehmers eintritt (BFH vom 21. 08. 1995 BStBl II 1995, 906).

Lösung zu Fall 48

a) Sowohl das Festgehalt als auch die variablen Vergütungsbestandteile stellen Arbeitslohn dar.
b) Die monatlichen Pensionszahlungen sind Arbeitslohn. Es handelt sich hierbei um Versorgungsbezüge i. S. d. § 19 Abs. 2 Satz 2 Nr. 1 Buchst. a EStG.
c) Ebenso sind auch die Zahlungen an die Witwe des Beamten Arbeitslohn.
d) Es ist kein Arbeitslohn gegeben, da kein Zusammenhang zwischen der Arbeitsleistung und der Zahlung besteht. Vielmehr liegt hier Schadenersatz i. S. d. § 823 BGB vor (vgl. H 19.3 [Beispiele] LStH).
e) Mangels eines direkten Zusammenhangs zwischen der Arbeitserbringung und der Zahlung des Streikgeldes ist kein Arbeitslohn gegeben.

Lösung zu Fall 49

Einnahmen (Versorgungsbezüge) (3 000 € × 12 =)		36 000 €
./. Versorgungsfreibetrag (32 % × 3 000 € × 12 = 11 520 €, max. 2 400 € =)	./.	2 400 €
./. Zuschlag zum Versorgungsfreibetrag	./.	720 €
./. Werbungskosten/-pauschbetrag gem. § 9 a Nr. 1 b EStG	./.	102 €
= Einkünfte aus nichtselbstständiger Arbeit		32 778 €

Lösung zu Fall 50

Durch seine Tätigkeit bei der X-GmbH erzielt A Einkünfte aus nichtselbstständiger Arbeit gem. § 2 Abs. 1 Satz 1 Nr. 4 (und Satz 2 EStG) i. V. m. § 19 Abs. 1 Nr. 1 EStG. Die Einkünfte ermitteln sich hierbei aus dem Überschuss der Einnahmen über die Werbungskosten gem. § 2 Abs. 2 Nr. 2 EStG.

Einnahmen:

Die Einnahmen des A setzen sich wie folgt zusammen:

A erzielt aus den laufenden Gehaltszahlungen des Jahres 2016 Einnahmen gem. § 8 Abs. 1 EStG i. V. m. § 19 Abs. 1 Nr. 1 EStG i. H. v. insgesamt 30 000 € (3 000 € × 10 Monate). Die Monate März und April sind nicht zu berücksichtigen, da insoweit kein Gehalt geflossen ist.

Für die zeitliche Zurechnung des Dezembergehalts 2015 ist § 11 Abs. 1 Satz 4 EStG i. V. m. § 38 a Abs. 1 Satz 2 EStG maßgebend, da es sich bei dem Dezembergehalt noch um laufenden Arbeitslohn im Sinne der Vorschrift handelt, der im Veranlagungszeitraum 2015 zu erfassen ist (vgl. R 39 b.2 Abs. 1 Nr. 7 LStR unter Berücksichtigung der zeitlichen Abgrenzung bei Nachzahlungen i. S. d. R 39 b.2 Abs. 2 Nr. 8 LStR). Demnach ist das Dezembergehalt 2015 nicht im Veranlagungszeitraum 2016 zugeflossen und somit auch nicht im Rahmen der Ermittlung der Summe der Einkünfte zu berücksichtigen.

Für die zeitliche Zurechnung des Weihnachtsgeldes 2016 ist § 11 Abs. 1 Satz 4 EStG i. V. m. § 38 a Abs. 1 Satz 3 EStG maßgebend, da es sich bei dem Weihnachtsgeld um einen sonstigen Bezug im Sinne der Vorschrift handelt (vgl. R 39 b.2 Abs. 2 Nr. 7 LStR). Demnach ist das Weihnachtsgeld 2016 erst im Veranlagungszeitraum 2017 zu berücksichtigen.

Bei der Sonderzuwendung handelt es sich um eine Einnahme i. S. d. § 8 Abs. 1 EStG. Insbesondere ist es hierbei unerheblich, dass die Zahlung irrtümlich und ohne Rechtsgrund erfolgt ist (vgl. H 38.2 [Zufluss von Arbeitslohn] 1. Spiegelstrich LStH). Arbeitslohn ist nach der Rechtsprechung des BFH jeder mit Rücksicht auf das Dienstverhältnis eingeräumte geldwerte Vorteil, der durch das individuelle Dienstverhältnis veranlasst ist. Dabei genügt die tatsächliche Veranlassung der Einnahmen durch das Dienstverhältnis. Denn auch die Sonderzuwendung war tatsächlich durch das individuelle Dienstverhältnis veranlasst. Das Behaltendürfen ist kein Merkmal einer Einnahme.

Die wirtschaftliche Verfügungsmacht tritt mit Gutschrift auf dem Konto am 07. 07. 2016 ein, sodass eine Einnahme i. H. v. 1 500 € zu berücksichtigen ist.

Zwischenergebnis: Einnahmen insgesamt: 31 500 €

Werbungskosten:

Für die Fahrten zwischen Wohnung und erster Tätigkeitsstätte kann A folgende Werbungskosten gem. § 9 Abs. 1 Nr. 4 EStG geltend machen:

180 Arbeitstage × 11 km × 0,30 € = 594 €

Somit wäre grundsätzlich ein Betrag von 594 € als Entfernungspauschale zu berücksichtigen. Insbesondere ist für die Ermittlung der Entfernungspauschale auf die kürzeste Straßenverbindung zwischen Wohnung und erster Tätigkeitsstätte abzustellen, sodass die Tarifentfernung nicht maßgeblich ist.

Da die Aufwendungen für die Benutzung der öffentlichen Verkehrsmittel höher sind als die Entfernungspauschale, können insgesamt die Aufwendungen i. H. v. 1 100 € als Werbungskosten gem. § 9 Abs. 2 Satz 1 und Satz 2 EStG abgezogen werden. Insoweit ist die jahresbezogene Vergleichsrechnung anzuwenden.

Bei den Gebühren für das Seminar »Wie bewerbe ich mich richtig?« handelt es sich um Werbungskosten i. H. v. 100 € gem. § 9 Abs. 1 Satz 1 EStG.

Auch die Aufwendungen für die Erstellung der Bewerbungsmappen stellen Werbungskosten gem. § 9 Abs. 1 Satz 1 EStG dar. Die Aufwendungen sind i. H. v. 150 € anzusetzen.

Des Weiteren sind dem A auf Grund seines Vorstellungsgespräches in Dortmund dem Grunde nach Werbungskosten in Form einer beruflich veranlassten Auswärtstätigkeit entstanden (Reisekosten). A kann gem. R 9.4 LStR Fahrtkosten (§ 9 Abs. 1 Satz 3 Nr. 4 a EStG i. V. m. R 9.5 LStR) sowie Verpflegungsmehraufwendungen (§ 9 Abs. 4 a i. V. m. R 9.6 LStR) als Reisekosten geltend machen.

Der berufliche Veranlassungszusammenhang wird insbesondere nicht dadurch unterbrochen, dass A während der Zugfahrt private Dinge erledigt.

Gem. § 9 Abs. 4 a Satz 3 Nr. 3 EStG kann A einen Verpflegungspauschbetrag von 12 € geltend machen.

Gem. R 9.5 LStR i. V. m. H 9.5 (Pauschale Kilometersätze) LStH können folgende Fahrtkosten als Reisekosten geltend gemacht werden:

Fahrrad	kein pauschaler Ansatz
DB-Ticket 1. Klasse	199 €
Taxikosten	30 €
Gesamtfahrtkosten	229 €

A kann auch die Aufwendungen für die Fahrkarte der 1. Klasse geltend machen. Der Werbungskostenabzug ist nicht auf die Kosten der Fahrkarte für die 2. Klasse beschränkt. Die Angemessenheit der Aufwendungen, die als Werbungskosten abgezogen werden dürfen, ist grundsätzlich nicht zu prüfen.

Der Gewerkschaftsbeitrag i. H. v. insgesamt 120 € (12 × 10 € monatlich) ist gem. § 9 Abs. 1 Nr. 3 EStG als Werbungskosten abzugsfähig.

Einnahmen:	30 000 €	
	1 500 €	
Werbungskosten:	1 100 €	(Wege zwischen Wohnung und erster Tätigkeitsstätte)
	100 €	(Seminargebühr)
	150 €	(Bewerbungsmappe)
	12 €	(Verpflegungsmehraufwendungen)
	229 €	(Fahrtkosten)
	120 €	(Gewerkschaftsbeitrag)
Einkünfte aus § 19 EStG:	29 789 €	

Lösung zu Fall 51

a) Es liegen Einkünfte aus § 20 Abs. 1 Nr. 1 EStG vor. Die GmbH ist eine Kapitalgesellschaft.
b) wie a).
c) Es liegen Einkünfte aus § 20 Abs. 1 Nr. 7 EStG vor.
d) Es liegen Einkünfte aus § 15 Abs. 1 Nr. 2 EStG vor.
e) Es liegen Einkünfte aus § 20 Abs. 1 Nr. 7 EStG vor.
f) Es liegen Einkünfte aus § 15 Abs. 1 Nr. 1 EStG vor. § 20 EStG ist subsidiär (§ 20 Abs. 8 EStG).

Lösung zu Fall 52

Es sind keine Einnahmen zu erfassen, da es an einer Ausschüttung fehlt.

Lösung zu Fall 53

Bei der Gutschrift der Dividende muss die Bank nach § 44 Abs. 1 EStG die KapSt einbehalten. Dabei ist der Freistellungsauftrag zu berücksichtigen. Die einzubehaltende KapSt berechnet sich wie folgt:

Dividende		32 001 €
./. Freistellungsauftrag	./.	801 €
Verbleiben		31 200 €
./. 25 % KapSt von 31 200 €	./.	7 800 €
./. 5,5 % SolZ von 7 800 €	./.	429 €

Die Einkünfte aus Kapitalvermögen berechnen sich wie folgt:

Einnahmen		32 001 €
Sparer-Pauschbetrag	./.	801 €
Einkünfte		31 200 €

Diese Einkünfte aus Kapitalvermögen bleiben bei der Veranlagung zur ESt außer Ansatz, weil sie der KapSt unterlegen haben und die ESt mit dem Steuerabzug abgegolten ist (§ 32 d Abs. 1, § 43 Abs. 5 EStG).

Lösung zu Fall 54

Die Einnahmen aus Kapitalvermögen betragen 2 000 € (§ 20 Abs. 1 Nr. 7 EStG). Tilgungsbeträge sind keine Einnahmen.

Lösung zu Fall 55

a) **Einzelveranlagung**

Einnahmen	5 200 €	4 700 €	600 €
./. Sparer-Pauschbetrag	801 €	801 €	801 €
Einkünfte	4 399 €	3 899 €	0 €

Der Sparer-Pauschbetrag darf nicht höher sein als die Einnahmen aus Kapitalvermögen. Die tatsächlichen Werbungskosten sind vom Abzug ausgeschlossen (§ 20 Abs. 9 EStG).

b) Zusammenveranlagung

	Mann	Frau	Mann	Frau
Einnahmen	7 400 €	0 €	4 200 €	3 700 €
./. Sparer-Pauschbetrag	1 602 €		801 €	801 €
Einkünfte	5 798 €	0 €	3 399 €	2 899 €
	5 798 € (zus.)		6 298 € (zus.)	

Lösung zu Fall 56

Die einzelnen Bankgutschriften errechnen sich wie folgt:

	Bank A	Bank B	Bank C
Zinserträge	6 000 €	4 100 €	13 098 €
Freistellungsaufträge	./. 600 €	./. 500 €	./. 502 €
Bemessungsgrundlage	5 400 €	3 600 €	12 596 €
25 % KapSt	1 350 €	900 €	3 149 €
SolZ (5,5 %)	74 €	49 €	173 €
Zinserträge	6 000 €	4 100 €	13 098 €
25 % KapSt	./. 1 350 €	./. 900 €	./. 3 149 €
SolZ (5,5 %)	74 €	49 €	173 €
Gutschriften auf den Konten	4 576 €	3 151 €	9 776 €

Die Einkünfte gem. § 20 EStG betragen:

Zinserträge insgesamt	23 198 €
Werbungskosten	./. 0 €
gemeinsamer Sparer-Pauschbetrag	./. 1 602 €
Einkünfte	21 596 €

Bei der Veranlagung zur ESt bleiben die Einkünfte aus Kapitalvermögen außer Ansatz, weil für Kapitalerträge i. S. d. § 20 EStG, die der KapSt mit 25 % unterlegen haben, die ESt mit dem Steuerabzug abgegolten ist (§ 32 d Abs. 1, § 43 Abs. 5 EStG).

Lösung zu Fall 57

B ist unbeschränkt steuerpflichtig, da sie im Inland ihren Wohnsitz hat (§ 1 EStG). Für B ist eine Einzelveranlagung durchzuführen (§ 25 EStG). Bei der Veranlagung bleiben die Einkünfte aus Kapitalvermögen unberücksichtigt, weil nach § 43 Abs. 5 EStG für Kapitalerträge i. S. d. § 20 EStG, die der KapSt unterliegen, die ESt mit dem Steuerabzug abgegolten ist (§ 43 Abs. 5 EStG).

Die Einkünfte aus Kapitalvermögen gem. § 20 EStG berechnen sich wie folgt:

Dividende (§ 20 Abs. 1 Nr. 1 EStG)	60 000 €
+ Zinsen (§ 20 Abs. 1 Nr. 7 EStG)	4 001 €
Summe der Einnahmen	64 001 €
./. Sparer-Pauschbetrag	801 €
Einkünfte	63 200 €

Lösung zu Fall 58

Die Gewinnausschüttung der AG unterliegt nach § 43 Abs. 1 Satz 1 Nr. 1 Satz 1 EStG dem Abzug der KapSt. Die KapSt muss auch dann einbehalten werden, wenn die Einkünfte auf Antrag des Stpfl in die Veranlagung einbezogen werden. Mit diesem Steuerabzug ist die ESt für diese Einkünfte grundsätzlich abgegolten (§ 43 Abs. 5 EStG). Insoweit ergibt sich gegenüber Fall 57 keine Änderung.

Weil B mit mindestens 25 % an der AG beteiligt ist und einen Antrag nach § 32 d Abs. 2 Satz 1 Nr. 3 EStG gestellt hat, wird die Gewinnausschüttung der AG in die Veranlagung zur ESt miteinbezogen. Bei der Ermittlung der Einkünfte aus Kapitalvermögen finden § 3 Nr. 40 Satz 2 EStG und § 20 Abs. 6 und 9 EStG keine Anwendung. Das bedeutet, dass für die Einkünfte das Teileinkünfteverfahren gem. § 3 Nr. 40 Buchst. d i. V. m. § 3 c Abs. 2 EStG gilt und das Abzugsverbot für die tatsächlichen Werbungskosten aufgehoben wird (§ 32 d Abs. 2 Nr. 3 Satz 2 EStG).

Hinsichtlich der Zinseinnahmen bleibt es bei der Abgeltungswirkung der ESt durch die KapSt. Die in die Veranlagung einzubeziehenden steuerpflichtigen Einkünfte aus Kapitalvermögen berechnen sich wie folgt:

Einnahmen gem. § 20 Abs. 1 Nr. 1 EStG	60 000 €	
davon steuerpflichtig 60 % (§ 3 Nr. 40 Buchst. d EStG)		36 000 €
./. Werbungskosten	48 000 €	
davon abzugsfähig 60 % (§ 3 c Abs. 2 EStG)		28 800 €
steuerpflichtige Einkünfte aus Kapitalvermögen		7 200 €

Die ESt wird nach § 32 a EStG berechnet. Auf diese Einkommensteuerschuld ist die KapSt von (25 % von 60 000 € =) 15 000 € anzurechnen. Der darauf einbehaltene SolZ von 5,5 % von 15 000 € = 825 € wird auf die Solidaritätszuschlagsschuld angerechnet.

Lösung zu Fall 59

Bei Gebäuden, die der Steuerpflichtige im Privatvermögen hält, kann die AfA nach folgenden Vorschriften zu berechnen sein:

Normalfall	Sonderfall
§ 7 Abs. 4 Satz 1 Nr. 2 EStG AfA mit 2 % bzw. 2,5 % der Anschaffungs- oder Herstellungskosten des Gebäudes bzw. Gebäudeteils	§ 7 Abs. 4 Satz 2 EStG Gegenüber dem Normalfall höhere AfA-Beträge, wenn die tatsächliche Nutzungsdauer objektiv geringer ist, als die bei § 7 Abs. 4 Satz 1 Nr. 2 EStG angenommene Nutzungsdauer von 40 oder 50 Jahren.

Lösung zu Fall 60

Die Anschaffungskosten des ganzen Grundstücks betragen 332 790 € (306 000 € + 15 300 € + 9 670 € + 1 820 €). Davon entfallen auf das Gebäude 2/3 = 221 860 €. AfA nach § 7 Abs. 4 Satz 1 Nr. 2 Buchst. a EStG 2 % = 4 438 €; für das Jahr 2017 nur zwei Monate (ab Eigentum, § 39 AO; § 7 Abs. 1 Satz 4 EStG analog) 740 €, für das Jahr 2018 = 4 438 €.

Lösung zu Fall 61

Ein Erwerb durch Erbschaft ist keine Anschaffung. Es gilt die Fußstapfentheorie gem. § 11 d EStDV. Die AfA wird somit gem. § 7 Abs. 4 Satz 1 Nr. 2 Buchst. b EStG angesetzt. Die AfA nach § 7 Abs. 5 Nr. 3 Buchst. c EStG kann nicht angesetzt werden, weil die Tante nicht im Jahr der Fertigstellung angeschafft hat. Der Dachstockausbau führt zu nachträglichen Herstellungskosten (§ 255 Abs. 2 HGB) und erhöhte die AfA-Bemessungsgrundlage des Gebäudes. Die AfA nach § 7 Abs. 4 Satz 1 Nr. 1 EStG kann nicht angesetzt werden, da es kein Betriebsvermögen ist sowie Wohnzwecken dient und vor 1985 erbaut wurde. Die AfA ist nach § 7 Abs. 4 Satz 1 Nr. 2 Buchst. b EStG anzusetzen, da das Gebäude vor 1925 fertig gestellt worden ist. Die Jahres–AfA für den VZ 2017 beträgt somit (2,5 % von 420 000 € + 60 000 € =) 12 000 €.

Lösung zu Fall 62

Für den VZ 2010 beträgt die AfA nach § 7 Abs. 4 Satz 1 Nr. 2 Buchst. a (2 % von 300 000 € x zeitanteilig 3/12 =) 1 500 € . In den VZ 2011 bis 2016 je (300 000 € x 2 % =) 6 000 €. Ab dem VZ 2017 beträgt die AfA (2 % von 400 000 €) 8 000 €, denn die nachträglichen HK werden aus Vereinfachungsgründen so behandelt, als wären sie zu Beginn des Jahres angefallen (R 7.4 Abs. 9 Satz 3 EStR).

Lösung zu Fall 63

Die höchstmögliche AfA ergibt sich in diesem Fall (Altfall) nach § 7 Abs. 5 Satz 1 Nr. 2 EStG. Hat D im Erstjahr (Jahr der Fertigstellung) die degressive AfA nach § 7 Abs. 5 Satz 1 Nr. 2 EStG gewählt, ist er daran auch heute noch »gebunden«. Bei der degressiven AfA konnte er somit in den VZ 1990 bis 1997 jeweils AfA i. H. v. (5 % von 500 000 € =) 25 000 € als Werbungskosten abziehen (auch für den VZ 1990 war die volle Jahres-AfA abziehbar, § 7 Abs. 5 Satz 3 EStG). In den VZ 1998 bis 2003 belief sich die degressive AfA auf jährlich (2,5 % x 500.000 € =) 12 500 €. In den VZ 2004 bis 2029 beträgt die degressive AfA somit jährich (1,25 % x 500 000 € =) 6 250 €. Hinweis: Die AfA gem. § 7 Abs. 5 Satz 1 Nr. 3 Buchst. a EStG ist nicht ansetzbar, weil der Bauantrag vor dem 29. 02. 1989 gestellt wurde. Ein Wechsel zur linearen AfA ist nicht möglich (H 7.4 [Wechsel der AfA-Methode bei Gebäuden] EStH).

Lösung zu Fall 64

Einnahmen:		
• Apotheke 12 × 3 000 € Miete	36 000 €	
• Reklameschild	1 200 €	
• Rentnerin R 12 × 400 € Miete	4 800 €	
• Ehepaar Z 12 × 1 500 € Miete	18 000 €	
=		60 000 €
Werbungskosten:		
• AfA Apotheke	9 280 €	
• AfA Wohnung R und Z	10 150 €	
• Nebenkosten	10 000 €	29 430 €
Einkünfte aus Vermietung und Verpachtung		**30 570 €**

E erzielt aus der Vermietung des Objekts Einkünfte nach § 21 Abs. 1 Nr. 1 EStG. In Bezug auf die Mieteinnahmen gilt das Zuflussprinzip (§ 11 Abs. 1 EStG). Auch die Dezember-Miete der R, die erst am 08. 01. 2018 einging, ist als Mieteinnahme des Jahres 2017 zu erfassen (§ 11 Abs. 2 Satz 2 EStG). Die Miete gehört zu den regelmäßigen Einnahmen. Fälligkeit und Zufluss liegen innerhalb der »kurzen Zeit« um den Jahreswechsel (22. 12. 2017 bis 10. 01. 2018). Sie war

Ende 2017 fällig. Außerdem ist sie innerhalb des 10-Tageszeitraumes am 08.01.2018 zugeflossen. Die Miete für Dezember 2017 ist daher wirtschaftlich dem Jahr 2017 zuzurechnen.

Die AfA des Gebäudes errechnet sich wie folgt: Die Herstellungskosten von 870 000 € sind auf die zwei Wirtschaftsgüter (WG 1: fremdbetriebliche Nutzung und WG 2: Nutzung zu fremden Wohnzwecken, vgl. R 4.2 Abs. 4 EStR und § 7 Abs. 5a EStG) im Verhältnis 160 qm zu 140 qm aufzuteilen. Damit entfällt auf die Apotheke (WG 1) eine AfA-Bemessungsgrundlage von 464 000 € (160/300 × 870 000 €) und auf die vermieteten Wohnräume (WG 2) 406 000 €. Bei der Apotheke beträgt die Jahres-AfA gem. § 7 Abs. 4 Satz 1 Nr. 2 Buchst. a EStG (2 % von 464 000 € =) 9 280 €, weil die Apotheke nicht zum Betriebsvermögen des E gehört und § 7 Abs. 5 Satz 1 Nr. 2 EStG im Jahr 2005 nicht mehr anwendbar ist. Für 2005 war die AfA für das WG 1 zeitanteilig vorzunehmen, also 3/12 von 9 280 € = 2 320 € (AfA-Abzug ab dem Monat der Bezugsfertigkeit). Im VZ 2017 beträgt die AfA insoweit 9 280 €. Für die vermieteten Wohnungen (WG 2) war die AfA gem. § 7 Abs. 5 Satz 1 Nr. 3 Buchst. c EStG möglich, da die Wohnungen Wohnzwecken dienen und die übrigen Voraussetzungen erfüllt sind. Hat E insoweit die degressive AfA für den VZ 2005 gewählt, ist er auch heute noch daran »gebunden«. Hiernach ergab sich für die VZ 2005 bis 2014 eine Jahres-AfA von (4 % aus 406 000 € =) 16 240 €. Für die VZ 2015 bis 2022 beträgt die Jahres-AfA nur noch (2,5 % x 406 000 € =) 10 150 €. In den VZ von 2023 bis 2054 ergibt sich nur noch eine Jahres-AfA i. H. v. (1,25 % x 406 000 € =) 5 075 €. Hat sich indessen E im VZ 2005 für die lineare AfA (§ 7 Abs. 4 Satz 1 Nr. 2 Buchst. a EStG) entschieden, hat er weiterhin danach abzuschreiben (Jahres-AfA im VZ 2017 dann 2 % x 406 000 € = 8 120 €). Ein Wechsel zur degressiven AfA ist nachträglich nicht mehr zulässig ,H 7.4 (Wechsel der AfA-Methode bei Gebäuden) EStH.

Lösung zu Fall 65

Es liegt Erhaltungsaufwand vor, da keine Substanzvermehrung oder Wesensveränderung vorgenommen wurde. Es wurde auch keine wesentliche Verbesserung des **Gebäudes**, sondern nur der einzelnen Decken vorgenommen (vgl. R 21.1 Abs. 1 und 2 EStR, sowie BMF vom 18.07.2003 BStBl I 2003, 386). Die Aufwendungen sind im Jahr des Abflusses (§ 11 Abs. 2 Satz 1 EStG) als Werbungskosten (§§ 9, 21 EStG) abziehbar.

Lösung zu Fall 66

Durch die Vermietung der Büros erzielt S grundsätzlich Einkünfte aus Vermietung und Verpachtung (§ 21 Abs. 1 Nr. 1 EStG). Die AfA ist nach § 7 Abs. 4 Satz 1 Nr. 2 Buchst. a EStG zu ermitteln. Für das Jahr 2006 berechnet sie sich wie folgt: AK 1 000 000 € ./. Anteil Grund und Boden 20 % = AfA-Bemessungsgrundlage 800 000 € x 2 % x 6/12 = 8 000 €. AfA VZ 2007 bis 2016: (2 % x 800 000 € =) 16 000 €.

Neue Wohnungen: Die Umbaukosten sind als Herstellungskosten zu behandeln, weil S damit eine Funktions-/Wesensänderung des Objekts herbeigeführt hat (siehe auch BFH 23.11.2004 - IX R 59/03, BFH/NV 2005, 543). Sie werden als nachträgliche Herstellungskosten den Anschaffungskosten des Gebäudes hinzugerechnet. Die AfA wird aus Vereinfachungsgründen von Anfang des Jahres an gerechnet (vgl. R 7.4 Abs. 9 Satz 3 EStR, vgl. auch L 5).

Anschaffungskosten Gebäude	800 000 €
nachträgliche Herstellungskosten	+ 300 000 €
neue AfA-BMG	1 100 000 €
AfA-Satz	2 %
AfA ab VZ 2017	22 000 €

Lösung zu Fall 67

Die höchstmögliche AfA für den VZ 1987 ergibt sich nach § 7 Abs. 5 Satz 1 Nr. 2 EStG. Hat V die degressive AfA im Erstjahr (1987) gewählt, ist er auch noch heute daran »gebunden«. Die Aufwendungen im Jahr 1990 stellen **nachträgliche Herstellungskosten** dar. Vgl. L 5.

Es liegt nur ein Wirtschaftsgut vor.

AfA gem. § 7 Abs. 5 Satz 1 Nr. 2 EStG 1987 bis 1989 je 5 % aus 400 000 € je	20 000 €
AfA gem. § 7 Abs. 5 Satz 1 Nr. 2 EStG 1990 bis 1994 je 5 % aus 480 000 € je	24 000 €
AfA 1995 bis 2000 je 2,5 % aus 480 000 €	12 000 €
AfA 2001 bis 2036 je 1,25 % aus 480 000 €	6 000 €

Der nach Ablauf des 50. Jahres verbleibende Restwert von 12 000 € ist gem. § 7 Abs. 4 Satz 1 Nr. 2 Buchst. a EStG mit 2 % abzuschreiben, bis die Vollabschreibung erreicht ist (BFH vom 20. 01. 1987 BStBl II 1987, 491), d. h. hier im 51. Jahr.

Denkbar wäre auch die AfA nach § 7 Abs. 4 Satz 1 Nr. 2 Buchst. a EStG mit 2 % aus 400 000 € bzw. 480 000 €.

Lösung zu Fall 68

W erzielt aus der vermieteten Wohnung seit 2005 Einkünfte aus Vermietung und Verpachtung (§ 21 Abs. 1 Nr. 1 EStG). Die selbstgenutzte Wohnung ist steuerlich nicht relevant. Es liegen zwei Wirtschaftsgüter vor (WG 1: Nutzung zu eigenen Wohnzwecken sowie WG 2: Nutzung zu fremden Wohnzwecken).

Die Herstellungskosten des Gebäudeteils fremde Wohnzwecke betragen:	50 000 €
Die anteiligen Anschaffungskosten von 500 000 €	+ 70 000 €
– Anteil Grund und Boden 150 000 € = 350 000 € × 20 % (50 m² von 250 m²)	
AK/HK insoweit	120 000 €

Da durch die Baumaßnahme ein **neues Wirtschaftsgut hergestellt** wurde (R 4.2 Abs. 4 EStR), kann W die **erhöhten Absetzungen für Wohngebäude** in Anspruch nehmen (§ 7 Abs. 5 Satz 1 Nr. 3 Buchst. c EStG). Danach ergeben sich folgende Absetzungen (vgl. M 5):

AfA 2005 bis 2014:	4 % aus 120 000 €	4 800 €
AfA 2015 bis 2022:	2,5 % aus 120 000 €	3 000 €
AfA 2023 bis 2054:	1,25 % aus 120 000 €	1 500 €

Auch die AfA nach § 7 Abs. 4 Satz 1 Nr. 2 Buchst. a EStG mit 2 % wäre zulässig. Entscheidend ist, welche AfA-Art W im Erstjahr (hier 2005) gewählt hat.

Lösung zu Fall 69

W kann die erhöhten Absetzungen für Wohngebäude (§ 7 Abs. 5 EStG) nicht mehr in Anspruch nehmen, da der Bauantrag nicht vor dem 01. 01. 2006 gestellt wurde (§ 7 Abs. 5 Satz 1 Nr. 3 Buchst. c EStG). Er kann somit nur die AfA gem. § 7 Abs. 4 Satz 1 Nr. 2 Buchst. a EStG mit 2 % aus 120 000 € = 2 400 € × 3/12 = 600 € im VZ 2017 geltend machen. Ab dem VZ 2018 beträgt die Jahres-AfA sodann 2 400 €.

Lösung zu Fall 70

Sowohl die Leibrente des M als auch die Leibrente der F fallen unter § 22 Nr. 1 Satz 1 EStG. Ein Fall des § 22 Nr. 1 Satz 2 EStG liegt nicht vor, weil die Zahlung der Renten weder freiwillig noch an gesetzlich unterhaltsberechtigte Personen erfolgt. Die Einnahmen aus Leibrenten sind mit dem Ertragsanteil anzusetzen. Aufwendungen, die Werbungskosten darstellen, mindern die Einkünfte. Die Veräußerungskosten von 2 250 € stehen mit der Veräußerung des Grundstücks in einem unmittelbaren Zusammenhang und haben den Veräußerungsgewinn gemindert. Die Veräußerung des Grundstücks fällt jedoch nicht unter §§ 22 Nr. 2, 23 EStG, weil der Zeitraum zwischen Anschaffung und Veräußerung mehr als zehn Jahre beträgt. Aus diesem Grund wirken sich diese Kosten nicht steuermindernd aus.

Da folglich weder M noch F tatsächliche Werbungskosten nachgewiesen oder glaubhaft gemacht haben, ist bei der Ermittlung ihrer Einkünfte jeweils der Werbungskosten-Pauschbetrag von 102 € (§ 9 a Satz 1 Nr. 3 EStG) abzuziehen.

Die sonstigen Einkünfte aus der Leibrente des M sind gem. § 22 Nr. 1 Satz 3 Buchst. a Doppelbuchst. bb EStG wie folgt zu ermitteln:

Einnahmen aus Leibrente des M	
im Kj 2017 und 2018 jeweils	12 000 €
Ertragsanteil 17 %	2 040 €
./. Werbungskosten-Pauschbetrag	./. 102 €
Einkünfte gem. § 22 EStG im VZ 2017 und 2018	1 938 €

Die sonstigen Einkünfte aus der Leibrente der F sind gem. § 22 Nr. 1 Satz 3 Buchst. a Doppelbuchst. aa EStG wie folgt zu ermitteln:

Einnahmen aus Leibrente bei F 2017:	
12 × 800 €	9 600 €
./. steuerfreier Teil 26 %	
gem. § 22 Abs. 1 Nr. 3 Buchst. a	
Doppelbuchst. aa EStG	2 496 €
verbleiben	6 104 €
./. Werbungskosten-Pauschbetrag	102 €
Sonstige Einkünfte 2017	6 002 €

Einnahmen aus Leibrente bei F 2018:	
12 × 820 €	9 840 €
./. steuerfreier Teil 26 %	2 550 €
gem. § 22 Abs. 1 Satz 3 Buchst. a	
Doppelbuchst. aa EStG	
verbleiben	7 281 €
./. Werbungskosten-Pauschbetrag	102 €
Sonstige Einkünfte 2018	7 179 €

Der steuerfreie Teil von 2 559 € gilt gem. § 22 Nr. 1 Satz 3 Buchst. a Doppelbuchst. aa Satz 5 EStG ab dem Jahr 2018 auch für die folgenden Jahre, denn der steuerfreie Teil der Rente wird in dem Jahr ermittelt, das dem Jahr des Rentenbeginns folgt. Bemessungsgrundlage ist dabei der Jahresbetrag der Rente ebenfalls in dem Jahr, das dem Jahr des Rentenbeginns folgt. (BMF vom 19.08.2013 BStBl I 2013, 1087 unter Berücksichtigung der Änderungen durch BMF vom 10.01.2014 BStBl I 2014, 70, Rz 231 – 234, vom 10.04.2015 BStBl I 2015, 256 und vom 01.06.2015 BStBl I 2015, 475). Der steuerfreie Teil der Rente beträgt somit in den Jahren ab 2019 jährlich 2 559 €. Das bedeutet, dass künftige Rentenerhöhungen in vollem Umfang steuerpflichtig sind.

Lösung zu Fall 71

§§ 22 Nr. 2, 23 EStG ist nur anzuwenden, wenn das veräußerte Wirtschaftsgut zum Privatvermögen gehört. Eine Steuerpflicht ergibt sich nur, wenn zwischen der Anschaffung und Veräußerung nicht mehr als 10 Jahre liegen. Stellt das Grundstück dagegen notwendiges oder gewillkürtes Betriebsvermögen dar, gehört der Veräußerungsgewinn zu den steuerpflichtigen Einkünften aus Land- und Forstwirtschaft, Gewerbebetrieb oder selbstständige Arbeit.

Das führt im vorliegenden Fall zu folgenden Einkünften:

a) Steuerpflichtige Einkünfte aus Gewerbebetrieb gem. § 15 EStG 100 000 €
b) Keine steuerpflichtigen Einkünfte, da das Grundstück zum Privatvermögen gehört und die 10–Jahresfrist überschritten ist; es spielt keine Rolle, dass X Gewerbetreibender ist
c) Keine steuerpflichtigen Einkünfte, wie b).

Alternative:

a)	Steuerpflichtige Einkünfte aus Gewerbebetrieb gem. § 15 EStG	100 000 €	
b)	Steuerpflichtige Einkünfte aus § 23 EStG	100 000 €	(innerhalb zehn Jahren)
c)	Steuerpflichtige Einkünfte aus § 23 EStG	100 000 €	(innerhalb zehn Jahren)

Lösung zu Fall 72

a) Die Entführung ist eine sonstige Leistung. Das Lösegeld ist gem. § 22 Nr. 3 EStG zu versteuern (FG Münster vom 18. 02. 1966 EFG 1966, 409). Dass die Entführung eine Straftat ist, spielt im Steuerrecht keine Rolle. Zur Abzugsmöglichkeit der Aufwendungen vgl. R 1. 4 mit Hinweis auf BFH vom 18. 03. 2004 BStBl II 2004, 867.
b) Die Vermietung des Pkw fällt unter § 22 Nr. 3 EStG, weil der Pkw ein beweglicher Gegenstand ist. Beim Schiff und beim Flugzeug kommt es darauf an, ob sie im Schiffsregister bzw. in der Flugzeugrolle eingetragen sind. Bei Eintragung werden sie wie Grundstücke behandelt. Dann liegen Einkünfte aus § 21 Abs. 1 Nr. 1 EStG vor. Solche Schiffe sind im Gesetzestext erwähnt, für Flugzeuge ergibt sich dies aus der Rechtsprechung (BFH vom 02. 05. 2000 BStBl II 2000, 467). Sind Schiff und Flugzeug nicht im Register eingetragen, sind die Einnahmen gem. § 22 Nr. 3 EStG zu versteuern.
c) Obwohl C zeitaufwändig tätig ist, hat er den Preis nicht gem. § 22 Nr. 3 EStG zu versteuern. Es fehlt am Leistungsaustausch. C erhält den Preis nicht, weil er tätig wurde, sondern weil er als Preisträger ausgelost wurde. Es liegt wie bei fast allen Spiel-, Sport-, Wett- und Lotteriegewinnen ein einmaliger Vermögensanfall vor. Eine andere Einkunftsart ist auch nicht betroffen.
d) Das Entgelt von 20 000 € ist Ausfluss des Eigentumsrechts im Nutzungsbereich und kein Teil des Verkaufspreises. D bleibt sein Eigentum erhalten. Daher sind die 20 000 € unabhängig davon gem. § 22 Nr. 3 EStG zu versteuern, ob das Recht ausgeübt wird oder nicht (BFH vom 28. 11. 1984 BStBl II 1985, 264). Tritt N aufgrund eines Verkaufs des Grundstücks durch D in den Vertrag neu ein und wird das Entgelt auf den Kaufpreis angerechnet, entfällt § 22 Nr. 3 EStG rückwirkend gem. § 175 Abs. 1 Satz 1 Nr. 2 AO (BFH vom 10. 08. 1994 BStBl II 1995, 57). Verzichtet bei dem Verkauf N auf sein Vorkaufsrecht, bleibt die Besteuerung bei D bestehen. N hat dann umsonst bezahlt.

Lösung zu Fall 73

Aufwendungen eines selbstständigen Stpfl für eine Unfallversicherung ausschließlich gegen Unfälle, die mit der betrieblichen Tätigkeit in unmittelbarem Zusammenhang stehen, sind Betriebsausgaben. Umgekehrt sind Aufwendungen für eine Unfallversicherung ausschließlich gegen außerberufliche Unfälle Sonderausgaben (§ 10 Abs. 1 Nr. 3 a EStG). Beiträge für eine Unfallversicherung, die das Unfallrisiko sowohl im beruflichen als auch im außerberuflichen Bereich abdeckt, sind zum Teil als Betriebsausgaben bzw. Werbungskosten und zum Teil als Sonderausgaben abzugsfähig (BFH vom 22.06.1990 BStBl II 1990, 901; s. auch BMF vom 19.08.2013 BStBl I 2013, 1087, Rz 95). Der Gesamtbetrag ist durch Schätzung aufzuteilen, es sei denn, das Versicherungsunternehmen legt konkrete Unterlagen zur Aufteilung vor. Nach Auffassung der Finanzverwaltung bestehen keine Bedenken, wenn die Anteile auf jeweils 50 % des Gesamtbeitrags geschätzt werden (BMF vom 28.10.2009 BStBl I 2009, 1275, Tz 4).

Lösung zu Fall 74

Es liegen Werbungskosten i. H. v. 2 600 € vor, da bereits vorhandene Kenntnisse vertieft und erweitert werden. Es liegt keine Berufsausbildung, sondern eine Berufsfortbildung vor (BFH vom 04.11.2003 BStBl II 2004, 891). Wegen der Abgrenzung zwischen Berufsausbildung und Berufsfortbildung s. § 9 Abs. 6 EStG.

Lösung zu Fall 75

H ergreift ein Zweitstudium mit dem Ziel, die entsprechenden Abschlussprüfungen abzulegen. Da der Stpfl seine Berufsausbildung zum Arzt mit dem Staatsexamen abgeschlossen hat, gehört das Psychologiestudium als Zweitstudium zur Fortbildung. Ein Zweitstudium stellt ein **Aufbaustudium** dar, wenn der Stpfl damit die durch das Erststudium erworbenen Kenntnisse ergänzt und vertieft. Die Studienkosten sind als Werbungskosten abzugsfähig (BMF vom 04.11.2005 BStBl I 2005, 955 Rz 3).

Lösung zu Fall 76

Folgende Aufwendungen sind bei M und seiner Ehefrau als **Vorsorgeaufwendungen** zu behandeln:

1. Die Basiskrankenkassenbeiträge für sich, seine Ehefrau und seinen Sohn nach § 10 Abs. 1 Nr. 3 Buchst. a EStG i. H. v. 6 750 €.
2. Die Hausratversicherung ist als Sachversicherung (H 10.5 [Keine Sonderausgaben] EStH) nicht abzugsfähig (nicht im Katalog des § 10 EStG enthalten).
3. In voller Höhe die Beiträge zur Kfz–Haftpflichtversicherung i. H. v. 450 € nach § 10 Abs. 1 Nr. 3 a EStG (R 10.5 EStR). Es spielt keine Rolle, dass es der Pkw der Ehefrau ist (R 10.1 EStR).
4. Die Beiträge zur Privathaftpflichtversicherung i. H. v. 110 € nach § 10 Abs. 1 Nr. 3 a EStG.
5. Die Beiträge zur Haftpflichtversicherung für den Hund i. H. v. 150 € nach § 10 Abs. 1 Nr. 3 a EStG.
6. Die Beiträge zur Risikolebensversicherung i. H. v. 4 800 € nach § 10 Abs. 1 Nr. 3 a EStG.

Die berücksichtigungsfähigen Vorsorgeaufwendungen betragen (6 750 € + 450 € + 110 € + 150 € + 4 800 €) 12 260 €. Da es sich ausschließlich um sonstige Vorsorgeaufwendungen i. S. v. § 10 Abs. 1 Nr. 3 und Nr. 3 a EStG handelt, sind sie nach § 10 Abs. 4 Sätze 1, 3 und 4 EStG i. H. v. 2 × 2 800 € = 5 600 € abzugsfähig, mindestens aber i. H. v. 6 750 €.

Damit können M und seine Ehefrau bei der Veranlagung für den VZ 2017 – vor Berücksichtigung der Günstigerprüfung – Vorsorgeaufwendungen i. H. v. 6 750 € als Sonderausgaben abziehen.

Übrige Sonderausgaben

7. Es würde dem Sühnegedanken widersprechen, wenn der Staat eine Steuerbegünstigung i. S. d. § 10 b Abs. 1 EStG gewähren würde, daher nicht abzugsfähig. Vgl. H 12.3 (Leistungen zur Erfüllung von Auflagen oder Weisungen) EStH.
8. Der als gemeinnützig anerkannte Handballclub e. V. kann Spenden selbst entgegennehmen. Die Förderung des Sports ergibt sich aus § 52 Abs. 2 AO. Der Verein hat eine amtlich vorgeschriebene Zuwendungsbestätigung nach § 50 Abs. 1 EStDV zu erteilen über 700 €.
9. Zuwendungen an politische Parteien i. S. d. Parteiengesetzes sind durch einen Steuerabzugsbetrag gem. § 34 g Satz 2 EStG i. H. v. (50 % von 800 €) 400 € zu berücksichtigen. Der Stpfl hat eine Zuwendungsbestätigung nach amtlichem Muster vorzulegen.
10. Die Erstattung der KiSt mindert die Sonderausgaben im Erstattungsjahr, führt jedoch nicht zu negativen Sonderausgaben (1 200 € ./. 1 300 €) Ansatz 0 €. Der übersteigende Betrag von 100 € ist im VZ 2017 dem Gesamtbetrag der Einkünfte hinzuzurechnen.

Abzugsfähige Sonderausgaben des M insgesamt

Vorsorgeaufwendungen	6 750 €
übrige Sonderausgaben	700 €
Sonderausgaben insgesamt	7 450 €

Lösung zu Fall 77

a) Vorsorgeaufwendungen

1. Die Beiträge zur Lebensversicherung i. H. v. 4 800 € sind **nicht** sonderausgabenbegünstigt, weil der Versicherungsvertrag nur eine Laufzeit von 11 Jahren hat, so dass die Mindestvertragsdauer von 12 Jahren nicht erfüllt ist (§ 10 Abs. 1 Nr. 3 a EStG i. V. m. § 10 Abs. 1 Nr. 2 Buchst. b Doppelbuchst. dd EStG 2004).
2. Die Beiträge zur Unfallversicherung sind i. H. v. 300 € jährlich als Sonderausgaben abzugsfähig.
3. Die Beiträge zur Rechtsschutzversicherung und Hausratversicherung sind keine Vorsorgeaufwendungen (H 10.5 [Keine Sonderausgaben] EStH).
4. Die Haftpflichtversicherungsprämie kann mit 30 % von 600 € = 180 € als Sonderausgaben abgezogen werden (R 10.5 Satz 1 EStR).
5. Die Beiträge für L und M für die Basiskrankenversicherung i. H. v. 7 200 € und für die gesetzliche Pflegeversicherung i. H. v. 600 € sind als Sonderausgaben abzugsfähig (§ 10 Abs. 1 Nr. 3 Buchst. a EStG). Die Beiträge für die Krankentagegeldversicherung i. H. v. 1 500 € sind Sonderausgaben. Es ist ohne Bedeutung, dass diese Versicherungen für L und seine Ehefrau M abgeschlossen wurden. Grundsätzlich kann zwar nur derjenige die Beiträge als Sonderausgaben geltend machen, der sie als Versicherungsnehmer aufgewendet hat. Da die Ehegatten aber die Voraussetzungen des § 26 Abs. 1 EStG erfüllen, ist es gleichgültig, welcher Ehegatte die Leistungen erbracht hat (R 10.1 EStR).
   Die Krankenversicherungsbeiträge an die DAK für Tante T i. H. v. 150 € monatlich kann L hingegen nicht als Sonderausgaben geltend machen, da er nicht Versicherungsnehmer ist.

b) Höhe der abzugsfähigen Sonderausgaben

1. **Übrige (unbeschränkt und beschränkt abzugsfähige) Sonderausgaben** Da keine übrigen Sonderausgaben vorliegen, ist bei der ESt-Veranlagung von L und M für 2017 der Sonderausgaben-Pauschbetrag nach § 10 c Abs. 1 EStG 72 € anzusetzen.

2. **Vorsorgeaufwendungen** Die Summe der Vorsorgeaufwendungen nach § 10 Abs. 1 Nr. 3 und Nr. 3 a EStG beträgt 300 € + 180 € + 7 200 € + 600 € + 1 500 € = 9 780 €.
   Davon sind berücksichtigungsfähig nach§ 10 Abs. 4 Satz 1 bis 3 EStG (L: 2 800 €, M: 1 900 € =) 4 700 €, mindestens aber 7 800 € (§ 10 Abs. 4 Satz 4 EStG).

Nach der Günstigerprüfung gem. § 10 Abs. 4 a EStG, bei der es sich um die frühere Höchstbetragsberechnung nach § 10 Abs. 3 EStG 2004 handelt, ergeben sich folgende abzugsfähige Beträge:

Versicherungsbeiträge		9 780 €	
Vorwegabzug § 10 Abs. 4a EStG	1 800 €		
./. 16 % von 60 000 €	9 600 €	0 €	0 €
verbleiben		9 780 €	
Grundhöchstbetrag § 10 Abs. 3 Nr. 1 EStG		./. 2 668 €	+ 2 668 €
verbleiben		7 112 €	
Zusatzhöchstbetrag § 10 Abs. 3 Nr. 4 EStG 50 %		1 334 €	
von 7 112 €, höchstens 50 % von 2 668 €			+ 1 334 €
Abzugsfähige Vorsorgeaufwendungen			4 002 €

Da M zum Personenkreis des § 10 c Abs. 3 Nr. 2 EStG gehört, beträgt die Vorsorgepauschale nach § 10 c Abs. 3 EStG 2004 nur 1 134 €. Dieser Betrag verdoppelt sich nach § 10 c Abs. 4 Nr. 1 EStG 2004 auf 2 268 €, weil bei den Ehegatten eine Zusammenveranlagung (§§ 26, 26 b EStG) durchgeführt wird. Diese Vorsorgepauschale ist jedoch nicht anzusetzen, weil sie niedriger ist als der nach der Höchstbetragsberechnung gem. § 10 Abs. 3 EStG 2004 abzugsfähige Betrag von 4 002 €.

Nach Durchführung der Günstigerprüfung gem. § 10 Abs. 4 a EStG sind bei der Zusammenveranlagung des Jahres 2017 folgende Sonderausgaben abzugsfähig:

Vorsorgeaufwendungen	7 800 €
unbeschränkt abzugsfähige Sonderausgaben	72 €
Summe	7 872 €

Lösung zu Fall 78

Krankheitskosten, zu denen unzweifelhaft die Krankenhauskosten und die Arztkosten gehören, sind stets eine außergewöhnliche Belastung, hier i. H. v. 8 700 €. Sie sind in dem Jahr anzusetzen, in dem die Aufwendungen tatsächlich geleistet worden sind (H 33.1 bis 33.4 [Verausgabung] EStH), d. h. in den Jahren 2017 und 2018. Die Aufwendungen sind um die Ersatzleistungen der Krankenhaustagegeldversicherung zu kürzen, nicht aber um die Leistungen der Krankentagegeldversicherung (H 33.1 bis 33.4 [Ersatz von dritter Seite] EStH).

	VZ 2017	**VZ 2018**
Zahlung	4 350 €	4 350 €
Ersatzleistung	3 000 €	0 €
./. zumutbare Belastung gem. § 33 Abs. 3 EStG	./. 1 500 €	./. 1 800 €
abzugsfähige außergewöhnliche Belastung	0 €	2 550 €

Lösung zu Fall 79

Ersatzleistungen von dritter Seite sind von den berücksichtigungsfähigen Aufwendungen von 8 700 € selbst dann abzuziehen, wenn sie erst in einem späteren Kj gezahlt werden, der Stpfl aber – wie im vorliegenden Fall – bereits in dem Kj, in dem die Belastung eingetreten ist, mit der Zahlung rechnen konnte (BFH vom 21. 08. 1974 BStBl II 1975, 14; H 33.1 bis 33.4 [Ersatz von dritter Seite] EStH). Die von A selbst getragenen Aufwendungen von (8 700 € ./. 8 000 € =) 700 € sind im VZ der Zahlung (= 2016) als außergewöhnliche Belastung berücksichtigungsfähig. Da die zumutbare Belastung im VZ 2016 aber 1 100 € beträgt, ergibt sich kein Abzug.

Lösung zu Fall 80

Bei Krankheitskosten ist stets sowohl Außergewöhnlichkeit und Zwangsläufigkeit zu bejahen. Deshalb stellen die Krankheitskosten im vorliegenden Fall ebenfalls dem Grunde nach außergewöhnliche Belastungen dar.

Lösung zu Fall 81

Aufwendungen für Fahrten zur Einnahme des Mittagessens sind keine außergewöhnlichen Aufwendungen, auch wenn es sich um eine ärztlich verordnete Diät handelt (BFH vom 04.07.1975 BStBl II 1975, 738). Es ist kein Abzug als außergewöhnliche Belastung möglich. Vgl. H 33.1 bis 33.4 [Mittagsheimfahrt] EStH.

Lösung zu Fall 82

Die Bestattungskosten von 5 000 € stellen dem Grunde nach eine außergewöhnliche Belastung dar, denn der Vater ist Angehöriger i. S. v. § 15 AO. Nicht berücksichtigungsfähig sind jedoch die Aufwendungen für die Trauerkleidung von 500 € und für die Bewirtung der Trauergäste von 400 € (H 33.1 bis 33.4 [Bestattungskosten] EStH). Die Kosten von 5 000 € sind zu mindern um den Nachlass von 2 000 € und um die Ersatzleistung der Sterbegeldversicherung von 1 200 € (BFH vom 22.02.1996 BStBl II 1996, 413). Somit sind als außergewöhnliche Belastung nach § 33 EStG 1 800 € berücksichtigungsfähig. Von diesem Betrag muss noch die zumutbare Belastung abgezogen werden.

Lösung zu Fall 83

Die von C selbst getragenen Kosten für die Kur können als außergewöhnliche Belastung berücksichtigt werden, weil die Kur zur Heilung oder Linderung seiner Krankheit nachweislich notwendig war. Der Nachweis gilt durch die Ersatzleistung vom Arbeitgeber und von der Krankenversicherung für die Unterkunfts- und Verpflegungskosten als erbracht.

Zu den abzugsfähigen Aufwendungen gehören die Übernachtungskosten und die Verpflegungsaufwendungen sowie die Fahrtkosten für öffentliche Verkehrsmittel. Nicht abzugsfähig sind Trinkgelder und die Fahrtkosten für die Besuchsfahrten der Ehefrau, unabhängig davon, ob die Fahrten mit dem eigenen Pkw oder mit öffentlichen Verkehrsmitteln erfolgten.

Von vornherein abzugsfähig sind die Aufwendungen für die ärztlichen Leistungen, weil es sich insoweit um Krankheitskosten und nicht um Kurkosten handelt.

Die abzugsfähigen Aufwendungen von 3 560 € sind um die Ersatzleistungen von (1 780 € + 1 200 € =) 2 980 € zu mindern. Eine Haushaltsersparnis ist bei Krankenhausaufenthalten und bei einer Kur nicht abzuziehen. Somit verbleiben als außergewöhnliche Belastung 580 € (H 33.1 bis 33.4 [Kur, Haushaltsersparnis] EStH).

Lösung zu Fall 84

Berechnung der außergewöhnlichen Belastung nach § 33 a Abs. 1 EStG:

Höchstbetrag nach § 33 a Abs. 1 Satz 1 EStG			8 820 €
Nettoeinkommen des E			
Arbeitslohn	38 000 €		
Arbeitnehmer-Pauschbetrag	./. 1 000 €	37 000 €	
Verlust aus privaten Veräußerungsgeschäften		./. 13 000 €	
ESt-Erstattung		+ 1 000 €	
Sozialversicherung		./. 7 800 €	
Lohnsteuer		./. 7 000 €	
Nettoeinkommen des E		10 200 €	
Nettoeinkommen der H		0 €	
Gemeinsames verfügbares Nettoeinkommen		10 200 €	
Aufteilung nach Köpfen (je 50 %)			5 100 €

E kann seine tatsächlichen Unterhaltsaufwendungen, höchstens aber 5 100 € als außergewöhnliche Belastung nach § 33 a Abs. 1 EStG geltend machen. Die Opfergrenze ist nicht anzuwenden, weil E und H in einer Haushaltsgemeinschaft leben. Bei der Ermittlung und Verteilung des verfügbaren Nettoeinkommens ist das Kind von H nicht zu berücksichtigen, weil es zu E in keinem Kindschaftsverhältnis steht (BMF vom 07. 06. 2010 BStBl I 2010, 582, Rz 12).

Lösung zu Fall 85

Sohn S ist das **erste Kind** der Eheleute R und U. S vollendete das 18. Lebensjahr mit Ablauf des 28. 01. 2017. Die Eltern erhalten für S nach dem Monatsprinzip für das Jahr 2017 Kindergeld i. H. v. 192 € sowie ggf. im Rahmen der Günstigerprüfung (§ 31 EStG) die Freibeträge nach § 32 Abs. 6 EStG für einen Monat (1/12 × 7 356 €) 613 €.

Die Erwerbstätigkeit des S für den Monat Januar 2017 ist ohne Bedeutung. Ab Februar 2017 ist S nicht zu berücksichtigen, da er nicht in Berufsausbildung ist.

Tochter T ist das **zweite Kind** der Eheleute R und U und ist 17 Jahre alt. R und U erhalten somit für den VZ 2017 Kindergeld i. H. v. (192 € x 12 =) 2 304 € sowie ggf. im Rahmen der Günstigerprüfung (§ 31 EStG) Freibeträge nach § 32 Abs. 6 EStG i. H. v. 7 356 €. Die eigenen **Einkünfte** der minderjährigen Tochter T aus Vermietung und Verpachtung spielen keine Rolle.

Lösung zu Fall 86

W vollendete mit Ablauf des 15. 12. 2016 das 21. Lebensjahr. Den für das Jahr 2017 zur ESt zusammenveranlagten Ehegatten G und M stehen für den Sohn W gem. § 32 Abs. 4 Satz 1 Nr. 1 EStG die Freibeträge nach § 32 Abs. 6 EStG bis einschließlich Dezember 2016 zu (Monatsprinzip). Wegen des von W geleisteten freiwilligen Wehrdienstes kommt eine Verlängerung nicht in Betracht, weil der freiwillige Wehrdienst kein Verlängerungstatbestand ist und zudem nur die genannten Verlängerungstatbestände berücksichtigungsfähig sind, wenn das Kind den Dienst bzw. die Tätigkeit vor dem 01. 07. 2011 angetreten hat (§ 52 Abs. 32 Satz 2 EStG). Die Eltern erhalten für das Kind W im VZ 2017 weder Kindergeld noch Kinderfreibeträge nach § 32 Abs. 6 EStG.

Lösung zu Fall 87

C vollendete mit Ablauf des 10. 03. 2017 das 18. Lebensjahr. Sie befand sich bis 30. 11. 2017 in Berufsausbildung. C wird bei den Eltern D und E für die Monate Januar bis November 2017 berücksichtigt (Monatsprinzip).

Nach § 66 Abs. 1 EStG haben D und E
Anspruch auf Kindergeld für C i. H. v. (11 × 192 €) 2 112 €

Seit dem VZ 2012 bleibt eine Erwerbstätigkeit bis zum Abschluss der ersten Berufsausbildung oder eines Erststudiums eines Kindes außer Betracht. Daher sind die Einkünfte aus nichtselbstständiger Arbeit während der Dauer der Ausbildung unschädlich.

Es ist von Amts wegen zu prüfen,
ob im Jahr 2017 für das Kind C
die Freibeträge nach § 32 Abs. 6 EStG i. H. v.
(11/12 × 7 356 €) zu gewähren sind (§ 31 Satz 4 EStG). 6 743 €

Im Rahmen der Günstigerprüfung ist dann ggf. das Kindergeld der festzusetzenden ESt 2017 gegenzurechnen (§ 31 Abs. 4 EStG).

Lösung zu Fall 88

a) Kinderbetreuungskosten: Gem. § 10 Abs. 1 Nr. 5 EStG sind Aufwendungen für die Kinderbetreuung als Sonderausgaben berücksichtigungsfähig. Es sind daher 70 % der Lohnkosten (70 % von 26 000 € = 18 200 €), davon 2/3, maximal 4 000 € je Kind abzugsfähig. Es ergibt sich somit ein Sonderausgabenabzug für Kinderbetreuungskosten i. H. v. (18 200 € × 2/3 = 12 134 €, maximal 4 000 € × 2 =) 8 000 €.

b) Steuerermäßigung nach § 35 a EStG: Die restlichen 30 % der Lohnkosten (30 % von 26 000 € = 7 800 €) stellen Aufwendungen für ein haushaltsnahes Beschäftigungsverhältnis gem. § 35 a Abs. 2 EStG dar. Es ergibt sich eine Steuerermäßigung i. H. v. (7 800 € × 20 % =) 1 560 €. Der Höchstbetrag i. H. v. 4 000 € ist nicht überschritten. Im Rahmen des § 35 a EStG sind die nicht als Sonderausgaben abziehbaren Kinderbetreuungskosten (18 200 € ./. 8 000 € = 10 200 €) auch nicht berücksichtigungsfähig (§ 35 a Abs. 5 Satz 1 EStG).

Teil W Komplexe Übungsfälle

Übungsfall 1

Bearbeitungszeit: 3 Stunden
Hilfsmittel: EStG, EStR und EStH

I. Sachverhalt

1 Persönliche Verhältnisse

Der in Ulm wohnhafte Winfried Müller (M), geboren am 22.08.1967, ist seit 2012 geschieden. Er unterstützt seine geschiedene Ehefrau mit monatlich 1 200 € zuzüglich Beiträge zu deren Basiskrankenversicherung mit monatlich 250 €. Die Ehefrau hat die Zustimmung zum Realsplitting nach § 10 Abs. 1 Nr. 1 EStG erteilt.

2 Einkünfte des M

2.1 Einkünfte des M als Abteilungsleiter

Seit Jahren ist M als Abteilungsleiter bei der Volksbank Ulm beschäftigt. Im Jahr 2017 bezog er ein Gehalt von monatlich 7 000 €. Für die besonders erfolgreiche Leitung der Wertpapierabteilung im Jahre 2016 erhielt er zusätzlich durch Vorstandsbeschluss eine Anerkennungsprämie von 6 000 €, die ihm an seinem 50. Geburtstag (am 22.08.2017) ausbezahlt wurde. Daneben wurde M wie allen Bankangestellten ein Monatsgehalt als Weihnachtsgeld am 15.12.2017 auf sein Bankkonto überwiesen. M hält die Anerkennungsprämie für steuerfrei, weil sie kein regelmäßiger Arbeitslohn ist.

Zur Geburtstagsfeier am 22.08.2017 hatte M die fünf Mitarbeiterinnen und Mitarbeiter seiner Abteilung sowie 15 Angehörige und Freunde in die Gaststätte »Ulmer Spatz« eingeladen und vom Wirt eine Quittung über bezahlte 1 000 € + 190 € USt für Speisen und Getränke erhalten. M beantragt den Abzug von 1 190 € als Werbungskosten, weil die Mitarbeiterinnen und Mitarbeiter seinen guten Erfolg mitverdient hätten.

Für Fahrten zwischen Wohnung und Bank benützt M seinen eigenen Pkw. Er fährt regelmäßig an 200 Tagen. Entfernungskilometer = 10 km. Nach seinem vollständig geführten Fahrtenbuch sind für Benzin, Öl, Versicherung, Reifen usw. 2 250 € in 2017 laut Quittungen bezahlt worden. Der im Januar 2017 gekaufte Pkw hat 30 000 € gekostet. Bei einer jährlichen Gesamtfahrleistung in 2017 von 15 000 km hat das private Kraftfahrzeug eine Nutzungsdauer von 8 Jahren.

Bei einer beruflichen Fahrt zur Stuttgarter Wertpapierbörse am 13.09.2017 (einfache Entfernung 100 km) erlitt M einen selbst verschuldeten Verkehrsunfall, der einen Blechschaden zur Folge hatte. Die von M selbst zu tragenden Reparaturkosten von 2 000 € + 380 € USt erhielt M zur Hälfte von der Bank ersetzt, weil M morgens noch an einer Vorstandssitzung der Volksbank Ulm teilnehmen musste und deshalb unter Zeitdruck fuhr. Das zu zahlende Bußgeld von 100 € musste M ohne Ersatz am 03.11.2017 bezahlen. M beantragt 2 480 € als Werbungskosten abzuziehen, weil der ersetzte Kostenanteil der Bank (1 190 €) eine private Einnahme sei. Die Fahrtkosten für diese Fahrt erhielt M nicht von seinem Arbeitgeber (der Volksbank) ersetzt. Wegen ihrer Behandlung ist er ratlos.

2.2 Einkünfte aus Kapitalvermögen

Aus einer Erbschaft hat M seit Ende Juni 2017 einen Betrag von 170 000 € auf einem privaten Festgeldkonto mit monatlicher Festlegungsfrist bei der Volksbank Ulm angelegt. Die **monatlichen** Zinsen (für Juli bis September 2017 Zinssatz 3 %, für Oktober bis Dezember 2017 Zinssatz 4 % – jeweils marktüblich) sind laut Vereinbarung insgesamt am 31. 12. 2017 gutgeschrieben worden und am 12. 01. 2018 zusammen mit dem Kapitalbetrag zum Bezahlen des Kaufpreises für das Grundstück Ulm, Münsterstraße 3 (vgl. Nr. 2.3), verwendet worden. M erhielt 2 975 € Zinsen bestätigt. Die KapSt und der SolZ wurden von der Bank in der zutreffenden Höhe einbehalten.

Am 01. 04. 2017 hat M eine zu 3 % festverzinsliche Schuldverschreibung der Landesbank Baden-Württemberg im Nennwert (= Anschaffungskosten) von 50 000 € erworben. Zinszahlungszeitpunkt ist der 1. Oktober eines Jahres. M wurden deshalb Stückzinsen für die Zeit vom 01. 10. 2016–31. 03. 2017 von 750 € in Rechnung gestellt. Am 01. 10. 2017 erhielt M 1 500 € Zinsen. Die Behandlung von KapSt und SolZ erfolgte zutreffend. M besitzt wegen früherer Verluste nur wenige Aktien der BASF AG, die er im März 2016 für 16 000 € einschließlich Nebenkosten erworben hat. Im Juni 2017 erhielt M für 400 BASF-Aktien den Betrag von 294,50 € aus Dividenden für das Jahr 2016 auf sein privates Girokonto überwiesen. Der vorgeschriebene Beleg über einbehaltene KapSt von 100 € und SolZ von 5,50 € liegt dem FA Ulm vor. Im Dezember 2017 veräußerte M diese Aktien für 18 000 €. Nach Abzug der Veräußerungskosten schrieb die Bank 17 600 € gut. Die Behandlung von KapSt und SolZ erfolgte zutreffend.

M hat seiner Bank aus Versehen **keinen** Freistellungsauftrag eingereicht. Deshalb berechnete die Bank die KapSt und den SolZ jeweils von den Bruttoerträgen. M hat alle Erträge aus Kapitalvermögen in der Anlage KAP erklärt. Darin bittet er das Finanzamt um Überprüfung der einbehaltenen KapSt und des SolZ.

2.3 Mietwohngrundstück

Mit notariellem Kaufvertrag vom 22. 08. 2017 erwarb M das mit Bauantrag vom 20. 01. 2016 am 01. 07. 2017 fertig gestellte Mietwohngrundstück in Ulm/Donau, Münsterstraße 3, zum Kaufpreis von 510 000 €. Nutzen und Lasten gingen am 01. 11. 2017 über. Der Grund und Boden ist mit 102 000 € darin enthalten. Im Zusammenhang mit dem Erwerb des Grundstücks sind noch folgende Kosten entstanden:

Maklergebühren lt. Rechnung vom 17. 10. 2017 überwiesen am 01. 11. 2017	10 000 €	+ 1 900 € (USt)	= 11 900 €
Eintragung der Vormerkung für den Eigentumsübergang lt. Gebührenbescheid des Grundbuchamtes vom 10. 11. 2017 überwiesen am 01. 12. 2017	–	–	2 000 €
Rechnung des Notariats Ulm für Beurkundung des Kaufvertrags vom 10. 11. 2017	3 000 €		
und Beurkundung der Grundschuld für die Volksbank Ulm (s. o.) vom 10. 11. 2017	1 875 €		
überwiesen am 22. 12. 2017	4 875 €		4 875 €
Zwischensumme			18 775 €

Grunderwerbsteuer lt. Steuerbescheid vom 14. 12. 2017, bezahlt am 04. 01. 2018 mit Überweisung (5 % von 510 000 €)	25 500 €
Rechnung des Notariats Ulm vom 12. 12. 2017 für Beurkundung des Eigentumsübergangs im Grundbuch; am 15. 01. 2018 überwiesen	4 000 €
Summe	48 275 €

Zur Bestreitung des am 12. 01. 2018 fälligen und bezahlten Kaufpreises und der weiteren Ausgaben nahm M bei der Volksbank Ulm ein mit 2 % zu verzinsendes Darlehen i. H. v. 330 000 € auf. Die Bank hatte die Darlehenssumme am 01. 12. 2017 mit Abzug eines marktüblichen Disagios von 3 % = 9 900 € i. H. v. 320 100 € zur Verfügung gestellt.

Die drei Wohnungen sind an drei Mieter ab 01. 11. 2017 für je 600 € monatlich vermietet. Die Miete ist am 1. eines Monats fällig. Alle Mieter bezahlten die Miete pünktlich. Der Mieter im 2. Obergeschoss hat wegen eines berufsbedingten Auslandsaufenthaltes am 29. 12. 2017 die Miete für Januar 2018 bis März 2018 mit Scheck an M vorausbezahlt. M hat den Scheck erst am 02. 01. 2018 bei der Volksbank eingereicht, weil er ab 2018 mit einem günstigeren Einkommensteuertarif gerechnet hat.

M fertigte folgende Überschuss-Rechnung für 2017 an:

Mieteinnahmen (2 × 1 800 €)	3 600 €
Werbungskosten ohne Kaufpreis und ohne Grunderwerbsteuer, da diese erst 2018 bezahlt	./. 22 775 €
Verlust aus Vermietung 2017	./. 19 175 €

Die am 31. 12. 2017 fälligen Zinsen (1/12 von 2 % aus 330 000 €) i. H. v. 550 € wurden dem Girokonto des M am 02. 01. 2018 belastet und sind deshalb nicht angesetzt. M wird diese Zinsen im Jahr 2018 abziehen.

3 Sonderausgaben

Als im Jahr 2017 bezahlte Sonderausgaben macht M geltend:

• Beiträge zur gesetzlichen Rentenversicherung (Arbeitnehmeranteil und Arbeitgeberanteil je 6 600 €)	13 200 €
• Kraftfahrzeughaftpflichtversicherung	400 €
• Vollkaskoversicherung	600 €
• Rechtsschutzversicherung	150 €
• Beiträge zu einer Risikolebensversicherung	2 000 €
• Beiträge zu einer Kapitalversicherung (Abschluss 2011,gegen laufende Beitragsleistung, Laufzeit 12 Jahre)	6 000 €
• Beiträge zu einer Rentenversicherung i. S. v. § 10 Abs. 1 Nr. 2 Buchst. b EStG (Abschluss 2016, gegen laufende Beitragsleistungen, Laufzeit 15 Jahre)	8 000 €
• Arbeitnehmeranteil zur Basiskrankenversicherung	2 700 €
• Zusatzversorgungsbeiträge zur Krankenversicherung (einschl. Anspruch auf Krankengeld)	450 €

Anmerkung: Eine eventuell anzusetzende Vorsorgepauschale ist **nicht** zu berechnen und die Günstigerprüfung ist nicht vorzunehmen!

II. Aufgabe

Ermitteln Sie das zu versteuernde Einkommen des M für das Jahr 2017 und bestimmen Sie Veranlagungsart und Tarif nach dem EStG.

Vergünstigungen und Ermäßigungen sind in größtmöglichem Umfang zu gewähren. Notwendige Anträge gelten als gestellt, sämtliche Formerfordernisse als erfüllt. Alle Sachverhaltsangaben sind als zutreffend und nachgewiesen zu unterstellen.

Soweit sich nach Ansicht des Bearbeiters keine steuerlichen Auswirkungen ergeben, ist **trotzdem** der Sachverhalt zu würdigen und gutachtlich dazu Stellung zu nehmen.

Centbeträge sind auf volle Euro zu runden.

Übungsfall 2

Bearbeitungszeit: 3 Stunden
Hilfsmittel: EStG, EStR und EStH, UStG und UStDV

I. Sachverhalt

Anton Anden (A) und seine Ehefrau Berta (B), wohnen in Freiburg. Sie haben beim zuständigen Finanzamt ihre Einkommensteuer–Erklärung für das Jahr 2017 eingereicht. Aus dieser Erklärung, den beigefügten Unterlagen, den Ermittlungen des Finanzamts und den Steuerakten ergibt sich Folgendes:

1 Zur Person und zu den familiären Verhältnissen

A und B sind seit 2002 verheiratet. A ist am 12. 01. 1976 und B am 08. 02. 1978 geboren. Sie leben in ehelicher Lebensgemeinschaft, eine Vereinbarung über den ehelichen Güterstand besteht nicht.

Aus der Ehe stammen folgende Kinder:

- Der am 19. 12. 2002 geborene Sohn Lars (L). L besucht in St. Blasien (Schwarzwald) das als staatlich anerkannte Privatschule geführte Zeppelin–Gymnasium seit 05. 09. 2017 (Klasse 9). L wohnt seither bei seiner Tante Heidrun Lang, der Schwester des A, in St. Blasien und besucht seine Eltern nur in den Ferien. A bezahlte die Schulgelder i. H. v. monatlich 160 € und ein Taschengeld von monatlich 40 €. Für Kost und Unterbringung des L musste A seiner Schwester nichts bezahlen.
- Die am 14. 03. 2008 geborene Tochter Nadine (N). N ist in der Klasse 3 der Grundschule Freiburg. Nach Schulschluss bis 17.00 Uhr wird N in der Schülergruppe der »Aktion Schulerziehung e. V.« beaufsichtigt. Die »Aktion Schulerziehung e. V.« ist vom Finanzamt Freiburg wegen Förderung der Erziehung als in § 5 Abs. 1 Nr. 9 KStG bezeichnete Personenvereinigung anerkannt und selbst zum Empfang steuerbegünstigter Zuwendungen berechtigt. A bezahlte an den Verein im Jahr 2017:

– als monatliche Vergütung für die Betreuung der B (12 × 200 €)2 400 €,
– Mitgliedsbeitrag für das ganze Jahr 2 017 500 €.

A will die in 2017 geleisteten 2 900 € als Betriebsausgaben abziehen (vgl. 3.1).

Für beide Kinder erhielten die Eltern in 2017 Kindergeld i. H. v. (2 × 2 304 €) 4 608 € bezahlt.

2 Einkünfte des A

2.1 Aus seinem Architektenbüro

A unterhält ein Architektenbüro in Freiburg in gemieteten Räumen. Er ermittelt seinen Gewinn nach § 4 Abs. 3 EStG durch Ermittlung des Überschusses der Betriebseinnahmen über die Betriebsausgaben. Er ist sog. Regelversteuerer i. S. d. UStG und nach § 15 UStG zum vollen Vorsteuerabzug berechtigt.

Die Gewinnermittlung ergibt sich aus Folgendem:

Honorareinnahmen einschließlich Umsatzsteuer	200 000 €
Betriebsausgaben einschließlich Umsatzsteuer, soweit auf laufende Betriebsausgaben entfallend	./. 80 000 €
Gewinn 2017	120 000 €

Zur Ermittlung des Gewinns ergeben sich aus der Steuererklärung, den Anlagen und den Erläuterungen des A folgende Fragen:

2.1.1 Zum Ausgleich einer **Honorarforderung** gegen Otto Ertel i. H. v. 50 000 € (einschließlich Umsatzsteuer) erwarb A von Otto Ertel, dem Eigentümer des neben seinem Büro gelegenen Grundstücks, zum 01. 10. 2017 eine Pkw–Parkplatzfläche von 100 m^2 Größe im gemeinen Wert von 60 000 € (Übergang von Nutzen und Lasten ebenfalls zum 01. 10. 2017). Der Betrag von 60 000 € entspricht dem üblichen Endpreis am Abgabeort.

Ein Wertausgleich fand einverständlich nicht statt. Die erworbene Fläche hatte A für sein Büro als Kundenparkplatz bereits gemietet gehabt. Da A seinen Dauerauftrag bei der Bank nicht rechtzeitig kündigte, erhielt Ertel 3 600 € (12 × 300 €) Miete in 2017 ausbezahlt.

Dieser Betrag ist in den Betriebsausgaben enthalten. Ansonsten wurde der Vorgang in der Gewinnermittlung nicht berücksichtigt. Ertel zahlte den zu viel überwiesenen Betrag i. H. v. 900 € erst am 05. 01. 2018 zurück.

2.1.2 Am 17. 07. 2017 erwarb A ein **Fotokopiergerät** für 499,80 € (420 € + 79,80 € Umsatzsteuer), Nutzungsdauer 5 Jahre. Er bezahlte das Gerät am 15. 09. 2017 mit 484,80 € (499,80 € ./. 3 % Skonto = 15,00 €). Unter dem Datum 15. 09. 2017 ist der Betrag von 484,80 € als Betriebsausgabe erfasst.

2.1.3 Bauherr Ludwig Kraft war mit der Bauaufsicht von A bei Erstellung eines Einfamilienhauses nicht zufrieden. Kraft erhob daher im November 2017 **Schadensersatzklage** und weigerte sich, eine noch offene **Honorarforderung** zu begleichen. In den Betriebsausgaben bei A sind in diesem Zusammenhang zu finden:

Honorarverlust	4 000 €
Schadenersatzrückstellung	3 000 €
Prozesskostenrückstellung für 1. Instanz	2 000 €

2.1.4 Wegen des Streits mit Kraft hat A am 20. 07. 2017 eine **Berufshaftpflichtversicherung** mit Wirkung ab 01. 09. 2017 abgeschlossen. Die monatlichen Prämien von 100 € sind jeweils am 1. eines Monats fällig. A bezahlt am 05. 01. 2018 den gesamten Jahresbetrag für die Zeit vom 01. 09. 2017 bis 31. 08. 2018 i. H. v. 1 200 € und macht diesen Betrag als Sonderausgaben des Jahres 2017 geltend. In den Betriebsausgaben 2017 ist insoweit nichts angesetzt.

2.1.5 A entnimmt am 10. 10. 2017 einen noch mit 500 € zu Buche stehenden **Schreibtisch** mit einem Teilwert von 1 000 € aus seinem Betrieb und stellt ihn in seiner privaten Wohnung auf. Gleichzeitig zahlt er 2 000 € am 10. 10. 2017 für einen neuen Schreibtisch bei einem Möbeleinzelhändler an. Umsatzsteuer wurde bisher noch nicht in Rechnung gestellt. Der neue Schreibtisch soll 3 000 € ohne Umsatzsteuer kosten, hat eine Nutzungsdauer von sechs Jahren und wird – zum Leidwesen für A – erst im Januar 2018 geliefert. Die Rechnung wird ebenfalls erst 2018 erteilt. A setzt nur die Anzahlung i. H. v. 2 000 € als Betriebsausgaben in 2017 ab.

2.2 Aus Banken- und Bausparguthaben

2.2.1 A hat bei der Volksbank Freiburg ein **Sparkonto**. Am 30. 12. 2016 steht auf dem Sparbuch ein Bestand von 20 000 € vermerkt. Die Bank schreibt dem A bei einem Besuch am 08. 02. 2017 auf dem Sparbuch 200 € Zinsen für das Jahr 2016 gut. Am 16. 05. 2017 hebt A 5 000 € ab. Am 15. 01. 2018 erhält A – wieder bei einem Besuch – für 2017 auf dem Sparbuch 180 € Zinsen gutgeschrieben.

2.2.2 A erwarb bei der Volksbank Freiburg am 30.03.2017 eine 2 %ige **Bundesanleihe** mit Zinsschein zum Nennwert von 20 000 €. Der Bund zahlt die Zinsen jährlich einmalig jeweils zum 30.06. eines Jahres. Bei Erwerb hatte A an die Volksbank 110 € Gebühren und die Stückzinsen für die Zeit vom 01.07.2016 bis 30.03.2017 i. H. v. 300 € bezahlt. Am 30.06.2017 erhielt A 400 € Zinsen auf die Anleihe ausbezahlt.

2.2.3 A hat seit Jahren einen **Bausparvertrag.** Am 17.07.2017 zahlt er darauf 16 000 € ein und erhält für 2017 durch Gutschriftsanzeige vom 23.02.2018 700 € Bausparzinsen gutgeschrieben.

Von den Einnahmen aus Kapitalvermögen wurde die KapSt unter Berücksichtigung des Sparer-Pauschbetrags in der zutreffenden Höhe einbehalten.

3 Einkünfte der B

3.1 Aus der selbstständigen Tätigkeit als Krankengymnastin

B ist seit Jahren als selbstständige Krankengymnastin in Freiburg tätig. Sie ermittelt ihren Gewinn durch Einnahmen-Überschuss-Rechnung. B führt nur gemäß § 4 Nr. 14 UStG steuerfreie Umsätze aus und ist nicht zum Vorsteuerabzug berechtigt. Für 2017 hat B über ihre Einkünfte folgende Angaben gemacht:

a)	Einnahmen		12 433 €
b)	Autokosten	2 000 €	
c)	Einrichtung	585 €	
d)	einmalige Ausgaben	150 €	
e)	sonstige Ausgaben (AfA, Miete, übrige Raumkosten usw.)	3 000 €	
f)	Kinderbetreuung (vgl. Ziff. 1)	2 900 €	./. 8 635 €
	Erklärter Gewinn der B für 2017		3 798 €

Diese Angaben hat B wie folgt erläutert:

Zu a) B hat die auf ihrem Bankkonto gutgeschriebenen Beträge sowie Bareinnahmen erfasst. Am 20.12.2017 hat die Kaufmännische Krankenkasse Stuttgart B mitgeteilt, dass für das II. Vierteljahr 2017 Honorare für Leistungen an ihre Kassenpatienten i. H. v. 1 500 € überwiesen seien. Da der Bankauszug am 05.01.2018 bei B einging (Gutschrift Wert 30.12.2017), hat B die 1 500 € im Jahr 2017 nicht als Einnahme angesetzt. Auf die am 30.11.2017 abgesandte Abrechnung für das III. Vierteljahr 2017 hat B ein Honorar von 2 000 € zu beanspruchen, das am 20.02.2018 überwiesen wurde.

Zu b) Am 02.01.2017 hat A seiner Ehefrau einen zum Betriebsvermögen des A gehörenden Pkw geschenkt und übereignet. Der Buchwert des Pkw bei A am 02.01.2017 betrug 1 000 €, bei einem Gebrauchtwagenhändler hätten 1 500 € (einschließlich Umsatzsteuer) bezahlt werden müssen. A hat das Fahrzeug im Jahr 2014 erworben und dafür den vollen Vorsteuerabzug gem. § 15 UStG in Anspruch genommen, da der Pkw ausschließlich für betriebliche Zwecke genutzt wurde. Der Pkw hatte am 02.01.2017 noch eine Nutzungsdauer von 2 Jahren. A hat diesen Vorgang bei seiner Gewinnermittlung zutreffend als Entnahme erfasst. B hat nur die von ihr bezahlten laufenden Ausgaben für den Unterhalt des Pkw voll als Betriebsausgabe behandelt (Kfz-Steuer 100 €, Haftpflichtversicherung 300 €, Benzin usw. 1 600 €). Sie hat den Pkw zu 30 % nachweislich lt. Fahrtenbuch für betriebliche Zwecke, z. B. Fahrten zu Patienten, genutzt. Eine Aufnahme des Pkw in ein Anlageverzeichnis ist nicht erfolgt, weil B den Pkw als Privatvermögen behandeln möchte.

Zu c) Am 20.07.2017 erwarb B in einem Möbelgeschäft eine Spezialliege für die Praxis für 476 € (einschließlich 76 € Umsatzsteuer). Dazu erwarb sie gegen Barzahlung am 23.07.2017 einen passenden Holzlattenrost in einem Fachgeschäft für medizinische Geräte für 119 € (einschließlich 19 € Umsatzsteuer). Die Liege kann nur zusammen mit einem passenden Holzlattenrost genutzt werden. Bei Zahlung der Liege nahm B am 20.07.2017 vereinbarungsgemäß 10 € (2 %) Skontoabzug vor und überwies (476 € ./. 10 €) 466 € an das Möbelgeschäft. B hat deshalb (466 € + 119 €) 585 € gemäß § 6 Abs. 2 EStG sofort als Betriebsausgabe abgezogen. Die Liege hat eine Nutzungsdauer von sechs Jahren.

Zu d) Am 10.08.2017 hat B einen Patienten zur Behandlung in dessen Wohnung aufgesucht. Bei dieser Gelegenheit übergab sie eine Rechnung über 150 €, die der Patient sofort bar bezahlte. Nach Einkäufen für den Haushalt bemerkte B, dass ihr Geldbeutel mit 200 € Inhalt fehlte. Trotz aller Nachforschungen blieb die Geldbörse samt Inhalt verschwunden. Ein polizeiliches Ermittlungsverfahren wurde Ende November 2017 ohne Erfolg eingestellt. E wollte den gesamten Vorgang in ihren Aufzeichnungen überhaupt nicht erfassen. Auf Anraten ihres Ehemannes hat sie dann aber doch 150 € Betriebsausgaben abgesetzt.

Zu e) Darin enthalten sind 250 € Barzahlung am 27.12.2017 für die Lieferung von Mull, Binden und Salben, die E am 27.12.2017 bestellt hatte. Diese Bestellung wurde am 04.01.2018 an E ausgeliefert. Den Restbetrag der **Gesamt**rechnung über 357 € (einschließlich 57 € Umsatzsteuer), also 107 €, hat B erst am 10.01.2018 dem Lieferanten bar bezahlt und deshalb im Jahr 2017 nicht als Betriebsausgaben behandelt.

Zu f) B macht geltend, sie könne ihren Beruf nur ausüben, weil die Tochter N tagsüber in der Schülergruppe beaufsichtigt werde. Die Kosten seien damit betrieblich veranlasst und Betriebsausgaben.

3.2 Einfamilienhaus Freiburg, Silcherweg 1

Am 18.01.2017 hatte B von ihrem Vater als Alleinerbin zwei baureife unbebaute Grundstücke in guter Wohnlage in Freiburg geerbt, die dieser 1990 für je 20 000 DM (umgerechnet 10 226 €) angeschafft hatte. Im Januar 2017 hätte B für diese Grundstücke je 51 000 € bezahlen müssen. B beschloss im März 2017, eines der geerbten Grundstücke zu verkaufen und mit dem Erlös den Bau eines Einfamilienhauses teilweise zu finanzieren. Mit notariellem Vertrag vom 05.04.2017 verkaufte B eines dieser Grundstücke für 66 000 € gegen Barzahlung. Auf Anraten ihres Bankberaters legte B das Geld wie folgt an:

10.04.2017 Kauf von Barrengold einschließlich Nebenkosten und USt	25 000 €
19.04.2017 Festgeldkonto bei der Freiburger Volksbank für sechs Monate zu 4 % Zins	41 000 €

Auf dem nicht verkauften Grund und Boden ließ B gemäß Bauantrag vom 03.02.2017 ab Februar 2017 ein Fertighaus in massiver Bauweise mit Keller und Doppelgarage errichten, das am 20.06.2017 bezugsfertig wurde. Die Baukosten betrugen 379 000 € einschließlich Umsatzsteuer und waren erst am 20.10.2017 in einer Summe zu zahlen.

Das Gebäude enthält sieben Zimmer und die üblichen Nebenräume. Das Grundstück wird seit dem Einzug am 28.06.2017 nur von der Familie Anden genutzt.

Der Kaufpreis des Gebäudes wurde am 20.10.2017 wie folgt **finanziert:**

Erlös aus dem am 11.10.2017 verkauften Barrengold	37 000 €	
./. Schließfachmiete vom 10.04.–11.10.2017	150 €	36 850 €
Festgeld zuzüglich am 19.10.2017 gutgeschriebener Zinsen von 820 €		41 820 €
Summe		78 670 €

Von den Zinseinnahmen wurde die KapSt unter Berücksichtigung des Sparer-Pauschbetrags in der zutreffenden Höhe einbehalten. Für einen Teilbetrag des Gebäudekaufpreises von rd. 300 000 € hat E bei der Volksbank am 10. 10. 2017 einen Baukredit zu 5 % Zins beantragt, der am 16. 10. 2017 zugesagt wurde. Danach wurde am 20. 10. 2017 unter Kürzung von 2 % für Geldbeschaffungskosten ein Betrag von (300 000 € ./. 6 000 €) 294 000 € als Baukredit ausgezahlt. Am 31. 12. 2017 hat B die Zinsen für diesen Baukredit für die Zeit vom 20. 10.–31. 12. 2017 i. H. v. 2 950 € aus privaten Mitteln bezahlt. Die Tilgung beginnt am 01. 01. 2018.

4 Sonderausgaben

Als im Jahr 2017 bezahlte Sonderausgaben machen A und B geltend:

- Berufshaftpflichtversicherung (Tz 2.1.4) 1 200 €
- Lebensversicherungsbeiträge des A (Risikolebensversicherung) 2 000 €
- Rentenversicherungsbeiträge des A (Abschluss 2011, gegen laufende Beitragsleistung) 6 000 €
- Rentenversicherungsbeiträge der B (Abschluss 2015, gegen laufende Beitragsleistungen) 8 000 €
- Beiträge zur Basiskrankenversicherung und zur gesetzlichen Pflegeversicherung für A und B je 2 400 €, für L und N je 480 €, von A bezahlt 5 760 €
- Komfortkrankenversicherungsbeiträge 600 €

Anmerkung: Eine eventuell anzusetzende Vorsorgepauschale ist **nicht** zu berechnen und die Günstigerprüfung ist nicht durchzuführen!

II. Aufgabe

Ermitteln Sie das **geringstmögliche** zu versteuernde Einkommen der Eheleute Anden für das Jahr **2017**.

Alle dazu erforderlichen Anträge sind gestellt, erforderliche Bescheinigungen und Nachweise liegen vor. Entscheiden Sie außerdem über Veranlagungsart und Tarif nach dem EStG. Die Eheleute beantragen gem. § 31 EStG, ihnen einen Kinderfreibetrag zu gewähren.

Die einzelnen Entscheidungen sind unter Angabe der wichtigsten Vorschriften des EStG, der EStDV und der EStR kurz, aber erschöpfend zu begründen. Bitte nehmen Sie zu den aufgeworfenen Problemen und Ansichten auch dann Stellung, wenn sich nach Ihrer Meinung keine steuerliche Auswirkung ergibt! Auf die KapSt ist nicht einzugehen.

Gliedern Sie ihre Lösungen bitte wie folgt:

1 Persönliche Steuerpflicht
2 Veranlagungsart und Tarif
3 Steuervergünstigung für Kinder
4 Einkünfte des A
5 Einkünfte der B
6 Sonderausgaben
7 Außergewöhnliche Belastungen
8 Zu versteuerndes Einkommen

Teil X Lösungshinweise zu den komplexen Übungsfällen

Lösung zu Übungsfall 1

A. Persönliche Verhältnisse

M ist unbeschränkt einkommensteuerpflichtig, da er im Inland seinen Wohnsitz hat (§ 1 EStG). Für M ist eine Einzelveranlagung durchzuführen (§ 25 EStG). Auf das zu versteuernde Einkommen des M ist der Grundtarif gem. § 32 a Abs. 1 EStG anzuwenden.

B. Einkünfte des M

1 Einkünfte aus nichtselbstständiger Arbeit

Als Angestellter der Volksbank Ulm bezieht M Einkünfte aus nichtselbstständiger Arbeit gem. § 19 Abs. 1 Nr. 1 EStG, § 1 Abs. 1 LStDV. Alle Zahlungen des Arbeitgebers sind Arbeitslohn:

a)	fortlaufend gezahltes Monatsgehalt (12 × 7 000 €)	84 000 €
b)	Weihnachtsgeld als 13. Monatsgehalt	7 000 €
c)	Sonderzahlung (Anerkennungsprämie)	6 000 €
d)	Summe der Einnahmen	97 000 €

Die Aufwendungen für die Geburtstagsfeier i. H. v. 1 190 € sind keine Werbungskosten, da sie nicht durch die Einkünfteerzielung veranlasst sind. Es handelt sich vielmehr um typische private Aufwendungen für die Lebenshaltung gem. § 12 Nr. 1 Satz 2 EStG, die allenfalls die berufliche Stellung des M mit sich bringt. Da der Geburtstag des Stpfl seine Privatangelegenheit ist, lässt auch der Umstand, dass auch Mitarbeiterinnen und Mitarbeiter eingeladen wurden, keine andere Entscheidung zu. Die Voraussetzungen, die der BFH für den Abzug dieser Kosten als Werbungskosten aufgestellt hat, liegen nicht vor (BFH vom 10. 11. 2016 BStBl II 2017, 409). Es handelt sich auch nicht um eine Betriebsveranstaltung (R 19.5 Abs. 2 LStR).

Aufwendungen für die Fahrten zwischen Wohnung und Arbeitsstätte sind nach § 9 Abs. 1 Satz 3 Nr. 4 EStG i. V. m. § 9 Abs. 2 EStG nur i. H. v. 0,30 € je Entfernungskilometer als Werbungskosten abzugsfähig, im vorliegenden Fall somit 200 Tage × 10 km × 0,30 € = 600 €.

Die tatsächlichen Pkw-Kosten für dienstlich veranlasste Fahrten können wie folgt abgesetzt werden (R 9.5 Abs. 1 LStR):

• laufende Kosten	2 250 €
• feste Kosten (AfA 30 000 € × 12,5 %) bei der nachgewiesenen Nutzungsdauer von acht Jahren	3 750 €
Gesamtkosten im Jahr 2017	6 000 €

Das sind bei einer Fahrleistung von 15 000 km 0,40 € je km.

Da der Arbeitgeber sich an den von M selbst zu tragenden Unfallkosten beteiligt, ist eine beruflich veranlasste Fahrt des M anzunehmen. Damit sind die Kosten zur Unfallschadenbeseitigung Werbungskosten des M. Soweit diese Kosten vom Arbeitgeber ersetzt werden, sind die Werbungskosten zu kürzen; insoweit liegt kein Arbeitslohn vor (vgl. § 3 Nr. 16 EStG, R 3.16, 9.5 LStR, H 9.5 [Pauschale Kilometersätze] LStH). Somit sind (2 380 € ./. 1 190 €) 1 190 € als Werbungskosten abzugsfähig. Das zu zahlende Bußgeld ist gem. § 4 Abs. 5 Satz 1 Nr. 8 i. V. m. § 9

Abs. 5 EStG nicht abzugsfähig. Die Fahrtkosten der Dienstreise kann M i. H. v. (200 km × 0,40 €) 80 € als Werbungskosten abziehen, da diese **höher** sind als der ohne Nachweis abzugsfähige Betrag von 0,30 €/km – H 9.5 (Pauschale Kilometersätze) LStH.

Die Einkünfte aus nichtselbstständiger Arbeit des M betragen:

Einnahmen	97 000 €
Werbungskosten (600 € + 1 190 € + 80 €)	./. 1 870 €
da höher als der Arbeitnehmer-Pauschbetrag gem. § 9 a Satz 1 Nr. 1 EStG	
Einkünfte gem. § 19 EStG	95 130 €

2 Einkünfte aus Kapitalvermögen

Die von der Volksbank Ulm für das angelegte Festgeld gutgeschriebenen Zinsen i. H. v. 2 975 € sind Einnahmen aus Kapitalvermögen gem. § 20 Abs. 1 Nr. 7 EStG. Sie sind monatlich fortlaufend, für Dezember 2017 mit Gutschrift am 31. 12. 2017 zugeflossen (§ 11 Abs. 1 Satz 1 EStG).

M muss den vollen Zinsbetrag von 1 500 € aus der Gutschrift der festverzinslichen Schuldverschreibung als steuerpflichtige Einnahmen aus Kapitalvermögen i. S. v. § 20 Abs. 1 Nr. 7 EStG versteuern. Die von ihm an den Veräußerer gezahlten Stückzinsen von 750 € (die dieser versteuert hat), sind negative Einnahmen aus Kapitalvermögen (BMF vom 09. 10. 2012 BStBl I 2012, 953, Rz 51) und mit den steuerpflichtigen Einnahmen von 3 000 € zu verrechnen.

Die steuerpflichtigen Einnahmen aus Dividenden betragen gem. § 20 Abs. 1 Nr. 1 EStG 400 €.

Der Veräußerungsgewinn aus der Veräußerung der Aktien i. H. v. (17 600 € ./. 16 000 € =) 1 600 € gehört ebenfalls zu den steuerpflichtigen Einkünften aus Kapitalvermögen (§ 20 Abs. 2 Nr. 1 EStG), weil die Aktien nach dem 31. 12. 2008 erworben wurden (§ 52 a Abs. 10 Satz 4 EStG).

Die Einkünfte des M aus Kapitalvermögen betragen:

Einnahmen (2 975 € + 750 € + 400 € + 1 600 € =)	5 725 €
./. Sparer-Pauschbetrag (§ 20 Abs. 9 EStG)	./. 801 €
Einkünfte	4 924 €

Die Einkünfte aus Kapitalvermögen i. H. v. 4 924 € bleiben grundsätzlich bei der Veranlagung zur ESt außer Betracht und werden deshalb bei der Ermittlung des Gesamtbetrags der Einkünfte nicht berücksichtigt, weil die ESt für diese Kapitalerträge durch den Steuerabzug (§ 32 d Abs. 1 EStG, § 43 Abs. 5 EStG) abgegolten ist. Da M aber seiner Bank keinen Freistellungsauftrag eingereicht hat und diese deshalb den Sparer-Pauschbetrag bei der Berechnung der KapSt nicht berücksichtigt hat, kann A einen Antrag auf Überprüfung des Steuereinbehalts nach § 32 d Abs. 4 EStG stellen. Dies ist hier zu empfehlen. Im Rahmen der ESt-Veranlagung werden die Einkünfte aus Kapitalvermögen unverändert mit dem gesonderten Steuertarif von 25 % nach § 32 d Abs. 1 EStG versteuert. Das Finanzamt berücksichtigt dabei jedoch den Sparer-Pauschbetrag von 801 € nach § 20 Abs. 9 EStG. Lt. Aufgabenstellung wird diese Überprüfung vorgenommen, denn M hat diesen Antrag gestellt.

3 Einkünfte aus Vermietung und Verpachtung

Aus dem Mietwohngrundstück Ulm, Münsterstr. 3 bezieht M Einkünfte aus Vermietung und Verpachtung. Die von M geleisteten Aufwendungen für das Grundstück sind in Anschaffungskosten für Grund und Boden und Gebäude und sofort abzugsfähige Werbungskosten aufzuteilen.

Als Finanzierungskosten sind im Jahr 2017 sofort abzugsfähige Werbungskosten:

• Notariatsgebühren für Grundschuld der Volksbank Ulm	1 875 €
• Disagio bei Darlehensauszahlung (§ 11 Abs. 2 Satz 4 EStG)	9 900 €
	11 775 €

Alle übrigen Aufwendungen sind Anschaffungskosten und Anschaffungsnebenkosten des Grundstücks, die auf Gebäude und Grund und Boden aufzuteilen sind.

Gesamtaufwendungen:

Grundstückskaufpreis	510 000 €
+ Maklergebühren	11 900 €
+ Eintragungsgebühren der Eigentumsvormerkung im Grundbuch	2 000 €
+ Notariatsgebühren für Kaufvertragsbeurkundung	3 000 €
+ Grunderwerbsteuer (da 2017 entstanden)	25 500 €
+ Notariatsgebühren für Eigentumsübergang	4 000 €
Gesamte Anschaffungskosten	556 400 €
Anteil Grund und Boden (20 %)	111 280 €
Anteil Gebäude = AfA-Bemessungsgrundlage	445 120 €

Die **AfA** gem. § 7 Abs. 4 Satz 1 Nr. 2 Buchst. a EStG beträgt 2 % = 8 903 €, davon 2/12 = 1 484 €, weil Nutzen und Lasten des Gebäudes erst am 01. 11. 2017 auf M übergegangen sind. Die degressive AfA nach § 7 Abs. 5 Satz 1 Nr. 3 Buchst. c EStG kann nicht gewährt werden, weil der Kaufvertrag nach dem 31. 12. 2005 abgeschlossen wurde.

Die Mieteinnahmen für November und Dezember 2017 (3 600 €) sowie die vorausbezahlte Miete für Februar und März 2018 sind im Jahr 2017 zugeflossen. Die vorausbezahlte Miete ist mit Übergabe des Schecks zugeflossen. Da der Mietvertrag als Dauerschuldverhältnis zu behandeln ist, wird die am 29. 12. 2017 bezahlte Miete für Januar 2018 erst im VZ 2018 als Einnahmen angesetzt (§ 11 Abs. 1 Satz 2 EStG). Dagegen sind die am 02. 01. 2018 bezahlten Darlehenszinsen für Dezember 2017 (550 €) als regelmäßig wiederkehrende Ausgaben gem. § 11 Abs. 2 Satz 2 EStG bereits im VZ 2017 als Werbungskosten abzusetzen.

Die Einkünfte aus Vermietung und Verpachtung des M betragen:

Einnahmen (3 600 € + 1 200 €)		4 800 €
• Finanzierungskosten	11 775 €	
• Schuldzinsen	550 €	
• AfA gem. § 7 Abs. 4 EStG	1 484 €	
Summe der Werbungskosten	13 809 €	./. 13 809 €
Überschuss der Werbungskosten über die Einnahmen		./. 9 009 €

4 Sonderausgaben

4.1 Sonderausgaben ohne Vorsorgeaufwendungen

Die Unterhaltszahlungen an die geschiedene Ehefrau i. H. v. 12 × 1 200 € = 14 400 € sind bis zum Höchstbetrag von 13 805 € nach § 10 Abs. 1 a Nr. 1 EStG als Sonderausgaben abzugsfähig, weil die geschiedene Ehefrau dem Antrag des M zugestimmt hat. Der Höchstbetrag von 13 805 € erhöht sich nach § 10 Abs. 1 a Nr. 1 Satz 2 EStG um die Basiskrankenversicherungsbeiträge von (12 × 250 € =) 3 000 € auf 16 805 €.

Da diese Aufwendungen höher sind als der Pauschbetrag nach § 10 c EStG, werden bei der Ermittlung des zu versteuernden Einkommens diese Aufwendungen von 16 805 € abgezogen.

4.2 Vorsorgeaufwendungen (§ 10 Abs. 1 Nr. 2, 3 und 3 a EStG)

Nicht unter die Vorsorgeaufwendungen i. S. v. § 10 Abs. 1 EStG fallen die Beiträge zu Kaskoversicherungen und Rechtsschutzversicherungen (H 10.5 EStH). Auch die Beiträge an die Kapitalversicherung sind nicht abzugsfähig, weil der erste Beitrag nach dem 31. 12. 2004 entrichtet worden ist.

4.2.1 Rentenversicherungsbeiträge (§ 10 Abs. 1 Nr. 2 EStG)

Arbeitnehmer- und Arbeitgeberanteil zur gesetzlichen Rentenversicherung	13 200 €
Beiträge zur Rentenversicherung des M	8 000 €
Summe	21 200 €
davon abzugsfähig 84 % =	17 808 €
./. Arbeitgeberanteil	6 600 €
Abzugsfähige Beiträge (§ 10 Abs. 3 EStG)	11 208 €

4.2.2 Versicherungsbeiträge gem. § 10 Abs. 1 Nr. 3 EStG

Basiskrankenversicherung des M	2 700 €

4.2.3 Sonstige Vorsorgeaufwendungen gem. § 10 Abs. 1 Nr. 3 a EStG

Übrige Krankenversicherungsbeiträge	450 €
Risikolebensversicherung	2 000 €
Kfz-Haftpflichtversicherung	400 €
Summe aus 4.2.2 und 4.2.3	5 550 €
davon abzugsfähig 1 900 €, mindestens aber 2 700 € (§ 10 Abs. 4 EStG)	2 700 €
Summe der abzugsfähigen Vorsorgeaufwendungen	13 908 €

5 Ermittlung des zu versteuernden Einkommens

Einkünfte gem. § 19 EStG	95 130 €
Einkünfte gem. § 21 EStG	./. 9 009 €
Summe (nach Verlustausgleich)	86 121 €
Sonderausgaben (16 805 € + 13 908 €)	30 713 €
Einkommen = zu versteuerndes Einkommen	55 408 €

Punktetabelle zu Übungsfall 1:

	Punkte	Summe
A.		
1. Unbeschränkte Einkommensteuerpflicht, Einzelveranlagung	1	(1)
2. Grundtabelle begründet	1	(2)
B.		
1. Arbeitslohn (Einnahmen aus nichtselbstständiger Arbeit) mit 97 000 € begründet erfasst	1	(3)
2. Kosten der Geburtstagsfeier als Lebenshaltungskosten bezeichnet, Werbungskosten abgelehnt	1	(4)
Personenkreis (nur Mitarbeiter, keine Familienangehörigen) als unerheblich bezeichnet	1	(5)
3. a) Fahrtkosten Wohnung – Arbeitsstätte zutreffend	1	(6)
b) Tatsächliche Pkw-Kosten für Dienstfahrten mit 0,40 €/km zutreffend dargestellt	1	(7)
4. Fahrt zur Wertpapierbörse Stuttgart als beruflich veranlasst dargestellt	1	(8)
Selbst getragene Unfallkosten als Werbungskosten, begründet (1 190 €)	1	(9)
Bußgeld nicht abzugsfähig	1	(10)
Fahrtkosten zusätzlich als Werbungskosten abgezogen (80 €)	1	(11)
Einkünfte aus nichtselbstständiger Arbeit (folgerichtig) berechnet (95 130 €)	1	(12)
5. Festgeldzinsen als Einnahmen gem. § 20 Abs. 1 Nr. 7 EStG begründet in 2017	1	(13)
6. Zinsen aus Schuldverschreibung zutreffend 3 000 €, begründet	1	(14)
Stückzinsen als negative Einnahmen angesetzt, begründet	1	(15)
7. Dividendenerträge aus BASF-Aktien zutreffend angesetzt (400 €)	1	(16)
Veräußerungsgewinn von 1 600 € begründet steuerpflichtig	1	(17)
Einkünfte aus Kapitalvermögen (folgerichtig) berechnet (4 924 €)	1	(18)
8. Finanzierungskosten sofort abzugsfähige Werbungskosten, keine Anschaffungskosten	1	(19)
Notariatsgebühr Grundschuld (1 875 €)	1	(20)
Disagio bei Darlehensauszahlung (9 900 €)	1	(21)
Anschaffungskosten zutreffend (556 400 €) (je Fehler 1 Punkt Abzug)	1	(22), (23)
Anteil Grund und Boden folgerichtig (111 280 €)	1	(24)
AfA nach § 7 Abs. 4 EStG begründet angewandt	1	(25)
AfA gem. § 7 Abs. 4 Satz 1 Nr. 2 EStG (2 % = 8 903 €, davon 2/12 = 1 484 €)	1	(26)
9. Mieteinnahmen zutreffend (4 800 €)	1	(27)
§ 11 Abs. 1 Satz 2 EStG begründet angewandt	1	(28)
Einkünfte aus Vermietung (folgerichtig) berechnet	1	(29)
10. Realsplitting mit Höchstbetrag von 13 805 € angesetzt	1	(30)
Erhöhungsbetrag von 3 000 € erkannt	1	(31)
11. Vorsorgeaufwendungen richtig aufgeteilt in drei Arten	1	(32)
Höchstbetrag für Rentenversicherungsbeiträge richtig berechnet	1	(33)

Höchstbetrag für übrige Vorsorgeaufwendungen richtig berechnet	1	(34)
zu versteuerndes Einkommen vollständig dargestellt	1	(35)
vorläufige Summe der Korrekturpunkte:		
Bis zu zwei weitere Sonderpunkte	________	
a) für übersichtliche und gut gegliederte Darstellung	1	SP
b) für besonders gute Begründung bei einzelnen Sachverhalten	1	SP
Gesamtpunkte:	________	
Notenpunkte:	________	

Notentabelle

Korrekturpunkte	Notenpunkte	Note
35–34	15	1
33–32	14	
31	13	2
30–29	12	
28	11	
27–26	10	3
25	9	
24–23	8	
22–21	7	4
20	6	
19–18	5	
17–14	4	5
13–11	3	
10–7	2	
6–4	1	6
3–0	0	

Lösung zu Übungsfall 2

Zur Person und zu den familiären Verhältnissen

1 Persönliche Steuerpflicht

Die Eheleute Anton und Berta Anden (A und B) sowie die Kinder L und N mit Wohnsitz in Freiburg (Inland) sind unbeschränkt einkommensteuerpflichtig (§ 1 Abs. 1 EStG).

2 Veranlagungsart und Tarif

Die Eheleute A und B leben nicht dauernd getrennt und erfüllen damit die Voraussetzungen für eine Ehegattenveranlagung (§ 26 Abs. 1 Satz 1 EStG). Da keine Erklärung zur Veranlagungsart vorliegt, wird unterstellt, dass die Ehegatten die Zusammenveranlagung wählen (§§ 26 Abs. 3 und 26 b EStG). Auf das zu versteuernde Einkommen ist die Splittingtabelle anzuwenden (§§ 2 Abs. 5 Satz 1 und 32 a Abs. 5 EStG).

3 Steuervergünstigung für Kinder

a) Sohn Lars (L) ist zu Beginn des VZ 2017 14 Jahre alt. Er ist gem. § 32 Abs. 3 EStG im VZ 2017 zu berücksichtigen.

Zur außergewöhnlichen Belastung vgl. Ziff. 7.

b) Tochter Nadine (N), am 01.01.2017 8 Jahre alt, ist ebenfalls gem. § 32 Abs. 3 EStG im VZ 2017 zu berücksichtigen.

4 Einkünfte des A

4.1 Einkünfte des A aus selbstständiger Tätigkeit, § 18 Abs. 1 EStG

Als Architekt übt der Steuerpflichtige einen Katalogberuf i. S. d. § 18 Abs. 1 Nr. 1 EStG freiberuflich aus. Sein gem. § 4 Abs. 3 EStG erklärter Gewinn beträgt 120 000 €.

4.1.1 Honorarforderung und Parkplatz

Zum Ausgleich der Honorarforderung erhielt A kein Geld, sondern einen Wertgegenstand. Gem. § 8 Abs. 2 EStG (auch § 6 Abs. 4 EStG) fließen A daher Betriebseinnahmen einschließlich USt in Höhe des gemeinen Werts des Grundstücks zu. Dieser Wert entspricht dem üblichen Endpreis am Abgabeort. Dass er auf den Differenzbetrag von 10 000 € keinen Rechtsanspruch hatte, spielt keine Rolle.

Gewinnerhöhung: 60 000 €.

Da die in den 60 000 € enthaltene USt noch nicht an das Finanzamt abgeführt wurde, ist die USt als Betriebsausgabe erst später zu berücksichtigen.

I. H. v. 60 000 € abzüglich darin enthaltener USt hat A Anschaffungskosten für ein nicht abnutzbares Wirtschaftsgut des Anlagevermögens, das als notwendiges Betriebsvermögen in das Anlageverzeichnis aufzunehmen ist (§ 4 Abs. 3 Satz 4 und 5 EStG). Gewinnauswirkungen ergeben sich insoweit für 2017 nicht.

Berechnung der Anschaffungskosten: A erhält zunächst für seine Forderung 60 000 €. Davon sind 19/119 = 9 580 € USt und der Rest von 50 420 € Betriebseinnahmen. Die USt führt er an das Finanzamt ab. Den Rest von 50 420 € gibt er hin, um das Grundstück zu erwerben. Er hat somit Anschaffungskosten i. H. v. 50 420 € (60 000 € ./. USt).

Die für die Monate Oktober bis Dezember 2017 zu viel bezahlte »Miete« i. H. v. 900 € ist keine Betriebsausgabe. Es handelt sich um eine versehentliche Zahlung, denn A war ab

01. 10. 2017 nicht mehr Mieter, sondern wirtschaftlicher Eigentümer des Grundstücks. Wann dieser Betrag zurückgezahlt wurde, spielt keine Rolle!

Gewinnerhöhung: 900 €.

4.1.2 Kopiergerät

Der Vorgang ist gewinnmäßig nicht zu beanstanden. Das Kopiergerät ist ein GWG, denn die Anschaffungskosten betragen 407,40 € (420 € ./. 3 % Skonto = 12,60 €), also Betriebsausgabe bei Erwerb. Dass die USt nicht besonders in den Betriebsausgaben ausgewiesen ist, spielt, da eine Gewinnermittlung gem. § 4 Abs. 3 EStG vorliegt, keine Rolle; sie ist bei Bezahlung an den Verkäufer ebenfalls Betriebsausgabe.

Auch ist gewinnmäßig hier ohne Bedeutung, dass der Anschaffungswert von 407,40 € nicht schon bei Erwerb, sondern erst bei Bezahlung als Betriebsausgabe abgesetzt wurde, weil alles im VZ 2017 erfolgte.

Keine Gewinnauswirkung.

4.1.3 Honorarforderung und Schadensersatzprozess

In der Gewinnermittlung gem. § 4 Abs. 3 EStG kommt es auf den Abfluss und Zufluss von Geld oder Gütern an. Bei allen drei Positionen fehlt es am Abfluss von Geld.

Gewinnerhöhung: 9 000 €.

Der Ausfall von Forderungen wirkt sich insoweit auf den Gewinn aus, als mangels Zahlung keine Betriebseinnahmen vorliegen. Sollte Kraft seinen Prozess gewinnen, stellen bei A die Zahlungen von Schadensersatz und Prozesskosten Betriebsausgaben dar.

4.1.4 Berufshaftpflichtversicherung

Die Zahlung der Prämien für die Berufshaftpflichtversicherung stellt grundsätzlich Betriebsausgaben dar, da diese Versicherung in unmittelbarem Zusammenhang mit dem Beruf des A steht. Die Zahlung der 1 200 € ist gem. § 11 EStG grundsätzlich erst in 2018 zu erfassen, denn die Zahlung erfolgte am 05. 01. 2018. Da es sich aber um regelmäßig wiederkehrende Ausgaben handelt – es liegt **ein** Vertrag für alle zukünftigen Beiträge vor – ist der Dezember-Beitrag 2017 gem. § 11 Abs. 2 Satz 2 i. V. m. Abs. 1 Satz 2 EStG zu überprüfen.

Der Dezember-Beitrag ist zwar innerhalb von 10 Tagen nach Ende des VZ bezahlt worden, er war aber nicht innerhalb von 10 Tagen vor Ende des VZ fällig; er hätte schon am 01. 12. 2017 bezahlt werden müssen. Damit sind die 1 200 € erst im VZ 2018 als Betriebsausgaben abzugsfähig (H 11 [Allgemeines] EStH).

Keine Gewinnauswirkung.

4.1.5 Schreibtische

Die Entnahme des alten Schreibtisches ist eine Betriebseinnahme i. H. v. 1 000 €. Entnahmen sind auch bei der Gewinnermittlung gem. § 4 Abs. 3 EStG mit dem Teilwert anzusetzen. Die bei der Entnahme entstehende USt (§ 3 Abs. 1 b Nr. 1 UStG) ist zusätzlich als Betriebseinnahme anzusetzen. Die USt beträgt 19 % = 190 € (§ 10 Abs. 4 Nr. 1 und § 12 Abs. 1 UStG). Bei Bezahlung an das Finanzamt ist sie wieder Betriebsausgabe. Gem. § 12 Nr. 3 EStG ist auch vertretbar, die USt überhaupt nicht zu berücksichtigen.

Gewinnerhöhung: 1 000 € (ohne Berücksichtigung der USt).

Der Restbuchwert ist als Betriebsausgabe abzusetzen (vgl. H 4.5 Abs. 3 [Veräußerung abnutzbarer Wirtschaftsgüter/Unterlassene AfA] EStH). Die USt wird erst Betriebsausgabe bei Zahlung.

Gewinnminderung: 500 €.

Die Anzahlung bezieht sich auf ein abnutzbares Wirtschaftsgut des Anlagevermögens. Sie ist – wie jede Zahlung für solche Wirtschaftsgüter – nur über die AfA Betriebsausgabe. Die angesetzte Betriebsausgabe ist daher falsch.

Gewinnerhöhung: 2 000 €.

Erklärter Gewinn		120 000 €
Nr. 4.1.1	+	60 900 €
Nr. 4.1.2		–
Nr. 4.1.3	+	9 000 €
Nr. 4.1.4 –		
Nr. 4.1.5 (3 000 € ./. 500 €)	+	2 500 €
Berichtigter Gewinn		192 400 €

4.2 Einkünfte des A aus Kapitalvermögen (§ 20 EStG)

4.2.1 Sparbuch

Bei Sparkonten fließen die Zinsen jeweils zum Jahresende zu, denn die Inhaber der Sparkonten können zu diesem Zeitpunkt schon über die Zinsen verfügen. Es kommt nicht auf die Gutschrift auf dem Sparbuch, sondern auf die Gutschrift auf dem Sparkonto bei der Bank an. Die Abhebung spielt keine Rolle.

Die Zinseinnahmen gem. § 20 Abs. 1 Nr. 7 EStG betragen im Jahre 2017 daher 180 €.

4.2.2 Stückzinsen Bundesanleihe

Die am 30. 06. 2017 ausbezahlten Zinsen i. H. v. 400 € sind Einnahmen gem. § 20 Abs. 1 Nr. 7 EStG. Die bezahlten Stückzinsen bei Erwerb der Anleihe i. H. v. 300 € sind im VZ des Abflusses, im vorliegenden Fall also im VZ 2017, negative Einnahmen aus Kapitalvermögen i. S. d. § 20 Abs. 1 Nr. 7 EStG (BMF vom 18. 01. 2016 BStBl I 2016, 85 unter Berücksichtigung der Änderungen durch BMF vom 20. 04. 2016 BStBl I 2016, 475 und vom 16. 06. 2016 BStBl I 2016, 527, Rz.51).

Die Zinseinnahmen gem. § 20 Abs. 1 Nr. 7 EStG betragen folglich im VZ 2017 saldiert 100 €.

Die am 30. 03. 2017 gezahlten Gebühren sind keine Werbungskosten, sondern Anschaffungsnebenkosten.

4.2.3 Bausparvertrag

Die gutgeschriebenen Zinsen sind Einnahmen gem. § 20 Abs. 1 Nr. 7 EStG des Jahres 2017. Wie beim Sparbuch kommt es auf die Gutschrift bei der Bausparkasse an, und diese erfolgte zum 30. 12. 2017.

Zinseinnahmen:	700 €

4.2.4 Einkünfte gem. § 20 EStG

Einnahmen (Nr. 4.2.1)	180 €	
Einnahmen (Nr. 4.2.2)	100 €	
Einnahmen (Nr. 4.2.3)	700 €	980 €
Sparer-Pauschbetrag, § 20 Abs. 9 EStG		./. 801 €
Einkünfte		179 €

Die Einkünfte aus Kapitalvermögen i. H. v. 179 € bleiben bei der Veranlagung zur ESt außer Betracht und werden bei der Ermittlung des Gesamtbetrags der Einkünfte nicht berücksichtigt, weil die ESt für diese Kapitalerträge durch den Steuerabzug abgegolten ist (§ 32 d Abs. 1 EStG, § 43 Abs. 5 EStG).

5 Einkünfte der B

5.1 Einkünfte der B als Krankengymnastin

B erzielt Einkünfte aus selbstständiger Arbeit gem. § 18 Abs. 1 Nr. 1 EStG, da hier aufgeführt.

Der von B erklärte Gewinn i. H. v. 3 798 € ändert sich wie folgt:

Zu a) Die am 30. 12. 2017 gutgeschriebenen Honorare sind gem. § 11 Abs. 1 Satz 1 EStG im VZ 2017 zugeflossen. Auf den Eingang des Bankauszugs kommt es nicht an. Vgl. hierzu auch H 11 (Arzthonorar) EStH.

Betriebseinnahmen im Jahr 2017 + 1 500 €.

Zu b) Den von ihrem Ehemann geschenkt erhaltenen Pkw hat B zulässigerweise dem Privatvermögen zugeordnet, denn die betriebliche Nutzung beträgt nicht mehr als 50 % (R 4.2 Abs. 1 Satz 6 EStR). Unabhängig von dieser Zuordnung sind die auf die betrieblichen Fahrten entfallenden Aufwendungen als Betriebsausgaben abzugsfähig und im Wege einer Nutzungseinlage nach § 6 Abs. 1 Nr. 5 EStG zu erfassen. Zu den Aufwendungen der B gehört auch die AfA des Pkw mit 50 % (Restnutzungsdauer 2 Jahre) aus dem Einlagewert des Pkw einschließlich USt im Privatvermögen, da B **nicht** zum Vorsteuerabzug berechtigt ist (750 €). § 7 Abs. 1 Satz 5 EStG ist nicht anzuwenden. Betriebsausgaben also i. H. v. 30 % von (2 000 € + 750 €) 2 750 € = 825 €, Betriebsausgabenminderung (2 000 € ./. 825 €) 1 175 €.

Die anteilige private Kfz-Haftpflichtversicherung von (70 % aus 300 €) 210 € stellt Sonderausgaben dar (R 10.5 Satz 1 EStR).

Zu c) Die Spezialliege und der Holzlattenrost sind ein **einheitliches** Wirtschaftsgut. Die gesamten Anschaffungskosten betragen (476 € + 119 € ./. 10 €) 585 €, da bei Wirtschaftsgütern des Anlagevermögens der Skontoabzug die Anschaffungskosten mindert. Auch bei nicht zum Vorsteuerabzug berechtigten Stpfl ist für die Prüfung der 410 €-Grenze gem. § 6 Abs. 2 Satz 1 EStG nach R 9 b Abs. 2 EStR die USt herauszurechnen. Sie beträgt 19/119 von 585 € = rd. 93 €, die Nettoanschaffungskosten betragen somit 492 €. Es liegt kein GWG i. S. v. § 6 Abs. 2 EStG vor. Da die Anschaffungskosten zwar höher als netto 410 €, aber nicht höher als netto 1 000 € sind, kann nach § 6 Abs. 2 a i. V. m. § 4 Abs. 3 Satz 3 EStG ein Sammelposten gebildet werden. Wegen der Aufgabenstellung (niedrigster Gewinn!) ist dieser Sammelposten zu bilden. Dieser Sammelposten ist im VZ 2017 um 1/5 von 585 € = 117 € gewinnmindernd aufzulösen.

Betriebsausgabenminderung (585 € ./. 117 €) 468 €.

Zu d) Die Barzahlung des Patienten i. H. v. 150 € stellt Betriebseinnahmen dar. Der Bargeldverlust ist in der privaten Sphäre eingetreten und deshalb nicht als Betriebsausgaben zulässig. Vgl. H 4.5 Abs. 2 (Diebstahl) EStH.

Betriebsausgabenminderung	150 €
Betriebseinnahmenerhöhung	150 €
Gesamtgewinnauswirkung also	+ 300 €

Zu e) Die Anzahlung zum Erwerb von Umlaufvermögen ist in 2017 i. H. v. 250 € Betriebsausgabe und von B richtig behandelt. Ein Fall des § 4 Abs. 3 Satz 4 EStG liegt nicht vor. Ohne Änderung.

Zu f) Die Ausgaben für die Kinderbeaufsichtigung sind privat veranlasst und können nicht als Betriebsausgaben abgezogen werden. Wegen dem Abzug als Sonderausgaben s. 6. 1.

Betriebsausgabenminderung 2 900 €

Zusammenstellung:

		Betriebseinnahmen	Betriebsausgaben	
erklärt		12 433 €	8 635 €	
Änderung	a)	+ 1 500 €	–	
	b)	–	./. 1 175 €	
	c)	–	./. 468 €	
	d)	+ 150 €	./. 150 €	
	f)	–	./. 2 900 €	
endgültig		14 083 €	./. 3 942 €	Gewinn 10 141 €

5.2 Einkünfte der B aus dem Einfamilienhaus Silcherweg 1 und weitere Einkünfte der B

5.2.1 Einfamilienhaus Silcherweg 1

Das ab 28. 06. 2017 eigengenutzte Einfamilienhaus ist ein Konsumgut und damit bei der Ermittlung des Gesamtbetrags der Einkünfte **nicht** zu erfassen. Folglich sind das einbehaltene Disagio von 6 000 € und die bezahlten Zinsen i. H. v. 2 950 € nicht als Werbungskosten abzugsfähig.

5.2.2 Sonstige Einkünfte gemäß § 22 Nr. 2, § 23 Abs. 3 Satz 8 EStG der B

Das Anschaffungsgeschäft des Barrengolds (Kauf 10. 04. 2017, Verkauf 11. 10. 2017) erfüllt den Tatbestand des § 23 Abs. 1 Satz 1 Nr. 2 EStG, da die Frist zwischen Anschaffung und Veräußerung jeweils nicht mehr als ein Jahr beträgt.

Verkaufserlös	+ 37 000 €
./. Schließfachmiete	./. 150 €
	+ 36 850 €
./. Anschaffungskosten	./. 25 000 €
Gewinn gem. § 23 EStG	+ 11 850 €

Der Gewinn aus der Veräußerung des unbebauten Grundstücks ist nicht steuerpflichtig, weil seit der Anschaffung des Grundstücks durch den Vater der B und der Veräußerung mehr als zehn Jahre vergangen sind (§ 23 Abs. 1 Satz 1 Nr. 1 und Satz 3 EStG).

5.3 Einkünfte aus Kapitalvermögen der B

Zinsen aus Festgeldanlage (§ 20 Abs. 1 Nr. 7 EStG)	820 €
./. Sparer-Pauschbetrag (§ 20 Abs. 9 EStG)	./. 801 €
Einkünfte gem. § 20 EStG der B	19 €

Die Einkünfte aus Kapitalvermögen i. H. v. 19 € bleiben bei der Veranlagung zur ESt außer Betracht und werden deshalb bei der Ermittlung des Gesamtbetrags der Einkünfte nicht berücksichtigt, weil die ESt für diese Kapitalerträge durch den Steuerabzug abgegolten ist (§ 32 d Abs. 1 EStG, § 43 Abs. 5 EStG).

6 Sonderausgaben, gemeinsame Ermittlung für A und B

6.1 Sonderausgaben ohne Vorsorgeaufwendungen

6.1.1 Kinderbetreuungskosten (§ 10 Abs. 1 Nr. 5 EStG)

Die Aufwendungen für die Betreuung von N sind nach § 10 Abs. 1 Nr. 5 EStG i. H. v. 2/3 von 2 400 € = 1 600 € als Sonderausgaben abzugsfähig, weil N zum Haushalt der Ehegatten gehört und das 14. Lebensjahr noch nicht vollendet hat.

Die Aufwendungen für die Betreuung von L fallen nicht unter § 10 Abs. 1 Nr. 5 EStG, weil L zu Beginn des VZ 2017 sein 14. Lebensjahr bereits vollendet hat.

6.1.2 Schulgeld (§ 10 Abs. 1 Nr. 9 EStG)

Nach § 10 Abs. 1 Nr. 9 EStG können die Ehegatten das Schulgeld (ohne Betreuung und Verpflegung) für die Privatschule in der Schweiz für L i. H. v. 30 % von (4 × 160 € =) 640 € = 192 € als Sonderausgaben abziehen, weil sie für L Anspruch auf Kindergeld haben. Die Schweiz gehört zum Europäischen Wirtschaftsraum.

6.1.3 Steuerbegünstigte Zwecke (§ 10 b EStG)

Zuwendungen (Spenden und Mitgliedsbeiträge) zur Förderung steuerbegünstigter Zwecke i. S. der §§ 52 bis 54 AO können insgesamt bis zu 20 % des Gesamtbetrags der Einkünfte als Sonderausgaben abgezogen werden. Der Mitgliedsbeitrag an die »Aktion Schulerziehung e. V.« i. H. v. 500 € ist folglich als Sonderausgaben abzugsfähig.

Die Summe der abzugsfähigen Sonderausgaben beträgt (1 600 € + 192 € + 500 € =) **2 292 €**.

6.2 Rentenversicherungsbeiträge (§ 10 Abs. 1 Nr. 2 Buchst. b EStG)

Beiträge zur Rentenversicherung des A	6 000 €
Beiträge zur Rentenversicherung der B	8 000 €
Summe	14 000 €
davon abzugsfähig 84 % =	11 760 €
Abzugsfähige Beiträge (§ 10 Abs. 3 EStG)	11 760 €

6.3 Versicherungsbeiträge gem. § 10 Abs. 1 Nr. 3 EStG

Beiträge zur Basiskrankenversicherung und zur Pflegeversicherung	5 760 €

6.4 Sonstige Vorsorgeaufwendungen gem. § 10 Abs. 1 Nr. 3 a EStG

Risikolebensversicherung des A	2 000 €
Komfortkrankenversicherungsbeiträge	600 €
anteilige Pkw-Haftpflichtversicherung der B (s. Tz. 5.1 »zu b«)	210 €
Summe der sonstigen Vorsorgeaufwendungen	2 810 €
Summe aus 6.3 und 6.4	8 570 €
davon abzugsfähig (§ 10 Abs. 4 EStG) 5 600 € (A und B je 2 800 €), mindestens aber	5 760 €
Summe der abzugsfähigen Vorsorgeaufwendungen	17 520 €

7 Außergewöhnliche Belastungen gem. § 33 a EStG – Ausbildungsfreibeträge gem. § 33 a Abs. 2 EStG

Für Sohn Lars erhalten A und B keinen Ausbildungsfreibetrag. Er ist zwar auswärts untergebracht, hat aber das 18. Lebensjahr noch nicht vollendet.

Für Tochter Nadine wird kein Ausbildungsfreibetrag gewährt, weil sie weder auswärts untergebracht noch volljährig ist.

8 Berechnung des zu versteuernden Einkommens für das Jahr 2017 von A und B

	A	B
Einkünfte aus selbstständiger Arbeit A	192 400 €	–
Einkünfte aus selbstständiger Arbeit B	–	10 141 €
sonstige Einkünfte gem. § 22 EStG	–	11 850 €
Summe = Gesamtbetrag der Einkünfte	192 400 €	21 991 €
		+ 192 400 €
Gemeinsamer Gesamtbetrag der Einkünfte		214 391 €
./. Sonderausgaben ohne Vorsorgeaufwendungen	2 292 €	
./. Vorsorgeaufwendungen	17 520 €	
./. außergewöhnliche Belastungen	0 €	./. 19 812 €
Einkommen		194 579 €
./. Freibeträge gem. § 32 Abs. 6 Satz 1 und 2 EStG 2 × (2 358 € + 1 320 € × 2 =) 7 356 €		./. 14 712 €
zu versteuerndes Einkommen 2017		179 867 €

Das Kindergeld gem. § 66 EStG von (2 × 2 304 €) 4 608 € wird gem. § 2 Abs. 6 Satz 3 EStG mit der festgesetzten ESt 2017 zurückgefordert.

Günstigerprüfung gem. § 31 Satz 4 EStG:

Einkommen **vor** Abzug der Freibeträge gem. § 32 Abs. 6 Satz 1 und 2 EStG	194 579 €	
ESt 2017 lt. Splittingtabelle wäre		64 770 €
Zu versteuerndes Einkommen 2017 nach Abzug der Freibeträge gem. § 32 Abs. 6 Sätze 1 und 2 EStG	179 867 €	
ESt aus dem tatsächlich zu versteuernden Einkommen		58 592 €
ESt-Ersparnis durch Abzug der Freibeträge gem. § 32 Abs. 6 Sätze 1 und 2 EStG		6 178 €

Die ESt-Ersparnis ist um (6 178 € ./. 4 608 €) 1 570 € höher.

Punktetabelle zu Übungsfall 2:

Nr.		Punkte	Summe
1	Unbeschränkte Steuerpflicht entschieden	1	(1)
2	Zusammenveranlagung (§ 26 Abs. 3 EStG), Splittingtabelle	1	(2)
3	Berücksichtigung der Kinder A und B (§ 32 Abs. 3 EStG)	1	(3)
4	Einkünfte des A		
4.1	Aus dem Architektenbüro		
4.1.1	Betriebseinnahme angenommen	1	(4)
	Richtige Höhe (60 000 €)	1	(5)
	Richtige Ausführungen zu den Anschaffungskosten des Grundstücks (z. B. noch nicht abzugsfähig); ggf. Folgefehler	1	(6)
	Miete Oktober–Dezember keine Betriebsausgaben	1	(7)
4.1.2	Kopiergerät als GWG erkannt	1	(8)
	Gewinn begründet nicht geändert (ausführliche Darstellung, z. B. Skonto mindert Anschaffungskosten)	1	(9)
4.1.3	Gewinnerhöhung von 9 000 € begründet angenommen	1	(10)
4.1.4	Prämienzahlungen als Betriebsausgaben erkannt (nicht Sonderausgaben)	1	(11)
	Aufgrund § 11 EStG nichts in 2017 angesetzt (§ 11 EStG geprüft)	1	(12)
	Besondere und richtige Ausführungen zum Dezemberbeitrag	1	(13)
4.1.5	Entnahme mit Teilwert als Betriebseinnahmen	1	(14)
	USt als Betriebseinnahme oder § 12 Nr. 3 EStG	1	(15)
	Restbuchwert als Betriebsausgabe	1	(16)
	Anzahlung keine Betriebsausgabe (Ausführung zur AfA erforderlich)	1	(17)
4.1.6	Folgerichtiger Gesamtgewinn dargestellt und Einkünfte aus § 18 EStG angenommen	1	(18)
4.2	Aus Kapitalvermögen		
4.2.1	Zinseinnahmen 180 € gem. § 20 Abs. 1 Nr. 7 EStG	1	(19)
4.2.2	Zinseinnahmen 400 € gem. § 20 Abs. 1 Nr. 7 EStG	1	(20)
	./. negative Einnahmen 300 €	1	(21)
	Gebühren Anschaffungsnebenkosten	1	(22)
4.2.3	Zinseinnahmen 700 €	1	(23)
4.2.4	Sparer-Pauschbetrag 801 €	1	(24)
	Einkünfte begründet nicht in die Veranlagung miteinbezogen	1	(25)
5	Einkünfte der B		
5.1	Einkünfte der B als Krankengymnastin		
5.1.1	Einkunftsart selbstständige Arbeit gem. § 18 EStG	1	(26)
5.1.2	Erfassen der 1 500 € Honorar II/2017 als BE im VZ 2017	1	(27)
5.1.3	Pkw begründet als Privatvermögen behandelt	1	(28)
	Betriebliche Autokosten als BA mit 30 % abgegrenzt	1	(29)
	AfA für geschenkten Pkw des M einbezogen (750 €)	1	(30)
	zutreffende Minderung der BA (1 175 €) oder folgerichtig	1	(31)
5.1.4	Spezialliege und Holzlattenrost als einheitliches WG behandelt	1	(32)
	AK mit 585 € angenommen, GWG nach § 6 Abs. 2 EStG abgelehnt	1	(33)

	Sammelposten gebildet und mit 117 € gewinnmindernd aufgelöst	1	(34)
5.1.5	Betriebseinnahmen + 150 € durch Barzahlung des Patienten	1	(35)
	Geldverlust nicht als BA anerkannt	1	(36)
	zutreffende Gewinnauswirkung + 300 €	1	(37)
5.1.6	Anzahlung auf Umlaufvermögen zutreffend ohne Änderung	1	(38)
5.1.7	Aufwendungen für Kinderbetreuung nicht als Betriebsausgaben behandelt	1	(39)
5.1.8	Gesamtgewinn gem. § 18 EStG (10 141 €) oder folgerichtig	1	(40)
5.2	Einkünfte der B aus dem Einfamilienhaus Silcherweg 1 und weitere Einkünfte der B		
5.2.1	Einfamilienhaus Silcherweg 1		
	Konsumgut, keine Berücksichtigung bei Ermittlung Gesamtbetrag der Einkünfte	1	(41)
	Zinsen (2 950 €) und Disagio (6 000 €) kein Abzug	2	(42), (43)
5.2.2	Sonstige Einkünfte gem. § 22 EStG der B		
	Barrengold innerhalb Frist des § 23 EStG, Einnahme angesetzt	1	(44)
	Veräußerungsgewinn (11 850 €) zutreffend ermittelt	1	(45)
	Gewinn aus Veräußerung unbebautes Grundstück nicht steuerpflichtig, begründet	1	(46)
5.3	Einkünfte aus Kapitalvermögen der B		
	Festgeldzinsen (820 €) = Einnahmen aus Kapitalvermögen	1	(47)
	Sparer-Pauschbetrag richtig	1	(48)
	Einkünfte begründet nicht in die Veranlagung miteinbezogen	1	(49)
6	Sonderausgaben		
6.1	Sonderausgaben ohne Vorsorgeaufwendungen		
	Kinderbebauungskosten für N mit 1 600 € angesetzt	1	(50)
	Spende an Verein mit 500 € gem. § 10 b EStG anerkannt	1	(51)
	Schulgeld Sohn Axel gem. § 10 Abs. 1 Nr. 9 EStG – 30 % von 640 €	1	(52)
6.2	Rentenversicherungsbeiträge (§ 10 Abs. 1 Nr. 2 EStG)		
	Beiträge zur Rentenversicherung A und B	1	(53)
	davon abzugsfähig 84 %	1	(54)
6.3	Sonstige Vorsorgeaufwendungen		
	Beiträge zur Basiskrankenversicherung und Pflegeversicherung	1	(55)
6.4	Sonstige Vorsorgeaufwendungen gem. § 10 Abs. 1 Nr. 3 a EStG		
	Risikolebensversicherung (2 000 €)	1	(56)
	Komfortkrankenversicherung (7 200 €)	1	(57)
	anteilige Pkw-Haftpflicht der B (210 €)	1	(58)
	davon abzugsfähig 2 800 € + 2 800 € = 5 600 €	1	(59)
	mindestens aber 5 760 €	1	(60)
	Summe der abzugsfähigen Vorsorgeaufwendungen ermittelt	1	(61)
7	Außergewöhnliche Belastung – Ausbildungsfreibeträge für Kinder L und N geprüft, Höhe 0 €	1	(62)

8	Berechnung des zu versteuernden Einkommens		
	Darstellung bis zum zu versteuernden Einkommen	1	(63)
	Günstigerprüfung gem. § 31 Satz 4 EStG durchgeführt	1	(64)
	Richtige Konsequenzen gezogen	1	(65)
	Sonderpunkte für besonders ausführliche Begründung S	1	(S 1)
	und übersichtliche Darstellung in Einzelfällen	S 2	(S 2)

Anmerkung: Es sind nur **volle** Punkte zu gewähren.

Folgefehler sind zu kennzeichnen und die an der betreffenden Folgestelle ausgewiesenen Korrekturpunkte zu gewähren.

Notentabelle		
Korrekturpunkte	Punkte nach § 6 Abs. 1 StBAPO	Note
62–65	15	1
58–61	14	
55–57	13	2
52–54	12	
48–51	11	
45–47	10	3
42–44	9	
39–41	8	
35–38	7	4
33–34	6	
31–32	5	
26–30	4	5
22–25	3	
19–21	2	
7–18	1	6
0–6	0	

Stichwortregister

A

V

W